Jürgen Lodemann **Der Mord**

Jürgen Lodemann
Mit Bildern von Erhard Göttlicher

Das wahre Volksbuch

Der Mord

von den Deutschen

Nach Notaten von *Gislahar* von Burgund
ins Keltische übertragen durch
Kilian Hilarus von Kilmacduagh,
ins Englische durch *John Schazman*,
aus dem Englischen von *Jürgen Lodemann*,
in Absicherung durch älteste Urkunden,
mit Glossen und einem Orts- und
Personenverzeichnis

Büchergilde Gutenberg

Letzter Brief des 19jährigen Soldaten K.,
bevor er »fiel«, an seinen Freund L., am 8. 9. 1914:

»Glaub mir, ich beneide keinen, der mit heilem Fell davonkommt und übrig bleibt. Irgendwas stimmt an unserer Zeit nicht. Irgendwas stimmt an ganz Deutschland nicht.«

[Aus: Katja Behrens, Abschiedsbriefe, Düsseldorf 1987]

Erich Hartmann, mit 352 Abschüssen »erfolgreichster« aller »Jagdflieger«, auf die Frage, wie er heute den Krieg sieht:

»Krieg ist staatlich sanktionierter Mord.«

[Aus: Restloser, verzehrender Einsatz für Deutschland, Stuttgart 1992]

Goethe, als er das mittelhochdeutsche Nibelungen-Epos zu lesen bekam (zu Eckermann):

»In tüchtige Prosa gesetzt würde das zu einem Volksbuch.«

Heiner Müller:

»Eigentlich kann man nur noch in Zitaten miteinander reden. Das hat mit Freuds These zu tun, daß gesprochene Texte im Traum immer erinnerte oder zitierte Texte sind. Es gibt keine originären Texte in Träumen. Wir sind in einer solchen Traumphase. Das ist wie Stillstand von Dialektik. Eine angehaltene Zeit. Da staut sich alles was war.«

[Im Gespräch mit Frank Raddatz, *Lettre International*, Heft 24, 1994]

Das Geschenk

Nachdem ich mit einem Film über das irische Galway diesen westlichsten Hafen Europas ein bißchen bekannter gemacht hatte, aber auch den Bücherladen dort, *Kenny's Bookshop*, schenkte mir der älteste der Kenny-Brüder einen Stapel wächserner Papiere, einige hundert Blätter, zögernd, ein wenig verlegen. Gab mir die fast 200 Jahre alte Übersetzungsarbeit eines John Schazman. Soviel ich vom Großvater weiß, sagte er, geht's da um Geschichten, die bei euch in den Opern vorkommen. Uns geht's offenbar nichts an.

Im Hotel begann ich zu lesen. Stiegen Ungeheuer aus dem Papier. Dieser John Schazman hatte um 1820 aus dem Keltischen übersetzt, eine Klosterchronik »aus der Vorzeit«. Ich nahm unbezahlten Urlaub, besorgte mir Kompendien, verzog mich auf eine Sandbank in der Nordsee, danach hinter den Schwarzwald, und übersetzte.

Man weiß, wenn das Grauganskүken aus dem Ei schlüpft, ist das erste, was es erblickt, das, was es prägt und dem es folgt, egal, ob es als erstes die Gänsemutter sieht oder den Professor Konrad Lorenz. Was ich zu lesen bekam, das war wohl, was sie als erstes erblickten, als sie schlüpften, die »Deutschen«.

Obenauf lag eine Notiz von diesem John Schazman.

J. L.

Den unbekannten Nachlebenden

Heute, zum Ende meines Lebens, muß ich wohl einsehen, daß meine Hoffnungen sich nicht erfüllen, es fände sich ein Verleger für das, was ich, ein Schüler des bewunderten irischen Historikers *James Hardiman* [Verfasser u. a. von *The History of the Town and the County of Galway from the Earliest Period to the Present*, Dublin 1820], vor nun einem halben Jahrhundert entdeckte. Ein Dutzend Jahre arbeitete ich mit dem Elan meiner Jugend, übersetzte aus dem Gälischen, beflügelt von der Freude, bei Renovierungen in den Gewölben von *Nun's Island* [»Nonnen-Insel«, ein vom Fluß *Corrib* und von Kanälen umgebenes Gelände am Westrand Galways mit katholischem Kloster (dessen Schule Nora Barnacle besuchte, später Frau des James Joyce oder »Molly Bloom«)] denkwürdige Geschichten aus der Vorzeit gefunden zu haben, keltische Zeugnisse vom Untergang einer Welt, in der wir unsere eigene vertrackte Gegenwart hätten wiedererkennen können wie in einem Zauberspiegel [bei Schazman: *... our own complicated present reflected back at us as in a magician's mirror*]. Diese Schriften stammten noch aus den Beständen des Klosters *Kilmacduagh* [ca. 30 Meilen südlich Galway], das seit mehr als tausend Jahren Ruine ist.

Ich mochte argumentieren, wie ich wollte, der Verleger in Galway [*Walter Kenny* (1784–1861)], mit dem ich befreundet zu sein meinte, erklärte, meine Arbeit sei verlorene Liebesmüh. Die Geschichten, für die ich mich verwendete, stammten nicht nur aus barbarischer Vorzeit, sondern kämen obendrein aus ganz anderen Winkeln Europas, wo sie auch höchstens hingehörten, an den Rhein, nach Deutschland. Dort aber habe man unterdessen ähnliches vorchristliches Zeugs gefunden [Schazman: ... *similar Pre-Christian things.* – 1755 wurde die erste Handschrift des »Nibelungenlieds« wiederentdeckt, Christoph Heinrich Müller publizierte 1783 eine erste vollständige Ausgabe unter dem Titel »*Der Nibelunge Liet*, ein Rittergedicht«], noch unter dem Preußenkönig Friedrich, der, als ein vernünftiger und gebildeter Herrscher, diese Schriften persönlich geprüft und »für keinen Schuß Pulver wert« gehalten, zu Recht. [Friedrich II. von Preußen, »der Große«: »Hochgelahrter, lieber getreuer (Müller). Ihr urteilt viel zu vortheilhaft von denen Gedichten, deren Druck Ihr befördert habet . . . Meiner Meinung nach sind solche nicht einen Schuß Pulver werth und verdienen nicht, aus dem Staube der Vergessenheit gezogen zu werden. In meiner Büchersammlung wenigstens würde ich dergleichen elendes Zeug nicht dulten . . . Euer sonst gnädiger König Frch., Potsdam, d. 22. Februar 1784«.]

Im kirchentreuen Irland jedenfalls, so beteuerte mein Freund, interessiere sich für diese alten Götter und Wilden niemand, auf solchem heidnischen Kauderwelsch werde jeder Verleger als unverkäuflicher Ware sitzenbleiben.

Den unbekannten Nachlebenden, die das Magische wie Aufklärende dieser Überlieferung dereinst mit Sicherheit erkennen werden, widme ich in Liebe diese Sammlungen. Ich nenne sie DIE KILIANSCHRONIK [*Kilian's Chronicle*] nach dem wackeren Manne, dem es gelang, sie vor dem Zugriff der lateinischen Inquisition zu bewahren und der ihnen hier, im entlegenen Irland, das Schicksal ersparte, das sie am Rhein ereilt hätte, spätestens unter Kaiser Ludwig, der bekanntlich alles Heidnische, das noch sein Vater Karl [der Große] hatte sammeln lassen, verbrennen ließ, weshalb man ihn »den Frommen« nannte.

Im Namen dieses Retters, des freundlichen keltischen Mönchs Kilian *Hilarus*, grüße ich die Nachlebenden als meine Leser. Auch ich glaube an ein Leben nach meinem Tode.

John J.B.B. Schazman

[John J(acob) B(enjamin) B(althazar) Schazman, geb. 5. 10. 1794 in Dublin, starb am 21. 1. 1851 in Galway. Nachforschungen ergaben, daß ihm seit 1849 ein Prozeß gemacht worden war, man wertete seinen Fund und seine Arbeit als Diebstahl, die kelt. »Kilianschronik« wurde konfisziert, kam wieder in kirchl. Besitz.]

Veritas Historiae est Servanda pro Populorum et Humanae Vitae Progressione

[So, also lateinisch, bei Schazman, und, wie er anmerkt, auch in der »Kilianschronik«: »Die Wahrheit der Geschichte ist zu retten für den Fortschritt der Völker und für ein menschenwürdiges Leben«]

O QUI PERPETUA MUNDUM RATIONE GUBERNAS
TU CUNCTA SUPERNO DUCIS AB EXEMPLO
PULCHRUM PULCHERRIMUS IPSE MUNDUM
MENTE GERENS SIMILIQUE IN IMAGINE FORMANS
NUNC ALMUS ASSIS DOMINUS DONA NOBIS LUCEM
BENIGNUS FAUTOR SERVO CLAUSTRALI CARCERE SEPTO
ARGUMENTUM INGENS TESTIS SENTENCIA PRODIT CONTRA
HOMICIDIUM, ETIAM IN CARCERE MORTIS OBUMBRANTE –
AMEN AMEN!

DIES MEINT, THEODISCA IN LINGUA [»in deutscher Sprache«; die Großbuchstaben dieses Kilian-Vorworts wie bei Schazman]:

DER DU DIE WELT NACH EWIGEN GESETZEN LENKST,
DER DU DAS ALL VOM URBILD HER REGIERST,
DU TRÄGST DIE UNFASSLICH SCHÖNE WELT,
DU, SELBER UNFASSLICH SCHÖN,
TRÄGST DIE WELT NACH DEINEM EIGENEN BILD.
NUN ABER STEH UNS BEI, ALLGÜTIGER HERR,
UND GIB AUFKLÄRUNG, SEI EIN GNÄDIGER HELFER JENEM
KNECHT, DER, IM KERKER DES KLOSTERS EINGESPERRT,
MIT EINEM ZEUGENBEWEIS HILFT GEGEN DEN MENSCHENMORD,
SELBST IN DER DÜSTEREN TODESZELLE – SO IST ES, SO SEI ES!

IM NAMEN DES EWIGEN, ICH, KILIAN HILARUS [»der Heitere«], MÖNCH IM ORDEN ZU KILMACDUAGH BEIM BLACK HEAD [Berg über der irischen Westküste, südöstl. d. *Aran-Islands*, nördl. d. *Cliffs of Moher*], ÜBERGEBE HEUTE HEIMLICH ZEHN UNBESCHRIEBENE PERGAMENTE MEINEM FRÖHLICHEN FREUND GISLAHAR, DEM JÜNGSTEN UND GELEHRTESTEN DER KINDER DES GUNDOMARIS, IN DER HOFFNUNG, IN DEM KERKER, IN DEN MAN IHN WARF, MÖGE ES IHM GELINGEN, NOCH BEVOR DAS URTEIL AN IHM VOLLSTRECKT WIRD, AUFZUSCHREIBEN, WARUM ER VERURTEILT WURDE UND WER DEN GAST AUS DEM NIEDERLAND ZU FALL BRACHTE, DER MIT SO WUNDERBAREN ARBEITEN DIE BURGUNDER GERETTET HATTE UND GESTÄRKT.

MEIN WUNSCH, DASS IHM DIES GELINGE, IST DESHALB SO INSTÄNDIG, WEIL SOWOHL DIE ERSCHLAGUNG DES NIEDERLÄNDERS ALS AUCH GISELHERS VERURTEILUNG BEWEISEN, WIE SICH UNSERE HEILIGE CHRISTLICHE RELIGION IN EINE TODESRELIGION VERWANDELT, DIE UNSER LEBEN UND UNSERE ERDE VERACHTET, DIE NUR NOCH DAS JENSEITS LEHRT UND NICHT MEHR DAS UMSICHTIGE WIRKEN IM DIESSEITS. DIESE VERWANDLUNGEN SIND SO HEIMTÜCKISCH UND SO VERHÄNGNISVOLL, DASS SIE EINEN CHRONISTEN BENÖTIGEN, DER DIE SCHÄRFSTEN SINNE HAT UND DEN BESTEN KOPF. ICH, GOTTES MÖNCH KILIAN HILARUS AUS HIBERNIA, DEN DIE EINFACHEN SEELEN »WUNNIBALD« NENNEN, WILL DIESE BLÄTTER, SOBALD SIE BESCHRIFTET SIND, VERBERGEN IN MEINER ZELLE IM WACKESWALD [in den Vogesen. Mit der Christianisierung der »Deutschen« begannen bekanntlich iroschottische Missionare, die anfangs als Einsiedler lebten oder in kleinsten Klöstern. Ihre Glaubensrichtungen wurden allmählich verdächtigt, Heidnisches zu respektieren, die Mönche wurden diszipliniert (»romanisiert«), im Zweifelsfall umgebracht (vgl. Schlußglosse S. 525)] UND HOFFE, MIT IHNEN DEN FREUND ZU RECHTFERTIGEN UND MÖGLICHST ZU RETTEN.

AM BESTEN WÄRE FREILICH, ICH BRÄCHTE, WAS ER AUFSCHREIBT, ÜBERS MEER ZU UNSEREM KLOSTER BEIM FREUNDLICHEN ABT BASIL VON KILMACDUAGH UND ÜBERSETZTE DORT ALLES INS KELTISCHE. [Nach der Missionierung Irlands durch Patrick (432–465) waren Klöster die religiösen Zentren Irlands, ihre Äbte die höchsten kirchl. Autoritäten. Diese Eigenständigkeit der Insel schwand mit der sogen.

»Romanisierung« (7. Jh.).] SO ENTGINGE ES DEM ZUGRIFF DER NEUEN GELEHRTEN UND KÖNNTE DORT ÜBERDAUERN, WO AM RANDE DER BEWOHNTEN WELT DAS UNENDLICHE MEER BEGINNT.

O OMNIPOTENS GENITOR, TU SALVA HIC ET NUNC TUO FILIO GISLAHARO LAETO MULTIS INFICTUM QUO SIT MEDICAMEN IN AEVUM. [»Allmächtiger Vater, spende hier und jetzt Heilkraft Deinem Sohn, dem fröhlichen Giselher, auf daß er möglichst vielen Menschen eine Medizin sei in Ewigkeit.«] KRAFT UND SORGFALT FLEHE ICH HERAB AUF GISLAHAR VON BURGUND, DEN FRÖHLICHEN SCHREIBER UND SÄNGER. IHN NENNEN DIE LEUTE DEN FRÖHLICHEN, WEIL ER, OBWOHL ER EIN GELEHRTER IST, AUCH DIE VOLKSSPRACHEN VERSTEHT, DIE BEI DEN GELEHRTEN »DIUTISK« HEISSEN. [*Diutisk* buchstäblich so bei Schazman. Von *diet, thiot* = »die Leute«. *Diutisk* meint also »reden wie die Leute«. Erst 786, also exakt 300 Jahre später, wurde ein erstes päpstliches Dekret *»diutisk«* publiziert, also nicht mehr nur lateinisch, sondern auch für die *diet*, in der Sprache der Leute, »deutsch« (vgl. S. 159, 172 und 528 ff.).] GISELHER WEISS ALSO DIE NIFELHEIMISCHEN ODER BARBARENWÖRTER EBENSO WIE DIE BISCHOFSSPRACHE, DAS LATEINISCHE, UND ER IST FRÖHLICH, WEIL ER KEIN KLERIKER HAT WERDEN MÜSSEN UND EBEN DARUM AUCH KEIN FEIND DER GESCHICHTEN UND WÖRTER, DIE ERDENLUST BEWAHREN UND DEN LEBENSZAUBER UND DARUM ALS DIE HEIDNISCHEN GELTEN.

DER UNVORSTELLBAR SCHÖNE GOTT, DER UNSER LEBEN WIE UNSERE ERDE LIEBT UND DER WOLLTE, DASS AUCH WIR SIE VERSTEHEN UND LIEBEN, ER VERLEIHE MEINEM FREUND GISLAHAR IN SEINEM KERKER ALLE KRAFT DER SINNE UND ALLE KLARHEIT DES KOPFES! DARUM BETET

KILIAN

Barbetomagus [Worms] *A. D. 486 Aprili mense, pasche bis septima luna* [»Im Monat April, es war eben Vollmond«]

I

De Principiis

[»Von den Anfängen«]

Am Anfang von allem waren Feuer und Wasser. Wasser und Feuer bildeten das Chaos GINUNGAGAP. [»G.« = das gähnende, klaffende, schlingende Ur-Allmaul, noch heute in »beGINnen« oder in »gähnen« (ursprgl. »spalten«, »öffnen«).] Zwischen dem südlichen Feuer *muspell* [diese Kilianschronik beschwört (s. S. 491, 519) *muspilli* als Welt-Ende, und zwar als Weltenbrand (vgl. J. Grimm, Deutsche Mythologie, Bd. I, S. 463)] und dem nördlichen Nebel *nifl*, in der Tiefe von GINUNGAGAP, da wohnte AllMutter, die Unerschaffene, wohnte dort und begehrte. Und was sie begehrte, das trat ins Dasein. Denn wenn Licht und Nebel sich erschlagen wollten, dann durchdrangen sie sich, und AllMutter zeugte. [Auch dieser Schöpfungsmythos erinnert an Erkenntnisse der modernen Biophysik, an die Zutaten und Zustände der »Ursuppe«.]

Zuerst erzeugte AllMutter den Riesen Bor. Den Bor auf Bornholm erschlug sein Sohn Garleff, diesen der zweite Sohn Bors, Grindel, den Grindel Rogo und immer so fort. Im Anfang, sagten schließlich die Männer, sei nicht GINUNGAGAP gewesen und nicht das Begehren und Durchdringen, sondern die Gier und das Erschlagen, Kampf und Mord [Schazman: *not love and inspire, but greediness and fight and murder*].

Ich, Giselher, jüngster Sohn des burgundischen Königs Gundomaris, nun im Kerker zu Lorsch, ergreife die Gelegenheit, aufs genaueste darzustellen, warum einer erschlagen wird. Meine Wächter werde ich zu täuschen versuchen, um einen dieser Morde, mit denen alles zu beginnen scheint, zu schildern, von seinen ersten Anfängen bis zu seinem Ende.

Warum Hagen, *Dux Exercitus Burgundiae* [»Heermeister Burgunds«. – Jochen Martin (Freiburg i. Br.): »Für die Ausbildungsphase des germanischen

Königtums war die Anlehnung an Institutionen des Imperiums außerordentlich wichtig, dazu gehörte die Ernennung zum Heermeister, eine hohe römische Würde«], unseren Gast vom Niederrhein erschlug, das will ich ergründen, indem ich es erzähle. Das ist, unter so vielen Taten, eine, von der ich nicht nur gehört oder gelesen habe, sondern die ich selber beobachtete, von ihren ersten Anfängen bis zu ihrem grauenhaften Ende.

Kilian, der Heitere, kam gestern zu mir in diese Gruft, zog unter seiner Kutte zehn Pergamente hervor. Kilians Leibesumfang ist groß, der Wache war nicht aufgefallen, daß sein Bauch zwei Fingerdicken dicker war. – Schreib es auf, sagte Kilian, den wir *Wunnibald* nennen [auch die Eigennamen buchstäbl. so bei Schazman, zu »W.« vgl. S. 99], und erklärte, von nun an bringe er alle zwei Tage zehn leere Blätter hier herein und schaffe zehn beschriebene wieder hinaus. Und sagte: Die Geschichte muß gerettet werden. Und wenn ich sie am Ende mitnehmen müßte in mein Nebelland.

Wenn die Kräfte mich nicht verlassen und das Urteil vorerst nicht vollstreckt wird, werde ich, was er wünscht, fertigbringen. Kilian hat draußen, unter der Mauerluke, junge Leute postiert, seine Schüler, die ihn lieben, die auch den Erschlagenen geliebt haben, lustige Kerle, die höre ich singen unten zwischen den Bäumen, heute morgen unterrichtete er sie, jetzt braten sie sich was, es duftet sehr. Schon in der Nacht wachten einige unter dieser Mauer, alle halbe Tage sollen sie sich abwechseln. Wenn der Wächter naht, werden sie mich warnen, dann imitieren sie den Eichelhäher und werfen Steinchen durch die Öffnung, so ist es abgemacht. Meine Truhe, die König Gunther bringen ließ, hat einen doppelten Boden, wo die Blätter rasch versteckt sind. Auf dem oberen Boden liegt die Fiedel. Seit dem Mord habe ich nicht mehr spielen können. Seitdem überlege ich nur noch, wie zu begreifen ist, was in der Wirklichkeit geschah. [»W.« übersetzt hier Schazmans *actually*, obwohl das Wort »W.« erst knapp tausend Jahre nach Giselhers/Kilians Notaten erfunden wurde von der deutschen Mystik, 1312, von Meister Ekkehart, westlich Straßburg, und zwar, wie Kenner des Mittelalters beteuern, unter der Wirkung elsässischen Weins. Ekkeharts Haus ist heute Ruine. Iren erklären »W.« bekanntlich für eine Erfindung alkohol. Spiritualität. Das deutsche Wörterbuch der Philosophie (Mauthner) kennt »Wirklichkeit« nicht, »Wahrheit« erklärt es in 54 Lexikon-Spalten.]

Der Bischof hatte verfügt, den erschlagenen Cherusker, den »Barbaren«, vor den Toren des Kastells zu begraben. [Worms war seit Kaiser *Augustus* (etwa seit dem Jahr Null) römisches Militärlager, das man sich auf dem heutigen Domplatz vorstellen muß (zuvor kelt. Heiligtum).] Als nach der Beerdigung alle, die zuvor noch bei der glanzvollen siebentägigen Doppelhochzeit begeistert gefeiert hatten, von der Esche zurückkehrten, unter der nun der Königssohn liegt, der strahlendste derer, die je bei uns Gast waren, da, als wir den inneren Pfalzhof betraten, stumm, fassungslos, da ist das passiert, weswegen mich der König, mein Bruder, zum Tode verurteilen mußte.

Schon vorm Südtor hatte uns das Volk empfangen, stumm, die Kahlgeschorenen [Schazman: *bald-headed people*. Unfreie waren offenbar auch in dieser spätantiken Gesellschaft gezeichnet]. Auch noch im Aufweg zur inneren Burg bildeten sie Spalier. Sonst, wenn sie den König sehen und die Fürsten, dann drängen sie und rufen Schmeicheleien, weil sie auf Geschenke hoffen, auf Münzen, die wir ihnen zuwerfen, einfacheren Schmuck, kleinere Steine. Nun schauten sie uns nur an, König Gunther, den bleichen Hochgewachsenen, aber auch seinen Berater, den alten Waffenmeister, unseren Herrn Hagen, der es getan hatte. Auch mich, den Jüngsten, starrten sie an. Vor allem aber *Wunnibald*, den Mönch Kilian, ihren irischen Liebling, von ihm hofften sie am ehesten die Wahrheit zu erfahren. Die Unfreien wollten wissen, wer den königlichen Gast ermordet hatte. Die Unfreien, die *Diutisken*, also die »Leute« oder die »Deutschen«, wie Kilian sie in seinem Vorspruch genannt hat, sie wollten endlich begreifen, wer es getan hatte und warum.

Wer hatte ihn erschlagen und in wessen Auftrag. Wer hatte ihnen die Hoffnung genommen. Wer hatte den Nachfahren dessen umgebracht, der die Mächtigen zum erstenmal bezwungen hatte [*Arminius* (Sigurd) leitete die siegreiche Schlacht im Jahr 9 n. Chr. (s. S. 42)], der sie überlistet hatte, die Besatzer, die »Waldvernichter«, die »Erdfresser«, wie die Leute unter sich alle die nennen, die dem alten und dem neuen Rom dienen, das offenbar wirklich ein *imperium aeternum* ist. [»Ewiges Imperium« (wörtlich »Befehlssystem«). Damals, im 5. Jh., zerbrach zwar das militärische Rom, etablierte sich aber das geistliche.] Die ein bißchen Latein können, die bezeichnen die Mächtigen als *silvam terramque aequantes* [»die Wald und Erde gleichmachen«] oder rundheraus als *terror terrarum* [»Schrecken der Erde«].

Hagen, der Mörder, hatte verbreiten lassen, ein bedauerliches Mißgeschick sei geschehen, ein Jagdunfall, sächsisches Gesindel habe den Gast aus Xanten in eine Falle gelockt. Nur wenige hatten ihm geglaubt, unserem Furchenkopf und Fuchsgesicht. Und noch immer weiß ich nicht, wie ich's in diesem Augenblick, als wir vom Begräbnis kamen, fertigbrachte, welcher Hafer mich nun stach oder welcher Wahrheitswille, wie die gerechte Wut so plötzlich über mich kommen konnte und mich so stark machen, daß ich es herausschrie, in einer Wut, die wohl doch von Wotan kommt oder vom *vates*, dem begeisterten Sänger und Seher der Alten. Kilian sagt, all diese Namen, »Wut« und »Wotan« und »vates«, sie seien miteinander verwandt. [Sie sind es.] Als wir jedenfalls über den Markt hinaufgelangten zur inneren Burg, auch hier durch das Spalier der ratlosen Gesichter, voran mein Ire, Kilian, hinter ihm die Erschütterten aus Xanten, die cheruskischen Eltern, dann meine Brüder Gunther und Gernot und hinter mir unsere beiden Vettern, Hagen und der Bischof – Kriemhild war von der Erde, die nun ihren Liebsten deckte, nicht fortzubewegen gewesen – Brünhild, die Königin, war geflohen, auf rätselvolle Weise, ich werde das alles genau beschreiben –

– da, als ich im *Palatium* [im inneren Burghof] wußte, hinter mir gehen sie, die wahrhaft Schuldigen, die *de facto* Mächtigen, Fürst Hagen und Kirchenfürst *Rumoridus Rusticulus*, der bei uns Ringwolf heißt, der nicht mit hinausgegangen war zum Heidenbegräbnis, der erst hier, hinterm Südtor, sich eingereiht hatte in unseren Zug, da, als wir in die Mitte des Platzes kamen, auf dem sich zwei Tage zuvor die Königinnen bis aufs Blut gestritten hatten, in diesen Augenblicken der allzu schmerzlichen Erinnerungen, als die Bitterkeit in mir wie der Gram rings in den Gesichtern schier unerträglich wurden, da drehte ich mich – oder drehte sie mich? die Nymphe? – drehte etwas mich plötzlich herum und ließ mich auf die zwei Herren zeigen, die hinter mir gingen, ließ mich die Arme ausstrekken und das rufen, was in der Stille alle sofort verstanden haben, was niemand überhören konnte, weil keine Glocken läuteten für den »Anti-Christen«, weil kein Klagegesang erlaubt war für den begrabenen Königssohn und weil auch sonst niemand laut war oder überhaupt zu sprechen wagte, da, in diesem Augenblick, hab ich es hinausschreien müssen: Damit auch Ihr es wißt, Leute [Leute = ident. mit »*diutisk*« (von *diet* = Leute), also »Deutsche« (Heiner Müller: »Deutschland gibt es nicht«. In *Lettre International* 24/94)], rief ich, diese beiden Herren, diese hier, Ihr Leute, diese beiden, die haben es getan! die haben ihn er –

– weiter kam ich nicht. Ein Hieb traf mich am Kopf, mir wurde schwarz vor Augen, ohnmächtig war ich, Kilian hat erzählt, ich sei sofort umgefallen, als Hagen schlug, Blut und Zähne seien auf den Steinen zu sehen gewesen. In der Tat kann ich bis jetzt nur mit Mühe sprechen. Wie

ich je wieder werde singen können, weiß ich nicht, nicht nur mein Gemüt ist wund, auch mein Maul ist mir verbeult, verkrustet. Und meine langen
18 Haare sind mir abgeschnitten, wie einem Sklaven.

Vom *causa* [»Prozeß« (alle latein. Wendungen so bei Schazman, offenbar so auch in seiner Vorlage, der »Kilianschronik«)] weiß ich nur, was Kilian mir berichtet hat. Hagen hätte fast allein das Wort geführt, obwohl mein Bruder, König Gunther, auch über mich als *dominus iudicii* [»Gerichtsherr«] zu richten hatte. Lange sei ich ohne Besinnung geblieben, Ute und ihre Frauen hätten mich gewaschen, gesalbt, verbunden. Wer mir die Haare abgeschnitten hat, wußte *Wunnibald* nicht genau, es hieß, das habe Herr Gere [Markgraf Gere von Speyer] getan.

Im *iudicio* hätte Herr Hagen verlangt, man solle sich erinnern, wie vormals unser Vater, Utes Mann, König Gundomar, in einem ähnlichen Fall *Seibold*, einen Vetter, verurteilt hätte. Dieser *Seibold* hatte mit Alamannen, die das Römerlager Augst [bei Basel], das sie besetzt hielten, nicht freiwillig öffnen wollten, nächtliche Unterhandlungen geführt und sie vor der Erstürmung am nächsten Morgen gewarnt, weil *Seibold*, wie er später beteuerte, die Übergabe ohne Blutvergießen hätte herbeiführen wollen. Hochverrat war das, hätte mein Vater damals geurteilt, *Seibold* habe den Stamm verraten, so daß er von diesem Stamm abgeschnitten werden müsse, *Seibolds* Kopf vom Rumpf. Dies Urteil habe Hagen eigenhändig vollstreckt, Gunther, erst fünfjährig, hatte das mitansehen müssen, konnte sich genau erinnern. Gernot war damals Säugling, ich noch nicht geboren.

Auch meine Tat, so hätte Hagen argumentiert, sei todeswürdig, denn wer die ersten Diener Burgunds öffentlich in Verruf bringe, zwei Fürsten, die am Sterbelager dem König den Eid geleistet hätten, alles zu tun, was Burgund das Überleben sicherte, wer diese zwei ersten Männer im Reich verleugne, der sei zu verurteilen *perduellionis causa* [»wegen Hochverrats«]. Es half Gunther nichts, auch mich hatte er auf den Tod zu verurteilen, im Geist seines Vaters. Immerhin erwirkte er eine Bedenkzeit. Bevor der Scharfrichter wirke, solle ich meine frühere Weigerung bedenken, ins kirchliche Leben einzutreten. Falls ich den Missionsdienst akzeptieren würde, das, wofür ich mit soviel Sorgfalt ausgebildet sei, solle Milde walten.

Mir war eine klösterliche Lebensarbeit zugedacht, früh hatte ich nach Rom zu reisen und nach Konstantinopel, ja, auch in jenen Ort, wo alle Weisheit der Alten gesammelt ist, in des Aristoteles Stadt *Alexandria*, benannt nach seinem Schüler, dem großen Feldherrn. Hagen und der Bischof wollten meine Kenntnisse nutzen im Kampf gegen die Heiden, hatten mich nicht nur in die römischen und griechischen Kapitalen geschickt, sondern auch in den Norden, zu jenen Stämmen, die für Roms Glauben noch zu gewinnen wären, Klosterherr hätte ich werden sollen, dort, wo das *Imperium Romanum* die Grenzen befestigt am unteren Rhein, gegen »Nifelheim« oder Nebelland, wie die Regionen heißen, aus denen wir selber stammen. Dort fand ich manches Bewegende und Zauberische, auch Erschreckendes und Bedenkliches, aber nichts, was mich zum Feind dieser Menschen gemacht hätte, ich verweigerte das *officium ecclesiasticum* [»den Kirchendienst«].

Nun bot Gunther mir diesen Weg abermals an, Abt solle ich werden gegen die Sachsen, an Sieg, Ruhr oder Lippe. Bis Pfingsten hätte ich Bedenkzeit, vierzig Tage also. Hagen akzeptierte Gunthers Spruch, wußte, wie tief meine Abneigung ist gegen die Macht-Arbeit Roms, die ich für eine unendliche Kette halte aus Mord und Schamlosigkeit und die, so hab ich's letztlich von dem königlichen Offizier aus Xanten gelernt, das Erdfressen der Caesaren nur auf die geistliche Weise fortsetzt. [Zur Bezeichnung »Erdfresser« oder »Waldfresser« (statt »Römer«) s. u. a. den Bericht über YGGDRASIL (S. 57 ff., 69 und 253) bzw. den Wortgebrauch *waltswende* (S. 373) oder das *Plinius*-Zitat (S. 490).] Wo die *propaganda fidei* [Verbreitung des Glaubens] nichts bewirkt, hilft nunmehr das Schwert oder der üble Leumund, werden Zeugnisse verfälscht oder verboten oder verbrannt wie schon jetzt auch alle Erinnerung an den Gast aus Niederland.

Den Mann aus Xanten verleumden sie als einen Wilden, einen Blutsäufer, ihn, der in Wahrheit ein Witziger war und ein Kenner, der die Erdendinge nicht nur liebte, sondern auch durchschaute, der auch die lateinischen Wörter wußte und die Kniffe der Patriarchen. Wie sein Vorfahr *Sigurd* war auch dieser *Victor* Offizier in römischem Militärdienst gewesen und hatte begriffen, wie die Macht operiert und wie die geistlichen und die weltlichen Herren einander helfen. Nie würde ich das Angebot, einem ihrer Klöster vorzustehen, annehmen.

Ich tat, als erwägte ich den Ausweg ernstlich, was, angesichts des Todesurteils, blieb mir übrig. Nunmehr nutze ich diese Gnadenfrist von 40 Tagen nicht zur Reue und Umkehr, sondern ganz anders, verwende sie mit Kilians Hilfe dazu, aufzuschreiben, was seit dem Weihnachtsfest 485 geschah. Inzwischen feierten sie schon die Ostern, Sonnenlicht und Feuchtigkeiten durchdringen sich dort draußen. Möge er mich beflügeln, der Begehrensduft und der Zeugungsgeschmack, der ab und zu auch in diese Steingrube weht.

Nach meinen Studien im Lateinischen und Griechischen, nach meinen Reisen nach Rom, Alexandrien und Konstantinopel, bin ich, wie Kilian, sicher, daß die schöne neue Religion sich umstülpt [Schazman: *perverts*] in eine Angstseuche, daß die römischen Kaiser nur verschwinden, damit die Päpste an ihre Stelle treten, so daß wir bleiben, was wir immer waren, Kolonisierte. Zwar gibt es, nachdem der Xantener tot ist, den Herrn Theoderich [König der Ostgoten (453–526), Roms Kaiser ab 471], den sie Dietrich nennen. Und es gibt auch Herrn Chlodwig [Chlodwig I. (466–511), merowingischer König der Franken ab 482], den Merowinger, der kürzlich den letzten Präfekten Roms aus Gallien vertrieb, aber beide Herren, Dietrich wie Chlodwig, sind, fürchte ich, nicht gerieben und nicht gelehrt genug, um der neuen Macht gründlich genug widerstehen zu können, so wie der es getan hätte, von dem ich hier Zeugnis geben will.

Auch Theoderich und Chlodwig werden sich diesen »***Caput***[»Kopf«]-Herren«, wie der Xantener die römischen Fürsten nannte, so unterwerfen wie unser Herr Hagen sich ihnen gefügt hat, um sie allerdings gleichzeitig zu benutzen als das Instrument, das, wie er sagt, ein Herrscher, der gehorsames Gefolge wolle, nun mal benötige [bis heute gilt das »Reichs-Konkordat«, das die röm.-kathol. Kirche mit dem Hitler-Regime schloß (am 20. Juli 1933)].

Der wahrhaft königliche Mann, der ihnen hätte widerstehen können, der war ein Nachfahr des Römer-Bezwingers *Sigurd* [*Sigurd* für *Arminius* ist latein. mehrfach belegt, z. B. in der *Historia Romana* des *Velleius Paterculus*], der sich zur Tarnung römisch nannte, *Arminius* [»der Armenier«]. Schon dieser sogenannte *Armin* oder *Irmin* hatte von Grund auf ihre militärischen Listen studiert und nur dadurch ihre Übermacht überwinden können. Er hatte die römischen Herren besiegt, weil er ihre Tücken ebenso kannte wie ihre Schwächen, aber auch seine eigenen keltischen Kräfte. Seine Cherusker wanderten inzwischen, wie fast alle Stämme, in Richtung Westen, die des *Sigurd* von der Quelle der Lippe zu ihrer Mündung, dorthin, wo dieser Fluß in den Rhein fließt, nach Xanten.

Wo immer ich zu studieren hatte, ob in den Büchern der Griechen oder der Perser oder in dem, was von den Ägyptern in *Alexandria* gesammelt und übersetzt war, immer wieder gab es die Gestalt des »Kommenden«. Zu allen Zeiten wurde geträumt von einem, der die Rettung bringen soll, mal hieß er »Messias«, mal »Erlöser«, mal »Prophet«. Ob Syrer oder Juden oder Perser oder der Philosoph Platon, der vom »Philosophen-König« berichtete, von dem also, der nicht nur Erkenntnisse hat, sondern auch die Kraft, sie in die Tat umzusetzen, immer wird einer ersehnt, der rettet. Oft indessen verführten falsche Propheten die Völker, Scharlatane. Die geschicktesten unter ihnen haben nun die römischen Kaiser betört und behaupten, sie seien die Nachfolger des Jesus und könnten die kaiserliche Macht segnen und sichern, nun und in Ewigkeit.

Die verängstigten, die versklavten Kelten hatten gehofft, daß nochmal einer käme wie dieser *Sigurd*, einer, der die Herren überlisten könnte. Und selten erschien in einer Chaos- und Wende-Zeit eine so vielversprechende, eine so tatkräftige, so kluge und so hilfreiche Gestalt wie unser Gast aus dem Niederland. Dieser König hätte, so hatten die Hohen befürchtet und die Niederen erhofft, den Erdkreis erfüllen können mit Gerechtigkeit und mit Lachen und nicht mehr mit bloßem Heulen über das irdische Jammertal, als das uns die neue Herrenkirche diese Welt nun erklärt, als düstere Schlünde der Prüfungen und Leiden, denen nur zu entkommen sei im »alleinseligmachenden« Schoß ihrer neuen Tempel.

Die Sache ist entschieden. Die Macht ist vertan. Rom und Ost-Rom setzen ihre Herrschaft fort, beherrschen den *globus qua globus* [*globus* heißt »Welt«, aber auch »Clique«, wörtl. also: »die Welt als Clique«]. Das Paradies ist, so lehren sie, nicht von dieser Welt, es ist geistig, und nur das Geistige gilt als das »Reine«. Die Welt dagegen ist ein Madensack, ein verdammtes, ein zu überwindendes Übel. Leben, Erde und Leib sind teuflisch und faulig und giftig wie die Leiber der Lurche und Würmer. Die bösesten Materien jedoch, das sind die Juden und die anderen Heiden und die Frauen, und die Frauen sind, so haben wir zu begreifen, nicht etwa zu lieben, sondern zu fürchten und sind als die übelste *materia* [wörtl. »Mutterstoff«] unter die härteste Aufsicht zu stellen.

Einige meinen, auch der Mann aus Xanten hätte sich womöglich als falscher Prophet erwiesen. Kilian berichtet mir, daß König Gunther ihn nun so einschätzt, auch Herr Gere von Speyer. Hornhäutig war auch der Cherusker, habe Gunther geseufzt, drachenhaft auch dieser Schöne. – Das letzte Urteil muß nun offen bleiben. Der Kirche jedoch und ihren »rein geistigen« Schreibstuben, diesen Todesanbetern will ich dies Urteil NICHT überlassen [die Verneinung sei auch in der Kilianschronik in Versalien notiert, überdies rot unterstrichen, meldet Schazman].

Der Niederländer hatte wenig Zeit, sich zu beweisen als kommender König. Ich will aufklären [Schazman: *clear up*], wer er war. Das wird nur gelingen, wenn ich so genau wie möglich von ihm erzähle. Bevor die geistlichen Schriftgelehrten dafür sorgen, daß auch dieser Widersacher als Wüstling und Verführer im Gedächtnis bleibt, als Schlagetot und als Bestie, will ich festhalten, was ich weiß. Und will damit herausbekommen, ob nun AllMutters Zeit, ob die des Durchdringens, des Begehrens endgültig abgelöst ist von der des Kampfes, von der Zeit des Waldfressens, wie die Kelten sagen, wann immer sie das Römische meinen. Mag sein, von nun an regiert das *Caput*-Wesen und nicht mehr AllMutters ErdenLeibLiebe. [Schazman merkt an, sein *EarthBodyLifeLoving* rekonstruiere eine keltische Wörterkette mit BinnenMajuskeln.]

Am Abend vor dem Christgeburtstag im Jahr 485 war ich noch einmal hinausgegangen aus der Halle, auf der Mauer zum Rhein hin, über den oberen Umweg. Schnee war gefallen. Seit Stunden stand mondlos der Nachthimmel, mit Mars, mit Venus. Auch Orion, der Große Jäger, wanderte über die schwarzen Berge im Osten.

Gernot hatten wir mit Ortwin und mit Kaufleuten und Schiffsleuten den Rhein hinabgeschickt, damit sie in *Colonia* [Köln] und im Niederland Söldner und Waffen kauften, Hilfstruppen gegen die andrängenden Alamannen, Sachsen und Hunnen. Jetzt, zum Neumond, sollte der Bruder längst zurück sein. In die Sternennacht lauschte ich, zum Strom hinunter.

Bei den Zelten am Ufer leuchteten Feuer. Kelten wollten vorm Osttor übernachten, in den Mauerwinkeln, im Windschatten. Doch der Wind hatte gedreht, kam nun von Morgen, die Kahlköpfe begannen, ihre Zelte abzubrechen und zur geschützteren Seite hinüberzuwechseln – da war dieser Doppelschrei zu hören. Kurz und heftig der Schrei.

Der drang nicht von dort unten, wo sie, im Flammenschein, zu mir hinaufblickten, sondern der kam aus dem Pfalzbau. Über die Mauer lief ich zurück, wieder hinein, durch die Gänge in die Königshalle und sah dort, wie sich die Herren zum niederen Tisch bewegten, dorthin, wo die Frauen die Karten legten.

Schon in den Tagen zuvor hatte Kriemhild der Mutter einen Traum erzählt, einen Glückstraum. Mit einem Falken hätte sie gespielt. Auf einem Raubvogel sei sie geritten, geflogen. – Nackt? – Ja, nackt. In der vergangenen Nacht aber, als ihr abermals von solchen Flügen träumen wollte, hätte ein Finsterling das Tier erschlagen. – Ute weigerte sich, den Traum zu kommentieren. Kriemhild drängte, bis die Mutter die Karten legte. Am kleinen Tisch, am Tisch der Frauen mischte sie, länger als sonst, und legte dann aus. So lange, bis die Tochter, die der Blinden die Bilder nennen mußte, schrie.

Als ich kam, saß die Mutter unbewegt, sprach leise meinen Namen. Ihr Zeigefinger lag auf der drittletzten Karte. Ich sagte, das sei die Esche. – Und das Bild daneben? – Nochmal die Esche. – Und als letztes die

Mauer? – »Ja« wollte ich sagen, da beugte sich Hagen über den Tisch, tat, als interessierte ihn das Spiel, packte hinein und zerwirbelte es. – Nutzt nichts, sagte Ute. Wir haben ihn gesehen, den Kampf. – Den sehe ich immer. Hagen schudderte unter Krächzgelächter. Kampf sehe ich auch ohne *bildinarrin.* [Buchstäbl. so bei Schazman, der anmerkt daß hier »Bildnerin« und »Närrin« vermischt würden, *untranslatable.*]

Der Kampf, der nun kommt, sagte Ute, geht gegen den Mächtigsten. – Hagen blies Luft aus seinem Graubart, rülpste und sah zu seinem Bischof hinüber. – Gegen die Maden? – Ich überlegte noch, ob er unseren Bischof Ringwolf gemeint haben könnte, zumal der ein bißchen aussah wie ein Engerling, da redete die Mutter: Gehn wir raus hier. – So kaute es aus ihrem alten Mund. – Raus aus'm Rheinland. – So verstand ich sie, obwohl sie neues Kauholz eingeschoben hatte. – Den Strom rauf, knurrte sie, zum Jurasüdfuß. – Diese Worte, gurgelnd gesprochen, zahnlos und gegen das Süßholz, und in Wörtern, als lebten wir noch auf Bornholm, diese Rede verstanden alle in der Halle, hatten diesen Rat seit dem Tod ihres Mannes Gundomar immer wieder von ihr zu hören bekommen.

Im Jahr 436 war unser Wormser Heer, trotz römischer Hilfe und Ausbildung, von den Hunnen ganz und gar geschlagen worden. Viele zogen schon damals rheinauf, in größere Nähe zur Schutzmacht. [Nachweisl. seit 443.] Seither wohnten die meisten Burgunder in Helvetien, an der oberen Rhone, in der *Sapaudia.* [Savoyen, südlich des Jura, südwestl. Genf.] Ein kleinerer Teil unseres Stammes hatte der verfallenden römischen Kapitale keinen Schutz mehr zugetraut, blieb in Worms, unter Gundomar, beraten von Hagen. Nachdem die Hunnen in der nachfolgenden Schlacht [451] tatsächlich zurückgetrieben werden konnten, wechselten Bündnisse mit Alamannen und Franken.

Waffenmeister Hagen, dieser lateinisch geschulte Kopf, versuchte durch geschickte Verträge und glückliche Kämpfe die Lücke zu füllen, die sich mit dem Ende der römischen Militärmacht auftat, er und Gundomar wollten von Worms aus nichts weniger als ein verbessertes Trier schaffen [Trier war zuletzt eine der vier kaiserlichen Residenzen Roms], womöglich ein rheinisches Byzanz. Wenn West-Rom unterging, dann sollte nördlich der Alpen ein Nord-Rom entstehen, so wie die Griechen sich in Konstantinopel ihr Ost-Rom errichtet hatten.

Zwar bezwang Burgund den ärgsten Widersacher, die Sachsen, doch wurde bei dieser Schlacht am Main König Gundomar tödlich verwundet. An seinem Sterbelager schworen Hagen und Ringwolf, die Vettern, Gundomars Kindern lebenslang treu zu dienen. Drei Tage nach seinem Tod ließen sie überm Grab des Königs fünftausend gefangene Sachsen köpfen. [Nach späteren Erwähnungen (z. B. S. 127, 203) geschah das auf dem Würzburger »Marienberg«.]

Nun, an diesem Winterabend, als der Schrei zu hören gewesen war und Ute vom Kampf gegen den »Mächtigsten« sprach, tat sich unser Waffenmeister die Hände über Stirn und Augen, als könne er ihn nur so erblikken, den »Mächtigsten«, und sagte: Wer so hoch hinauswollte wie Du, Gundomar, wer am Rhein ein Byzanz träumte, der muß wohl so enden wie wir. In Worms. – Schabte sich seinen unteren Rücken, wo er den Ausschlag hatte. – Und damit es wenigstens Schreiber Giselher begreift, wiederhole ich, was ich soeben Frau Ute zu sagen versuchte. Das »Mächtigste«, das sind in Worms die Würmer Roms. Die nagen an Worms wie an meinem Kreuz. – Juckte sich tiefer über den Rücken, betrachtete König Gunther, dann den Bischof, schließlich mich, den »Schreiber«. Ließ die Wörter Roms und Worms durch seine Zahnlücken zischeln. Hagen hat schwärzliche Zähne, riecht fischig und stinkt nach Otternfett, mit dem er sich einschmiert gegen die Kälte und gegen das Scheuern der Rüstung.

Das Rot der Wände und die vergoldete Hallendecke, sie glänzten im Schein von vielerlei Pechfackeln und Öllämpchen. In den Kamin warf jetzt Dankwarth neues Holz, Rauch wirbelte, Funken stoben, Schatten sprangen durch den Raum. Die Mutter schien überm Kauen des Sandelholzes, das in Hanfharz und Mohnsaft getunkt war, in Schlaf gesunken. Im Sandelsaftmümmeln ertrug sie fast alles, unsere miserable Lage, aber auch den Herrengestank.

Dies Weiberwort vom »Mächtigsten«, sagte Hagen, das sitzt inzwischen auch in Königsköpfen. – Als wollte er beweisen, wie recht er hätte oder als wäre damit die Flause beseitigt, schleuderte er den Becher, auf dem in Rot und Gold die burgundische Adlergravur glänzte, durch eines der Mauerlöcher. Als Dankwarth ihn daran erinnerte, daß für diesen Pokal zwölf Kahlköpfige zu verkaufen gewesen waren nach *Troyes* an die Goldküste [*Côte d'Or*, im heutigen Burgund, westl. der oberen Saône], antwortete Hagen, wenn der Mundschenk wolle, könne auch er durch das Fenster fliegen.

Es war keine gute Stimmung in diesem Wintersaal. Nur beim Kamin lohte Wärme. Bißchen weiter weg fror man schon. Gestank war fast überall, und wo das Stinken nicht war, war Kälte. Die Laune blieb getrübt oder schien, vor allem bei meiner schönen Schwester, verwirrt. Und Hagen,

der Mörder, an diesem kalten Abend, bevor der Gast, den er erschlug, nach Worms kam, er kratzte sich sein zerschabtes Kreuz und begann zu erklären, wer in Worms in Wahrheit der »Mächtigste« sei, begann einen *sermo meditationis* [lautes Nachdenken, »Monolog«]. Aus Abend, murrte er, schlängeln sich chlodwigischmerowingische Franken die Mosel rauf. Aus Mitternacht winden sich Dänen und sächsische Ost-Falen durchs Rheintal, Friesen kriechen über Matschwege hinterdrein, untermischt mit keltischen Räubern. All solches Pack wimmelt wormswärts, frühestens im April will das uns melken, will molchen, mauscheln und mauern, messern und meucheln.

Er sah uns der Reihe nach an und versuchte, mit dem Fingernagel Essensreste zwischen zwei Zähnen zu entfernen. – Burgunds Fäulnis, sagte er, wird nur noch von der in meinen Zähnen überboten. In deren *Caries* [»Fäulnis«] bohren die Höllenwürmer so wie in Gundomars Stamm. [Bis ins 20. Jahrhundert hielt sich (in Bayern) der Volksglaube, für Zahnschmerzen sorgten Würmer.] Nicht umsonst hab ich Gernot den Rhein hinabgeschickt, Krieger zu werben oder zu erschlagen. Denn auch aus der Donau wälzt sich Rattenpack, abermals krummsäbeliges Geschmeiß, auf kurzbeinigen Pferdchen, nun unter Herrn Etzel [Sohn des Hunnenkönigs Attila], der *imperii delumbis principes* [»die lendenlahmen Führer des Imperiums«] mal maulhurt, mal massakrieren läßt. Doch der allerniederträchtigste und schleimigste unter den *parasitorum* [»Schmarotzer«, von griech. *para* (»neben«) und *sitos* (»Nahrung«)] sitzt Roms Worms längst im Speck, als Bischof Romss zu Wormss.

Zum Zahnlückengezischel landete Hagens Hand so stark auf Ringwolfs Rundrücken, daß der sich an seine Brust greifen mußte, dorthin, wo der Kristall hing, den ihm, wie der fromme Mann uns gern erzählte, im Jahr 480 Papst *Simplicius* [*Simplicius*, Papst 468–483] überreicht hatte. Als dem Heiligen Vater Simpel sein Stein geborsten war, da habe der ihm, unserm Vetter Ringwolf, eine der beiden Hälften zugeeignet und nicht die geringere, und hätte gesagt: Höre, *Rumoridus Rusticulus*, hier teilen Wir mit Dir das Kleinod, das Magdalena fand im Felsengrab am Ostermorgen an der Stelle, da unser HErr drei Tage lang hat liegen müssen von Barbarenhand [Matth. 28, 1–7]. Dieser klare Stein ist *ergo* von SEinem verklärten Leibe. Wenn er nun zerbrach, so soll uns dies nicht betrüben, sondern ein Zeichen sein, daß SEin Licht leuchten wird. Trage Du es, *Rumoridus*, über die Alpen, als Bischof Roms zu Worms, bring Klarheit den Alamannen wie den Sachsen und den Burgundionen, schenk Reinheit dem Barbarenland, entflamme JEsu Licht im nördlichen Europa, das überschwemmt ist von Teufelsgläubigen [Schazman: *in the devil's own barbarian-swept Europe*].

Zu diesem Edelstein also griff er, als ihm sein Vetter Hagen, von unseren Drangsalen redend, die rundlichen Schultern schlug, ihm, mit dem er sonst fast alles ausheckte, alle Listen, Feldzüge und Hinterhalte, seinem Vetter, der den Namen *Rumoridus Rusticulus* [»ländliche Volksstimme«] vom Papst *Simplicius* so verliehen bekommen haben wollte wie diesen reinen Stein, demjenigen also, den Hagen jetzt Madensack nannte und der in Wahrheit *Ringwulfilas* heißt, wir nennen ihn einfach Ringwolf.

Schwindler wie unser *Rumoridus Rusticulus*, sagte Hagen, die verwandeln *moderato dissimulato terrore* [»mit gemäßigtem, mit getarntem Schrecken«] das alte *Imperium* in die sogenannte Geisteskirche, und solchen Wurmfraß, Frau Ute, den erkenne ich seit langem, auch ohne Gaukelkartenbilder. Jedenfalls ohne Falkentraum und Kartenkunst und Eschenbaum.

Ute, die Blinde, ohne zu reden oder den Kopf zu bewegen, hob die Hände und sammelte die Zeichen vom Tisch. – Da der Bischof immer noch schwieg, grumbelte sein Vetter: Fühlst Dich durchschaut, Ringwolf? Gesteh's! Erzähl uns, wie es Deiner Gattin geht! Folgst Du Papst *Innozenz* [*Innozenz* I., Papst 401–417] und dem Konzil von Arles [im Jahr 443], wonach Priester ihre Weiber verkaufen sollten oder verjagen? jedenfalls nie mehr beschlafen? da schon der heilige *Clemens* endgültig erkannt hatte, daß auch die Ehe nichts anderes ist als Unzucht? [*Clemens von Alexandria*, ca. 150–215, Leiter der Schule von Alexandria, verband kirchl. Moral mit platonischer Philosophie.] Aber wir wissen, als Verschnittener bist Du befreit von allen Plagen dieses Lebens.

Damals wußten wir nicht, daß wenig später einer in dieser Halle erschien, der dem römischen Bischof noch heftiger zusetzte, mit noch mehr Spott und noch dreisteren Fragen. Doch als dann dieser Gast den geistlichen Vetter ebenfalls bedrängte, kaum anders als er selbst, da zollte Hagen nicht etwa Beifall, sondern nahm den Bischof in Schutz. Auch worüber gelacht werden durfte, auch das bestimmt der *Dux Burgundiae*. Für immer sind wir hinuntergedrückt ins Angstsystem.

An diesem Winterabend aber foppte er. – Ich hörte, Deine *Lavinia* kocht Dir noch täglich die Suppe? Hoffentlich nur die aus Bohnen und Erbsen? Oder braut sie Dir etwa gelüstigen Fisch-Unflat? backt Dir Elisenlebkuchen mit Ingwer und *piper nigrum* [»schwarzem Pfeffer«] aus Indien? Gedenke Deines sehr frommen Bruders *Theophrasti* Ende in Trier, der bis zuletzt tapfer die *abstinentia* übte, nach der ein Gottesmann seine Frau wie seine Schwester zu behandeln hat [vgl. z. B. 1. Korinther 7,1–3] und nach der er notfalls vor ihr fliehen muß wie vor einem *inimicissimus* [wie vor einem »Todfeind« (wörtl. kirchl. Vorschrift, der Zölibat war damals noch nicht durchgesetzt)]. »Fliehst« Du Deine *Lavinia* also?

Der weise Clemens hat nämlich ermittelt, die Ehefrau zu beliegen, das sei schon auf Erden die Hölle. Sei schlimmer noch als Ehebruch. [Clemens in *Paidagogos* II, 10,99,3.] Bruder Theophrast in Trier jedenfalls, der vermied es bis zu seinem letzten Atemzug, sich von seiner Frau auch nur im Nötigsten bedienen zu lassen, selbst in dem, worauf man auf dem Sterbelager eigentlich gar nicht verzichten kann. Bis in seinen Tod hinein achtete der darauf, daß er durch kein Weib in Sünde fiel. Wie tapfer dieser Vorbildliche war, zeigte sich so richtig in seinem allerletzten Augenblick. Als seine Frau nämlich sah, wie *Theophrasti* Glieder sich strecken wollten, als ob er stürbe, da prüfte sie, ob er noch röchle und hielt ihr Ohr an seine Nase, denk Dir, ihr sündiges Ohr an seine heilige Nase, an seine halb oder schon ganz tote. Dies fühlte aber der Reine noch und rief mit letzter Kraft: Frau, geh weg! Willkommen, meine Herren, willkommen, meine Herren, ich komme, ich komme. – So sind sie bezeugt, seine letzten Worte, und so, wie im Liebeshöhepunkt, so zog der von Trier hinauf direkt ins Paradies. Und war sich sicher, daß im Paradies ausschließlich Herren zu begrüßen wären. Heilige Herren, versteht sich, *ergo* von Frauen Unberührte. [Die *Theophrastus*-Begebenheit ist in Fragmenten mehrfach belegt, zuletzt in U. Ranke-Heinemanns »Eunuchen für das Himmelreich«.] Und nicht etwa so Gottvergessene wie die in Ägypten, die in ihren Nächten wüsten Umgang haben mit unflätigen Suppenmeisterinnen und dann, am Morgen danach, an den Altar des Heils treten, besuppt. Du dagegen?

Der Bischof schwieg beharrlich, blieb gebeugt über seinen Brustkristall. Gunther hatte sich entfernt, zur anderen, zur dunklen Saalseite, wo die Fensterlöcher zwar Kaltluft bliesen, wo er aber allein war und von Maden und anderen heimtückischen Schrecken nichts hören mußte. Er sah zum Rhein hinab, wollte nun wohl ebenfalls den Bruder herbeischauen, Gernot. Ich meinte, durch die Mauerluken den Fluß zu hören, den Rheinstrom. Mag sein, es setzte ein Nachen über.

Da wollte ich den Frauen gestehen, was ich selber geträumt hatte, damit sie anderes zu bedenken hätten als den Priesterhorror. – Mir träumte letzte Nacht, sagte ich, Gernot käme zurück. Unser Bruder stürmte den Rhein herauf, aber auf einem Untier, von Mainz her kam er und schrie schon von weitem: Dies ist er! hier bring ich ihn, unseren

Bundesgenossen! – Den »Mächtigsten«, lachte Hagen. – Gernot ritt auf einem Wurm, der war lang wie drei Schiffe, und sein Schwanz war hoch geschwungen, eng und steil wie die Rheinschlaufe bei *Bodobriga* [Boppard]. – Mit diesem hier, rief Gernot in meinem Traum, werden wir die Sachsen packen, die Dänen fangen, die Hunnen jagen. – Doch das Reitvieh war nur scheinbar gezähmt. Vor Worms verlor Gernot die Gewalt über die Bestie, die peitschte die Pfalz mit hornigen Klauen und zerschlug sie. Am Ende uns alle.

Am Abend vor dem Tag, an dem er tatsächlich kam, der Kräftereiche, der Königssohn, da haben wir von niemandem mehr geredet als eben von ihm. Vielleicht, weil er einer war, wie er in Wendezeiten erwartet wird. – Eine Weile war's still im Saal. Feuerknacken hörten wir. Das Flußrauschen, den Wind. Da alle mich ansahen, mußte ich meinen Traum nun wohl auch deuten. Zumal Kriemhild mich fragte: Auch Gernot auf einem Reittier? Was meinen solche Träume? – Daß wir einen Gast haben werden. – Wen? – Den Siegfried.

Da hob Hagen, der Heermeister, eine Hinternbacke von der Bank, diejenige, die dem Bischof zugekehrt war, und ließ mit starkem Knattern Luft übers Brett. – O Geist des Königs Gundomar. Weih geschrien über Deine Söhnelchen. Wann immer ihr Gramgewinsel weibermäßig wird, füllt dieser Name ihre Hirnschalen. Vetter Ringwolf, melde Deinem Herrn Felix [483 war *Simplicius* gestorben, ihm folgte Papst Felix III.] nach Rom: Nirgends ist Klarheit im Barbarenland. – Der Bischof sah in seinen Weintopf und sagte: *Aequo animo ferro.* [»Ich fasse mich in Geduld.«] Eines Tages leuchtet das Licht auch hier.

Vorerst leuchtet gar nichts, sagte Hagen. Nun naht also ein Höhlenmolch, ein Raubvogel, ein Rheinwurm, und frißt schon jetzt an den Gehirnen. – Er schabte sich den Rücken. – Denn gäbe es, was unser Bücherberserker »Siegfried« nennt, wäre nicht auch der bloß ein Nachtschrecken in Schreiberträumen und Weiberwünschen und schlecht bezahlten Herbergsmärchen, dann, wenn es den wirklich gäbe, dann ringelte sich auch der längst um Worms. Als Heerwurm. – Der Waffenmeister drehte sich zur Seite. Im Eingang stand einer, da stand Rumolt von Straßburg.

Ein Fährmann, stotterte der Küchenmeister, hat gesehen, es flog was von da heraus ins Wasser, ein Blinkendes, dieser Becher hier, der von Troyes, und weil wir zuvor den Schrei hörten, ein Frauenschreien, wollte ich nachsehen, ob was Böses vorfiel und ob ich, zur Beruhigung, vom neuen Birnenschnaps bringen soll?

Alles, sagte Hagen, ist in Güte und in Klarheit, nur Koch Rumolt redet Unfug. Gib mir den Becher. Statt Roten raufzuschaffen, und zwar
32 von der Goldküste und keinen mehr vom jurassischen Südfuß [Schazman: *southern feet of the iurassic mountains*, gemeint ist der Südhang des Schweizer Jura zwischen den heutigen Orten Biel, Neuchâtel, Lausanne, Genf], spinnt nun auch der Küchenmeister. – Kurz danach erzählte der Koch unten im Gewölbe, und die in der Küche sagten es denen in den Hütten und an den Feuern und all denen, die den Frauenschrei [vgl. S. 22, 294, 504, 511] gehört hatten, es zöge durch die Pfalz neue Angst.

Oben in der Halle blieb König Gunther bei seiner Fensternische und betrachtete die Nachtlichter. Hätte gar zu gerne Genaueres über »den Siegfried« gewußt, den »Mächtigsten«, traute sich aber nicht, danach zu fragen, wollte nicht etwa als ängstlich gelten. Ließ sich vom Strom was murmeln. – In diesen Augenblicken, in der Nacht vorm Christgeburtstag *anno domini* 485, geschah vor Mainz, nur einen halben Tagesritt flußab, folgendes.

Am Rheinbogen bei *Mogontiacum* [Mainz] hatten vordem die Kelten ihrem Gott *Mogon* aus Felsen eine Uhr [Schazman notiert *stone circle*] errichtet, aus deren Himmelssteinen die Römer ihrem Gott Mars ein Heiligtum bauten. Nachdem Alamannen wiederum diesen Römertempel zerschlagen hatten, konnte dort im vergangenen Jahr unser Bischof aus all den verschiedenen Heidensäulen eine Kapelle bauen lassen, die er der »wahren Königin« weihte, seiner heiligen Maria.

Eben dort ankerte draußen im Strom, während zu Worms Herr Hagen sich den Grind vom Rücken rieb, ein Schiff unter schwarzen Segeln. Von dem bewegte sich ein Kahn zum Ufer, am Ufer wurden Lichter gezündet, rasselte Eisen, traten Schatten aus Marias Gemäuer, kam es zum Wortwechsel und war BIJOBS [bei Schazman unübersetzt *(celtic magic words)*] von Worms die Rede und solle alles YERRA [unübersetzt] pünktlich gemeldet sein, eilte man mit Fackeln, band ein Pferd frei, zäumte, sattelte, rief Namen, setzte einer sich auf und ritt mit PERRIX und KNÖRRIP [bei Schazman *celtic magic words*] davon, stromauf, nach Worms.

Zwei Stunden später war der nächtliche Bote durch die Ebene bis dorthin geritten, wo die Arme des Stroms sich bis an die Berge drängen und den Weg bei jedem Hochwasser wieder fortspülen. Er versuchte das Pferd ins Wasser zu treiben, das sträubte sich, stieg hoch, er warf eine Münze vor sich in die Flut, auch das half nichts, das Tier scheute. Also mußte er über den Berg. Beim Anstieg merkte er, daß sich das Tier verletzt hatte, lahmte, er würde Worms in dieser Nacht nicht mehr erreichen, nähme er nicht ein anderes Pferd. Das, so hoffte er, fände er bei einer der Wachen.

Auf der Höhe, in der Sternennacht, erkannte endlich der Bote die Umrisse eines Wächterzeltes, sprang ab, gab seinem Lahmtier einen Hieb, das floh in die Dunkelheit. Und nun näherte sich der, dem kürzlich der Prozeß zu machen war, aus dem ich all diese Einzelheiten weiß, näherte sich dem Zelt auf der Schneefläche, bemerkte vorm Eingang niedergebranntes Feuer, Glut und Asche und sah, daß hier niemand wachte, schlich sich seitwärts, dorthin, wo der Posten sein Pferd festgebunden hatte. Das wurde unruhig, schnaubte, warf den Kopf auf. Leise sprach er auf das Tier ein, schon war's zu spät, der Posten war aufgewacht, lief heran und hätte den Boten als Pferdedieb erschlagen, wären nicht KNÖRRIP und BIJOBS vertraute Parolen gewesen, die den Wachmann überzeugten, daß es sich beim anderen um einen Kumpan handelte, und gar um einen Kelten.

Zog den in sein Zelt, wollte freundlich tun, damit der nicht verriet, daß er geschlafen hatte, zündete eine Fackel an der Glut, nötigte den Reiter aufs Schaffell, gab ihm vom Käse, vom Bier und wollte hören, für welche wichtige Nachricht er das Pferd nehmen wollte. Saßen sich in der dunklen Enge gegenüber, die beiden Kahlköpfe, die beiden Unfreien, und der Reiter murmelte was von seinem lahmen Tier und aß und schwieg.

Bei eiliger Nachricht sind Reiter und Pferd zu wechseln, von Posten zu Posten. – Deswegen wollte ich das Tier wechseln. – Zu wechseln hat auch der Reiter. – Falls der in der Nacht wach ist. – Nimm mehr vom Bier. Hier ist noch Käse. Und sag, was ist YERRA so wichtig, daß es so rasch nach Worms muß.

Der andere kaute, antwortete nicht. Nickte aber auch nicht mehr. – Was ist so eilig, daß Du Dir keine Pause gönnst. Hast genug gehetzt, iß, ruh Dich aus, bis Worms reite ich. Sag mir die Nachricht. – Der Reiter hörte zu kauen auf. Nahm das Messer, als wollte er Käse schneiden.

Da sagte der Wächter und blickte auf die Hand mit dem Messer: Brauchst in Worms mit Botenlohn nicht zu rechnen, Burgund ist verkauft an Mailändische, an Kölnische. Selbst wenn Du melden würdest, Gott Wotan zöge den Rhein herauf oder Herr Christ, oder die Sachsen hätten Gunther zum König gewählt, einen Schluck Roten kriegtest Du von Dankwarth und von Herrn Hagen einen Tritt.

Vielleicht aber auch einen Drachenzahn, rief der Bote, der bemerkt hatte, wie auch der andere unter seinen Kittel griff, zum Dolch. Dem kam

er zuvor, dem stieß er das Käse-Eisen in die Rippen und stürzte davon.

Derweil saß König Gunther, mein großer Bruder, in der Fensternische, sah den Orion über die schwarzen Berge gehen und ließ sich vom Rhein was erzählen. »Groß« muß ich Gunther nennen, etwas ZU groß erschien er mir oft. Bisweilen stand er gebeugt, obwohl er noch jung war. Ihn beherrschte die Neigung, vor dem, was ihn bedrücken wollte, auszuweichen nach oben. In Höhen, die nur das Denken erreicht und das Träumen. Über Brücken und auf Türme, wo Schwindel warten und Zweifel. Wir werden sehen. – Hatte seine Harfe gegriffen. Berührte die fest und hart eingedrehten Kalbsdärme, hatte zu summen begonnen.

Von Kilian, meinem irischen Freund *Wunnibald*, war ihm diese *carpa* [Harfe] gebaut worden, und Kilian hatte bald darauf mit Gunthers Geld und Brief ein Klösterchen gründen dürfen, drüben im Waskenwald, gegen den Willen des Bischofs, der beteuerte, Lorsch und Speyer reichten aus. Die neue Lehre sei nicht zu teilen in eine reine aus Rom und in eine unreine aus dem Gälisch-Irischen, wo Dämonen regierten und die Schamlosigkeit der Frauen. [»Umbs Jahr Christi 433 ist es zum Christlichen Glauben kommen und werden in dieser Insel fast unglaubliche Dinge gesehen.« (Aus: Reißbuechlein des Ehrwürdigen Herrn Tomae Carve a. d. Latein ins Teutsch übers. durch P. K. Jetzo, Mainz, Joan Balthasar Kuntzen 1640. In »Irrlandt«, hrsg. v. Jürgen Schneider, Galrev Berlin 1993.)]

König Gunther hatte sich aber in die fidelere Christus-Kirche so verliebt wie in *Wunnibalds* Harfe, auf der er zwar nichts spielen konnte, dafür aber diesen oder jenen Ton zupfen und dabei an Schönes denken, an das, was *Wunnibald* besungen hatte, an »tüchtige Königinnen«, an arbeitswütige Kobolde, an Feuertiere und Mitternachtsfrauen, üppige, weiche, beschützt von Flammenwänden. Freilich dachte er nun auch an den, dessen Namen ich genannt hatte, an den Siegfried. Schon war mein zartsinniger Bruder auf der süßesten Gedankenreise, da wurde er herausgerissen von Ringwolf, der vor den gallischen Versuchungen warnte, der von einem anderen irischen Mönch erzählte, von einem Wandermönch [zum verdrängten keltischen (iroschottischen) Frühchristentum s.u.a. S. 11, 525], der vor dem Kloster Lorsch auf einen Holzhaufen gestiegen sei und von diesem Brennholz herab gepredigt hätte. Dieser Irrwitzige, berichtete Ringwolf, habe behauptet, auch unterhalb der Erdscheibe würden Menschen wohnen. Anfangs habe man den verlacht. Als der Bettelpriester

aber beschrieb, wie auch in der Tiefe [Schazman verweist auf die Häufigkeit von *deeply* und *devil* in diesen Schilderungen und erinnert an deren gleichen Wortstamm (»Tiefe« und »Teufel«)], also in Satans Reich, der heilige Himmel wäre und daß auch dort Gott und seine Engel lebten, war klar, daß an diesem ein Exempel statuiert werden mußte –

Ich wollte nicht noch einmal die Geschichte von der Bestrafung des irischen Wanderpriesters hören, hockte mich auf die Armlehne von Utes Stuhl und bat Kriemhild, mir ihren Traum genauer zu erzählen. – Im Traum, sagte sie, ging ich eine hohe Straße. Die fiel auseinander. Eh auch ich stürzte, hielt mich überm Abgrund ein Vogel, der war groß und mit dem war gut zu spielen. [»Spielen« hat zentrale Bedeutung in dieser »Kilianschronik«. Neben Harfen- oder Kartenspiel Surfen Segeln Rudern Reiten Fechten Klettern Gewichtheben Tanzen Pferdsprung Bärenfangen Kampftrinken Drachenfliegen Falknerei Felsenrutschen Nordischer Kombination Weitsprung Bettkampf Männerverschnüren Kugelstoßen Schönheitskonkurrenz Speerwerfen Drachenfliegen Jagdsport Schachspiel Ringen Eisklettern Flammensprung Lindwurmkampf Wettrennen und ritterlichen Turnierkämpfen.] Mit dem flog ich und jagte, stark war der, ein Falke, prächtig und wild –

– noch jetzt sei er, Ringwolf, stolz darauf, diesen irischen Lästerer gepfählt zu haben, eigenhändig, Sklaven hätten den Gefesselten kopfunter an einen Ast gehängt, Bruder *Eulogius* hätte dem Verteufelten den gespitzten Balken zwischen die Hinterbacken gestoßen, die Spitze ins Loch –

– dieser Falke war herrlich gefiedert, trug goldene Bänder und Glöckchen am Hals und an den Füßen, hat am Himmel weite Kreise gezogen und ist doch immer wieder zu mir zurückgekehrt, jedesmal mit reicherem Fang –

– den Pfahl habe dann er, Ringwolf selber, vor den Augen der frommen Brüder und vor allem Lorscher Gesindel, mit dem Schmiedehammer in den Ketzer hineingetrieben, in diesen irischen Irrwisch, er, Roms Bischof selber sei sich nicht zu schade gewesen, das Holz hineinzuschlagen in den Fleischsack, tief hinein, bis in die gotteslästerliche Brust –

– von diesem herrlich freien Vogel habe ich nun schon dreimal geträumt, bin jedesmal mit ihm geflogen, weit hinaus aus Worms, über die Rheingewässer und hoch über die Berge. In der letzten Nacht aber war ein Maskierter in den Verschlag geschlichen, hatte das Tier getäuscht und erschlagen. Zwischen rostigem Gitter-Eisen hat frisches Lockfleisch gelegen –

– aus der irregeleiteten Brust seien bis zuletzt Schreie gedrungen, aber nicht etwa Reue, auch kein Weheklagen, sondern Trotzschreie. Was er predige, das sei nicht des Satans, sondern sei Wahrheit. Wahrheit. So verblendet sei dieser Ire gewesen, daß er immer nur »Wahrheit!« habe schreien können. – So lange schrie er, bis ich ihm mit meinem letzten Schlag den Atem zerriß.

Da wendete ich mich zu Ringwolf und fragte, ob er nicht endlich aufhören könne, *historias atrocitatis* [wörtl.: Geschichten der Gräßlichkeit] zu erzählen. Wurde wohl, obwohl ich's lateinisch gesagt hatte, über meine Frechheit ein wenig rot. Ringwolf ist der Bischof des Königs und ist Hagens Vertrauter und Vetter und ist immerhin doppelt so alt wie ich. [Ringwolf war demnach etwa 46 Jahre alt (da Giselher später Siegfrieds Alter mit 23 angibt und sich selbst gleichaltrig nennt).]

Nun sprach auch Gunther, vom Fenster her. – Welch süße Fleischesgeschichten die irischen Prediger erzählen und welch grauenhafte die römischen. [Das irische Keltisch (»Gälisch«) hatte in Europa nach dem klass. Griechisch und Latein die früheste umfangreiche Schriftliteratur, z. B. wurde Virgils *Aeneis* zuerst ins Gälische übertragen. Es folgten dann freilich die christl. Heiligenmythologien (St. Patrick, St. Columba), aber auch kelt. Legenden wie die Taten von Chu-Chulainn, dem Helden der Provinz Ulster (heute Nordirland).] – Mein Falke, sagte Kriemhild leise, ist nicht gleich tot gewesen. Im Zwinger, in der rostigen Kralle hat er noch geflattert, immer nochmal. Ohne daß ich ihm helfen konnte. Hat gezuckt, bis in den Morgen –

Der Bischof mochte nicht einsehen, was an einem Frauentraum bedeutender sein könnte als an der Erlösung von der Höllenqual. – Immer, sagte er, werde ich warnen vor den heidnischen Verführungen. So wie diesen Frevler der Rhein wegspülte, so hätten wir auch den strafen müssen, den die Kelten »Wunnibald« nennen, statt ihn für Harfenlieder und schamlose Erzählungen von »tüchtigen Königinnen« ein Kloster bauen zu lassen. *Etiam Ciliano Hilaro necesse sit palum adigere per posteriorem partem.* [»Auch diesem Heiteren Kilian wäre es nötig, den Pfahl hineinzutreiben durch das Hinterteil.«]

Da sah ich, wie die Witwe des Gundomar ihre Hand auf Kriemhilds Haar legte, ihre bleichen Finger in das dunkle Haar, das, wenn man genauer hinsah, in rötlichem Glanz schimmerte. [Blond ist Kriemhild erst seit dem 19. Jahrhundert, besonders seit 1870/71, endgültig ab 1933.] Und Ute sprach in ihre dürren Finger hinein. In das geflochtene Mädchenhaar sagte sie folgenden Vorrat aus »heidnischen« Wörtern:

Eiris sâzun Idisi,
sâzun hera duoder

Suma hapt heptidun,
suma heri lezidun
Suma clubôdun,
umbi cuoniouuidi
Insprinc haptbandun! invar vîgandun!

[So bei Schazman, der hier anmerkt, daß er Wortlaut wie Schriftbild der Kilianschronik entnehme.]

Lange stand er im Raum, der nifelländische Klang. Bischof Ringwolf schaute zum Saalgewölbe empor, als sähe er, wie übers Gold und Rot schwarze Schatten huschten. Er wird sie erkannt haben, die Dämonen, eben die, vor denen er ständig warnte. – Was hat diese Ute geredet, fragte er. Was war das? – Hättest Du Deutsch gelernt, spottete ich, Leutewörter statt Latein, dann wüßtest Du's. – Dann sage Du, Du »Deutscher« [vgl. S. 12, 159], Du Leuteliebling, wovon sie geredet hat.

Von zwei Frauen redete sie. Von zwei weisen und witzigen Weibern. Die taten sich zusammen, um Fesseln zu sprengen:

Einstmals hockten sich Frauen
hockten sich hierhin und dorthin
Einige legten Fesseln
Andere hemmten das Heer.
Andere lösten und öffneten Knoten
Um der Baumkraft willen
Nun entspring den Fesseln!
Entkomm den übermächtigen Feinden!

Wer von »Baumkraft« singt, sagte Ringwolf, singt Teufelslitanei. Sind bereits üble Zeichen, wenn Frauen vom Fliegen träumen. Von blutigem Lockfleisch. Klar, daß, wer keine heilige Ordnung weiß, sich das Wilde zurückwünscht, das Zuchtlose und das Unflätige. Daß er dann auch vom Fesselnlösen spinnt. – Er bekreuzigte sich mit der einen Hand, mit der anderen griff er sich an die Brust, wo, in Silber gefaßt, das Stück hing aus der Hand seines Herrn, und wendete sich so, mutig, an die Frauen: Habe ich Euch nicht aus Rom die wahren Gebete mitgebracht, die des Heiligen Vaters?

Waz Wulf Hellehunt fuor du sar en abcrunt [Stinkender Wolf, Höllenhund, fahr Du in den Abgrund. – Zu »Waz« (= stinkender Wild-Eber, Ekel; regional auch »Wuz« oder »Wutz«) vgl. S. 41, 43, 75, 179, 195]. So antwortete es aus Utes Sandelsaftmund.

Der Geistliche bekreuzigte sich abermals und ging dorthin, wo an der hinteren Hallenwand, zwischen Pech- und Unschlittlichtern, der

Gekreuzigte hing, kniete dort und betete. Wird wieder geklagt haben, wie mühevoll die Arbeit sei, die Sankt Simpel ihm auftrug, eigentlich viel zu schwer. Wie hatte Hagen ihm diese Aufgabe erklärt? Ich war wiederholt Zeuge, da ich die Bischofskünste ja ebenfalls lernen sollte. – Teilen sollst Du, sagte der Fuchskopf, herrschen werde dann ich. Zertrenne Du die Geister von den Leibern. Die Weisheit von den Weibern. – So hörte ich den Heermeister raten. Nur Leute, die geteilt seien, ließen sich beherrschen. Diese Einsicht hat der Bischof »Roms zu Worms« gerne beherzigt, immer mal wieder hörte ich ihn murmeln: Die Geister von den Leibern. Die Weisheit von den Weibern.

Singemes thaz umbiring allan thesan woroltring [»Singen wir ringsherum ums ganze Erdenrund«], zischelte nun wieder Ute und streichelte das schwarze Feuerhaar der Kriemhild. Dann sagte sie so leise, daß nur die Schwester und ich sie verstanden: Dein FrauenFreuenWahrTraum [Schazman merkt wieder an, die Kilianschronik bilde diese Wörterkette mit BinnenMajuskeln], der zeigt, Du wirst den freien, der es besiegt, das Erdmutterschänden.

Hagen trat näher, um ihr Gezischel besser zu verstehen. – Sei gewiß, Hagen, bald ist Hochzeit. Mit dem Mächtigsten. – Aber? – Aber um Kriemhilds Falkenmann wächst Neid. *Suma heri lezidun. Insprinc haptbandun. Insprinc Rumuburc.*

Ich seh ihn noch nicken und grinsen, seh sie noch, die rissigen Lippen über seinen gelbschwarzen Zahnbuckeln. – Und hör auch wieder die Mutter. *Insprinc*, zischelte sie, stürz Roms Mauern. Die Herrenkrallen brich. *Invar vîgandun.* Hinter den Jura mit uns.

Da ließ Gunther die Harfe in Ruhe, kam von der dunklen Nische zum Tisch der Frauen, biß sich in seine Finger, wie er immer tat, wenn er unschlüssig war, verlegen oder ängstlich, und fragte: Wenn es der »Mächtigste« ist, mit dem es Hochzeit gibt, vor wem sollten wir dann fliehen?

Vorm Neid, sagte Ute. Murmelte burgundarholmische Wörter und sagte dann: Schickt nicht *Gislahar* zu den Sachsen, schickt *Wazwulfilas* dorthin. Laßt den dort sein ParadiesSingen säuseln. *Singemes thaz umbiring. Finis operis Romae!* [»Ende der römischen Unternehmung!«] Schluß mit Wald- und Menschenfraß. – Murmelte wieder und wieder dieses *finis operis*, am Ende sirmelte sie das alles nur noch in Kriemhilds Haar.

Die Schwester sah mich an: Was weißt Du von diesem Siegfried? – Der Freieste ist der, sagte Ute. – Aus Ammenmärchen kroch der, befand Hagen. – Giselher ist der Erzähler, sagte Kriemhild.

Gunther setzte sich neben mich, auch der blickte mich an. – Ich nahm einen guten Schluck und sagte: Fast alle, die ich gefragt habe, sagten, er sei vom Stamm der Cherusker. Siegfried sei Nachfahr des

Arminius. Einige beteuerten, er sei ein Kelte.

Höhlenmolch ist er, aus Gasthausqualm kroch er, sagte Hagen. Damit in Nachtquartieren Soldaten besser trinken und Mädchen zittriger träumen. Damit Sänger mit langen Locken was zu singen kriegen und Könige Knieharfen zupfen. – Das graue Furchengesicht, es schimmerte unterm Talgfeuer wie Gneisgestein.

Als nach ihm niemand mehr redete, sagte ich: In Köln und an der Sieg habe ich mit Kirchenmännern gesprochen. Da war kaum einer, der nicht wußte, Siegfried stamme von Irmin, dem Cherusker. Von dem, der die römischen Herren in die Falle laufen ließ. [9 n. Chr., Schlacht »am Teutoburger Wald«, nach neueren Funden im Wiehengebirge (»Kalkriesen«), zwischen Weser und oberer Lippe. Der Aufstand begann wahrscheinlich als Meuterei germanischer Offiziere und kelt. Hilfstruppen. *Armin* (= *Sigurd*) war höchster german. Offizier der *Romania*. Niederlage der Römer, Verlust von 3 Legionen, 6 Kohorten unter Feldherr *Varus Quinctilius*. »Von Wäldern, Sümpfen umschlossen wurden sie von eben dem Feind bis zur völligen Vernichtung hingeschlachtet, den SIE sonst wie das Vieh zu schlachten pflegten.« (Aus dem Bericht des zeitgenöss. Historikers *Velleius Paterculus* in seiner *Historia Romana*, verfaßt in den Jahren 29 und 30 – erster Bericht über »Arminius«. Das Zitat ist aus II/119.)]

Als ich bemerkte, wie das Gneisgestein und auch die anderen sich mir zugewendet hatten und gut zuhörten und nur Ute tat, als schliefe sie, sagte ich: Er stammt von dem, der die Römer in die Weser trieb. Der sie abschlachten ließ, wie vorher sie die »Barbaren« geschlachtet hatten. So daß der Fluß noch eine Woche danach an Bremen vorbei rot zur Nordsee strömte. Voller kopfloser Herren. Nicht nur die Köpfe hatten sie ihnen abgeschnitten, auch die Lustglieder, so daß die Eroberer sich ganz und gar ausbluten konnten in die Erde, die sie hatten kolonisieren wollen.

Ich sah, wie Ute nickte. Wie Gunther mich anstarrte. Sah den Bischof drüben, wie er die Hände hob, zum Kreuz empor. Da ging ich zum Schreibpult und hob einige Papiere, verschiedene Chronikrollen, und sagte: Es ist notiert.

Gislahar spricht wahr, hörten wir Ute, hörten sie am Sandelholz knacken und kauen, das ihr gegen den Herrengestank half und das gegen die Zahnfäule untermischt war mit *Hanapis* und zerstampften Bilsensamen. [B. (Nachtschattengewächs) betäubt, *H.* (Cannabis) beflügelt.] – Der Siegfried, sagte sie, ist von *Irmin*. Ist von denen bei den Externsteinen, die wissen, wo die Sonne herumgeht zur Nacht, so wie das der irische Mönch gewußt hat, den Ringwolf pfählte. Den *Sigurd* nannten sie in Rom *Arminius*, weil der sich zur Tarnung als einer aus dem Morgenland ausgab. – Sie wendete mir die blinden Augen zu, als fragte sie, ob auch dies die Chroniken meldeten.

Auch das ist notiert, sagte ich. – Da fuhr sie fort: Es haben in *Sigurds* Sippe alle in ihrem Namen *Sig* oder *Sieg*. Wie noch die Eltern des Mächtigsten, denn die heißen Siegmund und Sieglind. *Sieg* meint die Kraft, die der hat, der mehr Witz hat, mehr Wissen. Meint die Stärke, die der hat, der nicht gegen den Wald lebt, sondern mit ihm, der Erde nicht schlachtet, sondern liebt, der die Wechsel des Lichts kennt wie die Lebenskreise. So einer weiß, wie nicht nur Berge wirken und Flöze leben, sondern auch der Menschenleib. Nämlich geradeso wie der Erdenleib. Nur so einer weiß auch das Wichtigste, die Höhlen und Verstecke in unseren Köpfen. *Krut, steen enti wort hant an kreftin richin hort.* [»Gewachsenes, Erde und Sprache, das sind die stärksten Kräfte.«] Allein *Cuoniouuidi* durchschaut lateinische Köpfe, den Machtneid. Aus solchem Witz stammt der, der kommt, und ist darum der »Mächtigste«.

Qualp, rülpste der Heermeister. Packte den Pokal und sagte: Aus Nebel ist der und heißt darum »Nibelunge«. Mir schmeckt, was im Mittag reift. Was »Siegfried« heißt, das ist grüngelber Dunst, Gasthausdunst, der bei allzu dickem Bohnenfraß *hospitibus in hospitio* [den Herbergsgästen] aus den Hintern wazt. – Das Gneisgesicht furchte sich den Bart, trank dann tiefe Schlucke von Rumolts neuem Roten.

Da setzte sich auch Kirchenvetter Ringwolf wieder zu uns an den Tisch, griff sich seinen Becher, der gleichfalls neu gefüllt war, und sagte: Von Licht hörte ich Ute reden. Licht und Erkenntnis kämen aus Wotans Nifelheim. Kartengetuschel und Traumgefasel wispern durch den Saal. Melden als Kriemhilds künftigen Gemahl einen Störenfried. Der wär ein Kelte, ein Niederländer, käm von den Externsteinen und wollte dennoch als »Mächtigster« gelten. Brächte Licht aus Stein und Baum, aus Leib und Wahn. Oh Ihr Freunde, schon der Teufel nannte sich Lichtbringer. [*Lucifer* = »Lichtbringer«.] Wann endlich, fragt Euch Euer *Rumoridus Rusticulus*, wann siegt diesseits der Alpen das Licht von Golgatha. Wenigstens in Worms.

Störenfried? rief ich. In Wahrheit bist Du es, der Unfrieden stiftet. Bei den »Deutschen«, sagst Du, hilft allein das Peitschen. Macht mir die Franken untertan, kriegt mir die Sachsen klein, tauft mir die Hunnen oder erschlagt sie oder pfählt sie oder zerschneidet sie. Und schämst Dich nicht, in Wahrheit mit Hagen nur an eines zu glauben: *Oderint, dum metuant.* [»Mögen sie mich hassen, wenn sie mich nur fürchten.« Mehrfach bei *Cicero*, auch bei Kaiser *Caligula* nachgewiesen, ursprgl. in *Atreus*, Tragödie des *Accius* (Vers 203).] Gift und Tod sät Ihr, nicht nur über irische Mönche, auch über die Frauen, die für Euch Schmutz sind. Allein Rom ist es, das Mauern baut. [Steinmauern zu bauen lernten die Germanen von den Römern.]

Der Bischof streichelte seine Kristallkugel und sagte: *Poeta Gislaharius*, laß Dich an das erinnern, was Du nur zu gern vergessen möchtest: *Omnes homines una manet nox et calcanda semel via leti.* [»Alle Menschen erwartet eine einzige Nacht, der nur ein einziges Mal zu betretende Weg des Todes« (Horaz, Oden 1,28, 15 f.).] In dieser Not, die auch Dich betrifft wie mich und uns alle, *sub specie aeternitatis*, vorm Angesicht des Todes, der uns allen gewiß ist, will ich Dir verraten, welche »Mauern« wir bauen. Liebet Eure Feinde! So sagt es UNSERE Wahrheit.

Sagt Ihr, solang es Vorteil bringt. Und befehlt anderswo das Zerteilen und Kopfabschneiden, nutzt Not und Todesangst, verteufelt Leib und Erde und macht untertan, raunt hinterhältig Paradiesgeschichten, Singsang vom Jenseits und betäubt das Diesseits nach Art der Drachen, lähmt und pfählt uns alle. Pfui, nichts falscher als die Herren in Rom.

Der Bischof hatte mir den Rücken zugewendet. Hagen hob nun die Hände, genug sei's, hieß das. Doch schien der Waffenmeister vergnügt. So sehr er seinen Ringwolf schätzte als den, der ihm half, durch Zerteilen zu herrschen, so wenig glaubte er Herrn *Rumoridus* irgendeine seiner Himmelsnachrichten.

Finis operis, zischelte die Zahnlose, die Blinde. – Ja, Schluß mit dem Himmelsgezänk, sagte Kriemhild, erzähl lieber von dem Cherusker. – Ja, was weißt Du von dem, hörte ich Gunther. Jeder wollte jetzt, daß ich erzählte. Doch wen immer ich ansah, der erwartete anderes. Hagen wollte Beweise dafür, daß der Niederländer ein Märchenmann sei, ein Hirngespinst. Kriemhild wünschte sich Belege für ihren Traum vom fliegenden Gespielen. Der König neue Nahrung für seine gälischen Gedankenreisen. Und was Ringwolf erwartete, das ließ der nicht im unklaren. – Ist es nicht so, fragte er, daß die Kaufherren zu *Mogontiacum, Colonia* und *Confluentes* [Mainz, Köln und Koblenz] diesen Räuber beneideten? Nicht gerade weil er vom *Irmin* abstammt, nein, weil er sagenhaften Reichtum besitzt? [Schazman merkt an, die Fragen des Bischofs könne man im Englischen unmöglich korrekt wiedergeben. Das Keltisch-Gälische der Kilianschronik kenne kein eindeutiges Wort fürs »Haben« und »Besitzen«, in wörtlicher Übertragung müßte diese Stelle lauten, Siegfried habe »mit sagenhaften Schätzen gespielt«. Sowas gebe aber im Englischen kaum Sinn und er habe sich hier wie in anderen Fällen zu *possessed* entschließen müssen, einer »Verfälschung im Sinne des Englischen«.]

Wenn Ihr mir Zeit laßt, sagte ich, dann antworte ich Euch allen. Noch an diesem Abend. – Setzte mich an die Herrentafel. Kriemhild zögerte nicht, ebenfalls dort Platz zu nehmen. Dankwarth stellte mir einen gefüllten Becher vor. Ute war geblieben, wo sie die Karten gelegt hatte, schien nun wirklich zu schlafen.

Der »Mächtigste«, sagte ich, da haben die Handelsherren wohl recht, ist sehr reich. Einige reden von hundert, andere von hundertfünfzig Eselsladungen an Schätzen, jedes Tier bepackt mit zwei Säcken, bis obenhin gefüllt mit keltischen Schmuckstücken, mit Kronen und Ringen, mit Spangen und Bechern und Ketten. Auch mit Kirchensachen. – Mit geraubten, sagte Ringwolf. – Wie der Cherusker in ihren Besitz gelangte, darüber laufen verschiedene Geschichten um. Ich habe alles miteinander verglichen und glaube inzwischen, daß ich's weiß und erzählen kann. Doch müßt Ihr Geduld haben. Wenn Ihr mich von nun an ungestört berichten laßt, dann wißt Ihr die Wahrheit erst mitten in der Nacht. Allerdings kann ich schon jetzt sagen, daß der Nibelunge all seine Güter nicht stahl, nicht erschwindelte, sondern in ungewöhnlichen Mühen verdiente, und dies nur, um sie wieder herzuschenken. Er ist von Grund auf ein Arbeiter. Er ist wie Herkules.

Großartig, knurrte Hagen. Kriemhild hält Hochzeit mit einem Arbeiter. – Mit einem barbarischen Vieh, rief Ringwolf. *Vix iam homo, magisque semiferus.* [»Kaum noch Mensch, halb Tier.«] Mir, sagte Hagen, erzählte man, er sei entstanden, weil zwei Geschwister, Siegmund und Sieglind, ausprobiert hätten, wie das Vögeln geht. [Vorweis auf die Wälsungen-Überlieferung.]

Sänger, sagte ich, wenn Du sie nur gut genug bezahlst, singen Dir jede Lüge. Daß seine Eltern Geschwister sind, hat mir von denen, die ihn kennenlernten, niemand berichtet. Geboren ist der Nibelunge dort, wo Nifelheim beginnt. [»*Nibelunc* = Sohn des Nebels, der Finsternis« (Lexers Mittelhochdeutsches Wörterbuch, 28. Auflage).] Im Kastell in Xanten kam er zur Welt, dort wo die Lippe, die bei den Externsteinen entspringt, in den Rhein mündet.

Sicher ist, sagte Ringwolf, daß er ein Horträuber ist aus *Germania inferior.* [Aus dem »niederen Germanien«.] – Ein Höhlenlurch, sagte Hagen, der gesäugt wurde von Bärenzitzen. – Ohne die Stimme zu verändern, fuhr ich fort: Leute, die aus *Colonia Ulpia Traiana* [Xanten (wahrscheinlich von *ad Sanctos*, »die Heiligen«)] kamen, waren sich einig, daß seine Mutter eine weise Frau ist, klug und gewitzt und mit schönen Brüsten. – Die sie über ihre Schultern wirft, sobald sie ihr beim Humpeln im Weg sind.

Giselher erzählt, sagte Kriemhild. – In Köln wie unter der Siegburg hörte ich, seine Mutter sei die cheruskische Königin. Und sie sei Priesterin. Wuchs bei den Bergen auf, von denen Ute geredet hat, bei jenen Jahresringfelsen oder Externsteinen, in deren Schatten die Römer ihre Schlacht verloren. Sieglind kenne, hieß es, den immerwährenden Kalender, wisse den Gang des Tageslichts wie der Nachtlichter, lehre die Frauen, wie man Krankheiten bannt, wie man Kindersegen erlangt oder meidet. Sie lebt dort, wohin jetzt Gernot gefahren ist, wo in den Sümpfen und auf den Heiden Wildpferde ziehen und Wölfe, in den ferneren Revieren noch die Ungeheuer, die den Menschen die Hortgier einblasen, das Drachentrachten. Es heißt, Sieglind habe sich gewünscht, auch ihr Sohn sollte Priester werden. Im Sternbild des Orion [des Großen Jägers aus Böotien, von Diana getötet und an den Himmel verbannt (vgl. S. 503)] sollte er nicht den Jäger verehren, sondern die Kuh, nicht das Eisen, sondern Milch und Sonne. Das Begehren, nicht die Neidgier. Aber es kam anders.

Ich nahm einen kräftigen Schluck. Auch mir war unheimlich, was ich zu erzählen begonnen hatte. So wie jetzt wieder, wenn ich das aufzuschreiben versuche. Schon jener Abend machte mir deutlich, wie vergebens es sein würde, unseren beiden Herren, dem Teiler und dem Herrscher, klarzumachen, was nicht vom Erschlagen handelte, sondern vom Durchdringen. – Gunther lobte mich und schmeichelte. Erzähl weiter, verlangte er. Seit es den Eifer gibt aus Sankt Peter, hören wir selten Geschichten aus Nifelheim. Nur noch die blutigen, die Gerippegeschichten, die geistlichen, die niemand fassen kann.

Ja, fassest denn Du, was diese Sumpfmenschen treiben? Bäume und Steine sind ihre Götter, klagte Ringwolf. – Und wie wir nun hören, sagte Hagen, vergöttern sie auch die Kuh. Wahrscheinlich verkappt im Bärenfell. – Ja, sie lallen ihr Vieh an, bestätigte Ringwolf, in schauderhafter Niederweltsprache, die sich auch Frau Ute bis heute nicht aus dem Gedächtnis schlagen kann.

Laß den schwätzen, flüsterte Kriemhild. Sie füllte meinen Becher neu, trank daraus, küßte mich und hockte sich dicht neben mich. – Über der neuen Trockenheit aus Rom, sagte ich ihr, vergessen die Vettern, daß noch Gundomars Vater tief unten im Nebelland geboren wurde, auf der Insel im Warägermeer [Bornholm], auf der vormals Riesen hausten und von der wir Burgunder den Namen haben.

Ist auch der Nibelunge ein Riese? fragte sie. – Ihn treibt Kraft, das, was Ute Baumkraft nennt, Witz. Wie seine Mutter wollte er nicht werden, aber auch nicht wie sein Vater, weder römischer Eisenkrieger noch mildtätiger Kuhpriester. Er war tatendurstig und arbeitswütig, drängte früh fort aus Xanten. Wie *Irmin* wollte er werden. Ein Römerbezwinger. Wenn ihm erklärt wurde, in Rom gebe es nichts mehr zu bezwingen, bis auf einen letzten Rest in Gallien seien alle Waldfresser besiegt, dann machte ihn das nur zornig. Sieglind hätte ihn Genaueres gelehrt.

Oft genug hatte er als Kind mitbekommen, wie abends in der Halle geklagt wurde, dieses oder jenes Übel, das stamme nun mal von den Römern. Die Baumfresser, so hatte Sieglind gesagt, seien zwar besiegt und verjagt, aber sie hockten nun tiefdrinnen in den Köpfen und dieses Tiefdrinnen, das heiße nun Höllenangst und Religion und sorge für die Unaufhörlichkeit der Plagen. Welcher Plagen, fragte der Knabe. Jeder, antwortete die Mutter, denn da sie die Welt verachten, ist ihnen jede Weltzerstörung recht, egal, ob über Falschheit und Unrecht oder über Raub und Mord. Als Sieglinds Sohn meinte, Raub und Mord wüßte er auch von Leuten, die nicht aus Rom wären, sagte die Mutter, aber von Rom, von Alexandrien und Jerusalem kam es in die Welt, denn von dort kam die Weltverachtung in die Welt. Und rief einen römischen Priester herbei, den sie in der Burg wohnen ließ als Lateinlehrer für ihren Sohn, der mußte laut vorsprechen, was er, der Mönch, täglich zu seinem Christengott betete, immer abends, immer dann, wenn die Dunkelheit kam. In diesen »wahren Gebeten Roms« [bezieht sich auf Ringwolf (S. 40)] war die Rede von der bösen Welt, vom Fluch alles Irdischen als dem Vergänglichen, von den Versuchungen des Leibes. Leib und Welt seien verächtlich und nichtig und schnöde und zu bekämpfen. Wir alle, so gestand der Priester, wir flehen so jeden Tag zu unserem Schöpfer *Hostemque nostrum comprime, ne polluantur corpora* – und unterdrücke unseren Feind, damit unsere Leiber sich nicht beflecken. [Seit dem 5. Jh. »Stundengebet« (»Komplet«) der Mönche, Nonnen, Priester.]

Als er in Xanten solche Gebete hörte, verstand er seine Mutter und glaubte ihr, daß die wohl wirklich falsch sein müßten und betrügerisch und zerstörerisch, die das, was jeder am meisten liebe, für verächtlich halten und für unterdrückenswert. Die Mutter erzählte ihm von ihren Prozessen in *Colonia*, von dem Bischof, der die Verträge mit ihr nicht hielt, weil ein Wort von den Heiden als unrein galt, erst recht *formulam pactionemque facere et praestare mulieriariam* [»Abmachungen und Verträge beschließen und halten mit Weibern«].

Als der Sohn auch dies hörte, wollte er auf der Stelle ein Ritter sein und erschlagen, was an Neidgeistern noch immer in den Köpfen spukte. *Ad maiorem dei gloriam* [»zum höchsten Ruhme Gottes«] war der Vertrag mit seiner Mutter gebrochen, hatte der kölnische Kirchenfürst sich bereichert, jetzt auf Kosten der Cherusker, vormals auf Kosten der Katten [keltischer Stamm, vgl. z. B. »Kettwig« (an d. Ruhr)]. Da sprang der Junge auf und schnappte sich die Eisenstange, die ihm der Vater gegeben, allerdings nur zu Übungen, griff sich diesen eisernen Pfahl und wollte nach Köln.

Seinen Rappen Grani sattelte er und sprang aufs Pferd. Da hat die Mutter ihm die Bischofskappe gebracht, die Mütze, die sie beim Rechtsstreit dem kölnischen Fürsten vom Kopf gerissen hatte, im Zorn. Und konnte dem Söhnchen weismachen, solche Tarnkappen trage, wer die kölnischen Raffgierköpfe beeindrucken wolle, das Kappentragen sei, seit die RomChristen regierten, Sitte am Rhein. Sie hoffte, die Leute unterwegs, wenn sie ihn mit dieser bunten Mütze sähen, würden ihn auslachen und ihm die Lust nehmen, ein Erschläger zu werden. Da er seiner Mutter ganz und gar vertraute, schmückte er sich mit der Seidenkappe. Siegmund, der Vater, griff Grani ans Zaumzeug und reichte dem Reiter den Pfahl hinauf. Kaum hielt der den in der Hand, fühlte der Junge sich stark und galoppierte hinaus aus dem Xanten-Kastell.

Nein, er ist kein Hirngespinst und kein Gasthausmärchen, viele berichteten mir's, die es selber gesehen haben: Als der Recke unter der purpurnen Mitra den Rhein hinaufzog, fand er überall Publikum und Beifall, wenn auch zweifelhaften. Und als er in diesem Aufzug gar in das große *Colonia* einzog, da setzte es schallendes Gebrüll. Lachen und Hochrufe empfingen ihn auf dem Markt, wo die Neugierigen einen dichten Kreis um den großen kleinen Riesen bildeten. Als der sich maulfertig zu wehren begann und die Menge endlich etwas leiser wurde, weil man verstehen wollte, was der Narr zu sagen hatte, da erhob sich von neuem Gelächter, denn der Knabe unterm Bischofshut redete die nebelländische, die klobige Leutesprache, die unkolonisierte. [Von Xanten nach Köln hatte er, würden Germanisten melden, die »Benrather Linie« überquert, jene Grenze, die, sagen sie, noch heute unterscheidet zwischen »Nieder-« und »Hoch-Deutsch«, was die Sprachforscher u. a. erkennen an *ik* statt »ich«, an *maken* statt »machen« oder an äten/essen oder dat/das.]

Sieglinds Sohn war kein Trauerkloß, fand gut, daß alle Welt ihn aufmerksam beachtete und fröhlich grüßte. Doch wann immer ihn einer »Dolbatz« rief oder »Tölpel« oder »Triegel« oder »Trap«, wußte er sich zu verteidigen mit Mundwerk wie Handwerk. [»Tolpatsch«, »Dörfler«, »Betrüger«, »Tropf«. (Tölpel entstand durch r/l- und d/t-Verschiebung aus *dorpaere*, »Dörfler«.)]

Genoß, daß er auf den Plätzen wie in den Herbergen sofort im

Mittelpunkt stand, und fand es durchaus angemessen, daß freche Gesellen ihn schließlich zum »Bischof von Niedernifelheim« ernannten und daß die Gassenjungen und Schurken, wann immer sie ihn erblickten, im Chor zu johlen begannen:

Orbi et urbi,
wat ne leckere
jeckere Burbi,
schmackich Lurchi et Schnurrbi,
döi'n Rhein mi
ond Ruhr bi!

Heiland, entfuhr es Bischof Ringwolf, seine Hand warf er sich über die Brust, an den heiligen Stein. Zweifellos hatte er wieder bemerkt, wie ein Dämon durch die Pfalzhalle huschte.

Eines Tages allerdings, die es mir in *Colonia* erzählten, sind selber dabeigewesen, hatte der Xantener sich vor dem Stapelhaus, vor einer üblen Hafenschenke, mit drei Schmiedeknechten zu raufen. Inzwischen verstand er die *Colonia*-Sprache und begriff, was die Spottverse meinten. Die drei Kahlgeschorenen nannten ihn Breitsemmel und Milchsack und wegen seiner knorzigen Wörter auch Pfiffdeckel und Blasbalg und nicht ganz dicht und grünohrig und riefen: Kockens et an, ons virsämmelisch Sieschfritzchen!

Der Jüngling war aber keineswegs siech oder säuerlich und begann sofort, die drei Wüstlinge mit seiner Eisenstange sorgfältig durchzuwalken. Als er zu einem seiner wildesten Hiebe ausholte, wollte die Stange aber nicht auf einem der Kahlschädel landen, sondern verfing sich in den Radspeichen eines vorüberrollenden Kohlrübenkarrens. Da betrübte ihn auch dies nicht lange, da nahm der Bischof von Niedernifelheim seine nackten Fäuste und raufte sich auch unbewaffnet sehr gerne und ausführlich und wollte jeden der drei Rüpel von Grund auf verbleuen.

Doch die Mitra, die dem obersten Hirten am unteren Rhein vom Kopf gerissen worden war, die war unter der Seide nur aus Leder und Filz und bot wenig Schutz, die rutschte ihm über die Augen und nahm ihm die Sicht. Und weil plötzlich einer der Schmiedekerle die Siegmundstange in seinen Fäusten hielt, traf den Xantener nun seinerseits Schlag auf Schlag, bis es ihn von den Beinen holte und sein Blut zwischen die Rinnsteine tropfte, vorm Stapelhaus.

Aha, maunzte der Waffenmeister. Unser neuer »Herkules«. In der Gosse lag er. Der »Freieste«, der »Mächtigste«. Gesegnet sei der Furz, den ich in seinem Namen fahren ließ. Der ihn exakt geschildert hat, noch ehe unser Bücherwurm damit begann. – Hagen, der Mörder, so muß ich es sagen, er hat den Xantener schon gehaßt, als ich nur erst von ihm zu erzählen anfing.

Ich versuchte, mich nicht verwirren zu lassen, spürte die Umarmung der Schwester und berichtete weiter. – Ein Mönch in schwarzer Tracht, ich lernte ihn an der Sieg kennen, *Titus Teutonicus* nannte er sich, das war derjenige, in dessen Wägelchen die Eisenstange steckengeblieben war, der erbarmte sich, der hob den Verwundeten aus dem Dreck und legte ihn vorsichtig auf seinen Karren, bettete ihn zwischen Kohlrüben und schob ihm die cheruskische Fellweste und die Reste der Mitra unter den Kopf.

Dem neuen *Arminius*, dem Schrecken Roms. – Den Verletzten, sagte ich, legte er also auf seinen Karch [aus dem Keltischen (wie »Karre«, »car«)]. Unter den Rüben aber hatte der deutsche *Titus* Goldsachen versteckt. Dort verbarg er nun auch Siegmunds eisernen Pfahl, stillte die Blutwunden notdürftig, band Grani hinten an den Eselskarren und ließ sich von einem Schiffmann über den Rhein setzen. Querte mit dem jungen Kerl, der ihm als Arbeitsmann überaus geeignet schien, den breiten Strom.

Titus Teutonicus brachte Sieglinds Sohn ins untere Siegtal, unter ein verlassenes römisches Kastell, und wollte ihn dort gesundpflegen. Seit die Römer fort waren, hatte die Siegburg keinen Besitzer mehr, bauten Mönche in schwarzen Kutten die Festung auf dem Felsenberg zu einem Kloster aus, zu einem wehrhaften. Während Herr *Titus* in seiner Zelle den Helden gründlich salbte und verband, gab er ihm den Rat, sich künftig besser zu schützen als durch eine Narrenmontur. Seine Kappe jedenfalls müsse er, wenn er wirklich ein Ritter werden wolle, ersetzen durch das, was auch im Rheinland die Schmiede von den Römern gelernt hätten als *ars Martis et mortis.* [»Mars- und Todes-Kunst«. Mars, der römische Kriegsgott, war zugleich der mythische Vater Roms (als Erzeuger der wölfisch genährten Zwillinge *Romulus* und *Remus*).]

Da empörte sich der Jüngling. Eben dieses Römische, rief er, das wolle er nicht lernen, sondern vertilgen, AUF den Köpfen wie IN den Köpfen. – Der Alte lachte und sagte, die römischen Kniffe werde er nur bezwingen, wenn er die Gegenkniffe wisse. Gegen Eisenhelme hülfen nur die noch eiserneren. – Wo finde ich die. – Hier im Siegland bist Du auf dem richtigen Weg.

Dies Gespräch des *frater Teutonicus* hatten einige im Kloster mit angehört. In dem Orden debattierten sie seit langem, ob man dem Glauben besser diene, wenn man betet und arbeitet oder wenn man auch bereit ist, gegen die Barbaren zu kämpfen, so wie es uns Herr Ringwolf preist und in Rom und in Ost-Rom und in *Alexandria* die meisten Kirchenlehrer.

Manche im Kloster Siegburg nannten sich »Legionäre Christi« und gingen gekleidet wie Ritter. Diese *miles christiani* oder *bellatores*, im Gegensatz zu den *oratores* [»Krieger«, im Ggs. zu den »Betenden« (»Rednern«)], behängten sich mit Kreuzen aus Eisen, die sie Ritterkreuze nannten oder eiserne. [Die militärischen Ehrenzeichen haben kirchl./klösterlichen Ursprung.]

Andere dagegen, vor allem der weise Abt Eginhardt, die erklärten, Paradies und Friede seien keine Dinge von dieser Welt, Gott diene man nicht im Kampf, sondern einsam, in den Klosterzellen, beim Gebet oder in den Schreibstuben, beim Notieren der heiligen Geschichten, einer Arbeit, zu der er auch mich gewinnen wollte. Wer das Schwert erhebe, der werde durchs Schwert umkommen, habe Herr Christus gesagt.

Wie Ihr wißt, hab ich von Köln aus ihre Häuser unter der Siegburg besucht und bekam dort zu hören, wie sehr die Mönche der Name »Siegfried« beschäftigt hat. Es regte sie auf, daß er wie ihr Fluß hieß und wie ihre höchsten Ziele. Als die »Legionäre Christi« obendrein erfuhren, seine Eltern hießen Siegmund und Sieglind, wurde die Disputation gewaltig, dicht gedrängt umstanden die Kuttenmänner das Krankenlager, den »kindlichen frechen Mann«, wie Abbas Eginhardt ihn mir beschrieb. Widerspenstig sei der gewesen, so rede- wie rauflustig, kaum im Krankenbett zu halten.

Titus Teutonicus meinte, die weisen Eltern in Xanten hätten mit diesem Namen kundtun wollen, Friede sei nur durch Siege erreichbar. Dem widersprachen andere und erklärten, der Name dieses Jünglings verheiße allein dem Friedfertigen den Sieg. Eine dritte Gruppe wußte von der nifelheimischen Weisheit, wonach »Sieg« statt blutiger Gewalt jene Kräfte meinte, zu denen, wie Ute beschrieb, vor allem die Klarheit des Kopfes gehört. So zerstritt sich der Orden über dem Jüngling aus Xanten in drei Parteien, ging es am Krankenlager hin und her und entflammte den alten internen Zwist.

An der Sieg wohnten sie zu abgeschieden im Tal, als daß sie hätten durchschauen können, wie der Name »Siegfried« vieldeutig glänzt, wie dies »Fried« verschwistert ist mit dem »Freien« und mit dem »Frauen-Freuen«, von dem Ute spricht [S. 41]. Von niederländischen Leuten jedenfalls hörte ich »Freien« immer dann, wenn gesagt werden sollte, daß Menschen die Liebe nicht nur beredeten oder besangen, sondern auch taten. Nur wer freie, sagten sie, werde friedlich.

Da hörte ich Ringwolf murmeln: *O Christe*, gib mir Kraft, zu schützen

Deine Werke vor der Barbaren Wut und Lust und Teufelsstärke. [Schazmans Prosa ist hier rhythmisiert, hat Endreim und bildet, wie er anmerkt, den Strophenbau der Kilianschronik nach (vgl. S. 122).] 53

Um den Namen Siegfried verstehen zu können, dazu lebten die Kuttenmänner unter der Siegburg zu klausnerisch, von niederländischen Freiheiten jedenfalls wußten sie nichts, wollten allein dem neuen Glauben zum »Sieg« verhelfen. Wie das am besten zu tun sei, darüber disputierten sie nun wieder so heftig, daß der Verletzte, den sie gar nicht mehr beachteten, plötzlich aufsprang, sich seine Verbände von Kopf und Armen riß und schrie, er werde die *Caput*-Köpfe so oder so besiegen, ob im Streit oder im Frieden. – Was er damit meine, fragte *Titus*. – Das Römische meine ich. – Was er denn mit dem »Römischen« meine, fragte Abbas Eginhardt, der es ebenfalls sinnvoll fand, diesen kräftigen Jungen für die Arbeit in den Steinbrüchen zu gewinnen. Die römischen Herren seien doch nun geschlagen und der letzte Kaiser geflüchtet [*Romulus Augustus*, 476 vom Germanenfürsten *Odoaker* (430–493) abgesetzt]. Nur im fernen Ost-Rom, in Konstantins Stadt, gebe es noch einen Popanz, der sich für den Kaiser halte und gar für einen Gott und der deswegen schon bald und von alleine platzen werde wie eine Seifenblase, was also wolle er denn als das »Römische« noch besiegen?

Das Römische, sagte mir die Mutter, ist die *Caput*-Sucht, der Neidgeist, und der versteckt sich auch in diesem Kloster, ich hab's gesehen, überall blitzt es hier von Gold und Schätzen. Auch wenn die kaiserlichen Diebe geflohen sind oder platzen, so nagt doch noch immer ihre Gier, zerfrißt auch Euch Weltplünderer.

Weise Eltern hast Du, schmeichelte ihm Eginhardt und sagte: Den Neidgeist, den gibt es allerdings, der nagt als Erbsünde an unseren Leibern und Seelen, den muß jeder in sich selber besiegen, durch fromme und fleißige Arbeit. Nur wer seine fauligen Leibestriebe in stetem Streben überwindet, kann für seine Seele Frieden finden, und er wird ihn finden allein im HErrn. – Meine Mutter, rief der Bengel, hat QUIRUMPIL keine fauligen Leibestriebe, nur wilde und süße, und hat auch nichts römisch Neidisches in ihrem schönen Kopf, das sie besiegen müßte.

Da schmunzelten die Mönche ein bißchen, doch ehe Abbas Eginhardt wieder etwas Weises vortragen konnte im gönnerhaften Ton, polterte der Junge: Täglich hat meine Mutter zu leiden unter den Betrügereien der Kappeskapitäne und Kapitelkappen, die alle *condiciones* [Verträge] brechen und behaupten, Abmachungen mit unzüchtigen und niederen Erbsündern wie mit meiner Mutter hätten schon dann, wenn sie unterschrieben würden, keine Geltung. Solche Falschheit, trübseliger Herr Ekkehart, die will ich erschlagen und will darum kein halber, kein nur betender oder nur arbeitender Ritter sein, sondern ein ganzer, und werde diese Habsucht zerhauen, wo immer ich sie treffe, auch und gerade unter den Bischofskappen, denn wie die Falschheit, so ist auch der Friede von *dieser* Welt und trau ich Euch keine Sekunde lang, wenn Ihr oder Herr *Titus* vom »Frieden im HErrn« dudeliges BIJOBS säuselt und in Wahrheit unter kölnischen Kohlrüben diesseitigen Schmuck in Euer Kloster schmuggelt.

Diese Rede schmerzte die Brüder sehr, vor allem Abt Eginhardt, der diesen kräftigen Jungen gar zu gern als Arbeitsmann im Steinbruch gesehen hätte, da aber nun die Glocke zum Gebet rief, gingen die »Kappeskapitäne« oder »Kapitelkappen« zur Kapelle hinüber, nur *Titus Teutonicus*, der den Frieden durchaus auch in seinem Leibe zu finden hoffte, blieb zurück und nahm sich des Jünglings besonders an, setzte ihm ein Frühstück vor und wollte ihm erklären, wie er seinem Namen Ehre machen und die Wahrheit und Reinheit zum Sieg führen könne. Davon wollte der Junge gar nichts hören, schüttelte den Arm des frommen Herrn von seiner Schulter und rappelte und schlackerte so viele nifelländische Worte an ihn hin, daß Herr *Titus* nur jedes dritte verstand, immerhin soviel, daß es die Reinheit gar nicht gebe, sein Gesäusel vom Unbefleckten sei ein überflüssiges ÜPFETAPF und die Welt kein Guckkasten, sondern eine gemischte Suppe, auch in Stein, Dreck, Wasser und Feuer seien Wahrheit und Reinheit und er, statt ihn zu betatschen, möge ihm lieber verraten, wo an der Sieg die besten Schmiede wohnten, solche, die scharfe Waffen machten.

Da müsse er nur weiter hinauf, hinter die Flüsse Sieg und Wupper, dort, zwischen den Hügeln, arbeiteten Schmiede, die sich auf beides verstünden, auf römische wie auf gälische Feuerkunst. Das beste Eisenland sei dort, wo das Sächsische beginne, das Fälische, das sie über kurz oder lang erobern würden fürs ungemischt Reine, fürs hohe heilige Rom.

Da warf Siegfried, was er eben hatte frühstücken wollen, durchs *refectorium* [Speisesaal in Klöstern], schmiß den irdenen Teller gegen das Leidenskreuz an der Wand, stieß den *Teutonicus* beiseite, der sich an seinen schönen Leib klammern wollte, verfluchte den Heuchler, beschimpfte alle, die ihm aus der Kapelle entgegenstürzten, polterte durch die Gewölbe, bis er seinen Eisenpfahl fand, verwünschte die »Verkappten« allesamt und sprang draußen auf seinen Rappen Grani. Abbas Eginhardt rief ihm noch nach, er möge bleiben, man verzeihe ihm, aber der

Reiter lüftete seinen Arsch und sprengte fort, mit erhobener Stange. [Schazman hat einige der vorstehenden Sätze gestrichen, gibt sie aber im Anmerkungs-Apparat wieder, *owing to completeness* (»der Vollständigkeit halber«). Im Text selber habe er »diese eindeutig unsittlichen Passagen dem Leser nicht zumuten« wollen.]

Zog von nun an die Hügel auf und ab, vom Siegfluß zur Wupper hinüber. Zuerst in die Mitternachtsrichtung, dann wieder nach Morgen, wo in engen Tälern in der Tat Eisenerz gebrochen wird und seit je Schmiede Feuer schüren. Viele probierte er aus, keiner genügte ihm, fast überall fand er sofort Streit, verprügelte Meister wie Gesellen und mochte kaum glauben, daß er hier tüchtige Eisenkünstler fände, wirkliche Zauberer, von denen seine Mutter gewußt hatte.

Auf Grani war er schließlich einen ganzen Tag lang über eine flache Höhe geritten, auf der immer dichter die Nebel strichen. Schwer und kalt hingen dort die Wolken, keine Menschen lebten dort, kein Weg war da. Zwischen Felsen und umgestürzten Bäumen drohte der Rappe zu stürzen, aber mutig sang der Reiter den alten nebelländischen Zauberspruch:

Sose benrenki
Sose bluotrenki
sose lidirenki:
ben zi bena
bluot zi bluoda
lid zi geliden
sose gilimida sin

[Schazman teilt auch dies wörtl. so mit, in verschobenen Kurzzeilen, *so does Kilian's Chronicle.*]

Als ich den Bannspruch gesprochen hatte, sah ich, wie unser Bischof zu gern gewußt hätte, was dieser Gesang meinte. – Wie fast alle, die vorgeben, Gelehrte zu sein, so hat auch Ringwolf kein »Deutsch« gelernt, die Wörter der *diet* [s. S. 12, 40, 159] nicht, die der »Leute« nicht, deren Hirte er aber sein will. So sage ich denn den Reitergesang in unserer Hofsprache nach: So sei die Beinverrenkung, so sei die Blutverletzung, so sei die Gliedverdrehung: Bein zu Bein, Glied zu Glied. Als seien sie aneinandergeleimt.

Diesen Bannspruch hatte er von seiner Mutter und wußte ihn wüst und knarrend zu singen, wann immer er über unsicheres Gelände ritt. Auch auf der Hochheide oberhalb *Werethina*, wo sein Tier sich zwischen Steinen und Wurzeln und umgestürzten Bäumen die Fesseln verrenken konnte, hielt er so die Schadensgeister fern und kam, dem finsteren Wetter zum Trotz, gut weiter.

Bis er vor sich, auf einer Höhe, einen riesigen Baum erblickte [heute heißt der Ort (nördl. Velbert) »Heiligenhaus«], eine Esche. Eschen sind dort oft zu finden, diese aber war die mächtigste, die er je gesehen. Was ihn freilich mehr interessierte: Unter der Esche, im Moos, lagen drei weiße Frauen, nackt und schön. So anmutig sie waren, er blieb aufmerksam genug, auch zu bemerken, daß der Baum zur Hälfte kahl stand. Mitten im Sommer hing da kein einziges Blatt. Standen Äste und Zweige tot.

Da hörte er die Frauen reden, in einer Sprache, die er gut verstand. – Im Baum wohnen Kräfte, sprach die eine. Kräfte, die uns sagen, was Du denkst. – Was denke ich? – Sie verraten uns, daß Du uns für schön hältst. – Da hat der Baum recht. – Die zweite Frau sprach: Er sagt auch, Du wunderst Dich, warum er kahl steht. – Und die dritte sagte: Aber Du traust dich nicht zu fragen, woran der Baum leidet. – Du bist noch sehr jung, sagte wieder die erste. – Und die zweite meinte, Du solltest mehr wissen wollen als, wo es die dicksten Panzer gibt und die schärfsten Waffen. – Wenn Deine Mutter die Rom-Köpfe schmäht, sagte die dritte, so hat sie Dir damit nicht gesagt, Du solltest Deinen eigenen nicht benutzen.

Da fragte er die Frauen, woran der Baum leide. – An dieser Esche nagt der Drache. – Welcher! – Der mit der härtesten Haut. – Wie heißt er! – *NidGir.* – Wie kann ich ihn finden, rief er und hob seine Eisenstange. Ich besiege ihn!

Die Frauen lachten. Er sprang vom Pferd, sie winkten ihn zu sich. – Die erste nahm seine Hand, legte sie auf ihre Stirn und sprach:

Tho was fon Rumu-burc
rîkes mannes ban
endi bod-skepi,
Raubari, ginannit heilac fathar –
invar!

Dann nahm die zweite seine Hand, legte sie auf ihre Brust und sprach:

Tho was fon Rumu-burc
herios meistas ban
endi bod-skepi
endi giuualt
obar alla thesa irmin-thiod –
insprinc!

Schließlich ergriff die dritte Frau seine Hand, legte sie auf ihren Schoß und sprach:

Uuirdit denne fon Rumu-burc
gitragen ban endi sorgu
zi ellan tagan
heiszit her nidgir
thaz rihtit, so ih thir zellu
thiu sin giuualt
in ellu caput –
irslac!

Meinen Zuhörern in der Wormser Halle übersetzte ich auch dies rasch in unser Hof- oder Hochgelalle, damit vor allem der lateinische Schriftgelehrte das »Deutsch« nur ja durchschaute, die »Teufelslitanei«:

Die erste Frau sagte: Da war einmal, von Rom aus, eines reichen Mannes Bann und Botschaft, eines Räubers, den nannte man den heiligen Vater, entflieh ihm. – Und die zweite Frau sagte: Da war einmal, von Rom aus, des tückischsten aller Heere Bann und Botschaft und Gewalt über den gesamten Erdkreis, entspring ihnen. – Die dritte sprach: Und wird auch weiterhin, von Rom aus, Bann und Kummer hinausgetragen alle Tage und heißt Herr Neidgier und der beherrscht, wie ich dir versichere, alle Köpfe, erschlag ihn!

Hierzu, sagte ich, solltet Ihr wissen, daß die dritte Frau mit dem Wort *caput* vieldeutig redete. Mit *caput* bezeichnete sie nicht nur Kopf und Kappe und Kapelle und Kapitän, sondern auch die »Haupt«-Städte, das, was man die »Kapitalen« nennt, obendrein die in solchen Kapitalen gehäuften Güter, das »Kapital«. Als letzte Bedeutung aber auch deren Zertrümmerung, wie wir es meinen, wenn wir vom Kaputt-Machen sprechen.

Ich sah, daß man in der Wormser Halle zu denken hatte über das Zauberwort, ließ also eine gute Pause. – Zu seiner Überraschung sah nun der Niederländer, wie sich vor ihm die Schönen auflösten, die Leiber in Nebel, und wie sich auch die riesige Esche verwandelte; wie ihre Äste für Augenblicke Himmel und Erde miteinander verknüpften und durch die ganze Welt trieben, bis nichts übrig blieb als das Graue. Wo der Baum gestanden hatte, da floß eine Quelle.

Als er daraus trank, rauschten ihm im Kopf wieder die Worte, die er gehört, und in der Hand spürte er sie nochmal, die Stirn, die Brust und den Schoß. Und er erkannte, daß die Frauen seiner Mutter ähnlich gesehen hatten. Und es fiel ihm ein, wie Sieglind von drei weisen Hexen erzählt hatte und von der Welten-Esche YGGDRASIL. [YGGR bedeutet »Schauer«, »Terror«, DRASIL meint »Roß«, oder, lt. Jacob Grimm (Mythologie): »Dieser Baum ist Wotans (des »die Natur durchSCHAUERNden«) Roß, auf dem er daherrauscht«.] An deren Wurzeln, hatte die Mutter gewußt, nage ein Drache.

58 Nun stand er im grauen Nebelfeld und wußte, daß er mit den Nornen [schwedisch *norna* oder *nyrna* = »heimlich mitteilen«, »leise warnen«, »raunen«] gesprochen hatte, mit denen, die das Schicksal spinnen. Er wollte sich ärgern, weil sie ihm nicht gesagt hatten, wo er das härteste Eisen fände. Und weil sie nicht gesagt zu haben schienen, wo *NidGir* sei.

Er bestieg Grani und trieb den Rappen, laut singend, über die Heide. *Invar*, sang er. *Insprinc*, rief er. Und *irslac*, knackte es aus seinem Mund. So, die drei Mahnungen rufend, kam er zu einer Talschmiede. Da sich niemand blicken ließ, schrie er: Sind zirknümpfilt *NidGirs* StinkWaz?

Da kamen sie heraus, sieben Raufpartner, sechs Knechte und ihr Herr, die prüfte er mit seiner Eisenstange und verprügelte alle, auch den bis oben hin zugerüsteten Meister. Zwar steckte auch der Nibelunge Püffe ein, doch wurde er zusehends geschickter in der Abwehr, verhäkelte sich in keinem Wagenrad mehr und zog, da er auch hier Brünnen verbogen, Schilde zerbrochen hatte, unzufrieden davon. Weiterhin auf der Suche nach den härtesten Panzern.

Da hat sich ihm im Nebel eine Gestalt entgegengestellt, in dunklem Harnisch, hat ihn als Prahlhans verspottet, als Maulhelden und hat KNÖRRIP gerufen und WUPPERICH und YERRA und RATTAPLUI und solche Wörter noch viele. [John Schazman merkt an: »Diese Wörter sind unverändert der Kilianschronik entnommen, der Schrift von KILMACDUAGH. Leser von Geschmack *(tasteful readers)* werden einsehen, daß nicht ins Englische übertragen werden sollte, was als lautmalendes oder krachschlagendes Kraftwort deutlich genug ist.«]

Lange sei so der Schimpfkampf hin und her gegangen, und endlich habe auch der Eisenkampf getobt. Dieser neue Widersacher habe dem Niederländer zugesetzt wie keiner zuvor, beide hätten gekämpft, geschoben, gedrückt, geschlagen und gestoßen, bis ihnen die Kräfte versagten und ihr Durst übergroß wurde, so daß mitten im Umklammern der Xantener stöhnen mußte: *Ihtes iht* [»Nicht mal einen«] Trinkschnappsack hastu Jammarlapp.

Da hätten sie beide lachen müssen, und weil im Lachen nicht gekämpft werden kann, die Umklammerung freigegeben. Das Gegenüber habe Visier und Helm aufgezogen und sei eine Frau gewesen, eine Amazone, schwarzhaarig und schön. [Es darf vermutet werden, daß in solche Kampfbilder die Sexualkraft der Frauen (»Körperkraft«) übertragen wird (vgl. Utes »FrauenFreuen« S. 41 und die Kämpfe mit Brünhild).] Als der Nifelheimer auch bei ihr seine Hand auflegen wollte, auf Stirn, Brust und Schoß, und plötzlich nicht mehr wußte, ob er sie mehr begehren sollte oder mehr erschlagen, sei auch sie verschwunden und ist er ihr nach, ihrem Gelächter, ihrem Spott, überall mit seiner Stange umherfahrend. So, im Nebel stochernd und aufgebracht vor Wut und Begehren, so kam er, immer ihrer Stimme folgend, Grani hinter ihm drein, zu einer Lichtung, wo durch den Nebel die Sonne drang [vgl. Giselhers ersten Satz] und eine Kapelle stand mit keltischen Mönchshöhlen, das war, am Ruhrfluß, der Ort *Werethina*. [Schazman notiert den Flußnamen durchgehend und konsequent *Roar* (vgl. S. 71), *Werethina* ist »Werden«, heute südl. Stadtteil von Essen.]

Leben also die irischen Priester tatsächlich in Höhlen? fragte jetzt der zierliche Herr Gere von Speyer, der, als ich von den Nornen berichtete, in die Halle gekommen und dem es kaum möglich war, das Wunderliche, das da beschrieben wurde, ohne Fragen und ohne Schreckensrufe anzuhören. Herr Gere kam von einem keltischen Handwerker, der als Sklave in Rom gelernt hatte, wie man neuerdings Togen zuschneidet, hatte bei dem mehrere Gewänder durchprobiert und kam deshalb so spät erst in die Halle. – Einige dieser Iren, sagte ich, leben tatsächlich in Erdhöhlen, andere in selbstgebauten Booten, wieder andere in Hütten, die aussehen wie Bienenkörbe. Was mir aber interessanter scheint, ist, daß Sieglinds Sohn an der Ruhr, von Xanten aus über Köln und Siegburg, in einem großen Kreis wieder auf dem Rückweg war dorthin, von wo er ausgezogen war.

Auch im Keltenkloster *Werethina* fragte er wieder nach den Schmiedezauberern und bekam diesmal genaue Auskunft. Nicht weit von hier, sagte ihm der Abt, gibt es einen heidnischen, einen elbischen Schmied [meint hier mehr die Alben (Elfen), nicht den Fluß Elbe], der weiß Eisenerz so zu schmelzen und zu mischen, daß seine Waffen hart werden wie Diamant, härter als alle Steine und anderen Metalle. [Vgl. den Brief, der Alfred Krupps Erfolg begründete (S. 222).]

Von diesem Schmied hörte der Nibelunge in den Mönchshöhlen Wunderdinge, wie die Iren in *Werethina* überhaupt alle Zauber und Botschaften aus Nebelland kannten, denn diese gälischen Christen wollten im Gegensatz zu den romanischen das Erdenleben nicht verteufeln, sondern ergründen und erkennen, das waren Mönche von der Art unseres Kilian und hatten deshalb weniger von den Heiden zu leiden als von den Herren der eigenen Kirche. [Zur iroschottischen Mission vgl. S. 11 und 525.] An der Ruhr siedelten sie, weil dieser Fluß über die Grenze fließt zwischen den fränkischen und den sächsischen Stämmen. [Diese Grenze teilt noch heute Nordrhein-Westfalen. Sprachl. halbiert sie (die »Benrather Linie«)

das Stadtgebiet Essens (nördl.: Essen, südl.: E-Werden).] Zwischen denen also, die schon für den neuen Heiland gewonnen wurden, und den nifelheimischen, die ihr Naturwissen nicht verraten wollten. [Der HELIAND, die Übertragung der Bibel ins Altsächsische, entstand (eine alte Vermutung der Altgermanistik) im Kloster Werden.]

Die Iren in *Werethina* meinten, daß Jesus und die Erdkräfte keine Feinde, sondern Verbündete sein müßten, lernten mit Fleiß nicht nur die lateinischen, sondern auch die nifelländischen Sprachen und wußten auch, daß der Schmied an der Ruhr, der von allen Eisenzauberern der beste sei, Alberich heiße und ein Erlkönig sei. – Die Frau, die Dich hierher lockte, wußte Abt Patrick, war eine seiner beiden Töchter, die schwarze HELINGA. [»Nach der Edda war *Hel* halb schwarz und halb menschenfarbig *(sic!)* . . . ihre Wohnung ist im Dunkel der Erde« (Jacob Grimm, Deutsche Mythologie, Bd. I, S. 259).] HELINGA ist diejenige, die stachlig ist und bitter schmeckt und trotzdem wie Mistelsaft Segen bringt. Ihr Vater wohnt nicht mehr weit von hier, noch vor *Buochenheim* [Bochum], dort, wo dieser Schmied in den Bergen Steine findet, die brennen.

Der Königssohn wollte wieder streiten, da er meinte, die Mönche würden ihn foppen, wenn sie von Steinen erzählten, die brennen. Doch Herr Patrick zeigte ihm einige Stücke und ließ Feuer damit machen. Noch in derselben Nacht, da er bei den Iren in einem Erdhaus schlief, begriff er, wie auch Steinbrocken Wärme spenden.

Ein Stein, der brennt? murrte Hagen. Schön ist so eine Märchenstunde. – Und beugte sich vor und raunte dem Herrn Gere zu, er sollte sich von solchen Gespenstergeschichten nicht abhalten lassen, die Rheinwachen zu kontrollieren. Das war allerdings Markgraf [wörtl.: »Grenzgraf«] Geres Amt. Gere erschrak, sprang auf und genierte sich, daß der Heermeister ihn, der zu gern Kriemhilds Bräutigam geworden wäre, bei einer Nachlässigkeit ertappt hatte und nun gar vor ihren Augen, beflissen eilte er davon. Den abendlichen Kontrollritt hatte der Heermeister längst Oheim Gottlieb übertragen, obwohl dessen Körperfülle ihn bei solchen Ritten mehr und mehr behinderte. Jedenfalls schaffte uns so Herr Hagen zwei lästige Verwandte vom Hals, Gottlieb wie Gere. Von der Tür her schickte der Ziergraf noch einen schmerzlichen Blick auf meine süße Schwester.

Ihr Lachen spürte ich. – Gleich am nächsten Morgen, sagte ich, ritt der Niederländer von *Werethina* aus flußauf und fand bald, unter einem steilen Waldhang, den Schmied, den Alberich, einen lächerlichen Zwerg. Dem rief er zu, wie denn er, der Winzling, zu so schöner starker Misteltochter käme, zu HELINGA. Etwa auch zu Diamantstahl? – So stritt er sich auch hier von Anfang an, kämpfte mit dem Erlkönig, balgte sich mit ihm vor dessen Eisenhütte, schlug ihm den Siegmundprügel über den Helm und bemerkte zu seiner Verwunderung keine Beule daran, bekam statt dessen selber von diesem Zwerg mehr Hiebe als je zuvor. Das machte ihn um so wütender, mit blanker Hand hat er den Kleinen gepackt und gepreßt und ihm die Ärmchen zusammengedrückt. Der Kobold wimmerte, flehte und versprach endlich, alle Geheimnisse seiner Schmiedekunst zu verraten, ja, auch, wie man »Stahl« mache. [Schazman hat in seinem Text das altsächsische *stehli.* »Steele« heißt an der Ruhr ein Ort nahe Werden, Steele wurde nachmals beliebter Rastplatz deutscher Kaiser und Könige, wo sie ihre Bewaffnung aufzubessern pflegten.] Erst als er schwor, seine Stahlkünste zu lehren, als er das schwor, im Namen der Nornen, kam Alberich frei.

So fand der Xantener seinen Lehrherrn. – Aha, so, ließ Hagen hören. Tatsächlich ein Arbeitsmann, von Grund auf. Ein Höhlengnom. Ein Lehrling als Gemahl für Kriemhild. Wahrlich, Herr *Rumoridus Rusticulus* Ringwolf, unser Worms wird leuchten.

Von dem Tag an wohnte der Königssohn aus Xanten drei Jahre bei dem Zwerg und lernte die Feuerkünste, in einer Steinhütte an der Ruhr, unter der Isenburg oder Eisenburg, bei *Asnithi.* [Wörtl. »Eschen«. – *Asnithi* wurde über »Asnith« und »Assind« und »Essend« zu »Essen« (vgl. S. 71).] Wohnte dort mit anderen Gesellen und stieg mit ihnen jeden Tag von dieser Isenburg ins Tal hinab, zur Eisenhütte am Ufer, wo die Kähne aus den höheren Bergen Erz heranfuhren aus dem Iserlohn [»Eisenwald«], aber auch aus Orten wie Hagen oder Schwerte, Kleinhammer, Hammerthal und aus dem Rothaargebirge.

Schon bald begriff der Xantener, wie vorteilhaft auch eine kleinere Gestalt sein kann, wenn es darum geht, aus den Höhlen im Berg, aus den Spalten und Gängen in den Waldhängen den Stein zu brechen, der das heißeste Schmiedefeuer macht. In der Tat fanden sich dort Steine, die brennen, düstere Brocken, schwärzer als das, was die Köhler in ihren Meilern schmoren. In Köln bekam ich solche Steinkohlen zu sehen, sie glänzen in der Sonne wie Silber, manchmal wie Diamant. An der Ruhr, hörte ich, seien die Hügel unter den *Asnithi*-Wäldern davon voll, bis über *Buochenheim* hinauf fände man sie überall im Reich des Elbenkönigs.

König? fragte Hagen. Nun macht unser *poeta* einen Zwerg zum König. Erst einen Schmiedelehrling, nun einen Mistkäfer.

In diesen Wäldern wachsen nicht nur Eschen und Buchen, sondern auch Stechpalmen mit schweren Beeren und starken Stacheln. Kaum durchschaute Sieglinds Sohn die Geheimnisse des Mistkäfers, da übertraf er schon seinen Meister. Denn er ist nicht nur schnell im Begreifen, sondern auch arbeitswütig. Seine Schläge mit dem Eisenhammer waren so stark, daß der Amboß unter seinen Hieben ins Gestein hinabdrang, daß die Erde bebte und gegen den Lärm die Glocken unseres Münsters wie Froschquaken geklungen hätten. Wölfe und Wildpferde flohen vor dem Getöse hinab in die Eschenwälder, Schiffer am Rhein hatten sich drei Jahre lang zu wundern über heulende und verschreckte Tiere in den Kastell-Trümmern rings um die Mündung der Ruhr, oberhalb wie unterhalb der Deutschburg [Duisburg], wo die Römer ihre Villen zurückgelassen haben, ihre Landgüter und Befestigungen.

Endlich konnte der Niederländer sich selber herstellen, was ihn zum Ritter rüstete, einen Helm, ein dunkles Panzerhemd und ein zweischneidiges Schwert, so hart, wie es zuvor keine Waffen gegeben hatte. Das beteuerten mir mehrere Kaufleute. Es sei denn, so räumten sie ein, auch Wieland, der Schmied, hätte Alberichs Künste gekannt, hätte ebenfalls nebelländische und römische Kniffe miteinander verschmelzen können. So gut wie dieser Xantener sei sonst höchstens noch Wielands Herr ausgestattet, Theoderich, der nun als deutscher *Caesar* gelten will und darum vor nichts zurückschreckt, auch nicht vor Mord. [*Flavius Theodericus* (453–526), König der Ost-Goten, der *Odoaker* (s. Glosse S. 53) nicht nur absetzte, sondern 493 auch eigenhändig erschlug. Er versuchte, das weström. Machtgefüge durch Heiraten und Bündnisse zu stabilisieren (mit Burgundern, Vandalen, West-Goten). Theoderich wird in den späteren Kloster-Handschriften »Dietrich von Bern«.]

Als ich in Köln Genaueres wissen wollte über die Schmiedekünste, die aus beiden Welten das Beste vereinten, erklärte mir ein Kaufmann, auch Wieland habe für Theoderich die Eisenkunst von den Kelten gelernt, von einem Druiden [kelt. Priester und Magier. Die Schmiedekunst galt als die ursprüngliche Zauberkunst]. Aber Wieland habe keine Steinkohle verwenden können, nur Holz und Holzkohlen, darum sei Siegfrieds Rüstung, da gebe es keinen Zweifel, unübertroffen.

Hier machte ich eine Pause, wollte Hagen Gelegenheit geben, dies zu überdenken, hoffte, daß er aufhören würde, den, der da kommen sollte, als *formido* [»Popanz«, »Schreckgespenst«] abzutun oder gar als bloße Einbildung. Erst mal blieb es still in der Halle. Holzscheite knackten im Brand.

In Köln traf ich Kerle, sagte ich, die hatten an der Ruhr ebenfalls die Feuer- und Eisenkunst gelernt, zusammen mit dem, den uns nun die Träume und die Karten anzeigen als den »Mächtigsten«. Einer von denen berichtete mir, er habe Büschel von Pappel- und Löwenzahnsamen in die Ruhr werfen müssen, der Xantener hätte dagegen sein Schwert ins Wasser gehalten, so daß von der Strömung die Flocken gegen die Schneide trieben. Erst als beide Seiten, er hatte sein Schwert doppelseitig geschärft, den herantreibenden Flausch teilten, erst dann fand er sein Schwert gut genug und gab ihm den Namen BALMUNK. Der Lehrling glaubte zu wissen, dies Wort meine das Vertilgen von Besitz und Besatzung. BALMUNK heiße ROMVERTILGER.

Und? fragte der Waffenmeister. Zu was taugt es? – Hagen antwortete gleich selbst: Zum Flocken-Schneiden. Ein Strohschneider ist er. Ein Aufschneider. Ein Schneiderlehrling. – Nahm einen Schluck und fügte noch hinzu: Ein Nebelspalter. – Sei froh, antwortete ich, wenn Du den ROMFRESSER nie zu spüren kriegst.

Mein lieber Giselher, Du auserwählter Degen, solchen Dummquatsch, wie Du ihn jetzt erzählst, den wußte man auch von Wielands Künsten. Theoderichs Schmied aber war auch dann noch nicht zufrieden, als seine Waffe im Fluß die Wollflocke teilte. Selbst dann ging er mit dem Wunderstück nochmal zurück in seine Schmiede, zerfeilte das Schwert zu tausend Eisenspänen, mengte die Späne mit Gerstenkörnern und Hirse und gab diesen Mischmasch aus Korn und Stahl den Gänsen im Stall zu fressen, nachdem er sie drei Tage lang hatte hungern lassen. Die Tiere schluckten in ihrer Hast alles, auch die Eisenspäne. Was danach als Gänsescheiße im Stall lag, das sammelte Wieland, schmolz es auf und bereitete aus dem, was die Gänsegier verschlungen hatte und wieder herausgeschissen, sein neues, sein endgültiges Schwert.

Da waren wir in der Halle zu Worms alle eine Weile stumm. Selbst die Wanzen an den rotgoldenen Saalwänden blieben ruhig sitzen. Nur das Feuer knackte wie es wollte. Wir schwiegen lange, bis endlich, ziemlich verzagt, mein Geständnis kam, eben jene Feinheit, die unser Heermeister von Wielands Kunst erzählte, die hätte ich auch über Alberich und seinen Lehrling mitzuteilen gehabt. Nur sei ich unter Ringwolfs eifersüchtigem Glauben und unter Hagens strengem Verstand nicht genügend mutig gewesen, zu all dem Zauber, den ich vom Nibelungen wüßte, auch noch die Geschichte von der Entstehung BALMUNKS aus der Freßgier vollständig vorzutragen.

Das Gneisgesicht verzog sich, Lachgekratz ließ es hören. – Ein Priester, sagte ich, der die nifelheimischen Sprachen in *Werethina* studiert hatte, hat mir in *Colonia* erklärt, BALMUNK komme von *Balsam*, vom ägyptischen Wort fürs heilsame Springkraut.

»Heilsam«? fragte Ringwolf. »Romvertilger«? Dieser Xantener Heidenlümmel ist ein Fresser, ein Räuber. Seine Schätze sind Kirchengut.

Wir kommen schon noch dahin, daß ich erzähle, woher er sie hat. Kriemhild will nicht nur die Geschichte von den Schätzen wissen, ist nicht *avidus* [gierig] wie die Bischöfe oder die Gänse. Ihr und Ute erzähle ich zunächst von der schwarzen HELINGA und vom Drachen *NidGir* und von HELINGAS Schwester, von der Nymphe BALDINAI, die den BALMUNK gesegnet hat.

Sag uns zuerst, meinte Hagen, wer Höhlenlurchs Eltern wirklich gewesen sind. Königliche Mistkäfer? – Grunzte und schabte sich Krümel aus dem Nacken, Bröckchen von alt gewordenem, von säuerlichem Otternfett.

Siegmund und Sieglind, sagte ich, sind cheruskische Könige, aus einem Stamm, den mancher für keltisch hält, für kattisch oder fälisch oder sächsisch. – Hagen blickte seinen Kirchenvetter an. – Wo regieren die? im »OderOderOder«-Reich? – In Xanten, bei der Lippe-Mündung, wie ich gesagt habe. – Xanten, sagte der Heermeister, ist *regio deserta* [»Wüste«], ein Steinhaufen wie Deutschburg oder *Mogontiacum* oder *Lopodunum* [Ladenburg, bei Worms]. Seit die Römer fort sind, verlottert auch Xanten.

Hagen schaute sich um, schien jeden am Tisch zu fragen. – Nie, sagte er, habe ich gehört, es gebe Könige in Xanten. – Und sein Vetter ergänzte: Und nie haben die da unten je wahrgenommen *gloriam Dei et lucem legum et rerum publicae.* [»Den Ruhm Gottes und das Licht der öffentlichen Ordnung und Gesetze« – Ringwolf nennt hier die entscheidende Differenz, die seit je von Rom aus gegenüber allen »Barbaren« gesehen wurde: Ihnen sind die Segnungen der römischen Republik fremd. Schiller fragt noch am Ende der »Aufklärung«: »Woran liegt es, daß wir noch immer Barbaren sind?« (1795, Ästhet. Erziehg. 8)]

Am Niederrhein, mag sein, sagte Hagen, frieren in Bärenzelten Wanderkönige, kattische Nebelkapitäne und Räuberhäuptlinge, die in der Tat nie einen römischen Buchstaben lasen, geschweige denn ein vernünftiges Gesetz. Dein Schmiedelehrling von der Ruhr, vor dessen Hammerwucht nicht nur die Hühner und die Ziegen zitterten und an den Rhein flohen, vor dem nun auch die Gelehrten und Dichter bangen und die Weiber, bis hinauf nach *Warmatia* [Worms], vor dessen Frechheiten unser zierlicher Herr Gere am liebsten in den Kamin kroch, dieser ungeheuer wackere Nebeljunge zog es bereits mit fünfzehn Jahren vor, seinen Eltern davonzuspringen. Wo, bitteschön, liegt und wie groß ist das Reich an der Lippe, das die Gemahlin dieses Raufbolds zu erwarten hätte? Ist es das

Wasserreich von *Werethina*? Wenn es denn nicht bloß zwischen zwei weit aufgerissenen Maulhälften existiert?

66 Ich sah, wie Gunther sich ein bißchen in seinen Daumen biß, auch Kriemhild blickte mit großen Augen auf den Waffenmeister. – Wahrlich, Siegfrieds Mörder, der heute »Tronje« heißt, verschlagen ist er, aber auch weise will ich ihn nennen. Trotz allen Untaten, die er begangen, kann ich nie eine gewisse Achtung vor ihm verhehlen, nicht nur, weil allein ihm es zu danken ist, daß die burgundischen Könige überhaupt noch existieren, sondern weil ich niemanden kenne, der seinen Verstand schärfer zu gebrauchen wußte als er. Diesen Fuchs, diesen faltenreichen Gneiskopf, den sah nun Utes Tochter sehr ernst an, und die junge Frau sagte ihm ins Gesicht: Ich erwarte kein »Reich«, Herr Hagen. Ich erwarte Siegfried.

Da schnappte der nach Luft. Japste nach Atem und schluckte hinunter, was ihm als Schreckenslaut oder Wutruf hatte entfahren wollen. Schob mit beiden Händen seinen Bartwuchs hin und her, übers Maul auf die Backen und zurück und ließ einen Arschwind aus seinem Wickelkleid hören, der noch stärker dröhnte als der erste, um einiges tiefer und satter. König Gunther schien erstarrt, stand vorm Feuer wie ein *Caryatides Camini* [eine Kamin-Karyatide, eine Zierskulptur, die an gemauerten Feuerstellen den Sims trägt]. Ringwolf hielt seinen Brustkristall umklammert und hoffte, die Königstochter werde widerrufen. – »Ich erwarte« wen? fragte er.

Es kam keine Korrektur. Es blieb still in der Halle. Überm Feuerknakken stand weiterhin dies Wort im Raum und blieb da stehen. »Ich erwarte Siegfried.« – Ich wünschte, sagte ich schließlich, auch Ihr könntet einen wie den Ruhrschmied erwarten. – Einen Maulhelden, knurrte Hagen. – Einen Dämon, ergänzte der Vetter, einen keltischen Aufschneider, einen dreisten Deppen unterm Bischofshut, der vielleicht Eisen schmieden kann, aber kein X von einem U unterscheiden.

Er kann Xanten von Rom sicherlich unterscheiden und Rom sehr gut von Worms. Du selbst, Hagen, sagte ich, hast einen wie ihn oft geradezu herbeigewünscht. – Ich? – So oft, daß ich es in unsere Chronik eintrug, dort in der Truhe liegt verzeichnet, was Du ausgemalt hast. – Was hätte ich gemalt? Einen Feuerlümmel? Einen Milchsackbischof von Niedernifelheim?

Du hast gesagt, wer je all unsere nebelländisch-gälischen [gleichbedeutende Verwendung von »gälisch«, »gallisch« und »keltisch«] Wander- und Wirrköpfe und diutisken Hammelhorden und Leutemeuten, die wir die »Deutschen« nennen, in die Zügel bekommen wollte, der müßte, sollte er mit diesen Völkern gegen die neue Macht in Ost-Rom oder gegen die Hunnen oder gegen sonstige Ungeheuer bestehen und wollte er gar ein Nord-Rom errichten, der müßte, sagtest Du, entweder ein abgefeimter Schlaukopf sein wie *Arminius* oder ein Tücke-Mörder wie Theoderich, am besten beides zugleich. Der müßte, sagtest Du, die militärischen Kniffe ebenso beherrschen wie die neuen geistlichen, also nicht nur X und U. Nur ein ganz und gar Gerissener und Hellsichtiger könnte heute noch die dumpf und klein gehaltene, die verschreckte Mischbrut unserer Leute beflügeln und aufstacheln zu neuem Mut. Der das fertigbrächte, der müsse als ein Tausendsassa vor allem die Bischofsnebel und Papstmirakel durchschauen, den Angst-*Terror* der neuen Romherrschaft.

Mag sein, antwortete Hagen, ungefähr dies hab ich geredet und habe damit eben das beschrieben, was ich selbst nun fast ein Leben lang versuche, vergebens. Gut hast Du mir zugehört. Aber was haben meine Seufzer zu tun mit dem Nebelbengel von der Ruhr, mit diesem ungefügen Kraftklotz.

Wenn ich weiter erzähle, begreifst Du vielleicht, was er sonst noch gelernt hat, außer dem Eisenhandwerk. – Von der Schwester, die mir nicht von der Seite wich, bekam ich einen Kuß, einen sehr zärtlichen, federleichten.

Kilian brachte mir das dritte Zehner-Papier, hatte die ersten zehn gelesen, umarmte mich und schien glücklich, der Beginn vom Beginn sei nun fixiert, mit dieser Sorgfalt solle ich weiterarbeiten.

Ich fragte, woher er wisse, wie sorgfältig ich die Geschichte festhielte, da er in jener Nacht vor dem Christgeburtstag 485 gar nicht in Worms war, sondern in seiner waskisch-irischen Einsiedelei hinter Straßburg. Er habe Ohren, lachte er, Ohren und Freunde, und hätte von Rumolt und den Straßburger Küchengesellen, von Gunther und Dankwarth und Kriemhild fast alles geradeso gesagt bekommen, wie ich es nun notiert hätte, so solle ich fortfahren und die mörderische Geschichte festhalten, ja, retten müßte ich *incorrupta rerum fides* [»die unverfälschte Wahrheit der Tatsachen«].

Da fragte ich ihn, wie ich so weiterschreiben könne, wenn ich nun an das Schwierigste geriete, das je zu schildern wäre, denn nun sei das Gefecht mit dem Drachen zu erzählen, der Kampf mit dem übelsten aller Erdmutter-Feinde. – Wenn dieser Kampf, antwortete Kilian, das Schwierigste sei, so sei er auch das Wichtigste und benötige alle Kräfte des Kopfes wie des Leibes. – Küßte mich auf den Mund und wollte wissen, was aus dem mörderischen Boten wurde, der die Ankunft des Niederländers in Worms habe melden sollen. Wurde er von den Kontrollreitern abgefangen? vom Oheim Gottlieb? von Gere?

Er kam unbeobachtet bis Worms. Aber hab Geduld. – Ich schob ihm meine neuen Blätter durch seinen weiten Hals-Ausschnitt unters Rupfenkleid, stubste ihm freundlich seinen runden Leib und sagte: Die wahren Anfänge und Ursachen, die kennst Du noch immer nicht. Oder sollte ich Dir etwa schon jetzt verraten, welche sieben Gebote mir der Xantener gesagt hat?

Gebote? Sieben Gebote? – Nun wollte Kilian meine Zelle nicht mehr verlassen und nicht eher weichen, bis er diese sieben Gebote wüßte. Zum Glück hörte ich hinter der Tür den Wächter, der nahte sich mit Hirsebrei und Rosinen und mit Saft aus der *Sapaudia. Wunnibald* zupfte sich die zehn beschrifteten Blätter zurecht, zwischen Rock und Leib, dann schreib! brummelte er, stell und setz richtige Buchenstaben! Stab aus, Stab aus, stich dem Papst die Lügen aus. – Und trabte so, murmelnd und leibschwappend, mit Siegfrieds Knabengeschichten vorm Bauch, aus meinem Lorscher Loch, brachte auch diese Pergamente über den Rhein hinüber ins Gebirge, um sie in seinem »Wackeswald« zu verstecken, mein wunderbarer Freund aus Irland. [Bei Schazman: *In the Vosges Mountains he settled, at a wild and barren celtic spot of the Druids, the wonderful man from Eirrin.* – Womöglich im noch heute als *Mur Païen* (Heidenmauer) benannten Gelände von *St. Odile* (mit den *Grottes des Druides*), 680 erstmals erwähnt (als Frauenkloster), aber mit keltischen Grabstellen.]

So beginne ich denn zu notieren, was, außer dem Mord selbst, am schwersten zu beschreiben sein wird. [In Passau, das allgemein als der Ort gilt, an dem die letzte, die klösterliche Redaktion des Nibelungenstoffs die ausführlichste Version erstellte, hat noch die heutige Universität eine Drachentötung in ihrem Wappen. Freilich tötet hier nicht Siegfried, sondern Maria.] – In Siegburg wie in Köln, so erzählte ich an jenem Abend in der Halle, hörte ich von Schmiedegesellen wie von Kappen- und Kapuzenkäuzen und Schiffsleuten und Händlern, der Boden am Niederrhein habe gezittert. Die Berge, die Felder, der Waldgrund, sie hätten unter den Hammerschlägen des jungen Schmieds so gebebt, daß die Unruhe von der Ruhr auch den Rhein hinaufdrang, bis dorthin, wo der Strom bei einem Vulkanberg in die Ebene hinausfließt. Auf diesem Felsen, knapp oberhalb *Bonna*, auf einer der nördlichsten und härtesten Gebirgskanten, dort lagerte seit eh und je, wie jeder weiß, das älteste der Raubtiere, da hockte es auf altem

Glutgestein, das Feuervieh, der *NidGir*, das Besitztrachten, die Drachenkraft.

Als noch die Kelten herrschten, da hausten die UrMaden im Niederland wie am Oberrhein, Untiere, burghoch und bergschwer. Noch 485, nach der letzten Frühjahrsschmelze, da lagen auf einer Sandbank unterhalb Worms Knochen, die mächtiger waren als Baumstämme. Hätte Herr Ringwolf sie nicht zerschlagen lassen, wäre ich versucht gewesen, sie zusammenzufügen, dann hätten wir gewußt, wie riesig sie waren, die Vorzeitbestien, die sich zurückziehen mußten, seit an ihrer Stelle die römischen Legionen unsere Wälder plünderten [vgl. die Mahnung des *Plinius* S. 490]. 69

Nur der älteste, der eine, der *NidGir*, der hielt sich lange, denn er besetzte am Rhein den günstigsten Platz. Der hauste dort, wo, bevor der Strom in die Ebene hinausfließt, unsere Gebirge sich zum letzten Mal zusammenschließen wie eine fränkische und eine sächsische Arschbacke. Dort raffte er und hortete alles, gefräßig und geschäftig und unersättlich. Keiner, wenn er den Rhein hinabwollte oder hinauf, kam ungeschoren davon, jedenfalls nicht, ohne Tribut gezahlt zu haben, mit Steuern, mit Zins, oder mit seinem Leben.

Dort hatten auch die Römer ihr Lager, auch sie wußten, daß bei *Bonna* am besten Beute zu machen ist. [Bonn war römisches Legionslager, um 400 von Franken erobert.] Denn von hier ab begegnet dem, der stromauf will, im engeren Tal die stärkere Strömung, müssen die Schiffer anhalten, um Ruderer, um Treidler zu mieten, die mit Tauen die Kähne am Ufer entlang ziehen. In *Bonna* mieten sie Sklaven, erneuern sie Segel, ständig ankern hier Schiffe, wird verhandelt mit den Besitzern der Ruderer und Schlepper. Diese Wartezeiten, die nutzt, aus sicherer Höhe, der *NidGir*, und das ist wie in Troja.

Auch in Troja hatten Handelsschiffe, die ins östliche Meer wollten, unter der berühmten Stadt zu warten, bis die widrigen Winde nachließen oder genügend Ruderknechte beisammen waren. In diesen Wartezeiten konnten die Trojaner die Schiffe in Ruhe überfallen oder Zoll erheben oder plündern, wie immer es ihnen paßte, bis die Griechen, wie sie schon damals sagten, dem Spuk ein Ende bereiteten. Nicht um Helena stritten sie, Helenas Schönheit ist die Ausschmückung der Märchenhändler. In Wahrheit ging es um Gold und Macht, um die Sicherung der Kaufmannsstraße, der wichtigsten für die Alten. Und welche Straße bei uns wäre wichtiger als der Rhein. Und welches Tier ist gefräßiger als Neid und Gier, die Lust aufs schöne Glitzernde. Der Lindwurm auf dem

Rheinfelsen jedenfalls, der hatte unsagbaren Reichtum gehortet, das Rheingold.

70 Als nun von tief unten her der *rumor* [»Geräusch«, »Gerücht«] dröhnte, das Rütteln und Fauchen von der Arbeit an der Ruhr, und als von der ungewohnten Härte der Schläge die Felsen auch bei *Bonna* zu zittern begannen, da witterte *NidGir* Gefahr. Mochte zunächst glauben, der Vulkanberg, auf dem er hockte, der werde wieder lebendig, wolle sein Höllenfeuer speien und die Tore öffnen zu den Teufelstiefen, mochte meinen, Nifelschlamm kochte, AllMutters Begehren. Doch dann spürte der Wurm, dies untergründige Rütteln schuf eine kunstgeführte Faust.

NidGir argwöhnte zunächst, da nähere sich ein Vetter, um ihm die Beute streitig zu machen und den guten Platz, den schon die Römer den »guten« nannten, weil hier jeder vorüber muß, der von Regensburg, Passau, Augsburg, Salzburg, Konstanz oder Basel hinabwill nach Köln, Deutschburg, Xanten oder *Susato* [Soest?] und weiter hinunter ans Meer, nach Hammaburg, Bremen und in die niederen Lande. So daß ein Wurm es sich bei *Bonna* [wahrscheinl. nach *Bona Dea*, einer Fruchtbarkeitsgöttin] nur bequem zu machen braucht, um nach Baucheslust zu lähmen und zu räubern.

Nun aber, hockend auf seinen Reichtümern, zitterte der Besitzriese, witterte Gegenkraft, spürte sie dort, wo die Lust sitzt und die Gier und die Angst, spürte im Bauch den Grund beben, den »Drachenfels«. Sobald aber so ein Habsüchtiger auch nur von fern den Klang hört von Leben, argwöhnt er den Tod und gerät in Sorgen, die so unstillbar sind, daß er sich lieber selber umbringt als mit anderen das zu teilen, was er giftschwitzend besitzt. Einer wie *NidGir* nimmt nicht nur anderen das Leben, auch sich selbst. Er grämt sich zu Tode, sagen die Leute.

So tut Ihr hier in WormsWaz, hörten wir plötzlich die Mutter. – Hockt auf'm Schwitzzins, sagte sie, wie *NidGir*, bis in den Gramtod. Statt abzufahren ins Andere, *in exemplo per claustra Basilensis ab Rheno ad Rhodanum* [»zum Beispiel durch Basels Klusen vom Rhein zur Rhone«].

Ich wartete, ob ihr jemand antworten würde. Es wurde geschwiegen. – Wie jedes schatzsammelnde Gewürm listig zu sein meint, sagte ich, so wollte auch der Wächter von *Bonna* schlau sein und dem Feind zuvorkommen, kroch nicht etwa wutschnaubend direkt zur Ruhr, einfach hinab ins Nebelland, sondern schlängelte sich grämlich hinten herum, hinterhältig, keuchend wie ein Feuer-Ofen unterm Sturmwind, wälzte sich über Sieg und Wupper, kannte ihn genau, den alten Pfad der Erzhändler, der Bergleute und Schmiedezauberer, über den auf Grani auch der Königssohn geritten war. Auf Umwegen schlich sich die dickfellige Made und näherte sich so, giftsprühend, wäldersengend, gasspeiend, dem Ruhrtal.

Dort war der Nibelunge mit Feuer-Eifer bei der Arbeit und gerade dabei, sich zu seiner Brünne stählerne Schienen zu bauen, Stahlkanten, mit denen Arme und Beine zu schützen wären. Zwar arbeitete er stark wie keiner sonst und war wohl auch, wie Hagen sagt, ein »Kraftklotz« und »ungefüge«. Trotzdem, der neue, der *diutiske* [s. S. 12, 40, 159] Herkules, der blieb hellhörig wie der griechische, jedenfalls genügend aufmerksam, um rechtzeitig zu spüren, wie der Boden unter ihm nicht mehr nur von den eigenen Hieben bebte, sondern wie Hütte und Grund auch dann noch zitterten, wenn er selber nicht hämmerte. Da bemerkte er Schwingungen, die sich gegen die seinen richteten.

Und hat, so ungestüm er geworden sein mochte, auch wahrgenommen, wie es rings um ihn her wärmer wurde, wie die Nebel schneller trieben und faulige und stickige und schweflige Dünste über Fluß und Wälder wehten und nach und nach ein Rauschen in der Luft war und ein Grollen und Donnern.

Als er mit den anderen Gesellen darüber reden wollte, da waren die fort, die hatten sich verkrochen in Bergklüften, in den Kohlengängen. Einige waren zum Landhof *Asnithi* geflohen, hinter die Eschenwälder. [Vgl. S. 61. Während der Übersetzungs-Arbeiten belegten archäologische Funde beim Essener »Dom« (»852 gegründet«), daß »Asnithi« älter ist als bislang angenommen.] Plötzlich schien die Eisenhütte verlassen, auch Alberich, der Metallzauberer, war nirgends zu sehen.

Der Niederländer schaute über den Fluß, zu den flacheren Hängen auf der Mittagsseite, erkannte aber in den Dämpfen überm sacht ansteigenden südlichen Land nichts, spürte nur, daß von dort Ungewöhnliches näher kam, ein Schad- und Gierberg rückte da heran, ein lebender Leichnam. Der tarnte sich unter Dünsten, duckte sich hinter brennenden Böschungen, der Schmied sah sich um, wollte eine Stelle finden, von der aus die Ufer besser zu überblicken waren, und sah, wie unter einer Buche der Zwerg Alberich sich auflöste, als sei der zu Luft geworden. In der Ruhr schwankte das Wasser, als würde der Fluß geschüttelt, Wellen schlugen gegeneinander, sprangen aneinander hoch, als tanzten und sprängen dort Wasserfrauen, die auseinanderrissen, ja, die Ruhr rührte sich um. [Althochdeutsch *ruora* = heftige Bewegung, Unruhe (vgl. S. 59).]

Die Wasser zischten, gurgelten, schossen empor zu Säulen und Wänden, die übers Ufer stürzten, da war zu sehen, wie sich die hohen Buchenkronen bogen, wie der Wald sich bäumte und die Blätter davonstoben mitten im Sommer, Zweige rissen hinterher, Wasser stob in Fetzen. Da sprang der Niederländer zurück in die Eisenhütte, panzerte sich ein und trat so, gewappnet, vor das Stahlhaus, und hielt in seiner Hand den BALMUNK. Erzkähne am Ufer schlugen herum, Wasser und Wald waren in Aufruhr [Schazman: *uproaring*], der Steg brach ein, Boote kippten, versanken. Da schob sich was durch die Schwaden, kam vom Süden was zum Fluß hinunter, das war kein Wolf, kein Bär und auch kein Auerochse, da zog und pfiff was anderes heran, so ungeheuer, wie der Xantener noch kein Biest zu jagen gehabt hatte. Wo andere Wesen Knochen haben, klirrten eiserne Räder, schien Gestänge zu quietschen, Gewichte und Fallen krachten in dem Scheusal und schlugen und qualmten und stanken vorwärts.

Ich weiß, wer da kommt, rief der Königssohn, da schlurft Herr *NidGir*! YGGDRASIL frißt er kahl, die Welten-Esche, den Lebensbaum, die Erdenwälder will er sich krallen, will nun auch mich totstinken, schlingfetzen. Komm her, römischer Kriech-Christ! – All diese Schimpfschreie weiß ich von den Gesellen, die sich in den Kohlenstollen versteckt hatten, in den zitternden Bergspalten, aus den bebenden, schlagenden Felsen [*beating rocks*] heraus sahen und hörten sie alles.

In diesem erstickenden Stürmen, in diesem niederdrückenden Schütteln, Rasseln, Quietschen und Fauchen bemerkte der Xantener plötzlich neben sich den Zwerg. Gepiepse hörte er, hörte den Alberich zwitschernd kichern und rufen: Nicht *NidGirs* Ende käme nun, nein, jetzt würde der Sigurdbengel gefressen, *ahî* dort nahe sich einer, der dem eingebildeten Kraftschwengel zeige, wer in Wahrheit der Mächtigste sei im Rheinland.

Dem Gekeif sprang er nach, haschte und griff in die Richtung, aus der gehöhnt wurde, doch der Erlkönig oder Mistkäfer surrte und gackerte nur um so schändlicher, mal hörte der Xantener ihn hinter sich, mal vor sich, aber dann hat er ihn erwischt, am Aufjaulen merkte er's. Den Gnom quetschte er mit Wonne und hätte ihn zerdrückt, wäre da nicht Alberichs kreischendes Gejammer gewesen, der Flöztroll zeterte, bettelte, winselte und versprach schließlich, ja, wenn der Nibelunge ihn freiließe, dann würde er ihm die Bischofskappe schenken, die unsichtbar macht. Gib mir Freiheit, keifte der Giftzwerg.

Nichts da, mit Kappenbetrug legt mich keiner mehr rein, erst hängst Du Halunke selber mir diese Kapuze über den Kopf, bis nicht ich zu sehen bin, sondern Du. [Schazman teilt mit, daß die kelt. Kilianschronik mit den Wörtern »Kapuze« und »Tarnkappe« spiele *(magic or holy hood)*.] Erst dann lasse ich Dich frei! – Da heulte der Alb, fand seine Absicht durchschaut, gleich drauf jaulte er ein weiteres Mal, weil der Niederländer ihn gewrungen hatte wie ein Stück Wäsche.

Da wurde in den niederländischen Schmiedefäusten der Kobold sichtbar. Der war nur aus Erlenwurzeln, zappelte und röhrte in den cheruskischen Pranken wie rostiges Eisen im Schraubstock, wurde nun hochgehoben, so daß er seinem Lehrling die Tarnkappe aufsetzen konnte. Und der Lehrling sah, wie sein Meister plötzlich in der Luft schwebte, über Siegfrieds Nase zuckte Herr Alberich und strampelte und zeterte und schrie in den drehenden Dämpfen, nun solle der Niederländer ihn gefälligst freilassen, sonst würde *NidGir* auch Alberich, den König des Nachtgeisterreichs, betäuben und verglühen.

Sieglinds Sohn, von nun an unsichtbar, warf den Zwerg fort, sah noch, wie der sich auf dem rauchenden Waldboden aufrappelte und unter Verwünschungen davonsprang. Auch Alberich, sagt man, soll sich nun in einer Felsspalte verborgen haben, dort, wo er die brennbaren Steine klaubte. Andere meinen, schon jetzt habe der sich davongemacht, den Rhein hinauf, zum Drachenfels, der nun unbewacht war. Vor dem BALMUNK-Ritter, in stinkenden Sturmwirbeln, wälzte sich nun, vom jenseitigen Ufer her, aus gelben und grünbraunen Nebeln das wälderfressende *monstrum* hervor, klackend und knirschend, wie ein riesiger Streit- und Ramm- und Plattwalzwagen mit Ratterketten.

Ich sehe, wie Ringwolf sich abwendet und auch Hagen lieber nichts wahrhaben und höchstens spotten möchte. Den »Erdvergifter« wollt Ihr abtun als plump und dumm. Wenn wir ihn »Drachen« nennen, dann, so lernte ich in *Alexandria*, verwenden wir ein griechisches Wort, das heißt »der scharf Blickende«. Und wenn wir ihn »Lindwurm« nennen, dann sagen wir mit früherem Deutsch, er sei geschmeidig wie die Schlange und biegsam wie die Linde. [»Lindwurm« hieß noch der Abtransport der in Deutschland gelagerten US-Chemie-Waffen, »von den Medien aufgebaut zu einem technisch-sportlichen Leistungs-Ereignis« (Christian Geissler in »Neues Deutschland«, 2. 2. 1992).] Nicht umsonst zeigten schon die Ägypter das Giertier auf ihren Helmen und Schwertern, trugen es als Feldzeichen in die Schlacht, denn das, so sagten sie, gebe Kraft und Klugheit und Wendigkeit und schnellen Blick [vgl. S. 88, 459].

Die Iren glauben, *NidGir* hätte vormals Flügel gehabt, die seien ihm aber, seit er den Hort besitze, vom Zins abgefault, so daß ihm nur noch das Kriechen blieb, ihm, von dem auch die Norweger behaupten, einst sei *NidGir* der geflügelte Riese *Fafnir* gewesen, der die Götter beneidete und meinte, da er fliegen könne, sei auch er ein Gott. *Fafnir* habe über Island und *Scotia* und *Hibernia* [Schottland, Irland] fliegen können, auch noch

über *Burgundarholm* [Bornholm], so lange flog er, bis ihn sein Neid zum Fliegen zu engherzig machte, bis er zum Giftwurm schrumpfte und kriechen mußte. Doch auch im Drachentrachten blieb er Lindwurm, schlangengleich geschmeidig und auch frauengleich, wie ja auch Siegfrieds Mutter und andere Frauen in ihren Namen das »lind« haben, die Glätte wie die Schönheit, die uns entzückt und bestürzt und glücklich macht und nur Bischöfe erschrickt.

Der Nibelunge an der Ruhr verschloß nun Kettenpanzer und Helm, schwang seinen BALMUNK und freute sich, zum erstenmal ein wahres Abenteuer zu bestehen, *ordinis equestris* [ein ritterliches (»des Ritterstandes«)]. Sprang auf einen Felsen über dem Fluß und sah, wie die Ruhr kochte. [Vgl. die Ballade der Annette von Droste-Hülshoff über die Erschlagung des Kölner Erzbischofs Engelhardt im Jahr 1225. Engelhardt war Regent des röm. Reichs deutscher Nation, Vormund des Kaisers, ihn erschlug das damalige Essener Stadt-Oberhaupt, der Graf von der Isenburg. Schon Walther von der Vogelweide verdammte den Mörder, wünschte ihm alle Foltern des Mittelalters, am Ende die Hölle selbst. Droste-Hülshoffs Ballade beginnt: »Es kocht die Ruhr . . .«] Sah, wie der schillernde Kriecher und YGGDRASIL-Würger braune und aschgraue Dünste vor sich her stieß, unter denen der Fluß brodelte und die Wasser nun wie Flammen aufsprangen und dampften und zischten. Vom anderen Ufer schwankte da wahrlich ein Berg heran, der Gierberg, ein Schadfeuer, das alles Leben unter sich tötet und am Ende selbst die Erde in Asche verwandelt.

Der in der Tarnkappe, der mußte sich auf seinem Felsenplatz festhalten, so stark schüttelte nun der Grund, wehte Gestank, Atemluft wurde knapp. Feuer, das wußte der Königssohn, sagt niemals, nun ist's genug, es will alles und jeden. Er wich zurück, lief den Hang zum *Asnithi*-Wald hinauf, bis zur Isenburg, auf deren breiten Mauern er frischere Luft zu finden hoffte, festeren Halt. Von dort sah er, wie der Koloß nun nachgerade das Flußtal füllte, breit und fett hierhin schlappte, dorthin platschte und mit riesigem Hintern Alberichs Eisenhütte wegschob.

Mitten im Krachen und Trümmerpoltern hörte der Getarnte plötzlich eine Stimme, eine weibliche Stimme dicht neben sich. Die klang zärtlich, raunzte ihm was zu, im alten Deutsch, die erinnerte ihn daran, daß seine Mutter ihm geraten hätte, listig zu sein, gerieben, den offenen Kampf zu meiden, statt dessen müsse er den Mächtigen reizen, den *NidGir* täuschen und schwächen und zu Tode foppen, den Giergeier. [Im Namen *NidGir* ist mit *gir* außer der Begierde auch der Geier, aber auch Ger (Spieß), aus dem bekanntl. ein Nationalname wurde (vgl. S. 79, 314).]

Ehe er neben sich oder über sich jemanden erblicken oder ergreifen 75
konnte, rollte vor seine Füße ein Brocken, ein Bruchstück aus den Wänden der Isenburg, von gutem Amboßgewicht. Da begriff er, was die Stimme meinte, da packte er das Steinpaket, stieg auf die vorderste Mauer, stieß den Klotz weit hinab und traf das Ungeheuer mitten auf den Leib, so daß der Gramberg aus tiefer Leibeshöhle röhren mußte und wummern, ja, der tobte und tollte nun nur um so wütender herum, warf den Rachen auf und spuckte grünroten Feuerschlamm, schwarze Schlammschwaden erbrach der Rheinbeherrscher, so schauerliche, daß unser Herr Ringwolf darin nichts weiter als die Hölle selbst hätte erkennen müssen, wäre nur je eine Eurer Bischofsmützen [*one of your holy hoods*] in der Nähe solcher Glutlava gewesen und wäre der Drachenmansch nicht gerade aus dem Material, aus dem Ihr so giergeierhaft gern Schätze schmieden laßt. [Schazman meldet hier aus dem Kelt. ein dreifaches Wortspiel *(unrepeatable)*. Auch »gern« ist wie die Gier verwandt mit *Ger*, s. o.]

Als der Nibelunge in *NidGirs* offenen Rachen sah, in diesen strotzenden Schleimbrodel, da klaubte er sich aus der Burgmauer einen zweiten Brocken, schleuderte auch den und traf das Scheusal diesmal mitten in den Schlund. Nun krümmte sich die WeltenRaubRatte [bei Schazman *world's rat-poison*], heulte gräßlich, wälzte sich durch die Ruhr, daß der Fluß verzischte und dampfte. Das mochte dem Untier schon wieder gefallen, den Felsbrocken rülpste es heraus, zu Lava geschmolzen, *NidGir* suhlte sich, furzte Qualm, spie, schnaubte und pfiff und schepperte nun aus seinem gelbbraunem Gewölk heraus, unter der Deckung der eigenen Gasschleier abermals den Steilhang hoch, kroch und schob sich dorthin, von wo die Brocken geschleudert wurden, meinte wohl, im Schutz der eigenen Lähmdünste vollends vorwärtskriechen zu können bis dorthin, von wo nun auch unerhörte Schreie gellten.

Die Gesellen in Köln, im tanzenden Berg verborgen, wußten seltsame Laute, die nun geschrien wurden, natürlich WAZ, also STINKTIER, aber auch: Feigling! hier rauf! YERRA hier bin ich, Du MOLCH, nun zeig, was Du kannst, MATSCHMEMME, nur donnern? Dampf lassen? MIST- und CHRISTKRÖTE, KRIECHVIEH SCHRAPPHALS SCHLAPPSCHWANZ! [Bei Schazman CREEPINGCRAWLER SOFTYSNAKE SLACKERSISSY.]

Das rasselnde, das schuppengepanzerte Ungetüm, das schüttelte nun sein turmhohes Krötenhaupt, spie Feuer und Eiter und Ätzgas, schlug seine Löwentatzen vor sich herum, peitschte und hieb sich durch

seine eigenen Stinkschwaden immer näher an den Niederländer heran, wühlte und prügelte sich aufwärts, haute Felsen herunter, brach Bergbrocken weg wie wir höchstens Sachsenzelte, knickte Stechpalmen, Buchen und Eschen wie unsereiner Grashalme, wirbelte Baumstämme, warf grauenhafte Flammen auf, und unterm Beben und in der Hitze verwandelte und verkochte sich die Ruhr in brüllende Geysire, ja, der Tumult ließ den brühheißen Fluß rückwärts strömen, nie zuvor war da so viel Heulen, Rumpeln und Krawall.

Der Nibelunge sah zu, daß er rechtzeitig auf Bergsporne sprang, die nicht zertrümmert wurden. Diese sicheren Stellen, die zeigte und riet ihm die Stimme der Unsichtbaren. Kaum hatte er sich auf eine der Höhen gerettet, spornte die Stimme ihn wieder an und sorgte der Kraftkerl mit neuen Felswürfen und Hohngeschrei, mit Beschmeißen und Schmähen, daß sich das kapitale Vieh austobte. Schwächte so und reizte immer von neuem den Mächtigsten im Rheinland und sorgte für Aufruhr.

Das trieb er so lange, bis die Kräfte des Gastes am Ende schienen, bis er wie ein ausgepumpter Stier überm Hügel lag, schwer japsend, als sei ihm die Brunst vergangen. Dann erst, obwohl es den Königssohn schwindelte von Dünsten und Säuernis, sprang er befeuert vor, lief er bis dicht vor den Koloß und hieb ihm mit seinem diamantharten doppelschneidigen BALMUNK einen der beiden vorderen Greifer weg.

Vom Aufbrüllen des Wurms erschraken die Sklavenhändler in *Bonna* wie in *Colonia*, flohen Bauern und Vieh bis ins fernste Sauerland, hinters Rothaargebirge. QUIRUMPIL höhnte der Xantener, nun zeig sie her, Deine Saftpratzen!

Da war aber auch wieder die weibliche Stimme neben ihm, die lachte und schrie Laute aus anderen Sprachen, BLINDWURM ZINSTURM FAZKE WAZKE TAZKE [Schazman: *magic spells, untranslatable*] und noch Fremdartigeres, auch TRONJE [vgl. S. 92, 461 ff., 483, 500, 503], das weiß ich von Kölner Gesellen und von einem Steinhändler, und der hörte das von einer Nymphe, die erzkundig war und die ihm die besten Funde zeigen konnte, und diese Nymphe war eben jene, deren Stimme dem Xantener geraten hatte, gerieben zu sein, das war die Schwester der HELINGA, die andere Tochter des Erlkönigs, eine Hagen- oder Heckenfrau, die man auch *Hagedisse* nennt oder Heckse, was nichts anderes heißt als Heckenspringerin, weil sie über alle Grenzen hinüber kann und über alle Mauern fliegen. Ihr Name BALDINAI kommt ebenfalls vom Balsam, bedeutet »Heilkräftige in der Aue«. BALDINAI beflügelte BALMUNK.

Der Kaufmann zeichnete mir alles, was da an Schreien und Klängen zu hören war, auf ein Pergament, schrieb das in lateinischen Buchstaben zueinander als Tönebild, das habe ich bei mir, exakt so, wie das die verborgene Stimme rief und danach auch der Xantener, und zwar bildete der Steinhändler das so ab, wie es dem Kämpfer aus dem Mund sprang, nämlich wie die eiserne Gerspitze, wie die Begehrenswaffe oder der Gierhaken, von dem unsere Stämme ihren Namen haben. [Vgl. S. 74 f., 447. Zum Sammelnamen »Germanen« ist zu beachten, daß im Keltischen (noch heute im Walisischen) »ger« die Bedeutung »Nachbar« hat, »Nähe«.] – Während ich das sagte, hatte ich meine Truhe geöffnet und das *libellum* [»die Schrift«, s. aber auch zu *libellula* = »Wassernymphe« bzw. »Teufelspferd« S. 98] hervorgeholt und zeigte das nun herum:

NIFHELWIDIA
MUSPILLOPILLIS
NIDTHYSSINKRUEPPWERTHUMS
>>STELIGINUNGAROARRATZHATZTAZFAZHITZZWAZSPITZ= =>
GIRMANNISMANNISMANCHISTA
HORTINSHOECHST
HOESCHISIN

[Auch Schazman ordnet so seine Schrift und versichert, damit buchstäblich *(literal)* der Vorlage zu folgen *(literal copy of the original)*.]

Ich reichte das Blatt allen am Tisch und erklärte, wer's genau studiere, finde viel Fremdes und Unheimliches. – Der Bischof bekreuzigte sich und sagte: *Fiat voluntas Domini. Imago illa omnia peccata occulta nostra dicere solebat.* [»Der Wille des Herrn geschehe. Ein solches Bild pflegt alle unsere heimlich begangenen Sünden anzusprechen.«]

In diesem Argwohn, sagte ich, mögt Ihr wohl recht haben, was Euch selbst betrifft, und ich verstehe, warum Ihr erschaudert und Euer Geständnis lieber in Latein sagt. Den Jüngling jedoch, als er auf der Eisenburg all diese Schreie und Gerklänge hörte, den freuten sie, der wiederholte sie, der lachte und sprang in der Tarnkappe vor, wie beflügelt, und hackte dem *NidGir* nun auch die andere Vordertatze ab, dem Rasselriesen, dem YGGDRASIL-Fresser.

Da warf der Giftschlurch sich im Wutschrei hoch, reckte triefende Stümpfe, fiel zurück und spuckte und erbrach sich, und wo die erbrochene Schmelze auf Felsen traf, da zerflossen die zu Lavabrei und zu Kohlenglut.

Der Cherusker, in den Ätzdämpfen halb von Sinnen, sprang dann an dem gepanzerten Untier seitwärts hinab, duckte sich hinter den triefenden Pratzen in einen der Gräben, aus dem er die schwarzen Steine gebrochen hatte, drang tief in den Hang und gelangte so unter den Bauch des Ungeheuers. Von dort, von ganz unten, aus der Kohlengrube heraus, konnte der Niederländer ihn endlich hineinstoßen in den Gierberg, seinen BALMUNK, seinen »Romvertilger«.

Das tat er mit Lust, tief stieß er das Schwert hinein, und da das Herz getroffen war, schoß mit dem zurückgezogenen Stahl ein Schwall öligen Schmiers hervor. Hohles, langes Heulen erfüllte Nebelland. Zucken schüttelte den Giftleib, ein rülpsender Krampf. Eine Weile sah's aus, als stehe der *NidGir* fest über dem Abgrund – so, im Aufbäumen, ging der kaputt, der Mächtigste. Hintenüber kippte er, rauchend und donnernd den Steilhang hinab. Mitten hinein ins Ruhrwasser platschte der Kadaver und blieb dort liegen, bauchoben und quer über der Ruhr, so lag er da. Der Fluß wollte nun wieder abwärts strömen, staute sich aber an dem Leichnam. In der Mischung aus Blutsaft und Wasser bildeten sich Strudel, die schillerten grün und violett, kreiselten und lurten und raunten.

Der Xantener, das Schwert noch in der Faust, schaute auf den neuen Stausee, sah wie verzaubert hinab, schleuderte den BALMUNK zur Seite, schrie SIEG!, riß sich die Nebelkappe vom Kopf, auch die verschmierte Brünne, den Helm, das ganze triefende Kettenhemd, alles warf er sich vom Leib und sprang so umher und tanzte nackt, stieß die Arme hoch, schreiend vor Glück.

Unterdessen kehrte der alte Wind aus der Abendrichtung zurück, wälzte die Schwaden herum, trieb die Stickluft fort, wurde endlich die Sonne wieder sichtbar und schien dem Königssohn auf die blanke Haut. In diesen Augenblicken, in denen er tanzte, als er begriff, daß *NidGir* besiegt war, da schaute er durch die Berge hindurch. Da sah er bis zu den Flözen hinab und bis zu den Erzen. Da verstand er den Gesang der Vögel. Erkannte er, was die Bäume raunten, und hörte und durchschaute er auch den schlagenden Gang der Felsen. Und sah, daß *NidGir* die Erdmutter hatte leersaugen und verbrennen wollen.

In der Halle, in der ich dies alles erzählt hatte, wagte nun, wie im Schrecken, keiner mehr, etwas zu sagen, sogar Hagen schwieg. Nur die Balken, die Dankwarth tiefer ins Feuer geschoben hatte, knackten und wollten auseinanderspringen.

In diesen Augenblicken, sagte ich, als er tanzte, da hat er auch, zum erstenmal, die Kraft gesehen, die ihm geholfen hatte, die Elfe BALDINAI. Darüber gibt es allerdings verschiedene Berichte. Leute, die näher bei den Domen und Klöstern wohnen, Bürger von Köln oder Mainz, die behaupten, es habe da keine Frau gelauscht und zugeschaut und Ratschläge gegeben, es sei was anderes geschehen. Sie sagen, Sieglinds Sohn hätte nach dem Toben und Tanzen in der Sonne aus freien Stücken ein Bad genommen. Sei im Ruhrsee umhergesprungen. Und sei so, ohne davon zu wissen, selber hürnern geworden. Hornhäutig wie der Drachenrücken. Unverletzbar. Freilich, an einer einzigen Stelle nicht, dort nicht, wo auf seinen Rücken, beim Bad im Drachenblut, ein Lindenblatt fiel. So hörte ich's in Köln und in Siegburg und in anderen frommen Orten.

Ein Blatt? fragte Hagen. Ein Lindenblättchen? Das soll das Gierblut, das dicke, ihm ferngehalten haben? den grünen Hornsaft? dem Tober? dem Tanzer? dem Juchzebold? immerzu das zarte Blatt fest und unverrutscht im Rücken?

Alius aliud dicit. [»Der eine behauptet dies, der andere das.«] Dem, was in den Bischofsstädten erzählt wird, widersprach mein Steinhändler. Der verriet mir, jetzt sei eben jene junge Frau gekommen, nunmehr sichtbar, Alberichs andere Tochter, angelockt vom Tanz des nackten Jünglings auf dem Hügel. Und –. Bischof Ringwolf zeigte mir seinen düsteren, seinen Zornblick.

Alles erzählst Du, sagte Kriemhild. – Ja. Ich denke, alles sollten wir wissen, seit uns der Xantener interessieren muß. Der Edelsteinhändler an der Frankenfurt, spät abends noch, nach sehr viel Apfelwein vertraute er mir an, daß BALDINAI auch ihm begegnet sei. [Frankfurt gilt als »erstmalig 794 erwähnt« (*Franconofurd*), doch war das Existieren schon immer unabhängig vom Schriftlichen, und archäolog. Arbeiten (während der Arbeit an dieser Übersetzung) entdeckten auch unter F. zahlreiche ältere Siedlungsschichten.] Er habe sie sehr geschätzt, nicht nur, weil sie sich auskannte in den Juwelen, mit denen er handelte, nein, die wußte auch andere Künste. Sie sei eine Hexe, also eine Grenzenüberfliegerin, so wie Alberich ein Name für den Elf ist oder für den Alp, der uns oft genug auf der Brust sitzt, auch in Worms, zum Beispiel Kriemhild, wenn sie vom blutigen Mord an ihrem Falken träumt. – Legte wieder den Arm um ihre Schulter. So, Kriemhild im Arm, erzählte ich weiter. – Der anderen Tochter Alberichs, sagte ich, der Verwandlerin der Grenzen, der, so weiß ich es von diesem jungen Steinhändler oder vom Apfelwein oder von beidem, der hatte ihr Vater Alberich übel zugesetzt, er hatte sie eingesperrt, weil er aus ihrer dunklen Schönheit Vorteil ziehen wollte.

Dunkle Schönheit? fragte Hagen. – Sie ist nicht nur schwarzhaarig wie HELINGA. [HELINGA, die Schazman fast immer mit dem Beiwort »*black H.*« versieht, erinnert an *Hel* und *heln* (»verhehlen«, »verheimlichen«, vgl. Glosse S. 60 (J. Grimm). »Schwarze Helene«, heute ein Restaurant, war Ausflugsziel des

Alfred Krupp (1812–1887), des Gründers des Stahl-Imperiums und Erbauers der »Villa Hügel«, die eine knappe Reitstunde vom Haus der Wirtin gleichen Namens entfernt liegt (s. auch S. 222).] BALDINAI ist am ganzen Leib dunkel glänzend wie die Steinkohlen. So schön, daß ihr Vater sie schließlich seinem wichtigsten Erzlieferanten versprach, einem Knauser aus Kleinhammer [heute Teil von Werdohl im Sauerland, an der Mündung der Verse] von der oberen Lenne [Nebenfluß der Ruhr], wo die Menschen Knicker sind und ihre Frauen kahlscheren und leicht reich werden, weil sie auf ihren Gütern hocken und geizig bleiben, *NidGire* in Menschengestalt, die nicht ruhen, bis sie neue Erz-Adern gefunden haben und alle Berge umgewühlt sind und leergeplündert.

Als BALDINAI sich weigerte, so einen zum Gemahl zu nehmen, hat sie der Erlkönig auf seiner Isenburg in stählernen Klammern eingeschlossen. HELINGA aber half der Schwester zu fliehen und beide sind hexische Freie geworden. Aus Haß gegen ihren Vater, so meinte anfangs der Frankfurter, habe die Nymphe sich dem Jüngling genähert und ihm die guten Hilfen gegeben.

Als wir allerdings in der dritten Nacht wieder vom Apfelwein der Kelterer tranken, gab der Steinhändler zu, daß seine Freundin den cheruskischen Kerl einfach begehrt hätte, ja, daß BALDINAI sich verliebt habe in seine Gestalt wie in seine Frechheit, mit Lokis Lüsternheit habe sie ihm den Rat gegeben, im Drachensee zu baden. Zum einen, weil ihn das tatsächlich unverletzbar machte. Zum anderen, weil sie mit diesem Niederländer ihre eigenen Absichten verfolgte. Und die hätten sich auf der Stelle erfüllt.

Kaum habe der die dunkle Schönheit erblickt, sei er in Entzücken geraten und habe sie ergriffen, so wie er HELINGA habe ergreifen wollen. Mit BALDINAI ist es ihm besser ergangen als mit der stachligen Mistel-Schwester, mit der Nymphe hat er sich hinuntergewälzt in den See aus Wurmblut und Ruhrwasser, in den brodeligen Blutschlamm zog er sie wie sie ihn und beide hätten sich darin unüberhörbar vergnügt und im Eintauchen einander fest umschlungen und sich so, in dieser Umarmung, »gefreit«, wie man im Niederland sagt, wenn man die Flugkünste der Männer meint und das »Frauenfreuen«. [S. S. 41 u. 52.]

Und die verletzliche Stelle am Rücken hat es eben deswegen geben müssen, weil beide keinen Augenblick voneinander haben lassen können. Hagen argwöhnt zu Recht, der verwundbare Fleck entstand nicht unter einem Lindenblatt, sondern auf handfeste Weise. Das zarte Blatt, das gewiß verrutscht wäre, haben sich unsere frommen Brüder ausgedacht in Mainz und Köln, die Mönche, um nicht von Liebesfreuden erzählen zu müssen, die, wie uns der Bischof ja täglich versichert und wie alle Heiligen beteuern, höllisch sind, unrein und Sünde. Als sei nicht am Anfang von allem, in GINUNGAGAPS Tiefe, Erdmutters Begehren gewesen, das Durchdringen und Mischen von Feuer und Wasser. Das Verletzbare in Siegfrieds Rücken kam zustande, weil die Nymphe ihn keinen Augenblick losließ und ihre Hand seinen Leib solange nicht freigab, wie sie beide eingetaucht blieben in den bauchwarmen Brei.

Ringwolf ging wieder in den Hintergrund, unter das Kreuz, wo er so laut murmelte, daß wir seine Klagen gut verstehen konnten. *Omnes dii gentium daemonia.* [»Alle Götter der heidnischen Stämme sind Dämonen« (vgl. Paulus, Epheserbrief 2,2, 1. Brief an Timoth. 4,1).] *Credebam me evasisse corporis pericula et iam in rete diaboli cecidi.* [»Ich glaubte, den Gefahren des Fleisches entkommen zu sein, und geriet nun erst recht in das Netz des Teufels.«] Wann endlich, o HErr, werden wenigstens die Klügeren unter den Barbaren begreifen, daß Rom nicht die Drachenstadt ist, sondern das wahre Leben. Auf daß sie endlich alle wissen, wie der HIMMEL ist zu küssen. Oder aber Teufel nagen ewig an dem Ort der Plagen.

Welchen »Ort« er da wohl wieder meint, grinste Hagen. – Wo, fragte Gunther, wo genau hat der Niederländer seine empfindliche Stelle?

Die Frankfurter, sagte ich und mußte, ehe ich weiterreden konnte, erst mal vom Goldküstenwein trinken, die Leute, die an den Furten wohnen, die Kaufleute, die erzählen gewöhnlich freier als die in den Bischofsstädten. Der Händler, mit dem ich sprach, der meinte, verwundbar sei der »Mächtigste« nicht dort, wo die Kleriker das Lindenblatt gesehen haben wollen, nicht zwischen den Schulterblättern, nicht hinter dem Herzmuskel [vgl. Siegfrieds Herz-Rede S. 351 f.]. Die kritische Stelle liege tiefer, zwei Handbreit tiefer, auf der Höhe des Querfells oder Zwerchfells [»Z.« wird nachfolgend häufig erwähnt, medizin. wahrscheinl. erklärbar aus dem »Sonnengeflecht« des zentr. Nervensystems. Für *Zwerch* bieten sich drei Bedeutungen: 1. »twer« – quer, zwischen inne liegend 2. »twerch« = verkehrt, schräg, quer (verwandt mit »Zwerg« (s. auch S. 100, 255, 378, 459, 461) 3. »twern« (Verb) = quirlen, durcheinander rühren, verdrehen]. Hinterm Lebensmuskel ist der Ort, der unser wahrer Meister ist, der Ort von Angst und Schrecken, aber auch von Lust und Sehnsucht, wo wir weinen, aber auch lachen, wo, was die Kelten noch wissen, aber nicht mehr Roms Christen, der Mensch erschütterbar bleibt, solange er einer ist.

Da pries Gunther die keltischen Sänger und Erzähler und wollte nun auch noch genauer wissen, wie diese Wassernymphe aussehe, ich hätte diese BALDINAI dunkel genannt und glänzend. – Ihr Freund, der Steinhändler, verglich sie mit dem Anthrazit. [Von griech. *Antrax* (= Kohle), Steinkohle mit dem höchsten Inkohlungsgrad, wurde im Tagebau seit je im Ruhrtal geschürft. Auffallend ist, wie Giselher sich hier auf Zeugen beruft, obwohl er seine eigene Anschauung nutzen könnte.] – Zweifellos, so hörte ich Hagen knarzen, hat der Lehrling mit dieser schwarzen Rättin [Schazman zitiert aus der Kilianschronik *orn üryeu* (wörtl. »schwarze Wühlmaus«) und übersetzt es mit »schwarze Schlange«] ein Streifenhörnchen gezeugt. [Mischlinge stellte man sich im Mittelalter gerne so vor, daß die gegensätzl. Hautfarben der Eltern (dunkle BALDINAI, hellhäutiger Xantener) im Kind kariert oder gestreift sichtbar würden, als Streifen- oder Zebrakind (vgl. *Feirefiz* in Wolframs *Parzival*).]

Warum nur, so fragte nun *Rumoridus Rusticulus*, haben wir Herrn Giselher nach Rom und nach Konstantinopel geschickt, sogar bis nach *Alexandria.* – Damit er uns solchen Sumpfdunst ins Hirn bläst, antwortete Hagen. – Kriemhild drängte sich dichter an meinen Leib. – Wenn die grämlichen Vetter so reden, sagte ich ihr, dann kommen sie mir vor wie eben das Giermonster, das sie für Sumpfdunst halten. Auch das blies sein Gift, weil es betäuben und ablenken wollte von dem, was es in Wahrheit plante und tat.

Plötzlich war auch Utes Stimme wieder im Raum. – Auf *Burgundarholm* fauchte *penezny smij* [aus der Waräger-Sprache: »Geldschlange«]. Wer vom *NidGir* singt, bläst nicht Sumpfdunst, sondern *urbart urbar.* [Schazman läßt dies unübersetzt, merkt aber im Anhang an, es könne heißen: »nennt den Urheber allen Übels«. Wörtl. Bedeutg.: »der offenbart zinsbringenden Besitz«, Raubgewinn (noch in »urbar machen«).]

Ja, *penezny smij*, lachte Hagen. Und wurde gleich wieder ernst: Wovon, kluger Herr *vartman* [Reisender, Fahrensmann], *homodicax doctus* [»gelehrter Witzbold«], wovon, bitteschön, wollte ich ablenken? von welchen Plänen, von welchen Taten? – Von denen, die Dir der Bischof ins Hirn bläst. Vor allem vom *praeiudicatum* [»Vorurteil«], Ungetaufte, ob Kelten oder Juden oder Sachsen, seien *per se* Feinde, so wie jetzt der, von dem ich erzähle, der Cherusker. Heiden, das bläst *Rumoridus* Dir ein, wollen sie sich nicht taufen lassen, seien zu schlachten, einfach nur darum, weil sie Heiden sind.

Wie erklärst Du dann das *iudicatum*, wir hätten bei Würzburg über Deines Vaters Grab auch Getaufte »geschlachtet«? [s. S. 24] – Das erkläre ich mir damit, daß Ihr in der Wut über Gundomars Tod gar nicht mehr unterscheiden mochtet, wer getauft, taufwillig oder noch ungetauft war.

Zumal Dir Dein Vetter, heißt es, vor dem Blutbad erklärte: Gott wird sie im Himmel schon genau zu unterscheiden wissen.

88 Hagen drehte seinen Gneiskopf langsam dem runden Vetter zu, hob dann ein wenig die Schultern und murrte: Er weiß Deine Weisheiten wörtlich. – Sah dann plötzlich wieder mich an, aus vielfach gefältelten Augenspalten: So gelehrt Giselher bisweilen ist, er glaubt dennoch, daß es solche *NidGire*, solche *penezny smij*, solche *urbaren* »Golddrachen« tatsächlich gibt.

Ich spürte, wie Kriemhild ihre Hand gegen meinen Rücken drückte, dorthin, wo der Zwerch sitzt, der Quermuskel. Das gab mir Kraft. – Golddrachengeschichten, sagte ich, durchblicken uns. So wie der Königssohn, als er *NidGir* getötet hatte, die Dinge durchschaute und die Verhältnisse, so kann, wer die Drachengeschichten aufmerksam anhört, nur klüger werden. Abgesehen von den Lebewesen, die es auf *Burgundarholm* oder in den elbischen und warägerischen Wäldern tatsächlich noch gibt und überhaupt in den niederen Landen, abgesehen davon sind das Drakonische und das Drachentrachten so wahr wie die eiternde Gier wahr ist, wenn sie uns als Zinsraffwut die Gedanken vernebelt und den Leib vergiftet. Nach der ältesten Drachensage, die ich in *Alexandria* hörte, hat eine ägyptische Königstochter ihren kleinen Goldschatz in einem Kästchen verschlossen und von einer Giftspinne bewachen lassen, die sie gut fütterte, so wie Hagen die Kleriker füttert. Als die Spinne wuchs, wuchs auch der Schatz. Die Spinne dehnte sich schließlich zur Schlange und die Schlange zum Kriechvieh, das überwucherte am Ende die ganze Burg und die Stadt und nahm am Ende seinen Schwanz in den Mund und erdrückte alle und alles. So reich sie auch geworden waren, die Herrschaften von Theben und Babylon erstickten an dem, was sie mit Zinseszins vermehrt und gehäuft hatten.

Der alexandrinische Drache, sagte ich, der zog früh auch in unseren Norden und zeigte sich dort mit den römischen Kohorten. Als *signum vexilli* [Standartenbild, Feldzeichen] ängstigte er unsere Stämme, bis zur Weser und Elbe hinab befiel er uns wie ein dauerhaftes *irregengel* [wörtl. so bei Schazman, der vermutet, es müsse »Irrsinn« heißen. Wörtl.: »Irregehen«], bis auch wir Goldmünzen zu horten begannen. Ute, wenn sie die Geldschlange nennt, erinnert daran, wie auch uns, seit wir *Burgundarholm* verließen, die Gewürme verführen. Nur wenige noch treten den goldhütenden Schlangen keck genug auf den Kopf, niemand mehr so mutig wie Siegfried den Neidgeier mit Felsbrocken überrumpelte. Wer aber den Drachen alsdann nicht tötet, sondern benutzt wie ein Reittier, dem dehnt er sich zu einer Brücke, die er beschreiten mag oder, wenn die Bestie noch fliegen kann, dann fliegt sie ihn hinüber in das Reich, wo er sich an Geld und Gold sattfressen und dann sehen muß, wie er über so vielem Besitz noch Leben findet und Luft und wie er beim Sattfressen das Totfressen vermeidet. *Heraklit*, der Älteste unserer Philosophen, mahnte: Hütet Euch, Ihr Epheser, je Euren Reichtum zu verlieren, denn dann würde offenbar, wie verkommen Ihr seid.

In *Werethina* hörte ich, die besten Stücke, die *NidGir* gerafft hatte, gehörten anfangs zwei Zwergen. [Auch zu diesem »gehörte« vermerkt Schazman, die korrekte Übersetzung aus dem Gälischen heiße »mit denen ursprünglich zwei Zwerge spielten«. »Zwerg« ursprgl.: »Trüger«, »Verdreher« (vgl. S. 85, 100, 255, 378, 459, 461).] Diese beiden, verwirrt von ihrem blendenden Besitz, waren nicht in der Lage, den Schatz gerecht zu teilen. Da baten die Winzköpfe ausgerechnet den damals Mächtigsten um Rat, eben den *NidGir*. Der teilte so, wie Macht schon immer teilte, er brachte die beiden Gnome dazu, sich gegenseitig umzubringen.

Und unser Schmiedelehrling, als er nun plötzlich den Drachenschatz besaß, wen bat er um Rat? So fragte Hagen, der Mörder. – Bat er etwa die Nymphe, das Steinkohlenweib? die Schlammfrau BALDINAI? die Dunkle? die Mohrin? oder seine kuhpriesterliche Mutter, die ihn mit der Kappe betrogen hatte?

Von den Frauen, von den Nornen wie von der Nymphe, hat er gelernt. Von allen, die er begehrte. Silbrig glänzte BALDINAIS Leib und war schon deswegen eine vielfache Wonne für den Xantener, weil er am liebsten das andere begehrt, wie die Sonne den Nebel. – Ich trank, was Dankwarth mir neu eingeschenkt hatte. – Bis in die Dämmerung des Tages, an dem er *NidGir* getötet hatte, blieb er bei der Alberichtochter, und der Hügel, auf dem sie sich freiten, heißt seither bei Bergleuten und Schmieden »die heimliche Liebe« [»Hügel« übersetzt hier *hill* und ist nicht etwa eine Anspielung auf den Ort, auf dem heute die »Villa Hügel« des nachmals mächtigsten der Schmiede steht (s. Anmerkg. zu HELINGA S. 60), wiewohl Kenner der örtlichen Verhältnisse an diese Anhöhe denken würden]. Als das dunkelhelle Paar auf der Wiesenhöhe endlich auftauchte aus seinen Versunkenheiten, schimmerte überm Blutsee schon das Abendlicht, überm toten »Scharfblickenden« kräuselte sich weißer Dampf, noch immer stieg da erhitztes Ruhrwasser in Wolken auf.

Einen Hornhäutigen, sagte Gunther, einen Räuber prophezeien uns die Träume und die Karten. Einen, der *Irslac* brüllt, einen Unflätigen, einen Eisen-Arbeiter, der sich im Blutschmier suhlt mit schwarzen Kohleweibern, mit Gespenstern. – Der an Bauch und Kuh glaubt und Kirchengut raubt, ergänzte Ringwolf.

Ehe Ihr bei solchen Urteilen bleibt, erzähle ich lieber genau, wie er an den Hort kam. Die Schmiedegesellen, die ich in Köln und an der Sieg sprach, hatten aus den Kohlengruben heraus alles genau beobachtet, und was diese Gesellen mir hier oder dort früher oder später erzählten, widersprach sich nicht. Sie beschrieben Kampflust wie Liebeslust. Und waren dann verwundert, daß Dunkelkutten ihre Berichte fälschten und aus BALDINAIS Hand ein Lindenblatt machten, nur um die leibhaftige Verzückung nicht beschreiben zu müssen, *nullum de corpore inspirante, deorum spiritu inflamante* [»nichts von dem Leib, der begeistert, mit dem Geist der Götter entflammt«].

Als wir bei unseren Verwandten waren in der *Sapaudia*, sagte Gunther, da unterhielt uns ein Gaukler aus Basel und sagte, nicht der Lindwurm habe Siegfried heimgesucht, sondern umgekehrt, habgierig sei der Nibelunge gewesen, habgierig und voller Ehrgeiz, sieben Tage lang sei er den Drachenspuren gefolgt, dem Goldstaub, den Schwefelgerüchen, dem Metallklang, quer durch Nifelheim, immer hinter der Stickluft her.

Diesen Gaukler, sagte ich, hatten Basler Kaufleute bezahlt, und wes Lohn ich krieg, des Lied ich sing. Da die Basler selber reichlich horten, drückt sie der Alp, es käme der Drachentöter auch zu ihnen und zerschlüge und zerteilte auf seine Art, was sie aufhäufen, darum sorgen sie dafür, wie auch sie Sieglinds Sohn madig machen können. Dies Basler Märchen, das kenne ich auch von Soester, Kölner und Augsburger Handelsherren. Wer hinterm Urübel her ist, das Ute *urbar* nennt, hinterm Zinsglitzer, egal, ob als Geld-, Seiden- oder Angsthändler, sie alle, da bin ich sicher, wollen und müssen nur ablenken vom Geruch der eigenen Geschäfte.

Ich nahm einen langen Schluck. – Einst hat sich ein Herr *Laban* gegen den Ausbeuter auf dem Drachenfels wehren wollen, ein jüdischer Krämer war das, der im Handel zwischen Basel und dem Bernsteinmeer reich geworden war. Als auch dieser *Laban* bei *Bonna* Zins zahlen sollte, zog er gegen den Rheinbeherrscher sein Schwert, obwohl den »Jesus-Mördern« die Waffen verboten wurden, und mußte seinen Versuch mit dem Leben bezahlen. Unterm Drachenberg, schon in den Pranken des Gierviehs, verfluchte *Laban* den Hort. Jeder, so rief er als Letztes, jeder, der ihn besitzt, soll dran ersticken!

Die Schwester beugte sich vor, um besser sehen zu können, welches Gesicht der Bischof schneiden würde. – Jeder! zischelte sie. – Da antwortete Ringwolf: Goldmund, der weiseste der Weisen, unser heiliger *Chrysostomos* in Konstantinopel, der hat alles gesagt, was von den Juden zu halten ist. – Wann immer Juden sich wehren wollen, wußte Hagen, am Ende bleibt ihnen nur das Fluchen.

Erzähl weiter, flüsterte meine Nachbarin. – Ich stand auf. Weil ich nachdenken und auswählen mußte, was jetzt mitzuteilen sei. Stand auf, nahm zwei von den Buchenscheiten, trug sie zum Kamin und stellte sie in die Glut, so daß sie gegeneinander lehnten. Als ich das Zündeln genügend lange beobachtet hatte, wußte ich, wie ich vom Hort berichten mußte.

Einige, sagte ich, die das Latein verstehen, ergänzten den Fluch des Juden und sagten, überdies hätte *Laban* geschrien *potentia est iustitia* [»Macht ist Recht«]. Aber genug von diesen Übeln. Ich sollte nur noch etwas sagen, zu jenen sehr feuchten *ripariis*. [Schazmans Fußnote übersetzt dies als *district*. *Riparia* ist aber das latein. Urwort für »Revier« (aus *ripa* = Ufer, s. engl. *river*, frz. *rivière*), womit später das Ruhrgebiet tatsächlich bezeichnet wurde. Es erscheint hier also in der ursprünglichen und wörtlichen Bedeutung von Fluß- oder Uferlandschaft, außerdem topographisch exakt, denn an der Ruhr begann der Bergbau und hatten auch Eisenschmelzen erste Standorte.] Zwischen Ruhr, Rhein und Lippe gibt es gar keine Linden. Nur Weiden, Erlen, Eschen, Stechpalmen, Eichen und Buchen. Aber genug vom alten Übel des Lügens. Nun sollte ich nur noch erzählen, worauf die Vettern von Anfang an gewartet haben, wie der Niederländer den Hort gewann.

Am Abend seines ersten Liebestages hat der, dem kurz danach der Hort gehörte, im letzten Licht den öligen See betrachtet, der war lang und schmal und gewunden wie das Flußtal und glänzte unterm roten Himmel gerade so wie der Schlangenleib des »Scharfblickenden«. Wie er darüber nachzudenken begann, ist ihm, in seinen Armen, die schöne Schwarze zerstoben. Erst glaubte er, die Elfe habe ihm die Tarnkappe geraubt, und wütete, warf alles auf dem Hügel umeinander und polterte, bis er ihre freundliche Stimme hörte, die ihn fragte, ob der Berserker mit seinem Zorn nicht besser zielen könne. Er hielt still, lauschte. Und hörte sie dicht neben sich, so nahe, daß er glaubte, sie in sich selber zu hören wie eine *materia inspirata*. Alberich, hörte er, der Neidlump, wenn der schon, als wir badeten und über *NifHel* flogen, BALMUNK nicht raubte und nicht mal die Nebelkappe, dann nur deswegen nicht, weil es ihn fortzog an einen noch interessanteren Ort.

Der Niederländer wird in der Abendkühle ihre Wärme gespürt haben, wieder ihre liebevolle Hand, sicherlich an einem für ihn interessan-

ten Ort, hörte jedenfalls ihre Mahnung, wieso er nur *NidGir* bekämpfe, nicht aber den neuen Alp, die Rompfaffen, die sich in Ruhe bereicher-
92 ten. – Da wollte er die Unsichtbare packen, wie er ihren Vater gepackt hatte, aber in der Dämmerung verflüchtigte sie sich, auch von ihr, wie von HELINGA, hörte er nur noch Gelächter und Spott über den Drachenjäger, der sich einbilde, mit *NidGir* habe er das Romgift besiegt. Eine Weile verfolgte er sie, ihr Hohn tönte von überall, auch noch von der Isenburg, verstummte schließlich hinterm Stachelgestrüpp im Stechpalmenwald. [*Ilex aquifolium*, der immergrüne »Hülsebusch« mit dornig gezähnten Fettblättern (noch heute auffallend häufig im in Frage kommenden Wald).]

Da griff der cheruskische Königssohn wieder BALMUNK, Rüstung und Nebelmütze, holte Grani und ritt hinab zur Ruhr, und als er dort, vor dem toten Ungeheuer, Sieglinds Schwurgesänge gerufen hatte [s. S. 55], scheute Grani nicht mehr, sondern sprengte über den Kadaver hinweg, über die hornhäutige Brücke hinüber zum südlichen Ufer. Drüben brauchte er nur noch der breiten Spur zu folgen, die *NidGir* in den Wäldern hinterlassen hatte, von nun an zog er durch eine Schneise aus Asche, ritt zwischen zerbrochenen, vergifteten, versengten Bäumen, die zerätzt waren und verbrannt, ritt über gegeißelte Erde, über Eschen-Asche, ritt südwärts, in die Finsternis hinein, immer der Kriech- und Todesbahn nach, die der junge Reiter mit TRONJE [vgl. S. 78, 461 ff., 483, 500, 503] benannte, mit einem Wort, das mir niemand erklären konnte.

Da die Nacht klar blieb, war die verwüstete Straße auch im Dunkeln gut zu erkennen. Zweige und Äste standen kahl gegen den Sternenhimmel, Buchen und Eschen und Eichen lagen zerknickt, verkohlt, Rinder, Ziegen und Schafe hatten in Panik fliehen wollen, lagen verendet, verkrümmt, gedunsen. Da war alles geborsten und vergangen und schwiegen selbst die Nachtvögel, nicht mal mehr Geisterschatten bewegten sich. Denn, so erklärte der Niederländer wenig später den Leuten, mit denen er den Hort teilte, *NidGirs* Kraft ist die, die nur das Tote schafft.

Er trieb sein Pferd vorwärts mit *Invar* und *Insprinc*, trieb es von Hügel zu Hügel, bis über die Sieg, und gelangte so, immer der Todesspur folgend, mitten in der Nacht auf eine Felsenhöhe über dem Rhein. Hier endete die Kriechstrecke. Der Reiter hielt an, lauschte. Dort oben war es kahl, wehte der Wind über blanke Steine. Im schwachen Licht war zunächst nichts zu erkennen, nur der blanke, der schimmernde Fels. So hat es mir später auch diejenige erzählt, mit der ich befreundet war [erste schüchterne Anspielung auf Giselhers beste Quelle und *inspiratio*].

Im Sternenlicht war es dem Nachtreiter, als blinke was zu seinen

Füßen. In den schwarzen Klüften hier wie dort schien es zu funkeln, als ob der Nachthimmel heruntergesunken sei auf die Felsenhöhe. Doch die Gestirne waren keineswegs herabgefallen, die leuchteten nach wie vor am Himmelsgewölbe, glitzerten und ließen den Rhein von der Ferne bis in die Nähe glänzen wie eine silberne Schlange.

Erst allmählich durchschaute der Reiter die irrlichternden Bewegungen zu seinen Füßen. Da wanderten Kostbarkeiten, da ritten Perlen, schwebten Ringe, bewegten sich Edelsteine und Ketten und andere Geschmeide und schien es so, als würde das alles geradewegs unter ihm hindurchgetragen.

Da sprang er vom Pferd, packte zu und prüfte, was er in der Hand hielt. Goldene Kreuze waren das, silberne Sonnenräder, mit Karneol geschmückt und mit Aquamarin, Kelche, Broschen, Spangen, Abendmahlbecher, Reliquienbehälter, Weihrauchkessel und bronzene Raben und diamantene Bischofsringe. Er warf das zurück, das klingelte und polterte in den zerklüfteten Gründen, aus der Tiefe schwang und rasselte das, ja, er hörte, wie es überall unter den Felsen metallen tönte und sirselte, die Lichter am Firmament strahlten stark genug, so daß er allmählich erkannte, wie unter ihm immerzu Bewegung war, wie da ein glimmendes Filigran vorüberzog, als sei in der Nachtschwärze ein Zug glühender Käfer unterwegs, eine schimmernde Ameisenstraße.

Da wanderten aber keine Feuerfliegen, sondern da sangen und klapperten und hallten Erze, da zog eine blinkende Milchstraße unter ihm dahin und verschwand in den Abseiten und Steinspalten, und das war das Rheingold.

Als in der Dunkelheit wieder ein Sternenbild aus vielerlei Geschmeide und Kleinodien vorbeischweben wollte, da tauchte der Nibelunge in das Glitzrige hinein, sprang unter die schimmernden Dinge, schnappte danach und spürte, daß er etwas wie Stoff in der Hand hielt, hörte, wie es klirrte, wie Schreckensschreie gellten, die ihm bekannt vorkamen. Da wickelte er den Stoff um seine Faust und begriff, daß er nun zum drittenmal den Erlkönig Alberich gefangen hatte.

Mit Wutgeschrille ließ der das Ende der Schleppe fahren, auf der gälische *servi casati* [unfreie (zu Arbeiten verpflichtete) Bauern] die Drachenschätze hatten forttragen sollen. Manche behaupten, das sei die alexandrinische Hochzeitsschleppe der ptolemäischen Königin Kleopatra gewesen, andere meinen zu wissen, im Schweiß- und Leichentuch des Gekreuzigten selber habe der Erlkönig die geraubte Funkelpracht fortholen wollen.

Der Xantener jedenfalls hatte den Zwerg nun fest im Griff, kniff und würgte ihn mit dem Tuch, bis der keifte und fiepte. Diesmal wollte er sich

von dem Gewinsel nicht ablenken lassen, sondern hob den Alberich mit beiden Fäusten hoch, um ihn gegen den nächsten Felsen zu klatschen. Als der nun wieder zappelte, schrie, winselte und pfiff, da vernahm er in diesen Schreien und Pfiffen etwas, was ihn zögern ließ. Der Gnom tat nämlich so, als wisse er, wie der Niederländer das gelüstige Weib wiederfinde, mit dem er sich vergnügt hatte. – Wehe Du lügst. – Alberich japste und säuselte. Wenn Du mich freiläßt, beschreib ich Dir den Weg. – Umgekehrt! erst beschreibst Du mir den Weg, dann laß ich Dich frei. – Da blieb dem Zauberer nichts anderes übrig und er begann mit der Beschreibung. Erzählte aber nicht von seiner hexischen Anthraxtochter, sondern von einer Verwandten, beschrieb die Fahrt in den Norden, zur Feuerfrau Brünhild.

Als ich in unserer Wormser Halle den Namen Brünhild hören ließ, rückte König Gunther näher heran. Ich hatte gute Zuhörer am Abend vor Siegfrieds Ankunft. – Was wußte dieser Zwerg, wollte Gunther wissen, kannte er etwa Brünhild? Ist sie nicht die Tochter der Meergöttin Ran? – Dankwarth wollte mir nachschenken, aber ich winkte ab, sagte, ich wolle jetzt nichts mehr vom Wein, nun sei es angebracht, die Sinne wachzuhalten, denn nun gehe es in der Tat um die Tochter der Meermutter.

Alberich, noch immer in den Klauen seines Lehrlings, erzählte von der Feuerfrau auf dem Eisland, tat aber, als handele es sich um BALDINAI. Seine wilden Träume, die werde der Nibelunge wiederfinden, wenn er den Rhein hinabfahre zur Insel Island, zum Isenstein, dorthin sei sie inzwischen geflogen, die Hexe, dorthin, wo Erdmutter sich mit Loki um die besten Eisenschmelzen stritte. Das mußte den Xantener bezaubern, das schien von Waffenkunst zu reden. Alberich verriet nichts vom Weltmeer und vom Eis, und Siegfried meinte immerzu, von der Ruhrnymphe zu hören, ahnte nichts von der mächtigen Walküre Brünhild, einer Halbgöttin, die schön ist, aber von unvorstellbarer Kraft. – Kraft? – Gunthers Stimme klang verzagt.

Der Zwerg verheimlichte, daß Brünhild übermenschlich kräftig ist und daß sie auf ihrer Insel von himmelhohen Flammen geschützt wird und daß, wer zu ihr will und sie begehrt, dieses Feuer durchdringen muß. Viele schon sind verbrannt, manche verzagten schon beim Anblick der Lohe, kehrten lieber wieder um, und von denen, die nicht flüchteten, gelang keinem der Ritt durch den Sonnenwind. Dort, in dieser Glutwand, so hoffte Alberich, werde den verhaßten Cherusker die eigene Tollheit endlich verbrennen.

So sehr den Drachentöter diese Schilderungen entzückten, den Nachtalben, den Steinkönig, den hielt er noch immer fest in seinen Händen und betrachtete ihn aufmerksam. Und bemerkte, daß, wenn der *Twerch* [hier »Zwerg« im Wortsinn, »Verdreher«, »Verquerer«, »(Be)Trüger« (vgl. S. 85, 89, 100, 255, 378, 459, 461)] die ferne Schönheit pries, ein falscher Ton mitschwang, sah, daß der bei all seinen Reden vom Zauberreich Island ihn, den Niederländer, nicht anzusehen wagte. Da spürte der Jüngling die Falschheit und schmetterte den Giftzwerg gegen den Fels.

An der Stelle, gegen die Alberich geschleudert worden war, fiel, mit einem hellen Ton, ein Stein. Der Niederländer hob das auf, ein Kügelchen war das, etwa so groß wie dasjenige vom Papst *Simplicius*. War aber kein Bergkristall, auch kein zur Hälfte gespaltener, sondern ein Mondstein. Schwer und rund lag der in seiner Hand, als sei er soeben geschaffen und sogleich geschliffen worden in der großen Sternenküche, vom Chaos GINUNGAGAP [vgl. S. 13], von dem mancher Weise glaubt, zum Beispiel Abt Eginhardt, daß es der Anfang und das Ende von allem ist, daß von Beginn an das Verfälschen war, das Verdrehen und Verwandeln.

Nicht durchsichtig leuchtete diese Gnomenkugel wie die vom verklärten Leib des neuen AllHerrn, sondern undurchsichtig wie NifHELheim [zu HEL s. S. 60, 265], war von milchigem Mondglanz, mit zarten, mit regenbogenfarbenen Adern. Dies Kügelchen steckte der Xantener sich ein.

Was ich an diesem Winterabend nicht wissen konnte, war, daß auch dieser Stein kurze Zeit später nach Worms kam, als ein Verhängnisstein, dessen Kraft alle zu spüren kriegten, der König wie seine Schwester, Siegfried ebenso wie Brünhild. Aber ich darf nicht vorgreifen, will auch jetzt die *ordo chronologiaeque temporum* [»Ordnung und zeitliche Abfolge«] respektieren. Doch ist mir oft so, als glimmten in jedem Moment dieser Geschichte immer auch die Farben des Vergangenen wie die des Zukünftigen. O wer da sich auskennte. Leser und Zuhörer wollen immer wieder nur solchen Gauklern glauben, die frech genug sind, das bunt Verworrene in einfache Form zu fassen und in klare Abfolge.

Als ich das Ende Alberichs erzählt hatte, sagte Gunther: Ein prächtiger Falke naht sich da. Ein Raubtier, das seinen Eltern davonfliegt. Das mit Hexen im Matsch schlurcht, das seinen Lehrherrn umbringt. Wie, frage ich, begegnen wir solchem *furor* [Begeisterung] und verfallen ihm nicht. – Ringwolf antwortete: Begegnen wir ihm, wie es sich für einen Barbaren gehört, der leider nicht aus Nebel ist, sondern aus Blut, und zwar aus dem Blut von Drachen, Zwergen und Hexen, befleckt von anthrazitschwarzen Huren.

Ach ja? aus Blut ist er? – Plötzlich sprach wieder die Mutter. – Vordem hieß er »Märchenmann«, »Hirngespinst«, »Gasthausdunst«. Nun ist er aus Blut? Und so lebendig, daß vom Beflecken die Rede ist? – Da ging Kriemhild hinüber, setzte sich wieder an den kleinen Tisch, hielt sich an Ute.

Was bleibt jetzt wahr, wollte der Bischof wissen. Besitzt nun dieser Niederländer den Hort oder besitzt er ihn nicht? Oder wer jetzt? [Schazman teilt mit, wieder habe der keltische Kilian Mühe mit dieser Aussage, habe die Frage des Bischofs umschreiben müssen: »Sitzt nun der Niederländer auf dem Hort? Sitzt nicht auf ihm?«] – Gunther wollte dringend ganz andere Dinge wissen. – War er bei der Isländerin? auf ihrer Insel? Besaß er die Kraft dieser Frau? Oder besitzt sie noch? oder nicht? [Die Kilianschronik lt. Schazman (der *possessed* übersetzt): »freite er sie? und freit sie noch immer – oder nicht?«] – Der König von Burgund schien von großer Unruhe erfaßt. Blickte zur Schwester hinüber, dann wieder auf mich. Und fragte: Ist Brünhild die »tüchtige Königin«, von der uns der Kilian gesungen hat?

Ich mußte lachen, sah zwischen den fragenden Herrn hin und her, antwortete schließlich dem Bischof. – Der da kommen soll, der Königssohn, der sitzt nicht auf dem Hort. Er spielt mit ihm. Er läßt das Rheingold leuchten und fliegen und er verschenkt es. – Verschenkt es? – Spielt also auch mit Brünhild? fragte Gunter und blieb aufgeregt. – Hör nicht auf diese Zwergenfragen, rief Kriemhild vom kleinen Tisch herüber. Erzähl alles so, als ob's nur für Ute wäre und für mich.

Am anderen Morgen, sagte ich, nach der Nacht auf dem Drachenberg, hielt der Nibelunge unter dem Fels niederländische Rheinschiffe an, zwölf Segel- und Ruderbarken, die waren, wie immer, wenn es mit schwerer Ladung flußauf geht, nur halb gefüllt, die wollten mit *Trachyt* [vulkan. Ergußgestein, grau bis rötlich, rauh porös, hart, bildet markante Kuppen, z. B. den »Drachenfels«, häufige Verwendung bei Kirchen- und Festungsbauten (vgl. S. 527)] und Anthrazit hinauf nach Trier und später nach Basel, wohin es über die Hungersteine beim Ort Goor geht [Goar bzw. Goarshausen, beim Lorelei-Felsen]. Der Xantener versprach den Kaufleuten bessere Fracht. Einhundert und fünfzig Eselsladungen schaffte er mit Hilfe dieser Leute aus den Drachenhöhlen in die halbleeren Schiffe und gab jedem, der half, soviele Stücke vom Schatz, wie er tragen konnte. Den Trachyt ließen sie unterm Drachenfels liegen, nur die Steinkohle, den Feuerdiamant, den nahmen sie mit, der blieb in den Booten. Diese brennbaren Brocken hatten sie über die Mosel nach Trier bringen sollen, wo die römischen Dampfbäder mit den Steinen besser zu heizen waren als mit Holz und mit Meilerkohlen.

Die Schiffsleute hatten nichts dagegen, in den neuen Diensten woandershin zu fahren als zur Mosel. In Trier warten sie noch heute auf die Feuerkraft für ihre Bäder und Heizungen. – Woandershin? fragte Gunther. Also wohin? – Die zwölf Schiffe steuerten stromab. – Stromab? – Nach Xanten. – Und danach weiter? Zum Meer? Zum Isenstein? – Gunther fragte ungeduldig. – In Basel behaupteten manche, sagte Ringwolf, Sieglinds Sohn sei bis Rom gefahren. – Andere meinten, sagte ich, er sei sogar in *Alexandria* gewesen, weil er, wie Sieglind ihm geraten, alles wissen sollte. Freilich, unsere Vettern hier, die wissen nur, daß er ein Dummer ist. – Und was weißt Du? fragte der Bischof. – Hagen schabte sich mit dem Bart die Backe. Und knurrte durchs Geknister: Von Schlammweibern läßt er sich klug machen, »inspirieren«.

Ich habe erzählt, wie seine Mutter ihn gewarnt hatte vor den Römern. Auch BALDINAI, auch die Nornen hatten gewarnt. Das hatte ihn nur um so wißbegieriger gemacht. Wie dem *Sigurd* ging es auch ihm um *Giribinheit*, um die »Kniffe« derer, die er bekämpfen wollte. Die Panzerhaut des Gegners sich selber überzustreifen, das war wieder und wieder seine List. Den Gegner mit den eigenen und noch besseren Waffen zu überwinden. Und lernte deswegen nicht nur Militär- und Legionärswissen. In Rom wie an der christlichen Philosophenschule zu *Alexandria* traf er auch auf die Lehren der neuen Kirche, die alle Fürsten nützlich finden, weil sie das Volk genügend ängstlich machen und untertan. *Studium studium, semper supra omnium,* hörte man ihn murmeln. [»Wissensdurst, Neugier, immer über alles.«]

Der Hornhäutige, fragte Ringwolf, lernte die Regeln unserer Kirchenväter? – Es heißt, er habe diese Väter selbst kennengelernt und hätte mit ihnen diskutiert. – Deine Märchen werden immer wüster, bemerkte Hagen. Erzähl uns meinetwegen weiter von Drachen und lüsternen Düsterweibern, aber nicht von *Alexandria.* Sag uns lieber genauer, was er auf Island tat. Ob er es wirklich schaffte, die Vulkane zu bannen auf der Eis-Insel, die der Gnom Deinem Klugling als Eisen-Insel vorgaukeln konnte. Ich vermute, in Island lernte er in der Leber zu lesen und Blitze zu deuten. Wurde Eingeweihter der Eingeweide, nicht wahr? Denn die Nifelheimischen, statt ihren Kopf zu fragen, ziehen es wie die Etrusker vor, totem Vieh in den Bauch zu schauen [vgl. S. 160] oder beim Gewitter die

Blitze zu studieren, woraus sie mehr zu erkennen behaupten als wir aus unseren Büchern.

98 Er war auf Island, sagte ich. Danach auch im alten *Imperium.* In Rom erkannte man bald seine Begabungen und Erfahrungen und nutzte sie. Nahm ihn mit auf verschiedene Reisen, auch auf eine Fahrt, auf der die Inselreiche erkundet werden sollten im Norden. Diese Reise sollte *Hibernia* umrunden und *Scotia* [Irland und Schottland], die Stürme trieben die Schiffe aber noch weiter, tief hinab ins Nordmeer, bis an den Rand der Welt, und so gelangte er ein weiteres Mal zur Feuer- und Eis-Insel.

Erzähl zunächst von Brünhild, befand Gunther. Erzähl, wie der »Mächtigste« zum erstenmal bei ihr war, allein. – Da sah ich, wie Kriemhild nickte, und nahm, was Dankwarth mir bot, einen neuen Schluck Roten, tat ihnen den Gefallen und erzählte. – Auf Island, sagte ich, da hausen hinter der Glaslava im Palast *Herdubreid* die hitzigen Erdtöchter. Die hüten, was die Zauberschmiede benötigen, was sie erschmelzen für den Schmuck, aber auch für die Schwerter. Nur Loki und *Freyr,* dem Fruchtbarkeitsgott, nur diesen beiden gelang es mit List, diese isländischen Glasfeuer zu durchdringen. Legionen von Trollen und Elfen verteidigen sie, die kostbaren Erze. Und fast alle anderen Besucher, falls sie nicht vorher verzagten und umkehrten, gerieten statt zu den fließenden Schätzen von *Herdubreid* ins Labyrinth der Fratzen oder verirrten sich auf den schwarzen Straßen von *Dimmuborgir.* Allein *Freyr* und Loki waren bislang auf der Glaslavaburg und haben von dort den Rausch mitgebracht, den begeisternden, den verheerenden Wotansrausch, der auch der Liebesrausch ist. Und gewiß, auch der Niederländer ist ihm erlegen.

Die keltischen Götter, sagte Hagen, das sind die mit den Selbstenthaupterflügeln. Denen brummen überm Schädel bunte Libellenpropeller. [Bei Schazman *level of dragon-fly,* also, wie Schazman notiert, »zweierlei Libelle«, *level* u. *d.-fly,* wobei letztere auch den Drachen meine. Laut Sch. spielt Hagen an dieser Stelle mit dem lateinischen *libellum* (Buch, Schrift), das als *libellula* auch die Libelle meint (vgl. S. 79), also wörtl. etwa: »Bücherflügel«.] Die befähigen sie, sich jederzeit an den eigenen Gedanken so weit über die Wolken zu ziehen, so hoch, daß sie von ihren Rauschflügen und *Odhrörir* [wörtl.: Gedankenmet] -Reisen am Ende nie mehr zurückfinden. – Der Waffenmeister lachte.

Die Kelten, sagte ich, leben auf der Erde, *et si vis cogitatione informant* [»und wenn sie phantasieren« (wörtl. »Gedankenbilder formen«)], dann tun sie das mit Matsch und mit Eisen und allen Erzen und mit liebenswerten Leibern, aber ungern mit Wolkendampf. Das seht Ihr am deutlichsten an unserem Christen aus Irland, am *Wunnibald.* [Ob *Wunnibald* seinen Namen nach dem Wormser Wonnegau bekam oder umgekehrt, muß offen bleiben. Wichtig scheint an diesen Passagen die Charakterisierung von keltisch-germanischem Verhalten.]

Laßt mich nun erzählen, wie Gunther es wünscht, von der ersten Reise mit jenen zwölf Rheinschiffen. Diese Fahrt ging in der Tat über den Rhein hinab bis auf den See ohne Ende. Von den Küsten Europas trieben sie fort, weit hinaus auf das Meer, in Rans Reich, nach Mitternacht hin segelten sie, zwölf Tage und zwölf Nächte.

Am Abend des letzten Tages erschien sie, am Horizont, jene Lohe über *Herdubreid*, die Flammenwand überm Isenstein, die Brünhild umgibt. Darüber berichteten mir drei Burschen in der Stadt *Colonia*, die mitgefahren waren. Die Flammen sahen sie dort, wo die Sonne untergegangen war. Ein Leuchten sei das anfangs gewesen, das sie für den Schimmer des versunkenen Tageslichts gehalten hätten, das sich aber von den Nachtschatten nicht nur nicht verschlingen ließ, sondern, je schwärzer die Nacht wurde, desto heller hervortrat und loderte und bis an die Sterne schlug.

Als sie näher herangesegelt waren, sahen sie den ganzen fürchterlichen Feuerwall gegen den schwarzen Himmel steigen wie leuchtende Nebel, die aufwärts stürmten und in der Höhe über den Himmel zuckten. Das loderte und wuchs rings um den Weltenrand wie ein heftiges Wetterleuchten, nur hundertmal wilder, sprang hierhin und dorthin, von Mitternacht nach Abend und zurück, und war, so beteuerten die Männer aus Köln, nicht *Herdubreid*, der Glasvulkan, sondern das heilige Wotanslicht selber, das Wutfeuer, das nichts weniger zu schützen hatte als die Tochter des Göttervaters, weil alle ungewöhnliche Schönheit fortwährend in großer Gefahr ist und Sicherheit braucht. Die beste Versicherung [Schazman: *securities*] aber sind nun mal Lokis Listen, Verhüllungen und Tarnungen.

Diese Flammen, hieß es, die wichen nur dem, der weise genug wäre, sie zu durchdringen. [Bemerkenswert, daß »durchdringen« in Giselhers ersten Sätzen (S. 13) mit »Begehren« zusammengesehen wurde, hier mit »weise«.] Und weise sei nur der, wer die *materia* durchschaue, erklärte mir Abbas Eginhardt und fügte hinzu: *In materiis terrarum a priori informatas deorum sunt notiones* [»In den Stoffen der Erde (den »Mutterstoffen«) sind von vornherein die Kenntnisse der Götter vorgebildet«]. Eginhardt wünschte sich diese Fähigkeit auch für diejenigen, die Hagen soeben als die Herren mit den Selbstenthaupterflügeln bezeichnet hat. Wie auch immer, nur wer die brennende Himmelsmauer durchschreite und dabei nicht vergehe, der sei, so hieß es, würdig, Brünhild zu »freien«. Am ersten Abend vor dem Isenstein, noch auf den Schiffen, vermutete Siegfried hinter der Sternenglut weiterhin seine Elfe, die heilkräftige Nymphe, weil ihm der Zwerg das so erzählt hatte und er damals noch fast alles zu glauben bereit war, damals, als er noch nicht auf den Betrugsschulen war in Rom und *Alexandria*, als er noch nichts gelernt hatte von der Falschheit, der *mutatio* und *depravatio* [Veränderung und Verdrehung], vom *perversum* also, das in Wahrheit Anfang und Ende ist von allem, weswegen die Leute die kleinsten und listigsten aller Motoren [wörtl. »Beweger«] »Verdreher« nennen, »Zwerge«.

Kilian, mein *Wunnibald*, hat mich wieder umarmt. In seinem Wackes-Kloster habe er ohne Gefahr, entdeckt zu werden, meine neuen Blätter lesen können und sei glücklich, wie ich ihn gefaßt hätte, den Kampf der Panzerhäute. Und schon habe er, begeistert, die Übertragung begonnen, die Verhüllung und Sicherung der Geschichte ins Keltische.

Die Vorgeschichte, die uns erklärt, warum und wie Brünhild auf den Isenstein gekommen war, die erfuhr ich in einem Ort in der Nähe von Xanten, in Krähenkamp [Krefeld(?), bei Schazman, der Ortsnamen meist unverändert notiert, *a place called Crowkamp*], wo ein fränkischer Sänger alte Geschichten vortrug, auch die von Brünhild. Die sei eine Walküre, und Walküren würden von Göttern gezeugt, wenn Götter sich mit Menschenfrauen einlassen oder mit Elfen.

Wotan habe eines Tages auf der Insel *Burgundarholm*, von der wir Burgunder den Namen haben, Alberichs schöne große Schwester Ran erblickt. Das war zu den Zeiten, als die Nachbar-Insel Ertholm noch unter dem Meer lag. [So hieß vormals die Felseninsel Christiansö, nördl. Bornholm. Nach der Eiszeit lag sie zunächst unter dem Meeresspiegel.] An einem heißen Sommertag hätte Wotan die junge Frau in einer Felsennische überrascht, bei einer heiligen Grotte. [Nach Auskunft aus Bornholm kann es sich dabei nur um *Gudhjem* gehandelt haben, um den »Ort der Götter« (vgl. auch *Gotham*-City), der als der schönste gilt und wo die nächste Grotte *Helligdomen* heißt.] Ran, die Wasserliebende, war unter einer Steinküste den Wellen entstiegen und wollte sich in der einsamen Bucht, scheinbar unbeobachtet, wieder verhüllen, kleidete sich in ihre weichen weißen Ledergewänder, ohne zu bemerken, daß ihr jemand zusah, und begann dann, aus Honig, Bilsenkraut, Mohn und *Hannapis* [*Cannabis sativa* = Hanf, Rausch- und Lustmittel der Liebesgöttin *Freya* und des Loki, der als der klügste der Germanen-

Götter gilt] und aus dem kostbaren Pfeffer ein Opfermahl zu bereiten. [Wie kostbar Pfeffer war: *Alarich* (370–410, König der Westgoten) gewährte im Jahr 410 der Stadt Rom Schonung gegen die Lieferung von 3000 Pfund Pfeffer.]
Diese Opferspeise bereitete sie in einem Ledersack, und zwar eine Mischung, die in den Mitternachtsländern die Götter milde stimmt und mit der Ran die unendliche Meermaterie gefügig zu machen verstand. Freilich wußte sie nicht, daß ihre Speise nur den Göttern bekommt, Menschen und Halbgötter, die sich daran vergreifen, berauscht sie.

Scheinheilig näherte sich ihr zwischen den Granitklippen der Rausch- und Weltbeherrscher, den die Nordländer Odin nennen oder *Uuodan*. Erschien der schönen Elfe als Pilger und gab vor, nach langer Fahrt auf die Insel gelangt und ermüdet zu sein und von der heiligen Speise zu benötigen, um wieder zu Kräften zu kommen. Die Götterspeise stand ihm wohl zu, da sie ja ihm, dem Wut-Wotan, geweiht war. Die Meerfrau hielt ihn für einen frommen Wanderer, der *Gaia* [vgl. S. 271] dienen wollte, der Erd- und Allmutter. Gern teilte sie die Probe, opferte die eine Hälfte dem Gott, gab die andere dem Pilger. Da verlangte der, daß sie die Hälfte esse, die dem Göttervater geweiht war. Sie erschrak. Zögerte. Hielt ihn zwar für einen weisen Mann, wollte aber nicht das essen, was Wotan zustand.

Da lüftete der Fürst der Götter ein wenig seinen breiten dunklen Hut, und sie erkannte, daß er nur ein Auge hatte und wer er in Wahrheit war. Zitternd gehorchte sie und aß. Und wurde von dem, was nur den Göttern zusteht, berauscht. Bekam nun, wovon Hagen geredet hat, jenen Libellensinn, der uns bis über die Wolken hinaufzieht. Alsbald war die Meernymphe benommen, verwirrt und verfiel dem Wanderer, der nahm sie sich, hatte heftige und lange und vielerlei Lust mit ihr, und so, durch einen Betrug, wurde Brünhild gezeugt und trat ins Dasein.

In diesem Augenblick hörten wir wieder die Sandelholzstimme. – Wenn im Anfang das Falsche war, sagte die, dann ist das Falsche von dieser Welt geradeso wie von jener. – Da rief der Bischof: Aber bedenke, Ute, das Falsche ist aus des Teufels Werkstatt, und wer die leugnet, der ist dem Satan bereits verfallen und kann ihn keiner mehr erlösen. Zur Hölle mit den Zwergen wie mit den Wutgeistern und Rauschgöttern!

Hagen legte ihm beruhigend die Hand auf die Schulter, sanft tat er das diesmal und mahnte mich, meine nifelheimischen Märchen weiter zu erzählen. Auch Gunther wollte hören, was denn nun, nach Ankunft des Cheruskers, geschehen sei unterm Flammenwall. – Hat er das Himmelsfeuer durchdrungen? wie *Freyr*? und hat alsdann Rans Tochter »gefreit«?

[Der Wort-Anklang (*Freyr* – freien) reagiere, sagt Schazman, auf Utes Äußerung über das »FrauenFreuen« (S. 41 und 52).]

102 Genaueres über die Ankunft in Island und über das Freien wußten weder der Franke in Krähenkamp noch meine Gewährsmänner in Köln. Falls der Xantener wirklich zu uns kommt, dann, Gunther, frag ihn selber. Ich berichte jetzt nur, was ich in Krähenkamp hörte. – Im Anfang, so erzählte der Franke *pluribus verbis* [»in ausführlichen Worten«], als die Schad-Alben und die Trolle mit dem Lindwurm *NidGir* noch gemeinsame Sache machten und dem Drachen auf dem Rhein reiche Herrschaften anlockten, da hätten diese Alben eines Tages, in ihrer Machtsucht, einen Fehler gemacht. Hätten dem Rheinwurm ein Mädchen zugetrieben, auf das der Göttervater selber sein Ein-Auge gerichtet hatte. Als der erkennen mußte, daß seine Schöne dem Gierwurm anheimgefallen und ganz und gar verschlungen worden war, hat er zur Strafe nicht den Wurm vernichtet, der nun mal so sei wie GINUNGAGAP und alles in sein Maul stopfen müsse, sondern er bestrafte die Gnome, die Betreiber der Falschheit, bannte die nibelungischen Nacht-Alben an den Himmel, und zwar als Sternbild des Drachen.

Alberich war zu dieser Zeit im fernen Brennstein- oder Bernsteinland [Schazman: bearstones and burning stones (auch Bernstein ist brennbar)], war bei den Warägern gewesen, war also an dem Geschäft mit dem schönen Mädchen nicht beteiligt und kam unbestraft davon. Als er heimkehrte in die Niederlande und sah, daß all seine Konkurrenten sich für immer mit dem Nachtzelt umherzudrehen hatten, da war er plötzlich der König in Nifelheim, herrschte von nun an allein von der Elbe bis zum Rhein und um das Warägermeer [die Ostsee] herum und betrachtete sich auf der Stelle als den irdischen Herrn der Dunkelseite, Alberich war seither der Erlkönig, Fürst im Nacht- und Neidgeisterreich.

Doch war eine seiner ersten Taten ebenfalls ein *lapsus gravissimus* [»peinlicher Irrtum«]. Da seine schöne Schwester Ran plötzlich keine Eltern mehr hatte – die leuchteten nunmehr nach Mitternacht, fern am Horizont, als Schwanzsterne des »Scharfblickenden« – beanspruchte der Erlkönig die Vormundschaft über die Schwester. Er erklärte ihr und allen, die es hören sollten, da Ran schutzlos geworden sei, gelte nun er, ihr Bruder, als ihr Beschützer. Seine Schwester lachte darüber und ging ihrer Wege.

Als sie nun aber schwanger wurde und auf Bornholm Brünhild gebar, empörte sich Herr Alberich gegen den unbekannten Wüstling, der sie verführt hätte, und da er hörte, es habe sich um einen Pilger gehandelt, womöglich um einen verkleideten Reichen, hoffte er, daß er den

Übeltäter gut erpressen könnte, machte sich gewaltig wichtig, steigerte und schmückte seine Drohungen mit all den Wörtern, die er von den neuen Mönchen wußte, schmähte Rans Schänder als »Teufel« und beschimpfte so, ohne es zu ahnen, Wotan, den wahren Herrn der Welt.

Da brach die Weltgewalt über Alberichs Isenburg, zermalmte einen großen Teil der Mauern, heftete aber den Erlkönig nicht ebenfalls ans Firmament, etwa als Drachenzahn, sondern Alberich wurde, da er sich so sehr ins Große aufgeblasen hatte, verkleinert. Mußte von nun an ein Zwerg sein. Da hatte er nicht nur Hohn und Spott zu ertragen, sondern in seiner Enge und Kleinlichkeit bekam er vor allem Plage und Ärger mit seinen großen und lebhaften Töchtern. Deren Mutter, so wußte der Franke in Krähenkamp, hatte er vor vielen Jahren an einen Offizier verkauft, der sie nach Rom mitnahm. Nun aber waren die gemeinsamen Töchter groß geworden und schön, und ihr zerschrumpfter Vater, statt sie vorteilhaft an den Mann zu bringen, hatte sich zu vertragen mit der anthraxfarbenen BALDINAI und mit der stachligen schwarzen HELINGA, jener Amazone also, die Siegfrieds erste wirkliche Widersacherin war und die ihn zur Ruhr gelockt hatte, gegen Alberich und gegen *NidGir*.

Als Entschädigung für die Schmach, von nun an ein Zerdrückter zu sein und ein Winzling, wußte der Erlkönig immerhin Bekanntschaft zu machen mit neuen Erdkräften, mit den Sylphen und Salamandern in den Felsspalten, mit Feuerkräften und Wassergnomen, denen er Kenntnisse abschaute und Zauberkünste, nicht nur, wie man in den engen Klüften der Ruhrberge Steinkohlen gewinnt, sondern auch, wie man mit ihrer Glut Eisenerz mischt und die Schmelze zu diamanthartem Stahl ausschmiedet.

Seine Schwester dagegen, Ran, so wußte der Franke, jene Meerfrau auf Bornholm, Brünhilds Mutter, die hat der Rauschgott, wohl aus üblem Gewissen, zur Göttin erhöht. Ran beherrscht seither die Meere im Norden. Wer nach Mitternacht hinausfährt aufs Weltwasser, der ist gut beraten, wenn er zuvor *undis atque undinis* [»den Wellen und den Wassergeistern«] eben jene Speise opfert, die Ran dem Wutgott bot, jene Mischung aus Honig, Pfeffer, Hannapis und Bilsenkraut.

Erzähl von Brünhild, bat Gunther. Seit Kilian ihm von der Schönheit der Mitternachtskönigin fernen Klang zu hören gegeben hatte, schien er wie verzaubert von allen Nachrichten aus Island. – Soviel der Franke in Krähenkamp wußte, sagte ich, wünschte der Göttervater, daß die Nornen seiner Tochter das Schicksal erließen, das er selber der Ran bereitet hatte. Auch und gerade Wotan kannte zu genau, was am Anfang war, was einige das Begehren nennen, andere Kampf und Mord, und was Siegfried in *NidGir* besiegt zu haben meinte. Um sein Kind Brünhild vor diesem *urbar* zu bewahren, befahl Odin dem Lügengott Loki, Brünhild mit besonderem Schutz zu umgeben. Überbehütet ließ er sie aufwachsen. Auf der fernsten der Inseln, im Eisland, umringt von Rans kaltem Meer und umhüllt vom sternenhohen *Herdubreid*-Feuer.

Als die zwölf Rheinschiffe diesem Eiland näherkamen und die Seefahrer erkannten, wie unwirtlich es war und wie der Flammenwall über den Nachthimmel sprang und es so aussah, als sollten sie alle verschlungen werden im Glaspalast des Trollvulkans, da weigerten sie sich, diese Insel zu betreten, erklärten dem verwegenen Kapitän, daß sie weder im Eis noch in der Glut umkommen wollten. Auch er selber solle sich besser hüten, ob er denn nicht begreife, daß dies Feuer aus übermenschlichen Welten käme, daß hier Kraft aus den Reichen der Götter lodere oder die Glut der Weltmutter selber. Sie waren im Winter nach Island gelangt, im Winter dauern unterm Mitternachtsstern die Nächte so lang, daß sie einander berühren, als schlänge *NidGir* den eigenen Schwanz in seinen Rachen [vgl. S. 88]. In dieser Dunkelwelt, so klagten die Seeleute, müsse alles Menschenleben ersticken, herrschten nur die Rauschkräfte, er sähe es ja, hier wiche selbst die Sonne den Nebelnächten.

Die Kohlenschiffer, die zu Rheingold- und Islandfahrern geworden waren, warfen die Anker in gutem Abstand von der Küste und hatten inzwischen durchschaut, daß den Xantener der Wotansrausch trieb, daß hinter den Glutwänden eine Frau lebte, deretwegen er auf diese waghalsige Fahrt gezogen war, eine Frau, die bei ihm BALDINAI hieß.

Wer sich diesem Flammensog nähere, so warnten sie ihn, der werde ohne Umweg zur Hölle fahren und diese Hölle heiße auf Island *Dimmuborgir*, das sei die Stadt der schwarzen Straßen im Labyrinth der Fratzen. Der Königssohn antwortete, die Hölle heiße *NidGir* und den habe er besiegt. Und was diese Feuermauer beträfe, so sei die in der Tat von anderer Materie und Gewalt, aber auch die wolle er, der Nibelunge, kennenlernen. Und notfalls überlisten. *Studium studium, semper supra omnium.*

Wie sie nun in die himmelhohen Helligkeiten spähten, bemerkten sie auf der steilen dunklen Küste darunter, im wechselnden Schein der Lichtbögen, eine steinerne Bahn, die reichte vom unteren Ufer hinauf bis unter die Flammenhöhe und schimmerte im Feuerschein naß, glänzte wie gehobelt und war eine blanke Felsenfläche. Von seiner Mutter und von den Externsteinen wußte der Niederländer, daß in den Sommernächten über solche blinkenden, mit Wollfett geriebenen Steinbahnen die Frauen hinunterrutschten, wenn ihre Leiber wollüstig seien, über ölig glitschende sanftharte Wonnewände glitten sie wie Wasserfallfluten und kämen erhitzt und beflügelt dort an, wo die Männer warteten.

Als der Xantener diese Felsenbahn erkannte, seufzte er mindestens so tief wie jetzt König Gunther wohl seufzen mußte. Nichts mehr konnte den Drachentöter nun daran hindern, die Insel zu betreten und in die Flammen zu dringen. Alles Höllengestammel der kölnischen Schiffsleute machte ihn nur tatendurstiger, er gürtete sich mit seiner »unübertrefflichen« Rüstung, bestieg einen Nachen und ruderte allein unter die schwarze Eisküste. Ließ aber BALMUNK und die Tarnkappe auf dem Schiff zurück.

Die Matrosen haben seine dunkle Gestalt noch lange beobachtet, haben sie wohl auch unter den blinkenden Felsen erkennen können. Schließlich bemerkten sie ihn unter den Lichtwänden, für wenige Augenblicke sahen sie, wie er in das Blitzen und Feuerzucken einzutauchen schien und wie kurz drauf alles in Finsternis versank. Die auf den Schiffen fürchteten, ihren Kapitän hätte das RiesenErdSchlundMaul verschlungen, GINUNGAGAP, die unersättliche Erdmutter selber. Der Feuerwall jedenfalls löste sich auf, einzelne letzte Lichtwirbel huschten ins Dunkle davon und zergingen, als senkten sich aus dem Himmel riesige schwarze Leiber.

Ich mußte, als ich dies erzählt hatte, von meiner Bank aufstehen, war sehr aufgeregt, wollte das aber nicht zeigen und brauchte darum Bewegung, ging vor das Kaminfeuer und betrachtete die Glut, in die sich meine Buchenscheite verwandelt hatten. Erst als ich eine Weile in die Hitze gestarrt hatte, konnte ich weitersprechen. – Auch das, was nun geschah, sagte ich, wird in Frankfurt anders erzählt als in Mainz und in Köln. Die Frommen in den Domstädten wollten vom Gierschlund GINUNGAGAP oder vom *Herdubreid* nichts wissen. Brünhild habe, als die Lohe erlosch, den *Nidgir*-Bezwinger ehrerbietig empfangen, der habe die Nacht auf dem Isenstein *ex instituto et bene moratus et honestus* [»der Sitte angemessen und ehrenhaft«] verbracht, »in guten Sitten« also, so beteuerten mir die Siegburger. Er hätte Rans Tochter nicht berührt. Zwischen ihnen, auf dem Lager, habe BALMUNK gelegen. Domstädter wie Siegburger redeten von einer Nacht der »Reinheit«.

BALMUNK aber, das wußten alle Schiffsleute, war auf dem Segler geblieben. Und mein Gewährsmann in Frankfurt, der Steinhändler, sprach es in unserer dritten Apfelweinnacht offen aus, daß der Nibelunge Brünhilds *Brutigomo* gewesen sei. Als die Flammenwände zerfallen

seien, da hätte Rans Tochter den Königssohn als ihren Freier begrüßt, und auch er habe sie als seine Freiheit erkannt. So wußte es der Frankfurter
106 Juwelenhändler von seiner Nymphe, von BALDINAI. [Vgl. deren Erklärungen S. 378 f.]

Der Xantener habe ihr versprochen, wiederzukommen, um sie an den Rhein zu holen. Zum Beweis nannte der Frankfurter den Mondstein, zu dem Alberich erstarrt war, jene nebeltrübe Kugel mit den zarten Regenbogenzeichen. Diesen Stein habe der Niederländer ihr auf Island geschenkt, vor den Augen aller Nymphen und *Freya*-Frauen, die mit Brünhild auf dem Isenstein lebten. [Freya ist die Rausch- und Fruchtbarkeitsgöttin, in anderen Schreibweisen *Frigg* oder *Frija*.] Das Paar hätte Abschied genommen mit Kuß und Umarmung und mit diesem Geschenk. Sie habe ihm gedankt für die Gabe und gesagt, die eisländische Glaslava gebäre ähnliche Steine, aber nicht so schöne, nicht mit so zarten Blutzeichen. Auch wisse sie, daß solche Kugelsteine Kraft spendeten. Sie wolle den Stein in ihren liebsten Gürtel fassen.

Gunther betrachtete mich mit weiten Augen, in denen ich die zarten Blutzeichen zu sehen meinte, Äderchen seiner begehrlichen Träume. – Und wer hat nun recht? fragte er. Die in *Colonia*? Oder der Kaufmann *ad vadum Francorum* [»an der Frankenfurt«]? Und welche »Kraft« ist gemeint?

Genaueres, sagte ich, gibt es vorläufig nicht zu wissen. BALDINAIS Freund erinnerte daran, daß der Hürnerne beim erstenmal wegen der Ruhrnymphe nach Island gefahren war und, da ihn dort eine andere begrüßte, verwirrt gewesen sein müsse und in *haec confusione* [»in dieser Verwirrung«] Brünhild kaum die Ehe versprochen haben werde.

Auch erzählte der Franke auf dem Markt von Krähenkamp, daß wohl auch die Wotanstochter den Wuttrank zu bereiten verstand, jene betäubenden Mischungen, die ihre Mutter verwirrt hatten, und deutete an, daß auch Siegfried, wie damals Ran, von dieser Luftreisenspeise zu kosten hatte. Und daß auch er darüber außer sich selbst geriet. Die Wotansspeise berauscht und macht zielstrebig, da sie dem Menschen für mehrere Tage die Sinne einschränkt auf einen einzigen. – Auf welchen? wollte der König wissen.

Ich trank einige Schlucke. – Auf den ehrgeizigsten und gierigsten, sagte ich. Da der Nibelunge nach der Rückkehr aufs Schiff drei Tage und drei Nächte lang hat schlafen müssen, vermuteten die Seeleute, daß Rans Tochter nicht nur Bilsenkraut und Wiesenröhrling in den Begrüßungstrank mahlen ließ, sondern auch den kahlen Schwindling, dessen Name seine Wirkung durch Umkehrung tarne, also nach der verquerenden

Zwergenweise, durch Verdrehung und *perversitate*. Gedörrt und zum Sud aufgekocht und eingerührt unter das Göttermahl oder auch nur getrocknet und zerstoßen und unter den Honig gerieben, entfache dieser Schwindling die Durchblutung der gelüstigsten Leibesteile, wie alle weisen Frauen wüßten, und zwar in solchem Unmaß, daß er eben nicht einen Schwindling schaffe, sondern, in der traumbildenden Wahnwut des Bilsenkrauts, geradezu göttliche Tüchtigkeiten der männlichen wie der weiblichen Wonnekraft, als *Freyrs* Mitgift übers menschliche Maß so sehr hinaus, daß sich davon selbst einer wie der »deutsche Herkules« drei Tage lang habe erholen müssen.

Ich sah, wie meine Zuhörer mich anstarrten, wie sie nun auf jedes weitere Wort lauerten, als jagten sie seltenes Wild. Da sagte ich: Von *Freyrs* und Lokis Künsten wie von Thors Hammer oder von Adams Phall, von denen lebt und hebt sich seit je der Flug der Engel wie der Elfen, also auch die Verdrehung, die wir die Falschheit nennen. – Ich ging zu der kleinen Bank, auf der die Frauen saßen, setzte mich zwischen sie und merkte, daß sich die Schwester wieder anschmiegte. – Überlegt doch, sagte ich, wie ihm zumute gewesen sein muß, als er nach den drei Tagen auf dem Schiff erwachte. Überlistet kam er sich vor. Zuerst von Alberich, der ihm die Ruhrnymphe vorgegaukelt hatte. Nun vom Göttervaterkind selbst, von der kräftereichen Brünhild, von ihrem Wotans-, Wut- und Schlangengetränk.

Also wurde in Wahrheit Siegfried »gefreit«? fragte Gunther. – Das bleibt ein ungeklärter Punkt, sagte ich. Die Leibeslust, so hätte er seinem Freund Walthari erklärt, die lähme den Kopf nicht, wie die neuen Heiligen so eindrucksvoll mahnten und jammerten, sondern im Gegenteil, sie wecke und erhelle und befeure das Erkennen, so daß sie in der Tat »freie«. Was die alexandrinischen Herren als »Hölle« beschrieben, das nenne er »Helle«. Erst in Rom und *Alexandria* habe er gelernt, wie weit sich in diesen Punkten die Ansichten und Wege der Menschen trennen und mit welchen Folgen.

Warum, fragte Gunther, mußte Brünhild die Rauschspeise reichen, wenn es doch heißt, sie sei zauberhaft schön? Was wußten die Schiffsleute von ihr? Schön ist sie? und »kräftereich«?

Rans Tochter ist eine Rauschtochter, haßt jede *ariditatem prudentiae* [»Trockenheit des Verstandes«] und ist »mächtig wie zehn Männer«, so hörte ich in Köln. Schön und gewitzt sei sie wie BALDINAI. Und mit Kräften gesegnet wie keiner unserer Ritter.

Ich werde, sagte Hagen, bei Frau Ute in die Schule gehen, um die alten Gurgellaute zu lernen und die sumpffeuchten Sternbilder. – Kann sein, sagte ich, wir werden sie wieder benötigen, die Hel-, Tarn- und Bann- und Nymphen-Worte. – Stand dann auf. – Das ist es, was ich von Island weiß. Vom Hort und von den heimlichen Lieben, nach denen Gunther so hartnäckig gefragt hat. Laßt mich von seinen weiteren Wegen später erzählen, von seinen Reisen in die Kapitalen, durchs *Imperium*. Vielleicht bringen Gernot und Ortwin schon morgen neuere Berichte. Oder es kommt der Xantener selber. Dann fragt ihn. Wenn Ihr Euch traut.

Setz Dich wieder hierher, sagte Hagen. Ich zögerte, sah aber, wie ernst es ihm war. – Erkläre mir, wie so ein Niederländer, einer mit Feuchtigkeiten hinter den Ohren, wie so einer nach Rom gelangen konnte und wie er dort und sogar in *Alexandria* je irgendwas hat begreifen können. Einer, der Verlangen nach Nebel und Wasser hatte und nach schwarzen Weibern, was erkannte der im hellen Rom?

Ich setzte mich wieder, jedoch auch jetzt an das Frauentischchen. – Nach dem Besuch bei Brünhild, sagte ich, nach drei Tagen und drei Nächten Schlaf, da erwachte er wie aus bösen Träumen. Seine unbändige Lebenslust, so wußte man in *Colonia*, die sei zum erstenmal getrübt gewesen, von einem Alptraum, von Alberich, der ihm auf der Brust hockte und ihn auch noch im Wachen umtrieb. Die ganze lange Rückreise hindurch fand er erst Ruhe, als er heimgekehrt war nach Xanten, zu seiner Mutter, der er alles erzählte.

In den ersten drei Nächten auf dem Schiff habe er von drei Frauen geträumt, nein, nicht von den drei Nornen. Die Frauen im Traum seien in großer Gefahr gewesen und jedesmal habe alles in ihm gedrängt, ihnen beizustehen, aber die Hindernisse schienen übergroß. Mit der heilkundigen Sieglind hat er lange gesprochen. Schließlich konnte sie ihm diese Frauen beim Namen nennen. Wenn sie alles bedenke, was er gesagt hätte und was es zu wissen gebe, dann gehe die Gefahr, wie schon die Nornen gesagt hätten, vom *terror terrarum* [vgl. S. 16, 53 ff.] aus. Bei den drei Bedrohten handele es sich zum einen um Frau *Alva*, die ihre beste Freundin sei, eine keltische Fürstin, zum zweiten um Frau Brünhild und zum dritten um Erdmutter selbst, auf deren Chaosgrund er den Weltenbaum YGGDRASIL hatte halb kahl stehen sehen.

Nie, so hätte der junge Ritter beteuert, wolle er vor einer Gefahr fliehen, auch diesen drei Bedrohungen wolle er entgegengehen wie dem *NidGir*, wie dem Horträuber Alberich und wie dem Weltenfeuer auf Island. Und sei in seinem Ungestüm aufgesprungen. – Und wollte *Romam aeternam* [»das ewige Rom«] zerschlagen, knurrte Hagen.

Zorn und Kraft wendete er erst mal gegen die nächstwohnenden Römer, zerschlagen wollte er die in Xanten. Xanten ist ein größeres Kastell als Worms je eins war, dort lagerten noch immer drei Kohorten *bellatores* [»Krieger«]. Die eigenen Eltern waren es, die ihn zurückhalten mußten. Der Vater, weil er die Besatzer zu seinen nützlichen Verbündeten rechnete und mit ihnen Abmachungen getroffen hatte, *pactiones, ex quibus mutuam opportunitatem perciperant* [»Verträge, aus denen sie wechselseitig Vorteil gezogen hatten«], weswegen er sich von seinem wilden Sohn jederlei Aufruhr verbat gegen die, die er *praesidia* [»Schutzmacht«] nannte.

Aber auch seine Mutter riet, überlegter zu handeln. Dem Erdschrekken solle er tatsächlich »entgegengehen«, aber am klügsten dort, wo dessen Macht sich konzentriere, in Rom. Ja, sie riet ihm, nach Rom zu reiten, den Gegner zu studieren, so wie es schon der Vorfahr getan hätte, der Feldherr *Sigurd* oder *Arminius*, aber auch noch der jüngste Schrecken Roms, Attila. Rom sei durch Wildheit und Zorn nie zu überlisten, nur eine gründliche Kenntnis des Imperiums helfe. – Geh in die Kapitale, hör und sieh Dich um, laß Dich ausbilden, Dein Vater gibt vor, mit dem Feldherrn *Severus* befreundet zu sein, nimm ihn beim Wort und er wird es einrichten, daß Du in Rom alles erlernen kannst, begreif nicht nur, was die Bäume lehren, die Gewässer, das Feuer, die Sylphen und Nornen und die berauschenden Kräfte, sondern durchschau auch die Herren, ihre Enge und ihre Ängste. – Sieglind war es, die ihm den Wahlspruch stiftete vom Studium, das über alles gehe.

So kam es, daß der Sohn gut drei Jahre lang in Rom wohnte, zwischendurch in *Alexandria*. Gut drei Jahre war er auch bei Alberich gewesen, so daß er insgesamt sieben Jahre in der Lehre blieb. Lernte und übte die Griffe und Kniffe der Militärs wie die Vernunft der Rechtsprechung und der Verwaltung, vor allem aber studierte er die Niederhaltung unserer Freiheitslüste durch die allwaltende Kirche, die dadurch herrscht, daß sie mit Höllenbildern die Leute verängstigt und die Herren verklärt.

Ich schaute mich um. – Tut mir leid, Herr *Rumoridus*, schon bei seiner Heimkehr nach Xanten war es dem Tölpel ein leichtes, zu durchschauen, daß die Abmachungen seines Vaters Siegmund mit den Besatzern auch unter dem Nachfolger des Herrn *Severus* nichts anderes waren als Betrug und Bereicherung der Herren »zu beiderseitigem Vorteil«. Dem römisch Geübten war es, als er heimkam, eine Lust, die Kohorten aus Xanten zu jagen und den Rhein hinabzuschicken, wo sie über die Nordsee entweder nach Rom gelangten oder von der Meergöttin Ran verschlungen wurden. Den eigenen verräterischen Vater aber ließ der Offizier mitten im Kastell in einem verriegelbaren Stall sieben Wochen lang über seine Miserabilität nachsinnen.

110 Als er die *Caput*-Herren vertrieben hatte, nannten ihn die Leute in Xanten und am unteren Rhein »Siegfried deutsch«, also »Freund der Leute« [vgl. S. 12]. Ob er sie damit freilich schon gerettet hat, jene drei gefährdeten Frauen, von denen er geträumt hatte, wage ich nicht vorauszusagen. Aber er ist ja noch jung und es heißt, er brenne vor Tatendrang.

Ich wollte nun gehen, stand wieder auf, spürte aber, daß ich festgehalten wurde, sah Kriemhilds Hand an meinem Kittel. – Geh noch nicht. Sieglind und die Nornen, die sagten also, die Falschheit wohne in Rom. Ute dagegen sagt, die Falschheit war der Beginn von allem. Als das Verdrehende und Verwandelnde. Und was meinst Du? War schon Erdmutter eine Täuscherin?

Ich holte tief Luft, nahm wieder Platz zwischen den Frauen, bekam zu trinken, tat lange Schlucke und sagte schließlich: Unter der Siegburg, wo die schwarzen Mönche sich auf den Römerresten ihr Kloster bauen, habe ich lange mit Eginhardt geredet. Dieser Abt kannte nicht nur die christlichen Legenden, sondern auch das meiste von unseren eigenen Göttern, mit ihm redete ich von *Uuodan* und wie lebendig dieser Wutgott noch sei. [Halldór Laxness in »Kristnihald undir Jökli« (1968, deutsch: »Am Gletscher«): »Zumindest hat dieser Gott recht wenig gemein mit jenem Großvater, der, von zwei Engeln begleitet, zu Abraham zum Frühstück kam, dann zum Hausherrn in Ur, den die Juden als Erbgroßvater übernahmen, später der Papst, zuletzt die Sachsen.«] Dieser Abt wußte, wie krank inzwischen YGGDRASIL war. Darum redeten wir auch von Erdmutter und von Ran und Brünhild und Alberich und insgesamt von Nifelheim, das für Roms Herren die Unterwelt ist. Auch vom Sternbild des Drachen wußte Eginhardt, von dem Tier, das für manche die Midgardschlange ist, für andere *Fafnir*, der als fliegender Wolf begann und zum kriechenden *NidGir* verkam. Den Drachen bezeichnete der weise Abt als »untilgbaren Neidgeist«, der längst auch Roms Kirche befallen habe und zerfräße.

Am Ende redeten wir auch über die Frage, die jetzt Kriemhild gestellt hat. Wir versuchten, sie an der Geschichte von Brünhild zu beantworten. Wer täuschte wen zuerst? Siegfried die Brünhild? oder Brünhild den Gast? Oder Alberich den Siegfried? Betrog nicht auch der Xantener seinen Lehrherrn, den er schließlich umbrachte? Oder Wotan den Alberich, den er zerschrumpfte, weil der seine Schwester hatte schützen oder reinigen wollen, oder aber den Schänder erpressen? Oder betrog am Anfang Alberich seine Töchter, indem er ihre Schönheit verkaufen wollte und sie sogar einsperrte? Oder täuschte zuerst Wotan auf Bornholm die Meerfrau Ran? Oder standen schon am Beginn von allem die unvereinbaren Gegensätze? Feuer gegen Wasser? [»Überall wird man nun mit der Frage gequält, was halten Sie von Wagner. Charakteristisch für diesen neudeutsch-preußischen Reichsmusikanten: Er nebst Gattin (der von Bülow sich getrennt habenden) nebst Hahnrei Bülow nebst ihrem gemeinschaftlichem Schwiegervater Liszt, alle vier hausen einträchtig in Bayreuth, herzen, küssen und bewundern sich in ›Villa Wahnfried‹. Bedenkt man außerdem, daß Liszt römischer Mönch und Frau Wagner (Cosima) Liszts von Madame d'Agoult gewonnene ›natürliche‹ Tochter ist, so kann man keinen besseren Operntext für Offenbach ersinnen als diese Familienmischpoke mit ihren patriarchalischen Grundsätzen.« – Karl Marx an seine Tochter Jenny, Karlsbad 1876.]

Immer fanden Eginhardt und ich einen noch früheren Betrug und Kampf. Bis wir dahin kamen, zu glauben, daß Betrug das ist, was tatsächlich als erstes auf der Welt gewesen sein muß. Daß Falschheit und List wie Hefe sind, wie eine räuberische Flamme, die sich vorwärtsfressen und gären und alles antreiben muß und Menschen und Sachen durchdringen und einverleiben, unersättlich alles verwandelnd und auch die Verwandlungen wiederum verschlingend in neuen Feuern, ohne daß einer weiß, was aus der Asche wachsen wird. Und daß diejenigen, die all dies schlau zu nutzen suchen, sich am heftigsten selber betrügen, weshalb sie am Ende, enttäuscht, zu sagen pflegen, so falsch also, seht her, so falsch und so nichtig ist es, das Erdenleben.

Der kluge Abt unter der Siegburg, als wir wieder einmal über die römische Klugheit und Herrschaft nachdachten, da meinte er, es sei vielleicht so, daß alles, was uns auf dem Erdkreis erscheine, nur der Widerschein sei von himmlischen Kämpfen und Trugspielen. Das unerschaffene All sei ein unausgesetztes Verwandeln. Was wir davon in unserem kurzen Leben mitbekämen, sei entweder ein *horror*. – *Ars et mortis*, zischelte Ute. – Oder aber ein Abglanz ferner Freudenfeste. Freude wie Gier, Neid wie Lust seien schon immer vor uns dagewesen, eben als Götter. Von Anfang an loderten sie im unaufhörlichen GINUNGAGAP. Und mir scheint, so sprach er schließlich, tief in der Nacht, mein Freund Ekkehard, mir scheint, es ist allein der Schein, der nicht trügt.

Da hat Kriemhild der Frau Ute geholfen, aufzustehen, hat sie gestützt und ist mit ihr auf die nächtlichen Gänge hinausgegangen, wo ihnen Pagen leuchteten. – Auch der Bischof hat sich verabschiedet. Erst sah es aus, als hätte er mit den Frauen sprechen wollen. Als Ute aber ihr Sandelholz vor seine Füße spuckte, blieb er stehen, und ich hörte ihn murmeln, nun erst sehe er, wieviel Arbeit ihm noch bleibe. Nicht nur bei den Heiden, fast mehr noch bei den Getauften. Statt endlich vom Guten zu

wissen und vom Bösen, reden sie vom »ewigen Verwandeln«. Und träumen sich noch immer und ach, wie erfindungsreich, in neue Unanständigkeiten.

Dankwarth begleitete ihn, den frommen Vetter. Doch noch vor dem Ausgang blieb *Rumoridus* wieder stehen, so rechtzeitig, daß wir auch von dort seine Stoßgebete gut hören konnten. *Procul recedant somnia et noctium fantasmata.* [»Fern verdrängt seien mir die bösen Träume und Trugbilder der Nacht.« (Noch heute Abendgebet in Klöstern.)] Wenn zu Worms ausnahmsweise vom Bösen geredet wird, dann ausgerechnet von der Kapitale des Heiligen Peter. – Grämlich, ja, verbittert verzog er sich, unser fülliger Vetter, der Bischof Roms zu Worms.

Nur Hagen und Gunther sind an der Tafel geblieben. Ich tat, als müßte ich meine Papiere ordnen und ergänzen, schloß meine Truhe auf, tat das GER-Bild des Frankfurters wieder hinein und suchte und griff einige Schriften, um sie zum kleineren Tisch zu tragen, um dort zu lesen und zu schreiben. Hatte aber zwischendurch Zeit, zu beobachten, was sich zwischen dem König und seinem Berater tat.

Als erster redete mein Bruder. – Kilian hat mir verschwiegen, daß sie vom Himmelsfeuer bewacht wird. – Und daß sie trotzdem erobert wurde. – Ich sah mich um. Der Alte fuhr mit den Händen über sein Gneisgesicht, strich sich den Bart hin und her, als müsse er Spinnweben loswerden. – Auch Du meinst, sie wurde erobert? – Auch ich, sagte Hagen, glaube den Frankfurtern, weniger den Kirchenmärchen. – Ich widmete mich wieder meinen Schreibhäuten, schüttelte die Tinte, begann eine Feder zu spitzen, in Wahrheit spitzte ich die Ohren. – Ja wär sie nur wirklich bezwungen, hörte ich Gunther. – Bezwungen? – Gebändigt. – Warum wünschst Du Dir das? – Hagen hatte sich erhoben, stand nun vor Gunthers Bank, bereit, je nach dessen Antwort fortzugehen zu seiner Schlafstelle oder sich wieder zu setzen und dem König die Gedanken zu ordnen.

Als der dann nur seufzen konnte und verlegen zu mir hinüberblickte, nahm Hagen Platz und fragte: Wovon träumst Du, Mann. – Von den »Unanständigkeiten«. – Wovon? – Gunther biß sich auf zwei Finger. – Als Kriemhild ihren Falken-Traum erzählte, hätte ich ihre Rede fortsetzen können. Erst jetzt, wo unser Leib- und Seelenschreck fort ist, wage ich's zu sagen. Auch ich hab einen Traum. Fast jede Nacht. Jedesmal seh ich eine Gestalt. Die ist so mächtig wie schön. Kann sein, Kilian hat sie mir in den Bauch gesungen, hat sie mir als Alp in den Mittelmuskel »verzwergt«, in das Erschütterungsfell. Und da Giselher nun erzählt hat vom Nibelungen, von BALDINAI und von der Isländerin, finde ich den Mut, Dir zu gestehen, daß ich am Morgen oft nicht weiß, ob meine Traumgestalt ein Mann war oder eine Frau. Mal erscheint sie wie eine Königin, mal wie ein Ritter, mal wie eine Flughexe. Nach diesen Träumen bin ich jedesmal wie betrunken, schwanke, ob ich das sofort dem Bischof gestehen solle oder lieber erst später oder nie. Bekomm ihn nicht mehr aus dem Kopf, diesen Leiberhügel –

Er trank aus einem der Becher. Hagen hatte sein Knitterhaupt in den Händen verborgen. Gunther nahm wieder zwei Finger zwischen seine Zähne. – Ich weiß, was Du nun denkst, Vetter. Senk Dein Haupt nur tief in Deine Hände. Ich weiß, von Träumen und von Nachtnebeln hältst Du nichts. Nifelheimgelichter sind Hirngespinste, denkst Du. Nur glaub mir, wer sich morgens in Schweiß wiederfindet, der weiß, daß Träume kein Wind sind und keine Wolkenreisen mit Libellenflügeln, sondern daß es sie gibt, diese Kräfte. »Flausen« treiben nicht nur auf der Ruhr als Wollflockenflausch, die durchqueren auch Kopf und Bauch, pressen Schweiß auf die Haut und nehmen den Atem, drücken hart wie *Trachyt*. Beichtete ich das dem Bischof, lamentierte der nur wieder seine Erlasse, Kirchenbescheide und Bücherregeln, aus Furcht vor dem leibhaftigen Leben.

Ich freute mich, meinen sonst eher verstockten, fast scheuen Bruder so frei reden zu hören. Er schaute zu mir zurück. Ich wickelte meine Rollen auseinander, tat, als läse ich. Machte mir gleichzeitig diese und jene Notiz. Hörte ihn dann weiterreden, mit leiser Stimme, beschwörend. – Nicht mal der Mutter, sagte er, gestehe ich, was mich heimsucht. Dabei sieht unsere Blinde mehr als die Sehenden. Vetter, Du warst bei den Lateinern und auch bei den Griechen in Byzanz, Du sahst sie sicherlich, ihre göttlichen Statuen, von denen Reste in *Mogontiacum* [Mainz] liegen und in Basel und einige auch in Worms und in Ladenburg. Diese Marmorgestalten schimmern bisweilen wie lebende Leiber. Feierten denn nicht die Alten, deren Weisheit uns bisweilen sogar der Bischof preist, die Liebe zu den schönen Geschöpfen? egal ob Frau ob Mann? Und wirst Du es verdammen, wenn ich Dir sage, ich sehne mich, wenn schon nicht nach einem Freund, dann nach einer Frau wie dieser kräftereichen Brünhild? Wirst Du das verdammen?

Hagen erhob sich nun mit einem solchen Ruck, daß es in den Bankfugen krachte. Stapfte dort hinüber, wo durch die schwarzen Fensterlöcher die Winternacht pfiff. – BRÜNNhild willst Du? Er sprach den Namen aus, als hätte er von eiserner Rüstung geredet. – *Prunnahilti*?

114 Du sprichst den Namen falsch, rief Gunther. Nach Kilians Liedern kommt der Name nicht von »Brünne«, nicht vom Waffenpanzer, sondern er kommt von der Feuersbrunst, vom Feuer wie vom Wasserbrunnen, vom alles verwandelnden, vom durchdringenden Begehren, von der Kraft, die am Anfang war – [In sämtlichen Handschriften findet sich »Brünhild« in so vielen Schreibweisen, daß es für jede Wortbedeutung Belege gäbe.]

Der Waffenmeister sah in die raunende Nacht hinaus. Unten am Strom und über den ferneren Armen des Rheins drehten sich schwarze Nebelkälten. Nur der Himmel blieb klar. Ich bin sicher, Hagen hat bemerkt, wie noch immer der Große Jäger über den Horizont ging. [Orion (vgl. u. a. S. 22, 327, 503)]

Erst nach langem Schweigen hat Hagen geredet. Wendete sich von dem dunklen Fenster weg und hat leise, aber so deutlich gesprochen, daß mir, dem Schreiber, kein Wort entgehen konnte. – Verhängnisvoll, sagte er, geht es mit den Kindern des Gundomar. Allein Gernot scheint so zu geraten, wie Euer Vater es wünschte. Kriemhild träumt. Gunther, der Älteste, träumt. Giselher liebt das Fabulieren. – Er blickte zu mir hinüber, sah, daß ich zuhörte und fuhr fort: Auch Bücher mögen helfen in Gefahren. Nur müssen sie klar geschrieben sein, als exakte Chronik, und nicht als Traumreisengaukelei und Libellenschwirren. – Er tat ein paar Schritte auf mich zu.

Hör zu, *fabulator* [Märchenerzähler]. Als ich das letztemal in Rom war, lasen dort alle Vornehmen einen Roman, einen von dieser traumhaften Art. Der handelte vom Kampf des *SimonMagus* gegen den *SimonPetrus*, den vorgeblichen Gründer der nunmehr allmächtigen Kirche. Aber der andere, der *Magus*, so erzählte es der Roman, der sei so mächtig geworden, daß er es fertiggebracht hätte zu fliegen. Flog, sagte der Roman, über das riesige Rom, einmal rundherum. Und alles Volk bewunderte den *Magus* und rief: Seht, der ist doch mächtiger als *SimonPetrus*, der Christi Nachfolger sein will. So erzählte der Roman. Als da der *Petrus*, der als der erste Christenpapst gilt, obwohl manche sagen, *Markus* in *Alexandria* sei vor ihm Papst gewesen, als da der *Petrus* erkannte, daß ihm seine Schäfchen davonlaufen wollten, da, sagte der Roman, betete er inbrünstig zum Herrn Jesus und siehe da: der *Magus* stürzte ab. Sagte der Roman. Der Erzfeind stürzte und verletzte sich tödlich. Und als der tot war, verbrannte man alle seine Schriften. Leider nur die des *SimonMagus*. Und nicht auch die anderen Märchen- und Traumsuchtbücher.

Er kam nun vollends vom finsteren Mauerloch zurück zum schweren Herrentisch, der Heermeister Burgunds. – Eurem Vater schwor ich, zu Euch zu stehen. Um jeden Preis. Als hätte er geahnt, wen er mit Ute gezeugt hatte. Libellische Brut. [J. Grimm nennt (in Bd. 2, S. 860, seiner »Mythologie«) »die Wassernymphe *libellula grandis*«: »Bewährt sich die altheidnische Natur auch darin, daß sie sich dieses schlank gegliederte Insekt dienstbar macht als Haarnadel von Lokis Mutter«. In Bd. 3, S. 303: »Libelle heißt *daemonis equus*« (›Teufelspferd‹). Vgl. S. 98.]

Hagen betrachtete nun die blanke Tischplatte, als läse er in den Holzmasern. Gunther wollte auf ihn zugehen, aber diese wenigen Schritte mißlangen ihm, er stieß mit dem Schienbein gegen die Bank, hielt sich die schmerzende Stelle. – Ich glaube nicht, daß Du ahnst, was es heißt, so zu träumen, wie ich jede Nacht unter diese Schatten und Lichter gerate. So daß ich mich vor jeder neuen Nacht fürchte. In der kommenden wird's mich erst recht quälen, nun, nachdem Giselher erzählt hat von BALDINAI und HELINGA und von Ran und von Rans Tochter, von Alberich und von Siegfried. – Er setzte sich, rieb sich das Schienbein. Und bekam abermals Hagens Mahnungen zu hören. – Ich wünschte, weder Brünhild noch der Xantener beträten je diese Halle. – Warum? – Schon Kilians Lieder erträgst Du kaum. Schon Giselhers Märchen machen Dich schwindelig. Wie sehr erst ein »leibhaftiges Leben« aus Nifelheim. Ich jedenfalls hätte keinen ruhigen Augenblick mehr. – Schob sich den Bart übers Gesicht. – Aber ich weiß eine Medizin gegen Deine Träume. – Welche? – Erinnerst Du Dich, wie man bei Metz den Gimpel Gere überfiel? – Ich erinnere mich. – Gere wäre tot, hätte Gernot ihn nicht herausgehauen. Und Du weißt, für wen sich Gere interessiert. – Ebenso weiß ich, daß er keine Aussichten hat, Kriemhild je zu bekommen. Worauf willst Du hinaus?

Hagen drehte sich, hastig und unwirsch, drehte sich einmal ganz um sich selbst und rief: Die den Gere hatten meucheln sollen, waren Chlodwigs Leute. Warum wohl sollten die den erschlagen, der als Kriemhilds Verehrer so bekannt ist, daß der Spott darüber schon bis nach Trier dringt und sogar bis Metz? Der Überfall auf den Speyrer Hustekuchen verrät, wer wahrhaft an Kriemhild interessiert ist. Und wer wahrlich der bessere Freier wäre.

Gunther senkte den Blick, schüttelte den Kopf. – Wir würden *provincia Francorum*, sagte er, Vasallen des Merowingers. – Das laß meine Sorge sein. Was Du als *obsequium* [Abhängigkeit, Unterwürfigkeit] siehst, sehe ich als Chance. Ein Bündnis mit den Merowingern, erst recht eine

Heirats-*Coniunctio* [Verbindung] machte Gundomars alte Pläne wahr. Mit Chlodwig könnten wir die römischen Beamten vollends loswerden [Gallien war zu diesem Zeitpunkt noch römische Präfektur], mit Chlodwig würden wir Sachsen wie Hunnen verjagen, auch Dänen und Cherusker und jeden, der sich an uns fettsaugen will.

Da blickte Gunther dem Waffenmeister keß ins Gesicht: Erreichen wir all dies nicht am besten mit einem, von dem es heißt, er sei der »Mächtigste«?

Hagen drehte sich den Bart um die Finger, als müsse er ihn ausrupfen. – Mit einer Seifenblase. Mit einem Windbeutel. Mit einem Wundertier ohne Land und Volk, mit einem Spuk im Hirn der Kelten und Kahlschädel! Höchste Zeit, das alles zu kappen, dies Herbergsgeheul, dies Libellengebrumm *Barbarorum*. Gundomar wollte Worms zu dem machen, was es über Trier stellte, über Aachen und Köln und alle anderen Kastelle. Mit dem Frankenkönig könnten wir das noch immer schaffen und könnten den Papstspuk ebenso austreiben wie die Gegenpest, die nifelheimischen Schlammnebel. Wenn Chlodwig den Lächerling Gere beseitigen wollte, dann war das nicht nur Werbung um Kriemhild, dann war das ein Angebot an Burgund. Laß mich zu ihm reiten, ich schließe ab, in Deinem Namen.

Hagen stand nun dicht vor Gunther. Nun war der es, der sein Gesicht in den Händen vergrub. Mir war klar, Gunther verlangte es nach nichts dringender als nach eben jenen »nifelheimischen Schlammnebeln«. – Ein »Zwar« hörte ich, hörte, wie sich das durch Gunthers Finger drängte. Und dann endlich, zittrig, auch ein »Aber«. Und dann ein »Aber nein«.

Der Waffenmeister wandte sich ab, sah mich an, ich zeigte ihm meine flachen Hände, die schuldlosen, die Schreiberhände. Da wollte der Alte fort, tat schnelle Schritte zur Hallentür – und blieb stehen. Hatte von draußen Geräusche gehört, Geschrei und nun Schritte, die kamen näher, durch die nächtlichen Gänge der Pfalz –

– in der Halle erschien der Bote, jener, der von Mainz aus unterwegs war. In nassen abgeschabten Fellen stand der nun im Eingang, auch im letzten flackrigen Fackellicht war deutlich, wie verschmutzt der aussah, wie abgekämpft, erschöpft vom langen Nachtritt. Mit kurzem Atem sagte der seine Botschaft, er käme von Gernot, sei vorausgeritten, in Mainz habe er –

In Mainz? Du kommst von Mainz? – Ja. – Du weißt, daß von dort die Staffette gilt. – Der Wächter auf der halben Strecke, der in Alzey, der war nicht auf dem Posten, so ritt ich durch, denn die Nachricht ist dringend, in Mainz hab ich zwölf Segler gesehen. – Zwölf? – Die kommen morgen. Mit fünfhundert Streitern. Nach dem Mittag spätestens treffen sie hier ein. Er brächte, sagt Herr Gernot, einen wichtigen Bundesgenossen, hat Gernot gesagt, einen neuen *foederatus* [»Bundesgenossen«].

Foederatus? – Gegen Hunnen und Sachsen und Dänen. – Hatte der *foederatus* einen Namen? – Der Kahlschädel blickte zwischen Hagen und dem König hin und her, als hätte er Verbotenes mitzuteilen. Damals wußte ich nicht, wie er sich die Botengunst ergaunert hatte, aber nun machte ihm der Name, den er aussprechen sollte, sichtlich Anstrengung. – Gernot sagte, er käme morgen nach Worms mit fünfhundert Leuten. Und mit ihrem König. Mit Siegfried.

Da sprang Gunther auf, flog von der Bank hoch wie ein Springkraut, wankte einen Moment, griff sich dann, als suche er Halt, den Pokal auf der Tischplatte, hob den Goldhumpen, trug ihn vor sich her, balancierte den Becher wie betrunken zu dem schmutzigen Reiter hin, den wunderbaren Pokal, den Dankwarth für etliche Unfreie gekauft, den Hagen in den Rheinstrom geschleudert und den der Straßburger Rumolt wieder heraufgebracht hatte, ging, das kostbare Gebilde zitternd vor sich hertragend, auf den Boten zu. – Du bist erhitzt, nimm dies, trink!

Der Messerstecher dankte, nahm das Gefäß, trank es halb leer. – Alles solle er trinken, bekam er zu hören. Da trank er leer, mit lauten Schlukken. – Den Becher behalte. – Der Mann blickte auf die Herren, auf den Pokal, auch kurz auf mich, dann wieder auf den Waffenmeister, ob Widerspruch käme, verneigte sich hastig und sprang mit dem Prunkstück hinaus. Kam aber gleich wieder zurück, den Pokal schon unterm Rupfen, und rief, als sei das Geschenk wohl auch diese Nachricht noch wert: Fünfzig Merowingische haben sie erschlagen, Gernot und die fünfhundert Neuen, bei *Bodobriga* [Boppard (vgl. S. 28 f.)], fünfzig Chlodwig-Männer! – Und hastete hinaus.

Nur noch wenige Lichter flackerten in der Halle. Der Waffenmeister bewegte sich nicht. Auch Gunther, der Große, ein wenig zu große, stand starr. Bis endlich Hagen zu murmeln begann. – Gundomar, so verstand ich ihn, Dir hab ich einen Eid geleistet, das ist wahr. Einen verfluchten Eid. Jedoch keinen Schwur gegen Dämonen. Keinen gegen Feuerkraft. Keinen gegen Rauschwut. Und schon gar nicht gegen einen Spartakus. [Sp., Söldner in röm. Hilfstruppen, organisierte einen Aufstand der Sklaven. 6000 Rebellen wurden an der *Via Appia* gekreuzigt.]

Ging dann, auf seinen breiten Filzschuhen schlurfend, vom Ausgang der Halle wieder zur Tafel zurück, sah sich nach Bechern um, fand aber keinen, in dem noch zu trinken gewesen wäre, kratzte sich unterm Fellhemd und fluchte. Zweimal fünfzig Köpfe, rief er, auf einen Schlag

verloren. Und obendrein den des Königs, also einhundertundeins.

Wie rechnest Du, rief Gunther. – Rechne selbst. – Fünfzig Feinde hat uns, sagt der Bote, der erschlagen, der jetzt zu uns kommt. Allein daran magst Du erkennen, auf welcher Seite der steht. Wer ist denn nun unser *foederatus*? Einer, der Gere umbringen will? oder einer, der diese Totschläger schlägt?

Ich war aufgestanden, trug dem, der Siegfrieds Mörder werden würde, mein Trinken hinüber. Er beachtete das erst nicht, nahm dann doch den Krug, leerte ihn hastig und sagte: Fünfzig Kelten, eine ganze Bauernschaft mußten wir geben für den Pokal, den Du soeben verschenkt hast. Nicht zwölf, sondern fünfzig, das wußte ich, als ich ihn aus dem Loch warf. Fünfzig und die fünfzig Merowinger, die der Nebelmann erschlagen haben soll, sind zusammen zweimal fünfzig Köpfe weniger für Worms, samt dem Kopf des Königs, den Gundomars Ältester verlor an seine Nachtmare. – Er sah nun mich an, den Schreiber der Nachtmare. – Gegen Grenzspringer, grollte er, gegen Heckenreiter, Drachentöter und Hornhäuter hilft, das seh ich ein, weder *claritas* noch *humanitas*, jetzt wirken nur noch Vorzeitwörter, Kartenkunst und Zaubersprüche.

Warum, fragte Gunther, warum sollte, wer aus Nifelheim kommt, woher wir selber kamen, uns schaden? Wieso eignen sich nicht auch Nibelungen als Verbündete? *Si res coget foedere iungi etiam cum diabolo* [»notfalls auch Bündnisse mit dem Teufel«]. So höre ich Dich reden, solang ich denken kann. Ob nun mit Xanten oder mit Island oder Irland oder mit anderen libellischen Ländern – was wäre am Xantener Königssohn vom Übel? Gibt es nicht auch, wie Giselher zu erzählen versuchte, Klarheiten, die aus den Leibeskräften kommen? Pries nicht auch er das Studium?

Wann denkst endlich auch Du so, wie die großen Römer dachten, nämlich nach der *etymologia*, nach der Wahrheit der Wörter. Die könnte Dir erklären, daß *foedus* von »häßlich« kommt [*foedus* = »Bündnis« und »gräßlich«] und *bellum* von »schön«. [*bellum* = »Krieg« und »das Schöne«] – Hagen setzte sich, trank meinen Becher leer und sagte: Die Isländerin wie der Schlagetot, beide verbünden sich nur dann, wenn sie auf Ihresgleichen treffen. Wollte sich einer zwischen diese Riesen drängen, geriete er zwischen Hammer und Amboß. – Hat auf mich geblickt, wieder zum König und nochmal zur Tür, zu der er sich nun wohl doch hinauswünschte. – Mit diesen Monstern bekämen wir, laß Dir's gesagt sein, Arbeit. *Labor*, wie das die Alten nannten. Und meinten mit *labor* das

Wanken und Fallen unter ärgsten Strapazen. Oder weißt Du etwa nicht, wie *labor* und *lapsus* [»Mühsal« und »Fall«] aufeinander lauern?

Der Waffenmeister, der Grimmige, er erhob sich nun, seine Gelenke hörte ich knacksen, viel Luft holte er in seine umbartete Mundhöhle und seufzte und knarzte: Wenn es denn nun nicht mehr zu verhindern ist, wenn er denn morgen wirklich kommt, der »Mächtigste«, der »Unübertreffliche«, der »Unverletzliche«, der neue Herkules, dann gilt es, ihn *urbar* zu machen. – Wie meinst Du das? – Ihn zu nützen. – Wie? – Er ist, ich geb's zu, weder Teufel noch Engel, sondern auch er ist allein das, was wir aus ihm machen. Schon Abt Eginhardt hat ihn für sich arbeiten lassen wollen. Und hatte damit vollkommen recht. Und es ist ja wahr, der Betrug war immer schon da, von Anfang an. Der Xantener glaubt, er hätte die Falschheit mit *NidGir* getötet. Herr Eginhardt ist weiser. Die Welt ist eine Räuberhöhle, und die Bosheit jagt auch in Herrn Siegfried dahin wie ein tollwütiger Hund. Ob als »Scharfblickender« oder als »Goldschlange«, ob als Tarnmütze oder unter der Bischofskappe oder mit der Wutspeise im Bauch, das Verdrehen war immer schon da und wird am Ende geblieben sein als das Einzige.

Was also werden wir mit ihm machen? – Kriemhild hat es uns vorgeträumt. – Auf ihm »fliegen«? – Sie »zog« sich einen Falken, so, sagte sie, hätte sie geträumt. »Ziehen« werden wir ihn, den Cherusker. – »Ziehen«? – Gunther atmete tief. – Die Kraft, nach der es mich »zieht«, die bohrt sich durch meinen Verstand, mal peinigt sie mich, mal begeistert sie. Mal gruselt sie. – Als er aufblickte, ging Hagen hinaus. Aus den dunklen Gewölben hörte ich sein Schrittschlurfen noch lange.

Was aber nahte sich nun? Kam jetzt *foedus*, das »häßliche Bündnis«? oder aber *bellum*, der »schöne Krieg«? – Gunther war sitzen geblieben, saß noch einige Zeit ganz stumm und ohne Bewegung. Ich schrieb. Schrieb auf, was ich gehört hatte. Allein hockten wir beiden Brüder in der Halle, in der es nun fast finster war. Das Kaminfeuer war zu Asche versunken, nur wo ich saß, brannte über meiner Nische noch eine Fackel. – Gunther hat die Harfe zu spielen versucht. Die Töne mißlangen ihm, wie immer. Dann ist er ebenfalls aus dem Saal, wie ein Nachtwandler.

Hagen bedrückte der Auftrag. Die Last, bei einer Sippe in Dienst und Eid zu stehen, die Kraft nur als das kannte, wonach sie sich sehnte. Vielleicht wird er wenigstens in seiner Kammer Frau Ute recht gegeben haben, wonach es klüger gewesen wäre, fortzuziehen hinter die sichernden Berge, an den jurassischen Südfuß. Als wäre das liebliche Land an der oberen Rhone keine »Räuberhöhle«.

Der König aber, in dieser Nacht, er war nun ganz offensichtlich verwirrt. Schien verzaubert von verlockenden Aussichten, von schmelzenden, von »ziehenden« Flugbildern. Die werden ihn in neue Träume hinaufgetragen haben, diese Bilder von Tagesstärke, von Nachtkraft. Vom anderen, vom freieren, vom freienden Dasein. Vom betörenden und verwandelnden Leben, von jenen Täuschungen also, die wohl tatsächlich das alles Bewegende sind. Ach, wie ein Komet erschien er, der Cherusker, plötzlich und allzu hell, tauchte auf und stürzte. Und hat in den drei Monaten, die er bei uns war, unser verrottetes Leben ganz und gar umgewälzt. Hat blitzartig erhellt, wie Jerusalem und Rom die Niedrigkeit in die Welt brachten, wie vollkommen anders alles hätte werden können. Daß der Geist nichts anderes ist als die Dinge. Und daß Erd- und Allmutters Dinge wieder hätten geheiligt werden müssen, wie am Anfang aller Tage.

II

Laborem Fortunatum Exercens

[»Schicksalhafte Arbeit verrichtend«]

Nun, nach den ersten großen Schreibmühen, war ich es, der *scriba stultus* [»törichte Schreiberling«], der den hinüberleitenden Fährmann, den prüfenden Übersetzer zu umarmen hatte, meinen irischen Freund Kilian. Eine halbe Nacht lang hat er mir vorgelesen, wie er meine Chronik überträgt und sichert, keltische Strophen, in jenem leisen melodischen Singklang der Gallier, der schon Gunther so sehr entzückt hatte, daß er ihn auf der Harfe hatte wiederholen wollen.

Hatten wir anfangs noch erwogen, diese Chronik, den Bericht von der Ermordung des Gastes, wie es gelehrte Sitte fordert, lateinisch festzuhalten, so sind nun von der Herrensprache nur noch die Überschriften und einige Zwischenstücke übrig geblieben. Am glücklichsten aber macht uns, daß Kilian auf die Idee kam vom Versteck im Keltischen. In Kilians Gälisch sichern wir die Geschichte von Siegfried, der dem Bischof als erzheidnisch galt, als teuflisch sogar, eine Geschichte, die darum vor aller *interpretatio*, vor aller kirchenlateinischen »Dazwischenrednerei« [= wörtl. Bedeutung von *interpretatio*] und Verdrehung bewahrt bleiben muß. Wehe, Lorscher Knechte fänden noch jetzt, hier oder in den Vogesen, unsere Papiere, sie würden sie verbrennen und zerstören, wie sie alles vernichten, was sie an Heiligtümern der alten wandernden Stämme in die Gewalt bekommen.

Kilian hat gehört, daß eines der Weltwunder verbrannt ist. In Flammen zerging die Bibliothek von *Alexandria*, das Gedächtnis der Griechen und Römer, wo die Verse des Homer und des Zarathustra aufgehoben wurden und die Weisheiten des Aristoteles. Bischof Ringwolf habe gemeint, diese Bücherei sei ein Hort der Ruchlosigkeit gewesen, und er

wußte bereits, wer das Feuer gelegt hätte, die Heiden, schon weil die mit Schriftrollen weder umzugehen verstünden noch überhaupt Respekt hätten vor der Klarheit der *rerum divinarum scientiae* [»Gottesgelehrtheit«].

Wunnibald ist sich sicher, die Gemeinde des *Clemens* von Alexandrien, Christen selbst haben den Brand gelegt, wie sie alles Fabelhafte vernichten, alles, was ans Lebendige erinnert *et qui solo deum unum esse negat* [»und abstreitet, es gebe nur einen Gott«]. Das taten sie, so wie sie auch die in der ganzen Welt berühmte Philosophin *Hypatia* im März des Jahres 415 förmlich geschlachtet haben [vgl. S. 398], die Tochter des großen Mathematikers und Philosophen *Theon*, des letzten Vorstehers der einzigartigen Universität von *Alexandria*, die sich erlaubt hatte, zu wissen, was es zu wissen gab, und dieses Wissen in öffentlichem Unterricht vortrug. Man hatte sie beim Volk diffamiert als Zauberin, solange, bis dies Volk, unter Anführung des Klerikers *Petrus*, über die Gelehrte herfiel und sie in die Kirche *Kaisarion* schleppte, wo man sie nackt auszog, mit Glasscherben zerfetzte und den zerstückelten Leib öffentlich verbrannte.

Was mich in all meinem Unglück glücklich macht, ist, daß endlich eine dieser Mordgeschichten gesichert wird. Das tun wir, indem wir sie bis ins kleinste Schritt für Schritt aufschreiben. Glücklich macht mich aber auch schon die Form, in der das geschieht, fröhlich macht mich bereits der Klang von Kilians Übertragung, die Musik seiner Wörter, denn er hat nicht nur ins Gallische übersetzt, sondern der Ire hob meinen prosaischen Bericht in breit strömende Liedstrophen, in die Langverse der ältesten Barden. [Übersetzer Schazman widerstand der Versuchung, Reime, Versmaß und Strophenform der Kilianschronik im Englischen zu imitieren. Er übertrug in Prosa und kam so, womöglich, Giselhers Bericht wieder nahe. Inzwischen postulieren neuere Deutungen, es müsse vom Nibelungenstoff eine »Prosa-Version« gegeben haben, eine Chronik, wahrscheinlich in lateinischer Sprache, in der die historischen Geschehnisse zum erstenmal zusammengefaßt worden seien und von der auch noch die klösterlichen Bearbeiter um 1200 profitiert hätten. So z. B. W. Hoffmann (Das Nibelungenlied, 1982, 5. Aufl., S. 125): »Die Unauffindbarkeit« (eines solchen Textes) »ist noch kein Beweis dafür, daß er nicht existiert hat ... Denkbar ist am ehesten, daß die zum erstenmal zu Pergament gebrachte Nibelungenüberlieferung nicht eine Dichtung war, sondern eine chronikalische Prosa (so bereits Josef Körner, 1920, S. 37 a.a.O. und neuerdings Helmut Birkhan)«.]

Daß wir die lateinische Version so früh verworfen und eine keltische wählten, ist, ich bin gewiß, das Glück für die Geschichte. Wohlgeborgen wird sie ruhen in der gallischen Wörterkunst. Das Lateinische, so wie es heute von den Kirchenherren geschrieben wird, hätte entstellt, hätte ausgedörrt, hätte das Sachenreiche abgehoben ins Erdferne, vom Freundlichen fort ins Menschenferne.

Die Wintersonne wollte am nächsten Tag schon wieder sinken, als in der Halle die meisten Gedanken sich auf die Frage richteten, was es zu bedeuten hatte, daß außer dem »Mächtigsten« fünfhundert Kämpfer gemeldet worden waren. Der König ging in der Pfalz umher und blieb unkonzentriert, zu wiederholtem Mal stand er vor mir in einem anderen Gewand und mit der Bitte um Auskunft: Wie, so fragte er, kleidet sich einer, der einen niederländischen König beeindrucken will. [Gunthers Interesse an scheinbaren Äußerlichkeiten wird auch von späteren Überlieferungen belegt (vgl. S. 242 ff.).] Ich riet ihm, sich an Kriemhild zu wenden.

Wir wußten von Gernot und Ortwin keine weitere Botschaft als die, daß sie noch diesen Tag »mit fünfhundert verbündeten Kriegern« eintreffen würden. Und da alle unruhig waren und sich ablenken wollten, beredete man die gefahrvollen und kalten Zeiten und kam so, über die Winterkälte, doch wieder auf die Frage, was in dieser Froststunde die günstigste Bekleidung sei. Schließlich fuhr Vetter Hagen dazwischen und rief, Gunther werde seinen Zobel jetzt schonen dürfen, statt dessen die Rüstung bereithalten. Und klapperte vorüber, nicht mehr auf Filz und in Wickelgamaschen, sondern halbwegs schon im alten, im schlachterprobten Eisen, so rasselte er an uns vorbei, zur Türe hinaus, der Waffenmeister.

Die Sonne näherte sich den Hardtwäldern, schickte über den Rhein rostige Feuer. Herr Gere hatte die Wachen stromab verdoppeln müssen und wiederholt Boten schicken, doch kam nur ungenaue Nachricht über das, was da heranrücken sollte. – Da wandte sich Bischof Ringwolf an mich und sagte, ob es mir denn nicht doch irgendwann gelingen könnte, statt von Wildlingen und Tiermenschen zu erzählen, die Geschichten der Heiligen darzustellen, derer, die für den wahren HErrn dieser Welt alle Arbeiten und Leiden vorbildlich auf sich genommen hätten, im schlimmsten Fall den süßen Opfertod. Zum Beispiel hätte ich gestern nur flüchtig die fromme Debatte der »Soldaten Christi« unter dem Sieg-Kastell erwähnt, zu gerne wüßte er, Ringwolf, von dort Genaueres, vor allem, wie man ihn nun wirklich einschätzte, den »kindlichen frechen Mann«, den »Mächtigsten«, den Hortjäger.

124 Als ich an der Sieg war, sagte ich, waren mehr als sieben Jahre vergangen, seit der junge Xantener von *Colonia* aus dorthin gekarrt wurde auf dem vermeintlichen Kohlkarren, der in Wahrheit ein Hortjagdkarren war. Das Gold unter den Rüben war einem kölnischen Kaufmann abgepreßt, dem die Lust mit Weibern als Frevel verboten wurde und der, weil er's nicht lassen wollte, als Sündenbock verflucht worden war, wovon er sich auch durch solche Goldgaben nicht hat freikaufen können. Weil er aber einen öffentlichen Zauberei-Prozeß durchaus hat vermeiden wollen, mußte er schließlich sein bedeutendstes Grundstück in der Stadt der Kirchengemeinde »schenken« und umging so das *iudicium capitale* [»Prozeß um ein (todeswürdiges) Verbrechen«, das – wörtlich – den Kopf (*caput*) kosten konnte].

Von solchen Sachen wollte ich nichts wissen, unterbrach Ringwolf, ich wollte Auskunft über Eginhardt und seine frommen Streiter. – Fromme Herrschaften, sagte ich, horten Schätze in Köln wie anderswo. Unter der Siegburg versicherte mir Herr Eginhardt, daß die Habgier nun mal die Haupttäuschung des Menschen sei, *motus mundi*, die alles bewegende Kraft, ohne die auch das Gute nie entstünde. Seine Mitbrüder nennen ihn Abbas, den Ältesten, und er hat Regeln verfaßt nach Johannes Cassian von Marseille. [Um 430 Abt von St. *Victor* in Marseille. Dieser *Cassian* hatte als Zeitgenosse des großen Kirchenlehrers *Chrysostomos* in Konstantinopel den *terminus* für Maria gefunden: *mater Dei et genetrix Dei* (»Gottesgebärerin«) = Beschluß des Konzils von Ephesus 431.] In Eginhardts Regeln ist das Wichtigste ein Rat von den Alten, nämlich des griechischen Apoll, das *nequid nimis* [»nichts allzusehr« oder »alles mit Maßen«].

Mit solchen Grundsätzen hatte Eginhardt inzwischen auch die wildesten seiner Klostersoldaten diszipliniert, als ich kam, beteten und sangen auch die *bellatores*. Nur einer von ihnen, jener Franke, den ich später in Krähenkamp wiedertraf, war auf und davon. Die anderen vollbrachten die *militia* [»Soldatendienst« (für Christus)] dadurch, daß sie Eginhardts Befehlen gehorchten wie denen eines Feldherrn.

Da lobte Ringwolf *disciplina* [»Manneszucht«] und *necessitas duritiae* [»Notwendigkeit von Härte«] und klagte über die neue Gottlosigkeit, der nun mal nur mit Härte zu begegnen sei, auch ich würde eines Tages soviel noch begreifen. Er, *Rumoridus*, sei selber Zeuge gewesen, wie zu Rom einer, dessen Namen er jetzt nicht ausspreche, weil der von der glühenden Höllenqual, in der er inzwischen wimmere, auch nicht für die eine Sekunde, in der sein Name genannt würde, erlöst sein solle, er selber habe sehen müssen, wie dieser Unselige sich dem siegreichen König *Odoaker* angedient habe als neuer Papst, als wahrer *Magus* der Kirche, als Gesegneter der ägyptischen Gelehrtheiten, und er, der Bischof Roms zu Worms, habe beobachten müssen, wie dieser Ketzer seine Verruchtheit so weit trieb, daß dem gotischen Eroberer zu Ehren wieder Tieropfer gebracht wurden, nicht etwa auf den alten heidnischen Stätten, sondern am neu geweihten Altar des HErrn, ja, er habe die Besudelung selber mit ansehen müssen, Rinder schlachtete man in der Kirche des *SimonPetrus*, des ersten und wahren Papstes. [Dieser Rang wurde damals bezweifelt (z. B. von Hagen in seinem Bericht über den römischen Mode-Roman vom *SimonMagus*, s. S. 114).]

Ringwolf fand in der Halle allerhand Zuhörer, diese Aufmerksamkeit deutete er als Hinwendung zum Reineren, in Wahrheit lauerten sie auf Einzelheiten jener »Besudelung« oder Ketzerei im sich umstülpenden Rom, sowas wärmte die Winterluft und lenkte ab von der ungewissen Annäherung fremder Truppen. – Manche von solchen sogenannten Christen, klagte der Bischof (und sein Klagen klang fast so, als betrübe es ihn, von solchen Fröhlichkeiten ausgeschlossen zu sein), befolgen die keltischen Unsitten so weit, daß sie meinen, als Priester mit Konkubinen leben zu dürfen wie jener kölnische Krämer, der seine Seele erst wieder reinigte, als er irdische Güter fortschenkte an das Kloster. Sogar Bischöfe leben mit fünf Frauen gleichzeitig, die sie aber wiederum teilen mit ihresgleichen, um sie gemeinsam als Maria Magdalena zu verehren oder als Judith oder als Elisabeth, mit denen sie auf nächtlichen Festmahlen männlichen Samen als *motus mundi* [wörtl. »Bewegkraft der Welt«] besingen wie wir im Abendmahl das Brot und Blut des HErrn. Begreifst Du jetzt, warum mir die *militia Christi* des Herrn Eginhardt hundertmal lieber ist als solche Hurerei? Da genießen die Behäbigen in Münstern und Klöstern ihre Leibeslüste, statt vom reinen Geist der neuen Lehre ihren Gnadenteil zu haschen.

Ich will jetzt nicht ergründen, sagte ich, warum Dir mitten im Gesicht der rote Prestling [Priesternase, umgangsprachl., auch »Erdbeere«] blüht, aber so ganz weltfern und leibfeindlich lebst doch auch Du nicht, Du wohlbeleibter Vetter und Freund der *Lavinia* [vgl. S. 18 f.]. – Da ich nun sah, wie Herr Hagen, noch immer nur in der halben Rüstung, wieder die Halle betrat, fügte ich noch hinzu: Wenn ich solche rosigen Dompfaffen wie Dich betrachte, sehe ich vor mir statt des *nequid nimis* gut ausstaffierte Leibessäcke, die erinnern mich an einen schlauen Silberschmied im

Bayerischen, der für ein Kloster eine Glocke zu gießen hatte, aber statt des Silbers, das man ihm anvertraute, Messingschmelzen bereitete aus Kupfer und Zinn, da er das Edlere weiterverkaufen wollte an Händler aus Basel. Als er seine Glocke im Turm der Klosterkirche hat aufhängen wollen, stürzte er mit der Glocke vom Gerüst und ist von seiner eigenen Kunst erschlagen worden.

Als *Ringwulfilas* aus diesem Vorfall rasch wieder eine sinnvolle Lehre ziehen wollte, stürmte ein Kahlkopf in die Halle und rief, Feinde kämen, Schiffe mit schwarzen Segeln. – Rheinauf? – Der aufgeregte Bote wollte dem Heermeister antworten, als ein anderer Unfreier hereinstürzte, den ersten beiseiteschob und erklärte, alles sei falsch, es näherten sich Nibelungen.

Wieso das keine Feinde seien, herrschte Hagen den an. – Das könne er nicht beantworten, stotterte der Kelte, aber er wisse, ein Dutzend Schiffe führen den Strom herauf, die zeigten im schwarzen Segel das nifelheimische Zeichen, den Kuhschädel, und brächten fünfhundert Kämpen. – Nochmal, im aufbrodelnden Gerede, meldete sich nun der erste Bote, man habe ihn nicht zu Ende melden lassen, in Wahrheit sei, was der andere gesagt habe, das Falsche, so falsch, daß nun Herr Hagen vermuten müsse, es näherten sich Feinde, aber diese zwölf Schiffe, die würden geführt vom Bruder des Königs Gunther, von Herrn Gernot.

Da erhob sich vielstimmiges Palaver, Dankwarth gab den Sklaven zu trinken, beide begehrten aber mehr, es hatte sich herumgesprochen, daß Gunther günstige Nachricht günstig belohnte, diese hier verlangten auch den Pokal, aus dem sie tranken, jeder wollte das interessante Stück für sich, sie rangelten, bis Hagen ihnen den Humpen aus der Hand schlug, mit flacher Schwertseite ihre Rückseiten bedrosch und die dreisten Kahlschädel aus der Halle klopfte.

Im Saal redeten jetzt fast alle durcheinander, riefen, fragten. Und da murmelte nun auch, aus duftender Sandelholzsoße, Frau Ute und sagte, schon *Irminius* sei kein Rauftrottel gewesen und kein Blutsäufer, sondern ein lateinisches Schlitzohr und Himmelsvieh. Nehmt Euch in acht! – Ich sah, daß Kriemhild zur Mutter an den kleinen Tisch ging und, zusammen mit mehreren Burgfräulein, die Blinde aus dem Saal geleitete. An der Tür hielt der Waffenmeister die Frauen auf und wollte wissen, was sie vorhätten.

Soll ich Gäste empfangen in Rupfen? fragte Kriemhild. – Gäste zu empfangen ist Gunthers Sache. Und Deine ist, Dich fernzuhalten, bis man Dich ruft. – Ich begrüße Gernot, wann ich das für richtig halte. – Eine

Weile atmete sie schnell. Und da Hagen noch immer den Ausgang versperrte, murmelte Ute: *Insprinc*, Giftnattervetter.

Da zupfte Gunther den Heermeister beim Ärmel und verlangte Auskunft. »Fünfhundert Feinde«? – Hinter Hagens Rücken gingen die Frauen hinaus. – Der Alte schnob zum Fensterloch, Winterluft hob ihm den Bart vors Gesicht, Eiswind pfiff noch immer und kein Schiff war vom Mauerloch aus zu sehen. – In fast allen Wäldern, sagte Hagen, war es seit je so, daß die Säue des Landmanns vom Saubär bestiegen wurden, das Haustier vom Wildeber. Mag sein, solchen Besuch bekommen nun auch wir. – Halb war er schon in Eisen gekleidet, halb noch in Wickelkleidern aus Rupfen und Fell. Ging nun zurück, vors Kaminfeuer, um sich zu wärmen, Gunther hinter ihm drein, der Alte murrend: Nun kommt er, der sogenannte Königssohn. Von dort, wo es bislang nur Kelten gab, Mischvolk, Wander- und Räuber-Häuptlinge. Nun kommt einer, der sich wünscht, Burgund zu besteigen. Weil er glaubt, am Oberrhein sei noch nicht alles verteilt an die geistlichen Madensäcke, noch nicht alles als *colonia* besetzt. So rechnet er, so plant er. Was denn sonst wollte der hier.

Ging ein bißchen näher an Gunther heran. – Noch immer, sagte er, droht die Sachsenrache. Rätselhaft, wie lange sie sich das Morden auf dem Marienberg gefallen ließen, die fünftausend Erschlagenen. Und wieso, fragte er dann laut, bist Du nicht bereit? Im Zobelfell empfang die Kaiserin von *Arabia*, aber keinen Schlagetot, egal ob einen sächsischen oder keltischen oder das Streifenhörnchen oder Wildferkel aus beidem. Meinetwegen häng Dir den Friesenmantel über, Tarnung gegen Tarnung. Kalt genug ist es.

Da wurden Kriegsknechte gerufen, Helme und Schilde geschleppt, die Eisenschalen umgeschnallt, Schwertgürtel gebunden, die Schlagwaffe schon mal darangehängt, so schwer sie auch drückte und zog. Schließlich die grünen Friesentücher darübergetan. Die machten uns freilich Sorgen, denn als wir nun so dastanden zwischen dem Eisengerät und einander betrachteten, sahen wir, daß die friesischen Überzüge weder paßten noch halbwegs prächtig aussahen, wie Gunther gehofft hatte. Nein, auch diese »Tarnung«, die würde die Ankömmlinge, selbst keltische, schwerlich beeindrucken.

Aber nun hatte der Waffenmeister Kriemhild, die sich so vorzüglich auf Farben, Stoffe und Kleider verstand, hinausgegrault. Pagen trugen das glatte Blankmetall herein, in dem wir unsere Umrisse erkennen konnten. Im Winterlicht spiegelte das bucklichte Krummschatten. Immerhin, die Grüntücher verhüllten die Waffen, darauf kam es jetzt wohl an.

Hagen rüttelte an seinem Eisenkorb, der Panzer saß ihm zu eng, sieben Monate hatte er ihn nicht mehr getragen, Leibeigene besserten an seiner Rüstung, zogen Riemen, bogen Schnallen und weiteten. Da war viel zu tun, denn einer wie Hagen trug an Frosttagen ebenso wie der König unterm Panzer ein dickes, leinenes, von Kriemhild und ihren Hoffräulein gesponnenes und gewebtes Hemd. Darüber ein schweinsledernes Wams, das von seidenen Leibbinden zusammengehalten wurde. An den Beinen Strümpfe aus Wolle und Schuhe aus je einem einzigen Stück Rindsleder.

Den gewöhnlichen Überwurf um Schultern und Brust, den Umhang aus Otternfell, den hatten wir nun abgelegt und mit den Brünnen vertauscht. Hatten unsere Kleider über Bänke und Tische verteilt und glätteten und zerrten nun an den neuen Mänteln, aus denen unten alles herausschaute. Gunther bedauerte, daß die Schönheit seiner Rüstung so derb verhängt werden sollte. Die goldenen und silbernen Griffe von Schwert und Dolch und das steinbesetzte Gehäng verschwand unter lausigem Flausentuch.

Diese Tücher waren uns von Aachener Händlern als friesischer Luxus verkauft worden, ohne daß man, auch damals schon, Kriemhild zu Rate gezogen hatte, was sich rächen sollte, denn diese Mäntel waren, wie sich später herausstellte, in Wahrheit aus englischer Ware zugeschnitten, waren dünner und weniger haltbar und überdies viel kürzer, als selbst englische oder angelsächsische Mäntel gewöhnlich getragen werden. Die Aachener Krämer hatten unsere Unwissenheit in niederländischen Wollsachen ausgenützt und die vermeintliche Herrenware um je einen Meter beschnitten, so daß sich ihre Gewinne verdreifachten.

Hagen betrachtete sich im Kupferspiegel. Am Anfang war nicht die Falschheit, erklärte er, am Anfang war der Kaufmann. Gunther dagegen fand seine Schattenrisse im Blankmetall beachtlich, drehte sich halb um sich selbst. Als Hagen das sah, redete er Latein und es schien ihm gleichgültig, ob der König das verstand: *Domine, nunc in regno tuo pulchriorem praeputium ferris et tam pulcher es, quod quasi infiniti cottidie pro amore occiduntur, et nisi citius medicinam apponatur, quotquot sunt in regno, peribunt.* [»O Herr, in Deinem Reich trägst Du nun die schönste Vorhaut und bist überhaupt so schön, daß jeden Tag unzählige aus Liebe (zu Dir) sterben. Und wenn nicht ziemlich rasch eine Medizin angewendet wird, dann werden alle in Deinem Reich zugrundegehen.«]

König Gunther, der diesen grimmigen Spott in der Tat nicht verstanden hatte, da er das Latein unvollständig beherrschte, schritt zum Ausgang, zum Flur, begab sich als erster zum Abstieg. Auch ich fand seine hochgemute Stimmung unangemessen und versuchte, ihn noch auf der Treppe ins Lot zu bringen. Er solle vorsichtiger sein, solle Hagen den Vortritt lassen. – Er, stufenspringend, wehrte ab. Ich habe gehört, sagte der eilige Bruder, die Säue der Landleute, wenn sie der Saubär oder Wild-Eber bespringt, die werfen alsdann Ferkel, Mischlinge, die besseren Widerstand leisten gegen Krankheiten aller Art und gegen Winterfrost. Nicht *genus purum* [»die reine Rasse«], sagt Koch Rumolt, sondern allein das Gemischte sei tüchtig. Das Mischen gebe saftigeres Muskelfleisch, und mit ihren hohen dünnen Beinen würden solche Bankerte am Ende selber wild und könnten sich wehren, notfalls gegen Wölfe, sogar gegen Bären. Solche Hochbeinigen, rief er und hüpfte die Stufen hinab, solche neuen Gestalten schmecken auch mir. – Keß und wohlgemut sprang er vor mir her, zum Ausgang hinab, wie auf besonders hohen Beinen.

Kurz vor der Tür jedoch hatte Hagen ihn erreicht und hielt ihn am Friesen-Ärmel fest, legte die andere Hand auf die Eichenholzklinke und sagte: Empfangen wir ihn ohne Libellenschwirren. Den nützlichen Bespringer. – Öffnete selber dem König das Tor zum Pfalzhof. Gunther trat in die Kälte hinaus, seufzte. Der Hof war kahl und leer und zum Hafen hin verschlossen. Er hatte anderen Anblick erwartet, gab den Knechten Zeichen, das Tor zum Hafen zu öffnen.

Die trabten dorthin und riegelten auf, schoben und schrien sich KNÖRRIP und andere keltische Brocken zu. Endlich kam mit Geknarze das schwere Portal in Bewegung, rollte zur Seite. Gleich dahinter, nur fünfzig Schritte unterhalb, floß der kräftigste der Rheinströme und war Platz für wenigstens drei Schiffe. Dankwarth rief vom unteren Portal herauf, das vorderste der Schiffe sei nahe.

Als er wieder neben uns stand, sagte er, dies erste Boot habe die Segel gerefft, kräftig werde gerudert, der Bug zeige das Kuhzeichen. Gunther trat noch einige Schritte vor, zögernd, nun mit ein bißchen weniger Schwingschritt. Neben ihn stellte sich Hagen. Auch Ringwolf war plötzlich unter uns, trug mehrfache Kutte überm Leib, an seinen runden Flanken meinte ich zu erkennen, daß da ein Dolch steckte. Eiswind wischte ihm über die besorgte Stirn. Jammertöne flatterten aus seinen Zitterlippen. – Weh, nun naht er, der Blutsäufer. Der AntiChrist.

Die folgenden Schiffe, erklärte Dankwarth, die machen schon unterhalb fest, das vordere aber werden wir nun jeden Moment sehen, im Hafen-Portal. – Wir burgundischen Herren in unseren dunkelgrünen Loden, wir standen jetzt genau in der Mitte des Hofs, dort etwa, wo mich

später, nach der Doppelhochzeit, Herrn Hagens Schlag traf, als ich die Wahrheit hatte hinausschreien müssen.

Standen nun, gut drei Monate vorher, am Christgeburtstag, auf dem zugigen Steinplatz, zwischen Windwirbeln. Sand und altes Laub trieben über unsere Köpfe, um unsere Lederstiefel herum, der Wind pfiff durch unsere Mäntel, hierhin und dorthin. Nicht, daß einer von uns mit den Zähnen geklappert hätte oder auch nur übertrieben gezittert. Aber es war sehr kalt. Eiswind zog, jagte vom Rhein herauf, immer noch aus der Morgenrichtung. Die Sonne stand tief, längst hinter der Burg, hatte an diesem Tag keine Kraft.

Schon war Gunthers leichter Sinn ganz und gar dahin, nein, wir standen kaum mehr locker und hoch aufgerichtet, was zu allen Zeiten als überlegene Haltung gilt und was der König nun liebendgern gezeigt hätte. Wir fünf Herren des burgundischen Reichs erschienen, wenn ich es aufrichtig notieren soll, und ja, eben das soll ich, wir schienen um einiges gebogen, warteten zwar nicht gekrümmt oder gar geduckt, aber doch, kaum wahrnehmbar, gebeugt, allein schon unter der Last der Eisenpanzer, die buckelten die neuen Mäntel am Rücken. Außerdem scheuerten sie an den Hüften, verschoben sich an unpassende Stellen, stets dorthin, wo sie schmerzten.

Diese fünfhundert Streiter, hörte ich Hagen, falls sie uns tatsächlich dienen wollen, was wohl werden wir ihnen zu zahlen haben. Gallische *auxiliarii* [»Hilfstruppen«] gab's vordem umsonst, für *Hannibal* wie für *Caesar*. Immer waren Schildschlepper froh, wenn sie Fraß kriegten und Weiber. Aber die Zeiten sind kaufmännisch geworden. Ergo falsch. Und wie die Zeiten sich ändern, so müssen wohl auch wir das tun. Müssen machen, was politische Köpfe schon immer taten. – Da König Gunther ihn ansah, um zu erkennen, was sein Waffenmeister meinte, bekam er zu hören: *Sagum temporibus servire* [»den (Kriegs-)Mantel nach dem Winde hängen«]. Ich mußte es dem König übersetzen.

Und dann wiederholte der Heermeister, was Ute geraten hatte: Nehmen wir uns in acht vor dem, der ein Nachfahr ist des Latein-Ebers, des cheruskischen *Sigurd*. – Unterm flatternden Loden faßte der an sein Schwert. Auch Gunther, wir alle legten nun unter den Tarntüchern die Hände dorthin, woher in solch heiklen Augenblicken am ehesten Sicherheit zu kommen scheint.

So standen wir fünf Wormser Herrschaften weiterhin da, in der eisländischen Zugluft. Gunther, Hagen, Ringwolf, Dankwarth und ich. Und ich konnte mir nicht verkneifen zu sagen, ich fände die im Wind aufzuckenden Lodentücher angemessen, diese Böen sprängen wie Flammen, ließen das Loden lodern. Obwohl »Loden« ein Keltenwort sei und »Lohe« eines von den Sachsen. – Zu diesen *coniecturis poeticis* [»dichterischen Mutmaßungen«] fand keiner einen Kommentar. Mein Gerede vermehrte höchstens die Bedenken. Mit verspannten Armen standen wir in der Kälte, unter windigen englischen Zucktüchern, die wir für friesische gehalten hatten. Warteten und zitterten. Hagens Graubart hob sich, drehte sich, als kraulten ihn Sturmfrauen. Grämlich sah er aus, besorgt, bläulich und alt. Aus seinem Gneisbart hörte ich schnaufen, meine *etymologia* sei kaum hilfreich, angemessener fände er jetzt diejenige, die mitteile, daß die Franken Schädel mit der *francisca* zu spalten pflegten, mit der Wurfaxt, oder aber mit dem Kurzschwert *sax*, dem einzigen Wort, das der verstehen dürfte, der da jetzt käme.

Ich bemerkte, daß rings auf den Burg- und Hofmauern, überall zwischen den Zinnen, Türmchen und Spitzen, Wachen postiert waren, Mauerlauerer. Gegen das späte Licht wirkten die Helmköpfe wie aufgereihte Schleuderkugeln, wie eine düstere Kette. Der Heermeister hatte die große Wehrsperre vorbereitet. Als gelte es, *discriminem obsidionemque* [»Lebensgefahr und Belagerung«] auszuhalten.

Unterm Saum seines kurzen grünen Umhangs zeigte der Waffenmeister jetzt seine flache Hand, die senkte er hinab, hierhin, dann dorthin, damit allen Kämpen auf den Mauern und auf dem Burgpalast klar war, sie sollten sich hinunterducken.

Denn nun erblickten wir im offenen Hafentor das dunkle Schiff. Von links schob es sich heran, zeigte am Bug in der Tat den Rindsschädel, ein Kuhwappen in Rot und in Schwarz. Hanfseile und Schlingen wurden ans Ufer geworfen, Knechte angewiesen, beim Vertäuen zu helfen. Fremde dunkle Rüstung schimmerte, unbekannte Rufe trieben durch den Wind. Dann lag das Schiff fest. Dieses Kuhschiff, es zeigte römische Bauweise, war wohl 20 Klafter lang [gut 30 m] und war nicht etwa offen gebaut, sondern durchgehend überdacht. Ein Holzsteg wurde vom Kai zum Deck geklappt. Und wir erkannten, daß als erster Gernot herunterkam, unser Bruder, gerüstet, aber das Haupt frei, unverkennbar die kurzen Haare, der Stoppelkopf. Gleich hinter ihm aber erschien ein anderer. Ein größerer, breiterer. In dunklem Eisen. Blinkend in silberner Schwärze. In der Anthrazitfarbe.

Als diese schwarze, diese hochgerüstete Gestalt ebenfalls heruntertrat ans Ufer, da hörte ich den Bischof. *Vera rara avis, quid ille nos vult?* [»Wahrlich ein seltener Vogel, was will der von uns?«] – Die Antwort hörten

wir vom Waffenmeister. – So gewappnet, wie der daherkommt, nun, weiß der Teufel, wird selbst Zobel-Ochsen klar, daß es um keine Kleinigkeiten geht. [Eine solche erste Äußerung Hagens bei Siegfrieds Ankunft kennt auch noch die bislang ausführlichste, die mittelhochdeutsche Überlieferung (Handschrift B): *Er stet in der gebaere, mich dunket, wizze Krist, es ensin niht kleine maere, darumb er hergezogen ist.* (Der sieht ganz so aus – mir jedenfalls kommt es weiß Gott so vor –, als wenn der nicht wegen irgendwelcher Späße hierhergezogen kommt.)]

Was der Xantener in Worms als erstes gesagt hat? Darüber wurde bald heftig gestritten, an den Abenden, in fast allen Gesprächen bei denen da unten wie bei uns oben in der Pfalz. Kilian jedenfalls, als er eine Woche nach der Ankunft des Ruhrschmieds aus seinem Klosterwald nach Worms kam, erlangte über die erste Äußerung des Nibelungen keine Klarheit. Die Kahlgeschorenen behaupteten, der Riese habe als erstes einen Fluch ausgestoßen. Andere versicherten, der Dunkle habe zunächst zu trinken verlangt und zu essen. Die Kirchenbrüder beteuerten, gräßliche Lästerungen seien über seine großen Lippen gerutscht wie eine fette Ratte. Herr Gere meinte, schon jetzt habe der Raufbold die Rede auf Kriemhild gelenkt. Andere wußten von einem ersten Streit mit Hagen, wieder andere von Lallelauten, die nicht mal die Kelten verstanden hätten.

Zum Glück hatte ich mir noch am Abend seiner Ankunft die ersten Wechselworte aufgeschrieben. Und fand dies Papier nun hier, im Klosterkerker, im doppelten Boden meiner Truhe. Das hilft mir jetzt. ***Beatissime lector, veram speciem historiae capio.*** [»Du glücklichster Leser, ich ergreife für Dich die Wahrheit der Geschichte.«]

Von Anfang an gab es das Interesse, den Königssohn, der da kam, als Kraftriesen zu brandmarken, als Ausbund des *maleficium* [»der bösen Magie«], ja, als wandelnden Lebenstrieb, der nur ein einziges in Reinheit verkörperte, den Geschlechtshunger und die Mordlust. Bevor ich jetzt fixiere, was die Wahrheit ist, muß ich gestehen, daß, was immer ein Schreiber festzurrt, auch ein Fälschen ist. Ja, obwohl ich diese frühen Notate besitze von den ersten Momenten im winterlichen Hof, vorm Christabend des Jahres 485, als in Wahrheit alles ein Wirbel war, muß ich gestehen, daß auch die Schrift nur ein Behelf ist. Der weise Eginhardt wußte von einem ägyptischen König, zu dem vor Zeiten ein Dämon kam und Zahlen und Buchstaben zum Kauf anbot [Platon überliefert dies als Sokrates-Gespräch]. Zahlen und Buchstaben, sagte der Geist, würden das Gedächtnis stärken. Der weise König nahm die Zahlen, lehnte aber die

Schrift ab. Nähme er auch die Buchstaben, sagte er, dann, statt der Wahrheit der Dinge, nähmen seine Schriftgelehrten die Buchstaben für

die Wahrheit. Und Eginhardt seufzte, so sähe sie inzwischen aus, die Wahrheit aus den Konzilsstädten, die Verfügungen aus dem westlichen und dem östlichen Rom.

Der Fremde trug keinen Mantel. Zeigte sich unverhüllt. Trug offen Schild, Schwert und Halbschwert, eine Art Dolch. War das der *sax*? BALMUNK dagegen schien gut einen Meter lang. Der Harnisch des Riesen war von dunklem Eisen, glänzte wie Samt, schimmerte schwarz, von den Fußschienen bis zur Helmspitze.

Hinter dem, der da durchs Tor hereinschritt, führte einer, ohne kahlgeschoren zu sein, ein Pferd vom Schiff, einen Rappen, zweifellos den Grani. Führte das Tier am Zaumzeug und trug die Lanze, im hellen Langhaar kam der Knappe, gekleidet mit rotem Kittel und dunklem Wolfsfell. Die Hufe des Rappen mußten mit Eisenstücken beschlagen sein wie die Pferde der Römer, Granis unruhig trippelnde Schritte auf dem Wormser Pflaster klangen hell. So leicht, so tänzerisch das Tier sich bewegte, so gemessen näherte sich der gepanzerte Mann. Behielt geschlossenes Visier. Auch die Unterarme in Schienen, sogar seine Hände. Ihm reichte der Pferdewärter nun auch noch den Ger.

So, die Lanze in der Linken, die blanke, die blitzende Spitze nach oben, blieb der eiserne Gast stehen, gut fünfzig Schritte vor uns. Sonnenschimmer blinkte in der Spießspitze. Spiegellicht vielleicht aus einer fernen Goldwolke. Gernot ging zu ihm, redete mit ihm.

Ein Schuppentier, hörte ich Ringwolf. – Selber Drache, flüsterte Gunther. – Eisen-Eber, sagte Hagen. Der neue *Arminius*, der hürnerne. Doppelt gepanzert. Außen verschient, innen dickhäutig. – Gernot hat dann den Eisenmann beim Tor stehen gelassen, ist quer über den Hof geradewegs auf uns zugekommen. Gernot ist nicht hochgewachsen, nicht so groß wie Gunther, nicht schmal und wohl auch nicht zart, eher in die Breite wuchs er, ins Stämmige wie Vetter Hagen, ja, borstig und sehr breit erschien er mir, nachdem ich ihn so lang nicht gesehen. Schon immer trug er die dunklen Haare stopplig kurz, nicht, weil er etwa aussehen wollte wie die Leibeigenen, sondern weil so der Helm besser über seinen Schädel paßte und im Kampf nicht herumrutschte.

Der Breitstämmige hat uns alle umarmt. Allerdings legte er um jeden, auch um den Bischof, nur den rechten Arm. Im linken trug er etwas, von dem er sich, obwohl Sklaven genug bereitstanden, nicht trennen wollte. Das war in ein Fell gewickelt. Er hielt das so, wie Ammen einen Säugling tragen. Nahm nun Abstand, blickte uns an und sagte: Ich habe eine gute Nachricht. Und eine schlechte. – Zuerst die schlechte, sagte Hagen. – Das ist diese hier. – Er öffnete das Schafspaket und wickelte daraus einen Arm hervor. Einen Menschen-Arm. Blau aufgedunsen. Daran steckte ein metallener Reif, eingeklemmt ins tote Fleisch, bronzener Reif mit Adlerzeichen. Ortwins Arm.

Um den Anblick nicht zu schmerzhaft zu machen, deckte Gernot rasch das Fell wieder darüber. – Sachsen haben das getan. Fälische Sachsen. Schon auf dem Hinweg, kurz vor Koblenz. Da stürzten sie nachts aus dem Lahntal, überfielen unser Lager, nahmen unsere zwölf Mann gefangen und haben sie geschlachtet. Auch Ortwin. Gefesselt mußte ich ansehen, wie sie es machten. Geradeso, wie Gundomar es in Würzburg mit den Unseren gemacht hat, riefen sie mir zu, jedesmal, bevor sie wieder ein Haupt spalteten. Ihr wißt, was getan wurde, am Marienberg. Am Ende ließen sie nur mich frei, waffenlos. Gaben mir dies hier. Als Botschaft an Euch. Alles andere von unseren Zwölfen trieb den Rhein hinunter.

Ich blickte zur Seite, fürchtete, er werde das Fell noch einmal öffnen. Sah neben mir den Gunther, wie er von Dankwarth gestützt wurde. Eine neue Eisbrise schlug sich durch unsere Tücher, ich wollte mir einreden, die Bö sei es, die den König wanken ließ. Doch hörte ich nun wieder den Waffenmeister, seine rauhbissige Stimme, selbst jetzt blieb sie fest. – Wenn das die Botschaft ist aus Sachsen, was heißt es dann, daß hinter Dir ein weiterer Sachse lauert? Und hinter dem noch fünfhundert andere?

Bleib ruhig, Hagen. Was durch Nifelheim wandert, das ist ein Wald. Ein stämmereicher Wald. Der eine und die fünfhundert, die kommen zwar aus dem, was wir Sachsenland nennen, sind aber nicht Falen, sondern kattische oder cheruskische Kelten, sind jedenfalls von anderen Stämmen als Ortwins Mörder. – Von anderen? – Was zum Rhein wandert, ist ein *silva vetusta* [»ein uralter Wald«]. Ist gemeinsam ein Wald und doch aus den verschiedensten Verästelungen. Glaub mir, der Xantener will Freund sein. – Im Panzer? – Der Stichelhaarige tat, als hätte er Hagens Einwand nicht gehört, und sagte: Die uns überfielen, die zogen zum Main. Werben an der Frankenfurt neue Streiter, kaufen Waffen oder rauben sie. Von dort könnten sie übermorgen hier sein, wenn wir ihnen nicht zuvorkommen.

Und die gute Nachricht? – Gunther fragte das, mit klappernden Zähnen, ich hörte sie klicken, stand neben ihm. – Die gute? Das sind eben

diese zwölf Schiffe. Fünfhundert Kämpfer vom Niederrhein, unter Siegfried von Xanten.

Gernot, wo blieb Dein Verstand, rief Hagen. Du bringst feindliche Brut. – Heidenbrut, ergänzte der Geistliche. – Der Borstenkopf sah hinab zum offenen Tor, wo die schwarze Gestalt stand. – Gegen Hunnen, auch gegen das, was an der Mainfurt sich sammelt, steht der uns bei. 139

Gegen die eigenen Leute? Und wär das wirklich so, womit sollten wir ihn bezahlen? – Frag ihn selbst, Hagen. – Gernot trat dichter an Gunther heran, so daß nur ich mitbekam, was der Stichelkopf zu flüstern hatte. – Süßester Dienst, gestand er mir, der erwarte ihn weder auf Island noch in Rom, den, so habe ihm geträumt, gebe es in Burgund.

Wenn ihm nach solchem Dienst ist, warum, fragte Gunther, kommt er dann gepanzert? – Je römischer die Köpfe, sagte er mir, desto wölfischer würde geheult [bei Schazman: *When in Rome, do as the Romans*]. Und erst recht im *Imperium Christianum* erobere man Königstöchter nur im Kampf.

Da fragte der Bischof, der Gernots Geraune nur halb verstanden hatte: Gegen seine eigenen Genossen will das Eisenscheusal uns helfen? Dienst? wofür? wogegen? – Gernot holte tief Luft. – Ja, helfen will es, das Scheusal. Von der Verbindung mit uns erhofft es sich Großes, das *monstrum.* Aber das erklärt er Euch am besten selber.

Gernot trat zur Seite, winkte zum Hafentor. – Und von dort hat sich nun die dunkle Gestalt, Schritt für Schritt, zu uns herauf bewegt. Knecht und Grani dichtauf. Während der näherkam, der Riese, trug Gernot das blutige Fell beiseite, dorthin, wo unter der Pfalz die übrigen Hofleute und das Gesinde standen. Als die sahen, was da eingewickelt war, erhob sich Weheklagen.

In diesen Augenblicken, als im Schatten der Pfalzmauern geschrien wurde, brach vorn, vor unserer grünen Herrenreihe, ein anderer Lärm aus. Im Näherkommen begann der Mann aus Xanten zu lachen. Erhob sich eisenrumpelndes Gelächter.

Der Gast bog sich vor Lachen. Dies, so peinlich es ist, das aufzuschreiben für alle Zeiten, dies war seine erste Äußerung. Homerisch herkulisches Gelächter. Der Königssohn bog und schüttelte sich. Riß sich das Visier auf, den Helm vom Kopf und konnte kaum aufhören zu lachen. Nur einmal hörte er damit auf, als er nämlich hinaufblickte und rings auf den Mauern die Bewaffneten sah, da sagte er, und das war allerdings sein erstes Wort in Worms: *In regno Burgundiae parturiunt montes, nascentur ridiculi mures.* [»Im Reiche Burgund kreißen die Berge, aber geboren werden lächerliche Mäuse.«] Wann immer er dann wieder einen von uns in Augenschein nahm, brach abermals dies Lachen los. Und dazu warf er, unter Gepruste, dem, den er *Walthari* nannte, seinen schwarzen Helm zu, die Lanze, das Kurzschwert *sax*, ließ sich den Panzer lösen, die Verschnürung, die Schienen. Und lachte.

Auch der Knecht grinste. Kicherten beide hin und her, wie Freunde bei einem gelungenen Spaß. Fingerten an den Laschen und Klappen und mußten sich zuweilen ja doch auch konzentrieren auf die Arbeit am Eisen und am Leder. Doch wann immer sie zu uns zurücksahen, verkrampften sich ihre Gesichter und mußten wieder losplatzen.

Beim Ablegen der Waffen drehte der Nibelunge uns schutzlos seine Rückseite zu und stieg so, hustend und wimmernd und unter Lachern, aus den eisernen Schalen heraus, aus der Brünne, aus Gürteln und Riemen. Aus dem Helm fiel langes Haar bis auf die Schultern, gehalten von einem schwarz glitzernden Band. Der Fremde zeigte dann mit dem Daumen hinter sich, auf uns, den königlichen Adel zu Worms, und hat, wenn ich das richtig verstand und korrekt notiert habe, gerufen: *Klabastir opt Schüpp ond quat thiu thiot, ahi, thiu büschräin Schöinhäit im Purkhund krückt as kümbarlih chraschrün chrümmchröitik Schlüngchürkskisfichürkis.* [Diese Äußerungen sind von Schazman in einem Englisch wiedergegeben, von dem er selber in einer Fußnote erläutert, so spreche man jetzt (um 1800) in den Armenvierteln Londons, das sei als Gossenjargon historisch sicherlich unangemessen, doch mache erst der Einsatz dieses Slangs deutlich, wie schokkierend am Wormser Königshof die Sprache des Gastes gewirkt haben muß. Auch um diesen Schrecken, den der Ankömmling allein schon durch seine Sprechweise bei den Vornehmen verbreitet habe, um den sei es den Chronisten zu tun gewesen, man möge nun ihm, Schazman, die Londoner Proletentöne verzeihen, hier und später. (»Geh an Bord und sag unseren Leuten, die berühmte Schönheit zu Burgund krückt wie kümmerlich grasgrün krummkrötiges Schlangengurkenfigürchen.«)]

Während sein Knappe die Waffen und Harnischteile vom Boden aufsammelte, kam der Ritter nun näher, in einem hellen Hanfleinenhemd, in grob gewirktem Kittel und dunklem Gürtel, so stand er jetzt vor uns, lächelnd, wippend, auf leichten Lederschuhen, riesig und wie auf Zehenspitzen. Betrachtete uns, die Herren zu Worms, jeden einzeln, lächelte freundlich, fast gütig und schüttelte den Kopf. *Quomodo risum teneatis, amici.* [»Wie könnt Ihr das Lachen unterdrücken, Freunde.«]

Da Gernot im Hintergrund zu tun hatte und die Witwe des Ortwin von Metz zu trösten suchte und da diese Frau jetzt laut jammerte, bemerkte diesen Jammer auch der Gast und redete ernsthafter und sprach in Hofdeutsch [Schazman: *courtly German* (»Hofdeutsch«; offenbar treffender als »Hochdeutsch«)]. – Ist den burgundischen Zierbengeln mein Lachen unangenehm? Hören Burgunds *cuniculi* [»Kaninchen«] lieber Lobreden auf ihre byzantinische Kostümierung? Oder was, bitteschön, schickt sich vor alexandrinischen Grün-Alligatoren? JOLIFANTO BAMBLA? [Schazman nennt auch diese Gebilde »kelt. Zaubersprüche oder kindl. Abzählverse« *(untranslatable).*] Wollt Ihr sowas hören? HEJ TATTA GOREM CLUBODUN [s. S. 40, wo *clubodun* mit »Fesseln« zu übersetzen wäre (vgl. Hugo Balls »Karawane«)] TUMBA UMF? Ist es das, was Ihr aus Plattland erwartet? Hat etwa Tacitus doch recht mit seinem widerwärtigen Urteil? Stimmt also sein *sordes omnium ac torpor procerum*? [»Verwahrlosung bei allen und Blödigkeit bei den Häuptlingen« (Tacitus, Germania XLVI).]

Da niemand von uns zu antworten imstande war, nahm der Gast seinem Walthari, der soeben mit Waffen und Rüstung zum Schiff zurückwollte, den BALMUNK wieder ab, hob das Schwert, murmelte *Ut aliquid fieri hic videatur* [»Damit es wenigstens so aussieht, als geschähe hier irgendetwas«], wirbelte den langen scharfen Stahl einmal ganz um seinen Kopf herum und ließ ihn unter Gunthers Mantelsaum hindurchzucken.

Der König, im Schrecken, tat einen Hüpfer, sprang vor der blitzenden Spitze nach rückwärts, hatte, unterm Manteltuch, die Hand fest am Griff seiner Waffe, mußte nun jedoch erkennen, daß der Riese ihm nur einen langen dunkelgrünen Faden abgeschlagen hatte, eine Faser vom Saum seines Friesenmantels. Dieser Faden lag jetzt auf dem Pflasterboden, Windböen wickelten ihn auf, rollten ihn zum Kügelchen, wehten ihn davon.

Nach diesem ersten Treffer hörte der Fremde mit Lachen ganz auf. Mag sein, weil er bemerkte, wie hinten im Hof, wohin der grüne Faden rollen wollte, immer trostloser geklagt wurde. Da reichte er die Waffe seinem Knecht, der entfernte sich, und der Gast betrachtete uns. Als prüfe er interessante Kunst.

Ich versuchte, ihn anzublicken. Sah seine schönen hellen Augen, seinen witzigen, seinen lustvollen Mund. Das lange Haar schien rötlich, schimmerte wohl so im Widerschein des fernen Abendlichts. Seine freundlichen Unheimlichkeiten gefielen mir, behagten jedoch dem König wenig und den frierenden Vettern schon gar nicht. Der Niederländer betrachtete unsere Gesichter, jedes einzeln und in Ruhe. Und hat dann gefragt: Ist das üblich, Gäste so zu begrüßen? Mit hundert Eisenköpfen zwischen den Zinnenspitzen? – Blieb vorm König stehen. Gunther senkte den Blick. Seine dünne Nase hatte sich verfärbt in graues Blau. – Ist das zu Worms alle Tage so trüb? Voll Todesgrimm und Leidensgram? Ich hoffte, hier polterte Turnierspaß, Zimbelquietschen, Rumpelmusik. Aber ich begreife, *Barbarus hic ego sum, quia non intellegor ulli.* [»Hier bin ich ein Barbar, verstehen wird mich kaum einer.«]

Da hörte ich Hagen reden: *Nullam granditatem iactatioque sine mixtura dementiae.* [»Keine Großartigkeit und Aufgeblasenheit ohne einen Schuß Verrücktheit.«] – Der Fremde ging seitwärts, an mir vorbei, ging auf Hagen zu, trat auch vor den sehr dicht hin und sagte leise: Kröch Dir außer Lateinwitz auch Niedrigdeutsch aus'm Maul, tätste's auf? Wenigstens gallisches Romanz? [Damalige (latein.-fränk.-keltische) Mischsprache, Vorform des Französischen.]

Hagen blieb stumm, stand wie im Krampf, steif, wirkte erstorben. Um so lockerer, ja frecher bewegte sich der Riese, redete wieder Wörter, die wir nur zur Hälfte verstanden oder gar nicht oder die wir zu verstehen lieber nicht versuchten, so vertrackt schien das, auf jeden Fall gespickt mit Spott. Auch mir, obwohl ich seinem Blick standzuhalten versuchte, waren Mund und Backen starrgefroren.

Schon der Kälte wegen schien keinem von uns eine rasche Gegenrede möglich, um so lebhafter funkelte und zuckte es dem Xantener von den Lippen. – Schon gut, ich weiß, dieser Berserker, so hör ich Euch *clam murmurare* [»heimlich murmeln«], dieser *homo ascenditus* [»Emporkömmling«], dieser *proletarius* [der unteren Volksklasse angehörend, Prolet, von *proles* (»Sprößling«, »Brut«)], der ist im besten Fall ein gälisch fälisch Arbeitsvieh. Gefahr zwar, aber, könnte sein, auch gut fürs Sachsenköpfen, Drachenschlachten, Pfaffenpuffen.

Und da er gerade jetzt, leichtfüßig, vor Ringwolf stand, tat er, was er gesagt hatte, knuffte den frommen Vetter ein bißchen in den Bauch und fragte: Nicht wahr, ich ekle diesen süßen Himmelsbräutigam. Aber laß Dir gesagt sein, der Herr Jeschu kommt so bald nicht wieder, jedenfalls schlägt er Dir keine Schneisen durch den heidnischen Teufelswald, so daß wir beiden sehen müssen, wie wir ohne ihn zurechtkommen und die Kälte wärmer machen. – Keine Antwort? Angst plagt Dich? Tut mir leid, wer Bruder Gernot rheinab schickt in die Tiefe, der muß mit Tiefenteufeln rechnen und sollte aber besser seiner Bibel trauen: »Machet dem Herrn einen fröhlichen Lärm, seid heiter, seid ausgelassen.« [Vgl. Offenbarung 5,9; 14,3; 15,3.]

Trat zwei Schritte zurück, schaute uns alle an. – Ich weiß, Freuden sind teuflisch, von nun an Heidenspuk, sind einzumauern, weiß man doch, daß in Nifelheim selbst die heiligen Wotansraben voller Freude in die WeltenEsche schissen, in Allmutters YGGDRASIL, o verzeiht mir, Freude ist bei Euch nur für die, die »guten Willens sind« [Lukas 2,14 (ältere Interpret.)]. Nicht mal zu nicken traun sie sich. Wie unhöflich, den Gast zu bemuffeln und rings auf den Mauern mit hundert Kriegern zu umzingeln. Und unter Grüngurkenkluft das zu verstecken, was sie Waffen nennen, die Fröstlinge, die Blaugesichter. Du Pfaffsack, Du mit den zwei Karfunkelsteinen, einem roten im Gesicht und einem blassen vorm Bauch, was MUSHA klammerst Du Dich an diesen Quarz? und warum kuckst Du so himmlisch schiefschnäuzig wie die Münsterkanalljen zu Köln? Wenn ich QUIRUMPIL richtig höre, dann rauscht unter Deinem Leibfell ein TATTA GOREM Stinkejauchebach – was kullert Dir der?

Ringwolf bekreuzigte sich. – *Abhibeo Antichristum* [»Ich halte mir den Antichrist vom Leib«].

Was pullert der Dir? Also weißt Du aus Rumpeln im Bauch, wo Gefahr lauert? Bist so weise, daß Dein Gedärm auch den Sitz der lieben Nymphen weissagt und der Undinen in den Feentümpeln, der bösen Silvestren und Salamander? O wunderbarer Kullerpriester, wir könnten Freunde werden. Falls nicht, schenk ich Dich meiner Mutter, die hängt Dich zum Trocknen und liest aus Deinem Gedärm die Romwege [vgl. S. 97].

Ringwolf schlug abermals das Zeichen, diesmal gleich zweimal, doch sein Notzeichen, das Doppelkreuz, versagte. Dieser Hürnerne, der zersprang nicht. Statt zu zerbersten, wandte der sich wieder dem König zu, griff Gunther sanft bei der Schulter, wo es klapprig knarrte.

Unter Deinem Filztuch spür ich Schutzstückchen, die man trägt, wenn man Lust hätte auf Tjostkrawall. Ist das so? Wär das nicht spaßig, wir probierten, wer Euern Pfaffsack schneller von hier in den Rhein rollt, Du oder ich? Der vertrüg es, daß ihn mal einer wüsche, *nam nulla dies sine lavare dominum tuum verum* [»denn kein Tag (vergehe), ohne Deinen wahren Herrn zu waschen«], so rieten mir die römischen Soldaten. Wobei nie klar war, welchen Herren sie meinten.

Hüte Deine Zunge, Schmied! rief Hagen. – Aha! endlich prattelst Du *diutisk* [s. S. 12, 223]? Und was Du da sagst, das klingt so lieblich, daß ich es warm an meine Brust drücken möchte.

Der Riesige wendete sich dem Heermeister zu, doch nun stand Gernot endlich wieder neben uns, hielt Hagen am Ärmel fest. Der riß sich frei und sagte: Eh Du den König beleidigst, wisse, Xantener, vor Dir steht Gunther von Burgund.

Benedice! – Der Fremde ergriff Gunthers Hand. Die war sehr kalt jetzt, ich hörte, wie die langen Finger meines Bruders im Zugriff knackten, leise knorpelte der Niederländer sie ineinander, und unser König begann zu wanken.

Ist Dir nicht gut, Herr Gunther von Burgund? Ich hab Kölnisch Wasser auf dem Schiff. Solltest wärmere Kleider tragen, nicht solch windige. – Er ließ Gunthers Hand nicht los. – O starker Herr zu Wurms, wie willst Du Zierbub Raufsäcke scheuchen? All die Falen, Dänen, Hunnen? Wir sollten üben gehen auf Schild und Lanzen, hier gleich im Hof, das gäb Dir Kraft und Wärme, auch in die Tätzchen. – Endlich ließ er Gunthers Hand frei, die war violett zerkrumpelt. Doch nun ergriff der Gast auch Hagens Hand. – Dieser hier, rief Gernot rasch dazwischen, das ist Herr Hagen, Burgunds Heermeister.

Der Xantener nickte. Und drückte zu. Und blickte überrascht, spürte Gegendruck. Eine Weile spannten sich Fäuste und Arme. Bog sich dieser Rumpf, dann jener. Schließlich zitterte und seufzte der Waffenmeister, rötete sich sein Steingesicht, er ächzte, drohte in die Knie zu brechen. – Der Ruhrschmied lockerte den Griff, ließ Hagen sich aufrichten, gab ihn aber nicht frei. – Herr krummkrötig Heermeister, wir zwei, wir wären gut für bessere Späße. Wie wär's, wir kratzten gemeinsam die Romläuse aus den Wurmsköpfen? – Ließ Hagen nun ganz los, nahm Abstand und sah ihn an, als warte er auf eine gute Antwort. Der Steingesichtige schwieg eine Weile und sagte dann: *Usus noster civitatis non venit proletario foedere iungi cum.* [»Es ist gegen unsere öffentlichen Sitten, einen Proleten zum Bundesgenossen zu machen.«]

Da nickte der Riese, zeigte auf Hagens knappen Mantel und meinte: Aber welche Sitten sirseln um Euren zierlichen Ranzen? Die Filze, die man Euch verkaufte, die schmücken Euch nur mäßig. Seid auch Ihr schon Klagenarren, die glauben, allein über Hunger und Frost kämen sie dem Christusleiden näher? He, Hagen, gemeinsam fänden wir bessere Kappen und Hüllen, fröhlichere, da bin ich sicher.

Bist Du ein Schneider? Ich hörte, du seiest Schmied. Schneider also auch? – Der Xantener antwortete: In Notzeit ist keine Kunst zu schade, am wenigsten die Verkappungskunst. Muß ich das DIR erklären? *Pugnax* [»Raufbold«], vielfältiger?

Gernot legte wieder beruhigend die Hand auf Hagens Arm und sagte rasch: Neben dem Waffenmeister siehst Du Giselher, meinen jüngsten Bruder, der kennt alle Schriften und Sprachen, lateinische wie nebelländische.

Der Xantener betrachtete mich. Gab mir zum Glück nicht die Hand, sondern legte sie auf meine Schulter. Auch bei mir verschoben sich Harnischteile, da quietschten ein bißchen die Blechschuppen. – Auch der Schreiber schnürt sich Schulterflügelchen aus Holz? Mit Fäden geknüpft? Dir wünscht ich bessere Teilchen.

Dann nahm er wieder Abstand. Und redete, als spräche er zu sich selbst. – Auf diesen Herren also stehen die Pläne Gundomars. Des Vaters Geist denkt sich ins Freie. Der Söhne Furcht duckt sich aufs neue. [Offenbar im Versbau der Kilianschronik, vgl. S. 53, 122.] – So redete er, der unheimliche, der tänzerische Mann, den einige für dumm gehalten hatten. – Wie siech, sagte er, wie bleich und wie bruchplatt stehen die Mauern von Worms, die Türme der geträumten Kapitale. Rostig sind sie und hohl. Wie schon in Trier und in *Aquae* [Aachen]. Nord-Rom zerfällt, bevor es noch entstand. Zittert und friert sich steif. Kein Worms als Auferstehung Roms. Auch Worms nur Wurms. Es sei denn – es sei – denn –

– er zögerte – stockte – mußte in den hinteren Hof schauen. Von dort nämlich näherte sich nun, begleitet von ihren Kammermädchen, im roten Mantel, Utes Tochter. Ihr Mantel war neu, goldbestickt, zeigte an den Rändern schwarze und weiße Felle, unter Goldlitzen.

Die Hoffrauen blieben zurück. Die junge Herrin ging allein weiter. Kam quer über den Hof und trat geradewegs auf den Gast zu. Hagens Zähneknacken hörte ich. Da Gernot ihm auch jetzt an den Arm griff, blieb der Grimmige stumm, ließ nur den fauligen Kiefer mahlen.

Der Mann aus Xanten bemerkte den Herrn Hagen nicht mehr. Schien gefangen von der anderen Erscheinung. – Also gibt es auch das in Worms? Gegen tausend Gramfalten geht nun doch nochmal die Sonne auf? Sag mir, Gernot, das ist sie? Herr Gernot nickt, kann vor Stolz nur nicken.

Als Kriemhild vor ihm stehen blieb, verstummte auch er, da verflog sein Spielton, endete sein Wippen, da konnte auch er nichts mehr reden, da schienen über sein Gesicht neue Lichter zu wehen, Feuerschimmer. – Sie stand zwei Schritte vor ihm, zwei Schritte nur vor diesem großen Wildling, dem berüchtigten Fremdling und Nibelung und Drachentöter. Welch eine Tat unter Ringwolfs Augen, unter Hagens Aufsicht.

Meine süße Schwester, sie konnte nun nicht vermeiden, daß auch in ihrem Antlitz etwas loderte. Ob sie wollte oder nicht, da zündelten, wie im Widerschein, ferne Flammen. Und weil sie diese Hitze gespürt haben wird, sprach sie rasch, wie um das zu verjagen oder davon abzulenken: Seid willkommen, sagte sie, Ihr Herr Siegfried, berühmter Ritter. Großer Feuerkünstler.

Der Nibelunge wagte nicht, nun etwa auch ihre Hand zu ergreifen. Schien einen Moment lang wie benommen. Raunte was von Dank. Mehr

zunächst nicht. Versuchte eine kleine Verbeugung. – Dank, sagte er, für dies freundliche, dies warme Licht, fürs Frühlingslicht in dieser eisigen Diözese. [= Provinz. Die Bischofs-Diözesen waren identisch mit den röm. Militärprovinzen.] Wind zog an unseren Filzmänteln, Herrn Gunther hob's das Tuch, wulstete es zur Glocke. Jeder konnte sehen, wie er die linke Hand noch immer an den Schwertgriff klammerte und wie die rechte, die zerkrumpelte, zu zittern hatte. Als er sah, daß er beobachtet wurde, rief er: Ich denke, wir sollten unseren Gast nicht länger hier stehen lassen, im Zugwind. Kriemhild, führ Du ihn hinauf.

Nichts war ihr lieber, schon folgte ihr der Gast, beeilte sich, ging neben ihr her, mochte die Augen auf nichts anderes mehr richten. Kriemhilds Frauen schlossen sich an. Wir Männer blieben stehen, schauten denen nach. Muß noch angemerkt werden, welche Frechheit meine Schwester sich herausgenommen hatte, als sie den Fremden begrüßte? König Gunther hatte ihre Verfehlung nachträglich einigermaßen gedeckt, als er sie bat, den Gast in die Pfalzhalle hinaufzuführen.

Nun aber drohte Hagens Grimm überzukochen, sein Zorn galt nicht nur dem spöttischen, dem verwirrenden Auftreten des vermeintlichen »Grobklotzes« und den offenen Sympathien, die Gernot und ich ihm entgegenbrachten, seine Wut galt auch Kriemhild, die, 18 Jahre alt, sich selbst dann, wenn sie älter gewesen wäre, einen solchen Schritt nie hätte erlauben dürfen. – Kommende Nacht, sagte Hagen, stehen am Hafen und in diesem Hof fünfzig zusätzliche Wachen. – Wachen sollten wir ausschicken stromab, sagte Gunther, gegen Ortwins Mörder.

Wie Nonnen tut Ihr, rief Gernot, wie Jungfräulein, die der Teufel heimsucht. Recht hat er, dieser wunderbare Königssohn, wie erfrorene Würmer krümmt Ihr Euch vor ihm, bruchplatt und kaputt seid Ihr, aber nun glaubt es doch wenigstens mir: Die Gefahr, seit dieser Gast hier ist, ist zerplatzt! – Da riß Hagen sich das grüne Tuch vom Leib und rief: Seit der uns mit Hohn überschüttet, ist die Gefahr ein Ungeheuer! Der Klotz, den Du mitgebracht hast, der ist aus Lokis Brut und Dreck und List! [In der germanischen Götterwelt ist Loki Odins (Wotans) wendigster Helfer, zuständig für List, Lüge, Erzählkunst.] Denkt an die Stadt, die erobert wurde durch ein Holzpferd, auch das hatte in seinem Bauch Bewaffnete. Mag sein, schon damals waren es fünfhundert.

Da ging Gernot zu Herrn Gere und ließ besorgen, daß diese Nacht die Wachen rings um die Pfalz auf den Mauern ausharren und Hof und Hafen beobachten mußten. Feuerchen sollten sie sich zünden und solange Wache halten, bis auch Herr Hagen einsehe, daß diese Nibelungen die denkbar besten Schutztruppen seien. Nur die Posten am Rhein, die gegen Mitternacht und Morgen, die habe Herr Gere auch danach noch zu kontrollieren, in doppelter Wachsamkeit, gegen Dänen und Hunnen und gegen die anderen, die fälischen Sachsen.

Unvergeßlich ist mir die Rede der alten Ute, die sie an einem der Vorabende in der Halle gehalten hatte. Als Hagen ihr wieder einmal über den Mund gefahren war und Ringwolf mahnende Reden führte vom unreinen Leib der Weiber, von den Gefahren gewisser Flüssigkeiten und Lebenstriebe, von denen sich der Geist kluger Männer fernzuhalten wisse. Als da Herr *Rumoridus Rusticulus* vom heiligen *Pachomios* in Alexandria erzählte [erster christl. Klostergründer, Verfasser koptischer Mönchsregeln (um 320)], dem die Christenheit das Klosterleben zu danken habe und der seine Mönche – wie Ringwolf bewundernd berichtete – gegen alle fleischlichen Versuchungen dadurch abhärtete, daß sie nur im Sitzen schlafen durften, angekleidet, den Leib mit einem leinenen Unterrock bedeckt und mit einer Kutte aus kratzigem Ziegenhaar und auch in der Nacht nie ohne einen harten Gürtel, der zwischen den Beinen alle feuchte Lust, wenn sie denn doch kommen wollte, wegpresse –

– da hatte die Mutter unterm Sandelholz hervorgebrabbelt, nun, sagte sie, geraten auch wir unter die Geist-Idiotie [Schazman: *idiocy of spirit*]. Da hatte sich Herr *Rumoridus* über die Maßen erregt und Auskunft verlangt. – Wie, so grollte er, rechtfertige sie diese lästerliche Rede gegen das Höchste, das es im Dasein gebe. – Die alte Blinde hatte ihren grumbeligen Mund nicht vom Ohr der Tochter fortgewendet, als habe sie unserem Bischof nichts zu antworten oder zu rechtfertigen, sondern allein Kriemhild erklärte sie: Geist-Idiotie macht tot bei Lebzeiten. Kalt und tot wie diesen Speckvetter. Macht uns zu Lebenshassern, scheucht Frauen und Kinder ins *obsequium* [»Gehorsam«], in die *pudicitia* [»Keuschheit«]. Und am Ende, damit das letzte Flüssigleben erfriert, ins *matrimonium* [»Ehe«].

Da wußte der Bischof im ersten Schrecken keine andere Entgegnung als das Gebet. Wider ihre Gewohnheit war Utes Rede gut verständlich gewesen, im wormsischen Hofdeutsch gesprochen und in Latein.

Oben legten wir die Rüstungen ab, lehnten Brünnen und Waffen gegen das bröckelnde Rot, gegen die Hallenwand. Schwerter und Schilde blie-

ben, so hatte Hagen verfügt, bei der Tafel, greifbar rings an den Wänden. Wir Wormser trugen nun den Überwurf von Ottern- oder Lammfell, der

Gast sein helles Leinenkleid, ohne Kragen, im schwarzen Gürtel, in dem nicht mal ein Dolch steckte. Überall auf seinem lichten Kittelstoff schimmerten Zeichen, zarte Figuren in den Farben des Regenbogens, manche wie Feuergirlanden. Umrisse von Tieren, von Kuhschädeln meinte ich zu erkennen, auch in dem glitzernden Band, das sein Haar zusammenhielt, sein schulterlanges Flammenwellenhaar.

An der Tafel wies ihm Dankwarth den Sessel neben Gunther. Der Fremde, von dem wir glaubten, so einer würde sich sofort setzen, wartete, bis der König saß, nahm erst dann Platz. Schien aber dabei nur Augen für Kriemhild zu haben. Die war mit ihren Freundinnen an einen der Nebentische gewiesen worden. Die Hallenfeuer brannten, von den roten Wänden sprangen Nachtlichter über den, von dem wir so märchenhafte Taten wußten. Er und der Schildknappe *Walthar* und einige andere Gefährten von den Schiffen waren ohne Waffen heraufgekommen, in den Saal hatte Dankwarth mehrere neue Tische stellen lassen, gleich auf dem ersten setzten Rumolts Küchenleute nun die Amphoren und silbernen Platten ab, damit der Truchseß Essen und Trinken verteilen lassen konnte, den Wildschweinbraten, gemästete Ente, Rebhuhn, Gans, mit Bückling, Lachs, Forelle, Karpfen –

– als die Holzfläche unterm duftenden Fleisch schier verschwunden war, als Gurken und Ackersalate, Gewürze und frisches Brot nicht fehlten, gab der Niederländer seinem *Walthari* einen Wink. Der und drei andere Knappen standen auf und hoben den schwer bepackten Tisch, stemmten ihn und wollten ihn aus der Halle tragen. Als Dankwarth Halt rief, erklärte der Xantener, diese duftende Last gehöre in den Hof hinab, dorthin, wo in den Mauernischen fast fünfhundert Ruderer um Winterfeuer lagerten und nichts weniger hätten als Hunger.

Sie bekommen alle, rief Dankwarth, wir haben vorgesorgt. – YERRA Mehlsuppe bekommen sie, Grütze von Saubohnen, als verdiente nicht, wer die schwerste Arbeit tat, das beste Essen. – Koch Rumolt kam und beschwichtigte, es sei genügend Gutes vorbereitet, sollten halt die Ruderknechte die Mastvögel schlemmen. – Da trugen *Walthar* und die Gesellen die Krüge und den dampfenden Tisch endgültig hinaus, unter den Augen der burgundischen Herrschaften, denen das Mundwasser lief. Schleppten das mit Rufen und Poltern die Treppen hinab in den kalten Hof. Von unten dröhnte Willkommen.

Der Niederländer ließ derweil keinen Blick von den Frauen und murmelte Laute, von denen Kilian mir später versicherte, daß es gälische Zauberklänge gewesen seien, Urlaute der Druiden, BA UMF war wieder darunter und QUIRUMPIL und KUSSAGAUMA, wovon Herr Gere erklärte, dies gehe nun entschieden ins Unanständige.

Rumolt hatte nicht zu viel versprochen, bald tafelten auch wir, aßen Kapaune, krustig gebraten, Fasanen und Schwanen, am Drehspieß geröstet, Forellen und anderen Fisch und dann kam, als Luxusgabe, extra für den Niederländer, eine große Platte mit dem Fleisch des Pfauen, geschmückt mit Schwanzfedern, zum feurigen Rad gesteckt rings um die riesige Schale. Der Xantener fragte mich, ob in Roms Wurms nicht ebenfalls die tückischen, die Mondmischungen beliebt seien, die von Schwindling und Röhrling. Um ihm Sicherheit zu geben, tat ich einige Stücke von seiner Platte auf die meine und kostete vor. Als ich nicht vom Stuhl sank, sagte er, dies sei der wahre Beruf der Schreiber, Vorkoster zu sein und Seher, und legte mir seinen Arm wieder auf die Schulter. Kein Quietschen war mehr zu hören, kein Schieben und Knacken. Nun aß der Gast tüchtig, trank mit Wonne vom jurassischen Wein, speiste ausführlich, nahm auch von den getrockneten Feigen aus *Mediolanum* [Mailand], vergaß jedoch bei fast keinem Bissen, zum Tisch der Frauen zu blicken.

Mag sein, die Wormser Herrschaften blieben besorgt, dieser große Mensch mit dem rotblonden Haupt, dieser »Herkules deutsch«, als Finsterling verschrien, der werde nicht bloß einen der Tische mit bestem Essen verschwinden lassen, der würde, hätte er nur erst genug getrunken und gegessen, das Adlerbild an der hinteren Hallenwand in ein Rindsbild verzaubern, der würde Steinsäulen knicken oder Mauern eindrücken und durch die Lücken dann nicht nur unsere letzten Pokale in den Rhein werfen, sondern auch den einen oder anderen Fürsten. Mir wurde klar, daß ich ihnen viel zu viel vom Feuerkünstler erzählt hatte und allzu wenig davon, daß er in seinen späteren Zeiten die Sitten in den römischen Villen erlernt hatte, ja, daß er dort zuletzt, wie sein Vorfahr *Arminius*, zu den *duces* [Anführern, Offizieren] gerechnet wurde, zunächst in Rom, dann im Kastell von Xanten, bis zum Aufstand gegen dessen Besatzung und gegen den eigenen Vater.

Da aß nun der Hexenfreund, der hürnerne, der »Mächtigste«, der »deutsche«, der »Leute«-Herkules. Saß so groß wie vergnügt neben mir, hockte so leicht wie schwer auf dem Sitz aus Eichenholz, der sonst Hagen vorbehalten war als Platz des Nächsten beim König, aß und trank gern und hielt sich überraschend anders, als man erwartet hatte, hielt sich ruhig und beinahe maßvoll und schien nun tatsächlich das zu sein, was ich von ihm behauptet hatte, ein Königssohn. [Die späteren, die klösterlich sanktionierten Überlieferungen haben bekanntlich eher diese anfängliche Erwartung bestätigt bzw. eigene Prophezeiungen erfüllt, wonach der Niederländer gleich beim ersten Auftritt ungehobelt daherkam. Von vermittelnden Angeboten, die nun über diese authentische Version überliefert werden, war in den bisherigen Quellen fast alles getilgt, z. B. in Hs. B: *Da zurnde harte sere der helt von Niderlant. Er sprach: Sich soll vermezzen niht wider mich din hant. ... Sie muozen rede vermiden, daz was Gernotes rat.* (Da zürnte der Held aus den Niederlanden heftig und erklärte: Paß nur auf, daß du dich gegen mich nicht übernimmst . . . Gernot riet, jetzt lieber nicht weiterzureden.)]

Der aus Nebelland, der hielt sich, wie Herr Gere das hätte nennen müssen, wenn ihn ein Lob gegen diesen Mann nicht eh überfordert hätte, zuchtvoll. Hagen dagegen witterte auch in dieser Mäßigung nur eine besondere Heimtücke. Ihn hörte ich auch jetzt von Loki murmeln und von Tarnung, vom Wolf, der Kreide fraß.

Mochte aber sein, die Mäßigung bewirkte jene zarte junge Frau, die den Niederländer auch ohne Mondmischungen zu berauschen schien, so sehr, daß auch seine eigenen Gebärden und Wörter zusehends zarter wurden und geschmeidiger, wie schon beim Anblick der Nornen und der schönen Nymphe BALDINAI, so stand er offenbar auch jetzt im Bann jener *materia inspirata* [vgl. S. 90]. Nun wischte er sich den Mund mit einem Tuch, zog das aus einer geheimen Tasche im schwarzen Gürtel, und fragte, Roten trinkend, den Geistlichen, der ihm gegenüber saß, ob es stimme, daß in Worms kürzlich ein Gelehrter hingerichtet worden sei, eigenhändig von ihm, dem Bischof, ein irischer Himmelskundiger, der den Gang der Gestirne kannte, der Sonne zumal, dessen Wissen aber in Rom nicht mit dem Tode bestraft, sondern mit hohen Ehren ausgezeichnet worden wäre. – In Rom, Herr Romwolf, sprach ich mit Gelehrten, die aus den alexandrinischen Schriften wußten, daß nicht *Geos*, sondern *Helios* die Mitte der Welt sei. Wer dort *de revolutionibus orbium coelestium* weiß [»von der Umkehr des Erdkreises und des Himmelsgewölbes«], der gerät, vorerst noch, nicht an den Galgen, sondern in den Rat der Weisen. – Sprach's und tüpfelte das zierliche Tuch wieder in den dunklen Gürtel.

Als ihm der Bischof so rasch nichts entgegnen konnte, fuhr der Gast fort, es sei nun genau hundert Jahre her, daß in Trier einer hingerichtet wurde, nur weil er Jeschus Lehre hatte frei lassen wollen, so wie Jeschu versprochen habe, er wolle alle Welt »frei machen« [Joh. 8,32], die Herren da oben wie die Leute da unten. – Ich dachte, fügte der Xantener hinzu, dieser arme und kluge Priscillian in Trier, dem man im Namen von Kaiser

Valentin [s. S. 399] den Kopf abschneiden ließ, sei Lehre genug gewesen, seither wäre diesseits der Alpen die Religion ein Apfel und die Dummheit eine faule Pflaume und schon die Kinder wüßten den Unterschied.

Blickte sich um, fragend. Der Bischof schien nicht gewappnet gegen diesen Gast, der nicht nur in Rom, sondern auch in den römischen Provinzen Bescheid zu wissen schien. – Ein lateinischer Offizier war das, sagte der Cherusker, der hatte in Trier faule Pfläumchen anbeten lassen, *Maximus* nannte sich der, den »Größten« also. Unter Folter mußte Priscillian gestehen, er, Priscillian, hätte Freiheiten gekostet und hätte das getrieben, was die Kapuzenmänner »Unzucht« nennen. Ich fürchte, den Kirchen-Herren ist jeder Blick auf die Welt *eo ipso* Unzucht und *revolutio* immer auch *perversa*, oder?

Man legte die Messer leiser als sonst, um nur ja keins seiner Wörter zu überhören. – Ihr schweigt? fragte er. In Rom wurde geschwiegen, wenn man sah, wie Römerfrauen mit Blondhaar gingen, das ihnen der Liebhaber vom unteren Rhein mitgebracht hatte. Auch hier wird geschwiegen, wenn man Unrecht hört oder sieht? – Da konnte Ringwolf nicht länger still bleiben.

Miramur [»Wir haben uns zu wundern«], sagte er und atmete schwer. Verwunderlich erscheint uns, daß statt eines Kraftklotzes, wie Hagen zu wissen vorgab, als Gast ein Kenntnisklotz kam, der sich obendrein, ganz offensichtlich, als ein *feminarum auriscalpius* hervortut. [»Ohrenkitzler der Frauen« hieß u. a. Papst *Damasus* (366–384) wegen dessen Reden, die, wie die Überlieferung behauptet, insbesondere die Frauen stimulierten.] Aber laßt Euch gesagt sein: Das Urteil gegen den unseligen Priscillian in Trier, das ist zu Recht gefällt worden. Es erging wegen *maleficium* [»schwarzer Magie«] und wegen Ketzerei und allerdings wegen Unzucht und wurde vom Papst *Siricius* [Papst von 384–399] eingehend nach den Akten geprüft und bestätigt als rechtmäßig. Was ich selbst zu Worms gegen den irischen Ketzer urteilte, das verhält sich im gleichen Sinne. Und wird Folgen haben für alle, die sich ähnliche Freiheiten herausnehmen.

Episcopatus venerandus [verehrungswürdiger Bischof], bedeutender Herr. – Der Xantener, bevor er seine Rede fortsetzte, wischte sich wieder den Mund, steckte das regenbogenbunte Tuch sorgfältig fort und sagte: Zu Wurms wird mir so wurmsam zumut. Freiheiten nehmen wir uns nicht heraus, sondern trinken sie schon aus der Mutterbrust. Als wär ich ein Dieb und raubte mir aus dieser Obstschale, die Dankwarth mir vorstellt, einen Apfel, wo mir doch alle freistehen. Höchstens UNfreiheiten nehme ich mir heraus, schmeiße zum Beispiel diesen faulen Schrumpel aus dem

Fenster, also gerade umgekehrt, wie Ihr es, hoher Herr, mit »Folgen« bedroht.

156 Nun sah er mich an, lächelnd, und meinte: Unter solchen »Folgen« erbleicht nun Roms Glanz auf einer fetten Glatze, nicht wahr, Herr *Gislahar*? Endete Roms Herrlichkeit nicht damit, daß der letzte Kaiser am Tiber nur noch Hühnchen züchtete? – Auch ich habe davon gehört. – Als *Odoaker* in die müde alte Cäsarenstadt gezogen kam [*O.* setzte 476 *Romulus Augustulus* ab], da betrieb Frau Kaiser hinterm Capitol einen furchigen Acker für Knoblauchstecken, Kohlrüben, Gurken und Rettiche. Und Papst *Simplicissimus* [*Simplicius* (vgl. S. 26 u. 29)], so versicherte mir jeder, den ich fragte, kam Herrn *Odoaker* ans nördliche Stadttor entgegen mit runden Süßteilchen, »Mohrenbrüstchen« nannte er die und hatte die selbst gebacken, mit Eidottern der kaiserlichen Hühnchen. In einem der Kuchen stak ein Ringlein, und wer beim Willkommensmahl das Ringlein fand in seinem Brüstchen, der durfte mit des Papstes jüngster Tochter dreimal um den Mond fliegen und zurück. Nun hält sich Herr Ringwolf die Hände vors Gesicht? Herr Hagen kneift die Augen? Hab ich zu viele faule Pflaumen in den Rhein geworfen?

Er lachte, wendete sich zur anderen Seite, zu Gunther, und sah, der hatte im Forellenfilet geprokelt und kaum gegessen. – Herr Künnek schweigt? Hat Sorgen? Ist das Pflänzchen Worms, bevor es sprießt, zernagt von Gram? – Da mußte der »Künnek« wohl antworten. Er tat es mit zögerlichen Blicken zum Waffenmeister. – Das Burgunderreich, sagte er, ist allerdings ein Sorgenreich. Hat keine Sorgen mit Äpfeln oder Hühnchen, sondern verlor eine große Schlacht, gegen die Hunnen, trotz römischer Hilfen.

Römische Hilfen? Das sind unter den Früchten die sauersten. Denn wo Römer gegen Habgier helfen sollen, sind sie die allerfaulsten. Jeden Morgen hatten wir am Tiber folgendes zu sprechen: *Tu regere imperio populos, Romane, memente, haec tibi erunt artes, barbarique imponere morem et debellare superbos* – Du, Römer, sei eingedenk, die Völker der Welt zu beherrschen, diese Künste sind Deine wichtigsten. Den Barbaren drück Deine gesittete Ordnung auf und alle, die dagegen sind, die schlag nieder. – »Hilfe« erwartet Ihr von solcher Besatzung? von solchem *principium, ad quod omnia referuntur* [»von solchem Grundgesetz«]?

Gunther blickte wieder dorthin, wo sein Berater saß. – Unser Stamm, antwortete er, ist nach der Niederlage geteilt. Die größere Hälfte zog nach Süden, in der Hoffnung allerdings auf römischen Schutz. Wir hier in Worms, das Ihr »Wurms« genannt habt, wir haben die Hoffnung auf Rom aufgegeben, haben uns zu wehren gegen Franken und Sachsen, auch gegen Alamannen und immer nochmal gegen Hunnen. Und die Aussicht, schon morgen vor Eure entfernten Verwandten zu geraten, die, wie Gernot berichtet, sich beim Main mit neuen Waffen rüsten, diese Aussicht verschlägt mir den Appetit. Da brauche ich nur an Ortwins Arm zu denken. Da hilft mir auch keine Süßspeise von Vanille aus Persien.

Der aus Nifelheim legte sanft seine Hand auf Gunthers Schulter: *Quantum possum, quantum in me situm est* [»soviel ich kann, was immer mir möglich ist«], es beißt sich KNÖRRIP die Zähne aus, wer Wurms zernagen will und seinen Vanillepudding, schon weil Vanille teurer ist als *argentum* [Silber].

Verwirrt schaute mein Bruder den Mann an, fürchtete, in dessen Latein steckten Pferdefüße, die er nicht entdecken könnte, blickte wieder fragend zu Hagen hinüber. Auch das bemerkte Sieglinds Sohn, nickte, blickte zum Frauentischchen und sagte: *Curas dominorum, o quantum fumat in illis inane.* [»Die Sorgen der Herren, o wieviel Irrsinn qualmt darin.«] Eure Sorgen könntet Ihr vergessen, vergäßt Ihr Herrn Hagens klägliche Schmiedekunst. Mit Blech und mürbem Leder und mit Holzgeflügel besteht Ihr gegen keins der Sachsenvölker. Wenn Ihr wollt, leg ich Euch übers Jahr zwölf Schiffe auf, mit Rollen darunter, Rennschiffe als Streitwagen und Streitwagen als Rennschiffe, so daß Ihr auf Booten über die Straßen fahrt und mit Wagen über die Flüsse. – Ein Blick zu Kriemhild hinüber, von dort wieder zurück zu Gunther, schon ging die Märchenreise weiter und noch phantastischer: Einen Wasserlauf laß ich graben, der Rhein und Donau zusammenbringt übern Main. [Der Kanal wurde unter Karl dem Großen begonnen, alsdann abermals unter Franz Josef Strauß.] Zu Schiff fahrt Ihr dann von Xanten oder Worms bis Regensburg und Passau bis hinein ins Hunnenland. Wenn Kelten mit Sachsen und mit Attilas Volk Nachbarn sind und nicht mehr Fremde, dann *Möfflak Mürspriem, virquürkilt* [bei Schazman unübersetzt *(magic spells)*] Künneke, dann, so sagt der klare Verstand, ist er verdampft, der Sorgendruck.

Auch andere schauten nun fragend auf den Waffenmeister. Und endlich sagte der, recht deutlich, obwohl Hagen beim Reden in seinen Becher blickte: Das, Ohrenkitzler, wäre zu gut bezahlt. – Vom »Bezahlen« redet der Graubart? – Vom ZU guten Bezahlen hab ich geredet. Für nur eine Mahlzeit bekommen wir einen Weltwunderkanal? Und rollende Schiffe? Das wäre reichlich Lohn für zwölf Geflügelhappen, drei Fische, vier Humpen Jurawein, fünf Feigen und anderthalb Käse.

Der Xantener wischte sich den Mund mit dem Tuch, das er im Gürtel trug und wieder dort einsteckte. Die Frauen sahen es mit Interesse, denn auch das Tuch schien geziert mit Kuhzeichen und mit Kälbchen und mit

Zeichen in Regenbogenfarben. Dann sagte der Gast: Daß Ihr's nicht verkennt, Herr Hagen, ich will mehr als vier Humpen Roten. Ich hoffe, niemand in diesem Saal fällt jetzt in Unkraft, wenn ich nun so offen bin wie Euer König, der von seinen Sorgen spricht. Wenn ich nämlich gestehe, was ich in Wahrheit will. – Er drehte sich von Hagen zurück zu Gunther. – Sorgenreicher Künneke, Deine Schwester, die MUSHA will der Plattlandschmied liebend gern, die will er zur Frau.

In der menschengefüllten Halle wanderte ein Kugelfeuer über die Köpfe. Eine Weile sagte da keiner was. Jedenfalls fiel kein Wort. Auch getuschelt wurde nicht mehr. Die Buchenscheite im Feuer hörte ich brechen. Kriemhilds Gesicht sah ich nicht, sie barg es hinter Utes grauem Haupt. – Der Niederländer schaute uns an, einen nach dem anderen, lächelnd, als genieße er in jedem Gesicht andere Verlegenheiten. Sein Lächeln verwandelte sich schließlich in vergnügtes Lachen, fast wie zuvor, als er uns im Pfalzhof hatte frieren sehen. – Nun lähmt Wurms KNÖRRIP ein Schreck? – Blickte und horchte rings in die Tischrunde, neugierig, ob jemand antworten würde. Es blieb still. – Schon durch *Colonias* Stapelhäuser, murmelte er, rieselte dieser Priesterniesel *Ons äs äm aulen Haering Flunders ville gesäit.* [Schazman nennt, was er wörtl. so im Keltischen fand, *not explainable, absolutely not,* vollkommen rätselhaft *(it puzzles me).*]

Wenn jetzt, so stotterte ich, wenn nun diesem Gast, einem Königssohn, so rasch niemand antwortet, so redete ich und erhob mich, dann werde ich es tun, obwohl es mir nicht zusteht. Denn froh bin ich über Herrn Siegfrieds Antrag. Auch wenn dieser Saal mit seinen Bögen und mit dem Adler als Wandbild und Bodenmosaik so tut, als sei er ein Saal in Rom, so hoffe ich doch nicht, daß unser Eifer, in Worms Roms Glanz neu erstehen zu lassen, auch Roms Schatten weckt. Wer in die Stadt am Tiber kam, der hieß *hospes*, also Gast, damit aber auch *hospes*, der Fremde, der Ausländer. Und so war er am Ende oft der *hostis*, der Feind, den man bekämpfte, verjagte, umbrachte. So, Freunde, Vettern, Brüder, so sollten wir Rom nicht imitieren.

So nicht? fragte Hagen. Wie also dann? Ehren wir also den Tischgast? Dank für Herrn Giselhers *etymologia*! *Parasitus* heißt Tischgast, aber auch Schmarotzer. [Vgl. erste Rede, S. 26.]

Ich schluckte und sagte: Ich jedenfalls bin froh über unsere Gäste. Und bin glücklich über Herrn Siegfrieds Angebot, Freund zu sein und nun gar Verwandter. Und will dem Gast erklären, warum wir hier erst einmal schweigen oder verwirrt sind. Mir scheint, uns lähmt tatsächlich Angst. Weniger deshalb, weil Ihr, berühmter cheruskischer Ritter, zwischen den lateinischen auch leutedeutsche Brocken redet oder keltisch-kattische Rätsel. Bei den Alamannen wie den Burgundern wie den Franken, überall dort, wo die Römer allzu lange herrschten, erzählen die *varnde diet* [Fahrensleute, Spielleute] die besten Geschichten nicht im Latein der Herren und Gelehrten, sondern in der Sprache der »Leute«, auf »deutsch« also [vgl. S. 12, 172, 223]. Doch wo immer es um Schlauheit geht und um Vorteile, beim *usus civitatis*, da wird auch zu Worms die Romsprache vorgezogen. [Vgl. Hagens erste abweisende Antworten, S. 142, 144.]

Im Schrecken, wann immer es um Kampf gehen soll, um *potestas*, um Macht also, dann schweigen wir oder stottern, weil auch am Rhein Roms Herren seit je zerteilten. Als Feldherren trennten sie Köpfe vom Rumpf, als Missionare trennen sie das Denken vom Leib. Wenn dann einer kommt wie Ihr und redet frei und deutsch, also leutselig, und nun gar vom »Freien« selbst, dann schmerzt uns unser frommes Zerschnittensein, dann fällt's uns schwer, Eurer freien Rede frei zu antworten. – Man schwieg. Also mußte ich weiterreden.

Die an unserm Hof die Ersten sind, Ringwolf und Hagen, diese Fürsten denken römisch, und ihr Schützling, der König, der versucht sich darin ebenso. Allein ich hatte das Glück, außer den *homines litterati* und den *clerici* und den *septem artes* auch nifelheimisches Erzählen kennenzulernen. [Giselher nennt hier die »literarisch Gebildeten«, die Kleriker, die nur übers Kirchenwissen (die »sieben Künste«) die Grundlagen der klassischen Bildung kannten im Gegensatz zu jenen *varnde diet*, den Fahrensleuten, den »deutsch« vortragenden Spielleuten, die von ehrlosen Gauklern kaum unterschieden wurden.] Und ich sehe ein, daß Historien, die gut sind, teutonisch [s. S. 172] oder *diutisk* vorgetragen werden müssen oder wenigstens in *Romanz*, im Leute-Latein, im *Franco-Gallico* [auf französisch], in der Sprache also, die, wie Euer Keltisch oder Nibelungisch, Bischofsohren erröten läßt und zuschwellen. Denn diese Sprachen kennen das feine scharfe Messer nicht, die Zertrennungen des Lebendigen.

Da hatte ich nun genügend lange geredet, daß sich Hagen oder Gunther inzwischen doch hätten fassen und auf eine ordentliche Antwort auf den Heirats-Antrag hätten besinnen können. Die blieben aber still. Darum fügte ich hinzu: Redet also auch Ihr, Herr Gast, getrost so, wie Euch die Wörter zuwachsen, auch die von jenseits des *limes*. [»Grenze«, hier die (z. Tl. befestigte) Grenze zwischen der alten römischen Besatzungszone und den noch nicht eroberten Stämmen im Osten und Norden Europas

(NifHELheim).] Was allerdings Euer Hochzeitsbegehren betrifft, so muß ich doch fragen, entschließt Ihr Euch überall so rasch?

160 Dank, Schreiber, antwortete der Niederländer und erhob sich nun ebenfalls, der Riese, der feuerköpfige, der kräftereiche. – Was Du von den Wörtern weißt und von der lateinischen Sezierkunst, das scheint mir gewitzt. So durchtrieben und gerieben scheint es mir, wie es mir blind vorkommt, was Du von meinen letzten zwei Stunden urteilst. Als ich Deine Schwester sah, vorhin im Hof, da wußte ich im selben Augenblick, was wahr ist in mir, wußte das so, wie die Etrusker es aus den Blitzen lesen, *fulmine ictus* [»vom Blitz getroffen«]. Diese, wußte ich, die ist es. Gütiger Gelehrter, goldiger Herr Giselher – so rief er, ich höre ihn noch immer so rufen, die vielen Gleichklänge zur Schlußsilbe meines Namens, fünfmal das »-er« am Ende – Ihr mögt mir viel erzählen, wie sehr Euch römische Bildung zertrennt. Auch ich, da ich drei Jahre unterm Bischof von Rom zu leben hatte und drei Monate auch in *Alexandria*, hätte Grund, zerschnitten umherzulaufen und zu klagen, hab aber keine Lust auf die Schubladen der *clerici* und Pfaffen. Und wenn *diutiske* Wörter und erst recht cheruskische in Wurms als unhöflich gelten, als pöbelhaft und gar noch immer als Unzucht, als messerscharf köpfenswert, nach Art des großen Herrn *Maximus*, so sage ich trotzdem –

– er brach ab, denn da war plötzlich Kriemhild am Nebentisch aufgestanden. Stand dort und hat folgendes gesprochen. – Ich weiß, sagte sie, unseren Herren mißfällt, wenn in diesem Saal *diutisk* geredet wird. Dem mißtrauen sie ebenso wie wenn von hier aus geredet wird, vom Tisch der Frauen. Aber da es um mich geht, soll nicht nur Giselher dem Gast antworten. Auch ich bin gerne unhöflich. Und sage hiermit, *turpis et dissolutus* [»schimpflich und sittenlos«]: Auch ich will diesen Mann. Will ihn »liebend gern«. – Sprach's. Und blieb stehen.

Wieder schlug da was in die Gesichter. Wie kalter Blitz. Zwischen den roten Wänden und Saalfeuern knackte Froststille. Schlucken hörte ich und Bechersetzen. Nur erst allmählich, aus den hinteren Reihen, machte sich Gezischel auf. Die »Leute« tuschelten. Die freuten sich. Aber unser Gneiskopf, der blieb wie versteinert.

Der Fremde blickte herum, als wollte er prüfen, ob irgend jemand in der Halle was einwenden würde, ging dann, offenbar unbesorgt, hinüber zum anderen, zum niederen Tisch, trat dort vor die junge Frau. Beide standen nun voreinander und schauten sich an – ich hörte Hagens Zähne knirschen, den König nach Luft schnappen – den Niederländer aber hörte nun jeder im Saal folgendes sprechen: *O matris pulchrae filia pulchrior!*

[»O einer schönen Mutter schönere Tochter!«] Unter Pfauenaugenbrauen – unter dunklen Federn funkelt das bernsteinbraun – hat Gernot mir verschwiegen – sind Augen so hineingezaubert, daß ich darin die Sterne fliegen sehe – die tanzen wie zu Lokis Sommerfesten über *Hammershus* [Burg im Westen Bornholms].

Als sich beide genügend lang betrachtet hatten, mit sichtlich wachsendem, mit zittrig lächelndem Vergnügen, als wüßten sie nicht, daß im Saal an die hundert Zuschauer saßen, als sich diese beiden nun immer schönere Geschichten wechselseitig aus Gesicht und Augen lasen, da setzte Utes Tochter plötzlich einen Fuß vor, hob sich auf die Zehenspitzen und küßte den großen Gast auf den Mund. Für einen winzigen Moment schien der zu wanken, ein bißchen. Und sagte: O Allmutterfeuer, so liebliche Schwester, die ist YERRA im Rheinland viel wert – ich spür's – Dich geben sie nicht her – auch wenn ich tausend *aurei* [Gold-Denare] bezahlte –

Nun half König Gunther nicht länger der Blick hinüber zu seinem Heermeister, jetzt mußte er schon selber eine Antwort finden, er faßte sich also, nun erhob auch er sich, tat seinen Sessel ein wenig zurück, ohne sich umzudrehen, der Stuhl blieb in einer Steinrille hängen, so daß ihm wenig, viel zu wenig Platz blieb zu freiem Stehen. – Wunderbarer Gast, sagte er, nahm noch einen Schluck, stand krumm und beengt, mein zu großer Bruder, und erklärte dann: Auch ich könnte mir keine bessere Freundschaft denken als die mit einem, von dem es heißt, er sei unbezwingbar, er habe das Gierigste besiegt, den Rheinbeherrscher. Wenn Ihr aber unsere Schwester freien wollt, dann müßten wir zuvor wohl wissen, ob Ihr denn wirklich frei seid und nicht, wie erzählt wurde, längst versprochen? Einer fernen Frau? einer Feuerreiterin auf Eisland?

Der Niederländer wendete sich von der Freundin ab und fragte: Wer bezahlte Dir diesen Erzähler? Von einem »Versprechen« versprach der sich? Womöglich hieß er Giselher? Oder hast Du, Gunther, ihm nur das falsche Ohr zugedreht? Es gibt keinen Bund. Auch nicht auf Island.

Nichts war im vollen Saal zu hören, nur das Feuerknistern. Der Mann nahm Platz – am Tisch der Frauen. Setzte sich mit Kriemhild an das Tischchen, saß zur Linken Utes, zu deren Rechten Kriemhild saß, hockte als Riese auf der niederen Bank. Da legte die blinde Alte ihre Hand auf den Rotkopf und sagte:

Thu biguolen Siglind
sunna era suister

thu biguolen Frija
mana era suister
thu biguolen Uuodan

[So wörtl. bei Schazman, auch im Schriftbild so und unübersetzt. – Da besprachen (segneten) Dich Sieglind / und ihre Schwester die Sonne / Da besprachen Dich *Freya* / und ihre Schwester der Mond / da besprach Dich auch Wotan.]

Ringwolfs Rundkopf duckte sich an das Ohr seines Nachbarn Hagen, was meint Ute, hörte ich ihn zischeln. Hagen knurrte zurück: *Eius causa vult omnia.* [»Sie wünscht ihm alles Gute.«] Da ließ der Bischof sich's von mir übersetzen. So bewegend Utes Ton auch im Raum stand, so vieldeutig der auch schien, so sehr, daß Gernot und Dankwarth ihn leise nachsprachen, damit sie ihn durchschauten und ja nicht vergäßen, mit Utes Segensworten gab es noch immer keinen burgundischen Bescheid auf die nebelländische *petitio matrimonii* [den »Vermählungs-Antrag«].

So mußte Gunther, der weiterhin vor seinem Königssitz stand und weiterhin ziemlich beengt, abermals reden. – Wenn das, sagte er, was unser Gast hier, vor allen, die es hören konnten, gesagt hat, wenn das zutrifft, wenn er also wirklich noch frei ist, dann will ich folgendes vorschlagen. – Er sah zu Hagen hinüber und zum Bischof, schob dann mit lautem Geräusch seinen schweren Sessel doch noch ein bißchen zurück, zunächst wieder nur mit den Beinen, erst mit dem einen, dann, weil das Eichenholz wieder festhakte, auch mit dem anderen Fuß und schließlich mit den Händen, und konnte endlich verkünden: Wir haben in diesem römischen Saal von Giselher Erstaunliches gehört. Wunderbares erzählte er von der Tochter der Wassergöttin Ran, von der Feuerreiterin Brünhild, hat berichtet, daß gegen jeden, der um sie werben will, ein Schutzwall errichtet wurde, eine Mauer aus Flammen. Es heißt, höhere Mächte umhüllen sie. Vielleicht Sternenkräfte, vielleicht noch immer die alte Göttergewalt. *Alius aliud dicit* wurde hinzugefügt, jeder wisse da was anderes. Jedenfalls verfügt diese Frau wohl wirklich über ungewöhnliche Kräfte. Und da unser Gast so freimütig seine Wünsche bekannt hat, so gestehe auch ich, daß ich einen Wunsch hege. Seit ich weiß, daß diese gut Behütete auf der Insel der Riesen gezeugt wurde, auf *Burgundarholm*, woher auch wir Burgunder stammen, weswegen in uns die Sehnsucht ist nach dem Riesenblut – Gunther zögerte, ließ eine lange Pause, als hätte er Scheu vor dem, was er nun aussprechen wollte – seit, sagte er endlich, seit ich das weiß, bin ich entschlossen, um eben diese Frau, die aus dem gleichen Ursprung ist wie wir, nach allen Regeln einer königlichen Brautfahrt zu werben.

Zwar war ich einigermaßen vorbereitet, da ich in der Nacht zuvor sein Gespräch mit Hagen gehört hatte, doch daß der Bruder von seinen

Träumen so bald und so deutlich öffentlich reden würde, überraschte mich. Auch Gunther selber schien kaum zu fassen, was er geäußert hatte, rückte sich Gundomars schweren Sessel wieder zurecht, scharrte abermals umständlich damit herum und setzte sich endlich. Stand aber gleich wieder auf und erklärte: Ich schlage also folgendes vor. Wenn der Gast aus Xanten uns hilft, die Feinde zu vernichten, die aus fast allen Richtungen wormswärts unterwegs sind, vor allem die Sachsen, die sich jetzt beim Main sammeln – und wenn er mir alsdann beisteht, die Isländerin zu gewinnen – indem er mit seinen Rüstungskünsten, die als unübertrefflich gelten, den isländischen Flammenvorhang zum Erlöschen bringt, wie er das schon einmal oder zweimal fertiggebracht haben muß – dann, ja dann wäre ich, im Namen Gundomars, glücklich, wenn wir solch einen Mächtigen aus Nifelheim nicht nur zum Verbündeten gewännen. Sondern auch zu unserem Schwager.

Da stand der Niederländer auf, ging vom Frauentisch hinüber zum König, nahm ihn in die Arme, küßte ihn auf den Mund, murmelte *Thu biguolen cuoniouuidi* [»Dich stärke die Baumkraft« (vgl. S. 40)] und küßte ihn nochmal. Bleich und sehr verwirrt schien mir mein Bruder.

Dann ging der Ruhrschmied zurück zu Kriemhild, hat sie an die Hand genommen und zum Tisch der Herren geführt. Küßte dort und umarmte auch sie, sie allerdings länger und heftiger und um vieles inniger, und sagte dann endlich: Auch wenn nun der Schiefäugige, Euer Karfunkelvetter, schweigt und ebenso Griesgram Hagen – von nun an kann von »Versprechen« geredet werden. Zum Beispiel einen weißen Falken, den verspreche ich Dir.

Einen Falken? – Jetzt schien auch Kriemhild verwirrt und überrascht, mußte glauben, er wüßte von ihrem Falkentraum. – Ja, einen Winter-Falken schenke ich Dir, morgen, spätestens übermorgen, einen schneeweißen, einen GerFalken, schon deswegen, weil wir alle hier für den Herren am Tiber die GerMannen sind [vgl. S. 74 f., 79, 314 f., 447]. – Und wollte seine Freundin auf den Sessel neben dem König bitten, aber Kriemhild ging zurück zum Nebentisch und holte von dort auch Ute, die Blinde führte sie zum großen Stuhl neben dem König. Auf dem hatte Ute seit Gundomars Tod nicht mehr gesessen.

Ich rückte zur Seite, gab dem Gast Platz neben Kriemhild. Und Kriemhild, bevor sie sich setzte, sagte, so deutlich, daß es auch die an den Hintertischen hörten: Wenn Herr *Rusticulus* und Herr Hagen schweigen, muß uns das nicht bekümmern. Solang diese Herren, die ihre Lektionen ebenfalls am Tiber lernten, entsetzt sind, bedeutet das, wir sind auf gutem Weg, lieber Freund Schmied, freundlicher GerFalkenfänger. – Mit Ute und dem Niederländer saß sie nun zwischen Gunther und mir, und ich hörte, wie der Nibelunge sich bei Kriemhild leise bedankte und sagte: Danke, Sternenäugige. Was Du von diesen beiden Herren sagst, erinnert mich an das, was meine Mutter mich als Kind auswendig lernen ließ: Der ist in Rom ein Herr, der voll von Schuld und Blut, in Reinheit und in Ehr bewahrt den hohen Mut. [Auch im Englischen mit Endreim, nach Schazmans Anmerkungen im Versbau der Kilianschronik (vgl. S. 53, 122).]

Ringwolf hatte seine Augen kleingemacht, er, der doch für »Schuld« zuständig war und für »Reinheit«. – Über den meisten Wormser Gesichtern lag noch immer gelinder Schrecken, eine Spannung, als beobachtete man ein besonderes Turnier, als sähe man, wie der Rhein schon jetzt die Frühlingsfluten schickte und unseren Pfalzhügel wegschwemmen wollte. Denn da war nun allerhand Sitte umgestülpt. Welche Tollheiten hatten wir auch vom eigenen König zu hören bekommen. Kein Wunder, daß die Frauen nicht am Frauentisch blieben, wenn selbst Gunther eine »Sehnsucht« trieb nach Nebelland, nach Mitternacht, nach »Riesenblut«, zum Barbaren-Horror hin, ins eisig Schwarze hinab. Das war geradewegs so, als habe er gewünscht, über den Todesfluß zu wollen, zum Weltenrand hinab oder geradewegs in die Hölle. Weh, hätten wir gewußt, was am Ende seiner Sehnsüchte wartete, wieviel Grauen, wieviel Tod.

In den hinteren Reihen, wo weniger Fackeln leuchteten, erhob sich Getuschel vom Eisland und von Island und vom Isenstein, und die niederländischen Gäste verwandelten den Namen Brünhild in Brünne und Brust und Brunst und Feuersbrunst, und die Wormser, die das hörten, die tranken mehr als bisher, wie um die wilden Bilder, die jetzt auftauchen wollten, zu verjagen, die schluckten um so heftiger den jurassischen, den Wein aus jenem umfriedeten Land, in das sich die Hälfte unseres Stammes geflüchtet hatte. Nebel oder Rausch schien sich um die regierenden wie um die untertänigen Köpfe zu legen. Und Gernot und ich, aber auch Oheim Gottlieb und vor allem der sittenstrenge Herr Gere, der Markgraf von Speyer und Verehrer Kriemhilds, wir erwarteten nun endlich ein klares, ein kluges, ein politisches Wort. [Schazman läßt *de rebus publicis* unübersetzt.] Vom Bischof oder von Hagen selbst.

Doch hockten die Vettern fest auf ihren Eichensesseln, als müßten sie beobachten, wie Dankwarth wieder Süßspeisen verteilte, Kuchen und Gebäck, als sei nun nicht überfällig, daß Hagen sein *placet* auftischte oder sein *veto.* Aus der Unruhe unter Gernots Kurzhaar, aus seinen zukkenden Augenbrauen und Mundwinkeln las ich, daß er im nächsten Augenblick laut herausgerufen hätte, nun Hagen, gib Bescheid, hätte sich jetzt nicht eine andere Stimme gemeldet. – Nun, Hagen, sprach Ute, nun nimm sieben Kübel Feuer und sieben Kübel Wasser und rühr und bewahr sie Dir, die hohle Horrorseele.

Da antwortete der endlich. – Das Chaos und das Rühren, knurrte Hagen, und obwohl er nur knurrte, hörten's auch die gut, die in den Winkeln an den Gesindetischen ihre Tuscheleien sofort beendet hatten, das Rühren, sagte der Heermeister, und das allgemeine Umarmen, das geht mir hier zu rasch. Bei allem, was wir zuvor von Giselher über unseren Gast hörten, blieb immer die Frage offen, ob unser Schreiber uns *fabulas fictas* erzählte oder wahre Chronik, *historias demonstrandas* [ausgedachte Märchen oder Geschichten, die man beweisen kann]. Nun, da der Schmied selber hier ist und gar unser Schwager sein will, und nun, da unser König mit der Hilfe dieses Gastes, womöglich mit schwarzer Kraft aus NifHELheim [im Keltischen erscheint lt. Schazman der Wort-Teil HEL in Großbuchstaben, *Hel* meint sowohl Hölle als auch Verborgenes, wie in HELINGA (S. 60, 81, 95, 265)], eine Königin gewinnen möchte, meine ich doch, jetzt heißt es: *Habeamus quaestionem* [»verhören wir ihn«]. Zwar kein peinliches Verhör, *non capitalis poena tormentis quaereamus* [»verhören wir ihn nicht peinlich auf Kapitalverbrechen« (bekanntl. entwickelte sich aus »peinlichem Verhör« die Folter der Hexenprozesse)], wie es die Kirche liebt, aber wir sollten ihn wohl einiges fragen. Nach Beweisen und Belegen und nach den Gründen für seine Taten.

Obwohl Hagen zu wissen schien, was er im einzelnen fragen würde, zog er sich erst mal seinen Becher näher, trank und sprach erst nach drei langen Schlucken weiter. – Dieser Schmiedegesell, sagte er, nennt unsere Pfalz »Wurms«. Das scheint mir so betrüblich wie der Umstand, daß der Lindwurm nicht, wie es sonst Wurms Art war, den Fürwitzling verschluckte. – Er machte eine Pause. Man hätte eine Maus rascheln gehört, auch unter der hintersten Bank, hätte sich eine zu rascheln getraut.

Der Xantener gab seinem Kumpan einen Wink, seinem Schildknappen Walthari. Der kam vom Gesindetisch zur Königstafel, beugte sich zum Ruhrschmied, der flüsterte mit ihm, *Walthar* nickte, ging aus dem Saal, lief draußen offenbar die Treppen hinab. Um die Waffen zu holen? BALMUNK?

Was immer unser Gast nun im Schilde führt, wenn er mit seinem Knappen flüstert, eins scheint mir klar: Die Sachsen zu schlagen, Kanäle zur Donau zu bauen und räderne Schiffe und bessere Rüstungsschmieden in Worms und Beistand zu leisten gegen alle Unbillen und am Ende gegen die mächtige Brünhild – das alles wäre, denke ich, zu viel Dienst für ein warmes Gastmahl und für eine kalte Herberge. Aber das wäre, erkenne ich, wenn ich weiterdenke, immer noch zu wenig Arbeit für eine Königstochter. Bleib nur ruhig sitzen, Siegfried Schmied, halte Dich gut fest an unserer Tafelplatte. Besser wäre nämlich, ein Goldfuchs wie Du könnte uns erklären, ob er eine Menschenmutter hatte. – Solche *iniurias* [»Beleidigungen«] ließ Hagen heraus und schaute nicht, ob ihn ein Schwertstrahl träfe oder ein Humpen ins Gesicht, sondern blickte in seinen Krug und trank neue Schlucke. Die Stille nutzte der Bischof und setzte fort: Und ob, was er in seiner Bärenhöhle sammelte, erschwindelt wurde mit hexischen Betäubungssuppen oder ob es gestohlen wurde bei meinen rheinischen Brüdern. – Hagen tat seinen Blick wieder aus dem Topf und sagte: Stimmt es, daß, wie man hören konnte, Plattschrat Schmiedfritz von einer Bärin aufgezogen wurde? von einer fuchsroten?

Auf sprang da der Niederländer, so heftig, daß sein Sessel hinter ihm auf den Steinboden schlug, stieß seinen Becher auf den Tisch, daß die Emaille-Ringe zersprangen und Rot und Gold und Wein über die Tafel rollten. Dann aber blieb er stehen, schwer atmend, wie im Beben stand er da, der Königssohn, blickte mit engen Augen auf das Zerstörte und Verschüttete, von dort auf seine schöne Nachbarin. *For unskült* [»Verzeihung«], hörte ich ihn flüstern. Sah, wie seine Hand auf ihrer zarten Schulter lag, und sah auch, wie diese Hand zitterte. Und hörten dann alle, wie der Mann sagte: *Accipiter non captat muscas.* [»Der Falke fängt keine Fliegen.«] Dem Himmelsvieh hier neben mir, dem verdankt Ihr's, Künneke, daß jetzt vom Hagenklotz die Späne nicht fliegen. Ist nur gut, daß er mir solche Fragen stellt. Das macht klar, in wessen Kopf hier Nebel wallen. Dünkelnebel lähmen Hagens Hirn. Großer kluger Rom-Vasall und *praefectus* [»Offizier«], nie hätte ich gedacht, daß Dummquack und Lulleliedchen so erbärmliche Gewalt hätten über einen Klugmann wie Euch, Weihwaber, den katholische Angstbäuche und Kullersäcke ausstinken.

Auf Dankwarths Wink hatte ihm ein Page den Stuhl zurückgestellt. Kahlgeschorene wischten vor ihm den Tisch. Er setzte sich. Der Truchseß stellte ihm einen anderen Becher vor, einen hölzernen, und schenkte ihm ein. – Meine Mutter heißt Sieglind, sagte er. Kommt von den Externsteinen. Ist cheruskisch-königliche Priesterin. An Tagen, die so kalt sind wie der heutige, trägt sie auch wohl Bärenfell. Im übrigen war ich im Eismeer und in *Alexandria* und in Rom. Und wenn Ihr wissen wollt, ob ich Kelte bin oder Cherusker oder Römer, so antworte ich solchen Kleinkrämern: *Terrae filius sum, qui totius mundi incolam ac civem se arbitratur utique*

non homo captus et stupens, qui numquam trans muros suos prospicit. [»Ein Erdensohn bin ich, der die ganze Welt nach eigenem freien Ermessen bewohnt, jedenfalls kein solcher Schwachkopf, der nie über seine Mauern hinüberschaut« (vgl. Giselhers Definition wonach »Hexe« dasselbe sei wie »Grenzüberfliegerin«, S. 78).] Ist das genug Auskunft? Lüftet das Euren Kopf von der *mal aria*, vom *febri Tiberis*? [Von »schlechter Luft«, vom »Tiber-Fieber«.]

Da, nach einer Pause, meldete sich Ringwolf und fragte: Aber bei jener Rauferei in *Colonia*, nach welcher von Euerm Kopf die gestohlene Bischofskappe flog, hattet Ihr da nicht die Kirche gelästert? worum denn ging es beim Streit in der heiligen Stadt?

»Heilig«? »Heilige Stadt«? Der Xantener, der in seinem kurzen Leben so oft das *solo suo arbitratu vivere* [»allein nach seiner freien Selbstbestimmung zu leben«] bewies, der lachte. – Köln soll heilig sein? In Köln sind stapelweise die Häuser voll römischer Gewalt. Und die vollsten, im Zentrum, die stoppelvoll gehorteten, die nennt man allerdings *sancti*, die heiligen, das sind die Christenhäuser. Vor jener Rauferei am Stapelhaus kamen drei Koloniale und riefen »Riesenrübe« und »Nebeltrottel«, auch schon »Schrat«, wie jetzt noch Hagen, und alles das, was so umgeht als Schnapparliererei in Köln. Leider auch bei Herren, die denken könnten. Die drei quakten: Im Duitsland, hinter Deutschburg [Duisburg], da wär wohl aller Witz so kurz, daß er nur vom linken bis zum rechten Nasenloch reichte. Und prattelten alles, was nebelt, ob nun vor der Stapelherberge oder in des Bischofs Schachfigur namens Hagen oder im Herrn *Tacitus* [Autor der *Germania* – ca. 55 bis 120 nach Christus (vgl. S. 141 f.)], der, wie Ihr wohl wißt, alles gesammelt hat, was man in Rom noch heute über Nifelheim und sogenannte GerMannen zu wissen vorgibt. Seit ich diesen *Tacitus* zu lesen kriegte und sah, daß bei den alten wie neuen Herren und ihrer *propaganda fidei* [»Verbreitung des Glaubens«] jeder, der Rom nicht folgt, Teufelsgeschmeiß ist, *tiuvelwinnic* [teufelsbesessen], so daß sie zwischen *tiuval* und *tiuf* und *thiut* [zwischen Teufel und tief und (niederen) Leuten] keine Unterschiede mehr machen, seitdem nenn ich mich selber so, wie sie uns beschimpfen, seitdem nenn ich mich »aus Nebelland«. Also »Nibelunge« [vgl. S. 45 u. 265].

Grenzen ehre ich wie faule Pfläumchen oder heilige Häuser. Denn alles Fremde, so lernte ich, ist *condicio optima* [»die beste Möglichkeit«], Neues zu begreifen. – Er schaute sich um, schien zu fragen, ob jemand weitere Auskünfte wünschte. Wartete eine Weile. In dies Schweigen hinein traten plötzlich lederne Gestalten. Im Eingang der Pfalzhalle erschienen Arbeitsmänner, ein Dutzend Kerle, zwölf Schiffs- und Kriegsmänner, gekleidet in braune Lederschürzen, und trugen jeder ein schweres Gewicht vor diesem Leder, schleppten dunkelbronzene Kessel in den Saal, Kessel voll schimmernder Anthraxsteine.

Der Xantener winkte sie zu sich, griff sich aus dem vordersten Gefäß einen der Brocken und hob ihn gegen das Pechfackellicht, drehte ihn, daß das Schwarze im Flammenschimmer funkelte. – Kraftklumpen, sagte er. Gab Kriemhild und mir und Gunther je ein Stück in die Hand und warf einige ins Kaminfeuer. Aus dem Kohlenstaub sprühten Flammen, violettgelbe Feuerchen leckten im Nu um die Steine herum, schlängelten, züngelten und begannen zu lodern. [Franz Kafka anläßlich seiner Lektüre der Tagebücher der Madame de Staël (5. Heft) im März 1912: »Der für Franzosen scheinbare Witz der Deutschen scheint oft nur deren Unkunde des Deutschen. *Was lockst du meine Brut hinauf in Todesglut* – de Staël übersetzte *air brûlant*. Goethe sagte, er hätte (in seiner Ballade »Der Fischer«) die Kohlenglut gemeint. Das fände sie äußerst geschmacklos und *maussade*. Das Gefühl des Schicklichen fehle den deutschen Dichtern.« – Madame de Staël verstand also *air brûlant* als etwas »Geistiges« (wörtl. »heiße Luft«), als *esprit*, wo Goethe AUCH Kohlen sah. Und Kafka registriert das.]

Die in den Lederschürzen stellten die Bronzekessel neben den Kamin und bekamen von Dankwarth zu trinken. – Dies also, hörten wir den Bischof, ist *thesaurus praeclarus?* [»der berühmte Schatz?«] der Hort? – Freilich wußte *Ringwulfilas*, daß dies der Hort nicht war, doch solche Fragen gehörten zu seiner Verhörkunst, und schon bekam er die Antwort, die er verdiente. Der Schmied ging wieder zu seinem Platz, stellte sich hinter seinen Sessel und sagte: *Auri miser fames! Quid non cogis privatim crassos nanos.* [»Erbärmlicher Hunger nach Gold (Geld), wohin treibst du nicht auf räuberische Weise just die dicken Zwerge.« (Zu *»privatim«* s. S. 419 f.)]

Könnte sein, sagte Gunther, diese dunklen »Klumpen« sind tatsächlich die Drachensaat. Haben Lindwürmer nicht schwarze Zähne? – Der große Ovid überliefert, sagte ich, daß einst ein riesiger Ritter einen Drachen erschlug. [Bei Schazman immer *slay* (nicht etwa *kill*). Auch an den Anfang seiner Mythologie stellt Giselher das »Erschlagen« (S. 13).] Dessen Zähne säte der Ritter aus und übers Jahr wuchsen daraus Krieger. – Und diese Krieger, sagte Hagen, als sie sich stark genug fühlten, standen auf und erschlugen sich gegenseitig.

Nicht alle töteten sich, korrigierte ich. Zwei von ihnen blieben übrig und gründeten Rom [*Romulus* und *Remus*] und bereiteten das vor, was unser Gast *mal aria capitis* genannt hat [*»Nebel in den Köpfen«*]

Inzwischen sprangen im Kamin neue Feuer, zuckten aus den dunklen Steinen die hellsten Flammen. – Mag also sein, schloß Ringwolf, daß selbst aus Drachentrachten ein Rom wachsen kann. – »Drachentrachten«, lachte der *NidGir*-Töter, der immer noch vor seinem Stuhl stand. – Das *tractare*, das Trachten und Scharfblicken und Eifern und Gieren, das allerdings ist es, was in Rom zu lernen ist *ex fundamentis* [»gründlich«]. Wahrlich hart wie Trachyt [s. S. 96], das Drachentrachten.

Da fragte Hagen den Gast: Stimmt es, daß der Schwarzzahndrache Dich gleich zu Beginn dessen, was als Kampf überliefert wird, einzuatmen versuchte, dann aber lieber ausspie? in den Ruhrfluß? – Der Waffenmeister hat das wörtlich so gesagt und wußte danach abermals, mit Ruhe, nach seinem Krug zu greifen. Und redete nach zwei Schlucken mit gleicher Sicherheit weiter: Natürlich mochte der Scharfblickende, der genaue Beobachter, einen *proletarius* nicht in seinem Schlund behalten. Ihm wurde übel. Vom Morchelgeruch, vom Steinkohlengestank. *Nam proles olet.* [»Denn die Brut stinkt.«] Der Lindwurm, so hörte ich, drohte an so eklem Brodem beinahe zu ersticken, doch mit Hängen und Würgen erbrach er sich. *Ergo* Dich.

Der Niederländer ging, noch während die letzten Worte zu hören waren, langsam hinter den Stühlen her, am neuen Kaminfeuer vorüber, bis er hinter Hagen stand. Der Waffenmeister blickte sich nicht um. Im Feuer prasselte es heftiger. Kein Husten war in der Halle, kein Atmen zu hören.

Hagen, Krummknorz, danke es nicht meiner römischen Disziplin, die einer wie ich nur notdürftig lernte, dank es abermals der jungen Frau, die auch Du am liebsten einsperren oder verkaufen würdest. Du Rom-Knecht, dank es ihr, daß Du nun keine *dolores capitis* [»Kopfschmerzen«] erdulden mußt. Beschwören aber kann ich nicht, daß Kriemhild oder der Romdrill mich JEDESmal daran hindern werden, *hoc capitulum capere* [»dies Köpfchen zu packen«].

Da hörten wir wieder die Stimme aus dem blinden Gesicht. – Hagen, sagte die Alte, Deine Unverschämtheit paßt schlecht zum Eid, den Du geschworen hast. – Wird sich weisen, antwortete der, wie gut das paßt. – Da sprach Gernot: Auch ich finde, unser Gast, der mein Freund ist und der uns helfen will gegen unsere Feinde, auch gegen die Sachsen, obwohl er mit ihnen eher verwandt ist als mit uns, der verdient *non hostilia sed hospitalitas* [»nicht Feindseligkeit, sondern Gastfreundschaft«]. Freilich hat er eine andere Art zu reden. Und die sollte auch Hagen respektieren.

Da rief der Bischof: Und Hagen hat seine Hagen-Art. Eine, die ihn bislang all unsere Gäste gut zu unterscheiden lehrte. – Da mischte ich mich ein und rief, ich verstehe nicht, warum sie sich reiben müssen, Hagen-Art und Hecken-Art. Beide sind nicht nur in den Wörtern eng verwandt. – Da lachte der aus Xanten, ging wieder zurück zu seinem Platz, und als er an meinem Sitz vorüberkam, spürte ich seine Hand freundlich über meine Schulter gleiten. Hat sich wieder neben die junge Frau gesetzt, lachte irgendwas über die »Hexen-Art«, und sie haben sich geküßt, prustend und immer vergnügter.

Als beide mit dieser Gesprächs-Art nicht aufhören wollten, war es Gunther, der unruhig wurde, der junge König rutschte herum, räusperte sich und fragte schließlich: Sohn der Sieglind – willst Du uns also – uns hier zu Worms – als Entgelt für Kriemhild – etwa auch die wahre, die eigentliche »Drachensaat« überlassen?

Da beendete der Niederländer seine Aussprache, fuhr herum mit *Pottvirdicki*! [So wörtl. bei Schazman, nach Informationen aus Amsterdam noch heute niederländ. Fluch.] Rief laut *Warmatia vendenda!* [»Worms ist zu verkaufen!«] Statt Raufgier Kaufgier? Wurms als Stapel- und Krämerwinkel, wie Köln und Mainz und Rom – selbst der edelsinnige Herr Gunther, der verhökert, wenn's ihm seine Vettern nahelegen, die eigene Schwester? Ach je, Du Trachter, Du backenloses Loch, auch ich bin dickvoll von Schmier und nur ein Traktat-Sack aus Dreck und Kack wie alle, aber –

Er stand auf, als sei's ihm zu eng geworden im Sessel, setzte sich dann aber wieder und betrachtete meinen ältesten Bruder, der doch nur schnell noch den Preis für Kriemhild hatte verbessern wollen. – Roms Wurms WunderBurgunderGunther, so seufzte der Königssohn, sog hastig Roten aus dem neuen, dem hölzernen Krug, setzte den dann ebenso rasch wieder ab. – Dann greift sie Euch doch, dann freßt sie doch, schluckt sie, die Zähne Roms, den *NidGir*-Hort, dann steckt ihn Euch getrost in Eure Hohlräume, in die *capites* wie in die *posteriores* [»in die Köpfe wie in die Hinterteile«], alle zwölf Schiffsladungen, ja, nehmt Euch die Drachenfracht, nicht nur das Anthrazit, nehmt alles Trachytkrempelgerümpel und scheißt es in Eure Muttermilch, dann bin ich's los, ich Wicht im Glück. [Hinweis auf das Alter eines der beliebtesten Kindermärchen. *Wicht* (bei Schazman *wight*) = altsächs. »Kobold, Dämon«, ist verwandt mit »nicht«, »Nichts« (Überwirkliches scheut man beim Namen zu nennen).]

Siegfried, kaum war er in Worms und hatte Kriemhild gesehen, hat den Hort verschenkt. Und es schien uns so, als hätte auch er ihn zuletzt verflucht.

Nach so aufregenden Angelegenheiten brauche ich eine Pause, nicht nur, weil die Mühe des Schreibens mir abwechselnd heißen und kalten Schweiß auf den Körper treibt und mich zittern läßt, als sollte ich im nächsten Moment umfallen, sondern auch, weil wieder nur noch eine einzige Pergamenthaut übrig ist in meinem Lorscher Loch. Neue Schreibhäute benötige ich, Pergamente, aber auch neue Dornentinte und ein Kuhhorn für die Initialen [Anfangsbuchstaben] und die *Rubrica* [das »rot Hervorgehobene« (Rubrizierte)]. Die rote Tinte aus dem Zinnobermehl ist mir ausgelaufen, als mich jetzt, bei der Schilderung des ersten Wörterkampfes zwischen Hagen und dem Gast, der Drehschwindel packte, vom Stuhl warf und ich im Fallen das kleinere der beiden Kuhhörner vom Pult wischte. *Heu me miserum!* [»Weh, ich Armer!«]

Morbus sacer [»heilige Krankheit«] nennt Kilian meine Erschöpfungen und will mir Mut machen mit solchen Umschreibungen. So derb, fremd oder komisch manchem diese Chronik erscheinen mag, darin geht's um unser Leben und um unseren Tod, und zwar nicht bloß um meinen. Mein Leben ist sowieso verwirkt durch das Gerichts-Urteil, nein, in Gefahr ist, denke ich und so meint es auch Kilian, unser teutonisch-diutiskes Dasein. [Teutonen = einer der germanischen (oder keltischen) Stämme, die *Caesar* zu unterwerfen versuchte. Daß es sich um ein keltisches Volk gehandelt hat, folgt aus der Erkenntnis, daß der Name »Teutonen« vom keltischen Wort für »Volk« kommt, von *tuath*, das, wie mehrfach vermerkt, dann auch in den germanischen Versionen »Volk« und »Leute« heißt (und für den Nationalnamen »deutsch« sorgte, s. S. 12, 159, 223).] Unsere Lebenslust soll weggewischt werden wie mein Kuhhörnchen, verworfen und zerbrochen. Das Verhängnis ist, daß der Mord, den ich zu schildern habe, am Ende uns alle trifft.

Ich will, *lector beatissime*, auf dieser letzten Haut zu erklären versuchen, warum ich meine, daß dieser Mord uns alle trifft. Als ich in Rom meine Ausbildung vervollkommnen wollte, begegnete auch ich dort jener berühmten Schrift des großen Historikers *Tacitus*, in welcher in der Tat viel Haarsträubendes über unsere Stämme festgehalten wird, so arg, daß davon bis auf den heutigen Tag römische Feldherren, Präfekten und nun auch die Kirchenherren bequem ihre Verachtung gegen die Völker nördlich der Alpen ableiten können. Ich erfuhr aber auch, nachdem ich mit den dortigen Schreibern Freundschaften geschlossen, wie die *Germania* des *Tacitus* in Wahrheit zustande kam, diese unseligen Bücher, gegen die mein letzter Versuch hier, im Lorscher Kloster, nunmehr ein Gegenbild zeichnen wird, wenn meine Kräfte mich nicht ganz und gar verlassen.

Ein Kleriker in Rom, ebenfalls einer aus dem Norden, ein *Landolt Manessus* aus *Turigunum* [Zürich], der sich durch jahrzehntelange Dienste ins Vertrauen der Sankt-Peter-Bischöfe hinaufgearbeitet hatte, der verriet mir, was er in seiner Jugend, als er nach Rom gekommen, gehört hat bei einigen liederlichen, aber ehrlichen Leuten.

Der berühmte Schriftsteller der *Germania*, so wußte *Landolt*, hätte seine Vorliebe für hellhäutige Knaben nie ganz unterdrücken können. Wann immer ein neuer Feldzug aus dem Norden frisches Jungvolk nach Rom brachte, kümmerte er sich um die feistesten Exemplare, von denen er sich das Aufflackern seiner Lendenlüste versprach. Einer dieser Jungen mit Namen *Milesius* [»Müller«] galt als besonders pfiffig und geschmeidig, und als es eines Tages dem weisen Manne nach den Aufregungen des Leibes etwa so ergangen sein mußte wie jetzt mir in diesem Kerkerloch bei den Strapazen des Schreibens, als also der Alte ebenfalls eine Pause benötigte, da hatte dieser junge *Milesius* nette Schnurren aus seiner Heimat zu erzählen begonnen, um den Gast zu unterhalten und im Unterhalten seinen Unterhalt zu sichern, denn in dem Badehaus, in dem der elbische Jüngling zu arbeiten hatte, wurden die Verrichtungen der Lustsklaven nach Horen [Stunden] bezahlt, gleichgültig, was in der verfließenden Zeit im einzelnen vorging. Zunächst mal nur wie beiläufig plauderte der *Milesius* aus den nifelländischen Wäldern, in denen er bis vor kurzem gelebt.

Diese Plaudereien lieferte aber der glatte Junge bald lieber und um so ausführlicher, als der Gelehrte ihm sehr aufmerksam zuhörte und seine Absicht, seinen Samen ein zweites Mal aus seinem knittrigen Leibe zu stoßen, mehr und mehr vergaß. *Milesius* durfte hoffen, durch hinhaltende Erzählungen den berühmten Herrn ganz und gar abzulenken von seiner Gier, ihm vielmehr die neuerdings über die Maßen gepriesenen *virtutes animi puri* [»Vorzüge des rein Geistigen«] zu befestigen. So dachte sich der pfiffige Junge immer abenteuerlichere Berichte über die »Barbaren« aus und sah zu, wie er den zittrigen Herrn *Tacitus* mit List abhielt von neuen Geplänkeln und Betrillerungen. Zu seinem Glück war Herr *Tacitus* von den Berichten des *Milesius* so hingerissen, daß er schon beim nächsten Badebesuch mit einem Schreiber kam und die wichtigsten Punkte notieren ließ. So entstand sie, die *Germania*. Aus Not entstand sie, um den Nachstellungen eines geilen Scribenten zu entgehen. Um einem lahmen Pergament-Arsch zu entkommen, wurde *De origine et situ Germanorum* [»Über Herkunft und Heimat der Germanen« (98 n. Chr. publiziert)] aus den Fingern gesogen und Wahres mit Falschem wild und lügenhaft vermischt.

Weh, nur noch eine halbe Haut ist unbeschrieben. – Was aus dem kapitalen Badegewerbe meinem Freund *Landolt* aus *Turigunum* verraten
174 wurde, fand ich aus anderen Quellen bestätigt [es bestätigt sich auch, in Varianten, aus dem Werk Walter Mehrings]. Dieser *Landolt* schloß mit der Mahnung, niemals einfältig zu glauben, was in den Chroniken überliefert wird, vormals in denen des *Imperium Romanum*, nunmehr in denen der Kirchenfürsten. Die neuen Herren übertrügen das alte verächtliche Herabblicken auf die »Barbaren« und »Proleten« auf alle, die sie nun für Heiden erklärten und für Ketzer. Die Caesaren, rief *Landolt* aus, wie die Kirchenherren, schon ihren Dünkel verehren sie als Denken.

Was mir der *Manessus* anvertraute über eine der wichtigsten Quellen unserer Historie, verdeutlicht mir nur wieder, warum ich diese Schreibmühen überstehen muß. Da hilft kein Seufzen über brennende Augen und schmerzenden Rücken, auch nicht, daß meine Schrift eng eingetragen werden und fast ganz und gar schmucklos bleiben muß, weil ich keinen Helfer und keine Schüler habe für sorgfältig verzierte Initialen oder Rankenwerk, gar nicht zu denken an einen Maler, der mir die interessantesten Bilder zeichnen könnte, sondern es muß ja hier alles heimlich gehen und schnell, damit Kilian, mein *Wunnibald*, das Beschriebene in die irische Sicherheit bringen kann und damit Siegfrieds Geschichte zu seinem grausigen Ende kommt, bevor auch mein Ende kommt, damit aufgeklärt wird, warum wir Besetzten von nun an unter der Besatzung bleiben, Zerschnittene [s. S. 159] und Kolonisierte für immer.

Noch ist ein unteres Viertel der Schafshaut frei, Platz, um mitzuteilen, daß ich immerhin auf guten Pergamenten notiere, die Kilian in seinem Waldgebirge nach dem klassischen Rezept herstellen läßt, das ich vordem selber in diesem Kloster Lorsch lernte: *Mitte pergaminam in calcem et iace ibi per dies tres et tende illam in cantiro et rade illam cum nobacula de ambas partes et laxas desiccare.* [»Lege die Haut in Kalkwasser und laß sie drei Tage darin liegen, spanne sie dann in einem Gestell aus, schabe sie auf beiden Seiten mit einem scharfen Messer ab und lasse sie trocknen.«]

Aus Schafs-, Ziegen- oder Kalbshaut ergibt sich so eine überaus haltbare Unterlage, die geschmeidig genug ist, um darauf mit einem Gänsekiel rasch zu notieren. Ich hab nachgezählt, fast zweihundert Wörter fixiere ich pro Stunde, habe ja auch bis auf die Anfangsbuchstaben keine Schmuckzeichen auszumalen. Nur die Kapitel-Anfänge, die hebe ich mit roter Tinte hervor und fülle so, binnen zehn Tagen, hoffe ich, an die zweihundert Blätter. Das macht mich so schwach, wie es mich glücklich stimmt.

Kilian besorgt mir Federn aus dem linken Gänseflügel, da ich mit der Linken nicht nur die Fiedel spiele, sondern auch schreibe, und zwar die Buchstaben, die ich eben hier, unterm strengen Regiment von Lorsch, vor siebzehn Jahren zu lernen hatte. Ich denke, es ist dies eine Schrift, die, obwohl sehr eng gesetzt, so gut lesbar ist wie schön anzusehen. Für die Tinten läßt Kilian Brühe aufkochen aus Schlehendornen, das gibt, mit Wein aufgerührt, eine gut haltbare Braunlinie, die das Leder nicht so angreift wie die Galläpfeltinte. Anfangs dachten wir, lesbarer sei die schwarze, die man aus Feuerruß gewinnt, aber da warnte der Ire, die zeichne zunächst zwar scharf, doch sei es in *Hibernia* oft feucht, dort könne die kostbare Vorlage schon bald auseinanderschwimmen, noch bevor mein *Wunnibald* sie in gallische Erzählstrophen übertragen habe. 175

So darf ich nicht jammern, ich bin *rebus miserrimus contentus* [»zufrieden mit den überaus miserablen Verhältnissen«], bin bestens gerüstet für die Rettungstat und segne die Umstände, die mich lernen ließen, welcher Vorteil die Tierhaut dem Schreiber bringt. Die Ptolemäer von *Alexandria*, die bekanntlich die größte Bibliothek des Altertums besaßen, sie hatten verboten, den Pflanzenstoff *Papyrus* vom Nil in andere Länder zu verkaufen, so daß König *Eumenes* [*Eumenes II.* in Kleinasien, 197–168 v. Chr.] zu *Pergamon* aus Tierhaut ein neues Schreibmaterial herstellen ließ. Von da an kam, nach der brüchigen ägyptischen *Papyros*-Rolle, aus *Pergamon* das Pergament, und es entstanden die viel beständigeren *Codices*. [»Bücher«, C., zwischen Holz- oder Lederdeckel gebunden oder geschraubt, lösten im 4. Jahrhundert n. Chr. die bis dahin üblichen Schriftrollen ab, in dieser Form lag Schazman auch die Kilianschronik vor. Die Millionen Buchrollen der Bibliothek von *Alexandria* aus (sprödem) ägyptischem Papyros zerfielen oder aber wurden von christl. Eiferern verbrannt (so schon u. a. E. M. Forster).] *Pagina finita*. [»Die Seite ist zu Ende.«]

Bevor ich festhalte, was bei der cheruskischen Ankunft in Worms weiter passiert ist, muß ich Vorgänge schildern, von denen ich erst jetzt, in meinem Lorscher Kerker, zu hören bekam, als man nämlich vor wenigen Tagen jenen Kaufmann verurteilte, der anfangs ein Bote war aus *Mogontiacum* und der, um sich die Gunst des Königs zu ergaunern, den Posten in Alzey, dem er die Meldung als Staffette hätte übergeben sollen, buchstäblich ausstach. *Hoc nocte* [»in eben dieser Nacht«], worin der Xantener oben in der Halle alles herzuschenken versprach, was er in seinen zwölf Schiffen transportierte, begab sich, wie ich jetzt weiß, am anderen Ende von Worms folgendes.

Im Sternenlicht schlich sich, hinterm Pfalzhügel, dort, wo in den Lößwänden die Höhlen sind für die Juden, eine Gestalt, tappte im Schatten der Steilseite über gefrorene Schlammwege, dort, wo der Rhein vormals den Hügel unterschnitten hatte, sicherte sich ab, von Eingang zu Eingang, ist aber beobachtet worden, wie später im Prozeß herauskam. Schien in die Behausungen zu spähen, zu horchen, als suchte er eine Höhle, in die er einbrechen könnte, um zu stehlen oder auch nur, um darin die eisige Nacht zu überleben.

Schließlich blieb der Vermummte vor einem Eingang stehen, der versperrt war mit einem Geflecht aus Pfählen, Stöcken und Fellen, blieb stehen und rief etwas. Von innen, wo ein Feuer brannte, kam nach einer Pause, nach dem zweiten Ruf, Antwort. Ein *markari* [Schazman beläßt es beim Althochd. (= »Merker«, »Aufpasser«, »Zeuge«)] hat bezeugt, was nun geredet wurde.

Den Namen Hirsch hätte die Gestalt gerufen. Und nochmal: Hirsch. Und dann: Willst Du einen Zahn vom Drachen? – Da öffnete sich in der Flechtwand, in Kopfhöhe, eine winzige Klappe. Kaum größer war die als ein Auge, darin wurde Feuerschein sichtbar und ist dann verdeckt worden vom Hirsch-Auge, das sie nun erblickt hat, die vermummte, die gebückte Figur in der Kälte, im Zwielicht.

Hirsch hinter der Palisade hat gefragt, was der Nachtwanderer unterm Mantelfell verstecke. – Keine Waffe. – Was dann? – Einen Goldzahn. – Kenn ich Dich? – Ich bin aus Mainz. – Was nennst Du Drachenzahn? – Laß mich ein, ich zeig's Dir. – Du verbirgst ein Ochsenjoch. – Unsinn. – Wirst mich erschlagen. – Dann könnt ich Dir nichts mehr verkaufen. – Was sollte ich Dir abkaufen, ich kenn Dich nicht. – Ich zeig's Dir, wenn Du mich einläßt. – Da wär ich dumm. – Ich hab das vom König selber. – Vom König? Du lügst. – Ich schwör's. – Dann sag, was es ist. – Hier erkennst Du das nicht, hier ist es zu dunkel. – Komm morgen wieder, bei Licht. – Laß mich ein, Hirsch, ich zeig's Dir bei Deinem Feuer, ich friere, falle gleich um vor Kälte, schließ endlich auf. – Ich kenne Euch Gesocks, Diebe seid Ihr, stehlt und behauptet, Ihr hättet es vom König. – Frag die Herrschaften im Kastell, die wissen, daß ich's geschenkt kriegte. – Wofür, bitteschön, schenken die was? einem wie Dir? – Für gute Botschaft. Ich hab dem König gemeldet, daß der Siegfried den Rhein raufkommt, habt Ihr das nicht gehört? – Du bist ein Gauner, verbirgst Krummholz unter Deinem Fell, willst Steine rauben, pack Dich, Schacherer. – Bin ehrlich, hier, sieh Dir's an!

Hat den Mantel geöffnet und hat dem Auge in der Palisade das entgegengehalten, was ihm der König, in der Nacht zuvor, in seiner Verwirrung geschenkt hatte. Der Fremde drehte da was hin und her, was Funkelndes. Zwar war es finster, aber im schwachen schmalen Lichtstrahl blinkte es dennoch. – Da wurden am Palisadentor Riegel geschoben, Riemen aufgebunden, quietschten Angeln und ging in dieser Frostnacht in der Höhle noch lange ein *commercium mercatorum* delsverkehr«].

Zurück zu der anderen Höhle, zu unserer römisch gemauerten, wo sich *haec tempore* [»zur selben Zeit«] ein um vieles verhängnisvollerer Handel anbahnte. Pechfeuer beleuchteten eine glücksverwirrte Versammlung, in der kaum einer wußte, ob er nun wirklich glauben durfte, daß der Gast einen so ungeheuren Reichtum verschenkt hatte. Siegfrieds fluchende Lust, den Drachenschatz loszuwerden, die schien wie ein dünnes Eis, auf dem außer ihm nur wenige gehen konnten. Wußte man doch, wen jener Kaufmann *Laban*, den der *NidGir* unterm Rheinfelsen verschlang, als letztes verflucht hatte.

Fast alle im Saal versuchten, schwindelerregende Rechnungen zu lösen, die Höhe des Gewinns zu ermitteln. Wie oft schon hatten sich Macht und Glück einer ägyptischen oder persischen oder griechischen oder römischen Kapitale auf solche Anfänge gegründet, auf sagenhafte Schätze, meist auf Kriegsraub.

Unsere Beklemmung, unsere trügerischen Luftreisen und Größenträume, die gewahrte nun am deutlichsten diejenige, die nichts sah, die gebrechliche Frau Ute. Als sie nach dem Hortversprechen nur Seufzen hörte und Räuspern und weil kein klares Wort mehr zu vernehmen war, erkundigte sie sich plötzlich, warum sie den Gast bei seiner Ankunft im Hof habe lachen hören, schallend lachen. – Sind meine Söhne, seit ich sie nicht mehr sehen kann, lächerlich geworden?

Wir zögerten mit der Antwort. Eine ehrliche wäre peinlich genug gewesen. Endlich war ich es, der die Verlegenheit beendete, indem ich ihr von den Aachener Kaufleuten erzählte und von den englischen Tuchen, die als friesische galten und die weder friesisch waren noch genügend lang, sondern ein *birrus britannicus angustus* [»ein enger (kleinlicher) britannischer Kapuzenmantel«].

Aachener Krämer? Hättet Ihr mich gefragt. Habt Ihr vergessen, daß ich aus *Aquae* [hier: Aachen] bin? Immer nur vom Riesenland *Burgundarholm* schwärmt Ihr, von wo Gundomars Sippe seit Hunderten Jahren fern ist. Und verliert darüber die näheren Wege, die nach *Genova* [Genf]. Weh,

Worms wird Wolkenheim. So blind, wie Ihr Euch zeigt, findet Ihr niemals die Jurahöhen der Helvetier [Keltenstamm, der beim Genfer See gesiedelt hatte und vor *Caesars* Truppen geflohen war]. An dieser Tafel, an der ich seit Gundomars Tod zum erstenmal wieder sitze, weil ein guter Gast mich dort hinführte, hier erkläre ich, daß ich die Aachener Krämer sehr wohl durchschaut hatte und sah, daß sie weder Friesen waren noch Aachener, sondern daß sie Sagensachen erzählten aus Angelland, prahlten Kauzkram aus Britannien. Mir jedenfalls war klar, mit wem Ihr Handel anfingt.

Hättest Du's gesagt, rief Gunther, das hätte Spott erspart. – Hast Du mich gefragt? Fragst Du mich je? Warst Du nicht glücklich, auch von diesen Aachenern Neues und Wildes zu hören über Deine isländische Königin?

Mehr und mehr, sagte da der niederländische Königssohn, behagt mir Frau Ute. Die zeigt an, wie dick die Luft ist unter diesem römischen Saalschädel. Höre, *domina venerabilis reginaque vera* [»ehrwürdige Herrin und wahre Königin«], so wie Du zu sehen und zu reden weißt, so spürst Du sicher auch, daß jetzt Eure Herren sich die Köpfe zerdenken und zertrachten in Besitz- und Größensucht. Bitte, bring ihnen Frieden! erzähl eine von den Geschichten, die Du erwähnt hast. Eine von diesen angelländischen Tückeboldsagen, diese oder jene, die Deine Krämer, obwohl sie aus Friesland zu kommen vorgaben, aus *Britannia* mitgebracht hatten.

Den Gefallen tät ich gern, wären englische Mären nicht schwarz. – Gunther meinte: Auch Unheimliches paßt zur Nacht. Seit je ziehe ich, wenn wieder mal allzu viel von *claritas* gepredigt worden ist, die dunklen Geschichten vor, zumal jetzt, wo aus Alberichs Ruhrbrocken Wärme strahlt und die Aussicht auf noch edlere Steine die Köpfe erhitzt.

Dann meinetwegen. Dann erzähle ich also. Und zwar erzähle ich ebenfalls von überreicher Gabe. Nicht von einem Hort, aber doch von schwarzer Kraft. Diese Geschichte ist tausend Jahre alt. Oder älter. Als Kind schon hörte ich sie, als Kaufleute aus England uns abends unterhielten. Bekannt war sie auch den Tuchkrämern, die Ihr für friesisch hieltet und die ihren *birrus* wie ihre Geschichten von den Angelsachsen hatten, nur war beides zu kurz, ihre Geschichten wie ihre Tücher.

Sie machte eine Pause, hatte sich zu besinnen. – Erzähl uns die längere Fassung, bat Gunther. – Still wurde es. Von überreicher Gabe wollte jeder Genaueres wissen. Den Rheinstrom hörte ich und das Feuer aus den Steinen.

In den frühesten Zeiten, so begann Ute, als die Wunder und Märchen noch nicht im Zwist waren mit dem, was die Herren nun *chronica* nennen oder, wie Hagen, *historia demonstranda* [s. S. 166], da lebte in *Buochenheim* [Bochum], einem Ort zwischen Rhein und Externstein, zwischen Ruhr und Lippe, wo aus den Buchen, nach denen die Bücher benannt sind, die Buchstaben gearbeitet werden, da lebte in diesem *Buochenheim* ein Mann, der verstand alle Sprachen, alle Wörter, die seit dem Turmbau zu Babel gesprochen wurden, im *Imperio* wie im Nebelland.

Dieser Gelehrte wußte die Wörter für die Steine wie für die Gewimmele im Wasser und in der Luft und in den Bäumen, aber auch alle Namen der alexandrinischen Bibliothek. Einer wie er wußte noch, daß die Wörter Bannkraft haben, darum schrieb er sie in ein Buch, das mit Silber beschlagen und gut zu verschrauben war. Wenn der Weise in diesem Buchstabenvorrat lesen wollte oder neue Wörter eintragen, öffnete er es mit seinem Schlüssel, und niemand wußte, wo er den verwahrte. So konnte auch niemand außer ihm sagen, wieviele Feen und Elfen und Sylphen und Gnome es gibt und welche von ihnen Dienst tun und welche Schaden und welche einen Wirbel aus beidem, die Gaukelei. Und wieviele Blumen im Weltkreis wachsen und welche von ihnen heilkräftig sind und welche giftig. Wobei zwischen beidem oft nur ein einziger Buchstabe unterscheidet, wie zwischen Mispel und Mistel, wie zwischen *hospis* und *hostis*.

Dieser Zauberer, der seine Kunst vom Wörterspieler und Lügengott Loki herleitete, hatte einen nibelungischen Lehrling, der hieß *Safran* und war so grün und täppisch, daß der Meister ihn nie in sein Buch schauen ließ. *Safran* durfte das Gemach, in dem der *thesaurus verborum* [Wörterschatz] lag, nicht einmal beWAZen. [Beschnuppern, hier wohl im Sinn von »ahnen«, »sich nähern«, »betreten«, denn Schazman hat hier WAZ*enter* und weist darauf hin, daß die drei Großbuchstaben des Verbs zu jenen unerschließbaren cheruskischen Schreien gehörten, die beim Drachenkampf zu hören waren (zur Deutung vgl. S. 40, 41, 58, 70, 75, 78, 195, 232).] Der Sammler, der darum ein Zauberer war, weil er mit den Namen auch das beherrschte, was die Namen bezeichnen, mußte eines Tages übers Meer, als Luftfahrer flog er nach Irland, weil er sich in eine irische Windsbraut verliebt hatte. Kaum war er fort, da hatte sein *Safran* nichts Besseres zu tun, als in die Kammer einzudringen, in der sein Meister die Elemente zu mischen trachtete, um aus Kupfer und Zink und anderem Gestein Gold zu schmelzen, und wo er sie aufbewahrte, *ordo et usus litterarum* [Alphabet und Schrift (»Ordnung und Gebrauch der Buchstaben«), vgl. den griech. Mythos vom Anfang der Schrift S. 135f.].

In dieser Kammer hing auch der Spiegel, in dem *Safran* hätte sehen können, was alles auf der Welt passiert, dort lag sogar die Muschel, die er nur an sein Ohr hätte halten müssen, um zu hören, was irgendeiner vom anderen denkt. Doch solche Künste verstand nur, wer den *index nominum* [»Wörterverzeichnis«] kannte. *Safran* betrachtete dumm und furchtsam die Geräte und die Bilder und sagte sich, was mein Herr versteht, das werde ich nie verstehen. Jedenfalls so lange nicht, wie ich die Wörter nicht weiß für jedes Ding. Unglücklicherweise entdeckte er nun, in einer schmalen Nische, das schwarzsilberne Lederbuch, und siehe, der weise Mann, in seinem Liebesrausch hatte er vergessen, es abzuschließen.

Safran schlug es auf, legte den Finger auf das oberste Wort und begann es zu buchstabieren, ängstlich und neugierig. Als er alle Laute beisammen hatte, da sprach er das Wort. Kaum hatte er's ausgesprochen, da wurde es dunkel im Haus und die Mauern erzitterten, Donnergrollen rollte über *Buochenheim*, und vor dem Jungen stand ein Riese, mit einem Atem wie Feuer.

Safran hatte eine Erdkraft gerufen, vielleicht den König Alberich selber, der damals noch in seiner großen Gestalt ging, jedenfalls fauchte die Stimme des Gastes wie ein Schmelzofen. Gib mir Arbeit! schrie sie, ich kriege Arbeit oder ich erwürge Dich! – *Safran* war vor diesem Wicht ähnlich hilflos wie wir hier in diesem Saal, wo auch uns Arbeit angeboten wird. Als der blöde Lehrling noch nach einer Antwort suchte, trat der Feuergnom auf ihn zu und griff ihm an die Gurgel: Gib mir Arbeit!

Der Junge, so sagt es die tausendjährige Geschichte, rief in seinem Schrecken: Hol Wasser! – Das war, was er hätte tun sollen, solange der Meister durch Irland flog. – Das Feuerscheusal stob aus dem Raum und kehrte ebenso schnell zurück, mit einem Wasserfaß auf dem Rücken, goß das aus, verschwand und kam wieder. Genug! schrie der Junge, aber die Arbeitskraft schüttete fässerweise Wasser, das reichte *Safran* bald bis an den Hals, er kletterte auf den Tisch, rief um Hilfe, brausend stieg das Element um ihn her und hätte ganz *Buochenheim* ersäuft, wäre nicht sein Meister, weil ihm seine süße Sylphe von Loki abgelistet worden war, vorzeitig heimgekehrt aus *Hibernia*. Den Feuergnom vertrieb er, das Wasser verwandelte er in Nebel. Der lastete fortan über Nifelheim und gab ihm den Namen, »Nebelland«, weswegen sich unser Gast, im Trotz, wie wir nun wissen, Nibelunge nennt.

Seinen *Safran* aber verwandelte der Zauberer in ein Hämmerchen. Wann immer sich im Niederland ein Lehrling blöd anstellt und WAZt, hört man die Gesellen sagen, der sei behämmert. Mit diesem Hämmerchen schmiedete der Buchstabenmeister seither Kleinodien, kunstvolle Gebilde, vor allem Silberfiligran, mit dem er von nun an seine Bücher aufs sicherste verklammerte und verschlüsselte.

Ute schien uns anzuschauen mit ihrem blinden Gesicht. Gunther, von dem schon gesagt wurde, daß er zum libellischen Ausweichen neigte, fragte schließlich, ob *Buochenheim* nicht doch, statt hinter der Deutschburg, in Ägypten liege und nur ein anderer Name sei für das gelehrte *Alexandria.*

Nur zwischen Ruhr und Lippe, sagte Ute, kann es liegen, nur dort, wo die Grenze ist zwischen römischen Franken und heidnischen Sachsen, nur seitab von Geist-Idioten wie von Gedärm-Lesern kann so ein *Buochenheim* sein mit Gelehrten, die das Lateinische ebenso verstehen wie das Nifelheimische, *muspill* wie *nifl* [vgl. S. 13, 490 f., 519]. Die Hecken-Art ist die Hexen-Art, nämlich diejenige, die, obwohl sie die alexandrinischen Bücher im Kopf hat, zugleich die Zauberwörter weiß. Nur dort, schloß Ute, machen sie noch heute keinen Unterschied zwischen Märchen und Historien, wie es vormals auch *Homerus* nicht tat und alle älteren Sänger nicht.

Da hatte jeder zu denken, da wurde erst mal geschwiegen. – Endlich sagte ich: Was Ute erzählt hat, habe ich wiedererkannt. Die Geschichte ist allerdings tausend Jahre alt und ist nicht angelsächsisch, sondern keltisch. Unsere Tuchhändler, die vermeintlich aus Aachen kamen, beendeten sie so knapp wie ihr grüner Filz kurz war, nichts wußten sie vom Silberfiligran. Ihr Meister sagte ein Bannwort, der Lehrling sprach das nach und später, so behaupteten sie, sagte der Lehrling das Wort seinen eigenen Lehrlingen weiter, und nie mehr sei ein Schad-Alb erschienen in *Buochenheim* und drumherum.

Da war es der Ruhrschmied, der den Kopf schüttelte. – Selten, sagte er, sind unter den Meistern Menschenfreunde, und selten wissen sie die Sprache, die hilft. Und wer's weiß, sagt's nicht weiter. Schon gar nicht den Unfreien.

Da meldete sich der Bischof und ahnte offensichtlich nicht, über welch hohlen Boden Utes Geschichte auch ihn hatte reiten lassen. – Mir scheint, sagte er, dieses uralte Märchen, so oder so beendet, ist lehrreich. Auch wenn es eine Barbarenmär ist, so lehrt sie uns doch, welche Gefahren nicht nur in den Büchern lauern, sondern auch in den Weibern, die man beide gut zu verschließen hat, beide *cum cingulo pudicitiae* [»mit dem Keuschheitsgürtel«]. Denn Utes Fabel zeigt, wie einer, der die Dämonen rief, sie nie wieder los wird. Oder nur unter Verlust. Und seien solche

Wichte noch so dienstbar und noch so arbeitswütig. – Dazu schaute er keck auf den Niederländer, der an diesem Abend Arbeit angeboten und

sich selber ausdrücklich als »Wicht« bezeichnet hatte, als Wicht im Glück.

Hagen schmunzelte und schaute seinen Vetter vergnüglich an. – So? So rät nun unser Seelenräuber? Den ebenfalls keiner wieder los wird, sobald ihm im Pelz sitzt, was Frau Ute Geist-Idiotie nannte, der *horror pudicitiae*?

Diesen Widerspruch, sagte der Xantener, will ich dem Herrn Heermeister gern erklären. Je eifriger Roms Christen die Bauchlust leugnen, desto tückischer wächst ihnen die Machtlust. Je heftiger ihre Abkehr von der Welt, desto gnadenloser ihr Ehrgeiz, sich ihrer *clam* [»heimlich«] zu bemächtigen, verkappt, mit Hilfe vorgeschobener *ministri* [»Vollstrecker, Diener«] oder auch Heermeister. Nicht wahr, Herr Bischof? Ihr schweigt? Von solchen Sachen gesteht Ihr uns lieber nichts? In Rom, wann immer ich dort Leute fragte, die lieber selber dachten als die *praecepta ecclesiae* [»Vorschriften der Kirche«] denken zu lassen, hörte ich, so sei es.

Unsere Macht, sagte Ringwolf, »bemächtigt« sich nicht. Sie dient. *Confiteor at enim, lepores timidi sumus. Solo dux exercitus Burgundiae studet rei publicae administrandae.* [»Ich gestehe aber, wir sind furchtsame Hasen. Allein der Heermeister Burgunds bemüht sich um die Staatsführung.«] Aber freilich, auch die Kirchen sind nun mal auf dieser Erde zu bauen. Benötigen darum Mauern wie die römischen Kastelle. – Und müssen darum, sang der Gast im gleichen Ton, *libertatis amantes* [»die Freiheitsliebenden«] köpfen oder verbrennen oder pfählen.

Ach, hörten wir den Vetter, darauf antworte ich mit einem der Weisen, auf die Ihr Euch offenbar beruft, mit *Heraklit* antworte ich Euch, mit dem Weisen aus Ephesus [*Heraklit* von Ephesus, 550–480 v. Chr.], der hat vor nun schon tausend Jahren philosophiert: Töten muß das Gemeinwesen, und zwar für sein Gesetz ebenso wie für seine Mauer.

Gernot, der neuen Streit abwenden wollte, erinnerte an den kommenden Tag. Wenn die bisherigen Nachrichten zuträfen, käme es schon morgen zum Treffen mit den Sachsen, die zum Main gezogen seien. – Der Stoppelkopf sah mich an. – Weiß Giselher denn kein Lied, das unser *desiderium libertatis* [»Freiheitsdrang«] stärkt und Mauern errichtet gegen jeden, der uns beherrschen will?

Vor einem Kampf mit den Sachsen, sagte ich, sollte ich sowas wohl singen. – Irgendetwas, das Mut macht, bat Gernot. – Von dem Streitgesang, den ich dann hören ließ, kam in der Tat verwegene Stimmung auf. Nicht lange nachdem das verklungen war, gingen sie alle wie in Benommenheit davon, wiederholten summend meine Töne, suchten sich ihre Schlafstellen, prüften die Waffen und legten sich mit ihnen nieder, hinter Mauerbögen oder auf den Schiffen, unter Fellen und Filz. Noch im Einschlafen, so schien es, hörten sie, immer nochmal, meine Schlachtlitanei gegen die Falen, gegen jenen besonders wilden Stamm der Sachsen.

Ich war zur Truhe gegangen, hatte die sieben Schlösser geöffnet, die Fiedel geholt und eingestimmt und folgendes vorgetragen:

Die Kunde flog den Rhein hinauf:
In Frankfurt sitzt der Sachs
In Worms vernahm man's, zog zuhauf,
freut' sich des Sachsenpacks

Kurz vor der Furt, am flachen Main
da lag der Falen Troß,
die kauften Waffen, kauften Wein,
die Händler 's nicht verdroß

Zu zahlen war mit hohem Zins
für Rüstung, Knecht und Schwert,
der Ort blüht' auf ob des Gewinns
und wuchs um Goldes Wert

Kurz hinterm Fluß, am flachen Main
die harte Schlacht begann,
die Falen hörten Hagen schrein:
Zieht neue Brünnen an!

Und furchtbar blitzte Siegfrieds Stahl
Freund BALMUNK fand sein Ziel
und traf und schnitt in großer Zahl
bis der, bis jener fiel

Hier stach sein Ger, dort hieb sein Schwert
da bohrte tief sein Spieß
und Blut durchschritt Herrn Gunthers Pferd,
Blut tranken Sand und Kies

Der Fale stritt nur kurze Zeit,
bald Herr wie Knappe lief
das Feld vorm Main ward überstreut
mit Leichen Kniees tief

Der lief zum Strauch, der floh zum Main
vorm Nibelungenlicht,
die sprangen in den Strom hinein
und dürsteten doch nicht

Die zappelten wie Entenschar
im Wasser hin und her
als wärn die Weihnachtsgänse gar
stieß Gernot ins Geröhr

Herr Siegfried fuhr noch auf den Fluß
schlug sie mit Rudern tot
Dies ihres Lebens letzter Kuß
dies war der Sachsen Not

Kurz drauf, im dunklen Gang, hörte ich neben mir reden. – Der Schreiber mag klug sein. Mich kennt er nicht. – Als ich mich umsah, ging der weg, von dem ich das blutige Wüten besungen hatte. Und ich muß gestehen, ich war sehr verwirrt und am Ende voller Scham.

Hat diese Nacht sonst noch Wunderliches ausgebrütet? Ich sollte davon erzählen. Nicht etwa, wer gut schlief, wer schlecht. Ich jedenfalls fand keinen Schlaf, mir war klar, ich hatte ein falsches Lied gesungen, ein dummes, und ebenso war klar, die Schwester hatte sich gegen Herrn Hagen durchgesetzt, hatte sich entschieden, und zwar für einen ganz und gar Ungewöhnlichen, für diesen rätselhaften »Mächtigsten«.

Auch in dieser Eisnacht ging ich hinaus über die Mauer. Die Winterkälte sollte mir klären helfen, was eigentlich geschehen war. Aber ich fror. Von den Feuern unter der Mauer glomm keines mehr, statt dessen standen dunkle Segel auf dem Rhein. Es war schon *secunda vigilia* [»die zweite Nachtwache«], Venus, Mars und Orion funkelten, doch die Himmelslichter verdeutlichten nur die Rätsel. Es zog mich wieder hinein, hinter die Säulen zurück. Was hatte mein Lied »nicht gekannt«? Hatte es BALMUNK, den »Romvertilger«, gegen Roms Feinde rasen lassen?

Auch in den Gängen und in der Halle schien noch nicht alles in Ruhe. Deutlich hörte ich, wie unter einer Treppe zwei Leute meinen *cantus* summten. Schatten gingen, standen. Unsicheres Licht wanderte zwischen den Säulen, im Schein von Wandfackeln, die erlöschen wollten und doch immer nochmal glimmen mußten. Weiter hinten, im Inneren, sah ich die Pagen vor Gunthers Königskammer stehen, sah ihre Feuerleuchten neben ihren hellen Köpfen, Öllämpchen aus *Massilia*, geformt wie *Phalli*. Auch vor Kriemhilds Kemenate hatte Hagen Fackelwachen postiert.

Von dort näherte sich jetzt, im Zwielicht, eine Gestalt. Nicht unter der Reihe der Öllampen ging die, sondern im Halbdunkel, blieb verborgen hinter den Bögen, eine weibliche Gestalt war das, die wollte zu meiner Nische, ich beeilte mich, rechtzeitig dort zu sein, das Fräulein, als es mich nicht fand, strebte schon wieder fort, ich rief sie leise an, sie blieb stehen, war sehr froh, mich doch noch zu treffen, gab mir hastig eine Schrift, murmelte Grüße, eilte fort. Ich löste das rote Band von der Rolle, wickelte die Lederhaut auseinander und las einen Brief meiner Schwester, den sie zur Sicherheit in Latein geschrieben hatte, eine Botschaft, die sehr allgemein begann, aber mit sehr genauen Anweisungen endete. In das Pergament eingenäht war, ebenfalls mit rotem Band, eine ihrer dunklen Feuerlocken.

Gislaharus, frater meus dulcis, nihil mihi gratius facere poteris quam hoc servitium quod sequitur. Miles gloriosus admirabilisque iste recedens miro modo et sapienter regnum nostrum salvabit. Cito pro illo iuvene nuntium mitte, voluntatem suam sine ulteriori dilatione facio. Cum vero silentium noctis adesset, miles amicos suos excedet, vestimenta deponet et, antequam lectum suum ascenderit, inter coopertorium et linteamen haec chartam meam invenit. Tunc conglutinata est anima sicut corpus puellae cum eo et soror tua ultra modum eum amabit. Quomodocumque fiat, voluntatem meam adimplebo. [»Giselher, mein süßer Bruder, Du kannst mir keinen größeren Gefallen tun als diesen folgenden Dienst. Jener berühmte und bewundernswerte Ritter, der sich eben jetzt zurückzog, wird auf erstaunliche Weise und mit Weisheit unser Reich retten. Schick diesem Jüngling umgehend eine Botschaft, und zwar die, daß ich ihm ohne weiteren Verzug zu Willen bin. Sobald die Nachtruhe wirklich eingetreten ist, verläßt der Ritter seine Freunde und legt seine Kleider ab und findet, bevor er sich in sein Bett legt, zwischen Decke und Leintuch diesen meinen Brief. Alsdann vereinigt sich die Seele wie der Leib des Mädchens mit ihm, und Deine Schwester wird ihn über die Maßen lieben. Was immer geschieht, ich werde mein Verlangen an ihm ersättigen.« (Zu »ersättigen« s. S. 507, 537.)]

Das Latein war flüchtig und hastig notiert, es folgten Anweisungen, wie ich diesen Brief dort verstecken könnte, wo der Xantener schlafen würde und wie ich die Fackelpagen von ihrer Tür weglocken oder wegbefehlen und wie alles so aussehen sollte, als sei nur ich es, der ihre Kammer betreten hätte, und wie es in Wahrheit der sein müßte, für den sie sich entschieden habe, und daß ich von nun an, ja, schon in dieser Nacht, für ihrer beider Sicherheit verantwortlich sei.

Die Himmelslichter wissen es, ich habe für ihre Sicherheit gesorgt. Und besser noch als der kalte Himmel weiß allein ich es, wie Gastgeberin und Gast für Hitze sorgten und für feuerköpfig leibesheiße und sternenhohe Reisen, so daß es selbst der Winter-Venus hätte warm werden müssen und sie den eisernen roten Gott der Römer, den Kriegsgott Mars, vorerst noch gründlich hätte ablenken können von den üblen Plänen, die ihm auch in dieser Nacht das Hirn umwölkten, zumal jetzt, da ein leichtsinniger Poet ihm die Wege geebnet hatte.

So vollständig entfaltete Venus in Kriemhild *gaudia amoris voluptatisque* [»die Liebes- und Lustgenüsse«], so dringlich und ausdauernd, daß ich seit diesen Stunden kein anderes Paar wüßte, das sich vehementer vereint und inniger geliebt hätte. Jedenfalls begehrte und erfreute und ersättigte sich niemand fragloser und entschiedener und fröhlicher und wonnevoller, nämlich mitten aus jenem Gegenmuskel und Querfell heraus, das Kopf wie Leib umgreift. *Puer cum puellula aeternitas in cellula.* [Zweifellos wieder mehrdeutig, etwa: »Der Junge mit der Jungen, eine Ewigkeit im Kämmerchen.«]

Am anderen Morgen kannte fast jeder, der nun fortziehen mußte, mein Kriegslied auswendig, man hatte sich's weitergesagt und nachgesummt, die Pferdeknechte wie die Waffensklaven, die Nibelungen wie die Burgunder hatten es voneinander gelernt. Auch die Ritter liebten, sich die kommende Schlacht angenehm zu denken, auch sie nutzten dazu mein leichtfertiges, mein Marslied. Herren wie Kahlgeschorene, der Feldscher wie die Köche, die Schiffer wie die Bauern am Weg, alle wußten zwar insgeheim genau genug, welche Schrecken bevorstanden. Und brauchten darum dringend Mut und Blindheit und holten sich dieses *delirare* [wörtl. *de lira ire*, »von der Furche geraten« = wahnsinnig werden] aus meinem Gesang, freuten sich über die blutigen Zweideutigkeiten, über »Geröhr« und »Spieß« und wiederholten »Zieht neue Brünnen an« und »als wärn die Weihnachtsgänse gar« und wollten darüber lachen. Angst? Die war »der Sachsen Not«.

Von den Posten zu beiden Seiten des Rheins hatte Herr Gere gute Nachricht. Der Feind lagere noch immer bei den Kaufleuten am Ufer des Mains. Freilich nun am diesseitigen. – Unten im Pfalzhof, beim Aufbruch, da wieder der Wind pfiff aus Ost und Nord-Ost, erschien der Niederländer auf seinem Rappen Grani, ritt über den gepflasterten Boden, das trippelte und knisterte wie eine Kraftladung aus Midgardgewittern, und während ich noch Mühe hatte, den fehlenden Schlaf zu ignorieren und auf meinem Schimmel sicher zu reiten, was tat er? Uns Königsbrüdern, die wir auf unseren Gäulen schon wieder verkrümmt hockten und froren, schenkte er drei schwere Mäntel vom Fell des Auerochsen, zottige Stücke, wollig gelockt, schwer, aber warm. Gunther genierte es, solche barbarische Kleidung tragen zu sollen. Da wir aber in den »Friesen«-Tüchern schon jetzt nur wieder schlotterten, nahmen wir, einer nach dem anderen, dankbar, die cheruskischen Felle.

Nur Hagen lehnte das Geschenk ab, griff sich Gunthers Grüntuch, hüllte sich doppelt ins Aachener Kaufmannsgewand, schnaufend und ein bißchen umständlich, so daß der Gast nicht anders konnte, als über seine Schulter auf den Waffenmeister zurückzuschauen und zu lächeln, mit Schadenfreude beäugte er den knorzigen Alten beim verfitzelnden Rudern im Händlerfilz.

Dann wandte sich unser neuer Verbündeter an Gernot: Ist in Euerm Kriegshaufen ein Jude? – Juden, antwortete der Borstenkopf, haben in Worms kein Waffenrecht. Wozu willst Du einen *Circumcisum*? [»Beschnittenen«] – Wir treffen auf OstFalen, vielleicht auf Dänen, Angelsachsen und auf noch fremdere Stämme. Mir, den Ihr ja für sächsisch haltet, mag sein, mir traut und glaubt Ihr nicht, was ich Euch übersetze. Die meisten Juden aber sind aus *Buochenheim*, sprechen aller Welt Sprachen, auch Sachsensprachen.

Gunther sah auf seinen Ratgeber. – Vor Frankfurt, sagte der Heermeister, wird geschlagen, nicht gedolmetscht. – Wenn das so ist, sagte der Xantener, dann hat Giselhers Liedchen auch den Klügsten verdummt. – Der König blickte ratlos auf mich. – Das Fälische versteh ich kaum. – Zum Glück fiel mir jener jüdische Händler ein, von dem ich inzwischen weiß, daß er in der damals vergangenen Nacht ein gutes Geschäft gemacht hatte. – Ich kenne, sagte ich, einen witzigen Handelsmann, und wenn ich mit dem Lied was Dummes getan haben sollte, will ich's wieder gutmachen, indem ich Herrn Hirsch hole, obwohl ich meine, die wichtigsten sächsischen Laute einigermaßen entschlüsseln zu können.

Da sagte der vom Niederrhein: Ihr seht die Sachsen, scheint mir, nur noch durch alexandrinische *perspicillis* [»Brillen«]. Wißt über deren Stämme durch *Tacitus* oder *Ammian* [*Ammianus Marcellinus*, ca. 330 bis 395 n. Chr., nach *Tacitus* bedeutendster Historiker der Kämpfe mit den Germanen (31 Bücher)] oder *Ausonius* [ca. 310 bis 393 n. Chr., bekannt durch seinen Gesang auf die Mosel und auf das alemannische Sklavenmädchen *Bissula*] und andere Schreiberlinge und ahnt nichts von den Engern, Brukterern, Ampsivariern, Cheruskern, Chamaven oder Alanen oder Sueben oder Katten oder Batavern oder Cornuten oder Tribokern oder Hermionen. Rheinauf, rheinab dreht sich ein Völkerwirbelwind aus Wese-Goten und Ostro-Goten und Atrobrigen und Usipetern und Tenkterern und Venetern und Friesen oder aus östlichen oder westlichen Falen oder Sigambrern oder Kimbern oder Markomannen oder Kauchern oder hundertunddrei anderen Stämmen. – Als ihm niemand widersprach, auch Hagen nicht, wollte ich den Hirsch holen. Aber Dankwarth hatte mitgehört und längst Boten geschickt.

Als wir nun auf Herrn Hirsch warteten, standen wir noch unterm Pfalztor, in einem zugigen Winkel, wo der Hof sich zum Hafen öffnet. Da wehte von oben ein Ruf durch den Winterwind, ich sah hinauf, zwischen den *pinnis murorum* [den Zinnen, den »Mauertürmchen«] zeigte sich Kriemhild. Der Niederländer ritt näher und fing auf, was sie ihm zuwarf. Er grüßte, dankte und hielt an diesem finstersten Tag des Jahres eine rote Blume in der Hand. Die war aus Seidentuch geschnitten und gefaltet, leuchtend rot gefärbt im Saft der Blutläuse. Er zog sie durch die Kragenschlaufe an seinem Fellmantel, von dort hing sie ihm nun über den Nacken auf den Rücken hinab. [Schazman bezeichnet dies als Doppelsymbol (für Brautbett wie Tod).]

An die tausend *miles*, darunter achthundert berittene, setzten dann über den Strom und sind durch die rechtsrheinischen Auwälder hinabgezogen. Alle Stunde kam Nachricht von den Wachen. Immer dieselbe, daß vor uns alles still bliebe, zum Main hin läge der Wald wie im Schlaf. Die Räuber lagerten weiterhin vor der Frankenfurt, erwarteten keinerlei Angriff. »Dies ihres Lebens letzter Kuß«, summte Gernot. Seinen Stoppelkopf barg er schon jetzt im Helm.

Wir zogen auf einem alten keltischen Heerweg, der schnurgerade zur Frankenfurt führte und inzwischen ein Handelsweg geworden war. Zogen geradeaus in Richtung Mitternacht, durch Wald von Kiefern, Eichen, Erlen, Espen, Tannen und Birken. Unterwegs, weil der Cherusker gesagt hatte, *spero tuum me prosecuturum esse* [»ich hoffe, Du begleitest mich«], ritt ich neben ihm. Plötzlich fragte er mich, wie fest ich schweigen könne. – Wie diese Steine dort unten am Bach. – Die, sagte er, erzählen vieles und Ungeheures. – Es versteht sie aber nicht jeder. – Da lachte er und flüsterte: Du weißt es eh, aber sagen muß ich es trotzdem, herauslassen muß ich das wenigstens vor Dir, dem Kriemhild am meisten vertraut: *Carissimam dulcissimamque sororem tuam miro modo diligo in perpetuum et nunc, quando possum, ad eam accedebo.* [»Deine liebste und süßeste Schwester liebe ich über die Maßen und für immer und werde, von nun an, wann immer ich kann, ihre Nähe suchen.«]

Er blickte sich um, niemand hatte gelauscht. – Unser kleines Leben, sagte er, es ist vom Schlaf der Welt umgeben. Zu schön wär's, es gäbe Schreiber, die diesen kleinen Moment NICHT verfälschten [vgl. sein letztes Wort (S. 500 f.)]. – Ich spürte, daß ich rot wurde, da er mit dem Verfälschen offenbar mein Kampflied meinte. – Er sah, daß ich mich genierte, wechselte das Thema und fragte, nun wieder laut, wie groß diese burgundischen Wälder seien. Ich antwortete, dieser Forst wachse vom Main bis zum Neckar und wer wolle, könne bis zum *silva nigra* [»Schwarzwald«] und bis nach *Argentoratus* [Straßburg] durch solche Wälder reisen.

Und wem gehören diese Wälder? – *Possessor fundi* [»Großgrundbesitzer«] ist, mit Gundomars Brief und Siegel, das Kloster in Lorsch, sagte ich. Ringwolf, so bestimmt es der Vertrag mit Gundomar, ist hier der Landherr, ist Grundherr bis hinauf nach Mainz. Wann immer wir heidnische Stämme unterwerfen, dann, so bestimmt es der Vertrag, müssen die Gefangenen dem Bischof als *servi casati* [»unfreie Bauern«, »Leibeigene«] unterstellt werden, auch, damit sie alsdann diese Waldböden roden und nutzen.

Hier sind aber nirgends Siedlungen, sagte der Xantener. – Weil dies Bannwälder [Bann = Grenze] sind. Bauern wären hier ungeschützt. Was hilft es am Oberrhein, daß zu Rom der gotische Herr Theoderich zum Konsul bestimmt wurde. [Zwei Jahre zuvor, also 484 (der Sage nach »Dietrich von Bern«, von Verona).] Deswegen haben wir hier nicht weniger »Völkerwirbelwind«. Welche *rustici* [»Landleute«] oder *laboratores* [»Landarbeiter«] sollten hier wohl in Sicherheit arbeiten und *servitia* [»Sklavendienste«] leisten, welcher Kirchenfürst wollte hier wohl siedeln und Güter häufen.

Wie wir so redeten, entstanden vor uns Bewegung und Lärm, wir ritten am Zug entlang nach vorn. Beim König hörten wir, wie ein Bote meldete, *hostes flumen transire coeperunt* [»die Feinde haben begonnen, den Fluß zu überqueren«]. Dem Lateinredner widersprach heftig ein anderer Bote, überschritten hätten die Falen den Main schon längst, alles sei anders, vom Main sei eine Schar Sachsen aufgebrochen, zwölf Bewaffnete, die kämen uns entgegen, binnen kurzem wären die hier. – Zwölf Mann? fragte der Niederländer. Das paßt. So viele hat Gernot an der Lahn verloren, samt Ortwin von Metz. – Der Xantener bat Gunther, dieser Vorhut allein entgegenreiten zu dürfen. Nur Giselher sollte ihn begleiten und der Jude.

Gunther blickte auf seinen Ratgeber. Hagen saß geduckt zu Pferde, im doppelten grünen Filz. Aus dem verfrorenen Gneisgesicht kam kein Widerspruch, kein Gemunkel von Verrat oder Sachsen-Falschheit. Da nickte der König, wünschte dem Niederländer Glück. Mir ließ er eine *tuba* [Blechblas-Instrument, »Trompete«] geben, damit ich, falls Not sei, Hilfe rufen könnte.

Das Heer blieb zurück, machte Rast. Der Xantener auf seinem Rappen Grani, ich auf meinem Schimmel Ran, wir ritten also den Weg wie bisher, immer in die alte gerade Waldschneise hinein. Hinter uns, auf einem Esel, trabte der Wormser Jude. Ein kleiner ängstlicher Mann war das, auf dem Rücken trug er eine Kiepe aus Weidengeflecht, eine verschließbare. Murmelte leise vor sich hin, schaute auf seine Hände, die den Zügel umklammerten. Mochte sein, er betete.

Der Nibelunge drehte sich um. – Was für eine Litanei rümpilst Du? – Eine, die um ein gutes Ende bittet, sagte der. – Was nennst Du ein »gutes«? – Gut wäre, wenn ich bei der Heimkehr in der Kiepe Besseres trüge als Luft. – Wie ist Dein Name? – Hirsch. – Ein nützlicher Name im Dickicht. Kommt Gefahr, springt hinter uns Herr Hirsch in die Büsche. Sag, Hirsch, was wäre besser in Deiner Kiepe als Luft? – Falls, wie ich denke, das Sachsenheer am Main geschlagen wird, wollte ich mir dort dies und das besorgen. – Dies und das? Du Listmolch weißt MUSHA am besten, daß die Sachsen ihren Namen vom »Sachs« haben, was Fels heißt wie Schwert. Nimm Dich in acht vor den Wüterichen, Kastanien und getrocknete Birnen werden sie Dir in Deine Kiepe nicht tun.

Der Mann auf dem Esel sagte dazu nichts, schien aber im Reiten zu nicken. – Wenn die Schlacht geschlagen ist, murmelte der Xantener, dann wird Kiepen-Hirsch, wie alle Krämer, über die Leichen steigen. »Kniees tief«. Dann späht auch der sich Beute aus, blanke Steine, die er sich von den Sachsgriffen klaubt. – Er wendete sich zurück und rief: Gib's zu, Hirsch, so wirst Du's machen.

Herr Hirsch schien weiterhin nur zu nicken. Mochte sein, daß es der Trabschritt seines Esels war, der ihn zum Nicken brachte. – Achte Du gut auf Deinen Kopf, riet der Nibelunge. Daß der Dir nicht vor die Eselsfüße nickt. – Bin nur ein alter Mann, sagte unser Dolmetscher. Und meine Kiepe sieht aus, als wär sie voller dicker Bohnen. Sachsräuber muß ich nicht fürchten.

Der Xantener trug auch jetzt im langen Haar ein dunkles *redimiculum* [»Haarband«]. Im Schwarz dieses Samttuchs, so schien mir, schimmerten die Farben des Feuers. – Ob Kutte oder Krämerkiepe, sagte er, rheinauf, rheinab ist das Kappen die Mode. Als Tarnkunst oder als Köpfen. *Perturbatio et divisio et praecisio capitis est terror terrarum.* [»Das Verwirren und Absondern und Abschneiden des Kopfes ist der Schrecken der Erde.«] Mancher Sänger trällert und säuselt wundersam und süß, und niemand merkt und nicht einmal er selber, wie auch ihm die neue Herrschaft den Kopf nahm. – Ich wußte nichts darauf zu entgegnen, war wieder in Verlegenheit und Scham. So ritten wir weiter auf dem überwucherten Geradeausweg, durch wechselnd dichte Waldungen. Die Bäume sah ich im Rauhreif, oben hinauf schienen ihre Wipfel die Sonne zu ahnen, die Wipfel leuchteten.

Als sich vor uns noch immer kein Feind zeigen wollte, drehte sich der Xantener wieder zum Juden um und fragte: Nicht wahr, die Christen in Rom sagen, die Juden seien Mörder. Juden hätten Herrn Christus gemartert und gekreuzigt. Sagen sie nicht so? – Hirsch nickte und sagte: So lehrt es Herr Ringwolf. – Und was lehrt Euer Rabbi? – Der Herr Hirsch auf dem Esel schaute unglücklich. – Du bist ein schlauer Mann, Hirsch. Weißt genau, wer den Störenfried mordete. – Der Mann, der unterm Fellmantel die kohlenschwarze Rüstung trug, suchte nun wieder zu erkennen, ob vor uns, in den Lichtungen, zwischen den Büschen, Bewegung war. Der Wald stand hier auf alten Sanddünen. In kleinen Tälchen war mooriger Grund, rieselten Bäche. Zu dieser Jahreszeit waren die verwandelt, da glitzerten sie im eisigen Schmuck.

In einem der Dünentälchen rieselte der Bach durch einen Steingrund, an einer kleinen Höhle vorbei, in der Quellwasser sprang. Der Königssohn saß ab, ging zwischen die Felsen, beugte sich in der Grotte übers frische Wasser und trank. In der dämmrigen Höhlung schimmerte auf seinem Rücken der rote Lichtpunkt. Als ich nachzudenken begann, ob sich darunter eine Handform verbarg oder doch die Form des Lindenblatts, hörte ich Zweigeknacken. In der Ferne brach Geäst. Die sächsischen Reiter näherten sich. Da warnte ich den an der Quelle. Diesmal warnte ich ihn.

Der Xantener trat aus der Grotte, sah den Weg entlang nach vorn und nickte. – Das paßt, rief er wieder. Band sich den Fellmantel auf, warf den über sein Pferd und bat mich, Grani auf guten Abstand zurückzuführen. Er werde rufen, wenn er mich brauche oder den Dolmetscher. – Mit Herrn Hirsch und mit Grani ritt ich zur Seite, um aus gutem Abstand zu beobachten, wie es dem Xantener erging.

Der stand nun allein auf der Lichtung, wartete vor der Grotte. Den Helm trug er mit offenem Visier, BALMUNK noch in der Scheide. Auf dem Eisboden zu seinen Füßen stand das *scutum chalybe factum* [»der stählerne Schild«].

Die Fremden, da sie hier mit niemandem gerechnet hatten und am wenigsten mit einem Einzelnen, hörten plötzlich seinen Zuruf, hörten jemanden in ihrer Sachsensprache schreien, und was da geschrien wurde, das übersetze ich nun in unser Hofdeutsch. – Nach Worms, rief er, kommt Ihr diesen Tag nicht mehr. – Die Reiter hielten an, berieten sich. Auch sie trugen dunkles Eisen. Schließlich sprang einer vom Pferd, kam näher und rief: So wie der Waldschrat hier stehe und krächze, könne er nur Siegfried sein. Beschimpfte ihn mit YERRA und WUPPERICH und Hürnfried und Hortfried.

Als er im Schimpfen eine Pause einlegte, hörte ich, wie der *NidGir*-Töter sagte, er rate dem Wotanswirrkopf, bevor er zu weit sein Maul aufsperre, in Roms Schimpfschule zu gehen, wo er vielleicht doch noch lerne, wie man richtig beleidige. – Für wen er hier den Weg versperre, wollte der andere wissen. – Für König Gunther und dessen Schwester, meine Königin. Nach Worms gelangt Ihr nur über BALMUNKS Klinge.

Nach so zweischneidiger Auskunft besprach sich der Sachse mit seinen Genossen. Dann näherte er sich wieder, diesmal mit allen Waffen, trat weiter vor als beim ersten Mal und rief: Jauche über Dich, über Dich Sklaven unterm Adler aus Rom! Unter die *NidGire* und Schacherer [Räuber] bist Du gekrochen, das Wurmsreich kaufst Du Dir, mit Drachengeld. Pfui über Sieglinds Sohn, ein Kriecher bist Du geworden, selber Raubtier, Speichellecker beim Waldfraß, beim Giftwurm! – Weh, da waren wunde Stellen getroffen. Von all dem, was der Königssohn nun zu hören bekam, wären dem Teufel die Hörner vom Kopf gesprungen.

Ich sah, wie der Xantener den Schild vom Boden hob. Auch die anderen sächsischen Männer kamen nun heran und zogen ihre Schwerter, fluchten und schlugen die Waffen heftig gegen die eigenen Schilde und schrien. Voll Gift sei er bis oben hin, der Cherusker, gefüllt mit Gierjauch. Trommelten Eisen auf Eisen. Und dann stimmten sie den *Banditus* an. [Von mehreren röm. Chronisten geschildert, z. B. von *Tacitus* (in *Germania* 3), vgl. S. 258 f., 313, 327, 508. Es liegt nahe, an den »anschwellenden

Bocksgesang« zu denken (griech. »Tragödie«).] Nun begannen die Kampfschreie, die mit leisem gemeinsamen Flüstern anheben, ins Zischen übergehen, immerzu anschwellen und am Ende, wie schon *Ammian* beschrieb, aufbrüllen wie Meeresbrandung zwischen Felsenklippen. Das rauschte düster durch den Forst. Dazu klapperte Mordmetall auf Mordmetall, und unter all dem Getöse war gut zu verstehen, daß diese Sachsen mit Siegfried das machen wollten, was sie mit Ortwin von Metz getan hätten, »metzen« würden sie nun auch ihn, zerschneiden, zerstückeln den RomKnecht.

Si fractus inlabatur orbis [»Und wenn geborsten die Weltkugel einstürzen sollte«], rief der Xantener und ließ nun ebenfalls seinen Helmverschluß herab, zog sein Schwert und hieb BALMUNK mit der flachen Seite gegen den stählernen Schildbuckel, daß es klang wie Glockenschlag. Ich wußte, warum sie vorm Kämpfen die Töne der Zauberer wiederholen, der Schmiede, jene Klänge, die in den kirchlichen Glocken weiterleben sollen. Eginhardt hatte mir's erklärt. Das Eisen lassen sie schwingen, um die eigene Angst mit Lärm zu übertönen. Aber auch um den Widersacher einzuschüchtern. Und weil Erz, wenn es tönt, ob in den Kirchen oder in den Schmiedehöhlen, die Geister auf die eigene Seite ruft. Womöglich die Götter.

Vom Heulen und Fluchen und ohrenschmerzendem Krawall schienen nicht nur die Espen zu zittern, begannen auch die Grottensteine zu beben und wäre dem Herrn *NidGir* die Ölhaut geplatzt. Den Niederländer schüchterte das Geschrei nicht ein, den entmutigte nicht mal die zwölffache Überlegenheit. Als hätte er soeben vom Born der Unerschaffenen getrunken, so sicher trat er nun vor. – Die Sachsen schrien, Siegfried habe Irmins Freiheit verraten. Die Kuh an den Adler, an die Raubkrallen, an das lateinische Otterngezücht. Er sei, so hallte es bis zu mir herüber, ein Papstkriecher, nicht besser als der Verräter Theoderich, der sich das Christenbuch ins Gotische übersetzen lasse. [Der *Codex Argenteus*, die früheste Übertragung der Bibel in eine germanische Sprache (ins Gotische), lagerte bis zum 30jähr. Krieg in der Klosterbibliothek von Essen-Werden (*Werethina*).] Die Drachentat habe dem Burgunderknecht den Verstand geraubt, ob er Herrn Gunther heute schon den Arsch gewischt, Herrn Hagen den Lügenschleim vom Maul –

Da war der Zorn auf beiden Seiten in solcher Glut, daß kein Zurück mehr möglich war, nun loderte die Hitze so wild, daß der Vorderste der Zwölf vorspringen mußte, um erste Schläge zu tauschen. Doch schlug der zunächst nur Geäst herunter, köpfte Farn, Sträucher und Zweige, als

benötige er freie Kampfbahn. Plötzlich aber hatte das Morden doch begonnen. Mit einemmal dröhnte und splitterte der Wahnsinn aus Arm-
194 kanten und Beinschienen, klirrte und krachte und blitzte zwischen den Bäumen das hirnzerreißende Feuer, klang abermals der Gesang aus den Eisenhütten, aus Schädel- und Schulterstahl schallte der jetzt. Und dann hieb BALMUNK in Menschenfleisch. Und brüllte der fremde Ritter auf. Tat der in der kalten Waldluft seinen letzten, einen jämmerlichen Schrei, sank nieder, der Leib krümmte sich, wand sich wie ein getretener Wurm und verreckte.

Als die übrigen elf sahen, wie schnell ihr Bester gefallen war, berieten sie sich. Gestikulierten. Beschlossen dann, gemeinsam auf den einzudringen, der, wie auch sie wußten, die Feuerkräfte beherrschte und mit Erdkräften im Bund stand und als hürnern galt. Zusammen rückten sie gegen Alberichs Gesellen vor – und der wich aus, zog sich zurück, bis in die Grotte hinein, so daß er, ob er davon nun wußte oder nicht, seinen verwundbaren Rücken gesichert hatte. Im Rücken und an beiden Seiten geschützt von den Felsen, konnte vor ihm immer nur einer den Angriff gegen ihn führen.

Als die elf das erkannten, spotteten sie und fragten, ob er sich anders nicht zu helfen wisse. – Nur als Grottenolm, als Winkelried überlebst Du? – Ortwin und zwölf andere im Schlaf töten, das könnt Ihr und das dumme Maul aufreißen, mehr nicht. – Da blieb ihnen nichts übrig, da mußten sie zurückhauen, da mußten auch diese Krieger *spem omniam in virtute ponere qua in antiquis temporibus* [»all ihre Hoffnung auf die Tapferkeit setzen wie schon in den alten Zeiten«]. Abermals toste das mörderische Erz, brachen Eichenholz und Eisen, zersprangen die Rüstungen und rissen und barsten auch jetzt nur diejenigen der Angreifer.

Als wieder zwei gefallen waren und der Bach sich rot färbte, besprachen sich die restlichen neun und waren über die Maßen aufgeregt. Vor einem einzigen dürften sie, riefen sie, nicht feige sein und fliehen. Auch diesem Gegner, diesem Heimtückischen, dem müßten irgendwann die Kräfte erlahmen. Einem unter ihnen würde schon noch der entscheidende Schlag gelingen, vor allem dann, wenn sie einander geschickt abwechselten und jeder nur solange kämpfte, wie er bei vollen Kräften sei und bei höchster Aufmerksamkeit. Sobald Wachsamkeit und Kräfte nachließen, sollte der nächste vorspringen und an seiner Stelle weiterkämpfen.

So hielten sie es von nun an. So tobte nun die *dimicatio cruenta* [»der mörderische Entscheidungskampf«] und rumorte und blitzte noch eine volle

Stunde. Es wurde dämmrig, das lärmte durch den Wald und stob Funken, zuckte und sprühte und ging erbittert und ohne Unterbrechung, da krachten und platzten eiserne Gelenke, zersprangen Schwerter, die man für Wunderwerke gehalten, und brach ein Kämpfer nach dem anderen in die Knie, ehe er hatte zurückweichen können, um dem nächsten den Vortritt zu lassen. Immer wieder knickte der vorderste zusammen, sank, versuchte dieser und dann jener, im letzten Augenblick von unten her, dem Nibelungen unter die Rüstung zu stechen, mit dem Dolch in den Leib, jedesmal verhinderte das ein tödlicher Hieb, jedesmal folgten Schreie im Todesschreck. Würgendes Gewimmer.

Keinem der Angreifer gelang der erhoffte Treffer gegen den »Mächtigsten«, gegen den in der unübertrefflichen Rüstung. Wie immer sie es versuchten, ob mit langer Lanze, mit geschleuderter Stachelkugel oder mit der geworfenen oder geschlagenen *francisca* oder mit Kurzschwert und Dolch, stets endeten die Attacken mit dem Ächzen eines Angreifers, mit dem hell aufgellenden und jäh erstickten Quälschrei eines Sterbenden, eines fälischen Sachsen.

Als einer, der schon am Boden lag, sich noch einmal aufrichtete und röchelnd das Messer hob, um von hinten zuzustechen, bemerkte der Niederländer auch dies, drehte sich und schlug dem *desperato* [»dem Verzweifelten«] im Umdrehen den Kopf vom Rumpf. Bis in den frostigen Abend dauerte das Gemetzel. Am Ende war keine Kraft mehr und kein Blitzen und kein Leuchten, nur noch Stille. Ein grauer leerer Waldraum blieb übrig, tote trübe Dämmerung. Da lagen zwölf Männerleiber vor der Grotte. Durchbohrt, zerschnitten, blutend, gestückelt.

Grauenvolle Erinnerung. In meinem Kerkerloch muß ich die Feder weglegen und meinen Kopf festhalten, muß die fünf oder sechs Schritte von der einen Mauer zur anderen gehen und sehen, wie ich jetzt noch weiterschreiben kann. – Was war danach? Danach sah ich, wie der Nibelunge zwischen den Körpern stand. Schwankend stand er. Wie in Ohnmacht. Wankte schließlich zurück, zur Quelle. Trank diesmal länger als zuvor. Kam dann hinaus, wollte über die Toten hinweg. Blieb aber stehen, sah diesem ins Gesicht, jenem. Schüttelte den Kopf. Wehe, hōrte ich ihn. Hörte ihn weheklagen. Und fragen: Was auch haben sie Euch erzählt über mich. Wehe. Romkirchengift zerWAZte Euch.

Nahm dann von dem, der ihn hinterrücks hatte erstechen wollen, den Kopf, legte den in seinen Schoß und weinte. Japste nach Luft und weinte. Schluchzen hörte ich ihn, lange Zeit sein erschöpftes Jammern, *lamentationem desperatam* [»seinen verzweifelten Jammer«]. Wurde endlich ein wenig ruhiger und sagte, schluchzend, den Toten: *Cur turbulentem fecistis mihi aquam bibenti* [»Warum habt Ihr mir, der ich trank, das Wasser trübe gemacht«]. Heute, da ich mich an dieses lateinische Wort erinnere, weiß ich, daß dies ein Vorweis gewesen ist auf das Ende dessen, der da sprach – auf seine eigene Ermordung.

Der Siegmundsohn [hier ausnahmsweise nicht »Sieglindsohn«] richtete sich endlich auf und schaute in die Richtung, in der er Herrn Hirsch und mich vermutete. Wir waren hinter den Bäumen hervorgekommen, zögerten aber, näherzutreten. Schließlich war er es, der sich näherte, unsicher, wankend kam er heran, sah mich dann an, mich und dann den Eselsreiter. Als ob er uns nicht mehr erkannte. Oder sich selber nicht mehr. Schaute dann wieder auf mich. Sein Gesicht rot, die Augen weit geöffnet, glänzend im grauen Waldlicht.

Kämpfen, so verstand ich sein stimmloses Gezische, ist Steinzeit. Knochenzeit. *Omnis semper captus* [»in jedem Fall schwachköpfig«]. Der Mensch, wäre er einer, müßte Besseres wissen. – Ich bemerkte, wie ihm die Lippen flatterten, die Arme. Als er sah, wie ich ihn anstarrte und sein Gekeuch zu verstehen suchte, da kam er ganz nah auf mich zu und sagte: Kopflose Sänger trällern, im Sieg würde gejubelt. Und? Was ist in Wahrheit? Schlottern ist. KNÖRRIP bloß Schlottern. Grauenvoll Schlottern. – Schnappte nochmal nach Luft. Kühlte sich die Stirn mit seinem Gürteltuch, das er sich an der Quelle genäßt hatte. Nickte, ächzte im Schnaufen, murrte im älteren wie im keltischen Deutsch dies und jenes, was ich nicht verstehen konnte. Inzwischen hatte er die schwarze Brünne gelöst. Warf sie zu Boden.

Gib mir die Kiepe. – Eh der Handelsmann verstanden hatte, nahm der Ruhrschmied Herrn Hirsch den Korb vom Rücken und ging damit zurück zu der Quelle. Er, der sonst so leichten, so federnden Schritts dahinging, schlappte jetzt mit schwerem Tritt, trug schwankend das Weidengeflecht zum Blutplatz und verschwand mit dem Korb in der Grotte. Hinter den Steinen hörten wir einen Schrei. Dann ein Flügelflattern. Kam wieder heraus, zurück zu uns, öffnete den Deckel und ließ uns hineinschauen. In der Kiepe hockte, zitternd, ein weißer Vogel, eine Eule.

Bat mich nun, mit einer Kopfbewegung, ihn zu begleiten, dorthin zurück, wo die Zerhackten lagen. Bat mich, wiederum nur mit stummen Gesten, anzufassen. So, ohne zu reden, trugen wir nach und nach die Leiber in die Grotte. Im hinteren Winkel setzte er die Zwölf gegen den Fels, alle nebeneinander. Gebückt hockten sie da nun, kauernd, mit eingezognen Beinen und Armen, wie große frisch Geborene. – Zurück zwingt Euch der RomGeist, murmelte der Nibelunge, zurück in den Allmutterbauch, ins ErdEi. Legte ihnen dann doch auch die *Sax*Schwerter auf den Schoß. Tat das alles, obwohl sie ihn Verräter genannt hatten, Kriecher, Verkäufer und Räuber. Und begann schließlich, nach einer Pause, den schwersten der alten Steine, die in diesem sandigen Tälchen lagen, heranzuwälzen. Drehte und stemmte den mit großer Anstrengung bis vor die Höhlung und kippte den dort so in den Eingang hinein, daß der granitene Block das Lager der Toten vollkommen versperrte. Gegen Blicke, gegen die Wildtiere, gegen Räuber.

Erschöpft lehnte er noch eine Weile gegen den Fels, als umarme und küsse er den. Keuchte. VIRDICKI verstand ich und andere Flüche und was immer er nun benötigte an Atemluft und Wutwörtern. Sagte aber auch, nach einer Pause, das Segensgebet. *Thu biguolen Siglind suna era suister mana era suister* [vgl. S. 162 f.]. Und dann, gut vernehmlich: *Gislahar*, KNÖRRIP Schreibsäckchen. *Dulce et decorum pugna atrox inexpertis.* [»Süß und ehrenvoll (erscheint) der Mordkampf den Ahnungslosen.«] Mordkrampf ist das. Kampfkrampf. Aus dem keiner raus kann. Gelähmt. Ins Morden verkrampft. In das Kopflose. [Schazman vermerkt hier (offenbar kritisch), daß die kelt. Vorlage nur unvollständige Sätze liefere (*fragmentary*) und diese Bruchstücke hier eigentümlicherweise nicht mit Punkten trenne, sondern mit verbogenen Schwertern (vgl. S. 462, 526).]

Atmete tief, schweißnaß, stützte sich vom Felsenverschluß fort. – Wieviel besser wäre mehr List, sagte er. Wischte sich über die Stirn. »Geriebenheit« riet Sieglind. Auch BALDINAI, auch die Nornen. Und was tat ich? Im Wutkrampf ist er verdampft, Lokis Witz. Weil sie mich Schacherer nannten und RomKnecht. Papstspeichellecker.

Ging dann, langsam, zurück zum Herrn Hirsch, zu Grani und der Eule. Und, als ob er plötzlich wieder erwachte, packte er dort den Eselsreiter, hob den hoch, hoch über den Vierbeiner stemmte er den, schüttelte ihn und rief: *Cerve, habeas rationem* [»Hirsch, gib acht«]: Als das kam, dies Wort vom »Schacherer«, als sie riefen, ich erschacherte mir das Wurmsreich, da war dies das Sterbenswort. Das alles totmacht. Das Terrorwort. – Herr Hirsch nickte, suchte sich loszumachen. – Der Niederländer setzte ihn wieder auf das Grautier. – Könnte sein, am Ende ist auch Herr Hirsch nur einer jener Weltfresser, *unus et alter, qui magnas pecunias fenore collocatas habent* [»nur einer der vielen, die große Mengen Geld auf Zinsen angelegt haben«].

Bei einer leeren Fischerhütte, in der Gunther übernachten konnte, war das Lager aufgeschlagen worden. Dort, zwischen den Zelten, hörten nun die Herren von mir, was geschehen war. Berieten sich und beschlossen, am nächsten Tag sehr früh aufzubrechen und die Falen am Main vor Sonnenaufgang zu überfallen.

Beim Feuer erzählte ich im einzelnen, wie der Nibelunge gekämpft hatte. Als alle wußten, wie er sich geschlagen, hob sich die Stimmung, jedenfalls bei denen, die nicht dabei gewesen waren. Auch nachdem ich's mehrfach erzählt hatte, zitterten mir noch die Knie. Das Zittern übertrug sich auf keinen meiner Hörer.

Ich stand auf, ging zur Seite, durchs Lager. An den Abendfeuern ging kein Schlottern um, da schallte nur wieder das Lied von der Sachsen Not, vom Blut, das der Mainstrand trinken werde. – Schließlich bemerkte ich den Alberichgesellen. Hinten, am dunklen Ufer eines Rhein-Arms saß er und spaltete den Ast einer Esche. Ich näherte mich und sah, wie er mit einem Dolch den Zweig über die Länge teilte, aber nur auf der halben Astlänge. Die andere Hälfte ließ er unaufgeschnitten. Als ich wissen wollte, was das würde, mußte ich meine Hand ausstrecken. Die beiden gespreizten Asthälften ließ er zusammenklappen, klemmte mit ihnen meine Hand ein. – Aus Eschenholz, sagte er, ist auch der Ger, wenn er stark sein soll. Morgen fängt sich der Falke seinen ersten Falken.

In der Frühe, lange vor der ersten Dämmerung, wachte ich im Zelt hinter der Fischerhütte auf, hatte unruhig geträumt von dem, was ich bei der Grotte hatte ansehen müssen. Als ich mich umblickte und bemerkte, daß *Walthar* schon wach war, nickte der mir zu und wies mir eine Richtung. Da ging ich dem nach, tappte ins Dunkle, am schwarzen Ufer entlang. Und sah dann den Ritter, sah ihn als Schatten, mit dem dunklen Punkt im hellen Rückenfell, Kriemhilds Rose zeigte mir, wer da am Waldrand in Bewegung war, wie auf Katzenpfoten bewegte er sich. Mit dem Ast, den er gestern der Länge nach gespalten, schien er etwas eingerichtet zu haben, und flüsterte mir nun zu, wir müßten versteckt bleiben, uns ruhig halten.

Führte mich wenige Schritte zur Seite, dorthin, wo zu erkennen war, was er vorbereitet hatte. Im Schimmer der Sterne sah ich, wie der gespaltene Ast zwischen zwei Bäumen eine Brücke bildete. Wo meine Hand festgeklemmt war, hatte er ein Holz eingeschoben, das die Hälften auseinandersperrte, und zwischen diesen klaffenden Teilen hockte die Eule. Das weiße Tier aus der Grotte saß zwischen den Eschenholzhälften, hockte auf einem tieferen Ast und rührte sich nicht. [Sch. verweist darauf, daß sich sowohl die Erweckung (*initiation*) des Jünglings wie sein Tod unter der Eschen-»Baumkraft« ereignet.] Blieb, wohl in der Furcht vor Raubvögeln, unbewegt. Mochte auch sein, der Nibelunge hatte die Eule festgebunden. In der Aufregung wagte ich nicht zu fragen, nichts mehr zu reden.

In seiner Hand hielt er einen Zug, aus Pferdehaaren geflochten, der reichte bis zu dem Hölzchen hinauf, das die Asthälften auseinanderdrückte, dorthin, wo in den Nachtschatten der helle Vogel schimmerte. Nur noch unser Atem war zu hören. Kein Morgentier gab Laut, nichts raschelte im bereiften Laub.

Wie ein Irrlicht fiel der Raubvogel vom Himmel, stieß auf die Eule, weiß wie sein Opfer [in fast jedem Detail lege die Kilianschronik, merkt Schazman an, Wert auf solche Doppelungen – der den Hürnerren schlug, wird selber hürnern, der Falke fängt den Falken etc.], so daß ich im Geschrei und Getümmel alles für ein einziges Tierknäuel halten mußte. Da hatte sich was auf die Eule gestürzt, da zuckte und stob ein kreischender Federwirbelwind, und bevor der eine seinen Hackschnabel in den Nacken des anderen schlagen konnte, war der selber gefesselt – ein Zug an der Schnur hatte das Hölzchen springen lassen und die Asthälften zusammenklappen, ein zweiter Zug festigte die Falle, die hielt dem Raubtier die Fänge. Eingeklemmt schlug der um sich, der kleine kräftige GerFalke, der *rapax* [»Raubvogel«] zeterte wie soeben noch die Eule, Gestöber aus Daunenfedern schneite auf uns herab, der Xantener kletterte hinauf und holte, die Hände mit zweifacher Lage Rindshaut geschützt, beide Tiere herunter.

Der Raubvogel kam in Herrn Hirschs Weidenkiepe. Mit der sollte ein Wächter hier, bei der Fischerhütte, warten, bis wir vom Main her an dieser Stelle wieder vorbeikämen. In einer großen *ampulla vinaria* [(irdene) »Weinflasche«], die am Abend zuvor leer geworden, ließ der Jäger auch das andere Geschöpf bewahren, den Weisheitsvogel.

Lange vor Sonnenaufgang war das Heer bereit, zog nach Norden, rückte im nächtlichen Winterlicht über die alte Keltenschneise weiter nordwärts, gegen den Main. Vorbei an der verwüsteten Kampfstatt, an den Toten in der Felsengrotte. Der Sieglindsohn sprang dort vom Pferd und kniete sich vor den großen Verschlußstein, kniete nieder, als wüßte er noch die Weisheit der Alten, daß Altar und Tempel dort sind, wo wir mit Haupt und Gliedern niederknien. Lehnte sich im Knien abermals gegen den großen Stein, reglos, schien ihn zu küssen. Sprang dann ebenso rasch wieder zurück, auf sein Pferd.

Hagen murrte nicht mehr, auch über diesen Zeitverlust hörte ich ihn nicht klagen. Seit meinem Bericht über den Kampf gegen die zwölf schien sein Mißtrauen gebannt. Wir zogen weiter, immer in die Mitternachtsrichtung, über die gallische Waldschneise. Nach knapp einer Stunde zeigte sich vor uns, im ersten Frühdämmer, am anderen Ufer des Mains, die neue Frankenburg, auf den Resten des Römerkastells. Ortskundige verteilten die Kämpfer rings um das Heer der Falen, um die Lichtung am südlichen Ufer. [Urkundl. 1193 erstmals erwähnt als »Sassenhusen«, neuere Grabfunde belegen eine Besiedlung mindestens seit dem 5. Jahrhundert.] *Totis castris* [»im ganzen Lager«] herrschte Ruhe, der Gegner lagerte *re vera idoneo loco* [»fürwahr am geeigneten Platz«].

Der Niederländer bestand nun aber darauf, man solle nicht hinterhältig über die Eindringlinge herfallen, sondern zuvor erkunden, welcher Herzog sie führe und was sie beabsichtigten. Darüber kam es zum Streit mit Hagen, der Waffenmeister mahnte, Eile sei geboten, wenn eine Überraschung gelingen sollte, die im Lager würden nun bald wach und könnten uns entdecken. Der Xantener erklärte, was die Burgunder auf dem Würzburger Marienberg im Namen der neuen Kirche getan hätten, sei nicht so rühmlich, daß es wiederholt werden müsse. Und die Untat an Ortwin und seinen Leuten sei nun gerächt.

Was er statt dessen wolle? – Gunther fragte das, im eisigen Frühwind zog er sich die Enden vom Auerochsenfell näher ans Kinn. – Die hier lagern, sagte der Riese, die werden, als sächsischer Stamm, von einem Herzog geführt. Den haben sie in freier Wahl bestimmt. Wenn sie nicht friedlich abziehen, werde ich mit diesem Herzog, der sicher ihr bester ist, kämpfen. Für das Gespräch mit ihm gebt mir wieder Euren Gislahar mit und auch die kleine graue Eule namens Hirsch, dann wird Euch kein Wort, das ich mit dem Fremden verhandele, entgehen, kann ich nichts ohne Euer Wissen tun. Sobald sie erkennen, daß sie umzingelt sind, werden sie sich fügen. Falls nicht, werde ich den Herzog, wer immer das ist, besiegen, werden wir ihnen den Abzug befehlen und wird weiter kein Blut vergossen. Für einen neuen Volksmord jedenfalls nach Roms Art, wie Hagen das will, habt Ihr keinen Bundesgenossen.

Gunther erwartete Hagens Rat, blickte den grün verhüllten Heermeister besorgt an. Der befahl schließlich mir und dem Herrn Hirsch, den Ruhrmenschen nicht aus den Augen zu lassen. Da dieser Cherusker mit den zwölf Kundschaftern immerhin nicht paktiert, sondern sie erschlagen hätte, wolle er ihm vertrauen, im Namen Gundomars. – Erst nach Giselhers Signal, sagte der Xantener, erst nach dem Trompetenstoß unseres Poeten treten alle aus dem Wald, bleiben aber, zeigen sich nur und warten. Hören dann entweder keltisch-fälische *voces dirae* [»Flüche«]. Oder sehen den Zweikampf.

So ging er voraus, aus dem Schatten der Bäume, Herr Hirsch und ich dicht hinter ihm her, schlichen zu dritt zum Großzelt, folgten dem Riesen nah genug, so daß wir mitbekamen, wie in der Dämmerung eine erschrockene Wache sich bücken wollte und nach einer Lanze greifen, schon trat ihm ein Fuß auf die Hand, so daß der Wächter aufschreien wollte, woran ihn aber eine große Hand vorm Mund hinderte. Die Nibelungenhand drückte weiter fest zu, und der Soldat in der buchengrauen Rüstung bekam zu hören, er solle nunmehr, ohne Krakeel, das Herzogszelt öffnen.

Dort, vor den hohen, den rot gefärbten Fellwänden, hieß der Xantener uns warten, ging mit dem Entwaffneten hinein und kam bald mit einem Mann wieder heraus, ganz offensichtlich mit dem Herzog, dem hatte er eines seiner Kuhtücher um die Augen gebunden und dem hielt er die Fäuste hinten zusammen, stieß ihn vor sich her. Der Wachsoldat hatte eine Rüstung zu schleppen und Waffen und mußte sie auf eine sanfte Erhebung hinauftragen, zu der auch der Xantener hinaufstieg mit dem, den er vor sich herstieß, oben befahl der Cherusker dem Posten, seinen Herrn zu rüsten, vollständig, ihm die Schienen anzuschnallen und die Brünne über die Brust. Der Herzog sah nicht, in wessen Hand er war, erst als der Nibelunge schon unterm Visier war, durfte der Wächter seinem Herrn das Tuch von den Augen nehmen und Lanze und Schwert geben. Der Niederländer winkte mir, das Signal zu geben, den Kriegston. Ich tat's, sofort war die Luft voller Geschrei. Aus den grauen Zelten stürzten Gestalten, die wollten ihre Eisenkleider umgürten, sahen aber, daß sie umzingelt waren, überall den Wald entlang standen Ritter fertig gerüstet, bereit, das Chaos zu nutzen und loszuschlagen – und auf dem Wachhügel erblickten sie ihren Heerführer, bei einem schwarzen Eisenriesen.

Immerhin, ihr Herzog stand in voller Rüstung, gepanzert bis über den Hals. Und der Eisenriese rief nun, in die erschrockene Stille hinein: Wie dieser hier Herzog ist, so bin auch ich es. Und wie Ihr im Rheinrevier rauben wollt, so will ich es NICHT. Deswegen schlagen wir uns jetzt, an Heeres statt. Es sei denn, ALLE sollen »gemetzt« werden. *Prock Paruttel* [Schazman bittet hier und bei den folgenden Wendungen um Nachsicht, weil er auch diese *celtic (magic) spells* unübersetzt lassen muß, da die Bedeutung nicht mehr erschlossen werden könne, was wohl auch besser sei, da Grobheiten zu vermuten wären, wo nicht Anstößigkeiten], nun pack Deine Zinken fest, heb

Deine Klauen, hack Dir den Weg frei, wenn Du Roms Wurms erobern willst, oder aber zieh ab, noch diesen Tag zurück an die Weser! Was ist? Herr Herzog denkt nach? Das kann nie falsch sein. Was? Deine *brachiola* [»Ärmchen«] läßt Du sinken, wirst schlapp? Los, schlag zu! *Hoc fieri volo!* [»Ich will, daß dies geschieht!«] YERRA KNÖRRIP *zirquürkilt SchonkDrop! Mich armet Din armec-heit!* [»Mich erbarmt Dein Elend!«]

Der Anführer, verborgen hinter seinem grauen Eisen, stand wie starr. Obwohl der Niederländer ihn mit Zurufen reizte und mit Gesten, dachte der nicht daran, einen überraschenden Ausfall zu tun und den Zweikampf zu eröffnen, sondern hat nicht nur die Arme sinken lassen, sondern ließ nun auch noch, mit Gepolter, seinen Schild plumpsen.

Obwohl darüber bei Burgundern wie Nibelungen Gelächter laut wurde, dieser Herzog kämpfte nicht, warf nun auch noch das Schwert in den Sand. Klappte das Visier hoch, betrachtete sein Gegenüber. Und begann zu reden, in der katabolzenden Art, wie ich sie, als ich in Nebelland war, kennenlernte und wie ich sie auch hier ins höfische Reden übersetzen muß.

Ist das nicht die Balmunkschmiedestimme? fragte die Gestalt. Ist das nicht der Rauhbesen *Victor* vom Xantenkastell, mit dem ich in der Feuerlehre war im Eschenwaldland [vgl. »Asnithi« (S. 61)]? – Da klappte auch der Niederländer seinen Helm auf, riß ihn sich vom Kopf und breitete die Arme aus. – Zur Verwunderung aller Krieger ringsherum, die einen erbitterten Waffengang erwartet hatten, *horribile visu* [»schrecklich anzusehen«], lagen sich plötzlich die Kontrahenten in den Armen, aber nicht, um sich zu erdrücken, sondern um zu lachen und YERRAFICKAMENT zu schreien und BIJOBS und ein ums anderemal SCHONKDROP TATTA GOREM und dergleichen und schlugen sich die beschienten Pranken auf die Schulterbrünnen, daß es krachte und in den Scharnieren quietschte und beide Herren in rumpelnden Umarmungen schließlich umfielen.

Verdutzt mußten die Feindeshaufen mit ansehen, wie sich ihre Feldherren, *spe celerius* [»wider Erwarten schnell«], eng umschlungen über den Sand wälzten, aber nicht in Wut und nicht in Mordlust, sondern in Freude, als wären sie Kinder oder aufs heftigste verliebt. *RuhrRölps* war zu hören, *WämsKnürrip PiewiMopp* und *Ümpf AlpIlsich Quärmilsörbrädded* und WUPPERICH und vielerlei solcher Gurgelröcheleien aus dem Niederland hinter *Werethina* und *Buochenheim. Liudger*, der Westfalenherzog, der hatte in der Eisenhütte an der Ruhr mit dem Xantener das Schmieden gelernt, war mit ihm eng befreundet, und beide dachten gar nicht daran, sich die Helme zu spalten und die Schädel.

Da sah ich Hagens Bitterkeit. So etwas hatte er befürchtet. Gunther redete beruhigend auf ihn ein, auch Gernot. Inzwischen erhob sich vielstimmiges Hin und Her und Palavern, und nach der ersten Wiedersehens- freude fragte nun auch Herzog *Liudger*, wie denn der Xantener sich unterstehen könne, Heuchlern und Meuchlern zu dienen, diesen Würmlingen aus Worms, die auf dem Berg, den sie ihrer neuen Gottesmutter geweiht hätten, fünftausend ostfälische Sachsen ermordeten, so hinterhältig, wie das sonst nur Römer täten und wie es darum auch nur Römer verdienten, nicht aber der eine Feind Roms vom anderen. – Da sagte der Niederländer, dienen wolle er auch *Liudgers* Sachsenvolk, soeben noch habe er ein Sachsenschlachten verhindert, hätte, wenn er gewollt hätte, »metzen« können, statt dessen habe er den Zweikampf verlangt mit dem Herzog, ohne zu ahnen, wer der war.

Nun sähe Gunther, zürnte Hagen, welch ein *foederatus* das sei, der »Mächtigste« verschenke *bellum*, den »schönen Krieg«, für zweifelhaften Frieden, sei einer von den *thiet* tief unten, von den Kelten, sei selber Sachse. – Sieh, wie sie mauscheln, Deine leckeren Nebeljungen. Hätten wir nur zugeschlagen. – Da trat der vom Niederrhein in unsere Runde, brachte Herzog *Liudger* mit und erklärte, der Herr der WestFalen ergebe sich in Freundschaft dem Spruch der Söhne Gundomars. *Sed sint, ut sunt* [»Aber sie sollten so sein (und bleiben), wie sie (nun mal) sind«], forderte der von der Lippemündung für die von den Lippequellen.

Ja, er wolle ihn hören, den Spruch, sagte *Liudger*, aber auch *NidGirs* Bezwinger sollte ihn fällen, nicht nur dieser Finsterling, der Würzburger Metzgergenosse. – Da mußte Gernot den Waffenmeister festhalten, der nach Rache rief für Ortwin von Metz. – Ortwin, sagte der Xantener, wurde nicht von *Liudgers* Leuten erschlagen, sondern von OstFalen. Aber ich sehe schon, *Liudger* und Hagen hegen gegeneinander so viel Groll, daß es ebensoviel Hirn braucht, einen guten Schiedsspruch zu finden, einen, den der eine nicht als Niederlage empfinden muß und der andere nicht als Schmach. Die meisten Übel, so wußten es seit je die Priesterinnen, kamen hervorgekrochen aus alten Demütigungen und zeugen bekanntlich immer nur neues Übel.

Dankwarth hatte Decken herbeischaffen lassen, Teppiche und Felle, und bot Getränke. Als wir uns nun niederließen und der Trinkbecher zu kreisen begann, in Sonnenrichtung, sprach der WestFale folgendermaßen. – Wenn ich, *Liudger*, die Ursache aller Plagen bedenke, weswegen tausende Falen und andere Sachsen seit je erstochen wurden und Hütten zerstört und Verträge gebrochen und Vieh und Frauen und Land geraubt, weswegen auch Gundomar die tödliche Wunde empfing und zuletzt der zweimal zwölffache Totschlag geschah, wenn ich, als Siegfrieds Freund,

all dies bedenke, dann finde ich, die Ursache ist: Statt der alten Wotanswut, dem Kampfrausch, herrscht nun die noch viel dumpfere, die Besitzwut, die Gier. Als könnten unsere Kinder von dem satt werden, was mir hier Herr Dankwarth reicht, von einem Goldbecher, und sei er so prächtig wie dieser hier, als könnten unsere Kindeskinder in Münzen beißen und als sei nicht jeder Ort, ob am Rhein oder an der Elbe, ob diesseits oder jenseits der Alpen, der Ort der Erdgöttin. Niemand besitzt diese oder jene Plätze, Früchte oder Bäume, sondern sind alle Dinge wie auch wir selber nichts anderes als Früchte von derselben Urmutter. Wer das bedenkt, der erkennt, wie lächerlich jeder Kampf ist um Reviere und Grenzen. Brüderlich trinke ich Euch zu und biete Frieden, ja, an diesem Morgen will ich »Siegfrieden«, was bedeutet, daß es zu überlegen gilt, wie man am klügsten die Erdschätze genießt und pflegt, miteinander, nicht gegeneinander.

Diese Rede vermochte Gunther, der in römischer Ordnung Erzogene, kaum zu erwidern, doch er versuchte es. Fand zaghaft einen verwandten Ton, bot ebenfalls Freundschaft und »Siegfrieden«. – Da hob *Liudger* ihm den Pokal entgegen, spritzte daraus mit den Fingern Weintropfen in alle vier Weltrichtungen und trank, gab den Goldbecher aber noch nicht weiter, sondern sagte, daß der Stamm der OstFalen nach dem Massaker am Marienberg fast ausgerottet sei. Die letzten Überlebenden wären an der Lahn, als sie Ortwins und Gernots Lager entdeckt hätten, nicht zu bändigen gewesen, hätten auf eigene Faust Rache nehmen müssen an denen, die ihre Brüder und Väter erschlugen, weil sie den Römern und ihrem neuen GeistGott nicht hatten dienen wollen. Er, *Liudger*, trinke auf die toten ostfälischen Brüder. Hob den Becher gegen die Sonne, die in diesen Augenblicken aufging über dem rot leuchtenden Main, und trank, mit geschlossenen Augen.

Trank lange, schluckte vernehmlich. Gab dann dem Niederländer den Becher, der trank aber nicht, hielt den Becher und sagte: Inzwischen, während Du an die alten Frevel erinnert hast, habe ich einen Plan vorgegoren. Mag sein, der paßt wie ein geschmiedeter Bolzen, um den herum Räder Lasten bewegen können über die Waldschneisen. Keltische Räder ebenso wie römische. Mitten hinein paßt dieser Vorschlag, scheint mir, in die Rede, die *Liudger* gehalten hat, in seiner Weisheit von der Besitzwut, die, wie ich mehr und mehr begreifen muß, mit *NidGirs* Tod keineswegs verschwand.

Er sah noch eine Weile still in das rote Licht über den wildernden

Armen des Mainstroms und sagte dann: Mein Plan oder Spruch geht folgendermaßen. In der Tat gehören wir alle der Erde und umgekehrt die Erde allen, weil wir ihre Teile und ihre Kinder sind. Weil aber im neuen Völkerwirbelwind viele sich drängeln und meinen, Landraub bringe Freiheit oder Ehre, und weil nun fast alle so tun wie die Römer und stecken Grenzen und Präfekturen und Provinzen und private Großgüter und Diözesen und schlachten alle, die nicht in solche Käfige hineinwollen, so verstehe ich, warum auch die WestFalen zu wandern begannen und neue Äcker suchten. Darum soll, meine ich, unter nibelungischem Schutz an der Stelle, auf der wir jetzt sitzen, eine sächsische Landsiedelei beginnen. Sollen die WestFalen, mit Freibrief von Nibelungen wie Burgundern, hier, an dieser Stelle, Landbau beginnen und Weinbau und Obstbau und Viehzucht und was immer sie hier tun mögen. Mag sein, wenn ihnen diese Auen zu eng erscheinen, dann wissen die Söhne Gundomars außer diesem Auenland noch andere Plätze, die Pflege brauchen von freundlichen Leuten, Äcker gibt's, sah ich, dick und satt rings ums Wormsland. Mit diesem Spruch trinke auch ich, gegen die neu befohlene Geistmutter, auf unser aller alte und immer neue Erdmutter, die, da mögen wir gieren und giften, wie wir wollen, uns alle überleben wird. [431 war auf dem Konzil zu Ephesus (gegen die dort bislang verehrte Naturgöttin *Artemis, Diana*), Maria als wahre Gottesmutter (»Gottesgebärerin«) ausgerufen worden (s. S. 124).]

Ließ sich so vernehmen, der Nibelunge. Und so ist es am Ende geschehen. So mußte es, nach langem Gespräch, selbst Hagen gutheißen. An den Rändern unseres Wormser »Reichs«, in den eher unsicheren, in den Bannwäldern, dort wurden sie angesiedelt. Zuerst am Main, just auf dem Feld, das ein Schlachtfeld hatte werden sollen, dort ackern und sähen sie nun, unter der Frühlingssonne. Zugleich siedelten sie auch an anderen Orten. Als nächstes bei einer Stelle, die seit jenen Wintertagen *Casa Saxonis* [»Sachsenheim« (?)] heißt und nicht allzu weit hinterm *Portus* [»Pforte«, »Pforzheim«] liegt, dort, wo die herzynischen *silvae nigrae* [der »Schwarzwald«] beginnen und die Kohorten Roms sich geweigert hatten, weiter vorzurücken in die Unwirtlichkeiten.

Draußen scheint es zu schneien. Aber das sind Apfelblüten, die die Frühlingslüfte an meinem Kerkerloch vorübertreiben. Noch lange, so berichtete mir Kilian, ging an den Winterlagerfeuern, unter der Wormspfalz, die Frage um, welche Tat dem Namen des Nibelungen mehr Ehre gemacht hätte: Diejenige, bei der er im Wutrausch zwölf OstFalen besiegte, die Mörder des Ortwin und seiner Gefolgleute? Oder die Maßnahme, mit der er, in Freundschaft zu Herrn *Liudger* und seinen Leuten,

den Frieden hatte siegen lassen?

Es hatte damals, am Main, tatsächlich zu schneien begonnen, wilder Eiswind scheuchte uns über die keltische Waldschneise heimwärts, doch als wir am nächsten Abend in Worms eintrafen, liefen viele Kahlgeschorene vor die Königsburg, um uns zu begrüßen und mit Strohblumen zu bewerfen. Das war ein fröhlicherer Willkommen als die Heimkehr drei Monate später, jene Rückkehr vom Grab, als mich mein Redeteufel ritt und Hagens Faustschlag traf und dann jener Schreckenstag, *qua quis capitis damnatur* [»an dem das Todesurteil gesprochen wurde«].

Wer diese winterliche Jubelgasse betrachten konnte, wäre nie auf den Gedanken gekommen, daß eine Trauergasse daraus werden könnte. Im Schnee das Blumenwerfen, im Frühling der Jammer *quod in aperto est naturae repugnans* [»was offensichtlich wider die Natur ist«]. Auch hätte, wer dies Volk sah, nie auf so absurde Gedanken kommen können wie *Tacitus* oder *Ammian*, wonach alle Germanen klein seien oder alle groß oder alle wild oder beim Kampf alle nackt und mit rot gefärbtem Haarschopf. Wer beide Spaliere im Burghof hätte sehen und miteinander vergleichen können, hätte sich zu wundern gehabt über so reiche Vielfalt. Die Edlen, die Herren, die ragten heraus. Doch auch unter den Großen erschien Siegfried als ungewöhnlich groß, als Riese. Die Oberen waren nun mal, hier in Burgund wie am Niederrhein, fein heraus und hoch hinaus. Der Mann aus Xanten jedoch maß in der Höhe gut zwei Meter. Wir Gundomarsöhne, mit Ausnahme von Gernot, wirkten zierlicher, waren aber immer noch größer als jene, die von Kind an kaum je Fleisch zu essen bekamen, nur Bohnen und Kohl. Kleinwüchsig blieb die Menge der Kelten, der Fronbauern, der Abgabepflichtigen beim Kloster Lorsch und bei der Pfalz. Nun aber jubelten sie alle, auch die Unfreien warfen dem Königssohn, auf den sie vielerlei Hoffnungen setzten, selbstgefertigte Blumen zu und gafften.

Am Hafen, vorm Tor, sprang der Falkenfänger vom Rappen, lupfte die Kiepe von Herrn Hirschs Rücken und wies *Walthar* an, den jüdischen Handelsmann aus den Hortschätzen mit Ringen, Spangen und Fibeln gut zu entschädigen für die entgangenen Geschäfte in Frankfurt. [Hitler (Mein Kampf, S. 340): »Den deutschen Fürsten ist es zu danken, daß die deutsche Nation sich von der jüdischen Gefahr nie endgültig zu erlösen vermochte ... (»›end ... lösen‹«) Sie verbündeten sich mit dem Teufel (sic!) und landeten bei ihm.«]

Dann nahm er den Falkenkorb und näherte sich der Königstochter, die im Hof stand, auf dem frischen Schnee stand sie, wartete da im schmalen Gewand aus rotem Tuch und Goldstoffen, in den Farben also, die sie liebte. Nun aber trug sie unterm Umhang auch das Schwarz des Biberfells. Vor ihr blieb ihr Freund stehen und öffnete die Kiepe, ließ sie hineinschauen. Als sie das Raubtier erblickte, den weißen GerFalken, erschrak sie, aber nur kurz, faßte sich sofort, dankte sehr und fragte, was ihn darauf gebracht habe, so wunderbares Geschenk mitzubringen.

Nicht nur, weil ich ihn Dir versprach, sondern weil Euer Schreiber mir Deinen Traum erzählt hat. Und weil ich wünsche, daß dieser Traum sich in aller Pracht erfüllt.

Von ihrem Falkentraum hatte ich ihm allerdings erzählt, jedoch nur die erste Hälfte, den Zauberflug. Kriemhild mußte, wohl um ihre Sorge zu verbergen, sich tief hinabbeugen und den schneeigen Jagdvogel bewundern. – Dein erster Ausflug ist Dir vorzüglich gelungen, flüsterte sie. – Dieser erste, sagte er, war noch nicht genügend ertragreich. – Was immer Du »Ertrag« nennst, ich zweifle, ob ein ausgewachsener Falke noch erzogen werden kann. – Da hat Sieglinds Sohn gemeint, sie solle ihre Künste probieren. Ob sie denn nicht wisse, daß in verdunkelter Kammer auch ein erwachsenes Jagdtier schon noch zahm werde. Zartes Lockfleisch und sanfte Töne gelten als sehr hilfreich, Streicheln und viel Freundlichkeit, so heißt es, wirken Wunder.

Hat dann aber den höfischen Ton verlassen und Kriemhild plötzlich gepackt und hochgestemmt und dermaßen gedrückt und überall geküßt in ihr rotes Kleid hinein, daß mich gleich danach die Hofleute mit Fragen bedrängten, was da passiert, was da zuvor geflüstert worden sei. Fast alle, die alsdann in der Halle beisammen saßen und gut fränkisch zu tafeln hatten, nämlich *in modo stratisburgo* [»straßburgisch«], Rumolts Saucen und Würzfleisch zum Wein aus der *Sapaudia*, all diese Herrschaften *multo melior viventes* [»die nun um so vieles besser lebten«] – die pfefferten mit Fragen nach und mit Mutmaßungen, garnierten mit Gerüchten den Kalbsnierenbraten im Teigmantel, obwohl an Knoblauchzehen nicht gespart war, auch die Straßburger Hühner, obwohl die mit Birnen und Honig und prickliger Leber in Apfelsauce gefüllt waren, sogar die Fischpasteten, die mit Ingwer, Zimt und Safran und Nelkenpulver selbst Satte zu neuer Eßlust reizten – das alles spickten sie nun mit ihren Kommentaren.

Denn von *Liudger* hatte man gehört, daß seine WestFalen verabredet waren mit Kriegern im Norden, mit Dänen. Als der Herzog nach diesen

Dänen genauer befragt worden war, hatte er erklärt, daß es sich um kampflustige Yüten handele, die wären andere Wege gezogen, westwärts, die Mosel hinauf. Sie selbst, die WestFalen, seien über die Lahn gekommen, ostwärts bei irischen Einsiedlern vorüber, über Fulda und von dort südwärts durch die Wetterau. Der Yütenherzog, dieser eigensinnige Herr, der habe seine Schiffe keinen Augenblick lang verlassen mögen, der habe seine Boote die Mosel hinaufrudern lassen, hätte das alte Trier heimsuchen wollen, wo, wie sich's bis ins Warägerische herumsprach, seit Jahrhunderten römischer Raub gehortet würde.

Das bedeute, so wußte man nun an der Tafel, erst würde dieser Yütenherzog Trier belagern, danach aber wohl wieder moselabwärts und den Rhein hinauffahren. Um alsdann, gemeinsam mit Liudgers Falen, so sei es wahrscheinlich verabredet gewesen, den Ort zu erobern, der berüchtigt sei als das andere, als das angemaßte Byzanz, Worms also. Nur um auf diese kampfeslustigen Dänen zu warten, hätten die WestFalen vor Frankfurt Lager bezogen. Würden die Dänen, da ihre Kumpane nun friedlich waren, ebenfalls Frieden geben oder aber alleine gegen Worms ziehen? *Liudger* hatte angedeutet, vor den Yütländern solle man sich vorsehen, die seien aufs Plündern aus, aufs Wikingen. [Aufs überfallartige Berauben von Ortschaften an Flüssen und Buchten (*wik* = Bucht, Ufer, Strand; vgl. Reykjavik, »rauchende Bucht«).]

Wie lange würden diese Nordländer brauchen, um Trier zu erobern? Herrschten dort noch die Treverer oder inzwischen schon Chlodwigs Merowinger? Wäre Trier ohne Roms Hilfe in der Lage, die Flußräuber zurückzuschlagen? fragte Gunther, und sein Berater antwortete: *Quis hoc putaret?* [»Wer möchte das wohl glauben?«] Was der König nur mangelhaft verstand. Verwirrt fragte er: Meinte der Nibelunge mit seinem Flüsterwort vom weiteren »Ertrag« die Dänen-Gefahr? – Da antwortete Hagen abermals mit überaus verwinkeltem Militärlatein: *Hoc dixerit, urbe expugnata hostes diripuerunt, hoc facinus admirandum ossacione nobis utendum est devorandi causa.* [»Gesetzt, er hat das gesagt, die Feinde, nachdem sie die Stadt eroberten, haben sie geplündert. Diese bewundernswerte Tat sollten wir nutzen, sie aufzufressen.«]

Um solche Fragen und Sorgen kreisten beim Essen die Gespräche, dampften über Pasteten und Füllungen und dufteten im *Sapaudia*-Rotwein. Gunther hoffte sehr, die weiteren »Ausflüge« des Falkenjägers öffneten besonders ihm, dem König, neue Aussichten, liebliche. »Erträge«? Das erinnerte ihn an Eisland und an *Prunnahilti*. Der Hausherr aß wieder wenig.

Bischof Ringwolf ahnte, warum König Gunther nun schwieg und worum es ihm eigentlich zu tun war. Vertraulich wendete er sich an den Grübler und versuchte es ebenfalls mit einem lateinischen Mahnwort. *Spero tuum scire, quid tuum nunc deceat* [»Ich hoffe, Du weißt, was sich für Dich jetzt ziemt«]. Gunther schwieg, blieb vergrübelt, hatte wohl auch *haec coniugationem periphrasticam* [»diese Umschreibungsrhetorik«] kaum kapiert, weshalb sein Geisteshirte nun die Ansprüche mäßigte und meinte: Bischof *Chrysostomos* [Bischof und Patriarch zu Byzanz, genannt »Goldmund«, starb 407], der in fast allem erleuchtete Patriarch, der riet: *Amoris ardor* [»das Liebesfeuer«] frommt keinem Manne von Stand und Geist. Was, so fragte er, ist das Weib anderes als die Feindin der Freundschaft und der Vernunft. Eine natürliche Versuchung ist sie. Ein ergötzlicher Schade. Ein Mangel der Natur. So predigt er, der klügste unserer Kirchenlehrer.

Da Gunther mit diesen kirchlichen Mahnungen offenbar nur sehr schwer von seinen Träumen abzubringen war, fuhr der Bischof fort: Das Wort *femina*, es kommt von *fe* und von *minus*, also von *fides*, dem »Glauben«, und von *minus*, »weniger«. Ist also die Frau diejenige, die »weniger« Glauben hat. Oder, wie Goldmund *Chrysostomos* predigte, ein Mangel in der Natur. – *Rumoridus* blickte sich um. Auch die anderen an der Tafel waren dankbar, daß bei diesen guten Speisen einer war, der für Unterhaltung sorgte. – Ich fürchte, mein Sohn, redete Ringwolf weiter, wenn Du an Frau Brünhild denkst, so denkst Du weniger daran, Deinem Geschlecht Nachkommen zu erzeugen, als Deinem Leibe Lüste zu verschaffen nach der Art der Juden. Bedenke, was in der neuen erleuchteten Zeit einer der ersten christlichen Kaiser dekretierte. – Was dekretierte der? – Der weise Valentinian hat im Jahr 390 jede Handlung im Eheverkehr, die anderes will als die Erzeugung von Kindern, mit dem Feuertod bedroht.

Mit dem Feuer? warum? – Gunthers Frage klang zerstreut. Wußte er doch, daß, wer zu Brünhild wollte, Feuer zu durchdringen hatte. – Dieser scharfsinnige Kaiser, antwortete Ringwolf, der formulierte auch den Grund. »Jede«, wohlgemerkt »jede«, »jede erfindungsreiche Unanständigkeit der Sünder verdient die Feuerstrafe.« – Jede? auch bloße Gedanken? – Bedenke, o Bruder, Lustgedanken ebenso wie die Lust selbst, sie können niemals ohne Sünde sein. So lehren es alle Heiligen. Lust ist Beschmutzung des reinen Gottesgeistes, der in jedem Manne auf Erlösung wartet. [Grundgedanke der Kirchen-Ethik, eindrucksvoll in Wagners Musikdramen realisiert.] Unser Dasein, was kann das in Wahrheit anderes sein

als eine einzige inständige Hoffnung auf Loslösung von der niederen *materia*. Wenn es wahr ist, daß Frau Brünhild hinter Feuerwänden lebt
210 und wenn auch unser neuer Gast sich immer wieder auf Feuerkräfte beruft, so ist das verräterisch genug. Auch die Verheirateten, wenn sie allein auf die Gifte der Lust und der Fruchtlosigkeit sinnen, dann sind sie nicht Ehegatten, sondern in Wahrheit nichts Besseres als feuerzüngelnde Schlangen, dann sind sie Unzüchtige, Fraß also fürs Höllenfeuer. Schon Heraklit meinte: *Si felicitas esset in delectationibus corporis, boves felices diceremus, cum inveniant orobum ad comedendum.* [»Wäre das Glück in leiblichen Lüsten, so hätten wir das Vieh glücklich zu nennen, wenn es Erbsen zu fressen findet.«] Die christlichen wie die griechischen Weisen, sie sind sich einig in dem, was ich Dir wiederhole: Lust kann niemals ohne Sünde sein. Das ist die Grund-Einsicht all unserer maßgebenden [Schazman: *authoritative*] Kirchenväter und weisen Philosophen.

Nun ließ der Bischof seinen Blick wandern über Kriemhild und ihren Riesen, natürlich saß sie auch jetzt neben ihm und hatte sich an dessen schwarzen Gürtel und breite Schulter gelehnt, die beiden hielten wieder ihre eigene Art Zwiesprache, die ohne Stimme auskam, die dafür um so mehr die Lippen benötigte und die Zunge. Der Gast aus Xanten jedoch, der diese Zuwendungen noch weitaus lieber genoß als Rumolts Apfelhühnchen, der bemerkte selbst jetzt den Bischofsblick und hatte auch unter den Mitteilungen seiner Freundin die kirchlichen Mahnungen gut verstanden. Nun steckte er ihr die Blutrose in ihre Halskette und küßte seine Nachbarin so laut, daß es selbst das Essensgeschmatze überspratzte. Griff dann eine Hühnerkeule und redete, vom Knochen das mürbe Fleisch nagend: Eure Sorgen verstehe ich gut, Herr Ringwolf. Las ich doch beim ebenfalls weisen Griechen *Aristoteles*, bei dem bekanntlich alle Eure Goldmünder in die Lehre gingen, daß die *feminae* in der Tat eine Fehlgeburt seien. Wann immer des Mannes Same durch ungünstige Umstände sich nicht entwickele, wenn der Eheherr also schier nur Appetit hatte und benommen war vor Lust und an keine Kinder denken mochte, dann entstand, lehrt Herr *Aristoteles*, ein Mißlingen, *id est* eine Frau. Gestattet, daß ich meiner so offensichtlich mißlungenen Nachbarin den ach so mangelhaften Mund zerschmatze.

Die sperrte den ihren weit auf und es gelang ihr, vom letzten Bollenbissen des Xanteners das Beste aus der Mundhöhle züngelnd herauszuschlotzen. Als das Gekichere über diese Zwiesprache rings ein bißchen nachließ und der Xantener wieder frei reden konnte, weil keine Hühnerfüllung ihn mehr hinderte, schob er nach: Lebt nur tapfer in Eurem kristallreinen Leibe, Herr *Rusticulus* Zwingschlingwolf, Ihr wohlgenährtes Nichts.

Da sprang der Bischof von seinem Stuhl auf und rief: *Benedictus altissimus, benedictus Christus, benedictus Christi vicarius. Christi nomen spiritui immundo cippus. Victor, abrenuntiastis vere diabolo? et omnibus operibus eius et omnibus pompis eius?* [»Gepriesen sei der Höchste, gepriesen sei Christus, gepriesen sei der Stellvertreter Christi, Christi Namen ist dem unreinen Geist der Grenzstein. Siegfried, hast Du wirklich dem Teufel abgeschworen? und all seinen Werken und seinem ganzen Kult?« – Missionarische Beschwörungs- und Taufformel, wie sie noch in einer Essener Handschrift aus dem 8. Jh. altsächsisch belegt ist (wahrscheinl. aus dem Kloster Werden): *Farsakis thu unholdon werkon endi willion? Farsakis thu allon hethinon geldon endi gelpon?* (Sagst Du des Teufels Werken und Willen ab? Sagst Du allen heidnischen Opfern und Bräuchen ab?)]

Eine Weile war es still im Saal. Einige flüsterten sich die lateinische Zornesfrage *diutisk* zu. Den Gast sah ich lächeln und dann sehr ruhig antworten. – Wisse, Wicht [althochdeutsch *wiht* = *diabolus* (Teufel) oder »Nichts« (s. S. 171)], daß ich all jenen Teufelchen abschwor, die *Ringwulfilas* heißen.

Ehe der Geistliche antworten konnte, hörten wir plötzlich Frau Ute:

Wola, wiht, taz thu weist,
taz thu wiht heizist
taz thu waz scheizist
taz du neweist noch nechanst
cheden chnospinci

[»Wie gut, Wicht, daß du nun weißt, daß du ein Wicht bist und Mief furzt, was du freilich selber nicht weißt und auch nicht zugeben kannst, du Rumpelstilzchen!« (Belege für die Bedeutung von *waz* s. S. 40, 75, 78, 179, 195, 232.)]

Dank, sagte der Xantener, Dank, erleuchtete Frau Ute, Dank für Euren neuen Segen. Doch bedenkt auch, wie schwer Roms kirchliche Köpfe zu tragen haben. Der, auf den seine Kirche sich beruft, der Jeschu, der strafte Kirche und Priester stets mit Verachtung, schmähte die »Schriftgelehrten« und hat nie geplant, eine Kirche zu gründen. Schon gar keine mit Vorschriftgelehrten, mit Bischöfen gar. Um diesen Jeschu freilich war es ihnen nie zu tun, sondern um Macht. Darum sind ihnen selbst heidnische Philosophen, die sie sonst tapfer zum Teufel wünschen, dann nie zu schade, wenn sie ihnen helfen, alle zu verdammen, die weniger einen reingeistigen Schöpfer lieben mögen als UrMutters geistvoll schöne Geschöpfe. Da die allerdings so zauberhaft sind und hundertmal lieblicher als die prächtigsten Päpste, so müssen sie auch um so heftiger geschmäht werden, neuerdings als Mißgeburten. – Wieder umarmte er seine Nachbarin und küßte sie inbrünstig.

212

Praecinge me Domine cingulo integritatis, murmelte Ringwolf, den Bruststein umklammernd. [»Schütze (gürte) mich, Herr, mit dem Gürtel der Reinheit.« (Noch heute Priestergebet vor dem Gottesdienst.)] – Da begann Herr Gere von Speyer zu mahnen, nach so guten Mahlzeiten solle man nicht immer nur den Lüsten des Leibes folgen. Ob es dem Menschentier nicht viel besser anstünde, auch einmal, wie Ringwolf empfehle, die Seele zu nähren. Ob es nicht geistvoller sei, in der Rose, die Frau Kriemhild ihrem neuen Freund überreicht hätte, nicht bloß, wie einige allzu derb gedacht hätten, die weibliche Leibesblüte zu erblicken, sondern vor allem ein Zeichen von Gastfreundschaft und Wohlwollen, und zwar nach der lieblichen, nämlich der zärtlichen Weise der Weiber. – Da wurde wieder ein bißchen gekichert, ich aber rief laut nach Rumolt, dem Küchenmeister. – Der Straßburger weiß am besten, sagte ich, was die »Seele« nährt.

Rumolt von Straßburg erschien, noch im Kochleder, schwitzend, und fragte, woran es fehle. – Uns fehlt, sagte ich, nachdem wir Deine Suppen und Pasteten und gefüllten Geflügel genossen und den Wein, uns fehlt jene Geschichte, die Du mir erzählt hast vom *silva nigra*. Erzähl die vor allem dem Bischof hier und seinem Herrn Gere, da beide nicht erkennen wollen, wie gerade der gelüstigste Leib der frömmste ist und der seelenvollste.

Da lächelte der Straßburger und band seine Schürze ab. Dankwarth ließ einen Stuhl in die Hallenmitte rücken und reichte ihm einen gefüllten Becher. Der Koch setzte sich, wischte sich die Stirn, trank. Man legte im Feuer Scheite nach, auch einige von den neuen schwarzen Steinen. Und dann erzählte Rumolt, was er allerdings ebenfalls, so gestand er, für eine Geschichte der Gelüstigkeit halte und deshalb in der Tat für eine, bei der Seele und Leib nicht zu trennen seien. Er trank noch einige tiefe Schlucke, die mir Zeit gaben, zu sagen, diese Geschichte wisse alles über den Nibelungen. – Das zu beurteilen, sagte Rumolt, stehe einem Koch nicht zu, nur einem Gelehrten.

Von Mitternacht her stürmten Eisnadeln um die Burg, in Böen fuhr Sturm um die Zinnen und jagte den Schnee durch die Mauerlöcher bis in die Gänge und Kammern. Den Rhein hinab standen alle tausend Klafter Wachen, auf die Dänen zu achten, auf den Yütlandherzog.

Am Anfang aller Besiedelungen, sagte der Straßburger, da war ein Dorf am oberen Rhein, in dem lebten die Leute vom Fischen und vom Fährdienst, hatten aber immerzu Kummer mit dem Strom. Der wilderte, änderte wie noch jetzt ständig seinen Lauf und überflutete jährlich das Land zwischen Waskenwald und Schwarzwald. Nicht umsonst sprachen die römischen Herren, als sie ihn zum erstenmal erblickten, vom *Rhenus horridus* [»schauerlicher Rhein«].

Als wieder einmal im steigenden Rheinstrom Hütten und Schuppen wegbrachen, Vieh und Vorräte davontrieben und nur wenige Leute sich ans Ufer retteten, da sagte der Lauser, dem Eltern und Geschwister ertrunken waren: Ich bleibe nicht hier. Mehr Unheil als in diesen RheinArmen und Schnakenlöchern ist auch im Gebirge nicht. – Und wollte hinaufsteigen in die Wälder. Da begannen die Tölpel [s. Glosse S. 48] zu warnen und zu zetern und malten ihm die Gespenster aus, die Waldberge, so mahnten sie, habe noch niemand durchquert, jedenfalls nicht lebendig.

Lauser schlug mit der Kappe die Mücken aus seinem Gesicht, hängte sich ein Bootsseil über die Schulter und stapfte fort, über die vorderen lichten Hügel, durch die Obstgärten und Weinhänge in die Dickichte hinauf, geradewegs auf den höchsten der Berge zu. Da lief ihm sein Freund noch nach und beschwor ihn, er marschiere in sein Unglück, ob er nicht wisse, daß unter den Felsenplatten, daß auf den obersten Kuppen Scheusale hausten, die nachts ihre Grubensteine öffneten und, was an Lebendigem umginge, aussaugten. Ich weiß, nickte Lauser und ging weiter. Ob er denn nicht gehört habe, rief der Freund, daß überm obersten Gipfel Hornissen surren und auch ihn jagen würden und stechen, so daß er giftgelähmt läge bis zur Nacht, in der die Insekten wiederkämen als Vampire, um sein warmes Blut zu trinken.

Ich weiß alles über den Schwarzwald, rief Lauser, ersauft Ihr in Euerm Rhein. – Und drang unter den dunklen Tann. Da war es zwar finster, aber auch voller Bewegung, schreckten Wildtiere auf und flohen, Vögel stoben mit klagendem Geschrei davon. Lauser stieg unbeirrt die kalten Hänge hinauf, bis er dorthin kam, wo er schon von weitem den Hornissenton hörte.

Rumolt nahm einen Schluck vom Goldküstenwein. In unserer dunstigen Halle schien der Koch stärker zu schwitzen als über seinen Pfannen. Er trank nochmal und erzählte weiter. – Um sich auszuruhen, setzte sich der junge Mann auf einen niedergebrochenen Stamm und lauschte. Vernahm im Forst das Seufzen der Kreatur. Das Drohen der Insekten. Sah aber oben auch schon die kahlen Höhen des Gebirges in der Sonne leuchten. Neben ihm wuchsen Beeren, schwarze und rote. Von denen aß er und fand sie süß. Als er die gegessen hatte und so dasaß und die Sonne ihre Strahlen schräg bis in den Hochwald senkte, erblickte er auf einer Lichtung zwei Herren, die drehten eine Holzwinde und wickelten darauf, was sie aus dem Leib einer Frau hervorzogen.

214

In langer Reihe ordneten sie den Darm auf das Drehholz, so daß Lauser sich anstrengen mußte, bei Verstand zu bleiben. Sah abermals hin und erkannte, daß die Herren in Wahrheit riesige Vögel waren, prächtig gefiedert wie Falken, die das Gewickelte aufpickten. Über dem Verschlingen gerieten sie miteinander in Streit, sprangen gegeneinander hoch und merkten nicht, wie sie mit ihren Krallen den Leib der Frau zerhackten.

Einen armdicken Ast riß Lauser sich aus, wirbelte den um seinen Kopf, lief auf die Lichtung und schrie, fand aber keine Männer mehr und auch keine Falken, nur noch einen stillen blauen See, kreisrund und hell wie der Himmel. Direkt vor ihm murmelte irgend etwas und schlug in kleinen Wellen gegen das Ufer, als sei da soeben jemand fortgetaucht. Hinter dem See, der so tief leuchtete wie ErdMutters Auge, unter den jenseitigen Tannen und alten Lärchen schien das Wasser schwarz, und aus dieser Schwärze rumorten wieder die Insekten. Da fuhr Lauser mit seinem Ast durch die Luft und schrie: Grindeln kann auch ich! mummelschnurcheln kann ich am besten! – Kreiselte das dicke Holz über seinem Kopf, bis der Ast winselte und sich schwer machte und er merkte, daß er einen Frauenleib herumschleuderte. Den legte er vorsichtig ins Ufergras und erkannte eine Nymphe, die rutschte halb ins Wasser, aber ihren Fischschwanz hatte er gesehen. Danke, sagte die Frau, Du hast mir geholfen gegen die Kapuzen, darum will ich Dir zeigen, wie wir uns zu schützen wissen vor Hornissenbissen.

Umfing ihn mit ihren Armen und zog den jungen Mann in den See, tauchte ihn tief ein, und da war ihm, als wäre der See nicht aus Waldwasser, sondern aus Moospolstern und Mohnduft und aus Milch und Honig. Nie meinte er, leichter geschwommen zu sein und mit so vieler Erquikkung.

Der Straßburger trank und ließ sich seinen Becher neu füllen. Behagen verbreitete sich in der Halle. Nur der Bischof verließ seinen Platz und verschwand, die Hand vor der Brust, verbarg sich im Dunkel, hinter den Säulen.

Nach seinem stundenlangen Flug durchs Wasser mußte Lauser geschlafen haben, fand sich am Ufer wieder, die Sterne schimmerten schon, gerade so lag er da, wie er die Wasserfrau hatte liegen sehen, halb noch in den Wellen, die an seinen Beinen herumzüngelten und munkelten, aber um Menschenbeine plätscherten die, nicht um Fischflossen. Pilz- und Krautgeruch roch er überall, an den Händen, in den Kleidern. Dank, Murmelfrau, rief er über den runden See. Es kam keine Antwort. Aber auch der Hornissenberg blieb still.

Nach dieser Salbung schien Lauser tatsächlich sicher vor den Giftbissen. Unbedroht zog er weiter bergauf und wünschte sich, eine wie diese Frau öfter zu treffen. Kaum hatte er sich diesen Wunsch gedacht, da entdeckte er im Dunkel vor sich zwei Kapuzen. Aus denen schimmerten je zwei schwarze Augenlöcher, und diese Kappen oder Kuttenkäuze knurrten ihn an, die drohten wie Hunde, wichen aber, wenn Lauser auf sie zuging, zurück, und weil sie bei jedem seiner Vorwärtsschritte jaulten, als trete er sie, erkannte er, daß es die Düfte der Wasserfee waren, die ihm diese verkappten Biester vom Leib hielten. – Flurzer, schrie er, verduftet.

Da flackerte aus dem Nachthimmel ein Irrlicht, senkte sich zwischen die Büsche und zeigte dem Lauser und den Kapuzen einen seltsamen Schrecken. Die Kobolde sprangen zurück, auch der Jüngling wagte keinen Schritt mehr zu gehen. Denn im Schein des Irrlichts sah er, wie an einem Ast zwischen ihm und den Kappen, im rötlichen Leuchten, eine Frau hing, die schien gehenkt, hing, mit einem Seil um den Hals, an einem Baum und kam dem Lauser bekannt vor. Zum Schabernack für die Mützengeister baumelte da seine Seefrau, trug Narrenhosen, die ließ sie herunter und furzwazte jäh gegen die Kuttenköpfe, daß die sich ducken mußten und jaulend abwärtsklabasterten. Im selben Moment war das Irrlicht erloschen, die Gehenkte nicht mehr zu sehen, nur der Duft von Moos und Moschus und Milch wehte überall. Danke, *NarriNarro*, rief Lauser. Als auch diesmal keine Antwort kam, ging er weiter, kletterte und hoffte, solchen Frauen noch öfter zu begegnen, Wasserfrauen aus dem ErdMutterauge, die mit Duft und Salben die Gewissenshornissen ebenso fernhielten wie die Nacht- und Schad-Alben, die den Leib so wärmten wie die Seele.

Als Rumolt sich nun wieder die Stirn wischte und trank, fragte ich, ob jemand erkenne, was am fränkisch-alamannischen Freiläufer anders sei als am nifelheimischen. – Gernot meinte, der oberrheinische habe mit der Nymphe nicht wie der niederrheinische im Drachenblut gebadet, sondern in lieblicheren Säften. – Interessant wäre, hörte ich Kriemhild, zu wissen, wer diese Kapuzenmänner waren, diese Hornissen. Die verdufteten vorm Frauenduft? Sieht hier jemand noch den mit der Bischofskappe?

Da wurde gelächelt. – Rumolt rückte sich auf seinem Stuhl zurecht und sagte: Durch Sternennacht und Dickicht kam Lauser rasch vorwärts, über Ruhesteine wie Schliffköpfe ging's hinauf wie im Traum. Bis er erkannte, daß er keineswegs träumte und auch längst nicht mehr zu Fuß unterwegs war, sondern beritten, ein Reittier spürte er zwischen den Schenkeln, das ließ ihn schweben wie im Falkenflug, als gleite er abermals durch einen See, nun durch das Luftmeer. Vom Leib unter ihm stiegen Geschmack und Dampf und duftete es wieder wie Moos und Bilsenkraut. Vor ihm aber wehte nun eine schwarze Mähne und hinter ihm, im Sternenschimmer, glänzten zwei runde Kuppen. Auf wiegendem Rücken flog er dahin und sah über sich den gestirnten Himmel so klar, wie er ihn im Dunst der Rheinsümpfe nie bemerkt hatte.

Da brach aus dem Dickicht ein Hirsch. Endlich ein Jagdfang, rief Lauser, klatschte seinem Reitgnom den Hintern, so daß die Fahrt sprunghaft schneller ging, rasend rasch im Sternenschimmer immer hinter dem Hirsch her, über Bäche, Felsen und Ödnisse auf den Höhen. Vor ihm floh das schöne Tier, das er mit dem Seil einzufangen hoffte, das Seil schwang er nun als Schlinge, schwirrend tollte die Jagd über Heide und Felsenmeere und Moore und heulte und spritzte durch schwarze Gewässer.

Plötzlich stand der Hirsch, zitternd, hielt vor einer Tiefe, aus der es dröhnte. Schon sirrte das Rheinseil ihm ums Geweih, da setzte das Tier den Steilhang hinab, todesmutig und so kraftvoll, daß die Steine prasselten, jagte geradewegs auf den Abgrund zu und dort, unten, vom letzten Fels, sprang es hinüber.

Rumolt trank. Wischte sich Mund und Stirn. Schien zu grübeln. – Unverletzt sei der Hirsch drüben angekommen, erzählten mir Rheinschiffer und Flößer. Und wußten noch vieles vom Lauser. Wie er nach und nach ganz betört gewesen sei von der Wasser- und Luftfrau. Von ihrem nahrhaften Duft und ihren Künsten. Sein Ende jedoch scheint ungewiß. Die ihm weniger wohlwollten, die hatten ihn bei der Jagd dem Tier nachspringen lassen und ließen ihn in die Schlucht stürzen, die wollten ihn deutlich gehört haben, den Notschrei. – Andere beteuerten, das schwarze Waldgebirge wie auch den Lauser habe im Winter des Jahres, in dem Herr Christus im Stall zu Betlehem geboren wurde, ein Eisregen überfroren. So wie jeder Ast und Zweig im höheren Schwarzwald unterm kalten Glas erstarrte, so seien auch dem Einsiedler die Glieder erstorben. Und wann immer dort oben die Winternebel wehten, gehe seither ein Klagen und Klirren um am einsamen Glaswaldsee.

Wieder andere, solche, die ihm schon immer eher wohlwollten, sein

Freund vor allem, die versicherten, die Undine [Wasserwesen (*unda* = die Welle)] oder Sylphe [Luftgeist] habe dem Lauser auch im eisigen Jahr der Christgeburt Zuflucht geboten, und Lauser habe sich durchgerauft. [Victor von Scheffel 1850: »Die Hauensteiner ...« (mit denen meint er den inneren Stamm der Alemannen, die Hotzenwälder, die ersten deutschen Demokraten) »Die Hauensteiner Lebensgewohnheiten gehören unmittelbar in das Gebiet der deutschen Reichsaltertümer, zu deren rechtlicher Beurteilung höchstens die *lex Alamannorum* aus weiland König Chlotari Zeiten sichere Anhaltspunkte gibt. Dazu zählen namentlich die bedeutenden Leistungen der Hauensteiner im Gebiet der Rauferei.«] Er habe Kinder gezogen und Tiere gefangen, Holz zu bearbeiten und zu verkohlen gelernt und hätte auch die Eisregen immer besser überstanden, sei der erste Siedler gewesen auf dem Schwarzwald.

Einige aber, die Ängstlichen und die Dummköpfe, die haben Lauser noch lange wandern gesehen. Wann immer einer sich im Dämmerlicht zu dicht beim Gebirge aufhielt, haben Hasenfüße eine gehende Gestalt erkannt und beobachten müssen, wie aus dem Wald das Dunkle auf Menschenbeinen daherkam. Wer das bemerkte, dem ist es schwarz geworden vor Augen. Lauser sei nur noch ein Schatten seiner selbst gewesen, ausgesogen von Hornissen und Kapuzenmännern, ruhelos, für immer auf der Suche nach seiner Zauberfrau. Und könne doch nie was anderes finden als den Widerschein der Sterne und des Mondes in seinem eigenen Wirrkopf.

Noch heute singen darum die Großmütter im fränkisch-alamannischen Straßburg, wenn die Schwarzwaldberge drüben im Abendlicht zu sehen sind, ihre Enkel in den Schlaf mit dem wackeswälderischen Kinderzaubersegen:

Tumbo saz in berke mit tumbemo kinde enarme
tumb hiez der berch tumb hiez daz kint:
ter heilego Tumbo versegene elliu wunda
ad stringendum sanguinem

[»Dummling saß auf dem Berge mit Dummlingskind im Arm, Dumm hieß der Berg, Dumm hieß das Kind. Der heilige Dummling, er heile alle Wunden und stille das Blut.«]

Denn diese alten Frauen wußten wahrscheinlich, es hat der Lauser nicht bloß als Geist weitergelebt, sondern mit unruhigem Blut und aus allen Leibeskräften. In einer klaren Oktobernacht, als unterm Vollmondlicht in der Ferne wieder einmal das gewaltige eisige Alpengebirge aufschimmerte wie das Traumreich Thule und als in der Nähe alle Schluchten mit weißen Nebeln gefüllt waren, da, als er auf die höchste Kuppe des Gebirges hinaustrat, aufs freie »Feld der Erde«, da hätten all diese wei-

chen Nebelrundungen den Waldmann begeistert, wie nur Lauser zu begeistern gewesen wäre, da hätte er die Wolkenwallungen für Nymphen
 und Undinen und Sylphen gehalten und eben für Frauen oder auch schon für AllMutters unendliches Auge und hätte das alles ihn so entzückt, entrückt und bestürzt, daß er, geradeso wie jenes gejagte Tier, den herrlichsten Sprung getan. Und sei seither selig verschollen.

Der Straßburger trank seinen Becher leer, achtete nicht auf das schmunzelige Gemurmel rings, erhob sich und wollte aus der Halle. Da stand aber einer im Ausgang, und nun hörte auch er über sich den Riesen reden. – Früher habe ich Leuten, die mir weismachten, was ich für einer sei, Mund und Nase plattgedrückt. Dich, Rumolt, will ich umarmen. – Und umarmte den Koch heftig und küßte ihn so lange, daß wir uns wieder zu wundern hatten über den. Als der dann wieder neben Utes Tochter saß und ihren Hals küßte, dort, wo nun die Rose leuchtete, da wurden Stimmen laut, die verlangten, ich solle endlich wieder meine Truhe öffnen, um die Fiedel hervorzuholen, ich, so riefen Gernot, Gottlieb und auch Ute, ich solle ebenfalls den »Sprung« besingen. [Bei Schazman: *»Now I also sang the song of love, the song of nonsense jumping through the hell in breathless love, the song of giving up my mind in overwhelming love.«* Was Sch. hier als Lied-Inhalt andeutet, berechtigt, im Deutschen eine Strophe einzusetzen, die zwar erst später fixiert wurde, aber als frühester »Minnesang« die gleichen Motive durchspielt:]

Als ich sihe daz beste wîp,
wie kume ich daz verbir,
daz ich niht umbevâhe ir reinen lip
und twinge si ze mir.
Dicke ich stân ze SPRUNGE, *als ich welle dar,*
sô si mir sô suoze vor gestêt.
Naeme sin al diu werlt war,
sô mich der minne unsin ane gêt,
ich möhte sin niht verlân,
der SPRUNC *wurde getân.*
Truwet ich bi ir ainer hulde durch disen unsin bestân.

[»Wann immer ich die Schönste sehe, kann ich mich kaum bezwingen, nicht ihren makellosen Leib zu umarmen und sie an mich zu ziehen. Oft steh ich so auf dem Sprung. Als müßte ich unbedingt dorthin, wo sie so süß vor mir steht. Und sähe das alle Welt, wie mich der verliebte Wahnsinn schüttelt, ich könnte es nicht lassen – der Sprung muß getan sein! Wenn sie nur meinen Wahnwitz mit einer einzigen Aufmerksamkeit kühlte.«]

Da fragte Kriemhild leise ihren Nachbarn, so leise, daß es außer mir und dem großen Gast niemand verstehen konnte, fragte ihn, wieso er manchmal tief geatmet habe, bei der Geschichte wie beim Lied vom »Sprung«. Er antwortete: Weil ich mich in einem Spiegel erblickt habe. – Da fragte sie leise: Muß ich also *ad stringendum sanguinem* [»zur Beruhigung des Blutes« (vgl. den »Kinderzaubersegen«)] Deinen »Wahnwitz mit einer einzigen Aufmerksamkeit kühlen«?

Er betrachtete sie vergnügt. – Atem, Sprünge oder Blut will ich ungern kühlen, und wenn schon, dann nicht bloß mit einer einzigen Aufmerksamkeit. – Von dem Kuß, der sich anschloß, gestand sie mir später, gab's auch in dieser Winternacht *successus insani improbique* [»unsinnig ungesunde und verrucht maßlose Fortsetzungen«].

Unsere Pfalzburg beherrschte schon, schien es, die tiefste Nachtruhe, da war wohl ich der einzige, der in dieser Frostnacht keinen Schlaf fand. Lange noch ging ich durch die nächtlichen Gänge, auch wieder über die äußere Mauer unterm Winterhimmel, und traf dann unterm Kastell, in den Nischen und Ecken, bei den Feuern, noch manche, denen berichtet wurde, was der Nibelunge dem Bischof gesagt hätte. Hörte, wie die Proletenleute staunten und erschraken, wie sie einander jeden Punkt ins Gedächtnis riefen, als könnten sie's nur fassen, wenn sie sich's gegenseitig aufzählten und beim Aufzählen einander halfen. – Königliche Feuerstrafe für jeden Sünder. – Jede Lust eine Sünde. – Jede Frau eine Mißgeburt. – Dieser cheruskische Heide, eine Teufelsbrut. – Gegen Kuttenkappen als UrMutters Balsam das Frauenmoos. – So schnappte ich's auf bei den Leuten da unten und so ging es zu Lausers Geschichte auch mir durch den Kopf. [Auch hier beanstandet Schazman an seiner Vorlage die Unvollständigkeit der Sätze (*fragments*), noch denkwürdiger sei aber, daß auch hier als Zäsurzeichen zwischen die Partikel keine Punkte gesetzt worden seien, sondern verbogene Kreuze (vgl. S. 197, 462, 526).]

Als Kilian dies alles gelesen hatte, alles von den zwölf Falen, vom Falken, von *Liudger*, von der Debatte mit dem Bischof, vom »Sprung« und von der *minne unsin*, da war er vergnügt. Ich aber wollte von ihm wissen, wie es inzwischen der weißen Eule ergangen war, von der ich nur noch wußte, daß der Ruhrschmied sie seinem Freund *Liudger* geschenkt hatte.

Hätte er das Weisheitstier nur behalten. Aber sicher wußte es auch der Herzog zu schätzen, der nahm es nämlich, so hörte ich, in seine neue Siedlung mit, ins Land vorm Schwarzwald, dort fand es Platz im *limes*, in einem alten Wachtturm. Eine gute Behausung ist das, denke ich, für die

Eule und für ihre Kinder und für lange Zeit. [Genau tausend Jahre nach diesen Ereignissen von 485/486, da kamen, nicht weit von »Sachsenheim«, im Eulen-Ort also, der inzwischen »Knittlingen« hieß, zwei zur Welt, die viele zu den weisesten rechnen, Till Eulenspiegel und Doktor Johann Faust, beide in einem »Knitt-« oder »Knetlingen«. Freilich kam dann von dort auch Johann Jakob Gottlieb Biedermaier.]

Ganz Burgund, so schien es, war nun »auf dem Sprung«. Lärm hörte man aus den Hütten, neuen Krach aus alten Werften und Schmieden. Unruhe rumpelte im Pfalzhof wie in der Siedlung, Ruhrwaldsteine glühten, Nibelungen gingen um und lehrten Feuerkunst. Wormser Waffenschmiede wurden angeleitet, mit den »Kraftklumpen« aus dem *Asnithi*-Wald [s. S. 61, 71] zu arbeiten, hatten zu lernen, wie ein Schwert hart und dennoch biegsam werden konnte, so daß es nicht, wenn es auf andere Härten traf, zum Beispiel auf yütländische, sogleich zerspringen würde. Auch unsere *ferrarii* [Schmiede] trieben alsbald die Schmiedehitze hoch mit Blasebälgen und Luftschläuchen und verstanden es, die glühende Erzschmelze im richtigen Augenblick im Kühlwasser abzuschrecken, so daß aus Eisen das wurde, was die von der Ruhr seit je »Stahl« nannten [s. S. 61].

Wunderliches geschah an fast all diesen schönen Wintertagen. Von einem sollte ich besonders berichten. Der Xantener war einige Tage zuvor zu mir in meine Schreibnische gekommen und hatte Pergamentbögen verlangt, fünf Dutzend, also recht viele. – Wieso? wozu? – Er lachte. Der *vir liberalitatis poetarum* [»Mann der Dichterfreiheit«], sagte er, solle nicht so tun, als sei nicht auch *pronepos Arminii* [»Nachfahre (wörtl. Urenkel) des *Arminius*«] längst in seine Geschichten geraten.

Das verstand ich nicht. Vermutete gar, er wollte sich auf diesen Häuten seine Geschichte selber aufschreiben. Gut eine Woche später aber, an einem klaren Wintermorgen, führte er mich über jenen Steilhang, in dem die Wohnhöhlen für die Juden eingegraben sind, auch für Herrn Hirsch, leitete mich dorthin, wo in dieser Frühe schon viele schwatzende Leute warteten. An einem der oberen Höhlen-Eingänge zog er ein Zelttuch beiseite und holte aus dem Dunkel ein Gebilde aus Eisendraht, groß wie eine Kuh. Diesen Drahtdrachen hatte er mit meinen Pergamenten überklebt und die Häute in Essenz von Johanniskraut rot eingefärbt, tiefrot. Vor aller Augen trug der Niederländer dies feuerrote Papiertier, das schon jetzt in den Lüften hüpfen wollte, zur obersten Kante des Steilhangs, wo der Wind ihm unter die Flügel griff und schwarze und goldene Bänder aufwehten wie Mähnen und Federn.

Ehe ich's begriff, ließ er das Riesenspielzeug los, das tat einen wunderbaren Sprung, weit über die Kante hinauf, das ganze große leichte Ungeheuer stieg steil in die Höhe, wurde aber zugleich gehalten an einer Schnur, die der Schmied festhielt. Der geflügelte Drache, dieser *Fafnir* rüttelte und zog dem Niederländer mehr und mehr *fila serica* [»Seidenfaden«] aus den Händen, hinauf in den Winterwind, die Leute klatschten und schrien keltische Krawalltöne, erst recht aber lärmten sie, als der Nibelunge ans Ende der Schnur ein Gewicht band, einen Heiland, einen lachenden, den er sich von irischen Mönchen hatte formen lassen, einen freundlich lächelnden »Jeschu«. Als der befestigt war, hob der Niederländer die Figur hoch und ließ Figur und Schnur frei – der rote Vogel mit den weithin wallenden Bändern sprang nun ungehindert empor in die Morgensonne, leuchtend wie ein Flammenstrahl, wollte in der Höhe schwanken wie ein Betrunkener, aber der lachende Jeschu glich das aus, hielt den Vogel im Lot.

Nordwärts flog das Gebilde, trieb über den Rhein hin, gewiß in Richtung Mainz oder Frankfurt. Lange noch sahen wir's in der Sonne blitzen, am Horizont wurde das zum dunklen Punkt, schwebend verging er endlich, der papierne *Fafnir* [geflügelter Drache (s. S. 73)]. – Die Dänen, lachte der Xantener, wenn sie beim Wikingen [ursprünglich Tätigkeitswort (vgl. S. 208); bei Schazman: *when being wicked* – wenn sie Böses taten] dies Zeichen erblicken am Himmel, dann meinen sie, sie sähen einen von Wotans Kriegswölfen, *Geri* oder *Freki*, dann fürchten sie sich und kehren auf der Stelle heim.

Diesen Flug des lachenden Heilands hat Bischof *Rumoridus* seinen schwarzen Brüdern gut erklären können. Kilian meldete mir, der Lorscher Herr habe sich in sein feierlichstes Gewand kleiden lassen, habe eine Bußmesse zelebriert und geklagt: *Nil mortalibus ardui est, caelum ipsum petimus impii nova cognoscendi cupidi.* [»Zu allem versteigt sich der Sterbliche, sogar am Himmel selbst vergreifen wir uns in frevelhafter Neugier« (vgl. Ringwolfs Warnung vor dem Verhängnis des *experimentum medietatis*, S. 383).]

Wenig später beobachtete ich, wie der Königssohn, den Hagen und Ringwolf nach wie vor »Niederländer« nannten oder »Cherusker«, unten am Hafen eine neue Schmiede einrichtete, gleich neben unserer Burg. Diese Werkstatt gleiche, behaupteten einige, Alberichs Eisenhütte an der Ruhr. In der Tat, auch in Worms hob schließlich der Fluß selbst den schweren Hammer, hob ihn mit Wasserkraft, und wenn sein Gewicht niederfiel, dann erzitterten die Mauern des Kastells. Da entstanden, im Steinfeuer, nicht nur Rüstungen und Waffen oder Schiffsteile. Da wuchs auch etwas, von dem behaupteten unsere Schmiede, das werde ein eiserner Lindwurm, eine stahlharte Schlange sei das, ein Ungeheuer von

vielfacher Schiffslänge. Wo immer in Worms zwei beieinander standen, hatten sie zu rätseln, kreisten Gerüchte und drehte sich alles entweder um den papiernen Drachenflug oder um diese neuen Arbeiten. Was trieb diesen »Ruhrschmied«, was wurde da vorbereitet? der Kampf gegen die Yüten? Oder schon jetzt die Fahrt zu Brünhild?

Er zeigte unseren Schmieden, wie sieben Lagen von festem und weicherem Stahl zu mischen waren. Zur Glut gebracht, wurde die Schichtung unterm schweren Wasserhammer auf dem Amboß ausgereckt, dann in der Kohlenglut wieder gebogen und zusammengeklappt, neu durchgeschmolzen, nochmals ausgetrieben, abermals zusammengekrümmt. Immer neu kamen so verschiedene Härten zur Glut, wurden wieder herausgeschlagen und stets so fort. Erst wer bereit sei, sagte er, das Material dreimal sieben Tageszeiten lang zu bearbeiten, werde ein Stück herstellen, das denen der Franken, der Yüten und Sachsen nicht nachstehe. Ihr Stich- und Schlagschwert oder »Sachs« sei ein Felsenspalter, sei den Stummelschwertern der Hunnen und Römer siebenfach überlegen, im Bodenkampf wie im Reitkampf. [Der 33jährige Alfred Krupp an den preuß. Kriegsminister (anschließend bekam er den Auftrag, Kanonen zu bauen, und wurde zum größten Stahlschmied der Welt): »Essen, 1. 3. 1844. Ew. Excellenz – unterrichtet über die wesentlichen Eigenschaften, welche ein zu Geschützen verwendbares Material besitzen soll, habe ich mich mit dem Versuche beschäftigt, ob an der Stelle von Schmiedeeisen zu Gewehrläufen und Bronze zu Kanonen nicht ein einziges für beide geeignetes produziert werden könne. Es ist mir gelungen, einen Gußstahl darzustellen, der die Eigenschaften der Festigkeit, Reinheit und Dehnbarkeit vereinigt, in höherem Grade als irgendein anderes Metall . . .«]

Gern sah ich ihm bei der Arbeit zu, sah, wie er in der Werkstatt von Feuer zu Feuer ging und Handgriffe zeigte und unterwies, wie sie den Anthrax- oder *Asnithi*-Stein in die richtige Glut brächten. Als ich ihn ***homo faber*** nannte [Anspielung auf Utes *Buochenheim*-Erzählung (S. 178 ff.), möglicherweise auch auf einen Satz des *Heraklit*], ließ er dem *Walthari* das Eisen, stellte sich neben mich und blickte eine Weile ebenfalls in das Glühen und in die Flammen. Nach einer Pause hörte ich, wie er sagte, weise Mütter lehrten, daß alles Lehren kein Fässer-Abfüllen sei, sondern ein Flammen-Entfachen.

Dann spürte ich seine Hand auf meiner Schulter und hörte: In Rom war eine weise Frau, die sagte mir, Wörter seien wie Geschichten. Manche davon seien witzig, manche bedeutend, einige beides. – Ich sah ihn fragend an. – Du bist in Worms der Mann aus *Buochenheim*. Der die Wörter weiß. – Welches willst Du wissen? – Wenn wir hier ins Feuer blicken und sehen, wie das flammt, welches Wort ist für dies Flackern das treffende? – »Lohen« sagte ich. – Sagen aber die Leute nicht auch »Lohe«, wenn sie den Wald meinen? – »Lohe« meint Wald wie Feuer, meint alles, was schnell nach oben will, was rasch emporschießt wie Trieb und Schößlinge, was hochlodert und »Lohe« macht wie die Flammen, denn das alles kommt von *Liud*, das wie im *Liudger* ein Wort ist fürs Wachsen. [Auch neuere Ermittlungen postulieren *lud* als german. Wurzel für »wachsen« und alsdann u. a. für »Leute« (»deutsch«, s. S. 12), für »Lodern«, »Lohe« und »Loki« (Gott der Flammen wie der losen Zunge).] *Liud* ist ein Wort, das bei anderen Stämmen *diet* heißt, die »Leute«, die in Rom »ProLeten« heißen, weil sie wie die *lota*, wie freie Schößlinge, sich rasch vermehren wie Feuer und wilder Wald. – Die Leute wie die Deutschen? – Als deren Freund Du giltst, »Siegfried deutsch«.

Da fragte der Schmied: Kommt nicht auch »Lügen« vom »Lodern«? – Ich sah ihn neugierig an, wollte erkennen, ob er mich nur prüfte. – Was muß ich Dir noch verraten, Du weißt es eh. Der Lügengott Loki, der schnell Redende, auch sein Name meint Feuerzüngelndes, alles, was ruppig und üppig ins Kraut schießt wie freie geile Triebe.

Als wir wieder eine Weile dem Feuerspiel zugeschaut hatten und ich überlegte, ob ich ihn nun nach dem fragen sollte, was die Leute den »eisernen Lindwurm« nannten und wozu der wohl gut sei, fragte ich statt dessen plötzlich etwas ganz anderes und wußte nicht, woher mir das gekommen war: Bist Du ein Alleskönner? – Er lachte. – Wäre ich einer, würde ich's nicht überleben. Außerdem weißt Du, daß ich vieles NICHT kann. – Zum Beispiel? – Das, was Du kannst. Vor allem kann ich keine Ordnung halten und keine anerkennen. Und weiß noch immer kläglich wenig. *Studium studium, semper supra omnium.* [Vgl. S. 97.] Mit Dir, fügte er hinzu, muß ich noch vieles bereden, nicht nur Wörtergeschichten. Bitte geh zu Kriemhild. Sie wird Dir Neuigkeiten sagen. Hier ist zu tun, wir müssen die Dänen empfangen. – Ging zurück in den Arbeitslärm, nahm Eisen und Hammer aus der Hand, prüfte, wendete und schlug zu.

Bevor ich zu Kriemhild ging, hörte ich im Ort das sorgenvolle Munkeln all derer, die den schiffslangen Eisenwurm gesehen hatten. Gegen Rom sei dies Gerät gerichtet, wußten keltische Sklaven, auch diese neuen Schwerter seien »Romvertilger«, da entstünde immerzu BALMUNK. So glaubten die Kahlschädel den Xantener verstanden zu haben. Unser Unterlegensein, hätte er den gallischen Leuten gesagt – kein Zweifel, er hätte tatsächlich »unser« gesagt – unsere Abhängigkeit müsse nie auch Dummheit sein. Weder Schwäche noch Elend gäben je die Erlaubnis für einen hohlen Kopf.

Das machte die Runde, begeisterte die Leute, vor allem die jungen. Wer frei sein wolle, habe der Xantener gesagt, der müsse die Besatzer verjagen, vor allem die Angstbeamten, die Besetzer der Köpfe, die Priester und ihre Kapuzengeister. Der wiedererstandene *Arminius*, so hörte ich, der habe Pläne, der würde nicht nur Rhein und Donau verbinden, würde nicht nur einen lachenden Heiland fliegen lassen. Die keltischen Sklaven versicherten mir, der Cherusker werde die Kleinen groß machen und die Großen klein. Da mußte ich fragen, was daran Neues sei, nur die Figuren wären dann vertauscht. O nein, antworteten sie, der Herr aus Xanten hätte erklärt, jeder sei so groß, wie er sich nicht kleinmachen lasse.

Der Niederländer plane ein externsteinisches, ein AllMutterreich, in dem weder Groß noch Klein regierten, wo nicht Schuld drücke als Hornissenbiß und Höllenschlund, wo nicht in aller Zukunft nur Schmerzen warteten und Kreuz und Leid, sondern künftig herrschten Fruchtbarkeitszeichen, die Kuh und andere Bilder der Freundlichkeit und Leibhaftigkeit, in deren Namen keiner zu gieren habe und zu regieren und keiner zu streiten und keiner mehr groß sein müsse und keiner mehr klein. – Als ich die Zecher im Wirtshaus fragte, wie Herr Siegfried das alles gegen Rom schaffen wolle, riefen sie, indem er das wahre Byzanz schaffe, eine Kapitale der befreiten *diet*, das wirkliche GegenRom. [Ein Paralleldokument liefert *Orosius* in seiner *Historiae adversum paganos*, Buch VII, Kap. 43, 5–6 (verfaßt kurz nach 414, »Geschichtsschreibung gegen die heidnischen Spießer«): »Ich ›Gotenkönig Athaulf‹ habe zunächst leidenschaftlich begehrt, den Namen Roms vergessen zu lassen und das römische Imperium zu einem der Goten zu machen, damit die *Gothia* sei, was die *Romania* gewesen ist. Aber aufgrund langer Erfahrung habe ich erkannt, daß weder die Goten wegen ihrer zügellosen Barbarei den Gesetzen gehorchen können noch diese Gesetze der *res publica* je aufgehoben werden dürfen. Und habe mich deswegen entschieden, statt den römischen Namen auszulöschen, ihn makellos wiederherzustellen und bei den Nachkommen als Restaurator Roms zu gelten, wenn ich schon nicht dessen Nachahmer sein konnte.«]

Käm drauf an, wandte ich ein, wer sich durchsetze, der Schmied mit den freundlichen Flammenbildern und Kuhzeichen oder Herr Ringwolf mit seinen Leidenszeichen. Da meinten einige, der Niederländer sei wohl nur ein Prahler, vermeide mehr und mehr die wirklichen Kämpfe, habe auch vom Hort bislang nichts herausgerückt, nur diese Glühsteine aus dem *Asnithi*-Wald.

Ängste flackerten da ebenso wie Träume. Nicht umsonst, wußte einer unserer Leute, halte der Cherusker seine Reichtümer zurück, auch diesem »Mächtigsten« gehe es nun mal um Macht. Er werde nicht nur die größten Flüsse miteinander verbinden, sondern als erstes Burgund mit Nebelland. Nach den beiden Hochzeiten, von denen geredet würde, wäre er mächtiger als der Nachbar im Westen, stärker als Chlodwig. Werde dann auch den Merowinger unterwerfen oder für sich gewinnen. Was Gundomar begann und wovon Herr Gunther nur träume, das würde dieser hier vollenden. Die Fahrt nach Island sei der Beginn. – Nein, die List gegen die Sachsen, schon dieser Friede sei ein Anfang gewesen, meinte ein anderer. Und die Fahrt zum Isenstein sei allerdings nicht nur Brautwerbung. Man werde sehen. Wieso verzichte er selber auf die Herrin dort? Weshalb überlasse er sie dem König Gunther? Warum nähme er statt dessen Kriemhild? Und die drohenden Dänen, die Trier besetzt hatten und sicherlich längst geplündert, würden am Ende auch die seine Gefolgsleute?

Da nun auch von Kriemhild die Rede gewesen war, fiel mir wieder ein, was mir ihr Freund aufgetragen hatte, rasch ging ich in die Burg hinauf, fand die Schwester in ihrer Kammer. Als sie mich sah, wußte sie gleich, wer mich schickte. Sie verschloß die Tür. Das Winterlicht leuchtete wie Feuer um ihr dunkles Haar. – An diesem Morgen, sagte sie, hat dort, wo Du jetzt stehst, der Angstprediger gestanden. – Ich setzte mich auf den schwarzen Eichenstuhl. – Was wollte der Priester?

Hat sich nicht gesetzt wie Du, sondern seine Nase in meine Schränke gesteckt und in die Truhen, dann sogar ans Bett hin, an die Laken. Dabei riecht er selber wie fauler Fisch, kann unmöglich anderes riechen als sich selbst. Was suchst Du hier, hab ich ihn gefragt, welcher Hafer sticht Dich!

Kein Hafer, säuselte er, sondern mein Gewissen. – Was für eins diesmal? – Meine fortwährende Sorge um Deine Sitten, um die Unversehrtheit Deines Glaubens. – Das klingt ungenau, sagte ich, an meinem Handtuch riechst Du *religionis causa*? [um der Religion willen?] welche Neugier, bitteschön, läßt Dich an meinem Laken schnüffeln? – Die Sorge um Dein junges, Dein reines Leben. – Da sagte ich: Mein Leben ist zwar jung, aber wäre es auch rein, ich wollte es wegwerfen.

Nach Luft hatte er da zu schnappen, nach seinem Stein zu greifen. Dann kam er auf mich zu. Ich roch das Otternfett und sagte: Zum Glück

stinkt mein unreines Leben nicht so säuerlich wie mein reiner Vetter. – Da
schaute er sich ängstlich im Zimmer um, wollte auf keinen Fall, daß
226 meine Frechheiten von irgendjemandem gehört würden. – Sei unbesorgt,
sagte ich, die Fräulein sind in der Wäscherei.

Höre, Tochter, klagte er und ließ sich nun endlich in den Sessel fallen. Deine Reden, sagte er, bestätigen mir nur, wie berechtigt meine Angst ist. Dämonen haben Dich im Griff. Nebelgeister, die von altersher unserm Stamm zusetzen. Handelte ich nicht jetzt, wärest Du binnen kurzem des Teufels. *Et ego vidi per somnum meum, quod daemones cum instrumentis ferreis ac igneis animam tuam de corpore traxerunt et male tractaverunt.* [»Und ich habe in meinem Traum gesehen, wie Dämonen mit eisernen und glühenden Instrumenten Deine Seele aus dem Körper zogen und Dich übel mißhandelten.«]

Ich tat ihm nicht den Gefallen, über diese neue Deutung der Schmiedekunst zu erschrecken, sondern nähte dort weiter, wo ich, als er hereinkam, zu nähen aufgehört hatte. Er aber seufzte und schnaufte, wußte nicht, wie er mich aus meiner fröhlichen Ruhe bringen könnte. – Dein Falkentraum, sagte er schließlich, der war ein Wahrtraum. – Nun plötzlich doch? – Der Dämon, der das Glühende beherrscht, der zeigte sich in diesem Traum. Leider hast Du ihn nur Deiner Mutter genauer erzählt, ihr und Deinem Bruder. – Du hättest zuhören können, mußtest ja schildern, wie Du den irischen Gelehrten gepfählt hast. – Der war ein *haereticus*, ein *contaminator* [»Ketzer«, »Beflecker«]. Und in Gefahr, beschmutzt zu werden, bist nun auch Du. – In welcher Gefahr? – Deine Seele zu beflecken.

Meine Seele beflecke ich mit vielem Vergnügen. Färbe sie am liebsten regenbogenbunt oder goldglänzend. – Da griff er wieder nach seinem heiligen Bruststein und rief: *Sub te hiat puteus* [Urwort für Pfütze, für Pott und auch »Pütt«] *infernalis! ultra caput tuum gladius acutus scilicet divinum iudicium paratum animam tuam pessumdare.* [»Unter Dir klafft der Abgrund der Hölle! Über Deinem Kopf aber hängt ein scharfes Schwert, nämlich das göttliche Gericht, bereit, Deine Seele zu vernichten.«] Wie weise war doch Sankt Paulus, als er anwies: *Mulieres taceant.* [»Die Frauen sollen schweigen (vollständig: ... *in ecclesiis* = in den Versammlungen der Kirchengemeinde – Korinther 14,34).] Soviel ich mitbekam, bist Du in Deinem Traum geflogen? – Warum wohl hab ich von einem Falken geträumt und nicht von einer Made. – *Dedecet te.* [»Das ziemt sich nicht für Dich.«] Wie bist Du mit ihm geflogen? – Wie man eben fliegt. *Utique, undique, vesperi ut prima luce, heri ut multo ante, quo magis eo potius.* [»In jeder Weise, von allen Seiten, am Abend wie bei Sonnenaufgang, gestern ebenso wie schon lange zuvor und je mehr, desto lieber.«]

Er schnaufte, zitterte, aber gab nicht auf. – Was heißt das alles, was schilderst Du da, noch Träume? noch Flüge? Wie Du mit diesem Tier geflogen bist, will ich wissen. – *More maiorum.* [»Nach der Sitte der Altvorderen.«] – *Qua modo* [»Auf welche Weise«], ich muß es genau wissen. – Was genau willst Du wissen? – Es geht, wie gesagt, um Deine Seele. *Solo servus dicit se nescire, quod licet.* [»Nur ein Sklave behauptet, er wisse nicht, was sich ziemt.«] – Red nicht so allgemein, was meinst Du mit »Seele«? Meine Seele gehört mir, die geht Dich nichts an. Aber wenn Du's unbedingt wissen willst, im Moment sitzt meine Seele eine Handlänge unterm Nabel. – Weh, ächzte er und schluckte. – *Id unum doleo. – Cur?* [»Eben darüber empfinde ich Schmerz. – Warum?«] – Du bist also AUF diesem Raubvogel geflogen? – Ja, nicht neben, sondern auf, und zwar mit Vergnügen. – Rittlings? – Sollte ich mich an seinen Schwanz hängen? – Du bist also geritten. – Nicht mal im Traum sollte ich reiten dürfen? – Wo waren beim Ritt Deine Beine? – Ich versteh Dich nicht. Ich hatte sie bei mir. – Blieben sie geschlossen? – Geschlossen? Haben meine Beine ein Schloß? – Wissen will ich, ob Deine beiden Beine zur selben Seite hinabhingen oder aber, wie bei den reitenden Männern, das eine zu dieser Seite, das andere zur anderen.

Ich mußte nun mein Nähzeug doch beiseite legen, das Gespräch begann mich zu interessieren. Ich bat ihn, mir Zeit zu lassen zum Nachdenken und überlegte in Wahrheit, wie ich ihn jetzt am besten bestrafen könnte für seine Lüsternheit und sagte endlich: Alles bei diesem Flug war in mir offen und aufgeschlossen, nicht nur die Beine. Da mir der Cherusker versprochen hatte *nullum diem praetermitto, quin te delectem* [»Keinen Tag lasse ich vorübergehen, ohne Dich zu erfreuen«], stieg ich dem Falken auf den Leib, freilich rittlings, und zwar nackt. Willst Du das wissen? Und die schöne Bestie hob mich so, daß ich jubelnd singen wollte, mitten im Schlaf, im Traum. Weil ich nämlich keineswegs abstürzte in irgendeinen Schmutz, sondern frei dahinschwebte, fröhlich wie der rote Lachdrache, den Siegfried über unser Land fliegen ließ. Keine Sorgen, Wulf, vom Falken droht keine Gefahr. Mir jedenfalls nicht. Glück bringt er, siehst Du denn nicht, wie gut es mir geht? Aber darum sorgst Du Dich wohl auch heute nicht.

Sprach das Flugtier mit Dir? – Es nannte mich »Mißgeburt«. – Er erschrak. – Nannte mich seine mürspriemlich honigmilchleckere Mißgeburt. Wieso findest Du das erschrecklich? Für die heiligen Kirchenväter sind doch ALLE Frauen Mißgeburten. So hast Du's uns gelehrt und noch gestern abend bestätigt [vgl. S. 209 f.].

228 Da sah er von seines Pater Simpels Kristallkugel hoch und blickte mich traurig an. – Meine Tochter, begann er, Du hattest Teufelsträume. – Wirklich? – Die Frau, die in der Nacht nackt durch die Lüfte reitet, auf einem männlichen Tier, in der Haltung der Männer, die ist bereits, das wissen alle Weisen, in der Hand des Höllenfürsten. – Dann hätte der eine wunderbare Hand. – *Vae mihi misero!* [»Wehe mir Elendem!«] Wärst Du nicht die Schwester des Königs, wärst Du verloren. – Was wäre ich? – Er wollte zunächst nicht antworten, druckste herum. – Schon jetzt, sagte er endlich, schon jetzt wäre, streng gesehen, das Gottes-Urteil fällig. – Um herauszufinden, ob ich auf *Incubus* flog oder auf *Succubus*? [Das Koitieren mit dem Teufel beschreiben fast alle Kirchenväter, *Succubus* (wörtl. »Untenliegender«, gemeint ist der Teufel) naht sich versucherisch von unten, einem Mann als Frau. Anschließend in Männergestalt als *Incubus*, als »Obenliegender«, um den zuvor (als *Succubus*) gewonnenen Menschensamen einer Frau einzuflößen, um Teufelskinder zu zeugen.] Und ob der mich »befleckte«?

Richtig hast Du Dir das gemerkt. Aber da Du AUF dem Tier geritten bist, war's nur erst eine Warnung, eine erste Versuchung. Sobald er sich Dir allerdings als *Incubus* naht, wird Dir der Teufelssamen unweigerlich eingespritzt. So wie es in Rumolts Schwarzwaldmärchen ging, wo diesen Jüngling ein vermeintlicher Wasserdämon verführte, in Wahrheit *Succubus*, der sich Samen holte, um damit Jungfrauen heimzusuchen.

Was rätst Du mir also? Soll ich meine Kammer verschlossen halten? Oder schleichen sich diese Lustvögel auch durch Schlüssellöcher und unter der Tür durch? – *Simplicius*, unser Heiliger Vater, riet, die Besessenen zu fesseln und ins Wasser zu stoßen. – Warum denkt sich der Bischof in Rom sowas aus? da würde ich glatt ertrinken! – Die Heimgesuchten ertrinken nur dann, wenn sie unschuldig sind. – Unschuldig wäre ich nur, wenn ich unterginge? – Nur Dein Tod bewiese, daß Satan Dich noch nicht im Griff hat. Denn allein mit seinen Künsten sind Fesseln und Wasser zu überleben. – Und wenn ich überlebte? – Bewiese das, Du bist mit ihm im Bunde. – Dann müßtest Du mich verbrennen? so wie es Kaiser Valentinian empfahl? [Vgl. S. 209.] – So ist es, meine Tochter. – Entweder, ich ertrinke, oder aber, wenn ich überlebe, werde ich verbrannt? *Utcumque iudicium divinum dicit* [»Wie auch immer das Gottes-Urteil ausfällt«], ich bin verloren? – Ja, verloren, wärest Du nicht Gundomars Tochter. [Auch dieses Gespräch mit seinen genauen Bezügen zur Lehre der Kirchenväter dokumentiert, daß der millionenfache Frauenmord der Kirche, daß die Hexenverfolgungen nicht von ungefähr kamen (etwa aus den Wirren der Reformation, des 30jährigen Kriegs), sondern aus der (nach wie vor gültigen) Dämonen ehre der Kirche.]

Da griff ich wieder zur Näharbeit, war aber nicht mehr in der Lage, einen Stich zu tun, dachte nach und erklärte ihm dann: Ute sagt, Flugträume verraten das Frauenfreuen. – Das stimmt. Sie verraten den Lustritt. Und Du weißt, daß Lust per se sündhaft ist. Da Du nun in höchster Gefahr schwebst, frage bei neuen Heimsuchungen nicht Deine Mutter, sondern den, der vom Leib des Allmächtigen diesen reinen Stein besitzt. – Wenn er der Allmächtige ist, dann hat er auch das Frauenfreuen gemacht und die Falkenflüge. Ich werde ihm dienen, indem ich weiterhin, wie schon in den letzten Nächten, seine Schöpfung in Ehren halte. – Wie hältst Du sie »in Ehren«? – Indem ich, statt bloß davon zu träumen, tatsächlich zum Mond fliege und ganz drumherum und wieder zurück. 229

Er bekreuzigte sich. – Was heißt das, rief er, was heißt »tatsächlich«? – *Reapse* heißt es, *re vera*. Du hast mich genau verstanden. – Er versuchte aufzustehen, wäre beinahe umgefallen. – Den Flug meine ich, den Zitterflug zu zweit tun wir, über alle Welt hinweg tun wir ihn und dennoch mitten durch die AllMutter hindurch. – Er hielt sich am Sessel fest, setzte sich wieder. – Bei allen Heiligen, wenn Ihr Verkehr hattet [Schazman: *if you had intercourse with him*], dann wärst Du verloren, sowohl bei *Chrysostomos* als bei *Hieronimus*. Auch beim großen *Augustinus*. Alle Kirchenväter müßten Dich verwerfen. – Siegfried verwirft mich nicht. – Ja, weil er der AntiChrist ist.

Aber, rief ich, das Gegenteil ist wahr, er LIEBT mich. Und er liebt ein bißchen auch ihn, den Jeschu, er mag fast alle diese wunderbaren Leute, die sich für Gottes Kind halten, gezeugt vom Höchsten. Von solchen Entzückten lebten, erzählte er mir, allein in *Alexandria* derzeit drei verschiedene, alles sehr liebenswerte Wandelpriester und hätten alle drei große Gemeinden, der *Adonis* ebenso wie der *Attis* und auch der *Tammuz*. Will neuerdings nicht auch der Kaiser selbst ein Gott sein in Ost-Rom? Siegfried jedenfalls schätzt fast all diese Befeuerten hoch ein, glaub mir's. Einen von ihnen fand er ganz besonders denkwürdig, der sei als Säugling in Schriftrollen verpackt worden und in einem Korb den Nil hinabgetrieben, sei bei *Alexandria* gestrandet, wo die Bibliotheksgelehrten ihn entwickelt hätten und dabei den Pergamentrollen entnahmen, daß auch er von *Jehova* selbst gezeugt worden sei und auch in diesem Fall mit einer Jungfrau, damit er uns von der Welt des rein Geistigen erzählen könnte, die allen, die auf Erden nur Mühsal hätten und Unlust, Trost spende im ganz und gar anderen.

Wehe, hat Ringwolf da wieder gerufen und hat sich seine Hände und seinen Stein ins Gesicht gepreßt. Schließlich, als ich schon dachte, er sei nun ganz und gar verstummt oder gar eingeschlafen, hat er Nase und Backen gelüpft, schmerzverzogen, so daß seine Äuglein gar nicht zu sehen waren, hat also seine Kartoffelbäckchen auf mich gerichtet und gesagt: Wie, o Tochter, kann der Cherusker das *totaliter aliter* [»das ganz und gar andere«] kennen, wie kann er IHN lieben als Heide, als Lust-Eber. – Liebt er *libidinem*, dann wäre dieser Leibeslustige doch gerade auch der Seelenvollste, da wäre er, wie Rumolt nun wieder erzählend bewies [bei Schazman: *he proved the thing by telling*], der Geistvollste, der sich denken läßt.

Ringwolf schniefte, stand auf, schlurfte durchs Zimmerchen und blieb eine Weile ratlos beim Gatter stehen. Mein weißer Falke hob seine Flügel, und als der Vogel immer unruhiger wurde und Schimpfschreie ausstieß, kam der Vetter seufzend zurück, setzte sich wieder und fragte: Wie habt Ihr miteinander verkehrt.

Auch das geht Dich eigentlich nichts an. Aber da es Dich so süß zu quälen scheint, sag ich's Dir gerne. Immer wieder anders haben wir »verkehrt«. Immer verkehrter haben wir verkehrt [bei Schazman: . . . *more and more intercourse, transcourse, contracourse, supercourse*]. Wahrlich in fliegendem, in springendem *minnendem unsin* [vgl. S. 218 f.] und immer noch schöner, so, wie ich's nie zu träumen wagte.

Er stand wieder auf, wollte nun auf mich zu, drehte dann aber ab und stapfte verzweifelt im Raum hin und her, wollte schließlich zur Tür hinaus, wollte fliehen, kam dann doch wieder zu mir zurück, laut weinend: Höre! *Non multum afuit, quin te violarem.* [»Es hätte nicht viel gefehlt, dann hätte ich Dich geschlagen.«] Höre, ich flehe Dich an! winseln werde ich um Deine Seele, obwohl sie längst hinabstürzt in die Verdammnis. – Schluchzte, schien sich dann ein bißchen zu fassen und fragte: Habt Ihr also auch außerhalb des natürlichen Gefäßes verkehrt? – Ich sagte Dir doch, in jeder Weise machten wir's. »Gefäß«? Wie redest Du von mir? Bin ich ein Kochtopf?

Varia et mutabilis semper femina [»Buntschillernd und wechselhaft ist für immer die Frau«], klagte er und faßte meine Hände, sank vor mir nieder, nahm meine Finger in die seinen, ich zog sie wieder heraus, aber er grabschte danach und nahm mich inständig ins Gebet und sagte: Alle, die Verkehr haben, auch die Eheleute, sie versündigen sich. Sie versinken in diesen grauenvollen Zeiten in immer erbärmlichere Unwissenheit, wie Schweine im Dreckstrog. – Wie redest Du, Du Fischotter! – Wie unsere

Weisen rede ich, wie alle unsere Heiligen. *Recta intentio legitima potestasque nos ducent.* [»Die richtige Absicht und die legitime Macht führen uns.«] Und ich sage Dir mit den Worten eben dieser Heiligen: Es wäre immer noch besser, wenn eine Tochter mit ihrem Vater auf natürliche Weise Verkehr hätte, als mit ihrem Ehemann wider die Natur, also außerhalb des Gefäßes, in das der Same gehört. Denn alles Außerhalb dient allein der Lust, *ergo* der Hölle.

Das ist wohl wahr, sagte ich und lachte, Lust wärmt und hitzt so höllisch, wie ich's nie für möglich gehalten hätte. Immer nochmal heißer wird das und dann doch nochmal neu und wieder ganz anders heiß und immer noch glühender, zu dumm, daß Du das nie erlebst: Als sprühten Funken, als stürzten Häuser brennend ineinander.

Er ließ seinen Kopf auf meine Knie sinken. Schmach, verstand ich, wie wenig hast Du begriffen. *Utinam revertatur.* [»O wenn er doch wieder verschwände.« Gemeint ist offenbar Kriemhilds Liebhaber.] – Blickte dann wieder auf: Oder willst Du mich verhöhnen? – Aber nein, Du hast mich wieder nur daran erinnert, daß ein Feuerkünstler mein Gefährte ist, von dem ich keine einzige seiner Künste vergessen und missen mag und jede wissen und lernen will. Schon jetzt, wo Du so hartleibig danach fragst, freu ich mich auf die nächste Lektion bei unseren nächsten Erdumrundungen. – So hab ich ihm's gesagt, so oder sehr ähnlich.

Und da er nun ganz und gar sprachlos schien und mir viel Zeit gab zum Nachdenken, tat ich, was ihn beinahe umgebracht hätte. Gut hatte ich mich vorbereitet, weil ich, seit Siegfried mein Freund ist, mit Ringwolfs Besuch gerechnet hatte. Hatte meine intimsten Mitteilungen lateinisch zurechtgelegt.

Und muß sagen, nichts traf ihn so wie diese gelehrten Sätze. – Höre, Priester, begann ich. Ich fürchte, wir verstehen uns nicht. Jedenfalls solange ich deutsch rede. Da Du aber so begierig bist, alles zu begreifen, was immer sich in dieser Kammer abspielt und nun immer neu entflammt zwischen jenen Laken dort, an denen Du geschnuppert hast, so höre in Deiner Herrensprache, was ich ihm sagte, als er mir hier zum erstenmal gegenüberstand und ich so tun mußte, als freute ich mich nicht, sondern hätte Angst. *Interius gaudens inquam AntiChristo quasi merens prima nocte: »In mercedem cuncta libens tibi facio, sis certior, atque fidem do.« Rufus dubitans nihil ultra: »Ter mihi succumbas in mercedem, volo laudes.« – »Si decies possis in una nocte, mihi fac«, inquam, »vel quotiens vis!«* [»Innerlich jedoch jubelnd tat ich in der ersten Nacht so, als sei ich betrübt, und erklärte dem AntiChristen: ›Zum Lohn besorge ich Dir alles, liebend gern, dessen sei gewiß, darauf geb ich Dir mein Wort.‹ Der Rotkopf zweifelte daran überhaupt nicht und erklärte: ›Zum Lohn will ich Deine Zusage, daß Du mir

dreimal zu Willen sein wirst.‹ – ›Und wenn Du es mir zehnmal machen kannst in einer einzigen Nacht‹, erklärte ich, ›dann mach es mir meinetwegen zehnmal. Oder so oft Du halt willst.‹«]

Da fiel er auf den Boden, mein Ringwolf. Noch eh ich ihm die schönsten Einzelheiten hatte mitteilen können, lag er schon da, bleich, und schnappte nach Luft, wozu mein GerFalke laut aufschrie, zuerst wollte ich dem Vogel beistehen, aber unser Vetter schien in noch größerer Not, atmete schwer. Ich tat einen Zipfel von meinem Bettlaken in die Wasserschüssel und kühlte ihm Stirn und Nacken, hatte freilich Mühe mit dem Dunst, der ihm aus der Kutte stieg. Schließlich war wieder sein Stimmchen zu hören. – Weh, jammerte er, auch in Deinem Latein roch ich sie. – Wen hast Du gerochen? – Die Hölle selbst.

Die Kräfte schienen ihm abermals zu versagen, das Fleischkügelchen lag noch immer auf dem Boden. – Aber, begann er dann wieder, wenn Ihr, er seufzte, wenn Ihr den Samen in das Organ leitetet, dorthin, wo er seiner Bestimmung nach hingehört, so will ich, da Ihr versprochen seid, die Zuversicht nicht aufgeben, die Hoffnung für Deine Seele wie für die des Kindes, das Ihr vielleicht gezeugt habt. – Hob dann ein wenig den Kopf und fuhr fort: Hoffen will ich wenigstens für das Kind, obwohl alle Kinder, allein indem sie gezeugt wurden, befleckt worden sind und *per se* unheilig. – Er richtete sich auf, saß jetzt vor meinen Füßen und sprach: Kein Zeugen ist ohne Lust, keines ist *ergo* ohne Sünde. Nur wisse: Die pure Lust, also diejenige ohne Erzeugungswillen, die absolute und gar, wie Du sagtest, die zehnfache, die ist zutiefst vermaledeit, die ist wie der unterbrochene Akt oder der Erguß außerhalb des Organs *summum peccata mortiferum* [»allertiefste, absolute Todsünde«].

Wie unnötige Sorgen Du Dir machst. Sieh doch, wie gut es mir geht! ihm wie mir! – *Beati esse videmini.* [»Es scheint nur so, als ob Ihr glücklich wärt.«] – Es wäre besser, Du würdest endlich Dich selber reinigen und beim Baden auch mal Dein altes Hemd ausziehen, laß es Dir gesagt sein, Vetter, nicht die Hölle stinkt, sondern Du selbst, Du WAZt wie ein Kotz- und Kackbrocken. – Da blickte er mit seiner Prestlingszierde [vgl. S. 125] zu mir auf, als bete er mich an, was mir sehr unangenehm war, denn er kniete vor mir und sein KuttenWAZ dampfte tatsächlich wie Erbrochenes. – Bedenk, säuselte er, was nebenan in Trier mit Priscillian geschehen mußte [s. S. 154 f.]. – Ich weiß, sagte ich, freies Reden kostete Priscillian das Leben, den Iren hast Du sogar eigenhändig durchbohrt, obwohl der so witzige Sachen wußte wie sonst nur unser Kilian. Auch bei Kilian lach ich mich warm und fürchte, auch den wirst Du wohl irgendwann schlachten, nur weil er lachen macht. Du solltest Siegfried und mich lachen hören, vor allem dort, zwischen den Laken, wo das immer wieder aufs neue geschieht, was die Altvorderen für heilig hielten: *idisi clubôdun umbi cuoniouuidi* [»Frauen lösten die Fesseln am Kraftbaum« (vgl. S. 40, 43, 164)].

Da hob er beide Hände über seinen Kopf und rief *Exi ab ea immunde spiritus et redde honorem deo vivo et vero!* [»Fahr aus von ihr, unreiner Geist, und erweise Ehre dem lebendigen und wahren Gott!«] Auch Dein Lachen zeigt ihn an, den Dämon, denn Lachen verrät die Schwächen des Leibes, die ungehemmte Bauchlust. Nichts anderes schleudert die Höhen des Geistes so sehr in die Tiefe, sagt *Augustinus*, wie unbeherrschtes Lachen. – Nicht umsonst ließ mein Freund einen lachenden JEsus aufsteigen. – Lachen, sagt Augustin, ist verderblich wie die weibliche Liebkosung, ist wie alle Tiefe vom Teufel, sumpfig und wässrig wie die Frauen von Grund auf, also unrein –

Da rief ich dazwischen, von Reinheit solle er endlich schweigen und besser seinen ranzigen WAZSchwitzleib säubern, statt mich mit den Reden der Heiligen zu bedünsten. Mir wird übel! rief ich und stieß ihn weg, leider etwas zu heftig, so daß er sich, unterm Geschrei des GerFalken, nach hinten überkugelte, aber erstaunlich geschickt war er wieder auf den Beinen und rasch aus der Kammer, ich stürzte ans Fenster, ließ Luft ein, und hab dann alles meinem Riesen erzählt. Der meinte, auch Dir sollte ich das alles erzählen, da Du am besten beurteilen könntest, ob dieser Vetter nur lächerlich ist oder auch gefährlich.

Da wir von draußen die Wäscherinnen hörten, riet ich ihr in Eile, Ringwolf künftig nichts anzuvertrauen, was ihn nichts anginge. Höchstens noch mir sagst Du's, fügte ich rasch hinzu und küßte gern ihre Hochzeitswangen. Den Kuß gab sie mir heftig zurück und mir war klar, wem das galt. Wäre mir nur halbwegs so klar gewesen, daß der Xantener, als er ahnte, daß der Bischof mehr war als ein *stultissimus* [»Dummkopf«], die Nähe des Mörders gespürt hatte.

Den Waffenmeister sah ich wenig später im knappen grünen Tuch der Aachener Händler, sah ihn durch die Arkaden des Burghofs stapfen, am Hafen vorbei, zwischen den Zelten der fünfhundert Kämpfer hindurch. Heute, so hörte ich, hielt er dort, wo Siegfrieds Lachvogel aufgestiegen war, Gericht.

Als erstes ließ er einen Mörder und Pferdedieb aufknüpfen. Die Verhandlung lief sehr rasch. – Gibst Du zu, daß die Wittbeckwiese die ist, auf der Du Deine drei Schafe weidest? – Ja, aber – Gibst Du ferner zu, daß auf dieser Wiese Herr Gere sein kostbares Wächterpferd entdeckte? – Sicherlich, aber – Und gibst zu, daß dies Pferd dem Wächter zugeteilt war, der bei Alzey Wache hielt und der nun, im Fieber, mit dem Tode ringt? – Auch das, bei allen Heiligen, wie sollte ich das nicht zugeben, aber – Und Du gestehst, wo das blutige Messer steckte. – Aber – Daß man es im Sattel dieses Wächterpferds fand und daß dies Pferd auf der von Dir gepachteten Wiese neben Deinen Schafen weidete, unter dem Sattel weidete es, in dem noch das Messer steckte, von dem der, der nun um sein Leben ringt, die tödliche Wunde empfing. – O Ihr Heiligen, das alles wird so sein, aber – Dann muß es auch so sein, daß Du, Wittbeck, als Pferdedieb und Mörder auf diesem Galgenberg zum Tode befördert wirst, als Dieb und Mörder, im Namen unseres *Dux Burgundiae* und der gerechten *Lex Romanae*, wonach die Diebe in vielen, die Mörder in allen Fällen des Todes sind.

Über der steilen Lößwand stand schon das Gerüst, der Delinquent wehrte sich, beteuerte, er habe weder Geres Pferd gestohlen, noch habe er den Rheinwächter ermordet, sein Geschrei half ihm nichts, man hatte das vermißte Pferd am selben Pflock gefunden, an dem der Verurteilte sonst seinen Esel festzumachen pflegte, und im burgundischen Sattelzeug stak ein blutiges Messer. – Erst seit kurzem weiß ich, wie es dort hingelangt war.

Die Sippe des Delinquenten hatte den Bischof um Rat und Hilfe gebeten, der befand, da es keine Zeugen gebe, müsse nicht der Mensch urteilen, sondern Gott, man solle den Verklagten eine Nacht lang mit dem gefährlichsten Stier zusammensperren, lebe der Mann bei Sonnenaufgang, wäre klar, daß er des Teufels sei. Diesen Rat nannte Hagen Kirchenkrempel, zu Worms gelte freies römisches Recht.

Alles unfreie Volk hatte Hagen zur Steilwand befohlen, unter den Galgen. Der Mann schrie bis zuletzt, wurde von vier Sklaven gehalten, damit Hagen selbst ihm den Strick um die Gurgel schlingen konnte. Überm Gebrüll des Verurteilten hörte ich die Leute lachen und wußte, daß dies ihr Angstlachen ist. Weil sie selbst nicht in den Erstickungsstrick müssen, erschüttern die Todesschreie sie ins verschreckte, ins aufatmende Kichern. Alle hatten zuzuschauen, bis der leblose Körper vom Galgen genommen und über die Lößkante geworfen wurde, ungefähr dorthin, wo Herr Hirsch hinter seiner dreifach verflochtenen Palisade wohnte.

Unter den Gaffern, die nun wieder zurückgingen zu ihren Hütten, zurück in die Löcher und Zelte, unter denen war damals, daran ist kein Zweifel, auch der nächtliche Reiter, der in Wahrheit zugestochen und das Pferd geraubt hatte und den Pokal ergaunert.

Gunther bedachte derweil ganz andere Dinge. Würde der Niederländer nun auch mit den Dänen paktieren? auch den Yütenherzog umarmen? so wie er *Liudger* umarmt hatte oder den Koch Rumolt oder ihn, den König? Wie auch immer, auf jeden Fall, meinte er, sei der Xantener kein »Dummling«, wie die Vettern behauptet hatten, sondern dieser »Schrat« und »Lehrling«, dieses »Hirngespinst« hätte das Sorgenreich schon jetzt stärker gemacht. – Bischof *Ringwulfilas* hatte heimlich Missionen ausgesandt in die neuen sächsischen Siedlungen, doch seine Missionare wurden von cheruskischen Leuten abgefangen, verprügelt und heimgeschickt. Tags drauf beschwerte sich der Bischof beim Niederländer. Der riet ihm, den Leuten ihre Erdgötter zu lassen, ihre Stein-, Feuer- und Wasserkräfte.

Vielleicht weil er nun auch den Bischof in einer listigen Umarmung zu erdrücken suchte, fuhr der Ruhrschmied noch am selben Tag eines seiner zwölf Hortschiffe über alte enge Strombögen hinüber nach Lorsch und ließ dort, auf die Klosterkarren, nicht nur alle Steinkohlen ausladen, sondern auch Edelsteine und Geschmeide und Goldgeräte in sagenhaften Mengen. Mit denen solle der Herr Vetter zufrieden sein und Ruhe geben und seinen HErrn, wenn es IHN denn wirklich erfreue, ehren, *si deo tuo reapse placet* [»wofern das Deinem Gott tatsächlich gefällt«]. Mit den Glutbrocken aber aus dem Eschenwald, sagte er, bekäme Ringwolf für drei Winter Wärme in seinem Steinkloster.

Es heißt, der Herr zu Lorsch habe die Gaben mit verwirrtem Dank begrüßt und hätte sie gut versorgen und verriegeln lassen. Ja, dem HErrn zu Ehren sollten diese Schätze glänzen. Und habe danach, Kilian verriet mir's, seinen Ordensleuten anvertraut: Von Sankt Matthäus wissen wir, daß unser HErr gesprochen hat: »Wer hat, dem wird gegeben werden« [Matth. 25, 29]. Und es gibt keinen Grund, an diesem Gotteswort zu zweifeln. Doch seht diese Heiden, rief unser frommer Vetter, seht diese Wilden, diese Steinverehrer und Feuergläubigen, sie meinen, uns mit Äußerlichkeiten gewinnen zu können und mit ihren Hitzekünsten. Erkennt aber in ihrem Flammenstein das höllische Kohlschwarz! Und haltet dagegen diesen Kristall des römischen Vaters, die lichte Reinheit vor meinem Herzen!

In der zweiten Woche des *Ianuarius, accuratus pridie Idus Ianuarius* [»genau am 12. Januar«], meldeten die Uferwachen, es käme ein gewaltiges Ruderheer bei *Bingum* [Bingen] den Strom herauf. Offenbar hatten die Dänen den roten Feuervogel überm Rhein nicht bemerkt, den Drachen nicht fliegen sehen. Wunnibald berichtete, nur in Alzey und bei Mainz hätten Frauen und Kinder ihn beobachtet, hätten begeistert davon erzählt und wurden wegen dieser höllischen Heimsuchungen mit strengen kirchlichen Bußübungen bestraft. Die Figur selbst, der fröhliche Jesus wurde nie gefunden. [In der Fassade des Hauses Fortunastraße 11 in Buda (Budapest) gibt es die Skulptur eines lachenden Jesus. Dieser Hinweis ist Dr. Maria Borbely zu danken. Außerdem findet sich unweit *Kilmacduagh* (wo Kilians Orden zu Hause war) die Figur eines lachenden Franziskus (in *Clonmacnois*).]

Nun näherten sich also die Dänen. Die hätten bei *Bingum*, so hieß die Nachricht aus Mainz, die burgundischen Wachen überfallen, gepfählt und geteert und wollten Rache nehmen für die entwaffneten Sachsen. Wie schon Irmin an der Weser die Römer den Fluß hinabgeschickt hätte, so erginge es nun auch uns in Worms, gaben sie dem als Botschaft mit, den sie leben ließen und rheinauf schickten.

Da regte sich König Gunther sehr auf, verwünschte nun doch wieder, daß der neue *foederatus* die WestFalen nicht »gemetzt« hätte, zur Abschreckung der Dänen und aller weiteren Maden. Ja, Hagen habe wohl wahr gesprochen, als er vorm Frieden mit *Liudger* gewarnt hatte. – Da sagte der Nibelunge, Gunther solle sich um seine Winterreise ins Eisland sorgen, sich schönere Warmkleider schneidern lassen, wenn er schon den Aachener Grünfilz für unzureichend halte und seinen, Siegfrieds Auerochsen-Fellmantel für zu zippelig. – Die Dänen, sagte der Königssohn, überlaß dem *proletario*.

Und belud noch in derselben Nacht jenes Schiff, das nun leer war, weil er die Ladung dem Bischof geschenkt hatte, mit dem Ding, das von den Wasserkräften des Rheins gehämmert war und vom Ruhrwitz und das einige in Worms für eine eiserne Schlange hielten, andere für einen tausendfachen Höllenring. In der winterlichen Finsternis rasselte das schauerlich, tönte bis dorthin, wo ich schlief, oben in meinen Burgwinkel, bis in meinen Schreibwinkel polterte das hohl und rumpelte unter Schreien und Gesängen in den leeren Schiffsleib. Ich lief hinunter, sah nach dem unerklärlichen Eifer, da stand er abermals neben mir.

Wenn Du willst, Schreiber, dann komm mit. – Also stieg ich aufs Boot und gleich drauf, noch *in prima vigilia*, begann die Fahrt. Mit nur fünfzig nifelheimischen Kumpanen zogen wir stromab, den gefährlichen Eindringlingen entgegen, hinab bis dorthin, wo die Aue »Kühkopf« heißt. [Bei Darmstadt, zwischen Goddelau und Guntersblum.] Dort ließ der Schmied das Schiff festmachen und schlang dann selber, weil sonst keiner die Kraft hatte, den stählernen »Lindwurm« um zwei Eichenstämme am Ufer, erst auf der einen, dann auf der anderen Seite des Hauptarms.

Die Schlange, die da geschmiedet worden war, war eine armdicke Eisenkette. Die hatte das Schiff bis fast obenhin gefüllt und reichte nun von Ufer zu Ufer, und zwar doppelt, einmal hin und einmal zurück und mit starken Quergliedern und sperrte so, schwer und unzerreißbar, Glied für Glied, wie ein Stahlnetz die Fahrrinne vollkommen ab.

In der Morgendämmerung kamen sie tatsächlich heran. Im kalten Winternebel näherten sich sieben Schiffe. Stromauf arbeiteten sieben mal ein Dutzend rudernde Männer. Und fuhren auf. Blieben hängen. Stießen mit ihren Booten unterm Wasser, dicht unter der Oberfläche, gegen ein Hindernis, gegen eine doppelte Sperre, knapp unterm Glitzerspiegel. Stocherten und schlugen mit den Rudern darauf, schließlich mit ihren Lanzen, mit den Schwertern. Meinten wohl erst noch, Baumstämme vor sich zu haben oder besonders zähe Schlingpflanzen, arbeiteten wütender und mit immer mehr Gerät, stießen und hieben mit Keulen, Äxten und Hämmern auf den Widerborst und mußten bemerken, daß, wenn sie das Hindernis getroffen hatten, ihre Schwerter Schrunden zeigten, ihre Äxte Risse und Sprünge.

Gegen die Eisenschlange half keine Kraft. Als sie erkannten, daß es sich um ein Stahlnetz handelte, wollten sie das Ungeheuer hochstemmen, um drunterherzufahren, aber da tauchten von der Last gleich zwei Boote so tief in den Rhein, daß sie voll Wasser liefen und versanken und die Eisenkrieger im kalten Schreck ertranken, nur zwei konnten sich auf Nachbarboote retten.

Wütend rammten und ruderten die anderen Dänen immer nochmal gegen an, mußten schließlich aufgeben. Fuhren ans Ufer, erschöpft, wollten am flacheren Ufer tun, was die Yüten bei Stromschnellen und anderen Hindernissen schon immer taten, wollten ihre Boote an Land ziehen und über Schnee und Sand an der Sperre vorüberschleifen. – Am Ufer aber, dort, wo die Schiffe am günstigsten über die Sandbänke zu ziehen gewesen wären, empfing sie der Königssohn, grüßte mit KNIPSKIDICKI und mit ÜPFETAPF [Schazman: *untranslatable (magic or celtic words)*] und anderem Hohn in nifelländischen Wendungen, die ich ins Hofdeutsche übertragen muß, obwohl die Originale viel schöner klängen. Ob der

Sleepwalker das Rudern verlernt hätte und was der Yütenjunge in Worms wünsche, eine Abreibung? Die könne er bekommen, nasse Hosen habe er ja bereits. Verspottete insbesondere den dänischen Herzog, zwang ihn so zum Zweikampf und umging auch hier das Gemetzel für die Leute. *Haujiback!* rief der Niederländer, und der Däne mußte die wiederholte Forderung, die alle gehört hatten, wohl annehmen, wollte er bewahren, was als Ehre gilt. – Und wurde jämmerlich zerbleut.

Mit zerknickeltem Arm, aus dem ihm der zerhaune Schild in den Ufersand gesunken war, mußte er nach wenigen Hieben aufgeben. Hatte den Arm, der noch heil war, zum Eid zu heben für das Versprechen, friedlich mit den Seinen über den Rhein zurückzufahren, über die Nordsee heim nach Yütland, zuvor aber alles herauszurücken, was er in Trier gestohlen hatte. [*Lucio Mansilla*, argentinischer General und Literat, hat 1845 wieder einen Fluß mit einer Kette versperrt, den *Paraná*, als es ebenfalls galt, Räuberschiffe aufzuhalten. Engländer wollten das neue freie Land als Kolonie kassieren, die Kette hielt, Argentinien blieb frei.]

Mit dem dänischen Herzog war nach dem heftigen Gehau hinterher noch ganz freundlich zu reden. Als die Stahlschlange wieder im Schiff des Xanteners lag und darüber die vielerlei Schätze aus Trier, wurden Feuer gezündet, ließ der Xantener Kräuter sammeln und Töpfe bringen und hat dem Unglücklichen die Wunden gesalbt, verbunden, den Arm geschient und ihm klarzumachen versucht, wer im Rheinland der wahre Räuber sei. Wieder überraschte mich, wie sehr die Erkenntnisse des Niederländers denen unseres Waffenmeisters glichen. Wie verschieden aber wurden sie genutzt. – Bis in die Nacht ging mit dem Yütenherzog das Erzählen. Der Wurm unter der Welten-Esche, sagte der Cherusker, der heiße Felix [Felix III., Papst von 483 bis 493] und wohne in Rom, in Worms heiße er Ringwolf.

Die Gegner schieden in Freundschaft, ja, sie haben sich am Ende so sehr verbrüdert, daß auch diese beiden sich in die Arme nahmen, der Däne freilich hob nur den rechten. Umarmten sie sich für ein gemeinsames Nord-Rom? Diesmal hörte ich keine Gerüchte, sondern verstand mit eigenen Ohren das meiste sehr genau, obwohl in der Plattsprache geredet wurde. Im niederländischen Leutedeutsch erzählte der Xantener dem Dänen von Roms »geriebenen« Herren, die er Betäuber nannte und Angsthornissen, aber auch von Jeschu redete er und daß der Däne den nicht verwechseln möge mit dem, den die neuen Priester nun ausriefen als Herrn der Jenseitswelt, nur damit die Angstverwalter die Diesseitswelt um so ungenierter plündern könnten, betrügen, quälen und morden.

Nach diesen Worten pflückte der Cherusker eine Wildrose, die ganz und gar von einem zarten Eismantel umhüllt war, gab sie dem Dänenkönig als ein Friedensgeschenk im Namen des Königs Gunther. Mit Schwur und Kuß, woran auch ich mich, als burgundischer Fürst, beteiligen mußte, trennten wir uns beim aufgehenden Wintersonnenlicht von dem Ort, der seither, wie mir Kilian meldet, »Gunthersblum« heißt.

Nach dem Abzug der Dänen blühten und leuchteten in und um Worms herum Siegfried-Geschichten, als wüchsen den Kahlschädeln Blumen aus dem Kopf. Es schien, als spürten jetzt auch die Leibeigenen ungeheure Kräfte. Nach der List gegen die Yütländer glaubte jeder zu wissen, warum Sieglind ihren Sohn Siegfried genannt hatte und was »Siegfrieden« bedeute [s. S. 204], *Freyr-* und Frauenkraft sorge für Friedenssiege, so hieß es nun, spätestens nach Mitternacht, in den *cauponulis* [»Spelunken«].

Doch sah es ganz so aus, als beachte der Nibelunge auch die alte römische Regel: *Prospicere pro pace oportet, quod bellum iuvet.* [»Für den Frieden sind Vorkehrungen zu treffen, die dem Krieg dienen.«] Ständig war der »Freier« unterwegs, lehrte seine Fertigkeiten zwischen Worms und Straßburg und *Aquae* [wörtl. »die Wässer« bzw. »Quellen«, gemeint ist ein vormals römischer Bade-Ort, nachmals Baden in Baden] und Speyer und Alzey und Lorsch und Mainz und Metz und Trier, unentwegt und unbeirrt machte er Handwerkern klar, wie sie Luft unters Feuer mischten und Wasserkraft nützten, wie sie mit den Steinkohlen vom Ruhrfluß die Erze aus Metz so schmelzen konnten, daß Rüstungen und Waffen entstanden, die denen der Römer und Hunnen, Dänen und Sachsen nicht nachstanden.

Nun sprühten in unserem westgotischen Burgund [dies der einzige Hinweis der Kilianschronik, daß die Burgunder sich damals noch als einen der westgotischen Stämme sahen] hellere Funken als je zuvor, in unseren Schmiedehöhlen fauchte Alberichs Kunst. Wann immer Hagen den Mann vom Niederrhein erblickte, schien endlich auch ihn Wohlbehagen zu wärmen, wenn auch ein letztes Mißtrauen nie schwand. Dieses Mißtrauen, da bin ich sicher, würde er, der die Welt als Räuberhöhle verstand, nicht mal gegen sich selber schlafen lassen. Nun schien alles so eingetroffen, wie er's am Abend vor Siegfrieds Ankunft gewünscht hatte. Der Mann aus dem *Asnithi*-Wald [Eschen-Wald, s. S. 61, 71] war unser nützlichstes Arbeitstier.

Nach dem Überfall der Dänen bedrückte es Gunther, in diese Richtung auf Brautwerbung fahren zu sollen, dorthin, wo Wildlinge lebten wie diese Yüten oder die Falen, die Ortwin »gemetzt« hatten. Eines Tages

überraschte der Nibelunge den König in seinem Gemach, ertappte ihn dabei, wie er ein Lied übte, auf *Wunnibalds* Harfe. – Was soll das Ge-
242 zirpse? – Dies Instrument will ich mitnehmen auf die Fahrt, um auf Island der Feuerfürstin, wie es sich für einen Freier wohl gehört, ein Lustlied vorzutragen. – Ein Lustlied? – Ich denke an das Lied vom »Sprung«. Freilich, wenn es mir mißlingt, sollte es lieber mein jüngster Bruder singen.

Auf Island, fürchte ich, benötigst Du kein zartes Zupfen, nicht mal zu so deutlichen Worten wie denen vom »Sprung«. Vom Werber verlangt Brünhild anderes. Gern geh ich mit Dir auf den Turnierplatz und wir üben, was Du hoffentlich gründlicher kannst als dies Harfenkrampfeln. Nach der Heimkehr aus Island ist genug Zeit, der Feuerfürstin was zu zimpfeln. – Verzagt hätte mein Bruder geschwiegen. Hätte bekümmert hinabgeblickt auf sein zierliches Instrument.

Den anderen Tag, beim Mahl, da Gunther wieder kaum essen mochte und der nibelungische Schmied fragte, was ihn nun schon wieder bedrücke, schob der Herrscher Burgunds Wurst, Brot und Messer beiseite und sprach, nach tiefem Luftholen: In einem muß ich nun endlich Bescheid wissen, lieber Freund. Ehe wir aufbrechen in die Kälte und in die Dunkelheit. Ich kann das kaum mehr erwarten, schlafe nur noch schlecht, träume die wirrsten Geschichten. Ehe wir abfahren, muß ich von Dir unbedingt hören, wie wir uns auf Island kleiden sollten. [Diese scheinbare Übertreibung Giselhers und Kilians belegen auch spätere Überlieferungen, z. B. Hs. B: *Diu maere wesse ich gerne, sprach der künec dô, / ê daz wir hinnen füeren (des waere ich harte vrô), / waz wir kleider solden vor Prünhilde tragen, / diu uns dâ wol gezaemen: daz sult ir Gunthere sagen.* (In einem wüßte ich gar zu gerne Bescheid, sprach der König, eh wir von hinnen fahren – ich kann es gar nicht mehr erwarten, so sehr freue ich mich – was sollen wir denn überhaupt anziehen, wenn wir vor Brünhild erscheinen? Kleider, die uns dort gut anstehen – das müßt Ihr mir nun unbedingt auch noch verraten.)] Ist es besser, wir erscheinen zunächst in der Rüstung? oder sollten wir anfangs eher Freundliches zeigen? Trägt man dort besser Seide oder lieber exotisch arabisches Tuch? Weiß man auf Island von Byzanz und seiner Pracht? Wäre es im Eisland für alles Zierliche nicht einfach viel zu kalt? Grundsätzlich: Wer wirkt auf dem Isenstein mehr und ist willkommener, der Reiche oder der Kriegerische? der Schöne oder der Kühne? Verzeih, daß ich Dich mit solchen Fragen behellige, aber darüber mußt Du mir nun alles erzählen. Du warst dort, mehrmals sogar, kannst das einschätzen. Ich nicht.

Und habe keine Lust, mich nochmal so zu blamieren wie mit dem grünen Filz aus Aachen.

Nicht nur mein Stolz, sagte Gunther, hängt vom Schönen ab und von korrekter Erscheinung. Sagt uns doch Vetter Ringwolf in fast jeder Predigt, wie sehr sich Gottes Gnade erweise in dem, was den Mann schmücke als Zeugnis seiner Taten und Erfolge, als Sieg im Schlachtfeld wie als Pracht seines Reiches. Des Himmels Wohlgefallen lese man ab am Glanz der *oppida* [der Städte (»Befestigungen«)], der Kirchen wie der Pfalzen und ihrer Herren. Auch der Bischof von Rom zeige sich nicht umsonst in fürstlichem Prunk. Diese Schönheit der geistlichen wie der weltlichen Herrschergewänder, die beweise, so predigt Ringwolf, Gottes Gunst. Ich fühle, wie ich bereit bin, ihm Glauben zu schenken. Nie empfand ich größere Schmach als damals, als Du uns zum erstenmal sahst, und wir standen da wie krumme grüne Gurken, in zu kurzen und zu dünnen Tüchern. *In gloria splendida* [»im strahlenden Glanz«], predigt Ringwolf, im Stolz der Gebäude wie der Menschen lasse sich nicht nur die Ehre des Mannes ermessen, sondern auch, schon auf Erden, der Segen des Himmels.

Der Schmied hat meinen Bruder ausreden lassen und schon mal weitergegessen. Als der König genügend vorgebracht hatte und sich zu wiederholen begann, legte der Nibelunge das Messer nieder, wischte sich den Mund mit seinem Gürteltuch, einem frischen, das er wieder aus dem Leibleder zog und auf dem die Feuerbilder und Kuhzeichen schimmerten. Und sah dann den König in großer Ruhe an.

Was, sagte er, steckt bloß in Euren Köpfen. – Entfaltete das Tuch, tat es zurück in den Gürtel. – Was ich von Hagen hörte, muß wohl stimmen, daß nämlich die Burgunder dazu neigen, über ihren Häuptern Libellenflügel surren zu lassen, mit denen sie über die Dinge weit hinausflitzen. Schon in *Alexandria* fielen mir RATTAPLUI all diese Entzückten auf mit ihrer unbändigen Sehnsucht ins ferne Hohe, was sie »Geist« nannten oder gar *spiritus sanctus*. Und waren allesamt in diesen Sonderlichkeiten immer unterhaltsam, manche hätte ich küssen mögen. Aber keinem von ihnen hätte ich ein Reich zu lenken gegeben. Solche alexandrinischen Köpfe sind freundlich, aber ohne Kraft, sind *Buochenheim*-Pfauen, fliegen so theologisch wie theoretisch, sind aus Papyros geklebt oder aus Pergament und bleiben ihr Leben lang Bibliothekare, stets in Gefahr, an ihren Tinten zu ersticken und an Schreibfehlern, oder aber, wo es ihnen um Macht geht, andere daran ersticken zu lassen.

Und riet schließlich, Gunther solle sich in Schneider- und Kleiderfragen an seine süße Schwester wenden. Die trete, sofern er, der Ruhrmann, das richtig einschätze, in so schmeichelsanften Gewändern auf und beweise auch hierin soviel Witz, daß ihre Vorschläge gewiß auch auf Island Eindruck machten. – So geschah es, daß wir burgundischen Brüder uns nun gründlich vorzubereiten hatten, vor Kriemhild hatten wir uns noch am selben Tag auf ein Damaszenerkissen zu setzen, das Siegfried *matraz* nannte, und hatten die Kleidervorschläge der Schwester zu verwerfen oder gutzuheißen. Eines der Fräulein, wie Kriemhild bewandert in den Buchstaben, notierte die Wünsche. Und dreißig Fräulein waren nach dieser Besprechung ganze dreißig Tage lang beschäftigt.

Am Ende bekam jeder der reisenden Recken zwölf Gewänder mit auf die Fahrt, alle von edelstem Zuschnitt, aus bestem Stoff und in sorgfältigster Verarbeitung, zierlich gewirkt, gründlich gesäumt. Bei der letzten Vorführung, einen Tag vor der Abfahrt, sahen und bewunderten wir wasserweiches Chagrinleder und Juchten, mit arabischem Gold besetzt, levantinische und afrikanische Tuche, fränkische Seiden aus dem Rhonetal, Mäntel aus Ziegen- wie aus Haifischleder, und da fehlte es auch nicht an echten friesischen Spitzen, nicht an golddurchwirkten Geweben, nicht an schwarzem Samt aus Marokko, Libyen und aus *Zazamank* [Samarkand (?)].

Die Kleider waren besetzt mit *Lapislazuli* und mit Bernsteinen, andere mit Türkisen, einige mit GerSpitzen [vgl. S. 74 f., 314 f., 447] aus Silber, wieder andere mit Achaten, geschliffen im nahen Hardtwald. Mit den Juwelen, die unsere Röcke schmückten, waren sieben Eichenschilde gefüllt worden, die mußten, gehäuft beladen, von je vier Kahlschädeln in die Frauengemächer geschleppt werden. Sechs von diesen Schildlasten waren aus Siegfrieds Hortschiffen geholt worden, nur die siebte wollte Gunther aus den eigenen Vorräten stiften, weil er fürchtete, der Braut, wenn sie nach Worms käme, würde hinterbracht, daß der Schmuck an den burgundischen Kleidern gar nicht aus Burgund stammte, sondern vom Niederländer.

Auch der hatte die Kunstwerke der Schneider zu begutachten, tat es mit Geduld, Kriemhild zuliebe, da er bemerkte, wie stolz sie war auf ihre Künste. Insgeheim nahm er sich vor, so raunte er mir zu, König Gunther irgendwann diesen »Kleider-*Quirumpil*« heimzuzahlen. Davon wird zu berichten sein. – Zu gern bewunderte er, von der *matraz* her, was seine künftige Königin verfertigte, wie gewandt sie verwandelte und verhüllte und freute sich, daß ihre Vorliebe jener Nichtfarbe gehörte, dem schimmernden Anthrax-Schwarz der BALDINAI. Gleichgültig, was Kriemhild

dazu angeregt hatte, seine Brünne, sein Gürtel, die Glutklumpen aus dem *Asnithi*-Wald oder der *silva nigra*. *Hapt heptida* [sie legt Fesseln, vgl. S. 37 f.], sagte er, fesselnd wechsele sie die schimmernden Dunkelheiten, im Samt wie in den Fellen, im Gewirkten wie im Gefärbten, ja, die Schwärzen in Kriemhilds Kleidern schienen zu irrlichtern. Als Herr Gere behauptete, dies Schwarz stamme aus den Kutten der Mönche, sagte der Xantener, deren Kapuzen seien stumpf, dieses hier aber glimme silbrig, blinke wie Diamant, wie die brennbaren Steine. [Wieland Wagner (übers Inszenieren des Finales der »Götterdämmerung«): »Logischer wäre, die Götter sozusagen nur ausräuchern zu lassen, da Steine bekanntlich nicht brennen können.«]

Das neue Schmiedefeuer unterm Rheinhammer, das nutzte der Königssohn nun für sein Hauptschiff. Da noch im Winter gefahren werden sollte, hatte er fast alle Aufbauten zu erneuern, hat die Kalfaterung überprüfen lassen, das Werg, das Pech, Eisenklammern wurden eingezogen, das Holz von Grund auf ausgebessert, mit Metallschienen gestärkt, mit Farbe geschützt, Holzbolzen und Eisenschrauben wurden zusätzlich eingefügt im Mastschuh und bei den vier Wanten, das Schiff insgesamt war überholt worden und schien nun gründlichst vorbereitet auf den nächsten Raubflug des Falken.

Am letzten Abend vor der Ausfahrt endete mein Gesang in der Halle mit den Worten:

Gestern sah ich den Falken wunderbar fliegen
An seinen Fängen glänzten seidene Bänder
Auch schimmerte sein Gefieder von rotem Gold –
Gott füge die zusammen, die vor Liebe verbrennen.

Da war die Stimmung in der Pfalzhalle scheinbar so freundschaftlich, daß der Mann aus Xanten bitten konnte, den Inhalt aller seiner Hortschiffe nunmehr, bevor die Mitternachtsfahrt begänne, in die Keller der Pfalz zu schaffen, noch in dieser Nacht. Da machten sich Hundertschaften an die Arbeit, hoben das Rheingold, den Drachenschatz aus den Schiffsbäuchen, kam der Hort in unsere Kastellgewölbe. Durch die Gewölbe und Gänge dröhnten Rufe, vom Rhein herauf polterte es durch die Winternacht, als sei der Gnom von *Buochenheim* über Worms hergefallen, da klirrte und rasselte es in Fässern, Säcken und auf Bahren, quietschten hölzerne Hebekräne und tönte das alles wie liebliche Musik in den Ohren der Wormser Gesellschaft. Nirgends wachte mehr die Erinnerung an den Fluch, der auf dieser Mitgift lastete.

Selbst Hagen schien bewegt, nun hatte sich der Arbeitsgast aus dem Plattland endgültig angenehm gemacht, kein Märchenwind und Prahlhans war der, sondern von wirklichem Nutzen und Frommen [altd. *frumen* = »nützlich, tüchtig sein, vorwärts kommen«]. – Als es wieder still wurde, als alles verstaut schien und einverleibt, da wuchs unterm Gold und Rot der Halle eine seltsam übermütige, eine wahre Hochstimmung. Gunther, der ja erklärt hatte, was ihm Pomp und Prunk bedeuteten, wollte nun glauben, seine isländische Werbung werde gelingen, auch ohne daß er Harfenlieder vortragen könne. Wer jetzt aufgestanden wäre, um zu erklären, in nur einem Monat würden alle Freunde, die hier im Saal so behaglich beisammen saßen, die erbittertsten, die unglücklichsten, die blutigsten Feinde sein, Gegner im »Mordkrampf« [s. S. 197], der wäre, da bin ich sicher, von Herrn Hagen tatsächlich durchs Mauerloch hinausgeschmissen worden in den wilden Rhein. Wahrlich, es ist wohl doch ein Segen, daß wir unsere Zukunft nie wissen.

Eine Art Schwindel wollte uns übermannen, Wein wurde reichlich ausgegeben, auch den Leibeigenen, in den Hof hinunter, so verfügte Hagen. Sogar Fleisch vom Rind wurde den Kahlköpfen ausgeteilt an diesem besonderen Tage, zarte Hüftstücke, die sie selten oder nie gekostet hatten. Trunken war da bald jeder, Ringwolf strafte kein loses Wort, keine lockere Hand, faßte nicht ein einziges Mal an seinen reinen Stein, glänzte vielmehr selber vor Hoffnungen und Getränken. Es schien ganz so, als wollte er vergessen, daß er mit dem »AntiChristen« unter einem Dach wohnte. Kaum denkbar in diesem Augenblick, der Bischof würde wie vormals drohen, vor dieser oder jener Fremdheit, um sie zu zersprengen, das Doppelkreuz zu schlagen. Oder er würde einen dieser niederländischen Gäste pfählen oder im Ertränken ihre Sündhaftigkeit prüfen. Obwohl er, da bin ich sicher, nach wie vor nicht zweifelte, daß es sich um Heiden handelte, um Barbaren, um Ketzer, Häretiker und Irre und Fehlgeleitete, eben um Kelten, Gnomen und Wildlinge.

Was sollten aber solche Sorgen noch dort, wo so sichtbar die Macht sich häufte und Gottes Gunst. In solcher Ausgelassenheit feierten wir und sangen so geil [Matthias Lexers Mittelhochdeutsches Wörterbuch, 28. Auflage: *geil* (adjekt.): »von wilder Kraft«, »mutwillig«, »üppig«, »lustig«, »fröhlich«], daß etliche Hoffräulein zu beweisen hatten, wie gut sie sich auf die Festungskunst verstanden, vorerst. Plötzlich stand Gunther auf und rief, an diesem besonderen Abend, an diesem Abend vor der Abfahrt hinab nach Nifelheim, da möge ich alles erzählen, was ich von Lokis Künsten wüßte, von den Fertigkeiten des Lustgotts, herauslassen solle ich, wie man im

Niederland außer dem Wörterzauber auch die Leibeskräfte kennte und nutzte. Ich stand auf, tat ein bißchen verlegen, gab dann aber der Tafelrunde im goldüberglänzten Fackelsaal Bescheid. Und bald war es uns so, als flöge durch die Halle zu Worms der Falke im Goldgefieder.

Wie die meisten schon wissen, sagte ich, bin ich auf meiner Rheinreise von Köln aus mehrmals auch zu jenem Abbas Eginhardt gefahren und zu dessen schwarzen Brüdern unter der Siegburg. Unterm Eindruck der Strenge, die in diesem Kloster der »christlichen Soldaten« herrscht, hab ich mich dort, wie Ihr wißt, geweigert, ins gelehrte Mönchsleben einzutreten. Vor Freude über meine Entscheidung, frei zu bleiben, bin ich wohl ein wenig allzu leichtsinnig gewesen, so wie auch wir jetzt in diesem Saal etwas übermütig scheinen, bin über Köln hinaus stromab gefahren, nach Niederland, da ich doch auch einmal über die Grenze hinüber wollte, ins Barbarische oder Nifelheimische wirklich hinein, statt immer nur davon zu hören oder zu lesen.

Nicht weit von der Deutschburg ist mir auf der gegenüberliegenden Rheinseite in dem Ort Krähenkamp [s. Anmerkung S. 100], einem Flecken, wo gerade Markt gehalten wurde, ein Mann aufgefallen, der sich den *Diutisken* [den »Leuten« (s. S. 12, 40, 223)] als Geschichten-Erzähler anbot und den meisten Zulauf fand und den stärksten Beifall. Dies, hörte ich, sei der Franke *Karolus* Johannes, der hätte wie ich die Mönchskutte ausgeschlagen, sei ein schriftenkundiger Mann und viel gereist. Beim Erzählen habe der schon immer so viel Witz bewiesen, daß die Klosterbrüder ihm das Versprechen abhandelten, er möge, wenn er schon nicht in ihrem Orden bleibe, wenigstens seine Märchenkünste in den Dienst der neuen Lehre stellen, von Markt zu Markt solle er ziehen und die nebelländischen Götter lächerlich machen. Das habe *Karolus* Johannes gern zugesagt. Weil er zum einen meinte, daß dort, wo gelacht wird, gut bezahlt wird, und weil er zum andern wußte, daß Geschichten vom Lachen, Weinen, Begehren und Angsthaben die Gottheiten der AllMutter nicht ausdörren, sondern beflügeln. So sei nun dieser Franke seit Jahren unterwegs, erzähle und unterhalte wunderbar das Zwerchfell der Leute, zum Leidwesen der Kapuzenmänner.

Als im Anfang von allem, so hörte ich ihn reden, nur Nebel war und Feuer, als in den Tiefen des Chaos AllMutter wohnte, die Unerschaffene, da trat bekanntlich alles, was sie begehrte, ins Dasein. Und wen zeugte sie zuerst? Nicht Odin oder Wotan war der Erste im Weltkreis, sondern der UrRiese, das NebelSonnenGeschöpf Bor. Die einen sagen, Bor erschien auf Island, andere meinen, er entstand auf Bornholm. Er hat jedenfalls über die Gabe verfügt, Söhne aus sich selbst heraus zu zeugen, ohne die Hilfe der Frauen. Dieses Selbsterzeugers erste Söhne, sagte der Franke, waren ebenfalls Riesen, Garleff und Grindel, die Erschläger. Später aber, sagte der Franke, wurde Bor weniger selbstherrlich und entdeckte das, wovon uns hier auch unser Kilian gesungen hat, begehrte und gewann und durchdrang Leiberhügel, und zwar den der Bestla, gleichfalls ein NebelSonnenGeschöpf, und konnte auf der Stelle von der Lust, sie nicht zu erschlagen, sondern zu durchdringen, nicht genug kriegen.

Mit der Riesenfrau Bestla zeugte Bor auf Bornholm nunmehr Odin, auch *Uuodan* oder Wotan genannt, der bald ebenfalls alle Waffen, vor allem die des Begehrens, meisterlich zu gebrauchen wußte, solange, bis auch AllMutter ihn heftig begehrt haben soll, so daß am Ende die Erde bebte, Inseln versanken und Berge auseinanderklafften und Feuer spien. Nach diesen Ereignissen, von denen die Alten sagen, daß seither das Land *Atlantis* verschwunden ist, hat die Unerschaffene die Kraft, die sie begehrte, zum Ersten unter den Göttern erhoben, in *muspil* unter dem Namen Zeus, in *nifl* unter dem Namen Wotan. Kaum daß dieser *Uuodan* aber in Midgard lebte, sehnte er sich zurück nach den Riesenfrauen und kehrte heimlich wieder hinab, nach Yütland, Schottland, Norwegen, Island und ins Warägerland, vor allem nach Bornholm. Um als Gott nicht erkannt zu werden, zeigte er sich in Tarnungen, als Tier, manchmal als Mensch. Wir wissen, daß er es war, der Ran als frommer Pilger übertölpelte, so daß Brünhild ins Dasein trat.

Der zweite Sohn von Bor und Bestla, erzählte der Franke, war Donar oder Thor, der flog auf einem goldenen Sonnenwagen quer durch die Welt, gezogen von sieben Ziegenböcken mit schwarzen Bärten und gelben Augen. Auch diesen Thor begehrte und segnete [s. S. 162 f.: *biguol*] die Urmutter und erhob ihn zum Hammergott, der bekanntlich, wenn er sein goldenes Werkzeug wirft, Getöse verbreitet, weithin hallenden Himmelslärm. Im Gegensatz zu Wotan war Thor seiner goldlockigen Gemahlin *Sippia* stets treu, ja, er liebte sie mit Fleiß und Inbrunst, liebte sie jeden Tag irgendwo auf unserem Erdkreis, wo es jeden Tag über irgendeinem Revier donnert, ja, stürmisch wie ein Unwetter pflegte er über seine *Sippia* herzufallen.

Sorgen bekam Thor jedoch, als ihm die Bornholmer Riesen, die selber zu gerne die Größten gewesen wären und seinen Liebeslärm für Angeberei hielten, den goldenen Hammer stahlen. Ohne Hammer blieben die Liebesfreuden aus, denn in den Ohren seiner Gemahlin *Sippia* tönte Donars Donner nicht hohl, sondern betörend, so daß sie sich, sobald sie nur von ferne sein Grollen und Rollen hörte, aufs brünstigste ergab. Nun aber, ohne das gewaltige Rauschen und Rumpeln, blieb sie kalt, spröde und trocken.

Voller Verlangen nach seinem Wunderstück machte sich Hammergott auf die Reise, suchte in Island, in Norwegen, in Yütland und wanderte nach Wotans Art, getarnt. Wo immer er als frommer Pilger die Leute fragte, warum es eigentlich nicht mehr donnere und warum die Erde vertrockne und alles Lebendige unfruchtbar werde, als solle schon jetzt der Tag des *muspilli* [Erdvernichtung] kommen, da erzählten die Leute ihm Genaueres über seine eigene Unpäßlichkeit. Schließlich hörte er, was die Wahrheit war, die Bornholmer Riesen hätten Thors Glanzstück gestohlen. Da begriff er, daß die Besitzgier am Werk war, Bors uralter Mordwahn [s. Giselhers Schöpfungsbericht, S. 13], da verwandelte er sich in eine Frau, so lieblich wie üppig, und näherte sich der Insel, auf der, bevor wir Burgunder dort wohnten, die Riesen hausten.

Auf Bornholm erfuhr die vermeintliche Frau bald, daß es *Thrym* war, der das Werkzeug gestohlen hatte, und daß der's nur dann rausrücken wolle, wenn ihn *Freya* [vgl. S. 100, 106], Thors schönste Tochter, beglücke. *Freya* hatte Thor mit AllMutter gezeugt, von *Freya* kam nicht nur das *Frei*-Sein, sondern auch der Name für die »Frau«, die ursprünglich *Freie*. [Vgl. Utes Äußerungen S. 41, 52.]

Da verbesserte Thor seine Tarnung und verwandelte sich in *Freya*, sah nun also aus wie seine eigene Tochter, mit der er schon immer viel Ähnlichkeit gehabt hatte, wenn auch der entscheidende Unterschied nicht zu beseitigen war. Wie immer die Götter sich tarnen, auch in der Verkappung bleiben sie beim eigenen Geschlecht.

Hergerichtet als *Freya*, der Schönen täuschend ähnlich, so betrat der Donnergott eines Abends, als dort gerade getafelt werden sollte, die Halle der größten Burg auf Bornholm. Im Westen der Insel steht sie seit je überm Meer, golden leuchtend in der Abendsonne. Betrat dort den Riesensaal und erklärte mit hell klingender Stimme, Gott Thor habe seine schönste Tochter zu Herrn *Thrym* geschickt, damit sie, *Freya*, gegen die Herausgabe des väterlichen Hammers sich ihm, *Thrym*, aufs freieste zuwende.

Da war Fröhlichkeit im Saal, gern betrachtete man das stattliche Weib, sorgfältig ließ der Burgherr das Mahl bereiten, fix noch vom Mutterkorn einrühren und vom Schwindling, von Schlafmohn und Bilsenkraut. Fräulein *Freya* speiste von allem, was geboten wurde, gern und ausführlich. Mit bebender Wonne gewahrte *Thrym*, wie das vermeintliche Mädchen einen ganzen Ochsen verzehrte, dazu acht Lachse, nebenbei einige Schüsseln Gebäck und kopfgroße Klumpen dänischen Käses, sah mit Staunen, wie diese Frau auch vom Rausch- oder Wutgetränk humpenweise vertrug, ohne unter den Tisch zu rutschen. Wie wir aber schon aus der Geschichte von Ran wissen, lähmt der Wutsaft nicht Wotan und seine Verwandtschaft, sondern allein die Rauschsüchtigen, nur die Menschen und die Riesen.

Die liebliche *Freya* aß also und trank reichlich, hielt mit Schmatzen und Schlucken den gelüstigen Herrn *Thrym* lange hin. Der saß dicht neben ihr, rutschte immer näher heran, auf Bänken, weiß man, berühren Finger schon mal, wie aus Versehen, das Bein der Nachbarin, jedenfalls vormals, als noch keine Kirchenstuhllehnen die Hände behinderten.

Thrym jedenfalls bekam Tuchfühlung und Hautfühlung, war sehr aufgeregt und längst satt und schaute dem fressenden Fräulein fassungslos zu. Die schien sein Interesse nicht zu bemerken, weder sein Gaffen noch seine unruhigen Finger noch sein Gejapse, aß immer nochmal eine Wachtel oder einen Pfannekuchen, manche mit Schweineschmalz bestrichen, andere mit Rübensyrup oder mit beidem oder mit Soße aus geriebenem Lebkuchen, Mandelkernen, Weinbeeren und Honig, schlürfte auch das Stierhorn zu wiederholten Malen leer und rülpste so herzhaft, daß es den ungefügen *Thrym* entzückte bis fast zur Raserei.

Als er vor Brunst ganz rot war, kaum noch atmen und keinen Augenblick mehr stillsitzen konnte, mochte auch die große Schöne nicht länger so tun, als begreife sie nicht, worum es dem schnaufenden Herrn neben ihr ging. Wandte sich ihm zu, lächelte und stellte frohgemut fest, wie interessant er zittere. Fachkundig bestaunte sie *Thryms* Lüsternheit, gewaltig stand ihm und prangend der Liebeshammer.

Da nickte die weise Frau verständnisvoll, folgte dem Scharwenzelnden zum Lager und erklärte dort, bevor das *Freya*-Vergnügen beginne, verlange sie nunmehr den Hammer ihres göttlichen Vaters. Da der so ungestüme wie ungetüme Mann nun auch nicht einen einzigen Augenblick länger warten konnte und weil schon die Alten wußten, daß dort, wo das Männerschwert sich erhebt, der Verstand in den Sand fährt, bekam Thor seinen goldenen Hammer und hat damit Herrn *Thrym* den Schädel eingeschlagen. *Thryms* Zertrümmerung war rund um Nifelheim zu hören, und seither heißt die riesige Burg auf Bornholm, an der Abendseite steil überm Meer, Burg *Hammershus* [größte Burganlage Nord-Europas].

Frau Ute hörte ich lispeln, *Odin prodin loshait boshait.* [»Verheeren Zerstören Frechheit Bosheit.« (Wutgott Wotan ist auch der »Verheerer.«)] –

Wenn Gunther, sagte ich, wissen will, wie in Nifelheim die Sitten sind, so erhellt auch die zweite Geschichte, die ich in Krähenkamp hörte, nebel-
252 ländische Freiheiten wie Beschränktheiten. Und schafft mit diesem Erhellen ebenso *loshait* wie *vim comicam* [»komische Wirkung«].

Diese zweite Geschichte dreht sich um Loki, um den Gott des gut geübten Mundwerks, den schon die Kelten verehrten als Herrn des Lügens und dem auch wir Respekt erweisen sollten, weil Wahrheit bekanntlich nur immer verwandelt zu haben ist, nur in gut geölter Flunkerei. [Zu Loki s. S. 94, 98 f., 100, 104, 105, 107, 115, 148, 162, 179 f., 197, 223, 301, 539.] Der Franke *Karolus* erzählte von der Zeit, in der auf Bornholm noch keine Burgunder hausten, aber auch noch keine Riesen. In dieser Vorzeit feierte man auf der Insel alle Freitage Feste mit den Frauen und den wichtigsten Gottheiten. Einst hatte man Loki einzuladen vergessen, vielleicht mit Absicht, denn viele fürchteten sich vor seiner bösen Zunge. Auch Thor fehlte, obwohl man den natürlich eingeladen hatte. Thor war wieder mal irgendwo auf der Welt in ein wichtiges Donnergeschäft verwickelt, wie fast alle Großen mochte auch er es keinen Augenblick lang lassen, die Menschen gehörig einzuschüchtern.

Auch ohne Thor und Loki waren in der Burghalle würdige Gäste versammelt, sogar Odin oder Wotan, der älteste Borsohn. Der mochte freilich solche Feste nicht sonderlich, zumal man ihn neuerdings zwischen harte Lehnen zu setzen pflegte, aus denen er sich nur umständlich davonstehlen konnte und keine Nachbarin mehr zu spüren bekam, nur noch schwarzes Hartholz. Odin also thronte ratlos und einsam auf seinem erhabenen Sitz und hatte heftig dem Gedankenmet zugesprochen, dem *Odhrörir*. Seinem versteinerten Gesicht sah man an, daß sich Großes in seinem Schädelgewölbe staute, wahrscheinlich eine neue Welt-Ordnung, vielleicht auch eine neue Freundin oder unerhörte Wutstürme, die er mit seinen Kriegswölfen *Geri* und *Freki* zu entfesseln pflegte. Doch weil neben ihm seine Gattin *Frigg* saß, hielt er seine kühnsten Projekte, vor allem die mit den jungen Frauen, vorerst hinter seiner umwölkten Stirn. Diese hohe Göttervatergestalt an der Schmalfront der Halle, man hätte sie auch für einen Altar- und Bautastein oder *Menhir* halten können [unbehaune Kultsteine, meist Granit oder Gneis, bis zu 20 m hoch, auf Bornholm stehen noch heute mehr als 250]. Doch wer genau hinsah, konnte beobachten, wie sich ab und zu die Raben *Hugin* und *Munin* als Schatten aus dem hohen Schädel stürzten, dreimal taten sie das an diesem Abend, schwirrten durch den Saal und zu den Fenstern der Burg hinaus weit übers Meer, *Hugin*, der Gedanke, und *Munin*, das Gedächtnis.

Der Franke *Karolus* beteuerte, der Gott habe diese schwarzen Hirnvögel ausgeschickt, weil sie nachsehen sollten, ob Lokis Lohe auf Island noch brannte und sorgfältig seine Tochter Brünhild bewachte. Andere meinten, die Raben hätten melden sollen, ob die Sachsen und Dänen und Waräger ihm, Wotan, noch huldigten. Dritte waren sich sicher, die Vogelboten sollten ermitteln, was die neuen Großfürsten sich ausheckten – von Byzanz war nämlich die Nachricht gekommen, Kaiser Konstantin habe im Februar des Jahres 313 die christliche Religion anerkannt, weil ihm, als er um den Sieg gegen den Konkurrenten *Maxentius* zu den alten Göttern betete, am Himmel ein Kreuz erschienen sei mit der Inschrift IN HOC SIGNO VINCES und weil er dann den Mitbewerber um die Kaiserkrone tatsächlich aus dem Feld schlug. [»In diesem Zeichen siegst Du.« (Motto u. a. auch auf Karl Mays »Winnetou IV«, 1910.) Schlacht am 28. Oktober 312 im Norden Roms an der Milvinischen Brücke, überliefert wird dies von seinem Zeitgenossen *Eusebios* (*Vita Constantini* 1,28): *Hoc signo victor eris!*]

In der Burg, die später *Hammershus* hieß, erörterten aber die anderen keine neue Weltregierung, sondern mal wieder *res mediocritatis* [»Angelegenheiten der Mittelmäßigkeit«], zum einen das Übel, wonach diese Wotansraben, statt höhere Aufgaben zu erfüllen, gewiß wieder nur in den heiligen Weltenbaum YGGDRASIL geflogen seien, um ihn vollzuscheißen, zum anderen aber erörterte man die Schattenseiten des nicht eingeladenen Gottes Loki. Man hatte sich gerade von Tisch zu Tisch darauf geeinigt, daß ohne die Haken, Spitzen und Pfeile des *deus interpretationis* [»Gott des Dazwischenredens«] sehr viel angenehmer zu speisen sei, mit mehr Behagen und Gemütlichkeit, da flog die Saaltür auf und Loki stürmte herein. Und verlangte seinen Platz an der Tafel. Und da ja ein Sitz freigeblieben war für Thor, fand man in der Eile keine Ausrede und ließ ihn sich setzen, neben Wotan, wo alle ihn sahen und niemand mehr zu reden wagte. Kaum thronte er unter den Göttern und hatte den ersten Schluck noch nicht ganz im Leib, da nutzte er das säuerliche Schweigen und begann zu lästern, verspottete und beleidigte jeden an der Tafel, einfach dadurch, daß er alles, was er über die Anwesenden wußte, ausplauderte, zunächst über die Göttinnen, keine ließ er ohne Verlegenheit, und als die Herren sich schon kugeln wollten vor Lachen über dies gelungene Fest, gab Loki auch alles zum besten, was er über die Herren wußte, wer mit welcher und welche mit wem und wann und wie und wie oft oder wie selten und wenn ja, unter was für Umständen und unter welchen absonderlichen und wie berauscht und wie vergrätzt und wann Lust war und wie oft Pein und wie selten die Freiheit und das FrauenFreuen.

Schonte selbst den Göttervater nicht und erklärte, der habe in der Bucht von Bornholm Frau Ran erst dann beschlafen können, als sie
254 ohnmächtig vor ihm lag, betäubt von der Götterspeise, weil in *concavo electo* [»in auserlesener Schüssel«] das war, was die Sinne nicht weckt, sondern betäubt. Diesen Betrug werde weder Erdmutter noch Ran verzeihen, gleichgültig, ob es je einem Freier gelänge, Wotans und Lokis eisländische Flammenbehütung zu löschen. Der alten Falschheit drohe Rache.

Da sah ich, wie Gunther erbleichte, wie auch dem Xantener das Lachen erstarb, wie Kriemhild sich an seiner Schulter zu verstecken suchte. – Ich erzählte weiter, wollte, daß allen klar war, wie von Anfang an Macht spielte und Niedertracht. – Als Loki es so weit trieb, wußte der Franke, daß er selbst Odin nicht schonte, wovon der freilich nichts zu bemerken schien, so steinern oder libellisch oder rabenfern thronte der über der Versammlung, da bat Thors Frau, die neben Loki saß und fürchten mußte, nun käme die Reihe an ihren abwesenden Donnergemahl, da bat Frau *Sippia*, mit den Frechheiten allmählich aufzuhören. – Gerade sie hat es nötig, um Schweigen zu bitten, rief Loki, *Sippia*, die sittliche, noch vor zwei Tagen hat sie hoch in den Wolken über *Hammaburc* [Hamburg] nicht genug kriegen können, weil endlich mal, wie sie beteuerte, kein Donnerhammer am Werk war, sondern Wonne, ihre eigenen Worte erkennt sie jetzt und wird rot und bleich zugleich.

Sippia sank in der Tat ohnmächtig unter den Tisch und tat dies gerade in dem Moment, als abermals die Tür aufflog und, lautstark wie immer, ihr Gemahl hereinplatzte, der Gehörnte. – Warum liegt meine *Sippia* da herum? – Sie erlag, sagte Loki, den göttlichen Sitten. – Den Trinksitten? – Den Liebessitten. – Du lügst! – Frag sie selbst. – Da griff sich der Donnerer seine Gattin, herrschte sie an, so daß sie nur noch ohnmächtiger wurde, stürmte mit ihr in die Nacht hinaus und hat draußen auf seinem schwarzgoldenen Ziegenbockwagen ausführlich mit ihr gegrollt, von Bornholm bis hinunter nach *Hammaburc*, ja, ungefähr auf dieser Strecke.

So schilderte das der Franke und erklärte: Da Wotan auf seinem Thron weiterhin libellengleich abwesend schien und mit *Hugin* und *Munin* bedeutende historische Stunden erfand, jedenfalls lieber die Weltgeschichte lenkte, als sich ums Gebrodel in der Bornholmer Halle zu kümmern, beherrschte von nun an Loki das Götterfest und konnte mit den Erhabenen anstellen, was immer er wollte, da er nun mal alle ihre Schwächen kannte. Sogar den Lautesten hatte er vertrieben, den Donnerer. Und weil auch in Nifelheim die Unsterblichen nichts so sehr fürchten, als sich unsterblich zu blamieren, kuschten sie, und Loki nützte das aus, indem er Wahrheiten verbreitete durch Lügen. Schon was er über *Sippia* behauptet hatte, entsprach nicht dem, was wirklich geschehen, sondern nur dem, was heimlich gewünscht worden war. Während dort also das entlarvt wurde, was das Übliche ist, sann der Weltenherrscher weiterhin wie ein Marmorbild höheren Interessen nach und schien nichts zu bemerken von den Freiheiten dieses denkwürdigen Freitags, auch dann nicht, wenn er selber Thema war. Wotan, der Rauschgott, so erklärte Loki, der vergrößere seinen Menschenbesitz wie Zwerg Alberich seinen Materialbesitz, nämlich, wie wir's vom Wort »Zwerg« wissen, als Verdreher, Verwandler und Täuscher, lügenhaft und hinterhältig, *turpilucricupidus* [»gierig nach schändlichem Gewinn« (vgl. »lukrativ«)]. Auch der oberste der Götter, das machte er hier und jetzt jedem klar, war in Wahrheit ein Zwerg.

Die Meergöttin Ran aber, versicherte Loki der mitternächtlichen Runde, die werde sich dafür rächen, daß auch sie berauscht und betrogen worden war und ihre Tochter von Flammen gefesselt. Mit den Kräften der Erdmutter werde Ran ihre kalten Salzmeere über die niederen Lande schicken und werde sie ersäufen und werde die höheren verbrennen mit Lokis Lohe. [S. Siegfrieds letzte Äußerung (S. 491) und Brünhilds Fluch (511).]

Da, so erklärte der Franke, erschraken alle, die zuvor den Loki gelästert hatten, erstarrten fast alle zu Bautasteinen, von denen auf Bornholm noch viele hundert zu sehen sind. – Soviel über den Lügen- und Lebensgott, jedenfalls das, was ich in Krähenkamp hörte, nicht weit von dort, wo unser Gast aufwuchs, nicht weit von Xanten, wo unser Freund wohl anderes lernte, als wir hier von unserem Lehrer Ringwolf. Als die Leute in Krähenkamp heimkehrten in ihre Zelte und Hütten, war keiner, der nicht einsah, wie wichtig ein Witziger ist, zumal im verdrehenden Wanderwirbel und in Wende-Zeiten, und daß man lieber alle Schrekkensgötter vergessen sollte als jemals den lügenden, den Lebensgott.

Aufgeschrieben habe ich das jetzt in meinem finsteren Lorscher Loch, wo es kalt ist und feucht und wo selbst die Erinnerung an die bornholmischen Lustfeste mich nicht wärmen will, nicht mal der Gott dieser Chronik, nicht mal Loki kann mich ergötzen. Zumal die Warnungen, die ich von ihm zu erzählen hatte, niemand hatte begreifen wollen. Auch Lokis und Wotans Geschichten hätten andeuten können, welche Schicksale bevorstanden, hätten aufdecken können, daß bei Oberen wie Niederen die Gier nach Besitz stärker ist alles andere, auch die nach Frauenbesitz, und daß endgültig in Roms Schreckensreich auf die verschiedenste Weise die Sonderung gilt, die Privatheit [s. S. 419 ff.], so daß am Ende auch ich hier nicht anders sein werde als in Isolation, *solo datus ad tristitiam*

septus caustrali carcere, sed ne quidem precari aut animo meo imagines liberalitatis fingere, sed mortem expectare [»allein meiner Trauer hingegeben, eingesperrt in einen Kloster-Kerker, aber nicht einmal, um Gebete zu verrichten oder um mir Freiheiten auszudenken, sondern um den Tod zu erwarten«].

Am nächsten Morgen, wenige Tage nach dem Hornung [unserem Februar], *ante diem Quintum Nonas Martias* [am 3. März], wurden die neuen burgundischen Prunkgewänder in zwei Truhen sorgfältig gefaltet und die Truhen in den Schiffsbauch gebracht, denn nun sollten wir aufbrechen nach Island, sollten Hagen, der Xantener, Gunther, Gernot und ich mit sieben nibelungischen Schiffsleuten den Rhein hinab dorthin, wo Ran herrschte, die betrogene Meergöttin.

Am Hafen nahm Dankwarth den Niederländer, der sich von seiner Freundin verabschieden wollte, beiseite, bat um ein Gespräch und schien verwirrt, zog ihn in einen Winkel hinterm Hoftor und sagte, König Gunther habe ihm merkwürdige Aufträge erteilt und er wisse nicht, ob Gunther sie nun eigentlich erteilt hätte oder nicht. »Zwar« und »aber« hätte er jedesmal gesagt.

Was sagte der »Zwaraber«? – Seine Kammer, bat Gunther, solle ich herrichten lassen zu einem Ehegemach, auch die Burghalle ausbessern, den Abort neu bauen, am Bergfried und im Hof müßte ich die Dächer reparieren, die morschen Stützen ersetzen, frisch bemalen und manches mehr und vor allem: Gäste einladen, dreihundert Gäste, eine siebentägige Hochzeit sei vorzubereiten.

Wo bleibt das »aber«? – Aber all diese Aufträge hat er wieder zurückgenommen. Zwar wäre das alles sinnvoll, aber ausführen sollte ich das lieber doch nicht, meinte er heute morgen, wir blamieren uns, warte besser, bis wir zurückkommen, sonst sind dreihundert Gäste da und es gibt nichts zu feiern, nur meine Schmach zu belachen. So redete er. Was soll ich nun tun? Wenn Gunther mit der nordischen Frau heimkehrt und niemand ist geladen und nichts ist gerichtet, dann blamieren wir uns erst recht, dann wird Hagen mich noch wirklich aus dem Mauerloch schmeißen. Du warst auf Island, wie schätzt Du Gunthers Chancen ein?

Zähl zweimal zwölf Tage. Und zwei oder drei Tage dazu. Soviele werden wohl nötig sein, um die Flammenfrau zu gewinnen. Bis dahin ist unsere und auch Deine Arbeit getan. – Dankwarth blickte dem Ritter verdutzt nach. Der ging wieder dorthin, wo Kriemhild vorm Schiff wartete. Dankwarth wiederholte: Zähl zweimal zwölf Tage. [Zwölf Tage für die Überfahrt nach Island werden auch noch um 1200 überliefert, diese Zeitangabe scheint realistisch angesichts damaliger Seefahrtstechnik.]

Am Kai, wo Kriemhild ihren Liebsten umarmte und küßte, sah ich, wie man Rauchfleisch verlud, Rüben, Kohl und Eßkastanien und in Käfigen allerhand Hühnchen und eine Ziege, dazu Schmalz und Salz und Wein, aber auch, in einem Gitter-Kasten, drei Raben, die böse krächzten und von denen mir nicht klar war, wozu sie hilfreich sein sollten. Nebenan bemerkte ich, wie Bischof Ringwolf seinem Vetter jenen Lederbeutel gab, den er immer dann vorbereitet hatte, wenn es zu blutigen Kämpfen kommen sollte, in diesem Beutel bewahrte er auch diesmal seine Mischung aus Lorbeersekreten und Weihrauchharz. Hagen sollte also auch auf dieser Fahrt, kurz vor einer Schlacht, die Krieger versammeln und sie über einem Feuer mit den Dünsten berauschen, die beide gemeinsam ausströmen, Weihrauch und Lorbeer, eines so betäubend wie das andere. – Doch diesmal sollte alles ganz anders gehen, ich werde es erzählen. – Frau Ute, die sich ans Schiff hatte tragen lassen, hieß den Nibelungen, ehe er an Bord ging, seinen Kopf neigen. Ihre dürre Hand legte sie ihm aufs Haar und sprach:

Ic dir nachsihi, ic dir nachsendi
uz minin funf fingirin
funfi undi funfzic guoti Albi
Uuodan gisundi heim dik sendi

Offin si dir daz sigidor
sami si daz segildor
bislozzin si dir daz wagidor
sami si daz wafindor

[Auch dies lt. Schazman buchstäbl. so in der Kilianschronik. »Ich sehe Dir nach, ich sende Dir nach aus meinen fünf Fingern fünfundfünfzig gute Geister. Wotan schicke Dich gesund wieder heim. Offen stehe Dir das Siegtor wie das Segeltor. Verschlossen bleibe dir Wogentor wie Waffentor.«]

Dasselbe sagte und tat sie ihren Söhnen, ich hatte es ihnen ins Höfische zu übersetzen. Dann lösten die Fahrer die Leinen und schon glitt es stromab, nordwärts, das römisch gebaute Boot, mit dem Kuhschädel im Wappen.

Als Worms nicht mehr zu sehen war, erklärte mein ältester Bruder, auf dieser Fahrt solle Siegfried der »Schippmann« sein, der Kapitän. Daran hatte nie jemand gezweifelt, nicht mal Hagen. Da der Rhein um diese späte Winterzeit wenig Wasser führte, war es günstig, einen kundigen Lotsen zu haben. Die Leute aus Nebelland, der Knappe *Walthar* vor allem, die kannten die Untiefen im Strom zwischen Mainz und Koblenz. Die

Hungersteine [Schazman hat *hungry stones*, noch heute heißen gefährliche Felsen im Rhein, die bei Niedrigwasser zu sehen sind und bei höherem Wasser

knapp unter der Oberfläche bleiben, »Hungersteine«], sahen sie schon weit im voraus, als durchschauten sie das graue Wasser, jedenfalls leiteten sie uns sicher durch den wildernden Strom.

So passierten wir die Schluchten oberhalb der Lahnmündung, wo Ortwin und zwölf der Unseren ermordet worden waren. Unter dunklen Steilfelsen trieben wir dahin, als Gunther erschrak, weil er bemerken mußte, daß ausgerechnet hier, wo bei den Stromschnellen die engsten Stellen sind, der Kapitän nirgends zu sehen war und das Steuern seinem *Walthari* überließ. Der erklärte, der Kapitän habe sich unter Deck begeben, weil er sich vor diesen Felsen zu hüten habe.

Wie soll das gehen? zürnte Gunther, wenn Gefahr ist, versteckt er sich? Zwischen diesen Felsen müßten wir wohl allesamt achtgeben, und am meisten denke ich, der Kapitän. – *Walthar* schwieg, hatte auf die Klippen zu passen. Da erklärte ich dem Bruder, daß sich, sagt man, auf diesen düsteren Steinwänden eine Wasserfrau zeige, wer sie erblicke, der verfalle ihr augenblicklich. Bei den Salmfischern gelte der schwarze Berg als raunender Felsen, als *lure Lay.* [Loreley wurde im Jahr 1800 »spontan« erfunden, damals erschien Clemens von Brentanos Ballade »Zu Bacharach am Rheine«.]

Da fragte und murrte Gunther nicht weiter, sondern begann, die Felsen zu beobachten, eher scheu, zunächst nur aus den Augenwinkeln, wie mit Fliegen-Augen. Als sich aber in den dunklen Klüften nichts zeigte als Schneeflecken und Schmelzwässer, erinnerte ich ihn daran, daß, wer den Drachen erschlug, mehr sehe und höre als andere. Wahrscheinlich erkenne nur einer, der *NidGir* besiegt habe, wunderbare Frauen.

Geschwind glitt und trieb das Boot, segelte ohne Zwischenfälle durch die Engen, noch vor der ersten Nacht fanden wir einen Ankerplatz oberhalb *Bonna*, unterm Drachenfels. Kein Rheinwurm verlangte Zoll. Da unterm Trachytfels die Abendsonne alles in freundliches Licht tauchte, begrüßten die Schiffer, von denen einige hier zu Hause waren, lauthals den freien Strom, der dort ins Niederländische hinausströmt, in eine weite Landbucht. Schon beim Ankern hörte ich ihre Glücksrufe, und als das Boot für die Nacht gut befestigt war, begannen die Kerle eine Art Gesang, der mir bekannt schien, ein wisperiges Gedröhn, das sich schwerlich als Singen erkennen ließ, das knarzte rauh und huckelig und zischte. *Walthar* erklärte mir, wann immer im Nebelland Feinde vertrieben seien, ob Römer oder Drachen, höre man dies klotzige Gefauch, der *banditus* habe schon die Kohorten unter Feldherr *Varus* erschreckt. [S. Glosse S. 192, ferner 313, 508. Giselhers/Kilians Beschreibungen werden von neuerer Musikforschung bestätigt, z. B. von Michael Walter (»Das andere Wahrnehmen«, Köln 1991), der Johannes *Diakonus* zitiert, den fränkischen Zeitgenossen Karls des Großen (eine christklösterliche Quelle): »Nicht so sehr durch ihren Leichtsinn als vielmehr durch ihre Natur haben die Germanen Schwierigkeiten beim Erlernen römischer Kirchengesänge, weil ja ihre Körper mit ihren dröhnend donnernden und allzu lauten Stimmen die eigentliche Melodie nicht wiedergeben können und die barbarische Wildheit ihrer Säufergurgeln nur ein naturgegebenes Krachen hervorbringt mit einem Geräusch, wie wenn ein außer Kontrolle geratener Wagen Treppen hinunterspringt.«]

Wie an der Waldgrotte vorm Main, als die zwölf Ost-Falen den Xantener hatten treffen wollen, so heulte es nun auch hier, scholl von sehr tief unten und zischte, schwoll und schlug gegen den Drachenfelsenberg, auf dem der Jude seinen Fluch geschrien hatte, und erfüllte am Ende das ganze breite Tal bei *Bonna*. Der »Steingesang«, wie die Sänger selber ihn nannten, dieses Felsensingen rumpelte wie Steinepoltern im Wassergetöse. [Schazman verwendet hier (Anfang des 19. Jahrhunderts) wiederholt *rockmusic* und betont, gemeint sei eine »steinerweichende«, eine bebende, Berge verrückende Musik.]

Als die Dunkelheit kam und wir Wormser eine warme Mahlzeit wollten, sollte unter Deck Feuer gemacht werden. Gunther, der ein wenig fror, sprach von einer guten Suppe. Doch war kein Koch an Bord. Der »Schippmann« lachte und sagte: Diesen Abend ist König Gunther die Kochfrau.

Im letzten Tageslicht war nicht zu übersehen, daß Gunther errötete. Der Nibelunge brachte zweierlei Hölzer vor die Feuerstelle. Das breite, das eine Vertiefung hatte, legte er auf den Boden, kniete sich davor und hielt das andere Holz darüber, einen Stab, der genau in die Vertiefung paßte. – Nimm das untere, Frau Gunther, halt es gut fest.

Der König mußte sich vor den Herd knien, hatte das Schalenholz zu halten, der Xantener senkte das Bohrholz in die Öffnung, drehte es zwischen flachen Händen schnell und kräftig hin und her. *Walthar* hielt trockenes Gras an die Reibstelle, die sich zusehends erhitzte und zu rauchen begann und schließlich glühte. *Walthar* mußte nur blasen, schon flammte das Heu auf und der brennende Busch entzündete im Herd einen Stapel aus kleineren Hölzern, bald drauf auch die Steinkohlen unter den Kesseln. – Wir sind zwölf Mann an Bord, sagte der Ruhrschmied. Jeder ist einmal abends an der Reihe, jeder hält einmal das Hexenlochholz. Wenn alle das getan haben, sind wir vorm Isenstein.

Als wir Burgunder am nächsten Morgen an Deck kamen, war *Colonia* längst vorüber, glitt das Kuhschiff schon an der Deutschburg [Duisburg] vorüber. Schilf- und Holzhütten und Fischerzelte standen dort zwischen Römer-Mauern. Der Niederländer, als er zur Ruhrmündung hinüberblickte, schien zu summen.

Noch vor dem Mittag sahen wir hinter einem breiten Strombogen die Türme von Xanten. Da Boten dorthin ausgeschickt waren, wehte schon von weitem Willkommensgetöse heran, Tücher wurden geschwenkt, Gesänge heulten und schwallten und polterten wie die Steinlieder am Drachenfels.

Noch vom Schiff herab zeigte mir der Kapitän ein Lager mit mächtigen Ulmen-, Buchen- und Eichenstämmen, mit solchem Holz sei auch das Schiff gestärkt, auf dem wir führen. – Unterm Lärm von Trommeln und Flöten und Steingesängen wurden Leinen geworfen, der Steg gelegt. Als erster ging Gunther vom Boot und wünschte, daß es gleich am Hafen zum *officium vulgare* [»Höflichkeitsbesuch«] kam. Aber es kam zu keinerlei Feierlichkeiten, Frau Sieglind war über die Winterzeit verreist, und mit seinem Vater pflegte unser Kapitän kaum Freundschaft, um so heftiger umarmte er seine gleichaltrigen Bekannten, unter fröhlichen Begrüßungsraufereien. Gunther schaute verlegen weg.

Trotz der kühlen Witterung legte unser König den wunderbaren Raubfischmantel ab, den Kriemhild genäht, nur um den Xantenern zu zeigen, daß er darunter ganz und gar in Seide gekleidet ging, schlang dann aber, gegen die Kälte, doch lieber eine Toga um die Schultern, eine kurze, aus Frettchenfellen. Auch das beachtete niemand. Unter einem Vorwand stieg er nochmal ins Schiff und kehrte mit einer anderen, mit einer farbigeren Aufmachung zurück, die er für *diutisk* hielt, aber diese *Diutisken* [die »Deutschen« = die Leute, vgl. S. 12, 223] drängelten sich um den Schmied und seine Schiffsleute und redeten von den Preisen, die kölnische Kaufleute nahmen, wenn sie Holz vom Oberrhein heranfuhren, und wollten wissen, ob man mit Wormser Handelsleuten besser führe, zumal die mit den Gewürzkrämern aus Passau gute Verbindung hätten, auch mit den Erzhändlern aus Basel.

In Xanten, das wurde Herrn Gunther bald klar, gab es keine Kenner und keinen Geschmack. Hier trug man zottige Auerochsenpelze, leinenes Zeugs, einige tatsächlich Bärenfell, darunter Rupfen. Um diesen Riesen drängte man sich, nur um das schlichte schmale Leinenhemd im Gürtel, drängte sich mit polternden, mit knackenden Krach- und Lachlauten.

Bei der Mahlzeit in der Halle saßen Gunther und Hagen neben Siegmund, unser Kapitän bei seinen Freunden, ich neben einem vergnügten Mönchlein, auf dessen Leinenkittel ein Gesicht gestickt war, das fröhlich lachte, so wie die JEsusfigur, die über den Oberrhein flog. – Ist dies Bild irisch? – Gälisch. – Also kommt Ihr aus *Hibernia*? – Aus *Scotia*. – Und Herr Siegmund duldet Euch hier? Ich hörte, er duldet nur Roms Kirche. – Wir Gälen dulden sie auch, seufzte der Nachbar. Aß ein paar Hammelbissen und meinte dann: Ohne die *Patronia* [Herrin, hier: Fürsprecherin] säße ich nicht an diesem Tisch.

Gleich nach dem Mahl gab der Kapitän das Zeichen zur Weiterfahrt. Mit seinem Vater schien er kein Wort gewechselt zu haben, nur der Mutter ließ er beim Abschied ausrichten, in zweimal zwölf Tagen werde in Worms sieben Tage lang *Brutlauf* [»Brautlauf« (nach einem vergessenen Ritual), »Hochzeit«] gefeiert, dann solle sie den Rhein hinauffahren mit so vielen Kämpen, wie sie für eine Reise ins Romland für nötig hielte.

Unser Schiff glitt nun auf breitem Strom, in flachem Land. Nicht erst nach der Begegnung mit diesem Xantener Hof- und Volksleben, schon nach den Schilderungen aus *Hammershus* und den Erfahrungen mit Falen und Dänen beschlichen Gunther mehr und mehr Zweifel, ob ihm die Brautwerbung gelingen könne. Eine Riesin, eine wie Brünhild sollte er gewinnen? Die Tochter der rachewütigen Ran? Waren nicht schöne Träume das eine, das rauhe Leben ein ganz anderes?

Er stand mit mir auf dem Vordeck, murmelte klagend in die leisen Wellen. Versuchte sich vorzustellen, was für eine Frau ihn auf Island erwarte. Von Wotans Mächten behütet, aufgewachsen hinterm Weltenfeuer, unter trügerischen Wandelkräften, von Himmelsblitzen geblendet – könnte daraus nicht die Neigung erwachsen, gleichfalls hinters Licht zu führen? Wovon würde diese Tochter der betrogenen Ran mit ihm reden? vom Handel mit Basel? oder aber von Hitze? von Wut? von Lokis List, von Gold, vom Licht?

Als ich von der isländischen Nacht des Xanteners erzählt hätte, war da nicht die Rede von Hexenkünsten? von Schlafmohn? Kräuterrausch? von der WutGottsTochterWut? Immer deutlicher spüre er, gestand er mir, daß Hagen mit Recht gewarnt hätte. Die Sehnsucht nach der Riesenkraft sei ein Wunschtraum gewesen. Wäre besser einer geblieben.

Doch nun trieben wir schon auf dem untersten Rhein, glitten dem

Meer zu. Es begann zu dunkeln, Gunther ging ins Hinterschiff, ich ging mit, sah, wie er sich dort, am Steuer, dem näherte, der ihm unter den Schiffsleuten der gescheiteste schien, dem *Walthari*. Den fragte er, ob auch er auf dem Isenstein gewesen sei.

Wir alle waren dabei, hörten wir aus der Dämmerung. *Walthar* führte das Ruder und schien kaum geneigt, mehr zu reden als das, was er soeben geredet hatte. – Gunther kramte in seinem kostbaren Mantel aus tarabulischer Haifischhaut. [Aus Tripolis (439 von Wandalen erobert), arabisch: *Tarabulus el Gharb*.] Fand schließlich im Taschenbeutel drei rote Goldstücke, die er, wenn ihm in Xanten zugejubelt worden wäre, unter die Leute geworfen hätte. Nun hielt er sie dem Schiffsmann vor. Doch der hatte das Steuer zu halten, schaute auf die ausgestreckte Hand nur kurz, dann gleich wieder aufs Fahrwasser.

Nimm es, bat Gunther. – Siegfried lohnt mild. Teilt gern. Ook Muniza. Auch Münzen. – Diese hier sind aus Rotgold. Von solchen wirst Du kaum welche besitzen. Zweimal ein Gold-*Solidus* aus Byzanz [im Wert wie ein Gold-Denar, ca. 25 Silber-Denare, Kaufkraft (1995) ca. 500.– Mark].

Ihr wollt was dafür. Ihr Herren von Rom handelt Kram gegen Kram. – Ja, ich will was dafür. Ich möchte, daß Du alles erzählst, was Du von Island weißt. Beschreib mir Eure Fahrt, so genau wie möglich. Denn ich – Gunther brach ab. Steckte seine Hand mit den Münzen zurück in seinen arabischen Haifischmantel.

Hinter uns ging der Schiffsherr vorbei, summend. Prüfte die Steuerung, die Richtung, summend, fand alles wohl in Ordnung. Ließ uns wieder allein. Eine Weile war Schweigen. Nur Wassermurmeln drang durch die Dämmerung. Himmel und Strom wollten sich durchdringen.

Dann meldete sich wieder die enge Stimme. – Ich benötige Auskunft. Hab eine schwere Aufgabe. – Könnt Euer Monet behalten. – Aber ich brauch Deine Nachrichten. Muß wissen, was mich erwartet auf Island. – Ür Schippmann hat giquattilt. Hat alles gesagt, was »Nachricht« ist. – Zwei sehen mehr als einer. – Gunther hielt ihm wieder die *Anastasios*-Münzen hin. Der Steuermann nahm sie endlich, ließ sie in seinen Umhang fallen, der war von Robbenfell.

Wieder blieben wir einige Zeit stumm, schauten ins trübe Dämmerlicht überm Wasser. Schließlich sagte *Walthar*, der mit dem Rücken zur linken Seite stand und den Steuerriemen mit beiden Händen hielt, er wisse weniger, als Giselher schon erzählt habe. – Ob weniger, ob mehr, vergleichen laß mich selber.

Der Mann schaute angestrengt ins schwächere, immer diffusere

Licht. Der Strom war nun offenbar so breit oder das Licht so fahl, daß beide Ufer des Rheins nicht mehr zu erkennen waren. Dicht überm Wasser wehten Nebelstreifen. Wind kam auf. Nicht nur kleine Kräuselwellen unter den Böen, auch Grundbewegung war zu spüren, die hob das Schiff leicht auf, senkte es wieder. Nun mit Meer-Kraft?

Walthar begann dann zu erzählen. Sprach sehr langsam. Mit großen Pausen. – In *Nifl*, sagte er, leben die Böen, die Wogen. Auch die Felsen, das Licht. Jeder Baum. Alles. Ist nirgends ein Totenkopf wie in Ringwolfs Angsthäusern. In Nifelheim reden wir mit den Buchen wie mit den Falken oder den Eschen. Aasen finden wir in den Bäumen. Elfen oder Walküren. Im Tierfell, oder als Steinkraft. – Eine Weile schien es, als müsse er sich auf die Steuerung zu sehr konzentrieren, als daß Reden noch möglich gewesen wäre. – Die Lebensgötter, die hausen seit der Caesarenzeit weitab. Tief hinterm Menschenkreis. Fern vom Rom-Kreis. Wohnen nach Mitternacht zu. Nicht mal mehr auf *Burgundarholm*, auch nicht mehr auf Gotland, nur noch hinter Irland, auf fernen Eilanden und selbst dort leben sie versteckt in Felsgrotten, unter Brunnen und in Gewittern, sogar im Eis, wohin sich flüchtet, wer vorm Krämergeist sicher sein will. Aber mit Baumkraft durchschaut er viel, träumt er Wahrheiten. So wie Sieglinds Sohn nach dem Treffen mit Brünhild drei Tage, drei Nächte lang träumte und Wahrheiten erkannte. Nicht nur die Gefahr für die drei Frauen [vgl. S. 108]. Die Salamander und die Sylphen, das sind die Windsbräute, alle freie *natura* lebt nun unter der Mitternacht.

Auch Frau Brünhild, sagte *Walthar*, wird so geschützt. Unterm Sonnenwind. Hinterm Feuerschild. Den entflammte Loki auf *Uuodans* Geheiß. Ich weiß, ihr glaubt nicht an solche Dinge, sondern an das Tote. An Münzen. Und an den Leichnam am Kreuz. Wißt nichts mehr vom Götterstreit, vom Neiden und Betrügen und Verwandeln. Nichts mehr von den Kriegswölfen *Geri* und *Freki*. Auch nichts von der neuen Meergöttin Ran. Ihr würdet den pfählen und rösten, der von dort käme und sagte sein Wissen und wüßte von der Sonne und würde sagen: *Unde so si gechrumbet iro fart, keteilta in zwene bogen, einen obe erdo, anderen under erdo, so gat sie widersinnentiu ze iro ortu.*

Das mußte ich dem Bruder übersetzen. »Und wenn die Sonne ihren Lauf krümmt, geteilt in zwei Bögen, einen über der Erde, den anderen unter der Erde, so gelangt sie im Gegenlauf immer wieder zu ihrem Ausgangspunkt zurück.« [Ältestes deutschsprachiges Zeugnis vom modern erkannten Sonnensystem, bei Schazman so wörtlich mitgeteilt.]

Dies sage ich Euch, obwohl, wer so in Worms redet, zerschnitten wird. *Unde nahtet erstrichet si dia tougenum fart under dero unde ze samolichero wis erstrichet si tages ten himmel obe dero erdo.* – Ich übersetzte: »Wenn sie in der Nacht diese geheimnisvolle Reise unter der Erde fortsetzt, dann durchschreitet sie in der gleichen Weise tags drauf den Himmel wieder über der Erde.«

Von diesem Wissen darf bei Euch keiner reden, will er nicht gepfählt, gehenkt oder verbrannt werden. Ermordet wird, wer von Sonne und Erde weiß. – So redete der Steuermann. Dann schwieg er. Ich beeilte mich anzufügen: Doch doch, wir wissen noch davon. Zum Beispiel Abt Patrick in *Werethina* oder der Gelehrte in *Buochenheim*, die schätzen diese Kenntnisse. Nur Roms Knechte halten das für Teufelswissen.

Gunther sagte: Es gibt nicht nur Knechte unter den Christen, es gibt auch solche, die keine Sorge haben vor den Erdkräften. *Wunnibald* in Worms sang Lieder von der Gegensonne und von sonderbaren Dingen, von Inseln mit lebendigen Hügeln. – Da *Walthar* stumm blieb, setzte ich fort: Der Abbas im Kloster Siegburg, in dem auch Dein Schiffsherr wohnte, erklärte, alles, was an Streit unter Menschen geschehe, sei Widerschein von Götterstreit. – Nun meinten wir, der nibelungische Schalk [ursprüngl. »Knecht« (Schazman: *skalk*)] müsse erkannt haben, wie sehr wir ihn verstanden hätten oder verstehen wollten.

Der aber schwieg. Hartnäckiger als wir. Steuerte das Schiff. Wartete lange. Und ließ endlich hören: Roms Christen glauben ans Jenseits. Wenn das Licht alle Tage früh wiederkommt, wächst aus den Steinen die Kraft und wächst im Diesseits jeden Tag und jedes Jahr neu. An die Feuerwandelkreise glauben wir. Nicht an Todesstaub und Knochengaukelei.

Gunther nickte und blickte sich absichernd um. Bemerkte im Zwielicht keinen Lauscher. – Von alledem, raunte er, hat mir *Wunnibald* gesungen und das ist mir zwar fremd und fern, doch auch zauberisch, wie ein Kindertraum und überaus verlockend. Darum brennt es mich, zu erfahren, was Du auf Isenstein beobachten konntest.

Die Mannschaft, sagte *Walthar*, verließ das Schiff nicht. – Warum nicht? – Das Feuer war zu gewaltig. – Hielt Eure Rüstung die Hitze nicht zurück? – Feuerländer betreten nur Halbgötter. Oder Aasen und Elben. – Ist unser Kapitän ein Halbgott? – Der ist hitzwitzig. [»Witz« meinte ursprüngl. »Wissen«, »Verstand«, »Besinnung«, »Einsicht«, als Adjektiv *(witzec)* meint es »kundig«, »klug«, »weise« (bei Schazman oft *ingenious*).]

Kein Wort ging nun mehr zwischen uns. Die Dämmerung war zur Finsternis geworden. Gunther atmete ab und zu schwer. Mochte sein, weil das Schiff sich jetzt heftiger bewegte und weil auch der Wind stärker gegen seine schönen Gewänder schlug. Über uns, zwischen Wolkenfetzen, zeigten sich Sterne. Vom Wasser stiegen die Nebel und wehten nun dichter und rascher. – Sind wir noch auf dem Rhein? – Nein, hörten wir den Fährmann. – Und dann, nach einer Pause: In Frau Rans Reich sind wir. [J. Grimm, Mythologie: »Ran empfängt die zu Wasser gestorbenen Seelen, Hel die auf dem Lande gestorbenen.« Vgl. HELINGA (S. 60).]

Gunther schaute sich um, erkannte rings im Anthraxsilber der Nacht auch jetzt keinen Merker und traute sich endlich zu fragen: Brünhild hast Du nie gesehen? – Da war der *Walthar* verschwunden. Das Ruderholz lag führungslos. Schob sich kratzend über die Planke. Bis vor die Füße des Königs ratschte die Führstange, schabte über die Deckbretter. Gunther trat ratlos zurück, stieg über das schabende Holz. Was bedeutete das? Sollten wir nun selber das Ruder ergreifen?

Ebenso plötzlich stand der Mann wieder neben uns. Hielt etwas Dunkles in der Hand, einen Beutel, der schien gefüllt mit einer Speise. Holte aus seinem Mantelsaum Gunthers Rotgoldmünzen, tat auch die in den Beutel, hob ihn, ohne das Ruder wieder ergriffen zu haben, über die Reling und rief: *Ran! ihtes iht hebb Dau Wut! Lot Dik dit Uuodinsfrätin zutzlik zlutzn, weih Bilsifruht weih Mohnifruht weih Bienifruht* – und warf das hinab, ins Graue. Aus der Tiefe kam schlotzender Ton, ein schmatzender, ein schluckender.

Der Fahrensmann nahm nun endlich wieder das Ruder. Nach einer langen Pause erst, in der wir, jeder für sich, zu klären suchten, wieviel Glauben wir solchen Opfergaben schenken könnten, nach mühevollem Nachdenken also wiederholte der Brautwerber seine Frage, ob *Walthar* die Herrin der Eis-Insel zu Gesicht bekommen hätte. – Wir schliefen im Schiff, beim Hafen. Nur das Lodern sahen wir. – Das Feuer erlosch nicht? Auch als Dein Herr an Land ging, erlosch es nicht?

Walthar schwieg. Der Seewind war stärker geworden, wir hörten Wellen gegen die Bootswand klatschen. – Als er an Land ging, ist die Lohe erloschen. Aber als er auf der Burg war, sprang sie wieder auf, stärker als zuvor. Wie Lichtschlangen. Bis über den Weltenrand ringelten die, von einer Kante zur anderen und zurück. – Was war das? – Die Sonnenkräfte. Die waren auf dem »Sprung«. – War irgendwas zu hören? vom Hafen aus? – Wieder wartete der Steuermann lange, bis er Antwort gab. Der Boden schwankte nun sehr. – Auch *NifHel*heim ist voll von Kampf. Nibelungen sind weder Engel noch sind Niederländer Teufel. [Noch Lexers Mittelhochd. Wörterbuch (28. Aufl.): *nibelunc* = »Sohn der Finsternis«. Im selben Wörterbuch: *niderlant* = »Unterland, Hölle«.]

War also Kampf zu hören? – Gunthers Stimme, fast verschlug sie der Wind. Wir neigten die Ohren dicht an den Steuermann, wollten keine

seiner leisen Antworten überhören. – Eine Nacht lang toste da was. Wie Kampf. Rumorte laut, schwerer als Brandung. Röhrte wie *Buhurt* [spielerischer Ritterkampf]. Wutkampf. Ute nannte das *Odin prodin* [s. S. 251]. Das puruckelte [Schazman: *It rumbled*] bis spät nach Mitternacht.

Bis spät nach Mitternacht? fragte eine Stimme. – In der Dunkelheit, hinter uns, stand der Kapitän. – Ich wollte, stotterte der König, von *Walthari* wissen, wie lang wir noch zu fahren haben. – *Ze ware* [»fürwahr«], Herr Zwaraber. Bis weit nach Mitternacht. So lang noch haben wir zu fahren und manches drüber hinaus. Von jetzt ab ohne Halt, Tag und Nacht. Wo sollten wir auch ankern? Rans Grund unter uns ist tausend Klafter tief und tiefer.

Das Boot hob und senkte sich wuchtiger, ächzte in Mast und Wanten. Gegen den Bug schlugen Wellen, sprangen an der Holzwand herauf. – Aber wenn nun, fragte Gunther, wenn nun der Nebel dichter wird? Und es sieht niemand mehr die Sterne noch sonst irgendwas, wer hält dann die Richtung?

Ich meinte, ich hätte in den Gesichtern der Schiffsleute ein Lächeln bemerkt. – Sieh dorthin, sagte der »Schippmann«, dort blitzt der Mitternachtsstein. Wenn Du vom Großen Bären mit der Hand fünfmal die linke Tatze steckst, dann siehst Du ihn. – Gunther hielt wie der Xantener die Hand hoch, maß die Bärentatze ab und wollte den Abstand zwischen den Tatzen mit seiner Hand fünfmal in die Nacht »stecken«. Gelangte aber mit diesem Verfahren fast bis hinunter ans Wasser. – Dort?

RATTAPLUI BA UMF die Sonne, die unter die Erdscheibe steigt, wie der Ire in Lorsch hat sagen wollen, diese Sonne ist zur Mitternacht genau dort, unter dem Nachtstern. Nur fahren wir aber gar nicht genau nach Mitternacht, sondern wenn die Küsten von *Britannia* und *Scotia* vorüber sind, dann geht unser Ritt über die linke Bärentatze. *Terram glacialem profiscemur.* [»Wir werden ins Eisland reisen.«]

Gunther zögerte zu nicken. – Aber wenn Nebel kommt und den Stern verhüllt? den ich schon jetzt kaum erkenne? – Der Schmied stellte sich hinter den König und streckte seinen Arm so über Gunthers Schulter, daß der den Polarstern nun endlich doch bemerken mußte [nimmt die betrügerische Methode des »Zweikampfs« mit Brünhild spielerisch vorweg]. Dann maß er mit Gunthers Hand, vom Mitternachtsstern aus, fünfmal eine Handbreite nach links, da zeigte auch mein zu großer Bruder auf die linke Tatze des Großen Bären.

Dorthin, sagte der Kapitän, wird's mit uns gehen. Bis *Far Ör* bleiben wir unter den Küsten, danach richtet *Walthar* den Bug fünf Handbreiten backbord, vom Nachtstern also nach Abend, zur linken Bärentatze hin. – Und schien wieder zu lachen: Wenn Du aber fürchtest, die Nebelfrauen betören unseren Steuermann und machen den Himmel dicht und lassen ihn vergessen, wie er den Riemen gegen den Wind stellen muß, dann – er zog einen Dolch aus seinem schwarzen Gürtel und hieb den mit YERRA ins Holz der Reling, so daß aus dem Schwarz eine helle Kerbe sprang – dann ist dies die Richtung. Wenn *Walthars* Steuerriemen immerzu dort steht, sind wir den zwölften Tag unterm Isenstein. *Non is sum, qui umbra ac pericolo terrear. Qualis rex, talis grex.* [»Ich bin nun mal keiner, der sich von Schatten und Gefahren schrecken ließe. Und wie der König, so die Mannschaft.«] – König Gunther tat, als begriffe er, sah aber beim Nicken lieber nicht den Kapitän an, sondern blickte zu den Himmelslichtern, zu den unsicheren, den zwielichtigen.

Wir zwölf Brautwerber fuhren zehn Tage lang unter lebhaften Winden, die Nebel rissen immer wieder auf, der weiße Schnitt im Kantholz mußte den Weg nie weisen. Zumal auch Gunther ahnte, daß ihn der Niederländer nur zum Narren gehalten. Derweil lernten wir Wormser, das lange Steuer so zu handhaben, daß in der ersten Nachtstunde die hohen Kuhhörner am Bug auf die linke Bärentatze zeigten, wir lernten zu steuern, jedes Abdriften durch Gegensteuern auszugleichen.

Auch in der Küche waren inzwischen fast alle an die Reihe gekommen, hatten im Unterdeck das Lochholz zu halten gehabt, das breitere dem schmaleren entgegen, dem Bohrenden. Das Leben im schaukelnden Haus lief so mühelos, daß ich mir wünschte, so wie diese Reise, so möge auch die Brautwerbung gelingen.

Diese Fahrt ins Endlose bewegte mich mehr und mehr und warf Fragen auf, die einander verschlingen wollten. Ja, oft schien, was ich zu sehen und zu hören bekam, eine einzige Frage zu sein. Das riesige Nachthimmelszelt war ein Meer aus Fragelichtern. Wie sollte ich in dieser ungeheuerlichen Größe Schlaf finden, wo vormals der geflügelte *Fafnir* herrschte und die Weltenschlange oder *Freya, Fafnirs* Stiefschwester, die Urfrau. In jedem Fall aber Urmutter und Ran.

Jetzt, da der Schiffsherr ermordet ist, kann und werde ich nie vergessen, wie ich einmal, spät noch, nach Mitternacht, den Riesen selbst am Steuer fand. Wie ich zunächst zögerte, mich neben ihn zu stellen, und wie ich das dann doch tat und wie schön es war, daß jeder von uns erst einmal gar nichts redete. So daß all die Fragen, die uns rings umgaben, Zeit hatten. Die Rätsel selber konnten in Ruhe leuchten. Die raunten, rührten, erzählten und blieben glimmende Geschichten.

Schließlich kamen wir doch ins Sprechen. In eine Wechselrede, die Stunden dauerte. Aber die Pausen zwischen den Worten, die dauerten wohl sieben mal zehn Atemzüge. [Schazman erkennt auch in dieser Kombination von Zahl und Atem, worauf es Giselher und Kilian angekommen sei, »auf die Verbindung von römischer Rationalität und magischem Vorzeitwissen« *(roman rationalism and magic archaism).*] Keiner mahnte zur Eile, keiner drängte auf eine Antwort. Weil das Schweigen in all diesen Schatten so beredt war, als stünden wir zwischen Bäumen oder Nornen. Als umgäben uns die Aasen. Irgendwann, mit vielen Pausen, redete der Nibelunge. Er versuchte so etwas wie eine Einteilung, die, obwohl sie einteilte, nichts trennte. – Lebendiges, sagte er leise, schläft im Stein. Murmelt im Baum. Träumt im Tier. Will wach werden in uns.

Wenn ich nun, in meiner Lorscher Gruft, aufs Pergament male, was er geredet und was er auf meine Fragen geantwortet hat, dann solltest Du, *beatissime lector*, aus dem Wechsel dieser Fragen und Antworten nicht schließen, wir hätten miteinander geschwätzt wie Krämer und Kunde, wie Wirt und Gast, die um Woher und Wohin reden und niemand verzögert die *responsa* [»Antworten«], weil ein Zögern als Lügen erscheinen könnte und in Roms Reich die Raschheit als Klarheit gilt und als *intelligentia* und der sophistische Spaßbold als der klügste.

Was mich umtrieb, seit der Königssohn zu uns kam, war, zu begreifen, was er plante. Freilich nicht im Krämersinn, wie er wen übers Ohr hauen würde, ob den Hagen, den Bischof oder Gunther oder alle drei und wen sonst. Nein, seit meinen Studien in Rom wie in den Klöstern an der Grenze zur Nebelwelt spürte und sah ich, daß die große alte Zeit ErdMutters zu Ende ging. Daß nun ihre Götter wohl doch dem einen neuen, dem GeistGott weichen mußten. Dem, der in Rom und in Konstantinopel zum Staatsgott geworden, zum reinen Geist erhöht und damit tatsächlich ermordet schien.

Was aber wird werden, wenn der »Völkerwirbelwind« sich beruhigt. Die Goten hatten Roms Kaiser abgesetzt. Ihr König Theoderich wollte selber die Kaisermacht. Aber auch Chlodwig wollte sie, auch *Simplicius*, auch Felix, auch die Bischöfe Roms wollten diese Macht. Auch der Xantener? Und wenn ja, welche? Mit welchen Göttern? mit den alten? Oder mit dem neuen, dem GeistGott? unter den römischen Gesetzen?

Immer wieder schien mir, als wollte der Xantener die alte und die neue Zeit zusammenschmieden, so wie er seinen Stahl aus Hartem und Biegbarem machte. Aus dem Orient die Klugheit, aus dem Norden die Weisheit. Als sollten beide in ihre Rechte, *muspel* wie *nifl* [vgl. S. 13, 490 f., 519]. So schien es mir. – Wie lebendig, meinst Du, so war meine erste Frage, sind die Götter? – Seine Antwort kam erst nach gut sieben Schiffslängen Fahrt.

∞ [Schazman merkt an, die Kilianschronik setze zwischen diese Antworten Zierzäsuren, kleine Unendlichkeitszeichen.] Für sich allein, hörte ich aus dem Dunkel, sind sie nichts. ∞ In Isolation sind sie tot. ∞ Sie sind unsere besten Wunschgeister. ∞ Unsere grausigsten Ängste. ∞ Götter sind in allem, was ist, und auch wieder in nichts. ∞ Nach weiteren sieben Schiffslängen Fahrt sagte er: Sind weder Kraft, noch sind sie Ding. Sondern beides. Sind weder endlich noch unendlich, sondern beides. ∞ So wie die Wahrheit nur der Lügengott sagt. ∞ Und, nach weiterem Schweigen: Die Vorschriftgelehrten geben vor, ihr jeweiliger Gott sei dies oder jenes. ∞ Kirchenväter und Bischöfe wissen Namen und Wörter für das Unsägliche. ∞ Können reden und haben Namen für das unerschöpfliche Rätsel, das es ist, daß Du und ich vorhanden sind. ∞ Daß unser Fleisch denken kann. ∞ Und, nach wieder sieben Schiffslängen Stille: Priester sind *persecatores*. Zerschneider. Ruhen nicht, bis Welt wie Menschen in Isolation sind. Bis die Erde ermordet ist, kahlgefressen wie YGGDRASIL. Zerschnitten in Geist und Leib, in göttlich und in teuflisch. Bis alles zerspalten ist und verdorrt.

Dann sah er mich an, im matten Sternenglanz entging mir das nicht. Und sagte: Nur ein Sänger der Widersprüche mag das fassen.

Du wolltest kein Priester werden bei Deiner Mutter, warum? – Weil ich keinen Bescheid weiß. Nur dies weiß ich, lachte er und zeigte auf die weiße Kerbe im Holz der Reling. Dann, nach einer Weile, wieder ernst: Wissen lebt in Liedern und Märchen, wie sie Dein Kilian weiß und Frau Ute, wie sie bei meiner Mutter zu hören waren, auch beim Patrick in *Werethina*. ∞ Zum Beispiel die Geschichte, die mir die Mutter zuerst sagte, die von der Esche, die halb tot steht [vgl. S. 19, 57 ff., 253]. Daß YGGDRASIL zur Hälfte kahl steht, das erklärt unsere Welt genauer als alle *mensurae romanae longitudinis aut altitudinis aut temporum* [»die römischen Maße der Länge oder der Höhe oder der Zeit«]. ∞ Diese wahren Märchen sagen mehr als jede Kriegs- oder Kirchenchronik oder der *logos* des *Aristoteles*. Beschreiben unsere Wirrsale genauer als die genauen Zahlen des *Pythagoras* oder die Winkel des *Euklid* und die Projektionen des *Platon*.

Und, nach weiterer Gleitfahrt: Bevor die Phönizier kamen und die Drachensaat des Mars aufging mit Namen *Romulus* und *Remus*, konnte, wer klettern konnte, auf Baumwipfeln rund um das Mittelmeer herumklettern. ∞ Heute stehen die Meeresküsten zur Hälfte kahl. Kennen deswegen Roms Herren einen heiligen Baum, der halb kahl steht? ∞ Sie kennen *Aristoteles* und all die anderen Papiersoldaten, die in *Alexandria* verehrt werden, wo schon immer verwickeltes Papier mehr galt als die Wunden, die wir wickeln müßten. ∞ Freilich steht auf dem Papyrus auch, wie Wunden zu heilen wären. Beides gehört zusammen, aber das eine ohne das andere ist tot.

Wieder ließ er sein Schiff eine gute Weile dahinrauschen. Wendete die Richtung dann mit dem Riemen. Als das Manöver getan war, sprach er weiter. ∞ Priester wollte ich nicht werden, weil Priester Mauern bauen und Tore versperren. ∞ Die zwischen Dir und dem, was ist. ∞ Priester oder »Schriftgelehrte«, wie Jeschu diese Alexandriner nannte, sie versperren das Erfahren. ∞ Zerspalten uns in Geist und Leib.

Als der Fahrensmann dann wieder schweigsam wurde, fiel mir ein, auf welches Zerspalten sich Hagen und Ringwolf geeinigt hatten. »Die Köpfe von den Leibern, die Weisheit von den Weibern«. Und hörte ihn leise weiterreden. – Weder Priester bin ich noch gelehrt. Nur Teil von allem, was ich traf. – Was trafst Du? – Die Angst der Priester vor der *materia*. Vor AllMutter [*mater* = Mutter (*materia* = Mutter-Stoff)]. ∞ Diese Angst, die verbreiten sie nun bei allen Leuten. Angst vorm Erdwitz, vorm Frauenfreuen. Vorm Chaos, vorm AllMutterbegehren. ∞ Diese Angst läßt sie das Verhängnis über die Zukunft hängen, wonach keine Ehrfurcht mehr ist vor dem Leben. ∞ Weil sie die Lebenslust fürchten und verachten als teuflisch und zum Glück vergänglich. Unser unendliches und rätselvolles Zauberleben, es ängstigt sie.

Am matten Sternenlicht, das sich in seinem hellen Gesicht spiegelte, spürte ich, daß er mich wieder angesehen hatte. Oder war da kein Widerschein, sondern strahlte aus ihm selber ein Licht? Noch am Abend vor der Abfahrt hatten uns die Bornholmer Göttergeschichten daran erinnert, wo er aufwuchs und wo ich, unter welch anderer Aufsicht. – Wieder folgte lange kein Wort. Jedenfalls keins, das ausgesprochen wurde.

Schließlich fragte er: Du, der *poeta*, der müßte wissen, wie vordem die ältesten Sänger auch der Römer und Griechen, wie auch der *Homerus* die Erdmutter besang. Jene, die aus der Tiefe von GINUNGAGAP alles, was ist, in Bewegung hält, indem sie verwandelt und begehrt und das immer Neue auf die alte Weise ins Dasein treten läßt. – Beim *Homerus* hieß sie *Gaia*, sagte ich. *Gaia* stand über den höchsten Göttern. – Dann weißt Du auch, daß in der Geschichte von *Gaia* die Welt nicht zerschnitten wird in Lebloses und in Lebendiges. – Wieder glitten die Schatten über sein Gesicht. Und eine Weile schmeichelten und strichen wieder nur die Wellen mit ihren Streichel-Armen den Schiffsleib.

Da fragte er plötzlich: *Tacenda ut dicenda calles?* [»Bist Du im Schweigen so gewitzt wie im Reden?«] Da Du so gern zuhörst und niemand uns stört, könnte ich Dir nun auch meine sieben Vorschläge anvertrauen. – Vorschläge? [Schazman: *suggestions*] – Sieben Sätze, die mir Sieglind, als ich aus Xanten floh, auf ein Leseleder schrieb. Das nähte sie mir in den Bischofswams. Hab das verloren, schon beim Raufen in Köln. Da wußte ich aber die Vorschläge längst auswendig. Ohne sie zu verstehen. – Sagst Du sie mir? – Er sagte sie, und mir scheint, als habe er mit diesen sieben Sätzen nicht nur diese Nacht auf dem Schiff erhellt, sondern mein restliches Leben und die Isolation und Finsternis in diesem Ringwolfkloster.

1 Aus Kraft machst Du nicht Macht, sondern Spielen und Lust, Lernen und Erkennen. *2* Die Welt ist begeisternd für den, der im Offenen bleibt und erkennt, um wieviel besser sie sein müßte, durchdrungen statt erschlagen [vgl. Giselhers erste Zeilen (S. 13)]. *3* Was Päpste und Papageien sagen, ist die Kehrseite der Dinge, auf die Du triffst, wenn Du ritterlich zu bleiben versuchst, nämlich ebenso frei wie gerecht. *4* Ins ritterliche Leben führt Dich die Zauberin *Gaia*, die AllMutter, und die triffst Du, wenn Du das Fremde liebst, nicht, wenn Du Mauern baust und Macht und Güter häufst. *5* Ohne Blitz wie Schwärze ist kein Erhellen, und kein Erkennen ist ohne Schlamm und Gegendenken. Erhellen und Gegendenken zeigen Dir, wie das einzig Gute an Herren und Hauptstädten der Widerstand gegen sie ist. *6* Wer uns zerschneiden will in Geist und Stoff, weil er meint, er habe Gut und Böse erkannt, der hatte nur die Angst, auf die Seile hinauszugehen, die zwischen beiden gespannt sind. *7* Da die Angst vor erkennender *reversio* Ursache ist aller Machtsucht, ist die Liebe zum erkennenden Chaos die fröhlichste Deiner Taten. *Pecca alacer!* [»Sündige fröhlich«, *reversio* = »Umkehr«, »Änderung«.]

Ich lief, wie in Benommenheit, solang ich die sieben Vorschläge noch hörte und wiederholen konnte, ins Unterdeck zu meinen Pergamenten, um sie festzuhalten. Wörtlich hab ich sie nun, in meinem Lorscher Loch, von jenem alten Blatt abgeschrieben. Wie fremd mir das damals erschien. Nun, in meiner Todesgrube, da auch der Niederländer unter den Steinen liegt, im »ErdEi« [s. S. 197], beginne ich, diese Vorschläge zu begreifen und zu erkennen, warum sie ihn aus dem Weg räumen mußten. [»Erkennen« erscheint in den sieben Sätzen siebenmal.]

Am zehnten Tag verschleierte sich der Himmel ins Düstere. Wieder standen wir am Steuerruder, wieder wurde es dunkel, aber diesmal wollte sich kein Gestirn zeigen. Da mochte ich nicht länger zögern, wollte auch dies von ihm wissen und fragte, wie er denn jetzt, so weit draußen auf offener See, noch immer die richtige Richtung fände, ob ihm etwa der Wind, der in den Segeln herumsprang, das Ziel verrate, die isländische Insel? Jetzt, wo Nordstern und Mond und alle Lichter hinter Wolken verborgen wären?

Noch weiß ich, sagte er, wo es hell war, wo sie unterging, die Sonne. Aber Du hast recht, bald weiß ich es nicht mehr. Und was der Wind redet, ist vieldeutig, er hat sich jetzt mehrfach gewendet und gedreht und bläst nun immer heftiger. Paß auf, was ich mache. – Im letzten Dämmerlicht ging er zu dem Käfig, hinter dessen Gitter die drei Raben schrien, öffnete den Kasten und ließ einen der Wotansvögel heraus. Der wartete kurz, sprang dann auf die Reling, von dort zum Bug, flog schließlich um das Kuhschiff zweimal herum, dann, beim drittenmal, über den Bug vom Schiff fort, in die Nacht hinein. – So ein Botenvogel, sagte er, fliegt zum nächsten Land. Und sein Flug über den Bug sagt mir, daß unser Boot in der richtigen Richtung steht.

Am letzten der Abende, unten, im überdachten Raum, als das Meer immer unruhiger wurde, da mahnte der »Schippmann«, wir sollten vor der Isländerin mit einer Zunge reden. – Was er damit meine, wollte Hagen wissen. – Die Brautwerbung meine ich. Die wird kaum glücken, wenn Du vor Brünhild dieses redest, Herr Gunther jenes und ich was Drittes. – Was zum Beispiel sollten wir »mit einer Zunge« reden?

Der Xantener schob mit einer Lanzenspitze Glut im Herd zusammen. – Erklären sollten wir zum Beispiel gemeinsam, daß ich, der Mann aus Xanten, Gunthers Eigenmann bin. [Dies entscheidende Wort der Geschichte wird hier in Anlehnung an das Mittelhochdeutsche *eiginman* gebildet (= Dienstmann, Angestellter, zuweilen auch Leibeigener), Schazman übersetzt aus seiner kelt. Vorlage *slave*, also Sklave, was Siegfrieds List offenbar nicht korrekt wiedergibt, die wohl auf ein Dienstverhältnis hinauswollte, das auch ein freier Mann eingehen konnte, sozusagen als leitender Angestellter. Um »frei« oder »unfrei« aber wird es gehen.]

Du, fragte Gunther, wärest mein »Eigenmann«? – Ihr solltet mich der

Isländerin vorstellen, sagte der Niederländer, als einen, der in burgundischem Dienst steht. Nur so läuft die Brautwerbung gut. – Gunther sah uns an, verwirrt, und sagte: Nun haben wir sie gesehen, die reiche alte Burg zu Xanten, auf römischen Mauern. Ein *oppidum* ist das, ein gut befestigtes Kastell, größer als unsere Pfalz in Worms. Ich hörte, Feldherr *Quinctilius* [*Quinctilius Varus* unterlag 9 n. Chr. dem *Sigurd (»Arminius«)*, s. S. 42], bevor er gegen *Arminius* zog, lagerte in Xanten, wo Du Königssohn bist. Wie sollte das Frau Brünhild verborgen bleiben, zumal Du selber zuvor auf Island warst und Deine plaudernden Leute mit Dir?

Der »Eigenmann« sah ins steinerne Herdlicht. Selbst wenn er so, im Schein der Kohlenglut, noch länger hätte nachdenken wollen, wie hätte er ahnen oder gar erkennen können, welche Folgen sein gut gemeinter Rat hatte. Schließlich erklärte er, stockend: Die Isländerin, sie rechnet damit, daß ich käme, ein altes *votum* [»Wünschen«] zu erfüllen. – Welches? fragte Hagen. – Sie nach Xanten zu holen. – Also doch, rief Gunther.

Es gibt kein Versprechen, wiederhole ich Euch. Schon in Worms hab ich erklärt, daß ich weder gebunden bin noch versprochen. Kann aber sein, Frau Brünhild sieht das anders. Dann fragt sich, wie sie sich bereitfinden wird, König Gunther zu erhören. Wenn wir unterm Isenstein landen, dann nimmt sie wohl an, dieses sei die Brautwerbung dessen, der *NidGir* tötete. Nicht umsonst bitte ich Euch, nennt mich »Eigenmann«. »Schippmann« wollte ich sein nicht nur wegen meiner Erfahrungen mit Meer und Segelkunst. Auch wegen anderer Erfahrungen.

Wegen welcher? – Gunther, kaum hatte er gefragt, mußte einen Balken ergreifen, so sehr zitterte das Schiff. – Betäubende Kräfte traf ich auf dem Isenstein. Den nifelheimischen Rausch. – Wenn schon Du nicht gefeit warst gegen solche Kräfte, wie sollte dann ich die überstehen? – Um so listiger müssen wir vorgehen. Müssen zum Beispiel alles ablehnen, was dort an Getränken geboten wird. Und wenn ich mich ausgebe als einer, der zwar Königssohn ist in Xanten, der aber bei Dir im Vertrag steht, *operam navans multam et utilem amicis* [»Dienst leistend, nützlich und umfangreich, den Freunden«], der Arbeit verrichtet als Schiffskapitän, dann wird die Wutbraut, hoffe ich, Dich um so höher schätzen. Wenn einer wie ich Dir hilft, wie mächtig mußt dann erst Du sein. Nur wenn Ihr alle diese Angaben mit einer Zunge bestätigt, nur dann ist Aussicht, die Feuerfrau ganz und gar für Dich zu gewinnen, Gunther. Weil Du dann ganz offensichtlich der Höhere bist, der Größere. Von Kriemhild und meinem Verlöbnis mit ihr braucht auf Island niemand zu reden. Solange es einen stolzen Burgunderkönig gibt, dem ich diene, wie sollte sie da den Diener freien.

274 Nur um meine Werbung gelingen zu lassen, nur deswegen bietest Du das an? So uneigennützig willst Du sein? Tatsächlich mein Leibeigener? – Nicht Dein »Leibeigener«, lachte er. Einer, der Arbeit leistet in Deinem Auftrag. *Qui officia ministeriaque offert in amicos foederatos* [»der verbündeten Freunden Dienste erweist«]. Und dies tu ich wahrlich nicht uneigennützig, sondern gerne [mhd. *gern* = begehren], nämlich um Kriemhilds willen. Ihr glaubt das nicht? Daß ich einer Frau zuliebe Sachsen oder Dänen abwehre und zu Brünhild fahre? Kriemhild ist eine Welt als Grund.

Wenn Du, fragte Gunther, die Isländerin Wutbraut nennst und geheime Täuschungen andeutest, meinst Du damit, daß sie Dir womöglich so betrügerisch zusetzte wie einst ihr Vater auf Bornholm der Frau Ran? – Ja, das meine ich. Noch am Abend vor unserer Abfahrt hörten wir die passenden Geschichten. Auch die Götter wurden Zwerge, haben wir gehört. Brünhilds unmäßiger *Furor* [»Begeisterung«, »Verzückung«, aber auch »Kampfwut«, »Aufruhr«] ist es, den wir respektieren sollten und nicht unnötig entflammen. Weswegen ich schon jetzt zu dieser Klugheit rate. Um Gunthers willen. Und Kriemhild und mir zuliebe.

Das Schiff schwankte heftiger. Der Nibelunge erhob sich, sah die bedenklichen Gesichter seiner Fahrgäste. – An notwendige Geriebenheit erinnere ich Euch. Um Burgunds willen. – Ja, nickte Gunther, »mit einer Zunge« sollten wir reden, aber –. – Der Niederländer schien hinaufzuwollen aufs obere Deck, hielt aber vor den Stufen an, um zu hören, was Gunthers »aber« folgen würde.

Aber da ist eine Lohe um das Land. Die, so vermute ich, kannst nur Du bezwingen. Du mit Deiner unübertrefflich harten Albenrüstung, mit jener Panzerung, die nicht *aënus* [»von Bronze«] ist und nicht mal von Eisen, sondern von Stahl, mit einer römisch-irischen Mischung, aus Hartem wie aus Weichem. Und wenn die Halbgöttin dann beobachtet, wer in Wahrheit die Lohe besiegt? – Ich weiß, an welcher Stelle wir das Feuer durchdringen, ohne daß sie's beobachtet. – Selbst wenn das gelingen sollte, gibt es nicht trotzdem hundert Anlässe, zu mutmaßen, der Albengeselle sei es, der als Freier kommt? der allein über die Kräfte verfügt, dem Weltfeuer zu widerstehen, dem *Furor*?

An der Stiege, die aufs Deck führte, mußte sich der Schiffsherr festhalten in der schaukelnden Fahrt. Schaute im Festklammern den König an. – Die Feuerfrau, sagte er, wird nicht bemerken, wer die Glut löscht. Die Lohe, lieber Zwaraber, die werden wir beiden an einem geheimen Ort gemeinsam zwingen. Wenn wir nur genügend einsinnig sind. Mußt weiterhin nur tun, was Dir Dein Kapitän rät. Dann wird sein, was Deine Mutter gewünscht hat. *Offin si daz sigidor.* Das Tor zur Burg Isenstein. Auch das zu Brünhild.

Er tat, als höre er Gunthers tiefes Atmen nicht und sagte, die Rantochter habe ihn bei seinem ersten Besuch so berauscht, daß er auch sagen könnte, sie habe ihn betrogen. Nunmehr wolle er nur Gleiches mit Gleichem vergelten. List mit List. – Nur die Richtung des Spiels, die kehre ich um. Wenn ich als Schippmann komme, dann ist das zwar eine Täuschung, aber eine kleine nur, eine in der Gegenrichtung. – Das Schiff bekam einen harten Stoß, so daß der Deckel von Gunthers Kleidertruhe zuschlug. – Der Cherusker lachte. Nun gibt's andere Arbeit als Kleiderprobieren. Wie reden die Römer vor den entscheidenden Kämpfen? *Quod si deficiant vires, audacia certe laus erit.* [»Und wenn auch die Kräfte versagen sollten, allein die Kühnheit wird gerühmt werden.«] – Er sah sich um, als wollte er fragen, ob wir ihn verstanden hätten. Das Schiff wurde nun immer derber geschüttelt. – Ran rührt sich, rief er. Die Meerfrau schickt Sturm. Als wüßte sie, wer kommt. An Deck muß ich, muß QUIRUMPIL die Segel reffen.

Stieg hinauf, in den Stößen des Schiffes mit Mühe. An Deck hörten wir seine Stimme, RATTAPLUI, nebelländische Rufe. Wir, in der engen Höhle, klammerten uns nun an alles, was im Halbdunkel Halt versprach. Gunther sah ich, wie er unsere Gesichter zu erkennen versuchte. »Eigenmann« wiederholte er. Als müsse er dies Wort auswendig lernen. – Freiwillig *servus* [»Diener«] will er sein. Schalk. Minister. Kriemhild zuliebe? Oder nicht doch wegen ganz anderer Pläne? *Arminius*-List? – Das Schiff zitterte und sprang, wie in Ängsten. Blieb dann wieder stehen, hob sich nicht und sank nicht, zitterte abermals und noch heftiger, wurde dann hinabgerissen, hatte spürbar Mühsal mit immer noch schwereren Schlägen.

Als nun alle geschüttelt wurden vom Schiff wie von Zweifeln, da fand ich's an der Zeit, nachzutragen, was ich von Siegfried noch nicht erzählt hatte. Mit den Geschichten aus Bornholm hatte ich ihnen, die römisch erzogen waren und römisch zu denken suchten, zu viel Unheimliches zugemutet, zuviel »Fremdes« [vgl. den vierten von Sieglinds »Vorschlägen« (S. 271)]. Zur Beruhigung kam ich nun mit Urkundlichem, mit dem, was *litteris consignatus* [»urkundlich belegt«] war und sogar von Kirchenmännern beglaubigt. – Jetzt, sagte ich, weil ich merke, wie jeder sich fragt, was der Cherusker im Schilde führt, fällt mir ein, daß die Mönche

an der Sieg und die Kirchenleute in Köln mir Urkunden zeigten in lateinischer Sprache, über einen römischen Offizier, der in Köln unter dem
276 Namen *Victor* [»Sieger«] bekannt war. Der hätte, sagten die einen, dem Mithras-Kult gehuldigt [dem Sonnenkult, der damals z. Tl. stärkere Beachtung fand als der Christuskult, vor allem bei röm. Soldaten], der hätte, sagten andere, sich aufgelehnt gegen die alten Götter, was den römischen Generälen dasselbe war wie eine Todsünde, denn schon *Cicero* hat erklärt: *Religione, id est cultu deorum, multo superiores.* [»Was die Religion angeht, so ist unser Götterkult weit überlegen« (den Kulten anderer Völker). (*Cicero: De natura deorum*, II, 8).]

Als ich in Köln von diesem Aufstand des Offiziers *Victor* Genaueres wissen wollte, verwickelten sich die frommen Männer in Widersprüche, die einen sagten, der Aufrührer habe gegen den Kriegsgott Mars gefrevelt, andere, *Venus* und *Minerva* hätte er gelästert. Bis ich dahinterkam, daß sie mit dem *Victor* den meinten, der in Xanten die Kohorten verjagte, Siegfried meinten sie und versuchten nun, dessen Befreiungstat in eine fromme Legende umzubiegen, wonach er als einer der Ihren, als *miles christianus*, mit Roms Truppen auch die alten römischen Götter gelästert und beseitigt hätte. Zum Glück wußte ich die Geschichte genauer.

Als ich sie bei ihrer Fälschung ertappt hatte, gab Abbas Eginhardt alles zu und zeigte mir die Dokumente. Danach hatte dieser *Victor*, von Rom kaum zurück in Xanten, gegen den Willen seines Vaters, aber gemeinsam mit dem Volk, die dortige Präfektur beseitigt, die Besatzung den Rhein hinabgetrieben, jener *Victor*, der vor Jahren als reitender Narr auch in ihrem Kloster war, um dann weiterzuziehen zu den Schmieden an der Ruhr. Aus den lateinischen Verzeichnissen war klar, daß er direkt von dem abstammte, den die Historiker *Arminius* nennen, der aber bei den Cheruskern *Sigurd* hieß, was manche *Siegward* aussprechen, von jenem also, der die Legionen des *Quinctilius Varus* in einer drei Tage währenden Umzingelung besiegt hatte *anno post Christum natum nono* [im Jahr neun nach Christi Geburt]. Eginhardt eröffnete mir auch Gerichtsakten, versiegelte kölnische Dokumente, *tabulas locationis* [»einen Pachtvertrag«] mit einem hohen Beamten des Kölner Bischofs, der einen Prozeß führte gegen Frau Sieglind [vgl. S. 409 ff.]. Danach ist Siegfrieds Mutter eben dort geboren, wo vor Zeiten die Römer zum erstenmal geschlagen wurden –

Der Schiffsraum hob sich stärker, stürzte, schien eine Weile zu rollen, über uns hörten wir Schritte und Schreie, das tollte, das tobte. Gernot kroch auf den Knien zum Herd, schob Glut zurück, in den hinteren Herdraum, setzte Steine davor. – Weh, sagte Hagen, weh, daß unser *regni heres* [»Kronprinz« (Hagen stuft den König in diesem Moment also wieder zurück)] den Wahn hat, zu den Riesen zurückzuwollen. Der neue Herkules, der nutzt diesen Irrsinn, der verlädt und verrät uns jetzt. An die »Wutbraut«. 277

Ich denke anders, sagte ich. Ich denke, er hilft uns. All diese Mächte, die uns nun ängstigen wollen und ertränken oder verbrennen, nur mit einem wie ihm sind sie zu bannen. Da bin ich sicher. – Gunther versuchte, im Kohlenlicht zu erkennen, ob irgendeiner in der Runde der Hockenden und Knienden mir zustimmte, ein bißchen nicken würde. Oder sonst Zuversicht zeigen.

Sie wußten nicht, was ich in der vorletzten Nacht mit dem Nibelungen geredet hatte. Auch meine Mitteilungen aus den lateinischen Urkunden hatte sie kaum beruhigt. Zu allem Überfluß kam, nein, floß nun der, den Gunther zu Beginn der Reise ausgefragt hatte, nun strömte als ein menschlicher Wasserschwall Knecht *Walthar* über uns her, öffnete schon auf der Stiege die triefenden Mantellappen, aus dem Robbenfell schwappte Kaltwasser über die Stufen bis vor den Herd. Versorgte dort seine Sachen, hängte die über Balken und Stangen und bemerkte, wie wir ihn anstarrten.

Kaum hatte er sich in eine Wollkutte gehüllt und vor die Restglut gehockt, hörten wir ihn sprechen. – Frau Ran, sagte er, mit der müßten wir uns nun anfreunden, ob wir wollten oder nicht. Entschädigung müßten wir leisten. Für das, was nun auch wir ihr rauben wollten, der Meermutter, der Brünhildenmutter. – Das Schiff sprang hoch, gut zwei Mannshöhen hoch, fiel ebenso tief wieder hinab. *Walthar* hatte sich rechtzeitig zwischen zwei Pfeiler gedrückt. Gunthers Kopf aber war gegen einen der Balken gestoßen, der König hielt sich die Stirn. Wasser, so schien es, drang jetzt überall ein. Was half es, daß dieser cheruskische Schiffsmeister seinen Bau römisch gezimmert hatte, die Balken und Bretter über uns, das Verdeck hielt nicht dicht.

Ertrinkende Romleute, sagte *Walthar*, die fängt Ran sich ein, um sie zu umarmen und zu erdrücken. Ein Freund, der nochmal davonkam, weil er rechtzeitig stammeln konnte, er sei kein römischer Herr, nur Sklave, der wußte von wildem Beilager. An Frau Rans Kuß ersticken die meisten, und wer immer ihr erlag, der war ihr Todesgeliebter. Dieser doppelt betrogenen Mutter, der solltet Ihr Opfer bringen, Ihr Könige in Worms. Sonst rast Rans Wut sich aus zu himmelhohen Wasserflammen. Mit denen umarmt sie auch uns. Die Kette um Eueren Hals, Herr Gunther, die würde sie befriedigen. – Die? die ist aus Byzanz, ist mehr wert als dies ganze Schiff. – Eben darum, brummte der Steuermann, brummte das aus dunklem Filz, in den er sich gewickelt hatte bis über den Kopf.

278 Vielleicht, sagte er, besänftigt sie auch schon, wir sollten es probieren, ein goldener Kamm. Oder ein Faß Wein vom jurassischen Südfuß. Ran liebt den Rausch, spätestens seit dem Betrug auf *Burgundarholm.* Mit dem Kamm könnte sie ihr langes grünschwarzes Haar glätten, ihr Wogenhaar. Wenn wir aber geizig blieben und alle Geschenke Brünhild brächten, nur um die Tochter zu betören, dann erfassen höllische Strudel das Schiff, mit diesen Strudeln dreht uns die Meermutter in rasender Leidenschaft tief hinab in ihren Schoß, sie befriedigt sich an uns. Unsere Leichname fressen dann die Fische, nur wenige Reste treiben nach *Far Ör.*

Im taumelnden Schiffsbauch faßte sich Gunther an seine Halskette, von der er sich vorgestellt hatte, sie würde ihn bei der Ankunft auf dem Isenstein vorteilhaft herausheben vor den anderen, vor allem vor diesem *Victor.* – Da begann sich im Hintergrund ein anderer Matrose zu bewegen, der hatte zu schlafen versucht. Jetzt setzte der sich auf, ein Jüngerer, der den Niederländer in der zweiten Nachthälfte hätte ablösen sollen. Bei diesem Seegang griff jedoch der Kapitän selber ins Ruder.

Dieser Junge glaubte über Brünhilds Mutter Genaueres zu wissen. – Ran ist nicht unerbittlich, sagte er. Nicht jedem bringt sie den Tod. So redete die helle Stimme. Aus Friesland, von wo ich komme, weiß ich, daß Ran und Aisa, ihre Schwester, sich lieber an schlafende Männer heranschleichen als an ertrinkende. Walküren, so sagte mir *meine* Mutter, genießen Seeleute ungern als Leichen, die betören sie, wenn sie allein sind, und beschlafen sie, ohne sie umzubringen. Seit aber die Romkirche die Macht gewinnt, die zuvor die Caesaren besaßen, seitdem bekämen auch die Nordmänner Angst vor den Frauen und darum zögen die *Freya*-Frauen [s. S. 250 u. 332] es nun vor, ihre Opfer, um sie ungehindert genießen zu können, mit Rauschtränken zu verwirren, also auf Wotans Weise, mit *Hannapis* und mit anderem Zauber. Hierbei allerdings seien diese Frauen unersättlich, wußte meine Mutter, und die Großmutter stimmte ihr zu. Wir Männer sind dann nicht nur der Ohnmacht nahe, sondern auch dem Wahnsinn. Tot sind wir nicht. Aber von Sinnen. – So redete der Jüngling aus dem Dunkel.

In seiner Verstörung griff sich der Brautwerber wieder an den Kopf, dort, wo ihn der Balken getroffen hatte. Alles schüttelte ihn und schockte. Diese Fahrt hob ihn auf Sprünge, die von Mal zu Mal unfaßlicher wurden. In diesem Moment öffnete sich abermals die Einstiegsluke, mit eisigen Güssen kam der Schiffsherr, rutschte und ratterte mit YERRA und ÜPFETAPF die sieben Stufen hinunter. Gunther, der sich an einen Spannbalken klammerte, starrte auf seinen »Eigenmann«. Der schlurfte auf ihn zu, triefend, klappte aus seinem Ochsenfellmantel dem Herrscher Burgunds Wasserschwappe ins Gesicht, Grüße von Ran, sagte der Riese, rupfte sich Gürtel und Hemd vom Leib und die Lederschuhe und hing und stülpte sie auf den freien Platz überm Herd.

Wickelte sich wie *Walthar* in trockenes Tuch und streckte sich im Hintergrund aus und sagte: Ihr Wormsleute seht mir aus, als solltet Ihr geschlachtet werden. Wie Opfervieh für die Meerfrau, für Ran, die hintergangene. Aber bleibt nur ruhig, auch wenn sie unser Schiff nun hüpfen läßt wie auf loderndem Wasser, sie will, daß ihre Tochter befreit wird. Daß Brünhild rauskommt aus dem Lokifeuer. Den Gefallen werden wir ihr tun. Und nochmal sage ich, rührt auf Isenstein nichts Flüssiges an. Von Schlafmohn und Mutterkorn ist keiner mehr zu retten. – Mag sein, sagte ich zitternd, dies Schiff ist AllMutters Bauch. – Und wir sind die noch Ungeborenen? fragte der König. – Aber AllMutter, hörte ich Hagen lachen, die ist, hochschwanger, tanzen gegangen.

Das Boot schien fliegen zu wollen, war aber kein Seevogel, sondern fiel aufs Wasser, bäuchlings und hart. Gunther klammerte sich jetzt an seine Kleidertruhe, die war im Schiffsboden verbolzt und in der lagerten nicht nur die Prunkgewänder, sondern auch Schmuck. Hielt sich am Truhengriff fest und fragte, ob man nicht, zur Sicherheit, nicht Ran, sondern dem Christengott opfern sollte. Er schlage eine seiner golddurchwirkten Westen vor (von denen hatte er fünf mitgenommen).

Da sagte Hagen: Was soll das Gezitter. Wieder erinnere ich an die *etymologia*. Göttinnen wollen seit je *pecus*, Opfervieh. Also *pecunia*, und zwar *moneta*. Und seit je wurde das Vieh *pecus* auf den *obolos* gespießt, auf die Stange. *Ergo*, allein Geld paßt ihnen als Obulus. [Auch diese Äußerung bestätigt Hagens römische Ausbildung. *Pecunia* (Geld) *stammt* in der Tat aus *pecus*, kommt also von »(Opfer-)Vieh«, und Obulus von *obolos*, der Stange, auf die das Opfervieh gestoßen wurde, insbesondere für die Göttin Juno, deren Beiname *moneta* war, weswegen, was in ihrem Tempel geprägt wurde, *moneta* hieß, Münzen. (Vgl. z. B. Jochen Hörisch, »Poesie des Geldes«, Universitas 4/1990, S. 334 ff.)]

Da meldete sich nochmal der jüngere Seemann und meinte, Ran passe nun mal in keine goldene Weste. – Eher Lilith, sagte ich. Hier, am Weltrand, in diesen Finsternissen, da regiert von allen Dämonen der Heiligen am ehesten Lilith, des Teufels Großmutter.

Gernot lachte und sagte, Lilith sei kein bißchen besser als Ran oder Aisa. Auch Lilith beschlafe die Männer als *Incubus*, im Hexenflug, im Her-

renritt. Das hätte ihm Bischof Ringwolf genau erklärt. – Ich hatte davon
bei den Kirchenvätern Genaueres gelesen. – Die christliche *Valandin* [Teu-
280 felin], sagte ich, die macht den Mann jedenfalls nicht tot oder wahnsinnig,
von Frau Lilith bekommt selbst ein Herr Bischof, wenn er ihr denn erlag,
am Morgen danach ein Frühstück, und zwar, wie Bruder Kilian wußte, mit
Saug- oder Lampret-Fischen und mit süßsauer eingelegten Wachtel-Eiern.

Von Kilian weißt Du das? fragte Gunther. – *Wunnibald* weiß viel Mildes von der alten Teufelin. Nur Kirchenväter reden von Lilith und ihren Hexen Übles. Bischof Ringwolf sagt, allen »nicht normalen Verkehr«, den habe Lilith erfunden. – Was hat sie erfunden? – »Verkehr«, bei dem vom Samen nichts in die Frau fließe und pure Lust die Welt verteufle. – Was kümmert uns Ringwolf, sagte Gunther, der weiß das nur aus seinen römischen und alexandrinischen Heiligenbüchern und ist in Wahrheit ahnungslos, schon deshalb, weil er verschnitten ist.

Vorsicht, hörten wir Hagen. Was nützt es uns, daß er verschnitten ist. – Hagen schien noch mehr sagen zu wollen, doch nur »Vorsicht« rief er ein zweites Mal, als akute Mahnung, weil das Schiff einen Sturz tat und der König nicht noch einmal mit dem Kopf gegen die Sparren stoßen sollte. Kaum war der Sprung getan und das Schiff wieder im Rollen und Drehen, versuchte der Heermeister, sich alten Schorf vom Buckel zu kratzen, wie er immer tat, wenn er Längeres reden wollte. Im schüttelnden Schiff waren aber beide Arme zum Umklammern von Sparren oder Mastfuß oder Truhengriff nötig, und so dauerte es, bis es ihm gelang, zu klammern und zu kratzen und obendrein seine Mahnrede fortzusetzen. – Die Caesaren [die römischen Kaiser], sagte er, die beschäftigten als Minister meist Kastrierte, die aber ihre stärksten Erfolge ohne Zweifel darin hatten, daß sie ihre Herren vergifteten, erstachen, ertränkten oder zerschnitten, wonach sie in der Regel selber Kaiser wurden. Habt also Respekt. Auch vor Ringwolf, dem seine *Lavinia* pikante Süppchen köchelt.

Da war an Schlaf nicht zu denken und schien jede Geschichte gut, die vom Wassertanz ablenkte, und weil Gunther gerne mehr von Lilith und der berauschten Lust hören wollte, erzählte ich von einem Mönch, der in Ringwolfs Kloster erwischt wurde, wie er eine vornehme Dame in seiner Zelle hatte übernachten lassen, diesem Bruder, befahl Ringwolf, sei das »kleine Siegel« aufzubrennen [Entmannung].

Warum ließ er ihn nicht pfählen wie den Iren? wie den Wanderpriester, der von den Gegenwelten wußte? – Weil der Klostermann, sagte ich, aus einem reichen Hause kam, aus *Noviomagus*. [Speyer, *»N.«* ist aus dem Keltischen, »Speyer« erst im 5. Jh. (vgl. aber S. 462 f.).] Vor Mächtigen hat

Ringwolf Respekt. Einen anderen, den *Tortillius*, der in Lorsch ebenfalls mit einer Frau schlief, aber nicht mit einer reichen Dame, sondern mit einem Bauernmädchen, den entmannte er nicht nur, den sperrte er obendrein für zwei Jahre in den Klosterkerker, denn dieser *Tortillius* war nur der Sohn eines geringen Beamten aus *Lopodunum* in der *Civitas Ulpia Sueborem Nicretum* [aus Ladenburg, auf der östl. Rheinseite, gegenüber Worms, zuvor Hauptort eines keltischen Stammes]. Überdies fragte dieser unglückliche Beamtenknirps vorm Klostergericht, wieso Ringwolf gegen die Fleischeslust wettere, die er nicht kenne. Da kam der Frechling ins Verlies und Ringwolf verfügte über ihn das »Große Siegel«, wobei sie die volle Wonnenudel kappen und ausbrennen.

Das Schiff tat Schwünge, als balge es sich mit Drachenkräften. War das noch Abwehr? oder schon Rans hinabstrudelnde Todesbrunst? – Gunther krümmte sich über die Truhe. – Alle Weisen der Kirche, hörte ich ihn, den Brautfahrer, sie alle wünschen sich unseren Leib am liebsten so, »versiegelt«.

Das erinnerte mich wieder an das, was mir Kriemhild erzählt hatte über ihr Gespräch mit dem Bischof und was mir in der vorletzten Nacht Sieglinds Sohn gesagt hatte. – Die neuen Herren, sagte ich, sind überzeugt, *libido* [Leibeslust] sei Roms Erzfeind, Wollust unterhöhle alle Ordnung, und die Ehe sei schon deswegen notwendig, weil sie dem Mann die böseste der Leibeskrankheiten lindere, die Lust. Nicht aber *Freya*-Frauen [s. S. 52, 247 f.] stellen den Mann ruhig, sondern nur die gehorsamen, die gekauften, die Ehegattinnen. Und Ruhe will bekanntlich jede Herrschaft – ich redete nicht weiter, konnte nicht, förmlich verschlug es mir die Sprache, das Kuhschiff schien sich zu drehen, nun donnerte und dröhnte pure Wildheit durch den Schiffskörper, der schlotterte unter Wasserbergen, wurde infernalisch umarmt, stöhnte.

Aus der Höhle, in die sich der Niederländer gebettet hatte, hörten wir einen Trost, einen zweifelhaften. – Burgunder, so hörten wir ihn reden, Ihr müßt weder Ran fürchten noch Aisa noch Lilith. Da Ihr aufs byzantinische Horten aus seid, steckt Ihr eh längst in Neidwurms Rachen, in Giftwurms ZinsesZinsPratzen. Warum wohl umklammert König Gunther so schreckensbleich seine Truhe? Er traut nicht mal mehr der eigenen Mutter. Die hatte auch für ihn die »Wogentore« verschlossen. [S. S. 257.]

Höhe und Kraft der stürzenden und im Sturz zerspringenden Wasserwände nahmen noch zu, so daß der Nibelunge selber wieder hinauf mußte in den Tumult, wo er das Deck bis Island nicht mehr verlassen hat.

Das Ruder war nur noch von ihm zu halten. Orkan tobte die volle Nacht durch, schließlich auch durch den ganzen letzten Tag. Wir, unten, beim

erloschenen Feuer, hielten uns an Balken und Ecken und an der Kleidertruhe. Hagen und Gernot trauten sich als erste nach oben, am Abend, um den Kopf aus der Luke zu tun, um für Augenblicke anderes zu atmen als Stickluft, Kohlsuppendunst, Fischgeruch, Kohlenrauch und Schweiß.

Als auch ich an diesem letzten Tag, spät, nur kurz mal, Luft schnappte, da sah ich sie, die *NifelHelle*. Sah, wie in Fetzen Wellenschaum vorübertoste, zerstürmtes Wasser, das hetzte dahin wie Wölfe in Tollwut, Meer und Himmel kreischten, als wollten sie bersten. Der Kapitän und der junge Seemann hatten sich beim Steuer festgebunden und versuchten gemeinsam, das Ruder zu halten, das zu brechen drohte, mußten das Boot, damit es nicht umschlug, mit dem Bug gegen die See stellen, immer aufs neue gegen Rans aufsteigende Riesenschultern, gegen schwarze bestialisch brüllende Wasser.

In den Gischtfetzen schossen auch Eiskörner, peitschten wie Furien mit Eisenbesen, wie schneidendscharfe Dolche. Längst klebte überall Eis, nur noch auf allen vieren, festgezurrt, mit doppelt geflochtenen Tauen gesichert, nur so war Halt auf den spiegelglatten Planken. – Das sei nicht Ran, schrie der junge Steuermann dem Xantener zu.

Nachdem sich das Boot wieder hob und neu ausgerichtet war, antwortete der Kapitän, bevor der nächste Brecher einschlug, um die Stimmen zu zerreißen: Nein, nicht Ran. ER stürzt sich jetzt über uns. Der Wutgott, der Verheerer. [Bemerkenswert scheint, daß der Mann aus Xanten hier nicht, wie alle übrigen in diesem Schiff, Göttinnen oder andere weibliche Kräfte als Urheber der Grundgewalten nennt.]

Beide hatten, kniend, ihre Schultern unter die Riemen gestemmt, das zugerundete Ruderholz in der Nackenbeuge, der Königssohn in der linken, der andere in der rechten, so suchten sie die Sprünge abzufangen, die Borsohnsschläge. [Bei Schazman *BorSonsBeat*. Nach Giselhers Schöpfungsbericht ist der Weltenherrscher (wörtl. »Wutgott«, »Verheerer«) der Sohn von AllMutter und Bor. »Wotan« ist auch verwandt mit dem Wort »Wetter«.] Im Torkeln war immer aufs neue die Abdrift auszugleichen, das Schiff zurückzupressen gegen die Wogen, wollten wir nicht überkippen und erschlagen werden von den haushoch heranheulenden Massen.

Ohne Unterbrechung raste das, bis in diesen späten zwölften Tag tobte es und schmetterte Wasserberge gegen Siegfrieds römisch-keltisches Schiff. Erst in der Dämmerung begann das nachzulassen, die See hob sich zwar lange noch, aber die Eisnadeln pfiffen nicht mehr und das

Sturmkreischen hatte aufgehört. Der Nibelunge und *Walthar*, der ihm jetzt beistand am Steuer, sie spürten es am Ruder. Das »Wogentor« wollte sich schließen. Die Meeresfürstin hatte ihre Gier offenbar an anderen Opfern gestillt. Die Wellenhöhen wälzten sich breiter, wie schwarze Rücken, die den Horizont aufwölbten und wieder versinken ließen, hoben und senkten sich in immer größeren Abständen, AllMutters Tanz schien beendet, so daß zum letzten Tageslicht auch wir Burgunder aufs Deck zu kriechen wagten, auf den Knien, in die umgewendeten Ochsenfelle gehüllt, in Siegfrieds barbarische Gabe.

Wo Island zu erwarten gewesen wäre, da war schwankender Horizont, taten sich Eiswolken auf und schien aus den Himmelstoren neues Licht. Zuerst meinte ich, dies sei noch der Schein vom Abendrot, doch war die Sonne längst tief hinterm Weltrand. Auch sprang dieser rötliche Schimmer plötzlich davon, zeigten sich statt dessen Girlanden, hingen flirrende Feuerbänder in den Wolkenöffnungen. Leuchtketten schwirrten da durch die Kuppel, Goldbögen. Je mehr die Nachtwolken das Firmament freigaben, desto klarer sahen wir, daß sich quer über den Himmel Schlangen spannten, Feuertrolle, Irrlichter. Jagten die über die Glaslavaburg *Herdubreid*? Um sie zu bewachen? um uns abzuschrecken mit grüngoldenem Drachendrohen?

Das Eis, von dem das Schiff überzogen war, hatte uns auf alle viere gezwungen. Festgeklammert an Mast und Pflöcken und Reling, so starrten wir zwölf Segler hinauf, zu diesen glühenden Funkenstürmen. Und da die Wolken nun zusehends zerflogen, sahen wir am freien Himmel alsbald die ganze Fülle der Feuerleiber und Lichterketten und wußten nicht mehr, wo wir hingeraten waren, in Höllendunst oder in die Himmelshöhe oder zum tödlichen Glutvulkan.

Feuer fiel wie in brennenden Vorhängen, gleich drauf rollten diese Lichtteppiche sich wieder auf, kreiselten, ringelten sich ineinander und schienen davonzuwehen, als wären sie Fäden, Lockenhaare berghoher Hexen. Finger aus Brennkugeln und Bärenstein griffen an Glutfransen hinauf und herunter, Furienfinger durchkämmten die Nachtkuppel.

Am Horizont stand jetzt eine dunkle breite Masse, immer mal wieder erhellt vom Lichtzucken und Wetterleuchten. Da näherte sich Island. Ein finsterer Balken war das am Anfang, mehr nicht, düster stand der und quer durch die spiegelnden Feuerzauber.

Wie wir wieder zum Himmel blickten, waren die Girlanden verschwunden, waren andere herangeflogen, hellere, auch die krümmten sich zu farbenspeienden Spiralen, drehten sich über den Himmel wie die vierzehnköpfige Midgardschlange. Wenn Gunther nur genau genug hinaufsah, dann erkannte er, wie ihn grünäugige Katzen ansprangen, die

taten ihre Sprünge direkt auf ihn zu, aus der Tiefe der Sternbilder heraus. Kaum hatten die sich getrollt, schossen Frauenfratzen hinterdrein, auch die geradewegs auf ihn zu, da foppten und wippten glühende Hügel über den Himmel, strahlten Kugelkuppen quer durchs Firmament, immer neue, auch weiße Leiber, wie er sie sich in Worms an der Harfe ausgedacht haben mochte, die hier aber waren wirklich und waren sofort wieder dahin, verwandelten sich in rote, in blutige Erhebungen, in tiefrote und steile Eichenstämme, in Lanzen, Münstertürme sicherlich, kirchturmstarr standen die da, nur wenige zittrige Augenblicke lang, standen da und staken tief eingerammt in üppiges Wippen. Zweifellos ritt dort oben die AllMutter, hatte die Begehrende sich verwandelt in die Gier, ritt als Sau und verschlang ihre Sterne wie manche Sau ihre Ferkel.

Dem König, ich spürte es, dem verdrehte sich diese blitzende Welt, er und sein Blick, sie zerfielen, ja, ich sah's, sie zerflossen, und da dem Zwaraber das Gemüt eh randvoll war mit Gespenstertumult, so zerrann ihm das alles zu Tränen. – Keiner auf dem Schiff, der nicht den Kopf in den Nacken gelegt hätte, um die Sternenritte und alle Ausschweifungen zu beobachten, als könnte je einer von uns all diese kochenden und wieder gefrierenden Schriften entziffern. Während Flammenschleier und brennende Bänder vorüberloderten, fielen die Glutpunkte und die Lichtkugeln, fielen und stiegen und stieg und sank unterm Tanzblitzen auch der düstere Horizont, hob sich und stürzte immer wieder davon.

Der Niederländer löste sich als erster, glitt zum König hinüber und raunte ihm was zu. – CLUBODUN, spottete er, Du siehst, Lokis Wotanslohe ist entbrannt, sie erwartet Dich. Nun nimm Dein bestes Gewand – nun kommt Deine Prüfung – *miracula videntes mentem pertractant ac examen maximum bene probant.* [»Die die Wunder gesehen, deren Herz ist geprüft und die bestehen wohl auch bestens das größte Examen.«]

Gunther sah ihn an, bleich, verstand nun sogar das Einfachlatein nur unvollständig. Da wiederholte der Xantener seinen Rat und tat, als spreche er mit großem Ernst: Sein festlichstes Gewand müsse er nun aus der Truhe graben, auf seinen Sinn für Prunk dürfe er nicht ausgerechnet jetzt verzichten. – Du weißt doch, sagte er, daß der erste Eindruck, den ein Examinant oder Freier macht, der entscheidende ist. Auch mußt Du Dich schon deswegen stattlich herrichten, weil Du im Vergleich zu mir, dem Dienstmann, als der Mächtigere erscheinen sollst. Dein Kapitän trägt nach wie vor sein Regenbogenlinnen. Darüber allerdings kommt jetzt die volle Rüstung. Und über allem das Auerochsenfell, das ich auch Dir empfehle in Eislands Kälte.

Schon rutschte der Riese über die sieben nassen Stufen ins Schiff hinab, Gunther schlotterte und schlinderte hinterher, unten hörte ich ihn fragen, ob er die Rüstung wirklich schon jetzt benötige. – Der Xantener lächelte. – Trittst Du ungerüstet vor die Königin, kann sie unmöglich glauben, Du hättest die Flammenwand gelöscht. Dein Kapitän und Schmied wird zwar im entscheidenden Augenblick vorangehen, in die Lichtfluten hinein, aber Herr Gunther darf sich nicht zu weit hinter ihm aufhalten. Im selben Moment, in dem das Feuer zusammenfällt, mußt Du nach vorn treten und als erster den Isenstein erreichen, damit es so aussieht, als seist Du es gewesen, der die Lohe bezwang. YERRA ÜPFETAPF, vielleicht ist es aber gut, wenn der Schreiber Giselher als Zeuge mitkommt. Zum Schneiderbruder der Schreiberbruder.

Der König rutschte auf den Knien durch den nassen dunklen Laderaum, näherte sich der Truhe, in der die Mühen der dreißig Fräulein warteten. Der Nibelunge hob den Deckel und empfahl ihm den schweren Goldbrokat, den aus *Zazamank*, weil der mit den seltensten und erstaunlichsten Steinen bestückt sei.

Seufzend begann der Brautwerber mit der Arbeit des Ankleidens, in schwankender Enge. Dunkel und wenig geräumig war diese Kleiderkammer und kein *cubicularius* [»Kammerherr«] war zur Stelle, doch der Xantener half ihm und schien zu lächeln, wann immer mein Bruder klagen wollte. Als endlich Fell, Rüstung und Prachtkleid den König bedeckten und beschwerten, hatte der sich festzuklammern, da das Schiff nach wie vor taumelte. Unter den Gewichten seiner Kleider mußte der Freier geschickt parieren, wollte er auch jetzt seine geliebte aufrechte Haltung bewahren. Vorsichtig lehnte er sich gegen die kleine Leiter und begann, sich wieder hinaufziehen, doch der gestrenge Kapitän hielt ihn an den Beinen fest und fragte, was seine Füßchen in so zarter Sommermode wollten.

Die Sandalen, sagte der König, sind byzantinisch und passen zum Brokat, zum Auftritt in der Halle. – Dort werden sie Eindruck machen, das ist wahr. Aber auf dem Eis? unter der Feuerwand? Nur in hart gegerbter Eberhaut ist zur Wotanstochter vorzudringen. Sonst verglüht Dich die Lohe schon dann an den Zehen, wenn Du erst dreihundert Klafter [ca. 500 Meter] davorstehst.

Gehorsam stieg der Burgunderkönig zurück, schnaufte unter der Last auf seinem Leibe, aber auch deshalb, weil er sich nun entscheiden sollte. Zwei Paar Schuhe gleichzeitig? Zwar wollte er die Zier, aber auch den Schutz gegen die Feuerkräfte. Der *NidGir*-Töter meinte, eine Weile dürfe er nun grübeln, der SorgenKünnek, solange, bis er, der Schippmann, ebenfalls in Fell und Eisen stehe.

Da hockte Gunther sich auf die Stiege und klagte und dauerte nun den Xantener schon auch ein wenig. Obwohl er sich selber zurüsten mußte, zog er als ein rechter »Eigenmann« dem König die leichten Schuhe aus, band sie an den Riemchen zusammen, hängte sie meinem Bruder um den Hals und fragte, wo er seine Streitstiefel abgestellt habe. Gunther wies in eine der finsteren Ecken. Dort suchte der Schalk und zerrte sie endlich hervor und paßte sie seinem Herrn an, dem »kleinen König«, dem »Künneke«, wie er ihn gern nannte.

Oben auf den Glasplanken hatte Gunther sich wieder festzuklammern, nicht nur, weil das spiegelglatte Eis dazu zwang, sondern auch weil sich rings das finstere Meer immer noch hob und senkte, dunkle Bergrücken verwandelten sich in verwirrende Tiefen, in einer riesenhaft brausenden Dünung, unter dem nach wie vor lodernden Feuerhimmel.

Walthar hatte wieder Segel gesetzt. Die schwarze Landmasse war inzwischen so nahe herangerückt, daß wir gegen die wechselnden Lichtwirbel, gegen die roten und grünen Sonnenstürme auf einer der Felsenhöhen deutlich die Umrisse einer Burg erkannten. Den Isenstein. Darunter, aus den Schatten und Springlichtern, dröhnte das Brandungsrollen.

In den Wogen, gegen die Küste zu, sahen wir im Wasser, was wir zunächst für einen Widerschein der himmlischen Ereignisse halten wollten. Doch in den Wasserwänden leuchteten eigene Helligkeiten, da blitzten und glimmten die mal hier, mal dort, wo immer die Wogen sich aufbäumten, in der Finsternis blinkte es und glitzerte und schimmerte und zuckte hinauf und hinunter, als tanzten im Wasser Myriaden Feuerfliegen. Und war doch kein sanfter Sommer auf dem Drachenfels überm Rhein, sondern glühte aus fremden kalten Wellen.

Da müssen wir hindurch, wir beiden. – Wir beiden? Da hindurch? – Im Wellenritt. – Wie soll das gehen. – Solange wir von Bord sind, ist Gernot Kapitän. – »Wellenritt«? »Von Bord«? – Gunther hoffte, er hätte sich verhört.

Wir müssen doch wohl an Land, zur Feuerwand dort oben, das siehst Du wohl ein. Mit unserm Schiff kommen wir kaum auf die Felstürme hinauf zum Isenstein. Über Wasser und Eispack müssen wir jetzt, müssen unter die Küste und dort hinauf, bis unter das Wotanslicht, an jener Stelle, die von der Burg aus nicht zu sehen ist. Sowie das Lodern zusammenfällt, steuert Gernot das Schiff in die schwarze Bucht, zum Kai unter der Pfalz. *Walthar* kennt den Weg. Und der Schreiber wird Dich und mich begleiten und wird, falls Frau Brünhild neugierige Fragen stellt, *opportuna testimonia dicere* [»günstige Zeugnisse ausstellen«].

Schon hatte der Nibelunge begonnen, ein kleines Boot vom Heck loszubinden. Hob es hoch auf und warf das Kähnchen ins Meer, hielt es aber an einer Leine fest, wie vormals die Falkenfalle und den Papierdrachen. Zog das Boot an die Schiffswand heran, stieg über die Reling, außen am Schiff hinab, wartete auf einen guten Augenblick und sprang ins Boot und klammerte sich gleichzeitig fest an dem großen, so daß Gunther, gestützt und gehalten von Gernot und mir, nachsteigen konnte. Schließlich half Gernot auch mir hinunter, in die tanzende Wanne.

Als wir alle drei saßen, vorn Gunther, hinter mir der Nibelunge, reichte *Walthar* das Ruderbrett nach, der Xantener stieß ab und ruderte mit einer Gewalt, als gelte es, mit der Bootsspitze Enten zu spießen oder beim Wettrudern rund um ein Wasserkastell der Sieger zu sein.

Als die Fahrt ihm schnell genug schien, nutzte er das Ruderbrett als Steuer, verstand sich darauf, über die steilsten Wellenkämme seitwärts zu reiten und zu gleiten und sich dabei von den stürzenden Massen nicht erschlagen, sondern tragen zu lassen, wie Lauser von seiner Nymphe. In aufsteigendes und in funkelndes Brandungsdonnern ritt der Niederländer uns hinein, die wir uns an den Bootskanten festkrallten. Ich schloß die Augen, zitternd, ausgeliefert diesem Herrn der linken Bärentatze, blinzelte aber ein bißchen, suchte auch noch im Flug durchs blinkende Schwarz irgendwas zu erkennen, sah jedoch nur düstere Wasser steigen und stürzen und darin das Leuchten und Blitzen und silbrige Flirren und über uns noch immer diese sprühenden Himmelskaskaden.

Wasserwände rissen sich dicht vor uns auf wie Feuerrachen, ich sah, wie sich der Erbe Gundomars vor mir ins Bötchen duckte. Ergeben ließ er's geschehen, daß der Ruhrmann uns durch diese fürchterliche Wirrsal hindurchsteuerte und daß Rans Kraft unser Fahrzeug nicht zermalmte, sondern am Ende haushoch emporwarf und so wuchtig nach vorn stieß, daß es in rasender Fahrt auf den Strand schoß, schleifend über den bremsenden Sand.

Der Niederländer war herausgesprungen und mit einem riesigen Satz vor uns auf dem Strand gelandet. Uns Herren aus Worms richtete er nun auf, stellte zuerst den König hin, dann auch mich, zog uns ins Trockene, auf den dunklen Sand, ordnete Gunther das triefende, das verrutschte Ochsenfell und schob ihn zum Schnee hinauf, der sich überm Strand türmte, zu Wächten gefroren, zu Eisbarrieren.

Gunther setzte sich aber in den Sand, schüttete aus seinen Stiefel das Wasser und wollte verzagen. Der Nifelheimische klopfte ihm die Schul-

ter. Nun gilt's, Gundomarsohn, nun steigen wir dort hinauf, in die Eismauer. Gunther blickte bekümmert. Derweil ging der Niederländer schon voran, stieg tatsächlich in die Eistürme hinauf. – Du wirst doch nicht schon jetzt *desistere donatu* [»den Versuch aufgeben«]? – Der zu große König erhob sich und begann, hinterdreinzutappen, kletterte ungelenk in diese Eisplacken hinein, griff nach dem Mantelzipfel über ihm, hielt sich am »Eigenmann« fest, zog sich an ihm hoch.

Als wir alle drei am höchsten Punkt oben angelangt waren, die Geschwister außer Atem, da gewahrten wir vor uns ein weites Feld, wahrlich einen *campus horridus* [»schauerlich grausiges Feld«], wo unter wechselnden Lichtfarben und huschenden Schatten eckige Gletscherzähne in die Nacht standen. Der Ozean hatte hier eine Wüste zusammengetrieben, Berge aus Eis hatte er übereinandergepackt und ineinandergedrückt und zerstaucht, wohin wir auch sahen, überall blitzten Spitzen und Zacken und Schollen aus dem Schnee. All diese Kanten wollten überwunden sein, bis unter die ferne schwarze Felswand hin? Die erhob sich erst in mehr als tausend Klaftern Entfernung [fast 1500 m].

Über die kalt glühenden Trümmer wirbelten Eisnadeln. Wie Fontänen stiegen die auf, drehten sich und zogen fort. Drehende Gestalten tauchten dort ab in die Schwärze. – Am Ende, rief Gunther, gibt es dort gar keinen Weg in den Fels hinauf. – Er spähte und suchte, wollte in der düsteren Ferne Einzelheiten erkennen. Doch auch unter den helleren Himmelsblitzen blieb das Dunkel unterm Isenstein undurchdringlich, schienen die Felsenhöhlen ohne Weg.

Also schlagen wir uns seitwärts durch, befand der Kapitän und setzte davon. Wollte nun wohl immer auf dem vordersten Eiswall bis an den Rand jener Bucht gelangen, die er Gernot und *Walthari* gezeigt hatte. Gunther hätte kaum geglaubt, daß der Xantener ihn mit Absicht und Lust über so ausführliche Umwege leitete, als Vergeltung fürs tagelange Kleiderbetrachten auf Kriemhilds *matraz*, für Gunthers Stolz auf Gottes Segensprunk. Unter der Last seiner vielfachen Zurüstung japste der König schon jetzt und atmete pfeifend und zittrig. Der Nibelunge kam zurück.

Hab ich's Dir nicht geraten? Turnierfechten wär besser gewesen als Harfenzupfen und Zierratnähen. – Wieder schlug er meinem Bruder auf die Schulter. Trat ihm dann aber auch wieder den Weg frei. Wenigstens die allereckigsten Hindernisse brach er dem König weg, ja, er bahnte uns die Schritte, immer oben auf der Eismauer entlang, in die Richtung, wo überm Eingang der Bucht die Lohe zuckte, dieser wütend springende Feuerwall. Von unserem Schiff allerdings, irgendwo im seitlichen Dunkel, da zeigte sich nichts, kein Umriß, kein Schatten.

Um beim Gehen nicht in den Aufwehungen zu versinken, mußten wir versuchen, immer nur auf festes Eis zu treten. Doch das Feste war unterm Schnee nur selten zu erkennen. Auch waagerechte Platten erwiesen sich als schiefe oder bucklige und brachen ab. Über Tücken und Scheinbrücken, über Grate und gestauchte Spitzen führte uns dieser Kapitän, auf Chaoswaagen hatten wir zu balancieren, auf Kämmen und Kanten zu gleiten, zu straucheln, zu kriechen, dieser Kerl führte über hart geschliffene Schneiden und bittere Schilde. Zwischen all solchen zweifelhaften Punkten und Ecken, wo nie klar war, ob weiterzukommen wäre oder nur wieder einzubrechen, versuchte Gunther, immer nur in die Stapfen des Riesen zu treten. Der aber, wohl mit Absicht, tat bisweilen übergroße Schritte. Immerhin, auch jetzt spürte er die Bedrängnisse, blieb gern auch wieder stehen, der »kindische freche Mann«, und kam zurück und erkundigte sich: Zu viel Arbeit? Wie kann ich Euch helfen, *maxime vitae necisque domine populorum imperii* [»o allergrößter Herr über Leben und Tod der Völker des Imperiums«]?

Ach Freund, antwortete der Verspottete, ächzte, mußte erst einmal fertig schnaufen, ehe er antworten konnte. Du hast Dein Vergnügen, ich merk das wohl. Wogegen ich mir wünschte, ich trüge nicht ausgerechnet jetzt unter der Rüstung das schwerste, das Kostüm aus *Zazamank*. Der Blutjaspis scheuert. Mitten auf dem Rücken reibt er, bohrt sich mir ins Kreuz. – Der *NidGir*-Töter schien zu lachen, in Schadenfreude oder Spott, das Zauberlicht ließ das im Ungewissen. – Sag mir, Du Islandfahrer, so fragte mich einst der schönheitstrunkene König zu *Wurmiz* [älteste deutsche Form des Ortsnamens], wie, ach, kleidet man sich auf dem Isenstein?

Gunther, noch immer schwer atmend, nickte und sah sich um. Auf der schwarzen Weltseite zeigte sich weiterhin kein Schiff. Alle Feuer flammten jetzt über der Burg, und die Sterne glühten ihn an wie mit Falken-Augen, die funkelten wie die zur gierigen Sau gewordene AllMutter oder wie Fruchtbarkeitsgott *Freyr*, der bekanntlich als *Gullinbursti* [Eber] durch die Nachtkuppel zu galoppieren liebte. – Ich hatte, seufzte Gunther, mir alles ganz anders vorgestellt. Bevor Du nach Worms kamst, hörte ich von einer Felsenrutschbahn. Kilian, der Ire, wußte davon zu singen. Diese Bahn glänze, sang *Wunnibald*, von blankgerutschtem Gestein, auf dem glitten die Frauen herab, wenn sie gelüstig seien oder es werden wollten. Auch Giselher wußte, daß sie hinabgleiten wie Wasserfallfluten. Nun ist hier davon nirgends auch nur eine Spur.

290 Im Mittsommer ist das hier so, das ist wohl wahr. In den Sommernächten sind allerdings all diese Höhen voller Zauberkessel und sind geschmückt mit honiggewachsten, mit den süßesten Steinschößen. Dein *Wunnibald* log nicht, felsige Backen glänzen dann RATTAPLUI im Mondlicht, schimmern ölig und sanft. Im Winter aber greifen sich Brünhilds Frauen lieber die meergerundeten Steinbollen, heizen sie sich im Feuer und nehmen sie mit unter ihre Decken. – Gunther seufzte. – Unter der Glaslava im Palast *Herdubreid* hausen in der Tat die hitzigsten *Freya*-Töchter, die hüten, was wir Schmiede für den Goldschmuck brauchen, bewachen die älteste Materie, hüten sie im Vorhof von GINUNGAGAP, mit Legionen von Trollen und Elfen. Wer aber diese begehrlichen Materien raffen und besitzen will, der gelangt statt nach *Herdubreid* ins Labyrinth der Fratzen und unter die schwarzen Straßen von *Dimmuborgir*.

Der Schnee hier, das Weiße und das Kalte, die Eisfratzen hier, sagte Gunther, die allein plagen mich schon genug. – Der Xantener war wieder vorausgesprungen. Mein Bruder, während er zu folgen versuchte, murmelte: Im Sommer, das wär's gewesen. Ich hatte zu sehr gedrängt. – Weiter wankte er, stolperte, mühte sich über Schrunden und kantige Ecken und sank doch immer wieder ein. Als er abermals wegrutschte, tief hinabbrach in eine Aufwehung, da wandte sich unser Kapitän lächelnd um und sagte: So wie Du nun kniest, BA UMF, siehst Du aus, als betetest Du sie schon jetzt an, die Frau Brünhild. – Er reichte meinem Bruder die Hand, zog ihn zu sich herauf. – Recht so, *devotionem* [»Anbetung«] lieben auch die auf dem Isenstein und haben auch dort ihre eisigen Seiten. – Wie meinst Du das? – Bete sie nur warm an, meine ich, *semper in devotione magnae dominae* [»allzeit in Verehrung der großen Herrin«]. Schon der große Herr *Tacitus* vermutete: *Feminis inesse quin etiam sanctum aliquid et providum barbari putant.*

Dieses schwierige Latein ließ er ohne Übersetzung, sprang weiter, setzte auf die nächste Scholle hinüber, als tanze er, hüpfte förmlich nach vorn, als klafften hier nirgends Abgründe und als trüge nicht auch er unterm Fell Brünne und Waffen. Gunther japste nach Luft, setzte sich auf einen Eisklotz und bat mich, zu sagen, was der Riese zuletzt geredet hatte, diese Wildnis verwirre ihm alles, auch sein Latein. Ich übersetzte: Tacitus hat mitgeteilt, sie, die Barbaren, glauben, daß den Frauen irgendetwas Heiliges und Voraussehendes innewohne. – Der Xantener sprang inzwischen weit vorn in der grauweißen Dämmerung dahin, in der durchblitzten Finsternis turnte er leichtfüßig über all diese Grate und Spalten. Als er sah, daß wir sitzen geblieben waren, kam er auch jetzt wieder zurück, um Herrn Gunther aus seinen Bedrängnissen zu ziehen.

So näherten wir uns endlich den düsteren Felsen, auf denen der Flammenwall leuchtete, kletterten dort über rutschenden Schutt und glatte Steinhalden und blanke Eisbahnen aufwärts und spürten, als wir auf die Hochfläche gelangten, einen Luftsog. Der zog uns heran, der drängte uns wie in Böen dem Feuer entgegen, schob uns in Wirbeln gegen dies riesige Licht. In dem Sturmtrieb konnte sich Gunther noch weniger auf den Beinen halten, kroch über den eisigen Fels schließlich nur noch auf allen vieren, über beinharte Erdhaut, rutschte kniend dem entgegen, was er sich so innig erträumt hatte in seiner libellischen Wormser Harfennische.

Als der Xantener ihn so sah, auf allen vieren kriechend, da schüttelte er den Kopf und meinte, Kriemhild würde garstig, sähe sie, wie er ihr Goldgewirke durchs Eisland schrämme. – Könnte sein, sagte ich, sie müßte einfach auch lachen. – *Improbe Amor, quid non mortalia imbellicaque cordula cogis.* [»Unersättlicher Liebestrieb, wozu treibst du die sterblichen schwächlichen Herzchen.«] – Mit solchen Spottreden half er dem König abermals auf die Füße und redete ihm wieder gut zu. Und mir scheint, bei all dem trieb ihn selber nichts so sehr wie eben dieser *Amor improbus.*

Schon beim nächsten Schritt glitt Gunther erneut in ein Schneeloch und suchte dort, vom Feuersturm geblendet, vom Lichtsog in die Vertiefung gedrückt, nach einem Halt, wollte nicht jedesmal Siegfrieds Hand in Anspruch nehmen – da erblickte er plötzlich über sich statt des Riesen eine hohe Gestalt, weiß war die und strahlte in allen Farben des himmlischen Wetterspiels und brüllte grauenhaft – im selben Augenblick, in dem ich die Bestie erkannte, stürzte sich die auch schon auf meinen Bruder und blitzte zugleich BALMUNK. Der weiße Bär fiel, enthauptet, über den König und begrub und besudelte ihn.

Gemeinsam wälzten wir das Wild zur Seite, zogen den König unter dem Ungeheuer hervor. Der saß in seiner Schneekuhle, hatte nun erst recht zu keuchen und zu jammern, wischte sich den Mantel. Blickte, im Luftschnappen, mal mich an, mal den Nibelungen, mal die erschlagene Bestie. – Unmöglich seh ich aus, verschmiert. – Blutig siehst Du aus. Biestig blutsäufrisch, wie ein wallhallischer Berserker. Dieser Schmier, Künneke, wenn es den sieht, der macht es stahlscharf, das Wotansweib. – Ich bin in Not, am Ende meiner Kraft, und Du spottest.

Der Xantener nahm nun Gunthers Schwert und hieb sich aus dem weißen Fell des Raubtiers das zottigste Stück heraus, nahm das als Wischlappen und steckte die blutige Waffe, Gunthers Waffe, zurück in die Scheide. *Iucundus labores periculaque non adire sed etiam subire.* [»Wie angenehm, Arbeiten und Gefahren nicht nur zu akzeptieren, sondern sogar zu bestehen.«] – Gunther klagte: Hör auf mit diesen römischen Klugheiten, Du siehst doch, das nützt mir hier überhaupt nichts, ich muß mich umziehen. – Ich werde einen Kammerherrn vorbeischicken. – Wir reinigten und putzten ihn, so gut es mit dem Bärenlappen ging. Und der Xantener wiederholte, daß ein wenig Eisendampf und Blutgeruch und Geschmack von Wunden eine Frau wie Brünhild beeindrucken werde.

Unter so zweifelhaftem Zuspruch versuchte Gunther, aus dem Loch herauszuklettern und sich aufzustellen. Hielt sich aber im Hitzesturm nicht auf den Beinen, sondern sank wieder nieder und weigerte sich, weiterzugehen. Konnte nicht mehr, nun auch nicht mehr einen einzigen Schritt. Sein Atem piepste, blanke Tränen liefen ihm über die Backen.

Weinte aus Erschöpfung. Oder aus Angst oder aus beidem. Hustete. Lichtfontänen blendeten uns, die Kälte biß und schnitt, bisweilen kratzte aber auch Hitze, ja, heißer Frostwind trieb über die Felsen, toste über unsere Köpfe, stob in die Feuerwand hinein, schien uns vorwärtszuschieben, wollte uns heulend hineinstoßen in diesen Glutherd.

Nif*hel*heimküche, sagte der Xantener. Und legte noch einmal den Arm um Gunther, klopfte ihm den Rücken. Und rief: Feuergott Loki kocht. Und sät seinen Samen. Roms *Incubus* und Höllenbrand ist nur erfunden, ist erstunken und erlogen, um Angst zu verbreiten, aber diese isländischen Irrwische, das spürst Du nun, die sind kein Bücherzauber, diese Lava ist wahre *materia*, die lockt und zieht uns ins Zentrum, *reapse, non oratione* [»tatsächlich, kein Gerede«].

Beugte sich wieder nieder zum König und fragte: *Capitulum* [»Köpfchen«] kapituliert? Aber es mußte ja Brünhild sein. Die libellische Gier, die Lust auf die Riesin, auf die KNÖRRIP wütigste der Frauen. Kein Wunder, daß Dir das Wurmsbrüstgen pifft. *Species* wünscht sich die neue, die alexandrinische *species.* [Ergibt nur Sinn, wenn beim ersten *species* »Traumbild« gemeint ist, »bloßer Anschein«, »geistige Vorstellung«, beim zweiten eine Art Mensch.] Aber dieses Eisbärenfell, das MUSHA werd ich mir holen, noch bevor's zerfetzt ist von Hyänen zu Wischlappen.

Er umarmte Gunther und hob ihn vollends und stellte ihn auf die zitternden Beine, ließ ihn dann, mit Bedacht, los. Sah eine Weile zu, ob der stehenbleiben würde, wendete sich dann nach vorn, richtete die Arme nach oben, reckte sich gegen die glühenden Vorhänge und schien in bester Stimmung. – Die Welt YERRA ist zerhagenhackt zu Schacherlappen, zu Schurkenmurksgelurke. Und WunderBurGunther wurmst und muß knien. – Er lachte, als sei er betrunken, die Lichtstürme, die Sonnenkräfte, sie berauschten ihn.

Der König war nicht in der Lage, etwas zu entgegnen, war nun zu gar nichts mehr in der Lage. Hatte sich in der Tat längst wieder niedergekniet, in der Sorge, umgerissen zu werden vom heißkalten Feuersog. Auch als sein Atem sich endlich beruhigt hatte, wollte er keinen Deut mehr weiterkriechen. Er schlotterte. Überfordert, durchnäßt, beschmiert. Geschüttelt von Frost und Glut und Angst. Tat ein, zwei Rutscher, richtete sich, vom Ruhrschmied gestützt, nochmal auf, sank aber jammernd wieder zurück auf die Knie. Der Lichtzug hätte ihn im nächsten Moment niedergeknickt.

Der andere hockte sich neben ihn. Zog unter der Ruhrbrünne sein Tuch aus dem Gürtel, das die Hoffrauen immer wieder entzückt hatte, das schillernde, das sonnenwindfarbene Linnen nahm er, damit tupfte er dem König die Stirn. – Der Blutjaspis sprengt mir das Kreuz. – Der Xantener nickte, nahm dem König das Fell ab, dann den Brustpanzer, band und streifte auch das schwere Seidenkleid auf und sah, wie sehr Gunthers Kreuz blutig geschunden war. Brach den Jaspis aus der silbernen Kleiderfassung heraus, öffnete in seinem schwarzen Gürtelleder eine Tasche, verbarg dort den Stein, öffnete eine andere Tasche und tupfte seine Zeigefingerspitze hinein. – Wollfett, drei Fingerspitzen, das streich ich Dir übers Kreuz, so, spürst Du's, merkst Du's, wie's mildert?

Gunther schien sich zu beruhigen. Der Riese kleidete ihn wieder an, schnürte ihm auch die Goldbrünne wieder ums Kleid und darüber das Fell. – Paß auf, ich spring jetzt voran, und hoffe, ich besteh auch diesmal. Ist der Flammenspuk verpufft, dann ist auch der Sturm dahin. Dann kannst Du aufstehen. Dann rückt Ihr beiden nach. Aber zuerst Du, Herr König. Weit hinter Dir der Schreiber und ich, Dein »Eigenmann«. Zwar ist dann das Feuer aus und ist alles finster und still, aber will's ein Schad-Alb oder Loki selber oder Ran oder die Tochter, dann merkt irgendwer, der Lichtritter ist gar nicht der im prächtigen *Zazamank*-Gewand, ist nicht der Wicht auf allen vieren, sondern ist Brünhilds alter Genosse auf der Felsenrutsche.

Genosse? – Gunther fragte, zwar mit schwacher Stimme, aber doch deutlich genug. Versuchte, in den Lichtwirbeln das Gesicht des Schiffsmeisters genau zu erkennen. Der steckte das Tuch in seinen Gürtel zurück, richtete sich wieder auf. Als wir ihn so über uns sahen, schien es, als schlüge ihm Licht aus dem Rothaar, als wollten Flammen aus diesem Kopf –

Gunthers Zähne schlugen gegeneinander, immerhin brachten sie nun Wörter zustande. Jetzt, sagte er, vor dieser Flammenwand, gesteh's mir, es fällt mir schwer, zu reden, sag, warst Du ihr »Genosse«? ihr Mann?

RATTAPLUI »ihr Mann«. »Ihr«? Bin ich Eigentum? ihr Hort? *Sic hoc dixeris, terribile erraveris.* [»Falls Du das gemeint haben solltest, hättest Du Dich schrecklich geirrt.«] Du MUSHA elend Künnek, ich bin im Ernst niemands »Eigenmann«! So ist auch Frau Brünhild niemands Eigenfrau. Mach Dir nicht mehr Drangsal, als Du nun eh hast, komm, halt Dich bereit, jetzt tun wir den Riesenschritt gemeinsam, paß nun gut auf, dann wirst Du sehen: *Fulgura frango!* [»Die Blitze breche ich!«] Und wenn das Feuer erlischt, dann trittst Du voraus, an mir vorbei, bis vor die Burg.

Hat seinen Mantel, das Auerochsenfell, dem König vor die Knie geworfen, daß der ein zweitesmal begraben schien. Und wandte sich von uns ab, kehrte sich dem Lichtzauber zu und schrie: KRAPT GERT SIFRIT ALLMUOTARS GERKRAPT HITZBLITZHACKDISSWITZ HIMMILZUNGALONS KRAPT TAZ HIMMELISKIU DINC. [Sinngemäß: Kraft begehre ich, AllMutters Kraft, Hexenkraft, Himmelsgestirns Kraft, das himmlische Ding. Schazman läßt diese »Beschwörung« *(banishment)* unübersetzt, merkt nur an, wie hier *(unchristian)* »himmlisch« und »Ding« vereint würden. Aber Einstein: »Wären alle Dinge verschwunden, wären auch Raum und Zeit verschwunden.«]

Und ist vorwärts gesprungen, schreiend, wie im Tanz. – Gunther, kniend, hielt sich den Mantelberg so vor, daß er über den Saum hinwegblicken konnte. Auch ich duckte mich und sah, wie der Niederländer dort vor uns, immerzu schreiend, geradewegs unter die zuckende Lichtwand stürmte, als wollte er sich in das Licht hineinschleudern und im Lodern aufheben lassen wie Funken in den Flammen und als könnte er das überdauern, dies sternenhohe Auf und Ab und Quer über den Nachthimmel – die Gestalt wurde kleiner, schien verschlungen –

Giselher, hörte ich den Bruder klagen. Hieß es nicht, Erdmutter räche sich? Oder Ran? Was wußte der in Krähenkamp von dieser Chaosküche? sieh doch hin, sieh –

Mit einemmal war es so, als strahle dort vor uns das nibelungische Schwarz-Eisen, als glühe da ein Rotpunkt, ja, der eisengewappnete Leib, der leuchtete, der dunkle Stahlpanzer aus Alberichs Werkstatt blitzte jetzt und schlug Funken, und der Nibelunge stand da, stand mit breit auseinandergestellten Beinen, über und über umglänzt von kosmischem Feuer, als wäre er selber vom Atem der Sonne. [Nordlichtphänomene erklärt man als elektromagnetische Entladungen, als »Sonnenwinde«.]

Und nun schienen all diese springenden Lichtgirlanden auf ihn niederzustürzen, die Flammen in ihn hineinzustieben, als verschlängen nicht sie ihn, sondern er sie – wie der Baum, in den der Blitz jagt – und der Baum hält stand – bleibt aufrecht stehen. Die Vorhangspiralen zerfielen, alle Fackeln und Drachen waren in den Menschen gefahren, mit der Lichtwand verschwand im selben Moment der Lufttrieb, die Sturmwirbel waren dahin. Still war's. Und finster ringsum.

Nur an einem Punkt noch glühte es. Die Gestalt in der Dunkelheit stand noch da. Wie glimmend. Breitbeinig, die Arme nach oben, die Glieder weit auseinandergestreckt. Empörter Baum. Schillernde Feuerfigur.

Als wir uns an die Schwärze gewöhnt hatten, raffte Gunther sich hoch, schwankte. Ich sprang auf, stützte ihn. Dann ging er erste Schritte, ging dann allein, vorsichtig. Trat, wie erleichtert, allein voraus, ich blieb stehen, sah, wie er vorwärts stakste, vorbei an der regungslosen, an der glimmenden Gestalt, einfach daran vorüber, zu jenem Hügel hinauf, von dessen Gipfel der Isenstein gewiß zu sehen war. Da der Wind den König nicht mehr schüttelte, gelang ihm der Weg. Brachte er's fertig ohne weitere Stütze und Stürze.

Erst als Gunther schon weit vorn auf der schwarzen Höhe ging, näherte auch ich mich dem Feuerbezwinger, der stand da unbewegt und schien noch immer zu strahlen. Als ich näher kam, hörte ich ihn keuchen, wie außer Atem schien der, nun war er es, der nach Luft rang, der sich erholen mußte von Mühsal. Murmeln hörte ich ihn in der Nif*hel*Sprache. *Loki fer yfir akra. Locke dricker vand. Nu saaer Loki sin havre.* [»Feuergott fährt über die Äcker. Loki trinkt Wasser. Nun sät Loki seinen Hafer.« (Kirchlich: der Teufel sein Unkraut, also seinen Samen.)]

Der Arbeitsmann, der Hürnerne, er brauchte lange, um wieder zu Kräften zu kommen. Ich wagte nicht, ihn anzusprechen. Stieg allein den dunklen Hügel weiter hinauf und sah sie von dort oben, die schwarze Burg und erkannte den König schon weit vorn, bereits unterm Isenstein. Dessen Gemäuer jedoch schienen nun nicht mehr ganz und gar schwarz, an den Wänden hinauf leckten Lichter, bläuliche und grüne Flämmchen schienen da zu züngeln, solche, wie sie auch aus den Ruhrwaldsteinen gesprungen waren, in der Feuerstelle der Wormser Königshalle. Ich ging zurück in die Mulde, wo er noch immer stand, von dem ich nun fürchten mußte, er sei zu Aschenschlacke verglüht. Ich wartete neben ihm und traute mich erst nach vielen Zweifeln, den Unheimlichen, den Drachentöter anzusprechen. Wagte das nur lateinisch. *Quid vidisti?* [»Was hast Du gesehen (erkannt)?«] Der Glutritter antwortete: *Ignis mutat mundum.* [»Feuer verwandelt die Welt.« (Geht evtl. auf Ovids Metamorphosen zurück, vgl. aber Loki in der Krähenkamp-Erzählung (S. 248 ff.) und Brünhilds Fluch (S. 511 f.) und *muspilli* (S. 13).)]

296 Der Eisenmann ließ endlich die Arme sinken, reckte sich, bog die Schultern, atmete tief durch. Ich gab ihm seinen Fellmantel. Er zitterte, schien zu frieren. Dankte, warf sich das Fell über. Wir warteten noch eine gute Weile. Ließen Abstand. – Inzwischen, sagte er leise, wird sie ihn gesehen haben. Als das Feuer verschwand, als plötzlich die Dunkelheit kam, haben alle Gnomen und Raben und Zwerge hinausgesehen, um zu wissen, wer das tat.

Langsam gingen wir über die dunkle Höhe, folgten dem Herrn von Burgund. Der wartete vor der Burg, vorm unteren Tor erreichten wir ihn. Der »Eigenmann« nahm ihm das Ochsenfell ab, band ihm die zierlichen Sandaletten vom Hals, kniete vor ihm auf dem Boden, schnürte ihm die Stiefel auf und band ihm statt der groben Schuhe die byzantischen Sandaletten um. Mochte sein, auch dies tat er sehr bewußt, auch dies würde man vom Isenstein herab bemerken, im Schein dieser sanft strahlenden, dieser flammenzüngelnden Mauern. – Nun geh wieder voraus. Nein, das Eisen nehm ich Dir nicht ab, den Harnisch läßt Du am Leib.

Gunther blickte sich um. Vor ihm und über ihm und überall, wo die Feuerfontänen gesprungen waren, war es nun still und fast schwarz. Nirgends schimmerte hier Eis, der Felsboden schien warm. Da bleckten nur, zur Burg hinauf, diese bläulichen Flämmchen. Wie der König nun so zögerte, hörten wir aus der Tiefe, vom Meer her, ein Krachen. Als zersplittere Holz. – Unser Schiff, sagte der Niederländer. – Wie Bruch klang das, klagte Gunther. – Ja, das war Bruch. Aber nun geh in die Burg. Und wenn Rans Tochter Dich fragt, woher Du so blutig bist, dann erzähl vom Bärenhieb. Den tatst Du. Nun geh voran, Du Lohenlöscher. Blutberserker.

Ließ Gunther vorausgehen. Wir blieben stehen, warteten, bis vom Hafen her Hagen, Gernot, *Walthar* und einige Schiffsleute heraufgestiegen kamen. Die waren in gedrückter Stimmung. In der Tat war das Boot, weil plötzlich kein Licht mehr die Küste erhellte, von der Dünung gegen die Felsen gestoßen, so daß sich die vorderen Aufbauten zerdrückt hätten und verschoben. – Gut so, befand der Niederländer. – Gut so? fragte Hagen. – Das geschieht alles wie es soll. – Dem *Walthari* trug er auf, aus dem Schiff eines der Fässer zu holen, roten Wein als Gastgeschenk. – Und hat mit seinem Nibelungen weiteres beredet.

Die Schiffsleute gingen zum Hafen zurück. Gernot, Hagen und ich aber traten nun mit dem »Schippmann« durchs erste der drei Tore in der gewaltigen Mauer, stiegen in die Richtung weiter hinauf, in die Gunther vorausgegangen war, gelangten unter den großen Burgschatten, der breit und schwarz gegen den Sternenhimmel stand. Gingen oben durch ein zweites offenes Tor und kamen an den Fuß einer hohen Treppe.

Weit oben stand der König, wir sahen ihn gegen das Licht, das aus einem dritten Tor strahlte. Von den Mauern zu beiden Seiten dampfte Wärme. Kohlenwärme? Vulkanwärme? *Herdubreid?* Auf den Türmen, den Dächern, den Mauergeländern, überall glommen diese Steinlichter, bläulichgrüne, wie aus Anthrax. Nirgends stand hier eine Wache, kein Mensch war da, der uns begrüßt hätte.

Als auch wir die obere Treppe erreichten, sahen wir, daß Gunther durch das obere offene Tor bereits weit vorausgegangen war – aus der Ferne blickte er zu uns zurück, durch einen langen Fackellichtergang. Der Nibelunge winkte ihm, der König ging weiter voraus, wir folgten und kamen am Ende in einen weiträumigen grobgepflasterten Hof. Der war von hohen schwarzen Mauern umgeben, ich berührte sie mit der Hand und merkte, die Steine waren warm. Rings leckten auch hier die bläulichen Flämmchen. Wächter oder Lauscher konnten wir im Schwarz nicht bemerken. Aus der freien Höhe leuchteten die Sterne, auch diese Nacht war ohne Mond. [Auch die Nacht vor der Ankunft des Xanteners in Worms wird »mondlos« genannt. Wenn er am 22. oder 23. Dezember in Worms eintraf, wie mehrfach angedeutet wird, handelt es sich bei diesem Tag der Ankunft in Island um den 16. oder 17. März, die Burgunder wären dann am 3. oder 4. März in Worms abgefahren und dort am 28. oder 29. März wieder eingetroffen.]

Der Schippmann deutete auf eine Treppe im Hintergrund des Hofs. Gunther stieg auch dort empor, zeigte sicheren Tritt, als hätte er sich wieder gefaßt. Mochte sein, die Wärme hier tat ihm gut, auch boten ihm diese Treppen byzantinischen Auftritt. Wir gingen ihm nach und betraten oben einen dunklen Gang, schließlich eine weite Halle. An deren Wänden schienen Fackeln zu brennen. Doch war auch dies kein Feuer, wie wir es kannten, sondern ein Leuchten. Mich erinnerte das an die Lichtkraft, die, als ich mit dem Kapitän das lange Gespräch führte auf dem nächtlichen Schiff, aus seinem Kopf zu strahlen schien, auch aus seinem dunklen Panzerkleid nach dem Sieg über die Lohe. – An einer der Wände stand ein langer Tisch mit hohen Sitzen. Diese Tafel war gedeckt, als sollte festlich gegessen werden. Ein schwerer schöner Duft stand im Raum.

Gunther war in der Halle weit vorausgegangen, stand schon am hinteren Ende, als wir uns erst im Eingang zeigten. Die gegenüberliegende Schmalseite des Saals führte auf eine höhere Stufe, eine Empore. Dort fehlte dieses unerklärliche Leuchten. In den Schatten dort schien

Bewegung, da gingen Gestalten, dunkel gekleidete, Gesichter schimmerten. Aus diesem Zwielicht kam schließlich jemand langsam nach vorn, eine Frau. Die sich da näherte, die kam in einem schwarzen Gewand, dunkel zwar, aber das schimmerte wie Silber. Um die Hüften trug sie, dreifach geschlungen, einen dunklen Ledergürtel, in den vorn ein Stein eingefaßt war, der milchig schimmerte und zu leuchten schien. Da stand, über uns, Brünhild.

Gunther, deutlich genug vor uns, verneigte sich vor ihr, und behielt diese Haltung. Auch wir neigten die Köpfe. Die dunkle Frau blieb auf der oberen Stufe. Dann hörten wir sie reden. – Ein Gast, der in Waffen kommt?

Wir sahen den König Luft holen, hat keineswegs sofort antworten können. Verwirrte ihn ihr Blick? ihre Frage? Oder daß diese vermeintliche Riesin nicht größer schien als er selber? Wieder hörten wir sie sprechen. – Wollt Ihr Streit? – Und, nach einer Pause: Fremdling, sag wenigstens Deinen Namen.

Ich bin Gunther, König von Burgund. Herrscher zu Worms am Rhein. Euch zuliebe wagten wir vom oberen Rhein hierher die Fahrt, zwölf Seefahrtstage weit. In dieser Rüstung hab ich die schreckliche Lohe durchschritten, um Dich, Brünhild, heimzuführen nach Worms.

Die übrigen Gestalten, die Dunklen im Hintergrund, kamen nun ebenfalls nach vorn. Frauen. Vergnügte Gesichter. Brünhild schien an Gunther vorbeizublicken. Auch an Gernot und an mir vorbei, tief hinab in die lichte Halle. Ihre Augen richtete sie auf den Niederländer. Blieb still. Sprach erst nach einer Pause, die uns sehr lang erschien, unerträglich lang. – Und nun wollt Ihr Kampf?

Die Rüstung, antwortete Gunther, ist wohl nötig für den, der Feuerwände zu durchdringen hat. – Euer Weg zu Burg herauf war ohne Feuer. – Aber in der Fremde denkt man an Sicherheit. – Bei uns ist es Sitte, daß der Gast ungewappnet kommt. – Sie sah noch immer dorthin, wo der Nibelunge stand. – Gunther verneigte sich wieder, bat um Nachsicht, daß er die Sitten auf Island nicht kenne. Und begann, seine Rüstung aufzubinden.

Weh, hörte ich Hagen. Ohne Waffen? Gnade uns Gott. – Der Nibelunge beschwor ihn, leise zischelnd, sich nicht zu weigern. Er sähe ja die Frauen ebenfalls waffenlos. – Da knüpften auch wir unsere Panzer und Schienen auf und legten und stellten alles Eisen an die Wände. Frauen kamen, die unsere Waffen in andere Gemächer trugen. – Weh, wiederholte Hagen.

Brünhild trat nun die Stufen herab, kam bis an die Tafel heran. Auf einen Wink brachten ihr die Frauen Gunthers Rüstung. Sie prüfte das Schwert, zog es aus der Scheide, bemerkte an der Klinge das frisch geronnene Blut, tat es wieder zurück, legte dann ihre Hand auf die Brünne. Und sah dazu den König an, aus dunklen Augen. Schwieg eine Weile. Blickte nun immer nur den Mann an und sprach schließlich: Mit diesem Harnisch? Mit dem habt Ihr Lokis Feuer bezwungen? – Sah ihn weiterhin an und fragte: Dieses schwitzkalte Eisen hätte sie abgeleitet, die Schutzblitze?

Gunther machte eine Schluckbewegung, die er, wie er sicherlich hoffte, gut verbergen konnte. – Keine Hitze spürt Ihr? – Die Frau legte ihre zarte Hand an andere Teile des Metalls. Blickte Gunther weiterhin an. Ihre Hand war sehr schmal. Eine Riesin war sie? eine Walküre?

Ich spür nur eine Angstschwitzhitze, sagte sie. Ließ endlich ihre Hand von dem Eisen, gab einen Wink, Waffe und Harnisch fortzuschaffen. Ließ meinen Bruder noch immer nicht aus dem Blick. Stand nun dicht vor ihm. Es schien, als beobachte sie, was sich ihm auf der Stirn bildete. Wann immer er Bedrängnisse auszuhalten hatte, trat das dort sichtbar hervor, zweifellos sah sie die nun, diese zarten Schweißperlen.

Sprach dazu nichts. Schaute wieder an ihm vorbei, zwischen Gernot und mir hindurch, und betrachtete den, der hinter uns stand. Und sagte: In Eurem Gefolge erkenne ich einen, der, dachte ich, wüßte wohl, wie hier die Sitten sind. – Ging an Gunther vorbei, auch an Gernot und mir. Und blieb vor dem Nibelungen stehen. – Gegrüßt seist Du, Siegfried. Bindest Schuhe? Trägst Mäntel? Kniest vor dem Herrn zu Worms und bindest ihm die Schühchen?

Grußwörter, antwortete der, stehen mir nicht zu, noch nicht. Grüß erst diese hier, die Herren vor mir, die anderen Herren von Burgund. Diesmal komm ich nicht als König, diesmal steh ich allerdings in Diensten. Bin König Gunthers Schippmann. Ehre vor allem ihn, der die Lohe bezwang. – Das lügst Du. – Dem ich in der Tat die Schuhe wechselte. Lokis Blitze sollen mich treffen, wenn ich lüge.

Wann, sagte sie, hätte je ein Lügner den anderen getroffen. – Sie betrachtete ihn lange, hielt ihre Lippen gepreßt. Siegfrieds Gesicht, bleicher als sonst, zeigte keine Schweißperlen.

Wenn Du tatsächlich nicht lügst und bist wirklich Herrn Gunthers Eigenmann, dann, wenn Du nicht täuschst und tarnst wie Loki, dann muß Herr Gunther ein wahrhaft großer König sein. Wenn Du nicht schwindelst. So mächtig muß er dann sein wie ein König aus dem Morgenland wohl mächtig ist. So daß in seinen Diensten sogar ein so Mächtiger stehen kann wie der, der den *NidGir* getötet hat.

Ich steh in seinen Diensten. – Ist das wahr? Ich dachte, Schippmann, wir zwei, wir wären verabredet? Verabredet war ich aber mit einem Freien. Nicht mit einem Mantelschlepper, nicht mit einem Schuhanzieher.

Ging zurück, zu Gunther. – Willkommen, sprach sie, willkommen, wahrhaft großer Morgenlandkönig. Dank Dir, daß Du die Frau vom Isenstein freien willst, das ehrt uns, denke ich. Aber ich seh, auch Dein Goldhemd ist naß, vom Schweiß? von Blut?

Ich hatte draußen einen unfreundlichen Empfang. Vor der Feuerlohe fiel mich ein Eisbär an. – Ich seh, Du hattest starke Arbeit. Das macht wohl Schweiß. Und Dein Schwert hat es blutig gemacht. Willkommen also, auch Ihr anderen. Ich will Euch bewirten, wie das hier Sitte ist, nehmt Platz.

Sie wies Sitze an, der Nibelunge bekam den am anderen Ende der Tafel. Gunther hatte sich neben die Gastgeberin zu setzen. Sein Ratgeber Hagen weit von ihm entfernt. Frauen brachten Becher, Gefäße aus purem Silber, trugen eine Kanne. – Da erhob sich Gernot und sagte, es sollte wohl erlaubt sein, daß ein Gastgeschenk gebracht werde, zwar nicht aus dem Morgenland, aber von tief im Mittag. – Aus dem Fackellichtergang hörten wir Poltern, unsere Knappen näherten sich, vier nibelungische Seeleute. Der erste rollte ein Faß jurassischen Wein in die Halle. Der zweite trug, auf einem weinroten Kissen, Gunthers Kette, das byzantinische Stück, das wertvoller war als das Schiff. Und der dritte und der vierte, die schleppten eine außerordentliche Last, die schafften ihn heran, den weißen Bären! Ließen den riesigen Kadaver in der Mitte des Saals zu Boden, daß die lichten Steine sich färbten ins dunkle Rot.

Gunther hatte von diesem Auftritt, auch von dem Geschenk, das *Walthar* zunächst der Meergöttin zugedacht hatte, nichts geahnt. Doch verbarg er seine Überraschung. Brünhild stand auf, ging in die Hallenmitte, beugte sich über das Tier, über den fast vom Rumpf getrennten Kopf. – Doch, das war ein starker Hieb. Mit einem kleinen Schwert einen so großen Kopf zu trennen, das ist wohl stark. Das war wohl auch ein großer Schrecken. – Hat abermals den Freier prüfend angesehen. Gunthers Kinn sah ich zittern, kaum merklich.

Dank auch für den Wein, sagte sie. Schien zu lächeln. – Und, ach, den meisten Dank für so feine Kette. Wie zierlich ist die Wurmskunst. Zierlich in Ketten wie in Schühchen, das sollte uns zu Freunden machen. – Sie ließ das Faß aufstellen, öffnen und ließ ausschenken. – Die isländische Kanne, zum Glück, verschwand.

Uuodans Tochter, die »Genossin« des Cheruskers, sie stand nun neben Gunther, hielt ihren Becher in der Hand und betrachtete ihn wieder. Als sie sah, daß alle Becher gefüllt waren, hob sie den ihren und trank und schaute danach wieder meinen Bruder an. So daß ich verzweifelt darauf sann, wie ich sie irgendwie ablenken könnte von dem, was sie offensichtlich durchschaute.

Wahrhaft großer Morgenlandkönig, sagte sie. Ihr müßt wissen, ein Treuloser hat mich getäuscht. Seither, das solltet Ihr wissen, hat der, der mich freien will, nicht bloß das Lodern zu bezwingen. Seitdem prüf ich den genau. – Sie betrachtete meinen zu großen Bruder nach wie vor voller Interesse. – Wer immer unsere Lohe gelöscht hat, sagte sie, wer immer mich zur Gemahlin begehrt, der muß, seit jener Eber sein Versprechen nicht hielt, eine zusätzliche, eine dreifache Probe bestehen. Die ist für einen wahrhaft großen König eine Kleinigkeit. Die ist kaum mehr als das, was Ihr, Herr Gunther, an diesem Bären bewiesen habt. Der linken Tatze fehlt YERRA ein starkes Stück Fell. Wo blieb das?

Ich habe versucht, mich mit diesem Stück zu säubern, von dem Blut zu reinigen. Ihr seht, das gelang nur halbwegs. Aber sagt mir Genaueres von dieser »dreifachen Probe«.

Die ist nur ein Wettstreit, ein Spiel bloß. Gewiß übersteht dies Spiel der Burgunderkönig, ohne daß ihm danach der Kopf vom Hals geschoren werden muß. Denn ich bin sicher, er ist ein Ritter. Wo nicht, wär jetzt noch Zeit, in Frieden heimzuziehen in Euer zierliches Rheinland.

Warum heimziehen? Natürlich bin ich ein Ritter. Ich spiele alle Turniere mit. – Doch wenn Ihr einen Fehler macht, in einem der drei Spiele, wird nicht nur Herrn Königs Hals kahl. – Dann wird geköpft? – Dann wird auch seinen Gefährten das Siegel aufgebrannt, das große, von dem ich hörte, daß dies inzwischen höchstes Erdenglück sei im römischen Morgenland.

Dazu schaute sie ihn ohne Unterlaß an. Schien auf seine wechselnden Blässen zu achten und auf seinen Schweiß auf der Stirn. Und fügte hinzu: Zum Verzagen gibt es keinen Grund. Ich bin sicher, nicht nur am Feuerwall und am Bären, auch in diesen drei Spielen erweist Ihr Euch als wahrhaft großer Morgenlandritter. Und mit so einem will ich dann gern nach Worms ziehen an den Rhein, dorthin, wo man so schöne Perlenketten zaubert und so zarte Schuhe und so kostbare Goldstoffe zu Gewändern, wie Ihr eins tragt.

Gunther verzichtete darauf, zu gestehen, daß weder Kette noch Schuhe noch Brokat in Worms entstanden waren. Und da sie nun das gepriesen hatte, was ihn seit je beschwingte, die Schönheit des Äußerlichen, schien er nur um so verwirrter. Schließlich hatte sie dies dreifache Spiel angesetzt, das mit Entmannung zu enden drohte oder gar mit Enthauptung. Keineswegs fühlte er sich nun beflügelt, zu viel überforderte ihn. Die entbehrungsreiche Überfahrt, die zwölf Tage und Nächte im engen Schiff, der Gang durchs Pack-Eis, dann der Bär und die Feuerwand und nun dieses neue Ansinnen, das sie fortwährend »Spiel« nannte, ohne daß er die Gefahr, die sich da verbarg, einschätzen konnte. Hagen und der Xantener, die Helfer und Ratgeber, die saßen am anderen Ende der Tafel. Mein Bruder war, ich spürte es, einer Ohnmacht nahe. Die feinen Perlen auf seiner Stirn zeigten sich nun auf einer Haut, die nicht wußte, ob sie erbleichen sollte oder erröten, so daß sie beides tat und Flecken bildete.

Doch muß auch gesagt werden, daß der fleckige Mann selbst in dieser Not Haltung zeigte. Jedenfalls zeigte er das, was martialische Herren für Haltung ausgeben oder für Mannhaftigkeit. Dazu gehörte es sicherlich, daß Gunther jetzt nicht vom Sitz sank. Um wenigstens dies zu umgehen, hatte er einen Arm über die Rückenlehne des Stuhls geschlungen, das hielt ihn aufrecht, in herrenhafter Haltung. Außerdem verschaffte ihm das einen Seitwärtsblick, einen, den Brünhild, die sich endlich wieder gesetzt hatte, so genau nicht mitbekommen konnte, einen Blick zu seinem nifelheimischen Schiffsmeister. An dem bemerkte er, wie der, offenbar zufällig, seinen Kopf hob und wieder senkte und wieder hob und nochmal senkte. Der »Eigenmann« schien an den Wänden ringsum, mit Neugier, das überhelle Strahlen zu studieren. Und hatte doch nur sein Nicken gezeigt, seine Zustimmung, seine Ermunterung.

Gunther hatte das offenbar verstanden und konnte darum, mit leiser Stimme, reden. – Hohe Herrin, sagte er. Das tut mir leid, daß Ihr so schwere Zweifel hegt. Wer so weite Fahrt wagte, wer solche Mühsal auf sich nahm und schließlich die lichte Glut durchschritt, die Euch bis an die Himmelshöhe umfangen hielt, der sollte eigentlich, dächte ich, bewiesen haben, daß es ihm Ernst ist mit seiner Werbung. Von dem sollte auch klar sein, daß er nicht auf Trug sinnt. – Sie sah ihn nur an, als wartete sie, was er denn sonst noch Schönes sagen würde. – Doch wenn Ihr auf dem besteht, was Ihr mal Spiel nennt, mal Prüfung, so sehen wir auch diesen ritterlichen Dingen gern entgegen.

»Sehen WIR«? sagst Du? Sie blickte rings über die Tafelrunde, zu ihren Frauen. – Habt Ihr's gehört? – Und wieder zu Gunther: Spricht so zu Wurms ein einzelner Mann? Nennt sich »wir«?

Der »Zwaraber« schien gleichzeitig nicken und den Kopf schütteln zu wollen. – In unseren Landen, sagte er schließlich, sagt jeder Herrscher gerne »wir«. Da meint er den Christengott, der, so glauben wir, von seiner Allmacht einen Teil dem irdischen Herrn weitergibt. Und meint mit »wir« also sich selbst und zugleich den höchsten aller Herren. Das ist byzantinischer Brauch, der den Weltkreis mehr und mehr beherrscht, wenn auch, ganz offenbar, nicht Island.

Nun lachte sie, lachte zum erstenmal laut und schien übermütig. – Jetzt, wahrhaft großer WirKönig, hab ich Appetit auf Bärenfraß und kriege Lust, mir Euer Perlenkettchen um den Hals zu hängen, gut also, Freundinnen, zerhackt das Vieh, bratet das, wie's Sitte ist im Eisland, und solange meine Frauen die Mahlzeit vorbereiten, laßt uns das Kämpfen tun. Ihr mehreren Herren Gunther. So daß wir, wenn das Biest gebraten ist, feiern können, so oder so, in Lust.

Als klar war, wie schnell die Kampfprobe folgen sollte, schien Gunther nun doch, jedenfalls für den, der ihn kannte, einer Ohnmacht nahe. Bewundernswert fand ich, wie der Erschrockene sich hielt. Auch jetzt nutzte er die Lehne in seinem Rücken, klammerte sich fest. Und auch diesmal bemerkte er die getarnte Zustimmung seines »Eigenmanns«, das Nicken am anderen Ende des Tischs, das wie *studium* aussah.

Da gab er sich einen Ruck und brachte es fertig, zu erklären: Euer Kampfruf, Frau Brünhild, kommt schnell. Bei uns in Burgund gilt allerdings Gastfreundschaft, darf sich der Reisende erholen, muß nicht, bevor er noch speisen konnte, schon Turniere schlagen. Ich zum Beispiel, nach so langer Fahrt, hätte gern ein Bad genommen, statt gleich zu stechen und zu hauen und gar um Leben und Tod oder Manneskraft.

Das merk ich wohl, daß Euch das Baden lieber wäre. Lieber trinken, baden und essen als kämpfen, das seh ich sehr genau an Euerm morgenländischen SchwitzWirGesicht, das schmilzt und zuckelt und fleckelt so, als ob Ihr allerdings Erholung nötig hättet. Wie süß aber, Herr König, ist der Urlaub erst für den, der eine Freiersprüfung überstand. – Wie sollte denn jetzt, zur Nacht, ein ritterlicher *Tjost* möglich sein? kämpft man auf Isenstein im Sterngefunkel?

Brünhild lachte wieder, wandte sich an ihre Frauen und fragte, ob sie je einen Helden so beredt um Sicherheit hätten bitten hören. Keine Ausrede sei dem »WirWurms« zu krumm, um gutes Licht sorge der sich ausgerechnet auf Lokis Feuerburg, darüber werde gewiß in hundert Jahren noch gelacht.

306 Da war der Nibelunge aufgestanden und näherte sich nun mit ausgestreckter Hand der Hausherrin. Auf seiner Hand lag eines seiner zart schillernden Lichtbogentücher. Und darauf der Blutjaspis. – Dies, sagte er, erlaube er sich, der Frau als Versöhnungsstück zu bieten. – Ihr? Herr Sklave? Einen Blutstein? als Versöhnungsstück?

Die Gastgeberin, Tuch und Stein in Händen, starrte auf das Geschenk. Der Nibelunge aber bat, man möge, solang das Turnier dauere, um ihn, den Schiffsmann, sich nicht sorgen, ihn erwarte dringende Arbeit. Gewiß hätten sie auch hier oben auf der Burg das Bootsholz krachen gehört, weil bei der Landung, als plötzlich das Licht zerfiel, der Schiffsbug im Dunkel auf den Kai geschlagen und zerbrochen wäre, das gäbe einem Kapitän zu tun. – Zerbröselt ist mein Boot wie schon so mancher Mann an diesem Isenstein, rief er, warf noch einen Blick auf die Frau mit dem Blutstein und dem Mondstein und wollte aus der Halle. Da hörte er Brünhild.

Er, der Schiffskopf, solle nur sehen, daß der Kopf des Schiffes das einzige bleibe, was sich am Isenstein »zerbrösele«. – Der Xantener hätte sicher gern einen guten Pfeil zurückgeschossen, da faßte ihn aber eine Frauenhand am Arm, er sah sich um und erkannte, wie er mir später verriet, seine Ruhrnymphe.

Einen Moment zögerte er, eilte dann davon, der tüchtige Kapitän, der »Schiffskopf«, der treue Untreue.

Die Burgherrin legte seine Gabe vor sich auf den Tisch. – Ein wackerer »Eigenmann« ist das, der nicht zuschauen will, wenn sein König streitet, wenn der für sich und sein Gefolge Leben oder Mannestum verliert. – Gunther, Gernot, Hagen, niemand wußte darauf eine Antwort. Wir verstanden weder, welches »Spiel« sie eigentlich meinte, wobei es also nicht nur ums Leben des Kämpfenden ging, sondern auch um das, worüber wir im Meerestoben geredet hatten, um jenes »Große Siegel«? In freundlichstem Ton redete sie und drohte doch mit dem Blutigsten. Und ausgerechnet jetzt ging der Nibelunge davon. Warum mußte der sich um das Schiff kümmern, wieso tat das nicht *Walthar*, war der nicht ebenfalls aus Xanten und hatte mitgeholfen, das Boot zu bauen?

Hagen fand sich bestätigt. Diese Fahrt, murrte er, ist abgekartetes Spiel. Verabredet zwischen Märchenmann und Feuerfrau. Was sonst bedeutete wohl dieser Blutjaspis? – Alter Argwohn wuchs in Hagen, auch in Gunther und Gernot. Nur in mir wollte seit dem nächtlichen Gespräch die Gewißheit nicht wanken, daß dieser Ritter uns helfen würde. Daß er keine Falschheit im Schilde führte, sondern Freiheit.

Doch hätte ich in diesen Augenblicken ebensowenig wie meine Kumpane zu sagen gewußt, wie seine Taten, Reden und Geschenke zu deuten waren. Gunther schien Brünhilds Blick nicht länger ertragen zu können, erhob sich plötzlich. Doch versagten ihm die Knie. Rechtzeitig bemerkte das Gernot, sprang auf und tat, als lege er in Freundschaft den Arm um seine Schulter. In Wahrheit konnte er so den Bruder abfangen und stützen. – Ja, gehen wir zum Kampfplatz, rief Gernot. Und wollte den schwankenden, den zitternden König aus der Duft- und Lichthalle hinausführen.

Da war auch Brünhild aufgestanden, stand schnell an der anderen Seite des Königs, legte wie Gernot den Arm um Gunthers Schulter und, als kennte sie ihn nun schon sehr gut, hielt ihm den Blutstein vor: Fehlt Euch im Rücken nichts? Dieser Jaspis, den mir Euer »Eigenmann« schenkte? der paßt genau in diese Silberfassung. Was darf ich davon halten? Daß mir Burgunderblut geschenkt wird? daß Euer Knecht »Versöhnung« macht mit Eurem Gut und Glut, Herr WirWurms?

Gunther tat, als müsse nun auch er lachen und sagte: In dieser Fassung am Rücken war kein Blutstein, sondern ein Bergkristall. Den kratzte mir die Bärentatze aus. Wozu so düstere Fragen? Lieber wäre mir, wir spielten nun die Dreifachprobe. – So redete er in tapferer Verzweiflung und ging mit Gernot und mir aus der Halle, hinaus auf die obere Terrasse über dem großen Hof, wo frische Luft wehte und wo er tief atmen konnte.

Hagen und ich waren mitgegangen. Konnten von der oberen Treppenkante über den weiten Platz schauen und beobachten, wie rings an den Mauern die steinernen Lichter nun höherflackerten, wie sie sich im Aufflammen zusammenfügten zum Lichtband. Das überstrahlte den grobgepflasterten Kampfplatz von allen Seiten und leuchtete heller als drei Vollmonde.

Als ich dem Bruder noch Mut zusprach, der Xantener habe nun mal sein Versprechen gegeben, der werde vom Hafen wieder heraufkommen, werde die Arbeiten am Schiff seinen Seeleuten überlassen, da waren plötzlich Frauen neben uns, die reichten Gunther die Rüstung, seine eigene, dazu aber einen fremden Schild. Der schien sehr schwer, Hagen stellte ihn beiseite, half dem König beim Wappnen, mit Gernot schnürte er den Zitternden in den Harnisch und in die Schienen.

Auch hinter uns in der Halle schien man sich auf Kampf vorzubereiten, da klang Eisen, schwirrten Rufe und Geräusche, die nicht bloß der

Zerlegung des Bären galten. Waffenklirren und Gelächter drang aus der fernen Helligkeit.

308 Hat einer von Euch, fragte Gunther leise, hat irgendwer hier einen Ritter bemerkt? Gegen wen denn, unter diesen feurigen Mauern, gegen wen soll ich denn nun antreten? – Aus den griechischen Geschichten, sagte ich, auch aus manchen nordischen weiß ich, daß oft Frauen kämpfen. Jene, die berühmt wurden als Amazonen. Oder als Walküren. Erinnert Euch, HELINGA wurde von Siegfried nicht bezwungen. Und wenn ich hier alles richtig beobachtet habe, so sind auch solche Silberhäutigen, sind dunkle Hagedissen unter Brünhilds Frauen.

Du sagst mir guten Trost, klagte Gunther. – Besser wäre, hörten wir Hagen, sie ließen uns gegen Bestien kämpfen *ut Romanis gaudio erat* [»wie es den Römern Freude machte«]. Wenn schon nicht gegen Löwen, dann gegen Eisbären. – Gunther reichte ihm seine linke Hand, für die letzte, für die linke Armschiene. – Die Bären, sagte der König, sind hier riesenhaft. – Die Stimme blieb dem Brautwerber halb im Hals.

Das gefährlichste Tier, sagte Hagen, das hat sich verkrochen. Oder sieht hier jemand unsern »Eigenmann«? Wenn nachher einer auftritt, ein Riese, bis obenhin schwarz gepanzert, das Visier verschlossen, und erklärt, er sei es, der für Brünhild kämpfe, dann wehe uns. Spätestens dann kennen wir den Hinterhalt, in den uns Herr Herkules gelockt hat.

Unter der Feuerwand, so klagte Gunther, hat der Cherusker sich »Genosse« genannt. Ihr Genosse sei er gewesen, so redete er, Giselher kann das bezeugen. Im Taumel, kurz bevor er in die Glutwand sprang, da sprach er die Wahrheit. Brünhilds Genosse. – Der König biß sich auf einen seiner Finger, wollte das Klappern seiner Zähne für einen Augenblick stillen.

Verzweifelt suchte ich nach Trostworten, nach Beweisen, mit denen ich den Bruder und die Freunde beruhigen könnte. *Quin amicus veniat, dubium non est.* [»Zweifellos wird er kommen, der Freund.«] Was half hier in *Nifl* solches Latein, es klang hilflos, blieb läppisch, war hier keinerlei *argumentum*. Ihr solltet, sagte ich, dem Xantener keinen Verrat zutrauen. Ich bin sicher, auch dieser Falkenflug bringt uns am Ende guten Fang. – Gunther biß sich weiter auf den Daumen, fror. – Hat er sich »Genosse« genannt oder nicht? »Brünhilds alter Genosse«? – Ich hatte zu nicken.

Gunther verfluchte die Reise in dies eisige Elendsland. Und da er nun fertig eingerüstet war, schaute er wieder hinab in den Hof, der in Zauberlicht getaucht schien. An wen, sag mir, Schreiberbruder, an wen soll ich meine Gebete nun richten? Wen könnte einer wie ich um Beistand bitten? Ringwolfs Gott? den schweigend Leidenden im Wormser Münster? der uns allen das Kreuz verspricht und in der Tat das Kreuz bricht? Oder den byzantinischen, der mir gestattet, »wir« zu sagen? Oder doch lieber Kilians gallischen, der das Erdenleben liebt? Oder wende ich mich besser an die Wald- und Wassergeister, von denen Ute weiß? die das *Sigidor* öffnen oder schließen? Glaubt man hier auf dem Isenstein am klügsten an Nebel und Rausch? Was hier so unheimlich strahlt und leuchtet, ist das die Kraft, die ich nun anbeten muß? Zündelt da *Uuodan* oder Ran oder Loki oder –

Er schwieg. Die Zähne zitterten ihm zu sehr, als daß er hätte weiterreden können. Auch hätten dann einige Frauen, die jetzt vorübergingen, seinen Zustand bemerkt. Zweifel über Zweifel suchten ihn heim, nisteten sich so fest ein, daß sein Inneres davon schwarzsauer wurde.

Der Nibelunge, sagte ich, begehrt Kriemhild. Über alle Maßen liebt er Deine Schwester, ihr zuliebe wird er Dir beistehen. Er hat Dir zugenickt, ich habe es gesehen. – Da hörte ich Hagen. *Quod erras, mihi iam diu notum est.* [»Die Tatsache, daß Du Dich irrst, ist mir seit langem bekannt.«] Unser Saubär, murrte er, unser Ruhrschmied, der zieht uns an der Nase herum, bis hier hinauf, bis in Rans Reich hat er uns genasführt. Hätten wir uns nur an Herrn Chlodwig gehalten.

Wenn ihm auch Zähne und Knie kaum noch gehorchen wollten, so nahm Gunther nun doch seine Hand von Gernots Schulter und stieg, auf weichen Beinen, die Treppe in den Hof hinab. Mit dem fremden, dem gewichtigen Schild in den Armen und unter der schweren Rüstung gelang ihm der harte Gang. Da wirkte wohl auch in ihm noch immer ein Rest von Gundomars Kraft. Und sei es als Erinnerung, als Sehnsucht und süße Einbildung.

Was von nun an, bei der dreifachen Probe, in Wahrheit geschah, das weiß ich in aller Genauigkeit erst, seit mir der König nach der Hochzeitsnacht zu Worms alles gestand. In einer langen, in einer jammervoll verzweifelten Beichte.

Als er unten im Licht der Mauerflammen den Turnierplatz betreten wollte, da habe er mit einemmal, dicht neben sich, eine Stimme gehört. Eine freundliche, eine vertraute Stimme. Verspielt wie immer und spöttisch hätte die Stimme geklungen und zugleich voller Zuversicht. Nun solle er achtgeben. Sobald der Kampf beginne, müsse Gunther sich jedesmal so gebärden, wie die Stimme ihn führe. [Laut Schazman eine Parallele zum *NidGir*-Kampf, wo ebenfalls eine Stimme Anweisungen gab.] Wir zwei, hätte der Vertraute gesagt, wir haben mit der Himmelsbärentatze den Nordstern gesteckt, wir zwei, wir YERRA packen auch dies hier. Und am

Ende, Du wirst sehen, freist Du Brünhild und ich Kriemhild. »Wir«, das hast Du gut gesagt!

310 Von der Treppe herab erkannte ich damals nur, daß Gunther die Augen schloß. Um sich zu konzentrieren? seine Verwirrungen zu meistern? – Inzwischen weiß ich, der Nibelunge nutzte Alberichs Kappe, setzte auf Lokis Künste, auf Mondkraft und Tarnzeug. Wogegen Gunther den Gedanken, daß er diese Brünhild tatsächlich »freien« werde, kaum mehr in seinen sonst so weiträumigen Kopf bekam. Seit der Landung auf diesem Eisland wünschte er sich nichts sehnlicher, als mit dem Leben davonzukommen und heimzukehren an seinen Rhein.

Doch nun hörte er dicht hinter sich diese übermütige Stimme und spürte eine Hand, merkte, wie Siegfrieds Pranken ihm, als wollten sie mit ihm üben oder wieder die Bärenspanne abstecken, die Arme führten. Da wurde ihm endlich ein wenig wohl. Da war ihm das plötzlich sogar lieb. Als habe er bisher nur geträumt.

Inzwischen hatten sich im Hof Zuschauerinnen versammelt, wohl einige hundert Frauen. Auch Hagen, Gernot und ich waren die Treppe hinuntergegangen, über den Platz hinweg zu einer Nische und warteten dort, die Mauer im Rücken. Sahen auf unseren König und hatten uns zu wundern. Welch eine Verwandlung war da in ihm vorgegangen. Plötzlich bewegte der sich sehr frei, auch mit dem sehr schweren Schild. Geradezu munter, fast elegant trat er auf. Dieses burgundische Bündel Unsicherheit und Zweifelsucht, dieser »Zwaraber«, dieser Knoten aus Widersprüchen, Träumen und Sorgen, dieser schönsinnige König hatte seine Zuflucht schon immer in kunstvollen Haltungen gesucht, in feiner Gewandung, in byzantinischer Form. Jetzt ging er, allein und ohne daß Gernot ihn noch einmal hätte stützen müssen, in den erleuchteten Innenraum hinaus, bis in die Mitte des Hofs, schaute sich dort um, bemerkte offenbar gern die Blicke der fremden Frauen. Wirkte wieder wie früher, sicher, hochbeinig, leichtfüßig, beinahe keck.

Doch dann zeigte sich oben auf der Terrasse, über der Treppe, etwas anderes. In einer größeren Gruppe weiblicher Gestalten bewegte sich eine schwarze Brünne. Uns fuhr der Schrecken in die Glieder, dies Bild kannten wir, nun kam er, der Nibelunge?

Aber dann näherte sich die dunkle Gestalt dem Licht, dieser Mensch hier trug das Haupt unbedeckt, hielt den Helm noch unterm Arm, kam über die Treppe hinab in den Hof, und war nicht aus Xanten. Brünhild selber wollte kämpfen. In schwarzer Eisenweste kam sie daher, trug darunter das dunkel glimmende Kleid.

Gunther fuhr es bei ihrem Anblick, wie er mir später gestand, in die Knie, wie Eis. Die Frau selbst wollte ihn besiegen? Die Frau, von der ihm soeben eine Stimme versichert hatte, gewiß, die bekäme er zur Gemahlin?
Wieder hörte er neben sich die nebelländische Stimme. – Ist sie nicht lieblich? und wahrlich arg schön? Freu Dich, Gunther, Du freist eine selten Schöne.

Nun trat die Isländerin auf Gunther zu, sah ihn an, mit freundlichem Lächeln, und sprach: Die drei Aufgaben sind wirklich nicht hart, Herr WirKönig. Nicht ärger sind sie als das Bärentöten. Werden auch kein Streit sein, nur ein Wettspiel. Als erstes werfe ich die Lanze auf Euren Schild, und ich denk, Ihr haltet stand. Danach werft Ihr den Ger mir zurück auf meinen Schild. Das zweite Spiel ist ein Steinwurf, gleichfalls hier in diesem Hof, ich meine, ein morgenländischer Mann wirft wohl weiter als ein Weib. Das dritte ist ein Weitsprung. Da bin ich sicher, der Romritter springt am weitesten. Ist alles für einen Herren vom Rhein nichts als ein Kinderspiel.

Im Schein der Flammen leuchtete ihr Antlitz so liebenswert, strahlte in so blühendem Schmelz, daß Gunther tief Luft holen mußte, um schließlich sagen zu können: Was Ihr vorschlagt, liebe Herrin, ist allerdings gute Ritter-Übung, ist Sitte auch zu Worms. Wenn wir dort auch nicht gleich blutig zahlen müssen, aber laßt uns beginnen. – Das kam ihm erstaunlich forsch über die Lippen, das hörten viele, die am Hofrand standen, auch wir. Seine Stimme klang nur dem unsicher, der sie seit langem kannte.

Die Kontrahenten gingen auseinander, die Frauen machten Platz in der Mitte des Hofs, stellten sich unter die leuchtenden Mauern. Einige malten noch mit Kreide zwei Kreise, je einen an jedem Ende des Hofs. Das waren wohl die Kreise, von denen aus der Speer zu werfen und wo den Würfen standzuhalten war.

Hagen tauschte mit Gernot grimmige Bemerkungen, vor allem, als nun seitwärts ein Tor aufgeschoben wurde und zwölf Frauen unter Anfeuerungsrufen einen Kriegswagen in den Hof zogen. Auf dem flachen Gefährt lag ein Stein, daneben eine Lanze und ein Schild. Die Mühe, mit der die Frauen den Wagen zu bewegen versuchten, das Ächzen der Räder und Achsen, allein schon diese Töne und diese Schreie ringsum, die verhießen schwere Not. Sechs Frauen zogen, sechs andere hatten zu schieben.

Weh, hörte ich den Waffenmeister. Diese *Prunnahilti* [althochd., altsächs., wörtl. so bei Schazman], so lieblich sie aussieht, selbst wenn sie

byzantinische Sitten kennte, von meiner Liebe bliebe sie verschont. – Auch Gernot mochte nun seine Sorgen nicht mehr für sich behalten. –
312 Um Liebe, denk ich, geht's hier schon längst nicht mehr. Auf *Freyas* Feuerland geht's um Mord. – Ein ums andere Mal schaute er sich nach dem Kämpen um, den er für Worms als Helfer geworben hatte, nach dem *NidGir*-Töter.

In diesen Augenblicken wußte auch ich nicht mehr, ob dies alles noch *historiae demonstrandae* [vgl. S. 166, 179] waren oder ob hier jemand wilde Geschichten erzählte wie auf den Märkten am Niederrhein. In meiner Verwirrtheit betrachtete ich um so begieriger alle Einzelheiten in dieser fremden Welt, es war mir, als ob in einem abenteuerlichen Gasthaus ein ungewöhnlicher Erzähler mit Lokis Witz die Zuhörer so bannte, daß sie alles, was er behauptete, leibhaftig vor sich sahen.

Es reut mich, sagte Hagen, daß ich nicht heftiger widersprach, als Gunther von seiner isländischen Gier stotterte. Wie konnten wir diese Fahrt wagen. Nur um in Nebelheim geschlachtet zu werden? Am Rand der Welt? in dieser schauderhaften Nacht werden wir nunmehr entmannt und ausgeblutet, von unberechenbaren Weibern. Byzanz hab ich überlebt, Rom mehrfach und nun soll ich krepieren in *ultima Thule.* [Bei den Römern die Bezeichnung für den äußersten Norden, für den Rand der Welt (vgl. Vergil, *Georgica* 1, 30). »Thule« zuerst bei *Pytheas* von *Massilia* (Marseille) um 325 v. Chr., der eine Insel beschrieb, »sechs Tagereisen nördlich Britannien, auf der die Sonne im Winter ganz verschwindet«, im Sommer aber nicht untergehe.] Hab mich von dieses Ruhrmanns Arbeitseifer blenden lassen, von seinen Schmiedekünsten. Hätte erkennen müssen, daß dieser »Geriebene« alles verdiente, nur kein Vertrauen. Wozu aber jammer ich hier. *Mihi non licet ignavo esse et pigro.* [»Einem wir mir ziemt es sich einfach nicht, feige zu sein und untätig.«]

Ich glaube an seine Treue, sagte ich. Und merkte, daß auch meine Stimme zitterte. Was sollte ich denn an Beweisen bringen? Hätte ich jetzt das Blatt aus dem Schiff heraufholen sollen, mein Blatt mit den sieben Weisheiten? – Hagen schien mich eh nicht zu hören. – Überlistet, sagte er, abgelenkt und betört hat er uns mit dem Hortgeschenk. Mit vermeintlicher Abwehr von Feinden und mit der Verbesserung unserer Waffen. Diese Feinde machte er sich zu Verbündeten. Wo denn steckt er jetzt. Falls wir bis heute als Ritter galten, nunmehr, auf diesem verfluchten Eiland, zertreten uns Frauen zu Madenmatsch. Seht diese gastfreundlichen Fräulein! seht, was sie als Mahlzeit herankarren. – Ehe sie meinen Bruder erschlagen, rief Gernot, gibt es noch mich. –

Nicht umsonst haben sie uns die Waffen abgeluchst, Herrn Siegfrieds Midgardgenossinnen.

Dies Gemurre hatte die Isländerin vernommen. Sie schaute über ihre Schulter zurück, sah lächelnd auf den graubärtigen Recken. – Die Morgenlandhelden hadern? Bangen um ihr Leben? Also gut, Ihr Frauen, bringt diesen Zitterfürsten die Waffen zurück.

Da wurde Gernot vor Freude rot, ein wenig auch vor Verlegenheit, jedenfalls ließen wir uns das nicht zweimal sagen, ja, wir baten heftig um die Geräte, und die wurden nun gebracht. Frauen trugen sie über die Treppe herab, lachten und kicherten und halfen uns, die Panzer wieder anzulegen. Als wir alle verschnürt, gewappnet und geschient waren, begaben sich die zwölf Kampfgehilfinnen wieder zum Streitwagen und machten sich daran, den Wurfstein herunterzuholen. Fünf Frauen stiegen auf die Ladefläche, griffen unter den Klotz und schafften es, ihn herumzuwälzen, so daß er, krachend, auf den Rand des Wagens schlug. Unterm Rand warteten sieben andere mit einer Trage.

Der Fels sollte nun, in einer zweiten Anstrengung, von der Wagenkante hinuntergekippt werden auf diese Trage, auf das Leder im hölzernen Rahmen. Wieder faßten die fünf auf dem Wagen unter den Klotz, stemmten ihn auf, bis er vollends über die Kante hinüberkippte und hinabstürzte auf die Bahre. Da sanken unter dem Gewicht sieben Trägerinnen in die Knie. Erst unter neuen Anfeuerungsrufen von allen Seiten in dem weiten Hof, unter Geschrei, das sich steigerte, unterm regelmäßigen Schlagen der Zuschauerinnenhände, unterm *Banditus*-Juchzen ringsum richteten die sieben sich wieder auf und schleppten dann, mit schlurfenden Schrittchen, den Felsen in den Kreis, zum Wurfring in der hinteren Hälfte des Hofs.

Dort krempelte die Hausherrin sich an ihrem schwarzseidenen Hemd die Ärmel hoch. Wir erblickten liebliche, geschmeidige Arme, die an alles Schöne denken ließen, nur nicht an Kampf und erdrückendes Felsengewicht. – Wir sind, sagte Hagen, in Lokis Reich. Im Lügenland. Hier gelten Kniffe und Kräfte, von denen wir so wenig Ahnung haben wie ein Gänseblümchen von Byzanz. Welch eine Geliebte hat sich unser König auserkoren. Dieses Fräulein nähm sich für ihre Leibeslust besser den Riesen *Thrym*. Denn wenn es wahr ist, daß sie diesen Felsen heben kann, dann ist sie tatsächlich ein Lilithlurch. [Noch die mhd. Fassung (im 18. Jh. entdeckt) teilt hier mit: »*Wâ nu, künec Gunther? wie verliesen wir den lîp! der ir dâ gert ze minnen, diu ist des tiuveles wîp.*« (Was nun, König Gunther? Wie verlieren wir nun unser Leben! Die Ihr da zu lieben begehrt, die ist die Frau des Teufels.)]

Hagen stockte. Selbst er konnte nun nicht mehr weiterreden. Nun sahen wir, wie Brünhild den Schild vom Wagen hob, mit ihren schlanken Armen das wahrhaft gigantische Stück, *maior quam pro humano habitu, magnitudinis potentis* [»größer als für irgendeine menschliche Handhabung geeignet, von riesenhaftem Ausmaß«], dieses Eisenrad war eher ein Mühlrad als ein Schild und war in seiner Mitte, dort wo der Stahlbuckel sich wölbt, sicherlich zwei Spannen dick [ca. 50 cm, »Spanne« meint den Abstand von der Spitze des Daumens zur Spitze des kleinen Fingers bei gespreizter Hand].

Ratlos waren wir über dies Unmaß der Waffen und Gewichte. Grüne und bläuliche Lichtketten beleuchteten Vorgänge, die wir mit unseren klaren Begriffen nicht fassen konnten. Am meisten überraschte, daß Brünhilds Gestalt so schön war. Schon jetzt gibt es *fabulatores* [»Märchenerzähler« (keine seriösen, sondern »Gaukler«)], die behaupten, diese Frau sei eine Riesin gewesen, ein plumpes Gewaltweib, über das höchstens zu lachen wäre. Aber ich will es hier festhalten in unverfälschbarer Schreibarbeit: Erlesenste Attribute wären zu kümmerlich, um ihre Schönheit zu schildern und ihre Anmut. *Non animal noxium, sed pulcherrima maga* [»keineswegs üble Bestie, sondern allerschönste Zauberin«].

Diese zarte schlanke Frau trug also den mühlradschweren Schild, tat das, als wäre das ihre tägliche Übung. Legte das Rad dann im Wurfkreis ab und griff zur Lanze, zur Stange mit der keilförmigen Eisenspitze. Rief über den Platz, es wurde still und wir hörten, wie sie sagte, Gunther möge sich in den Kreis am anderen Ende des Hofs stellen, zur ersten Prüfung, zum Gerwerfen.

Hagen murmelte wie im Gebet. Fluch dem Kilian, dem gallischen Musikanten, der unserm König solche Weiber und Wünsche in den Kopf zupfte. »Tüchtige Königinnen«. Wenn wir hier je davonkommen, als erstes werde ich in Worms den irischen Sänger pfählen. Und werde Kriemhild mit Chlodwig vermählen. *Mementote!* [»Denkt dran!«]

Derweil sahen wir, wie Gunther hinüberging, zum fernen Kreis unter der Lichtmauer. Er spürte jetzt in seinen Armen, von hinten her, kräftige Unterstützung. Und hörte, ohne daß wir davon etwas hätten ahnen können, die leise, die vergnügte Stimme. – Laß alles meine Sorge sein, hörte er. Und fühlte, wie sein Arm, der den Schild hielt, besonders hart gepackt wurde. – Sieh Dir das Mondmädchen an, hörte er, sieh, wie lieblich sie strahlt.

Die Isländerin rief nun über den Platz: GerMann, jetzt halt stand! [Auch Schazman schreibt diese Bezeichnung mit dem großen Buchstaben im Wort, offenbar, um Herkunft, Bedeutung und Bestandteile des Namens zu verdeutlichen (vgl. S. 74 f., 79, 164, 244, 447).] – Dann holte sie aus, wollte den Spieß schleudern. Mit wenigen raschen Sprüngen setzte sie nach vorn, zog die Lanze blitzschnell über ihre Schulter, stieß sie mit Wucht, warf sie quer über den erleuchteten Hof, auf den Schild, den Gunther dem Geschoß entgegenzuhalten schien.

In Wahrheit, er spürte es, hielt seinen Arm und seinen schweren Schild ein anderer. Und das war wohl auch besser so. Denn als der Ger aufschlug, sprühten vom stahlkantigen Schutz Feuerfunken, sprangen nach allen Seiten in den Hof und sah es aus, als ob diesen Aufprall kein Gunther überstehen könnte. Die Stahlspitze des Speers hatte das Gefüge aus Eisen und Holz glatt durchbohrt, war bis auf Gunthers Harnisch vorgestoßen, der König strauchelte. Aber zum allgemeinen Erstaunen hielt er stand. Er und die Kraft, die ihm beistand, Stärke von Irmins Ulme. [Die berühmte »Irminsul«, fälschlich bisweilen »Irmins Säule« (Säule des *Arminius*) genannt, ist offenbar eben jene heilige Ulme (Wotans Sitz), die nachmals vom Bekämpfer alles Heidnischen, vom Missionar *Bonifatius*, gefällt wurde. Jacob Grimm (Mythologie): »Wenn heidnische Götter in heiligen Wäldern und hohen Bäumen gedacht wurden, so dürften die gen Himmel strebenden Kirchen unseres Mittelalters, denen kein griechisches Gewölbe beikommt, noch immer auf jene germanische Vorstellung zurückgehen. *Irminsul* und YGGDRASIL waren solche heiligen Bäume, die sich hoch in die Lüfte streckten.«]

Die Kante des Schilds war Gunther gegen die Zähne geschlagen, Blut lief ihm aus dem Mund. Aber er blieb stehen. Bleich und mit breiten, mit ungelenken Beinen stand er, unser »GerMann«. Und schien sich, nachdem er an seine Lippen gefaßt, gehustet, gespuckt und Blut vom Mund gewischt hatte, allmählich wieder zu fassen. Ich wußte, daß eine seiner vielen Schwächen die Süßspeisen waren, woran schon früh seine Zähne verkümmerten, sicherlich hatte er jetzt einige verloren, schien aber schon wieder bei Kräften, so daß er sich nach der Lanze, die Brünhild so eindrucksvoll herübergeschickt hatte, bücken konnte. Beanspruchte keine Erholung oder »Urlaub« [wörtl. »Erlaubnis«], sondern gab nun eine Antwort, die wir alle für undenkbar gehalten hatten.

Wieder fühlte er eine breite Hand, spürte sie dort, wo er, wie wir alle es genau sahen, den Ger anfaßte und hob. Eine Kraft merkte er, eine *industria in agendo* [»Energie«], mit der die schwere Stange nach hinten gezogen wurde. Diese Gewalt ließ ihn zwar hoffen, der Barbar werde ihm helfen, ließ ihn aber auch fürchten, dieser Starke könnte die zauberhafte Frau zerschmettern, die dort, am anderen Ende des Hofs, so bestürzend liebeswert schien.

Der König hatte sich zu konzentrieren, sein »Eigenmann« holte weit aus, so weit, daß die GerSpitze bis hinter seinen Kopf zurückgezogen
318 wurde. Dann drang alles plötzlich nach vorn, fühlte er sich gepackt, geschoben, gehoben, wir sahen, wie Gunther zwei drei weite Sprünge nach vorn eilte, im fahlen Licht hatten seine Bewegungen eine gewisse Leichtigkeit, ja Schönheit, wirkten jedenfalls in ihrem Schwung überzeugend und richtig. Als Gunther dann ruckartig anhielt, leicht vorgebeugt, flog das Geschoß kraftvoll von seiner Schulter fort, quer über den Hof und segelte in großem Bogen in den Gegenkreis.

Dort hob diese liebliche Brünhild den enormen Schild, ihren mühlsteinschweren Schutz, den traf der Ger so gewalttätig, daß gegen diesen Aufschlag all ihre wundersamen Kräfte nicht ausreichten. Diesen Schlag überstand sie nicht, der riß sie um, warf die Schöne unhöflich auf das Hofpflaster. [Wie noch die hochmittelalterl. Poeten lieben schon Giselher/Kilian das Spielen mit Doppeldeutigkeiten (z. B. mit »Sprung«, »verkehrt verkehren«, »Kissen/Küssen«, »Ruhr/Aufruhr«, hier also mit »Hof«.] Wie schnell sprang da die junge Frau wieder auf und rief: Ihr könnt mehr, als ich glaubte, für diesen Stoß habt Dank. [Schazman betont, hier seien alle zweideutigen Deutungen verfehlt, gemeint sei, daß die Kämpferin froh war, einen würdigen Gegner anzutreffen und nicht den Schwächling, als den sie Gunther zunächst hätte einschätzen müssen.]

Von nun an mochte Brünhild glauben, hier freie einer um sie, der wohl doch über ritterliche Kräfte verfügte. Da dieser Eindruck aber mit einigen Beobachtungen bei der ersten Begrüßung nicht übereinstimmte, begann er nun auch in ihr zu nagen, jener schwarzsaure Zweifel. – Weh über das Wissen, das ich heute habe. Hier gerieten die beiden Besten, die das Drachenreich gemeinsam hätten besiegen können, um die Besetzten zu befreien, tückisch gegeneinander. Statt sich gegen Wald- und Weltfraß zu vereinen, statt aller *labores necessarii contra terrorem terrarum ac silvarum* [»notwendige Arbeiten gegen die Erd- und Waldvernichtung«] begannen sie, sich selber zu zerstören. [Vgl. Siegfrieds nächtl. Bemerkung über den Wald rings ums Mittelmeer (S. 270, ferner S. 19, 69, 490). Karl Marx (Das Kapital, 1867): »Die kapitalistische Produktion ... untergräbt die Erde wie den Arbeiter.«]

Mit Wut, schien es, packte sie nun jenen ungefügen Fels. Nahm den in ihre schlanken Arme, umschlang ihn, wuchtete ihn hoch und brachte ihn im ersten Schwung bis auf ihre Hüften, hob ihn im zweiten Schub bis an ihren mittleren Leib, vors Zwerchfell, beim dritten Schwung stemmte sie ihn, indem sie sich für einen kurzen Moment unter ihn zu ducken schien, auf die Schulter, drückte ihn dann mit der Schulter empor, stützte den Brocken dort oben mit beiden Händen, bewegte die Tragschulter wie abwägend, tat den Klumpen nun leicht vor und zurück, wie wippend, und stieß ihn endlich in den Hof, gut sechs Klafter weit. [K. = Abstand zwischen den Spitzen der Hand bei ausgebreiteten Armen eines Erwachsenen (ca. 1,5 m).] Als der Felsen aufschlug, sprühten Funken nach allen Seiten. Einige der kopfgroßen Hofsteine hatten bersten müssen und waren in den Grund gerammt.

Dann trat sie zurück, immer noch wie zornbebend. Ging weiter nach hinten, bis an die Mauer, atmete tief, lief dann los, nahm Anlauf, kam überraschend rasch heran und tat, ebenfalls aus dem Wurfkreis heraus, ihren Sprung. Hob ab und flog in schönem Bogen mehr als sechs Klafter weit, fast sieben, gelangte im Sprung also weiter, als sie zuvor den Felsbrocken gestoßen hatte, überbot den Stoß mit dem Flug ihres schönen Körpers, wahrlich mit dem einer Grenzenüberfliegerin [»Hexe«, vgl. S. 78, 168].

Da raunten die Zuschauerinnen beifällig. Von Gernot und Hagen dagegen hörte ich sorgenvolle Töne. *Fafnir*-Gattin, hörte ich. Und *Valandinne* [Teufelin]. – Die schöne Isländerin aber trat zur Seite, gab den Kreis frei für den Bewerber aus Burgund. Und der schritt nun, abermals nicht ohne Keckheit, neben den Felsbrocken. Auch er, soviel sah jeder, war von Statur nicht breit und stämmig wie etwa Gernot, von Gunthers schlankem Wuchs ließ sich kaum denken, daß davon der Klotz überhaupt bewegt würde. Doch Gunther hob ihn. Trug ihn zurück in Brünhilds Wurfkreis, als habe er auf dem Markt ein *libra* oder *pondo* [beides meint das römische Pfund (326 Gramm)] Kohlrüben erstanden.

Und er schien nun, im Kreis, den ungeheuren Stein vor seinem Leib wie spielerisch in den Händen zu wiegen, drehte ihn hin und her, so lange, bis er zu meinen schien, dies sei die günstigste Lage. In Wahrheit lauschte er dem arbeitswütigen Gnom. Wuchtete dann ebenfalls den Felsen auf seine Schulter, drückte ihn mit der Schulter hinauf und wog und bewegte das Gewicht dort oben, ohne daß man ihm eine Mühe hätte anmerken können, ja, tänzelte nun in einer hüpfenden Unruhe, als könne er's gar nicht erwarten, diese Last, die so viele Frauen kaum hatten schleppen können, fliegen zu lassen, stemmte schließlich den Brocken, immer noch wie spielerisch, hoch über seinen Kopf hinaus (der Xantener war um etliches größer als Gunther) und stieß den Felsen dann weit von sich, wozu er eine erstaunlich edle Anstrengung sehen ließ –

Stieß ihn in eine allerdings ungeheure Entfernung. Nämlich um die

Hälfte weiter, als die Isländerin ihn geworfen hatte, fast zehn Klafter weit weg. Der Einschlag von Brünhilds Wurf war ja deutlich markiert, die geborstenen Steine gut sichtbar, jeder konnte nun vergleichen. Da war gar kein Irrtum möglich. Da waren nicht nur Hagen und wir Brüder baff, da lief ringsum durch den nächtlichen Hof ein Entsetzensächzen, ungläubiges Weheklagen. Wer, außer Gunther, hätte in diesem Moment durchblicken können, welche Stärke im Spiel war. *Cuoniouuidi*. Baumkraft fällte hier Baumkraft [vgl. S. 40, den Segensspruch der Frau Ute, ferner den des Xanteners (S. 169), S. 233 und *Walthars* Andeutungen S. 263 ff.].

Der König nahm auch diesen zweiten Sieg wie selbstverständlich. Zeigte keine Faxen, vollführte keine Lufthüpfer und Freudensprünge, sondern bewahrte auch jetzt Haltung. Trat nun gleichfalls zurück, ging bis an den hinteren Rand des Hofs, der beleuchtet schien von mehreren Monden. Dort mußte er warten, denn immer noch standen fassungslos einige der elbischen Wesen in der Hofmitte, starrte auf die Einschläge, verglichen kopfschüttelnd diese mit jener Zertrümmerung, räumten nur zögernd das Sprungfeld.

Der König mochte sich unter der dunklen Wand von Grund auf gesammelt haben. Um nun alle Kraft in einen einzigen Sprung zu tun. Tat einige langsamere, dann mehrere recht schnelle Schritte, setzte nach vorn, immer längere Hüpfer sahen wir und dann diesen riesenhaften Sprung. Wie ein Schwebender flog er, federleicht und libellengleich schnellte unser König dahin, auf und davon. Und schaffte auf diese rätselhaft elegante Weise, *mirum in modum* [»auf wunderbare Weise«], den Sieg.

Auch Gunther war mit dem eigenen Körper weiter gelangt als zuvor mit dem Felsen. Flog um etliches über seinen enormen Steinwurf hinaus. Hatte damit auch die dritte Probe gewonnen, sein Leben gerettet und unser Mannestum. Unser elendes Ende war abgewendet in einer, so sagten wir uns, *mirifica altera natura et in rerum concordia discors* [»durch eine wunderbare zweite Natur und in der zwieträchtigen Eintracht der Dinge« – geht vermutl. auf Ansichten des *Empedokles* (ca. 490–430 v. Chr.) zurück, die Horaz aufgriff, wonach Naturprozesse nur zu erklären sind aus stärkerem oder schwächerem Wirken unterschiedlicher Prinzipien, z. B. Liebe/Haß, Klarheit/Verworrenheit)].

Ein Schrei war zu hören, ein Frauenschrei [vgl. S. 22, 294, 504, 511]. Unklar, ob dieser Aufschrei aus Bitterkeit kam, aus Ohnmacht oder aus gerechter Wut. Isländische Frauen eilten dorthin, wo Brünhild eben noch gestanden hatte. Freundinnen umringten sie, bildeten einen dichten

Kreis. [Vgl. H. P. Duerr (*Sedna*, 1984): »Vor kurzem noch gab es auf den *Far Öern* einen Tanz, in dem von Brynhild gesungen wurde, die auf einem öden Berg auf einem goldenen Stuhl sitzt. Die Sängerinnen pflegten einen Bannkreis zu bilden um eine junge Frau, die Brynhild darstellte – bis Sigurd auf seinem Roß Grani den Kreis der Sängerinnen durchbrach und sich mit Brynhild vereinigte.«]

Auf den schwarzen Mauern rings leuchteten die Steinlichter schwächer. Brünhild stand wieder aufrecht. Ließ sich nicht stützen, zeigte sich frei zwischen ihren Gefährtinnen. Die öffneten ihr eine Gasse, bleich trat sie heraus und sagte, gut vernehmbar, mit offenbar sicherer Stimme: Freundinnen, das Kämpfen ist getan. Wir haben nun einen Herrn. Wir stehen jetzt bei einem wahrhaft großen Morgenlandkönig in Dienst. Sind von nun an alle dem Gunther von Burgund untertan. Beugt Euch vor seinen ungewöhnlichen Kräften.

Da wurde Klagen laut. Zwar war bei der Mehrheit der Frauen die Erschütterung nur ablesbar an dünnen Lippen, am Sorgenblick und an schnell zu verwischenden Tränen. Bei einigen aber an heftigen Schlägen gegen die eigene Brust, am Haarraufen, an lautem, an bitterlichem Jammer.

Wir Gäste aus Worms hatten im Jubel die Arme hochgeworfen, schleuderten unsere Waffen fort, Gernot erklärte alles Mißtrauen für vergangen, selbst Hagen öffnete seinen Brustpanzer. Und wir sahen nun, wie die Burgherrin, nachdem sie das Wort »untertan« wiederholt hatte, zu Gunther hinüberging. Sahen, wie diese für wunderbar geltende Frau vor meinem Bruder auf die Knie sank, so wie auch der Xantener vor ihm gekniet hatte, zum Schein in Devotion, um ihm die Schuhe zu binden, in Wahrheit, um Spione zu täuschen.

Als Brünhild so ihre Ergebenheit erwies, als jetzt auch ihre Gefährtinnen Gunther im Kniefall huldigten, da hörte er, wie ich später von ihm erfuhr, noch einmal die vertraute Stimme. – Solange Roms Gift herrsche, sagte die Stimme, gebe es Freiheit nur so. Nur unter Trug und Tarnung. – Gunther nickte ein wenig. Da er nicht aufgehört hatte, sein Lächeln zu zeigen, meinten die, die ihm huldigten, sein Nicken und Lächeln gelte ihnen.

Als danach, die Nacht über, in der lichten Halle gefeiert wurde, rund um die Bärenspeise, da erschien endlich auch der Niederländer, zeigte sich wieder im gleißenden Saal, kam mit seinen Schiffsleuten und schaute sich im hellen Raum um. – Aus Eurer Fröhlichkeit, sagte er, und am Bärenbratenduft merke ich, daß die dreifache Prüfung glücklich lief? –

Kam zu mir, um sich berichten zu lassen. Hörte gern zu, lächelte und nickte.

322 Auch vom Schiff bringe er gute Nachricht, die Kuhbarke sei wieder fahrtüchtig, am Bug habe er eine neue Kupferplatte eingezogen, das Vorderholz sei ersetzt und neu verbolzt und verschraubt, das Ruder habe am Gelenk frisches Leder erhalten, das alte sei unterm Orkan und vom Salzwasser eingerissen gewesen und mürbe. Er lächelte und nickte. – Doch doch, rief er, unser Schiff ist nun bereit, noch einmal so viele Fahrgäste aufzunehmen wie zuvor, weitere zwölf, oder ob die Frauen in einem eigenen Schiff führen?

Da wurde nun über die Tafel hin und her gefragt, gescherzt, wurde der Jurassische getrunken und wurde gegessen, nicht nur vom Eisbärenfleisch, auch vom Aal, vom Lachs, vom Hai. – Die isländische Königin trug jetzt die Kette. Siegfrieds Blutjaspis sah ich nirgends. Gunthers Wunde am Mund war mit Salben bestrichen worden, mit Wollfett, diesmal mit isländischem.

Am fröhlichen Gerede beteiligte der König sich kaum. Er erschrak, als ihn plötzlich eine dunkle Schöne umarmte, von hinten hatte die sich genähert und in ungewöhnlicher Freundlichkeit seinen Hals umschlungen, Gunther blickte wie erstarrt, da herzte ihn mit SIMPF und RATTAPLUI eine der Hexen, die Ruhrnymphe, die wünschte ihm Glück, BALDINAI raunte unvertraute Laute. Gleich drauf gratulierte auch HELINGA, sehr viel spröder. Dann kamen andere Gestalten, immer wieder gratulierten und feierten Frauen den König, beglückwünschten ihn und die »Herrin«, wie sie jetzt Brünhild nannten. Da hatte Gunther zu nicken, zu lächeln und sagte endlich seiner stummen Nachbarin: Nun bin ich, mit Dir zusammen, ein wirklicher »WirKönig«.

Sie schwieg. Der König wirkte blaß, auch wohl deshalb, weil in dieser Halle das *lux obscura* [*concordia discors* (s. Glosse zu Horaz, S. 320), »dunkles Licht«] leuchtete, dieses Felsenlicht, von dem nicht klar wurde, ob es seine Helligkeit aus Steinkohlen bezog oder aus dem, was uns bei der Ankunft als Himmelsfeuer begrüßt hatte, als noch wir es waren, die auf den Knien lagen, auf den Planken des eisigen Schiffs.

Während sich sonst im Saal eine Art trotziger Fröhlichkeit ausbreitete, sah man an der oberen Seite der Tafel zwei überforderte, zwei angestrengte Sorgengesichter. Woher rührte Brünhilds Blässe? ihr Schweigen? Sie wird bemerkt haben, wie groß der Abstand blieb, den ihr alter »Genosse« wahrte. Und so deutlich der dreifache Sieg ihres neuen »Herrn« auch ausgefallen war, so rätselhaft und unerklärlich mußte ihr an diesem blassen schmalen Bräutigam das meiste bleiben.

Der Niederländer wußte sich gut abzulenken, ich sah ihn mit HELINGA. Die hatte freilich, wie schon im *Asnithi*-Wald, nur Stacheln für ihn, kratzige Fragen, wollte wissen, warum sein Dienstherr kaum rede und nicht lachen und strahlen könne über seinen Sieg, höchstens stumm grüßen und nicken. Der Niederländer fragte zurück, ob das ein Paradies sei oder Glück, das ohne Anstrengung zu gewinnen und zu begreifen wäre.

BALDINAI verhielt sich auch jetzt ungleich sanfter, gern werde sie mitreisen nach Worms, sagte sie mir, wenn noch Platz sei, dann auch auf dem Schiff des Xanteners, begierig sei sie zu wissen, wie es Rans Tochter ergehe im Reich der kraftvollen Herren. Und warf einen so verwirrenden Blick auf meine Gestalt, daß ich fürchtete, nun würde auch ich geprüft.

Gewiß ist, ich fiel noch an diesem Abend in Liebe zu dieser Nymphe, die so zauberhaft ist, daß ich seither nicht mehr weiß, warum die Weißhäutigen für schöner gelten sollen. Wie blaß, fast krank erscheinen mir seitdem die Bleichgesichtigen. Und gewiß ist, auf diesem isensteinischen Fest genoß auch der Falke Flug und Spiel, hatte ja seine Kräfte aus Welten wie dieser hier. Und hatte sie doch gegen eben diese Welt gewendet. Wie schwer, all diese Verwicklungen gerecht zu beurteilen. Da hing Altes mit immer noch Älterem zusammen und bleibt nur zu wissen, der Nibelunge verfügte über Gewalten, zu deren Mutter auch diese Chronik nur Suchschritte tun kann.

In meinem Lorscher Todesloch erscheint mir der Xantner Offizier nun wie einer, der sich Auftrag um Auftrag auflud, wie jener Feuergnom in Utes Erzählung. Nicht etwa aus Unterwürfigkeit oder Diensteifer, sondern umgekehrt, aus freien Stücken, aus Lust am eigenen Können und Wissen und Wissensdurst. [Schazman übersetzt *joke and wit*, siehe jedoch S. 244, 255, 264 (»Witz«).]

Von seiner externsteinischen Mutter und ihren sieben Vorschlägen wußte er, daß Tod und Trug von beiden Seiten herankriechen, aus Wotans Rauschreich wie aus Roms Gierreich. Gegen diesen weltumschlingenden Alp half nur, glaubte er, die immer noch bessere, die genialere Verkappung, die noch tüchtigere List. In dieser Einsicht und in diesem *»studium«* war er unterwegs. Nur dreiundzwanzig Jahre lang. Unterwegs zu einem verbesserten, einem lebensfreundlichen Rom?

Aber all solche Vorstellungen von Rom variieren nur das imperiale

Denken der Herren [Schazman: *imperial thinking of the ruling masters*], übertragen eine herrschsüchtige Klugheit auf jenes mitternächtliche nibelungische Nif*hel*heim, auf eine keltische Welt, in der, was der *Victor* als Grundgesetz des *Imperium Romanum* verspottet hatte [S. 156], unbekannt war oder als Todessucht galt. Wer vom Nibelungen erzählt, ist unterwegs in unsere Ursprünge, die so bornholmisch irdisch sind wie unfaßbar, so begreifbar rätselhaft wie Sieglinds sieben Sätze. Mir scheint, daß ihr Sohn einen Ausweg suchte aus dem römisch-byzantinischen Herrenwesen, aber nicht etwa zurück in die Tiefen von GINUNGAGAP, sondern in eine Mitte zwischen beidem, mag sein, in die Balance aus Hagen- und Hecken-Art. [Vgl. S. 170 f., aber auch das Dokument des *Orosius* S. 224.]

Die Taten, die vom Niederländer zu erzählen sind, zeigen immerhin eine Entwicklung. Am Anfang standen nicht nur seine kölnischen Raufereien und Stahlkünste und Ruhrkräfte, nicht nur die wunderbare Erschlagung *NidGirs* und daß er seinen Schmiedelehrer dreimal erpreßte und schließlich zerschmiß [Schazman: *smashed*], sondern spätestens seit dem mörderischen Kampf mit den zwölf OstFalen verpottete er die Kopflosen, die *capti* und versuchte er es mehr und mehr mit der List, mit Eisenkette, Kappe oder geschickter Rede. Sein Weg, scheint es, ging von dem, der ihm den Eisenpfahl mitgegeben hatte, zu derjenigen, die ihm die Schellenmitra gab und die Geschichten, die listigen Ratschläge und die sieben Sätze und die Empfehlung, nach Rom zu gehen.

War der betrügerische Kampf gegen die Isländerin ein Rückfall? Sein Weg wurde abgebrochen (wie nun wohl auch meiner amputiert wird), mörderisch wurde er gekappt vom ebenfalls römisch geschulten Hagen. Sollte der Xantener wirklich Norden und Süden, *Nifl* und *muspel*, so zu verbinden versucht haben, wie viele es ihm nachsagten, nämlich als Imperiums- oder Reichs-Idee, dann, ach, dann fürchte ich, dann hätte auch das nur im Unglück enden können, weil, wann immer wir Kelten oder Goten oder »GerMannen« imperiale Ideen verfolgen, unabsehbare Katastrophen fällig sind.

Mitten im Tafelgesumse hörte Gunther neben sich eine Frage. – Warum, fragte Brünhild, bist Du so bleich? – Fast erschrocken sah er sie an. – Freust Du, der Sieger, Dich nicht über Deinen Sieg? – Aber ja, ich freue mich. Danke gern jedem Glückwunsch. Nur bin ich jetzt so erschöpft, wie das nach solcher Reise und nach so ungewöhnlichen Anstrengungen wohl erlaubt ist. Unfroh bin ich nicht, Herrin. Im Gegenteil, voll süßer Erwartung. Doch versteh ich hier noch nicht alles. – Zum Beispiel? – Eure übergroße Kraft. Da Ihr so unvergleichlich schön seid, erscheint sie mir endgültig rätselhaft.

Er sah nun wieder die dunklen Augen der Frau, sah sie auf sich gerichtet. Glaubte in ihnen, wie er mir später anvertraute, das Licht aus den schwarzen Waldsteinen glimmen zu sehen. Dieser Blick erschien ihm zwar dunkel, aber zugleich überhell, glimmend wie Diamantblitz. – Damals hörte ich ihn sagen: Bekennen muß ich, daß mir schon auf dem Weg hierher vieles unerklärlich blieb. Schon all diese Lichtwolken quer durch den Himmel. Und als ich Euch heute werfen sah und stoßen und springen, da leuchteten geheime Zauberwolken. Euer zarter schlanker Leib, woher nimmt er die ungeheuren Kräfte? Von *Freya*? von der Erdmutter selber?

Ihre Augen waren noch immer auf ihn gerichtet. Dann sagte sie, er erinnere sie an einen Fischer. Den hätten sie gebeten, für eine besondere Mahlzeit kleine Fische zu fangen, kleiner als eine Handlänge. Als der heimgekehrt sei, habe er solche Fische nicht mitgebracht und behauptet, so kleine Fische gebe es nicht im großen Meer, da lebten nun mal nur Haie, Wale, Delphine, Seeschlangen. Der habe wieder hinausmüssen, habe aber auch beim nächstenmal nur Tümmler mitgebracht und Seeteufel und Riesenkraken, habe sich bestätigt gefühlt in dem Glauben, der große Ozean berge nun mal nur große Tiere. – Kluger Herr vom Rheine, sagte die Isländerin, Ihr wißt längst, daß die Narrheit solcher Tölpel ihr Netz ist. Wenn ein Burgunderherr Island betrachtet, dann denkt er an Wunder, weil er in seinem Kopf das falsche Netz hat. Durch Euer Sieb fallen womöglich alle Dinge hindurch, die hier zu fangen wären.

Zum Glück, antwortete Gunther, hatte ich wohl, im entscheidenden Augenblick, ein passendes Netz. – So sagte er's und schien blasser als zuvor. Ratloser jedenfalls. So erschöpft auch, daß die Königin aufstand, zu ihren Freundinnen ging und Anweisungen gab für die Nacht.

Unterdessen kam Hagen und fragte den König, was ihn bedrücke. – Er ist mir unheimlich. – Hagen beugte sich vor. – Wer? – Gunther sah sich um und flüsterte: Der Siegfried. – Mehr sagte er nicht. Nicht nur weil die Isländerin sich wieder näherte. Auch später schwieg er, unterwegs im Schiff, als Zeit gewesen wäre für genauere Auskünfte. Er behielt für sich, was ihn ängstigte. Warum ihm der Ruhrmann unheimlich geworden war. Erst in der großen Beichte nach der Hochzeit, da gestand er mir alles.

Hagen war dann zur Empore gegangen, wo Felle für die Nachtruhe ausgebreitet wurden. Dort hörte ich ihn murren: Ein Arbeiter ist er, aber voll Hinterlist. – Warum redest Du plötzlich wieder so unfreundlich von unserem Schiffsmann?

Er sah mich eine Weile mißtrauisch an. Legte sein Schwert unter die Kante des Fells, auf dem er schlafen wollte, und sagte dann: Mehr als die Karten schätz ich das Schachspiel. Das erfordert *prudentia rerum publicarum* [»politische Klugheit«]. Er öffnete seine Leibbinde, ließ sie aber am Körper. – Schach ist der Welt weitaus am ähnlichsten, der Mordwelt. – Ließ sich auf die Knie, legte sich nieder. Ich deckte ihn mit einem zweiten Fell. – Beim Schach, sagte er, sind, wie in der wirklichen Welt, nur bestimmte Bewegungen erlaubt. Die Weltregeln regelt neuerdings klar, streng und brauchbar wie nie zuvor *sacerdotum globus* [»die Clique der Priester«]. Scharf trennt der Bischof von Rom. Der Turm darf nur geradeaus, der Läufer nur schräg, die Springer nur übers Eck. Mit einer Ausnahme, fügte er hinzu und sah mich prüfend an. Eine einzige Sorte hat Hoffnung, die Spielregeln abzuschütteln, sich zu verwandeln. Und im Verwandeln sich ungeheuer zu verbessern. Nur die geringsten, das Volk, das Pack, das hofft aufs *mutabor* [»Ich werde verwandelt werden«]. *Cave servitium* [»Hüte Dich vor den Sklaven«]. Hüten wir uns vor den »Leuten«, die wir die *diet* nennen, die »Deutschen«. [Vgl. S. 12, 159, 223, 420, 528 ff.]

Er wälzte sich weg, wollte jetzt wohl schlafen, kam aber nochmal hoch und sah mich an. – Aber ihre Verbesserungswut verraten sie manchmal. Schon beim Beginn, beim ersten Schritt. Den tun sie mit einem Doppelschritt. Um alsdann, bei den winzigen Schrittchen, die ihnen danach noch erlaubt sind, geschlachtet zu werden. Wehe, es dringt einer von ihnen bis an sein Ziel. Dann wird der Keltenkopf zum Verwüster. Dann beherrscht der Rüpel das Schlachtfeld, als »Herrin«. Zum Glück gibt's das nur alle hundert Spiele. Die meisten *diet* metzt man vorher.

Ich kniff die Lippen zusammen, hockte mich neben ihn. Er legte sich wieder nieder, schob sich aber den Bart übers Kinn und beobachtete mich. – Um herauszukriegen, woran er dachte, sagte ich: Du denkst ans »Bauernopfer«? – In der Not, sagte er, wagt auch der König mal einen großen Sprung. Springt dann bis hinter den eigenen Turm und tauscht mit dem die Plätze, bringt sich in Sicherheit. – Hat denn heute unser König nicht einen solchen Sprung getan? – Ich wollte, er wäre in seine Sicherheit gesprungen. – Was hätte er tun sollen? – Hätte prüfen müssen, wo sein wahrer Turm steht. Sollte Bauern nicht mit Türmen verwechseln. Siegfriede nicht mit Bergfrieden [»B.« = in Burgen der stärkste Turm, an der am meisten gefährdeten Stelle, zum Berg hin].

Er blies die Kerze aus. Nach einer Weile hörte ich ihn aus dem Dunkeln. – Ich weiß, was Du von dem Goldfuchs denkst. Laß Dir gesagt sein, wir haben nun unter uns ein *monstrum industriae laboris* [»Scheusal des Arbeitseifers«]. Das will nicht bloß *mansus* [Acker, »Hufen Land«] beackern und nicht bloß Frauen, sondern will sich in den obersten Jäger verwandeln [in Orion, den myth. Großen Jäger (S. 22, 503)] oder aber in die rasend wahnsinnigen Jägerinnen der Vorzeit. [Z. B. Artemis (röm. Diana), als Göttin der Naturkräfte verehrt (z. B. in Ephesus), die den Jäger Orion als Sternbild an den Himmel bannte.] Ich aber sage Dir, schon ein einziger Spartacus war einer zuviel.

Die Isländerin und der Burgunderkönig haben sich mit höflichen Worten voneinander verabschiedet, gingen in entgegengesetzte Richtungen davon, geleitet von Frauen mit Fackeln, übernachteten in voneinander weit entfernt liegenden Kammern der Burg.

Bis tief in die Nacht tönten noch Gesänge über dem Isenstein, kollernd und hart, manchmal wie das Kampfheulen unterm Drachenfels und im Wald vorm Main. Nun aber rumorten da Frauenstimmen. Ihre Steingesänge wehten von der Burg übers Meer, weit über das Eis hinaus. Gernot, der im Saal geblieben war, wollte von mir wissen, was diese Frauen sängen, ich konnte ihm's nicht übersetzen. Nur »Chunthar« unterschied ich, und »untertan«.

Und bis zuletzt war mir unklar, ob da Rauschklänge tönten oder Trauertöne. Später, nach Mitternacht, mischten Trommeln mit, Flöten und Trompeten. Niederländisches und Eisländisches verbanden sich und mir schien, das waren bornholmische Kraftschläge, solche, mit denen Mut und Stärke ebenso zu schüren waren wie Zweifel und Bitternis. Waren das Widerstandssignale? Gegen die römischen Jäger und ihre Fallen? Obwohl ich bis zum Morgen unter den Frauen blieb – von diesen nif*hel*heimischen Mitternachtsgesängen wußte ich bis zuletzt nicht, ob darin mehr Lust sang, Trotzlust, oder aber ein drohend schwarzsaurer Zorn. Weh über diesen unseligen Kampf. Über diesen Kampf zwischen Rausch und Erkenntnis.

III

Duplae Nuptiae Adornatae

[Doppelhochzeit (»doppelt ausgerichtete Hochzeiten«)]

Anderntags hatten die Frauen entschieden, daß sie in ihrem eigenen Boot fahren würden. Brünhild sagte unverblümt den Grund. Zum einen fahre es sich auf den Schwingen der Windsbräute angenehmer und rascher. Zum anderen wolle sie Gunther noch nicht »freien«. Erst in Worms, erst bei der Hochzeit. – »Freien«? Sie ihn? – Fragte Hagen.

Auf der Rückreise übers Nordmeer blieb das Boot der Frauen in Sichtweite, mal luvseitig, mal im Lee. Da die See ruhig war, saßen wir Männer häufig auf dem Deck beisammen und redeten. Immer wieder sprachen wir über die Nacht auf der Insel. Und schließlich fragte ich den König offen, wie er diesen Wettkampf habe gewinnen können. Er stotterte, sagte was vom Bornholmischen, von der Riesennatur auch in einem wie ihm, wich aus. Als auch andere zu erkennen gaben, wie wenig von den Ereignissen auf dem Isenstein zu begreifen wäre, und als Gernot erklärte, er werde nie verstehen, wie Gunther den gewaltigen Stein überhaupt habe heben können, erzählte der König die Geschichte von dem Fischer und vom unpassenden Netz.

Wir ließen den König in Ruhe. Hörten aber in der Nacht vom Steuermann *Walthari*, daß es Inselberge gebe, die zögen Schiffe an. Und daß es andere gebe, die stießen Schiffe fort. Auf diesen Inseln habe man Felsbrocken gefunden, groß wie Kälber, aber leicht wie Schweinsblasen. Brächte man die jedoch nach Xanten oder nach Worms, würde dort niemand sie schleppen können.

Auch auf dem Rhein, als zu rudern war, blieb das isländische Schiff dichtauf, ohne daß wir drüben jemanden gesehen hätten, der ruderte. – Sie haben Gespenster an Bord. – Hagen sprach leise, wollte Gunther das nicht hören lassen. – Wahrscheinlich nutzen sie Luftgeister, Sylphen oder Undinen, die verstehen sich auf die Böen und Strömungen.

Vor der Ruhrmündung blieb das fremde Schiff zurück, hatte bei der Deutschburg am Ufer angelegt. Unterm dunklen Lurlaifelsen war es dann wieder in Sichtweite, hatte silbergraue Segel gesetzt. Auch diesmal hatte sich der Kapitän in den Schiffsbauch zurückgezogen. Am raunenden Berg war aber auch diesmal nichts Ungewöhnliches zu bemerken, jedenfalls nicht von uns.

Am letzten der zweimal zwölf Tage näherten sich beide Schiffe der burgundischen Pfalz. Keine Tinte sollte ich sparen, den Empfang zu Worms, das Aufgebot an Menschen und Willkommenszeichen zu schildern. Da wurde gewinkt, gejubelt, fröhlich zeigten sich am Ufer selbst die, die weder über Besitz noch über Waffen verfügten. Dieser Tag der Rückkehr im Jahr 486 war einer der ersten Lenztage, einer, an denen Tag und Nacht gleich lang sind. Man weiß, nichts bleibt in der Waage. Und wenn je eine Fürstenhochzeit ins Stürzen geriet, dann diejenige, die nun begann.

Mit dem Tag der Ankunft, so hatte Dankwarth bestimmt, würde die doppelte Hochzeit eröffnet, sieben Tage lang sollte gefeiert werden, am siebten würde das Fest mit einem großen Jagen in den südlichen Wäldern abschließen. Wer hätte wissen können, was da zur Strecke gebracht wurde. Höchstens die, durch deren Kopf Wörter geistern konnten wie *Cave servitium* und Bauernopfer.

Nichts vom schaurigen Schluß schien erkennbar an diesem Anfang. Am Wormser Kai standen in Mengen die Leute, von überall her waren die gewandert, geritten und gefahren, Freie wie Leibeigene, Landleute wie Krämer, Waldköhler wie Handwerker aus Mainz und Speyer, Mönche wie Kriegsknechte aus Ladenburg und Straßburg, auch Gaukler, Kuppler, Baderknechte, Kuchenverkäufer, Zahnreißer, Possenreißer, Lumpensammler und Korbflechter und Bäcker, auch Badefräulein aus den beiden *Aquae* [Aachen und Baden-Baden], jene *meretricae* [Gunstverkäuferinnen], die bekanntlich von allen Arbeiten die schwersten tun, da sie uns Männern die Angst nehmen müssen vor den Frauen. All diese Leute wollten nun Gewinn machen oder wenigstens mit ansehen, wie die Hochzeitsleute aus dem Mitternachtsland zurückkämen, wie man sie empfing und wie dann die Waffenspiele begännen und das große Markten, wollten hören, wie die neuen Glocken des Münsters läuteten oder ob auch die herabstürzten, falls auch hier am reinen Erz gespart worden war, wie der Handel eröffnet und ritterliche Turniere ausgefochten würden, an den breiten Rhein-Ufern und auf dem Pfalzhof, in den Gassen und vorm Münster, wie alsdann das neue Schaffott genützt und dem neuen Romgott gedient würde, der zwar reiner Geist sei, *dicitur* [»hieß es«], der aber um so blutigere Opfer verlangte, Menschenopfer. Nein, nicht mehr Tiere, sondern Menschen spießten die neuen Priester auf Pfähle und hängten sie an die Galgen, Nachbarn wie Fremde, und die Opfer der neuen Religion bekamen nun seltsame Namen: *diabolicus, haereticus, index, perturbator, zelator* oder *contaminator.* [»Teuflischer«, »Ketzer«, »Fälscher«, »Irrgläubiger«, »Eiferer«, »Befleckter«.] Kein Papst erließ bisher soviele Aufrufe zur Verfolgung und Vernichtung der Ketzer wie der heilige Vater *Simplicius*, von dem Ringwolf den Bergkristall trug.

Die Gäste an den Ufern, *laetitia exsultantes* [»die Jubelnden«], sofern sie hochgeboren waren, wollten erleben, wie, wahrscheinlich gleich am ersten Tag, oben in der Königshalle, das Ehegelöbnis doppelt geschworen würde und wie von da ab die Hochzeitsnächte zu feiern wären, Nächte, von denen sich fast jeder Unterhaltung versprach. Die Armen jedoch, also die meisten, erhofften sich eine Woche lang Essen und Trinken ohne Entgelt, und wahrhaftig, das genossen sie alsbald, und zwar in einer Fülle, wie sie im Leben dieser Leute nie wieder vorkam.

Solche Aussichten hatten Tausende angelockt, aus Metz und Basel, aus *Argentoratum* [Straßburg] und Alzey und Trier und Bingen und Koblenz und Weißenburg, ja, auch aus *Colonia, Bonna* und aus Xanten und sogar aus Soest. Da erschien er nun vor uns, an den Ufern, leibhaftig und greifbar nahe, *novus turbo populorum ita vero in urbano versatione* [»der neue Völkerwirbelwind, freilich in freundlicher (eigtl.: ›in städtischer‹) Version«].

Das Burgunderreich schien aufgehört zu haben, ein Sorgenreich zu sein. Herr Dankwarth hatte vorzüglich vorbereitet, hatte Hafen und Gassen und Königspfalz säubern, ausbessern und schmücken lassen. Freilich konnte der Haus-, Hof- und Zeremonienmeister nunmehr mit bester Währung zahlen, aus dem schier unerschöpflichen rheinischen Hort.

Dieser Hort, hieß es, der bestehe in Wahrheit aus dem Hunnenschatz, sei auf den katalaunischen Feldern zusammengeplündert worden [zwischen *Troyes* und *Chalons*, wo 451 Westgoten, Burgunder und Franken unter dem römischen Feldherrn *Aetius* die Hunnen Attilas besiegten], andere ergänzten, Yüten hätten das alles entwendet und den Rhein hinabgefahren und seien dort ihrerseits von *NidGir* beraubt worden, wieder andere beteuerten, schon die Hunnen hätten das Rheingold gestohlen, Burgunds neuer Reichtum rühre in Wahrheit von den gälischen Helvetern, ja, vormals hätten Kelten das alles besessen und hätten es verspielt, da den gallischen Kämpfern fürs Besitzen der Sinn fehlte. Leute, die in Rom gewesen waren, glaubten zu wissen, der Hort stamme vielmehr aus dem Fluchtschatz des römischen Kaisers, der vorm Ansturm der Goten zwar überstürzt floh, aber mit hundert und fünfzig Eselsladungen an Goldschätzen dem *Victor* vom Niederrhein geradewegs in die Fänge lief.

Ringwolf blieb bei seiner Ansicht, es handele sich ausschließlich um Kirchengut. Andere wußten von elbischen Quellen, von geheimen Goldschmieden im Rothaargebirge und bei den Externsteinen, wo man Erze aus dem isländischen *Herdubreid* verwendete und wo druidische *artes fabriles magicae* [»Schmiede-Künste«] das Erz in besonderen Sonnenfeuern verwandelten zu Silberfiligran und Goldschmuck, wie das so kostbar seit den Zeiten der Waldgötter kein *artifex* mehr habe schaffen können, höchstens Theoderichs Wieland oder der Buchstabensammler von *Buochenheim* [s. S. 178 ff.] oder, als letzter, Siegfried selber.

Unterdessen legten unsere beiden Boote an, das Kuhschiff und das dunkelgraue Feuerschiff der Isländerinnen. Nun drängten die Mengen zur Anlegestelle, riefen, winkten unterm Dröhnen und Schallen von Trommeln, Hörnern und Trompeten. Wer war da unter den Zuschauern und hob sich nicht auf die Zehen, um ja nichts zu verpassen und sogleich Bescheid zu wissen über die Neuen, die Fremden.

Auch Frau Ute, die Blinde, hatte Truchseß Dankwarth im Sessel hinuntertragen lassen ans Rheinwasser, in doppelte Felle war sie gehüllt, das kleine Greisenhaupt war in den Schaflocken kaum zu erkennen. In den Fenstern überm Hafen sah ich schon vom Schiff aus Koch Rumolt mit seiner Straßburger Suppen- und Soßenmannschaft, die johlten und winkten mit ihren Tüchern. Und überall auf den Mauern und auf den anderen Schiffen ringsum standen und riefen und lärmten Fischer und Bauern, auch Krieger in voller Rüstung, dunkel und stählern blinkten die Harnische der nibelungischen Streiter, dazwischen leuchteten die helleren der Burgunder, deren Brünnen für diesen Tag besonders blank geputzt schienen. Gere von Speyer, Gottlieb der Dicke, Dankwarth und alle Oberen in Worms, die trugen nun die schwarzen Panzer, die neuen, die nach Ruhrrezept gefertigten.

Auch Bischof *Rumoridus Rusticulus* war schon vom Schiff aus nicht zu übersehen, trug seine leinene Sonntagskutte (wollene, also tierische Gewänder vermied er, auch an den kältesten Tagen), zeigte sich mit dem großen blutroten Kreuz auf schwarzem Rock. – Vorn am Kai aber, neben Ute, dort wartete Kriemhild mit ihren dreißig Hoffräulein. Sie stand

genau dort, wo unser Schiff zu vertäuen sein würde und sah in der Sonne so lieblich aus, als sei sie die Frühlingsgöttin selber, *Freya*, nach der wir nicht nur den vorletzten Tag der Woche nennen, den Freitag, sondern auch das, was wir, ob geheim oder auch offen, als Liebstes wissen und wünschen.

Wann immer ich versuche, die Vorgänge in diesem Winter und Frühling getreu zu beschreiben, schieben sich mir die späteren Ereignisse vor die früheren, die finsteren vor die hellen. Und manchmal ist mir hier im Kerker, als wollte das blutige Chaos mit Macht zurück in meinen Kopf, als drehte es mich herum bis zur Besinnungslosigkeit – dreimal fand mich der Wächter, der den Brei bringt, unterm Tisch, die Schreibfeder hielt ich noch in der Hand.

Inzwischen notiere ich auf dem zwölften Zehnerpergament. Kilian, der mich wieder küßte, so entzückt zeigte er sich über meine Berichte, teilte mir mit, wie es draußen, nach Siegfrieds Begräbnis, weiterging. Kriemhild habe sich eingeschlossen, spreche mit niemandem mehr, nicht mal mit Ute.

Aber die Herren zu Worms hätten nun andere Sorgen, als sich um die trauernden Frauen zu kümmern. Man habe erfahren, daß seit der Hochzeit, ganz in der Nähe, hinterm Odenwald, König Etzel mit seinen Hunnen lagerte, offensichtlich hatte der auf *occasionem urbem diripuendi* [»eine Gelegenheit, die Stadt zu plündern«] gelauert, auf eine Möglichkeit, die feiernden Burgunder zu überfallen, die berauschte Festversammlung zu überraschen, um Rache zu nehmen für die Schmach, die sein Vater Attila hatte hinnehmen müssen [451 an der Marne (s. o.), detailliert beschrieben z. B. von *Iordanis* (6. Jh.) in *De origine actibusque Getarum* (XXXVI–XLI)].

Vielleicht waren es die Berichte und Gerüchte über Siegfrieds Taten, die Attilas Sohn von diesem Überfall erst einmal abgehalten hatten. Inzwischen meldeten Kundschafter, daß Etzels Krieger sich südwärts *in silvas se abdiderunt* [»sich in die Wälder absetzten«], was offenbar mehr ein Schachzug denn ein Rückzug sei, denn auch über den Kraichgau könnten die Hunnen sehr rasch wieder ins Rheintal hinab, von dort könnten sie sogar die Wege abschneiden zu unseren Verbündeten im Süden, in der *Sapaudia*. Jedenfalls gelte erhöhte Wachsamkeit und lenke der Jammer der Frauen nur ab. Ehe Kilian meine Zelle verließ, beteten wir in unserer Verwirrung und Hilflosigkeit: *Heu nos, pereat dies, in qua concepti sumus, in qua sumus nati. Quantas habemus inquitates, periunt spes nostri. Quid faciamus de cetero, penitus ignoramus ergo annales scribemus.* [»Weh uns, verflucht seien die Tage, an denen wir gezeugt, an denen wir geboren wurden. Was für ein Unglück haben wir, dahin sind all unsere Hoffnungen. Was wir jetzt noch machen könnten, wissen wir ganz und gar nicht mehr – also schreiben wir die Chronik.« – Schazman klammert *annales* ein, womit er andeutet, daß er dies Wort ergänzt habe. Sinn ergibt sich aber auch, wenn es wegbliebe und der Gegensatz von *facere* und *scribere* deutlicher wäre: *ergo scribemus.*]

Die Verwirrung um den Mord und die Folgen hat mich nun wieder ganz und gar aus der Chronologie gerissen, diesmal aus der Hochzeitsbeschreibung, o Loki, und auch Du, irischer Kilian, steht mir bei, mir Wicht [= Nichts, vgl. S. 171, 211].

Beim frühlingshellen Bild unserer Schwester, bei den Wörtern »Frau« und »*Freya*« hatte ich mich ablenken lassen vom Empfang am Hafen. Markgraf Gere von Speyer sollte ich nicht allzusehr vergessen, jenen, den der Franke Chlodwig hatte überfallen lassen und der Kriemhild, wie wir alle wußten, zu gerne selber gefreit hätte. Nun führte er an der Mole Kriemhilds Pferd am Zaum und hatte soeben der Braut des Nibelungen mit Anstand aus dem Sattel geholfen.

Aufs Schiff wurde uns heraufgemeldet, es seien auch die Eltern des Niederländers gekommen, wenn auch auf verschiedenen Schiffen, das eine aus Xanten, das andere aus Köln. Ich erkannte in der Menge vorerst nur *patruus* [Onkel, »Vatersbruder«] Gottlieb, den Frommen, den die Leute den Dicken nannten, sah auch den Herzog *Liudger*, den Sachsen, der nun Herr der neuen Ländereien war in den Bannwäldern an der östlichen Grenze, also unser Markgraf beim Sachsenheim, in der Märzsonne leuchtete sein blondes Haar, aber gar nicht weit von ihm standen Leute aus Metz, gruppiert um die Witwe des Ortwin, den *Liudgers* fälische Verwandte erschlagen hatten.

Auffallend auch die würdevollen Gesandtschaften aus den Bischofsstädten, neben Ringwolfs Kreuztracht glänzten die Ornate der Herren aus Trier, glänzend vor Wohlbefinden standen die da, zufrieden und offensichtlich dankbar, daß Kriemhilds künftiger Gemahl die Dänen vertrieben und das in Trier Geplünderte nicht nur zurückerobert hatte, sondern ihnen auch wieder herausgegeben. Neben ihnen sah ich Kirchenleute aus Mainz und aus Köln, ich erkannte aber auch meinen *Wunnibald*. Der gälische Freund hatte für die sieben Wormser Feiertage seine Einsiedelei im Waskenwald verlassen, oh doch, allen, die ihn fragten, bestätigte er's gern, und man rief es mir bereits aufs Schiff hinauf, Kilian werde bei der Doppelhochzeit neue Lieder auftischen, auch *narratunculae lascivae* [»freche Geschichtchen«], zum Beispiel über die Phalluslämpchen, die der Bischof zerschlagen hätte.

Unterdessen waren beide Boote vertäut, die Landungsbretter ausgelegt, wir Heimkehrer konnten endlich an Land gehen, drüben nun aber auch, im anderen Schiff, die Gäste, die unbekannten Frauen. Kaum hatte König Gunther Mutter und Schwester umarmt, ging er ohne weiteren Aufenthalt hinüber, zum Boot der Isländerinnen, eilte dort über den Steg hinauf, trat oben, für jedermann sichtbar, Brünhild entgegen. In diesem Augenblick sahen die Wormser sie zum erstenmal.

Ging auf diese Gestalt zu und küßte sie, hoch oben auf dem Schiff, so daß alle es sahen, küßte sie auf beide Wangen. Und geleitete sie über das ausgelegte Brückchen auf den Kai hinab. Dem Paar folgten die zwölf Freundinnen vom Isenstein, darunter BALDINAI, jedoch nicht HELINGA. Die war bei der Deutschburg ausgestiegen. Ich nahm's als gutes Zeichen. Sie wäre die dreizehnte Fee gewesen.

Als die Isländerin und Gunther das Ufer betraten, umarmten sich, im selben Moment, vor unserem Schiff, Kriemhild und ihr Freund, umarmten sich heftig heftig und ausführlich. Als sie einander endlich losließen und in der Fröhlichkeit noch ein bißchen wankten, war es Kriemhild, die sich als erste umwandte, um der neuen Frau entgegenzugehen. Da standen die beiden »Herrinnen« nun einander gegenüber, Kriemhild rückte mit ihren weißen Händen an dem Kopfputz, den Unverheiratete tragen und den sie, wenn sie ein wenig verlegen sind, wohl zurechtrücken müssen. Dann aber breitete Utes Tochter ihre Arme aus und küßte die Fremde sehr freundlich, ebenfalls auf beide Wangen, und sagte, wie man mir kurz drauf hinterbrachte: Frau Brünhild, so hätte sie geredet, seid uns von Herzen willkommen. Nicht nur mir seid Ihr willkommen, sondern auch meiner alten Mutter, die ich Euch hier vorstelle –

– führte die Isländerin dorthin, wo Gundomars Witwe saß. Brünhild beugte sich tief, die Blinde legte ihr die Hand auf das Haupt, das so dunkelhaarig schien wie das der eigenen Tochter, und tat mit ihr wie beim Abschied mit uns Söhnen und mit dem Xantener, und sprach:

Uuologa elenti!
harto bist thu filu suar
Thaz sagen ih thir in alauuar
Enti do uuas thiu almahtico krapft

Enti do ist ther manno miltisto
Bittemes thera worolt thruht
allasamma upparlut!

[(Bei Schazman wiederum wörtlich so, althochdeutsch, also unverändert aus der Kilianschronik:) »Fremdland! Du bist hart, Du bist schwer. Damit sage ich die Wahrheit. Aber auch hier lebte schon immer die allmächtige Gottheit. Und es lebt hier der mildeste der Männer. Beten wir zur Kraft der Welten, alle zusammen, und laut genug!«]

Da küßte Brünhild die alte Ute auf den Mund, richtete sich wieder auf und schien fröhlich, so sehr, daß sie jetzt noch einmal gegen Kriemhild die Arme ausbreiten mußte, die umarmten sich lächelnd ein zweitesmal, enger nun und herzlicher. Keiner konnte sich erinnern, daß ein Gast je mit mehr Freundlichkeit empfangen wurde. Kriemhild zeigte und nannte Brünhild nun ihre weiteren Verwandten, stellte ihr die *palatini nobiles ac ministri* [»die (adeligen) Höflinge wie das Hofgesinde«] vor, wies auch auf den Koch Rumolt oben in den Mauern, auf den Speisemeister und seine winkenden Gehilfen in den Küchenschürzen. Da bewegten sich viele Recken und Frauen nach vorn, zur Frau aus dem fernen Land, und verbeugten sich vor ihr und wollten sie auf diese Weise, wenigstens kurz mal, genau betrachten.

Als das alles geschehen war und genug Höflichkeiten getauscht, sprang Utes Tochter ihrem Bräutigam wieder an den Hals und herzte den Heimkehrer so ausgelassen, daß Brünhild es mit Verwirrung wahrnahm und wegsehen mußte. Kriemhild bemerkte das nicht, sondern tuschelte dem Niederländer ins Ohr, wie unaussprechlich sie sich freue. Er antwortete, er habe versprochen, auch von weitesten Flügen zurückzukehren und mit den prächtigsten Fängen. Wie es dem GerFalken gehe? – Der sei gelehrig, in der abgedunkelten Kammer zeige er alles Zutrauen.

Beide mochten sich kaum trennen, flüsterten wieder und wieder, küßten und umarmten sich so, daß es die Sitten, die *Ringwulfilas* gelten ließ, zusehends gefährdete. Brünhild schien das nicht mehr zu beachten, Dankwarth hatte Zeichen gegeben, Trommeln wurden geschlagen, vom Bergfried schallten Tuba, Trompeten und Hörner, die Gesellschaft setzte sich in Bewegung, näherte sich durch eine breite Gasse von Zuschauern dem Hoftor und ging nun denselben Weg, den nur wenige Tage später die Trauergesellschaft gehen sollte.

Das alles war ein eigenartiger, ein ganz und gar seltener Anblick. Für die Leute jedenfalls war es denkwürdig, all diese wohlgebildeten [meint das Körperliche (Schazman: *well formed*)] und meist hochgewachsenen

Herrschaften beobachten zu können, ihre feinen Manieren wie ihre kostbaren Gewänder. Wer beides zu überblicken hatte, die Höflinge wie ihre

Zuschauer, dem wären in diesem Frühlingslicht die Unterschiede aufgefallen, die Größe der ritterlichen Herrschaften und die Kleinheit, das Geduckte, ja Krumme der Unfreien, der Bauern und Handwerker, der Kahlgeschorenen.

Die Sklaven hielten ehrfürchtig Abstand, bestaunten, wie bei den Großen sogar die Rösser kostbarer hergerichtet waren als sie selber je in ihrem Leben. Wie prunkvoll auf dem Rücken der Tiere die arabischen Teppiche leuchteten, wie prächtig der Goldschmuck blitzte in den Geschirren, in den steinbeschlagenen Sättelseiten, auch in den durchflochtenen Mähnen der wohlgepflegten und gut genährten Tiere.

Immerhin, diesmal hatte Dankwarth auch an die Leute gedacht, für die *diet* standen im großen Pfalzhof unter den Arkaden Tische und Bänke, auch die Unteren sollten schlemmen, sieben Tage lang. Mit dem Zug der Herrschaften drängte sich das Volk in den Burghof, warf wieder Blumen, diesmal nicht aus Stroh, sondern Frühlingsblüten, Anemonen, Schneeglöckchen, Schlüsselblumen, kleine wie große Primeln, auch zu Kränzen geflochtene. Vor allem die isländischen Frauen ehrten sie so, nach denen, über die man Wunderdinge hörte, reckten sich Edle ebenso wie Sklaven, und nicht nur die Männer.

Am wenigsten genierten sich dabei die Edelherren, die taxierten diese Gestalten aus dem Mitternachtsmeer, als wollten sie Sklavinnen kaufen, vor allem aber die neue Königin nahmen sie ins Visier, von der so Erstaunliches zu hören gewesen war, man wollte herausfinden, ob man ihr das Sonderbare wohl ansähe, irgendwas »Ungebärdiges« oder »Ungebändigtes«, was immer man sich vorstellte als *barbaricus* aus dem Reich der Hexen und Dämonen.

Soviel man aber spähte und Blicke haschte und so unterschiedlich die Männerträume sind und ihre Urteile, es fand sich keiner, der nicht zugegeben hätte, daß diese Brünhild doch wohl eine Frau sei wie alle, und das einzige, was an ihr auffalle, sei ihre Schönheit. Die Herren verfolgten mit Staunen die Anmut ihres Ganges, aber auch den Ernst ihres Blicks. Die Kundigen oder solche, die sich dafür hielten, entdeckten keinerlei Hilfsmittel, mit denen sich zu Worms schon immer manche Hofdame in römischer Manier schöner zu machen meinte als sie wirklich war.

Markgraf Gere von Speyer und mit ihm die sogenannten Frauenkenner, die räumten zwar ein, Gunthers Eroberung im Reich der Riesen sei der Mühe wohl wert gewesen, doch wollten sie Kriemhild nach wie vor den Vorzug geben. [Vgl. noch die Sankt Galler Handschr., 549 ff.: *Dô speheten mit den ougen di ê hôrten jehen / daz si alsô schoenes heten niht gesehen / sô die vrouwen beide: des jach man âne lüge. / ouch kôs man an ir lîbe dâ deheiner slahte trüge ... dô sprâchen dâ die wîsen, die hetenz baz besehen / man möhte Kriemhilden wól für Prünhilden jehen.* (»Da luchsten besonders die ganz genau hin, die schon immer gehört hatten, daß sowas Schönes nie gesehen worden sei wie diese beiden Frauen – das sei wohl wahr gesprochen, hieß es, auch fand man an ihrem Leib keinerlei Hilfsmittel – nur meinten einige Kenner, die es wissen mußten, man zöge denn doch Kriemhild der Brünhild vor.«)] Wie allen Bescheidwissern war auch ihnen entscheidend, was sie schon vorher wußten. Im Fall dieser Frauen bestätigte sich ihnen alles, was sie über Rans Tochter gehört hatten und was sie mit Hilfe des ehrwürdigen *sacerdotii* [»Priesterstandes«] von sehr tief innen her fürchteten.

Auf den Plätzen und Gassen von Worms standen Hütten und Zelte, neue Ställe und Unterkünfte waren erstellt, geräumige Herbergen hatte Dankwarth einrichten lassen. Fliegende Händler schrien, boten Suppen, Socken, Stoffe, Spielzeuge oder Essenssachen oder Menstrualblut gegen das RomFieber *mal aria*. Küchengeruch und Brotduft und Dünste von Kot und Brei wehten, Süßes wie süßlich Stechendes strich um hohe wie niedere Nasen, das, was im Schlamm der auftauenden Wege eingewühlt war an Ausscheidungen von Mensch und Schwein, Pferd, Rind, Hund und Katze.

Kaum hatten wir uns diesen Dünsten entzogen und den inneren, den gepflasterten Pfalzhof betreten, da lärmten auch dort mit Musik und Geschrei Jongleure, Gaukler, neue Händler und seltene Fakire, ringsum, überall in Worms zeigten Artisten mit Bären und Krokodilen Kunststücke, riefen Wahrsager und Krämer und Kesselflicker, schrien alle durcheinander und wollten sich überbieten, lockten geldschneidende Grindsalber, priesen Geschwulststecher *artes dubias* [»zweifelhafte Künste«], sah und hörte ich die Färber, die Messerschleifer, die Schreiber, die Silberschmiede, die Wechsler, die Sattler, Töpfer, Seifensieder und Pergamentverfertiger und Zahnbrecher, die alle und die Wormser Gaffer und die Kölnischen und Basilensischen und die Gäste aus Xanten, die weitgereisten Klerikalen und Taschendiebe und Scharlatane und Lustfräulein, die hatten ihren Tag und wollten sieben weitere solche Tage und vor allem wollten sie die Nächte, die Buhlerinnen und Schächer und Lorbasse insbesondere und noch manche listigen Leute mehr, die Sänger und Clowns und Schneider und Hütchenzauberer und Schuhmacher und Kartenleger und Erzähler und *ioculatores* [»Spaßmacher«] und Schalke und Spielleute, Wagehälse, Aufschneider, Traumdeuter, Gewürzkrämer, Wunderheiler, Wanderpriester, Schlangenmenschen, Pendelwahrsager, Handleser, Sterndeuter, Schlepper, Feuerschlucker, Beutelschneider, Landstreicher, Sackgreifer, Bocksreiter, Falschmünzer, Quacksalber, Schnapphähne, Vaganten, pilgernde Pfaffen, Pfannenflicker, Schicksen, Schlimmchen, Beischläferinnen, Metzen, Bettler, Strolche, Sieche, Aussätzige, Krawallbrüder, die alle kreischten, warben einander Zuschauer und Kunden weg und machten doch alle die erstaunlichsten Geschäfte, denn so viele Menschen wie an diesem Tag waren nie zuvor in Worms gewesen.

Auf dem Hochzeitsmarkt handelte auch ein junger Wechsler, einer, dem das Haar noch kurz war. Der hatte die Nachricht von Siegfrieds Ankunft als erster nach Worms gebracht und dafür den Pokal bekommen. Vom Erlös beim Herrn Hirsch hatte er sich von Herrn Gere freigekauft und vom Rest konnte er Münzen erwerben, die hatte er nun auf einem Scheunentor ausgebreitet, wo sie in der Sonne leuchteten, römische Silberdenare, Sesterzen, wie sie Hagen für Burgund hatte gießen lassen dürfen, aber auch einen *Quadrigatus*, eine Doppeldrachme mit Vierergespann als *signum*. Aus Gold besaß er freilich noch kein Stück, nur allerhand *As* [röm. Pfundmünzen] aus Kupfer, auch einige Sesterzen aus Messing. Auf manchen waren die Köpfe von Kaisern zu sehen, auch von den göttlichen Kaisern aus Ost-Rom sah ich Gesichter und von Papstköpfen. Schöne Stücke besaß dieser Wechsler, auch er machte Gewinn. Seinen zweiten.

Als der Zug der Herrschaften diese innere *aream palatinam* betrat, da legten die jungen Kämpen auf den Stechbahnen und Turnierplätzen soviel Eifer in ihre Ritte und Stöße und Schreie, daß alles andere Getös davon übertönt wurde, plötzlich waren die Jungmänner schier ungebärdig im Dreinschlagen, mühten sich, ihre Widersacher unbedingt jetzt aus dem Sattel zu heben, zu Boden zu hauen oder wenigstens Schienen und Schuppenpanzer beim Gegenüber so zu verbiegen, daß man sichtbar Sieger war – nur um die Aufmerksamkeit der vorübergehenden Frauen auf sich zu lenken. An all den noch folgenden Hochzeitstagen klang der Lärm dieser Gefechte, drangen aus den Stechkreisen die Schreie der Kämpfer, der siegenden wie der unterliegenden, wie derer, die sich verzweifelt steigerten. Freilich waren das keinmal solche Schreie wie die jener zwölf Sterbenden vor der Eisgrotte im Wald beim Main.

Oben in der Burg wiesen Pagen und Fräulein den Gästen Schlafstellen an und Kammern. In der Halle quäkten bereits Trompeten, knörzelten Fiedeln und Flöten, da schallten, wuselten, trabten und lavierten allerlei *famuli* [»Dienerschaft«] durch die Gänge, war Gackerei und Brabbeln und Pratteln und Quatteln [aus *quat* (= schlecht, mies) wurde »quatschen«], wie die Niederländischen das nannten, da war ein Besuchen und Gelächter und voreiliges Quietschen, kam auch der neue Abort schon zu Ehren, der, wie beteuert wurde, nach byzantinischem Vorbild gebaut sei, wo man zu dritt nebeneinander saß und der Unrat über drei Stockwerke frei hinabstürzte, direkt in einen neuen kleinen Kanal, um dort frei fortzuschwimmen unterhalb Worms, in den Rhein.

Im großen Saal glänzte das Gold der Decke neu, um vieles prächtiger als zuvor, tief leuchtend bis ins Unendliche. Das Rot der Wände, der Säulen und Vorhänge strahlte ochsenblutfrisch, das Kaminfeuer lohte, die Tafeln waren gerichtet, noch rückte man die Sitze, Burgunder wie Nibelungen wie Isländerinnen sollten gut verteilt sein, bekamen ihre Plätze von Dankwarth.

Fast als letzte, als beinahe alle schon saßen, erschienen im Saal Rans Tochter und der König, gefolgt von den zwölf isländischen »Jungfräulein«, wie Gere und der Bischof sie nannten [Schazman: *little maiden*, in der Chronik, so meldet er, heiße es *puellulae virginales*]. Auch jetzt trug Brünhild eines ihrer anthraxfarbenen Kleider, ein diamantschwarzes, über den schimmernden Hüften den dunklen Gürtel, dreifach geschlungen. In dessen Leder schienen Feuerköpfe zu glimmen, in seiner vorderen Mitte aber sah ich den Mondstein, die milchige Trübe mit dem regenbogenfarbenen, dem irisierenden Glanz.

Als das Paar sich ans obere Ende der Tafel gesetzt hatte, erhoben sich alle anderen und sahen und hörten, wie nun der Bischof hinter Gunther und Brünhild trat, ihnen die Hände aufs Haupt legte und sie zusammensprach *in nomine Jesu Christi*. Dann redete er eine Weile von ehelichen Pflichten, erinnerte an den großen byzantinischen Bischof Chrysostomus, der die Ehe als *remedium concupiscentiae* definiert hätte, nämlich, wie er sich zu übersetzen beeilte, als Heilmittel gegen das tierische Begehren, pries gegen sein besseres Wissen Frau Brünhild als vorbildliche Jungfrau, als von wunderbaren Flammen wohlbehütete, was ihn an Maria denken ließ, die heilige Mutter Gottes, deren Empfängnis göttlichen Samens durch den *spiritum sanctum* gleichfalls nicht anders zu denken sei als durch göttlich Flammendes. Auch Ringwolf sprach dann das Wort, das schon auf dem Isenstein gefallen war, nannte Brünhild zwar »Herrin«, aber »Gunther untertan«.

Damit schienen die *doctrinae catholicae* vorerst erklärt, nahmen wir wieder Platz. An der Tafel beim Kamin die Vornehmsten, die Fürsten und Verwandten, nicht weit von mir auch das weißhaarige Paar aus dem Niederland, Sieglind und Siegmund. Wie gern schaute ich die Frau an, als

sei auch sie eine, in die ich mich verlieben könnte, wie gern sah ich ihre großen Augen, ihr Haar, das dicht war, weder aschfarben noch rötlich, sondern von einem weißlichen Gold. Noch jetzt spüre ich, daß von dieser Gestalt etwas ausging, eine Kraft der immerwährenden Verjüngung, wie ein Zwang, in ihrer Gegenwart alles, was zerstörerisch sein könnte, zu vermeiden.

An den übrigen Tischen saßen die Ministerialen mit Brünhilds zwölf Begleiterinnen. Dankwarth hatte die neue Sitte beachtet, wonach an der Herrentafel auch Frauen Sitz hatten. Für Kriemhild und den Nibelungen war die andere Schmalseite freigehalten.

Nun fehlten nur diese beiden noch, die sich so stürmisch begrüßt hatten. Schon kreisten Anmerkungen, die Ringwolf nicht billigen konnte. Dankwarth gab das Signal, schon jetzt aufzutragen. Da brachten die Pagen Wasserschalen, in Becken aus rotem Gold reichte man jedem Gast, zunächst denen am Haupttisch, warmes Wasser für die Hände, dazu friesische Tücher, echte, mit Spitzenrändern.

Während noch das Rotgold dieser Schalen aus der Stadt am Bosporus gelobt wurde, erschienen endlich auch die anderen Brautleute, statt aber Platz zu nehmen, ging der »Schippmann« zum anderen Ende der Herrentafel, trat vor meinen ältesten Bruder und erinnerte ihn mit einer Fröhlichkeit, von der ihn auch das ernste Gesicht der Isländerin nicht abhielt, an das, was ihm für Schiffsarbeiten und Schmiededienste versprochen worden sei.

Du brauchst mich nicht zu mahnen, Freund. Noch eh wir hier den ersten Bissen essen, wird Dir das entgolten. – Mit dem König erhoben sich abermals alle im Saal von ihren Plätzen, der Ruhrschmied ging an seinen Platz neben Kriemhild, doch als sich nun der Bischof näherte und auch diesem Paar die Hände auflegen wollte, rief der Xantener: QUIRUMPIL weg mit den YERRA Raubkrallen!

Ringwolf, die Hände vor seinem Kristall, ging ohne weiteres zurück an seinen Platz. – Der König zögerte, stellte, noch immer im Stehen, die Frage, ob sie, Kriemhild, den wackeren und verdientsvollen Sohn des Siegmund und der Sieglind zum Mann nehmen wolle. – Die lachte und sagte: Ich meinte, das hätte jeder begriffen, daß ich keinen anderen will. – Herrn Gere sah ich schlucken.

Und Du, Freund, willst Du diese Tochter des Gundomaris und der Ute zu Worms? – Der küßte die, von der die Rede war, unüberhörbar laut und unterm Beifall der Umstehenden. – *Ita fiat*, sagte Gunther. [»So sei es, amen.«] Da sich beide zueinander bekannt haben, vor diesem Hof und seinen Herren und Gästen, so bestätige ich, daß Ihr nunmehr Mann und Frau seid, auch ohne den Segen des Bischofs.

Nun setzte man sich wieder und es wurde aufgetragen. Drei mal sieben Kahlgeschorene schleppten Platten und Schüsseln voller Gebratenem, Gekochtem, Gebackenem, Gefülltem, Gedämpftem, Geselchtem, Gedünstetem, Gespicktem. Vom Goldküstenwein, also vom besseren, war ausreichend gezapft worden, schon gab es bei einigen der Heimgekehrten Augenblicke, in denen sie nicht mehr klar wußten, auf was sie sich in der Fremde mehr gefreut hatten, auf Rumolts Soßen oder auf dies gewürzte, krosse, sanft zu schneidende Fleisch, auf seine Straßburger Backwaren oder auf den Roten, der nicht durchgeschüttelt war von den Armen der zornigen Frau Ran.

Zwischen den Bissen wurde berichtet, kreuz und quer, in Andeutungen, dann ausführlicher, wurde vom Sturm erzählt und von der Lichtmauer, vom Leben auf dem Isenstein, aber auch von der dreimaligen Prüfung, die der König mit wunderbarer Haltung bestanden. Niemand zweifelte. Der König hatte gesiegt. Das lief hin und her in den Einzelheiten, wurde ergänzt, mußte verbessert werden, anfangs war das Essen viel zu wichtig und zu schmackhaft, als daß an dieser oder jener Tafel einer bereit gewesen wäre, alles in einem einzigen großen Bogen darzustellen.

Derweil war Gunther nicht entgangen, daß Brünhild schwieg. Und daß sie nichts aß. Darum ließ auch er die Fasanenbrust fast unbeachtet, obwohl sie gespickt war mit Nüssen, Rosinen und Mandeln und mit allem Süßen, das er so liebte. Statt dessen sorgte er sich, wie er seiner Gemahlin eine geschickte Frage stellen könnte, eine, die ihm ihr Schweigen erklären würde, ohne daß es zu Mißstimmungen käme und zu langwierigen Wechselreden.

Immer wieder widmete er sich doch lieber den Geflügelbrüstchen. Danach der Wachtelkeule in pikanter Würze und schon ein bißchen auch dem Pudding. Als er dann bemerkte, wie die Königin sich zwar hatte auftun lassen auf die Goldplatte, aber noch immer nichts angerührt hatte und nur getrunken, schaute er sie nun doch an. Und sah, wie ihre Augen glänzten.

Sie sprach nicht, schluchzte nicht. Schien nur bedrückt, von einem heftigen Kummer, den sie nicht zeigen wollte, der ihr aber aus den Augenwinkeln schaute, aus diesen dunkel glänzenden Augen. Wohin ging von der Saaldecke, vom Goldhimmel herab ihr Blick? Kein Zweifel, sie schaute auf das Paar am anderen Ende der Tafel.

Dort hockte neben dem Schippmann der alte Herr Siegmund von

Xanten, den der Sohn, wie wir wissen, bei geheimen Verabredungen mit den Besatzern erwischt und *abiectio communis* [»zum allgemeinen Gespött«] sieben Wochen lang im Hof des Xantenkastells eingesperrt hatte. Dieser Alte, als er nun in Worms so viele Pracht sah, konnte sich nicht verkneifen, seinem *Victor* eine neugierige Frage zu stellen. Sohn, so ließ er sich vernehmen, aus kaum zerkautem Bohnengemüse und Lammfleisch, Sohn, es heißt, Du hättest die Schätze vom Lindwurmfelsen verschenkt? – Habe ich. – Alle?

Herr Siegmund, als er keine Antwort verstand, beugte sich vor, lauschte aufs Knacken und Summen im Gesicht des Sohns, und schließlich, da von dort weiterhin keine Auskunft kam, drang es aus dem Bohnenmund: Alles hergeschenkt? An dies trübe Pack hier? – Alles. An dies trübe Pack hier. – Der Vater schluckte, wollte neu stopfen, zögerte. – Was war Dein Preis? Diese Hochzeit? bei einem Schrumpfvolk? [Die Hälfte des burgundischen Volks lebte bekanntlich in Savoyen.] Glück zu, Goldbube.

Der Sohn hatte trinken wollen, setzte nun den Becher wieder ab. Da seine hochgemute Stimmung ihn glauben ließ, vielleicht könne er dem Vater, mit dem ihn nie Freundschaft verband, wenigstens an diesem Hochzeitstag etwas begreiflich machen, sagte er: Glück? Die Wurms-Leute, da hast Du recht, sind trübes Pack, wie Du. Sind, wie Du, aufs Gold aus. Und sind halbiert und schrumpfig und träumen dennoch, sie wären Byzanz. Mein Glück aber, Siegmund, das sitzt neben mir. – Da entgegnete der Alte: BIJOBS *coniunx sumptuosa* [»wahrlich eine teure (kostspielige) Ehefrau«].

Während hier das Gespräch grobe Keile auf grobe Klötze setzte, nahm sich am anderen Ende der Tafel der König ein Herz und fragte: Was ist das, liebe Gemahlin, was Eure Augen trüb macht. Ich dachte, Ihr solltet Euch freuen können. Alles, was Ihr hier seht, ist Euch untertan, Euch so wie mir. Mein Land, die Kastelle, die Wälder, die Leute, die Klöster, die Herren, die Marken. – Da stand die Königin plötzlich auf, schob ihren Stuhl zurück. Entfernte sich. Keinem entging, wie Gunthers junge Frau aus der Halle ging. Auch daß er ihr sofort folgte, verkniffenen Blicks.

Im Gang zu ihrem Gemach, hinter einer Ecke der alten Mauern, fand er sie. Das gestand er mir am nächsten Tag, in seiner großen Beichte. Fand sie schluchzend. Als er ihr aber die Hand auf die Schulter hätte legen wollen, da habe sie, durchaus sanft, eine Armbewegung getan, um ihn auf Abstand zu halten. Doch er strauchelte. Von ihrer sanften Armbewegung.

Erschrocken sahen beide sich an. Er wischte sich dort, wo er die

Wand hatte berühren müssen, um nicht zu fallen, Staub vom Ärmel. Scharrte mit dem Schuh über den Boden, als stehe dort ein Stein zu hoch und hätte ihn stolpern lassen. – Da sei sie fortgeeilt, in das Gemach, das ihr als eheliche Kammer gezeigt worden war.

Der König trat dort ebenfalls ein. Fand sie in einem Stuhl, ihr Gesicht in den Händen. Der »WirKönig« schloß die Tür, zögerte, suchte wieder eine passende Frage. Fand die Wörter nicht, die genügend harmlos geblieben wären, um eine komplizierte Unterredung zu umgehen. Durch die Fensterhöhlen hörte er aus dem Hof die Gefechte der jungen Ritter. – Warum mußt Du weinen, fragte er. Ausgerechnet an diesem Tag.

Allzu lang kam keine Antwort. Schließlich nahm sie die Hände von den Augen. Trocknete sie mit einem Tuch, das Gunther reichte. Sah ihn an. Diesen Blick ertrug er kaum. Wendete sich weg. Und bekam zu hören: Um Deine Schwester weine ich. – Um Kriemhild? – Kaum kann ich mit ansehen, wie diese freundliche Kriemhild, so edel und schön, Deine einzige Schwester, wie sie bei Deinem »Schippmann« sitzt. Deinen Knecht machst Du zu ihrem Herrn. Einen Unfreien, einen, der Dir die Schuhe binden mußte, den Mantel tragen. Wie kannst Du sie so in Schande stürzen.

Er ging im Raum auf und ab, nickte. Hatte das Gefühl, gut zu verstehen, was sie sagte. – Irgendwann, antwortete er, kommt wohl die Zeit, da werde ich Dir das alles genau erklären. – Erklär's mir jetzt. – Warum ich dem Herrn aus Xanten meine Schwester gab? – Ja. – Er hat Burgund dutzendfach geholfen. Aus Liebe zu Kriemhild. Hat unsere Werkstätten verbessert, lehrte uns seinen Schmiedezauber, stand uns bei gegen blutgierige Falen. Gegen wütende Dänen. Und schenkte uns seinen Hort. Dies alles war, was er soeben als »Arbeit« und »Dienste« bezeichnet hat. Und Du siehst doch wohl, daß Kriemhild glücklich ist und fröhlich. Dies Paar ist in bestem Ansehen, wie kannst Du sagen, Du weintest um Kriemhild.

Bei mir steht dies Paar nicht in bestem Ansehen. Der Herr Schippmann jedenfalls nicht. Daß man für Schmiede-Arbeit die Schwester des Königs bekommt, ist schwer verständlich. Und auf Deine späteren genaueren Mitteilungen bin ich neugierig. – Die Isländerin schaute ihn an. Wieder aus so genauen Augen, daß er lieber zum Fenster hinaussah.

Höre, Herr WirKönig. Lange hab ich mit meinen Frauen nachzudenken gehabt, auf der Reise hierher. – Worüber? – Daß beim Wettspiel auf Isenstein nicht alles mit lauteren Dingen zugegangen ist. Nicht nur Dein Sieg in der dreifachen Probe war unglaubwürdig. Auch anderes, schon vorher. Deiner Erklärung, Du habest die Lohe zum Erliegen gebracht, mochten wir von Anfang nicht trauen. Der Schweiß auf Deiner Stirn redete eine andere Sprache, verriet, daß Du betrogen hast.

346 Wer so starke Arbeit tat, durfte der nicht Schweiß zeigen? – Als er schon hoffte, nun sei der Kelch ihrer Zweifel einigermaßen geleert, sprach sie noch einmal, in das Dämmerlicht hinein. – Nicht nur die Schweißperlen auf Deiner Stirn waren merkwürdig. Vor allem wunderte mich, daß ich an Deiner Brünne nicht fühlen konnte, ob sie durchströmt war vom Sonnenwind. Zu gut weiß ich, wie er prickelt, der Sturm aus dem Nachtglühen. [Hier scheint der ständige Doppelsinn der Kampf- und Kraftbilder am deutlichsten.] – Vom grauen Steinboden blickte sie nun auf ihn. – Fleckig glänzte Dein Gesicht, schwitzte rot und bleich zugleich. Doch kann ja sein, daß auch in meinem Kopf das Netz nicht eng genug geknüpft ist. Nicht klein genug, um alle Schlangen einzufangen, die hier am Rhein leben, im Romland. Im WirHerrenland.

Sie stand auf. Er wendete sich weg, schaute angestrengt aus dem Fenster. – Und hörte hinter sich: In Worms ist keine Atemluft. Jedenfalls nicht für mich. Wenn ich könnte, wie ich wollte, ich würde fliehen, schon jetzt. [Noch um 1200 wird als erste Äußerung Brünhilds in Worms überliefert: *Wesse ich war ich möhte, ich hete gerne fluht.* – »Wüßte ich, wohin ich könnte, würde ich am liebsten fliehen.«] Aber aus Herrn Ringwolfs Rede lerne ich, fliehen darf hier die Gemahlin nicht. Soll untertan sein. Darf ihre Kräfte nie wieder freibekommen.

Er sah, daß sie nun vor dem breiten Bett stand. – Alptraum wär's, hier mit Euch schlafen zu sollen, schon diese Nacht. Mit einem Unglaubwürdigen. Es sei denn, der Herr Morgenlandkönig sagte mir endlich die Wahrheit. Aus welchen wirklichen Gründen sein Dienstmann Kriemhilds Gemahl wird.

Ist das noch immer nicht klar? Der Mann aus Niederland hat nicht nur ungeheure Arbeiten geleistet, er besitzt auch Kastelle und Märkte, ebenso wie ich und auch Du nun. Hat Volk und weites Land. Ihr seid an Xanten vorübergefahren, am türmereichen, am gut bewehrten Xanten. Auf dem Meer nur war er »Schippmann«, weil er den Weg kannte, den nach Island, im übrigen ist er Herrscher und König wie ich. – Wie Du? – Da er vormals auf Island war, lag es nahe, ihn um den Fährdienst zu bitten. – Um Fährdienst? – Er schwieg. – Um welchen Dienst. – Das fragte sie, ohne die Stimme zu heben, als frage sie nicht, sondern als stelle sie nur etwas fest.

Von unten, aus dem Hof, kam Beifall. Gunther sah hinaus, im Lanzenkampf hatte es eine Entscheidung gegeben, saß einer der Reiter im Sand.

Mittendarin hörte Gunther ihre Stimme. – Einen Blutjaspis schenkte er, Dein Dienstmann. Wenn ich Deine Fassung und Deine Fassungslosigkeit richtig zusammenfüge, dann war der Jaspis ein nibelungisches Zeichen. Daß es um Dein Blut gehen wird. Um Deins und um das Deiner Schwester.

Im Hof wurden Lichter aufgesteckt. Er schaute in das Zimmer zurück. Brünhild stand vor dem Bett und blickte ihn an. Da holte er tief Luft und sagte: Warum malst Du so finstere Bilder? Kriemhilds Hochzeit scheint Dich mehr zu interessieren als die eigene. So daß ich fast vermuten muß, Du bist gekränkt? Hast womöglich selber auf den Niederländer gehofft? – Sie rührte sich nicht. – Dieser Tag, Brünhild, der ist nicht nur Kriemhilds Hochzeitstag, es ist auch Deiner und meiner. Und mir ist es keineswegs eine grauenhafte, sondern eine wunderbare Vorstellung, Dich heute nacht zu umarmen. Allzu lang hab ich davon nur träumen können. Vielleicht sieht, was Dich jetzt bedrückt, bald weniger trüb aus?

Er war auf sie zugegangen, wollte sie berühren, vorsichtig. Sie blickte ihn aus solchen Augen an, daß er's ließ. Daß er lieber hinausging. Zurück in die Halle. Nahm in Kauf, daß dort alle bemerkten, wie er ohne Braut zurückkehrte. Das schien ihm erträglicher, als sich weiterhin ihren Blikken auszusetzen. Diesem schwarzsauren Zweifelblick.

Auch im Königssaal hatte Dankwarth für Lichter gesorgt an den Säulen. Da wurde noch immer laut geredet, getrunken, einige aßen noch oder schon wieder. Der Mundschenk kündigte an, er werde demnächst die Tafel aufheben, damit die Hochzeitspaare sich zurückziehen könnten, da sie's schon jetzt, wie man sähe, in der Halle nur noch mühsam aushielten.

Der Xantener begann aber in diesem Augenblick fröhliche Zwiesprache mit dem Bischof. Der war so leichtsinnig gewesen, zu fragen, warum der Hürnerne seine, des *Rumoridus Rusticulus* bischöfliche Segenshand ausgeschlagen und gar als »Raubkralle« bezeichnet habe. Darauf hatte der Hochzeiter gelacht: *Infar! Insprinc! Irslac!*

Erst tat Ringwolf, als verstehe er das nicht. Und wußte doch, daß dies der Rat der Nornen gewesen war. Darum fragte er schließlich rundheraus, was der Niederländer gegen das alleinseligmachende Heil einzuwenden habe. Da lachte der und sagte: Nichts habe ich gegen Deinen Jeschu, solang seine Geschichten nicht von Alexandrinern wie Euch verbreitet werden. – Was meinst Du damit, mein Sohn. – Daß papierne Herren [Schazman: *masters of paper*] von Jeschu so berichten, daß es die Bäume verdorrt. – Wie könnten Berichte von CHristus, der das Leben ist und die Wahrheit, das Lebendige verdorren lassen. – Nicht Jeschu läßt die Bäume verdorren, sondern die, die ihn kreuzigen. – Die Juden? – Die Herren im Imperium.

Das hörten einige mit Entsetzen, viele aber mit Neugier, vor allem diejenigen, die auf nichts weniger als auf witzige Unterhaltungen gehofft hatten. Der Hochzeiter lachte, rief sein RATTAPLUI und erzählte, daß in dem Kloster, wo ihm der Rat gegeben wurde, statt mit der närrischen Bischofsmütze besser mit einem Eisenhelm weiterzuziehen, daß in diesem frommen Haus unterm Siegkastell die römische Reinheit so weit getrieben worden sei, daß einmal in der Woche, jedesmal vorm Tag des Herrn, an dem bekanntlich niemand vor den Altar darf, der unrein sei und etwa soeben seinen Nächsten gefreit, also geliebt habe, daß dort an allen *dies Saturni* [»an Samstagen«] die Klosterbrüder etwas hinunterzuschlukken gehabt hätten, was die *miles christiani*, wenn man sie fragte, *crura dei* [»Gottes Säbelbeine«] nannten. Die friedlichen Brüder dagegen beteuerten, das heiße *cura dei* [»Gottes Sorge«].

Eine langfransige Rindshautsschnur haben sie geschluckt, die war so lang, daß, wenn sie am Sonntag beim Frühläuten hinten hat ausfahren wollen, ihr anderes Ende noch vorn aus dem Maul herausschaute. Hebt Euer Lachen auf, Ihr Leute, denn jetzt kommt ja erst das wahre RATTAPLUI. Die Kapuzenmänner zerrten sich, nach dem ersten *Angelus*, diese *crura* oder *cura*, also jedenfalls die reinigende Schnur, gegenseitig vor und zurück, so daß alles, was in den Leibwegen von der vergangenen Woche noch gärte und faulte, vorn und hinten gleichzeitig herausschoß, wozu sie *Benedicamus Domino* [wörtl.: »Segnen wir (uns) dem Herrn«] riefen. So sauber, verehrter Vetter, ist im Klosterleben das »Leben«. Ob durch »Sorge« oder durch »Säbelbeine«, schon nach wenigen Augenblicken waren alle Schwarzkutten gänzlich befreit von den Schlacken der göttlichen Schöpfung, traten alsdann bleich, wie durchsichtige Engel, vor den Altar ihres *Pontifex ac Novus Imperator Romae* [Papst (»Brückenbauer«) und neuer Beherrscher Roms], vollendet untertänig und rein, und ehrten so, Sonntag für Sonntag, Gottes Meisterstücke, Brust, Arsch und Wamm und Frauenrosen wie Männerwonne. Als wär nicht schon bei Jeschus Geburt der Himmel übervoll gewesen mit Luftgeistern, die riefen: Geboren ist das »Wohlgefallen« [Lukas 2,14]. ALLEN Völkern sei dies Fröhlichsein erschienen, so riefen sie, die Luftsylphen, auch den Leuten, den *Diutisken*, nicht nur den Herren gelte es. Fröhlich und leutselig, riefen die Engel, würden alle, die dem neuen Kinde folgten. Wo aber blieb das nun, dieses Wohl? und wo das Gefallen? und die »große Freude«? und »Friede auf Erden«? [Über viele Jahrhunderte blieb der Wortlaut der Bibel dem Laien unzugänglich.]

Da der Bischof schwieg, wiederholte der Redner Frau Utes Rat:

Loben wir das Gottesgut *allasamma upparlut* und ließ einen Arschwind in die Halle knallen, »überlaut«, und dazu, aus den Tiefen seines Leibes, ein glucksendes ÜPFETAPF. – Die im Saal haben das gern gehört, liefer-
ten Echos, allerhand eigene Gemütsrülpser und Gelächter und diverse Winde vornraus wie hintenaus. Da der Bischof unbeeindruckt schien, lächelte der Nibelunge und wollte nun auch mit dem »Karfunkelbruder« Freundschaft schließen, hob den Becher, um mit ihm zu trinken. – Keine Sorge, ich werde den Botschafter von *Rumuburc* [vgl. den dreifachen Nornenspruch S. 56 f.] NICHT erschlagen. Will nur versuchen, ob er nicht doch noch zurückzulocken ist ins ErdenLebenLieben. – Hob den Becher und wartete, daß Ringwolf das gleiche tat. Der blieb unbewegt

Da nickte der Niederländer und sagte, wenn der Herr Bischof schweige, dann müsse der *dominus illustratus* [»der erleuchtete Herr«] sich gefallen lassen, daß sein geistlicher Name durchleuchtet würde, ob es nämlich stimme, daß sich hinter seinem stolzen *Rumoridus Rusticulus*, hinter der »ländlichen Volksstimme« in Wahrheit ein *Ringwulfilas* verberge und ob mit »Ring« nicht, zumal die Leute ihn Ringwolf nennten, gesagt sei, er sei ein Kerkermeister oder ein *anus* [»Ring«, aber auch »After«] oder vielmehr ein *anulus lupi* [»Ring des Wolfs«], ein Wolfsärschchen. – Ringwolf schien zu erstarren.

Wenn der gelehrte Lateiner auch dies nicht akzeptiere, dann müsse er, ob's ihm passe oder nicht, mit anhören, wie anders Iren von Jeschu erzählten, abends, unterm *Asnithi*-Wald [s. S. 61, 71], dort sei er nach der Arbeit in der Eisenhütte mit dem WestFalen *Liudger* und anderen Gesellen gut tausend Klafter den Ruhrfluß hinunter geritten nach *Werethina* zu den Mönchen, die im Gegensatz zu den römischen Kapuzen, damals jedenfalls, keinerlei Angst gehabt hätten vorm Nif*hel*heimischen Wirbel aus Nebel und Feuer, weswegen man an den Abenden dort die Jeschu-Geschichten so erzählte, daß sie den Leib nicht grämten wie an der Sieg und in Köln oder Rom, sondern erwärmten, aufs wohlgefälligste.

Diese Iren und Schotten haben so vergnügt erzählen können wie sonst nur Zauberleute oder Euer Küchenmeister Rumolt, so daß wir sogar um den Gekreuzigten lachen oder zittern mußten und über den hingerichteten Befreier traurig werden oder so wütend, daß wir wie Rumolts Lauser mit Hirschsprüngen über alle Herrenwelt hätten herfallen wollen. Ach *Rumoridus*, die Engel verhießen Wohlgefallen auf Erden, statt dessen kam die Kirche. Die paulinische Herrenherrschaft. Die gälischen Mönche dagegen, die machten tatsächlich noch »große Freude« und kannten, auch wenn sie vom Heiland sangen, alle Kniffe der Heldenlieder und Gaukler, als wenn sie selber Spielleute wären und *varnde diet* [freie Fahrensleute].

350 Einmal, als wir nicht genügend traurig werden wollten über den Karfreitagstod am Kreuzbalken, da erzählte Abbas Patrick, wie die Christmutter übers Feld ging und sörte [weinte] und plärrte, verzweifelt über ihren genagelten Sohn, da hat ihr Zetern sogar das Vieh erbarmt, die Schweine, die Kühe, die alle brüllten mit, *allasamt* die Kreatur, sogar ein glipschig Fröschgen quakte da aus vollem Hals durch Blatt und Gras und schrie: Ach Mariaken, wat quakilst denn Du nu su unchiluckilich ond chottsirbärmiglich? – Soll ich nicht »quakiln«? Mein Sohn ist umgebracht! – Huch, schnappte das Fröschgen, nur ein einzig Söhnken? Vondage zirmahlt ein römisch Karrenrad alli mini nüwi Neuni in Klump ond Mus. – Neun Fröschgens? – YERRA, rief der Glipsch, alli neuni zu Ackerkrum ond Erdmansch. – Da mußte die Gottesmutter lachen, ganz biestich hat sie geschiddert, daß rings um den Pfuhl ein Quakiln anhub und Quirumpiln und Gicksen die volle Mondnacht lang und daß den nächsten Mond alles Land voll war mit neun mal neunzig neuen Fröschgens. Ach Karfunkelwölfchen, wenn die Iren prattelten, wie Jeschu hochzeitete und mit den Frauen redete und tat –

Hochzeitete? und tat? rief Ringwolf. – Ja tat er nicht? War der nicht »Menschensohn«? Oh *poculus*, hier erhebe ich, was Proleten »Schöppgen« nennen. Bischöppgen, lern Du vom Koch Rumolt und seiner Speise mit Namen »Hirschsprung«, wie allein über Brot, Wein und Leib die Seele Halt hat und daß am Anfang von allem nicht die Hortgier war, sondern AllMutters Begehren.

Im Anfang war der Geist.

Gewiß, es wär Dir lieb, auch Brünhild und Kriemhild wären zimperdürre Jungfräulein. Nicht nur Jeschu, auch die liebe Maria dörrst Du Dir aus zum *purus poculus dei* [zum »reinen Gefäß Gottes« (vgl. das Gespräch Ringwolf/Kriemhild S. 225 ff.)] und machst den Freier Jeschu zum Knochenklapperer, der nicht schwitzt, nicht atmet, nicht begehrt und auch nicht liebt wie allerwärts der matschgemachte Mensch und nannte sich doch selbst, in Angst wie Lust, den »Menschensohn«. Du aber geisterst ihn zum Himmelsfürzgen, das ist schon futsch und fortgesäuselt, eh ich's nur hab riechen können.

Nun griff sich Ringwolf seinen Bergkristall und entgegnete: Was wißt Ihr vom Gottessohn. Was der tat, zumal mit Frauen. Rumolt, der Koch, mag gut erzählen für Menschen wie Euch. Patrick zu *Werethina* mag Märchen wissen für die Heiden, die allerdings glauben, das Leben komme aus Matsch und Laich. Die Barbaren, vordem die Griechen wie heute die Kelten, wenn man sie ließe, sie würden noch immer nackend gehen und würden schamlose Statuen vor ihre Tempel stellen. Über CHristus sollte mich ein Heide belehren? Von GOttes Geist wissen allein die wahrhaft Weisen. Und die haben ihr Wissen mühevoll studiert, haben es in Klöstern, zuerst in Alexandrien, gedolmetscht aus Sprachen, in denen diese Weisheiten von anderen Weisen aufgeschrieben wurden, die ihr Wissen geschöpft hatten aus noch älteren, noch reineren Quellen, aus dem Jüdischen und Aramäischen und schließlich von den Jüngern des HErrn selber, zum Beispiel vom heiligen Markus, der in *Alexandria* den Märtyrertod erlitt. Aus dem Hebräischen und Aramäischen ist das mit Markus nach *Alexandria* gekommen in das Griechische und von dort nach Rom in das Lateinische und von dort endlich hinüber in unser höfisches Erzählen und später in Euer plattes »Deutsch«, Ihr aber da unten an der Ruhr, im Nebelland, Ihr Kohlenschürfer, Ihr kommt nun daher und wollt das alles besser wissen als alle Weisen dieser Welt.

Wissen es denn die? War Gedolmetschtes vom Gedolmetschten nicht jedesmal Fälschen? und meist mit Absicht? Laßt Ihr nicht weg und fügt hinzu von Herrlichkeit zu Herrlichkeit? So daß aus einem Befreier ein Geisterbote wird? der allen Aufruhr beruhigt, der Leben als Leiden erklärt und die Leidenden vertröstet ins Jenseits? Eure Geist-Maria, die Ihr neuerdings entdeckt habt, die hat Euer Herr Paulus nirgends erwähnt, die fiel den Priestern erst später ein. Wenn sie denn als Mutter Gottes so erfüllt war vom Heiligen und Reinen, warum war sie dann Sankt Paul keiner Rede wert? In seinem langen Reiseleben hätte er ihr sogar mehrfach begegnen können, war er doch auch in Ephesus, wo sie mit Johannes gelebt haben soll bis zu ihrer Himmelfahrt und wo Ihr Romherren sie nun zur höchsten Heiligen erhoben habt [431 auf dem Konzil zu Ephesus (vgl. S. 124, 205)] für all jene, die Erd- und Allmutter liebten und jetzt eine Unbefleckte lieben sollen –

So ging das noch eine gute Weile überquer und unterhielt viele Gäste, und es war ganz offensichtlich, daß zwischen diesen beiden nie Freundschaft sein konnte, nicht mal überm Roten von der Goldküste. Schließlich fragte der Hürnerne, was Ringwolf eigentlich täte, wenn er seinen Brustklunker kralle. – Ich bete. – Für wen? – Für die Reinheit auch Deines Herzens.

BA UMF, Reinheit, Herz, die sind EURE Säbelbeine! Einer wie Du, der eigenhändig Heiden ausweidet, der müßte wissen, Herz ist ein Pumpenmuskel. Ihr blast das auf zur Schweineblase, zum reinen Geist, bis auch das Herz davonschwirrt wie neuerdings die »Gottesgebärerin« Maria. All die Jungfraun und reingeistigen Heiligen verduften nun ins hohe Nichts, und was hier unten bleibt, ist Schmutz und Dreck und Weib, ist Sünde und Höllenpfuhl. Tut mir leid, Frau Kriemhild ist weder rein noch will sie's sein noch will das ich, sind beide Bauch und Baum und dicker Berg und niemals Herz. Herz haben sich die Köpfe ausgedacht, die uns zertrennen in reinen Geist und bösen Leib, schaut Euch aber um, kein Kopf zeigt sich getrennt vom Leib, ist nicht das eine hüben und der Bauch drüben, sondern stecken allesamt in einem Fell. Im Trennen macht Ihr uns *horror* [»Grausen«], Ihr Herz-Kopf-Priester macht *ordo* [»Ordnung«] im Wasser, *regulae* [»Meßlatten«] im loderigen Weltwald, bis alle eingeschüchtert sind und vertrocknet und YGGDRASIL verdorrt. »Kohlenschürfer« bin ich? O ja, aber eben deswegen weiß ich, es rumoren Ruhr wie Bauch so leibhaftig wie jener Berg oder die Katze, die Dir jetzt um die Wade schnurrt. MUSHA YERRA, das Herz! wär Dein Latein genauer, wüßtest Du, wie VOR dem Herzen, *prae cordia*, das Zwerchfell zittert [»Zwerchfell« lat. *praecordia* (vgl. S. 85, 95, 378)]. Allein im Querfell beißt Angst, brennt Liebe, zwicken Hunger und Zorn und jückt die Lust und freut, atmet, japst, tobt, zappelt Eins in Allem das Lebendige.

Wenn ich jetzt, in meinem naßkalten Verlies, Siegfrieds Rede nachschreibe, dann ist mir weh bis zum Zerreißen, weil ich weiß, wie umsonst das alles war, ja wie diese Rede sein Verhängnis erst besiegelt hat. Und seither verkerkern endgültig Trenn- und *Ordo*-Mauern die Köpfe, nun erst recht und für immer. Der sie zu öffnen suchte, er hat sich um sein freies Leben geredet.

Diejenigen, die ihm damals fröhlich zustimmten, wollte Gunther zum Schweigen bringen, indem er dem Niederländer eine strenge Frage stellte. – Freund aus Xanten, sagte er, was meinst Du, wenn Du *ordo* sagst und diese Ordnung zugleich verunglimpfst?

Dann, glimpflicher Freund aus Worms, meine ich, daß die neuen Herren das, was ist, zerteilen in Gut und Böse und in tausende Unterteile von Gut und Böse, als sei die Welt eine *taberna medicamentorum* [»Apotheke«] mit Myriaden Schächtelchen und Töpfchen, wo ich nur das richtige öffnen muß und Bescheid weiß. Die letzte Synode der Bescheidwisser [vgl. das Gespräch über die sieben Sätze, S. 269 ff.] verfügte in Elvira [Anfang 4. Jh.]: Wenn ein Mann die Schwester seiner verstorbenen Frau heiratet, so soll diese Schwester fünf Jahre exkommuniziert sein. Das wußten diese Weisen ganz exakt. Das nenn ich *ordo* machen im Wald. Fünf Jahre Ausschluß aus der Kirche, also jahrelang Gefahr der vermeintlichen ewigen Hölle. Woher die Zahl fünf? Und warum nur für die Frau diese schwere Kirchenstrafe? weshalb dann nicht auch für den Mann? Sankt *Augustinus* wußte den ordentlichen Grund: »Unschicklich« ist eine solche Hochzeit, weil man einer Person, der man aufgrund der Verwandtschaft Ehrerbietung schuldet, nicht »mit unreiner, wenn auch der Zeugung dienender Lust nähertreten darf«. Das solltest Du wohl beherzigen, Du Hochzeitsmann Gunther, Du bist dabei, Dich teuflisch zu beflecken.

Wie grämlich »ordnet«, frag ich Burgunds Hirten *Rumoridus* und Euch alle hier im Saal, wie ordentlich ordnet auch dieser Kirchenvater die bunt verknäulte Welt in seinem »Gottesstaat«. [Titel der Hauptschrift des *Augustinus*. Die erwähnte Bestimmung findet sich in den Abschnitten 15 und 16.] Dafür, wahrlich, gebührt dem *auctor terroris terrarum* [diesem »Stifter« (Urheber, Förderer) »des Schreckens der Erde«] das höchste *insigne ordinis* [wörtl.: »Orden der Ordnung«, OrdnungsOrden]. »Mit unreiner, wenn auch der Zeugung dienender Lust«. Schmeck, Freund Gunther, des Drakonikers Scheidesalz nur gründlich aus. [Bei Schazman »*draconian*«, er merkt an, dies spiele mit dem Namen des Ungeheuers.] Im Konzil von *Neocaesarea* [im Jahr 314] wurde befunden, wenn eine Frau den Bruder ihres verstorbenen Mannes heiratet, dann soll sie ebenfalls für fünf Jahre ausgeschlossen sein, also so lange überm Höllenschlund hängen. So ordnet sie, die hohe Geistesweisheit.

Die Alleinseligmachende bedroht auch Ehepaare mit Bußen und Strafen, wenn sie beim, wie die Kirchenherren das nennen, »Verkehr«, wenn sie also bei der Lust »von der vorgeschriebenen Haltung abweichen«. [Giselher und Kilian verwenden hier lt. Schazman im Keltischen wiederum das Lateinische, in diesem Fall das bürokratisch gespreizte *concubitus*, das in den Versrhythmus gut einzupassen war, betont Schazman – es hätte aber im Lateinischen viele volksnähere Ausdrücke gegeben, jedenfalls weniger juristisch/beamtenmäßige. Schon der Redner hatte hier wahrscheinlich den Kirchen-*Terminus* parodierend vorgezogen.] Sie schreiben uns also »Haltung« vor, bestimmen, ob wir beim Freien den Daumen links und das Knie rechts halten und die Nase unten, ja sie verbieten, daß der Mann beim, wie sie sagen, »Verkehr« unten und die Frau oben ist. Warum wäre das zu bestrafen? Allein aus des Augustins bitterem Scheidesalz, wonach »solcher Verkehr nur der Lust diene«. »Nur« sagt er. So, Ihr Hochzeitsfreunde, mit einem »nur«, so preisen sie es, unser Wohlgefallen an dem von Gott

Gemachten, am Leben, unsere Lebenshüter. Des Teufels ist also und unrein, was »nur« der Fröhlichkeit dient und dem Wohlgefallen, nicht

aber dem, wozu sie den »Verkehr« allein erlauben, betend und zähneknirschend, zum Kinderzeugen. Tausende solcher Verfügungen erdachten sich in den letzten Jahrhunderten Eure Kirchenherren, manchmal die Päpste selber, jede Vorschrift weltfremder als die vorige und noch ausgedörrter. Darauf trinke ich!

Wahrlich erstaunlich, rief Ringwolf, mit welchem Eifer Du unsere Vorschriften studiert hast. Und ich werde keinen Moment leugnen, daß Du sie dem Buchstaben nach richtig wiedergibst. [Zuletzt von Uta Ranke-Heinemann sorgfältig gesammelt.]

Der Bischof war nun seinerseits aufgestanden und blickte angriffslustig. Aber, fragte er, sind denn unsere Kirchenväter allesamt Schwachköpfe? haben sie nicht zu solchen Vorschriften gute Gründe? Und liegen diese Gründe nicht tatsächlich in ihrer Lebenserfahrung? Und nicht zuletzt in dem, was die heiligen Weisheitsschriften raten? Hat der Heilige Vater den Ehrennamen *Rumoridus Rusticulus* einem Tölpel verliehen? Seht Euch doch um, ist denn nicht das, was Du »bunt verknäultes Leben« nennst, ein fortwährendes Gieren und Morden und Rauben? und helfen dagegen denn nicht allein Gesetze, die streng sind und klar? deutlich wie Mauern? Gesetze also, die strikt und eisern formuliert und ebenso klar und eisern zu befolgen sind, da wir unsere Kirche nicht in die Wolken bauen können, sondern mit dicken Mauern nur auf dieser tückischen und wüsten Erde. Und wahrlich, alle Höllenstrafen, die Du genannt hast, sie sind mit Weisheit und mit Recht verhängt, mit himmlischem Recht, und kriegt keiner seine Höllenpein erlassen, denn die Vergebung der Sünden ist keinesfalls auch eine Befreiung von der Strafe, es sei denn, der HErr selbst befreit uns von ihnen und begnadigt uns am Ende aller Tage, beim Jüngsten Gericht.

Tief bin ich beeindruckt, erklärte sein Widersacher. Und wahrlich, das Leben ist wüst und düster, so sehr, daß man's entweder abschaffen sollte oder, falls das nicht gelingt, einmauern, vor allem das Lebendigste, die Frauen, die *fe-minae*, Eure »Minus-Menschen« [s. S. 209, 228]. – Ringwolf setzte sich wieder. – In seiner letzten großen Weihnachtspredigt sagte uns Euer Papst Leo [Leo der Große, gestorben 461], der als Allerweisester gepriesene, daß jeder »Eheverkehr« Sünde sei. Jeder, auch der »vorschriftsmäßige«. Weil jede Hingabe des nur teilweise sündhaften Mannes an das ganz und gar viehische Weib eine Beschmutzung des Geistigen sei. Die beim »Verkehr«, auch beim ehelichen, leider unvermeidliche Lust des Mannes werde das Kind, das da gezeugt würde, automatisch verunreinigen. Welch eine fröhliche Ansicht von unser aller Leben und von der Schöpfung, welch eine wohlgefällig lebensfrohe Botschaft. Wir alle geraten *per se* sündhaft auf diese Welt und sind von Anfang an angewiesen auf Eure Gnadenarbeit, auf die der alexandrinischen Höllenbeamten.

Der Hochzeiter wollte nun wieder trinken, setzte aber den Becher nochmal zurück. – Beneidet sie nicht, Freunde. Diese Geistesbeamten haben es nicht einfach. Ihre Bußvorschriften bedrohen uns manchmal mit drei, ein andermal mit fünf Jahren Verdammnis, bisweilen mit zehn. Immer wieder haben die Angstverwalter und Seelenquäler Mühe, die Schwere unserer Sünden klar und eisern zu taxieren und festzumauern. Einig sind sie sich nur im Grundsatz, daß Lust böse ist. Und sieht er ein Öllämpchen, das aussieht wie ein Lustglied, so muß er es sogleich zerschlagen. Und wer nicht den Samen in das dafür vorgesehene *poculus* tut – er hob seinen Pokal –, der ist, sagen alle alexandrinischen Weisen einschließlich des allergrößten *Augustinus*, der ist ein »Menschenmörder«. Zum Wohl, Ihr Mörder, wir alle sind des Teufels und darauf laßt uns trinken, *prosit!* – Fast alle tranken, prusteten und prosteten, das klapperte, brumselte und kicherte nun ohne jede Ordnung bei Frauen wie Männern, Fürsten wie Dienstleuten, und Gottlieb der Dicke platzte mit der Frage heraus, wie denn, wenn all dies tatsächlich dem Buchstaben nach richtig wiedergegeben sei, wie dann der burgundische und der niederländische Bräutigam in dieser Nacht der Hölle entgehen wollten.

Noch diese Nacht, während ich in meinem Burgwinkel versuchte, diese Wortwechsel festzuhalten, bevor sie mir durcheinander gerieten, kam Gernot in meine Nische, sprach leise und fragte, was *pereat* [sprich: *per/e/at*] heiße.

Warum er das wissen wolle? – Er hätte, während der Xantener noch vom Augustin geredet habe, die beiden Vettern aus dem Saal gehen sehen, nachdem sie sich Zeichen gegeben. Er sei ihnen, nichts Gutes ahnend, gefolgt und draußen im Gang gerade in dem Augenblick bei ihnen vorübergekommen, als Ringwolf dem Waffenmeister zugeraunt habe, was Hagen sicherlich gut verstand, nicht aber er, dieses *pereat*. – Das heißt, mußte ich ihm sagen, er möge zugrunde gehen.

Kaum waren beide Hochzeitspaare aus dem Saal, versuchte jeder, sich klarzumachen, was er an Unerhörtem über die Kirchenmacht vernommen hatte. Vor allem die Geschichte von der Erneuerung des Lebens aus Laich und Lachen, die von Marias Bauchlust, die mußte wiederholt und bestä-

tigt werden, ebenso der Bericht von der Reinheitssucht der siegerländischen Christussoldaten.

Gunther, bevor er den Saal verließ, hatte sich noch neben mich gesetzt. Er müsse mit mir reden. – Also reden wir, sagte ich. – Nicht jetzt, nicht in diesem Lärm. Vielleicht morgen, ausführlich? – Wir verabredeten uns. – Nur eins jetzt, sagte er. Der Xantener habe ihm versichert, wenn er, Gunther, in Sorgen sei, etwa in Not mit der Feuerfrau, jederzeit sei er, der Steuermann, bereit das Ruder zu führen gegen Lähmgeister. Was ich von diesem Angebot halte.

Vertrau ihm. Er ist ein wirklicher Helfer. – Ich spielte ein wenig auf meiner Fiedel, als wollte ich dem Bruder, da er bedrückt schien, Hochzeitslust machen, wenigstens die »Lähmgeister« bannen. Ich fand Töne wie *Von den elben wirt entsehen vil manic man* [Giselhers »Töne« werden von Schazman nur in andeutender neuengl. Prosa wiedergegeben, hier aber mit Zeilen des frühen Minnesangs. »Von den Elfen werden sehr viele Männer bezaubert«] und *ze vröiden swinget sich din muot als der valke envluge tuot* [»zur Lust schwingt sich Dein Mut, wie's der Falke im Fluge tut«] und, als letztes, bevor ich ging, den meisten im Saal gefiel's so sehr, daß sie's sofort mitsangen: *So mugest du vröide biezen, o wol dich danne langer naht! wie kunde dich der verdriezen.* [»So wirst Du nun Freude genießen, o wie schön ist jetzt eine sehr lange Nacht, wie könnte sie Dir je zu lang werden.«]

Daß ihm diese »lange« Nacht tatsächlich lang werden würde, so qualvoll lang wie nie einem Bräutigam, wer konnte das voraussehen. Am anderen Morgen, etwas verspätet, weil ich mir in meiner Schlafnische allen Kirchenbeschlüssen zum Trotz eine höllische Heimsuchung hatte »wohlgefallen« lassen, als ich dann, wie es auch sonst meine Gewohnheit ist, im morgendlichen Sonnenlicht über die Burgmauern an der Hafenseite ging, nur daß die Sonne diesmal schon höher überm Rhein stand als sonst, da kam auch der, mit dem ich verabredet war, mein Bruder, von dem ich gehofft hatte, auch er tauche nun aus Wonnereisen auf. Aber ich sah ihn zittern. Bleich schien er, er schien zu torkeln. Als er mich erkannte, erschrak er, tat, als wollte er sich verbergen, dann aber, todesmatt, wankte er auf mich zu, umarmte mich, nein, klammerte sich an mich und schluchzte. Ich führte ihn rasch dorthin, wo ich geschlafen hatte, wo es noch warm war und er sich setzen konnte und ungestört reden. Wo ich dann seine große Beichte hörte. An diesem Morgen gestand er mir die wahren Abläufe beim Kampf im Hof des Isenstein. Dann aber auch, was in dieser letzten Nacht geschehen war, in der ersten Hochzeitsnacht, wovon ich nun alles so getreu wie möglich mitteilen will.

Als er am Abend aus der Halle über die Flure gegangen war, zum »ehelichen Gemach«, da traf auch er Hagen und Ringwolf, die noch immer miteinander redeten. Als die Vettern den König und die Fackelpagen kommen sahen, hat Hagen getan, als hätte er soeben von seinem Rheuma gesprochen und von Zitter-Aalen im römischen Meer, mit deren Kraftschlägen man rheumatische Gelenke wärmen und heilen könne, aber auch nifelheimischen Kräften trotzen. – Wild ist Frau Rans Kraftvieh, wild, aber auch nützlich. Und wenn ich hier den König kommen sehe, dann bin ich sicher, nun erfüllt sich ihm der letzte seiner Träume. – Hagen grinste, juckte sich beim Ellenbogen. – Denn DIESER Waffengang, der im Schlafgemach, der verwandelt bekanntlich auch den eigensinnigsten Raben in eine Taube. – Gunther dankte, wollte wohl etwas andeuten von seinen Sorgen, traute sich aber nicht, schon gar nicht unter den Augen des Kirchenvetters. Ist weitergegangen, dankend.

Im Ehegemach hat die neue Glut der Waldsteine für Wärme gesorgt. Der König allerdings spürte sie nicht. Eis fühlte er in Brust und Knien, wie vor der großen Prüfung im Hof von Isenstein. Brünhild hatte sich schon niedergelegt. Gunther zögerte, stand im Raum, wie gelähmt, hat nicht gewagt, dorthin zu schauen, wo sie lag, im Kerzenschimmer. Kein Geräusch war zu hören, nur noch von fern das Fest, und dazwischen, aus seiner Erinnerung immerzu, was der Niederländer auf dem Schneewall unter der Feuerwand gesprochen hatte. Sie hat auch eisige Seiten, bete sie nur tüchtig an! – Auch hier spürte er wie in Island diesen Duft, diesen schweren, diesen betäubenden.

Schließlich hatte er sich an das schwache Licht gewöhnt, hat sich das Beinkleid heruntergezogen und ist zwei Schritte näher getreten. Im leinwandweißen Hemd sah er sie liegen. Sie, die er so sehr ersehnt hatte. Lag dort und hatte die Augen geöffnet, sah ihn an. – Da hat er noch einmal glauben wollen, daß nun jener Moment endlich erreicht sei, für den so viele Arbeiten geleistet worden, all diese Mühen konnten doch unmöglich ohne Ernte bleiben. Also wollte er diesen Augenblick nicht nur träumen, diese Schönheit nicht bloß betrachten, sondern hier und jetzt genießen. Und hat zu singen begonnen, leise, fast wie für sich selbst. *Ze vröiden swinget sich min muot.* Und: *Ich waene, mir liebe geschehen wil* –

min herze hebet sich ze spil. – [»Ich glaube, die Liebe will nun kommen – mein Herz hebt sich auf zum Spiel.« (Auch hier sind Schazmans knappe Stichworte ersetzt durch älteste Zeilen aus »Minnesangs Frühling«.)]

Dann hat er die Kerze gelöscht und hat, in das matte Kohlelicht hinein, gesprochen, dorthin, wo die Königin lag. – Brünhild, flüsterte er, Dir gehören nicht nur mein Reich und meine Güter, sondern auch all meine Liebe. – Als keine Antwort kam, hat er sich niedergelegt, vorsichtig. Hat sich auf dem Lager ausgestreckt, zunächst nur nahe der Kante, und hat von dort aus versucht, neben sie zu gelangen, mit Sorgfalt. Den Schweiß hat er wieder gespürt auf der Stirn, die Finger haben ihm gezittert. Und als er dann ihre Gestalt im rotgoldenen Schimmer der Kohlenglut erkannte und ach, so liebenswert fand, da hat er sie mit beiden Armen umfassen wollen.

Hätte ihm das nur die Isländerin erlaubt. Die Abfuhr, die er nun erhielt, war hart. Statt auf offene Arme und auf Gegenliebe stieß er auf Grimm. Wo er, wenn schon nicht Leidenschaft, dann wenigstens Freundlichkeit erhofft hatte oder das, wovon noch auf Island die Rede gewesen war, »Untertänigkeit«, da traf ihn erbitterte Abwehr. Nach einem kräftigen Stoß, der ihn auf seine Seite zurückwarf, hatte er zu hören: Lass dat! Rrrat ik Dik. As lang lass dat, as Dau mik seggist, womit Herr »Eigenmann« Kriemhild kauft.

Schon ihr Ton war es, der ihn erschreckte, schon daß sie gar nicht mehr daran dachte, sich wenigstens um höfisches Sprechen zu bemühen. In seiner Verwirrung, statt ihr zu antworten, und sei es wieder mit ausweichenden Bemerkungen, beging er den Fehler, es mit Gewalt zu versuchen. Er zerwühlte ihr Kleid [auch später dokumentiert, z. B. in der Sankt Gallener Hs. (635): *unt zerfúorte ír diu kleit*]. Und begann nun tatsächlich, mit ihr zu ringen.

Da erkannte die Frau, daß ihm der Kopf nach dem stand, was seine Glieder niemals vermocht hätten, da griff sie plötzlich nach dem Gürtel, der am Betthimmel hing, jenen, den sie tags um ihren Leib geschlungen trug in dreifacher Schleife und worin der Stein vom Drachenfels steckte, die Alberichkraft. Mit dem erwiderte sie die königliche Umarmung. Und band ihren Herrn kurzerhand zusammen. Zuerst, überraschend schnell, verschnürte sie ihm die Hände, gleich drauf auch die Füße. Das Leder war zwar lang genug, aber dem König der Burgunder wurde der Leib doch arg gekrümmt.

Als Gunther vor ihr lag, verknotet, bekam er zu hören: Lob und Gruß, Dau mahtigo Morgenlandkünnek. – Und dann auch wieder im höfischen

Ton: Gruß dem Sieger auf Isenstein! Der den Sonnenwind gelöscht haben will und hat sich, in Wahrheit, heißgeschwitzt vor Angst.

Packte den König von Burgund beim Gürtel, hob ihn auf und trug ihn, als Paket, neben die Tür. Drückte ihn dort hoch, so, wie sie beim Zweikampf den Felsen gestemmt hatte, und hängte ihn an die Wand. Recht hoch oben hin, an einen starken Nagel. – Dort bleibe er fürs erste. – So redete sie, so handelte sie, seine »Untertanin«. – Und fügte noch hinzu: Noch einmal ein Lügner in meinem Bett? Niemals wieder.

Das war, in dieser Nacht, ihre letzte Auskunft. Ferner war nur zu hören, wie sie sich wieder niederlegte, sich ausstreckte auf dem breiten Lager. – Gunther hätte über diese rasche Lösung froh sein sollen. Wäre es zu weiteren Handgreiflichkeiten gekommen mit dieser zarten Riesin, er hätte den Tod gefunden, in eisiger, in knochenbrechender Umarmung.

Nun aber hing er dort oben, über der Tür. Als *homo fraudulentus*, als *corpus fallacis* [»als Betrüger und als betrügerischer Gegenstand« (Termini aus der röm. Rechtsprechung)]. Als Beweis dafür, daß Brünhild bei der dreimaligen isländischen Kampfprüfung getäuscht worden war. Vertrackt hing er, auf engstem Raum verzurrt, überaus ungemütlich, nicht nur, weil die Wärme aus dem Kamin sich bald verströmt hatte und weil die Mauer, gegen die er sich gepreßt fand, Winterkälte spüren ließ, sondern auch, weil er zu keinerlei Bewegung in der Lage war. Oder vielmehr weil jede Bewegung ihn nur noch bewegungsunfähiger machte, indem die Knoten, die diese Frau im Handumdrehen geschnürt hatte, dann, wenn er sich aufbäumen wollte oder wenigstens ein bißchen bewegen, sich nur noch enger zogen, ihn noch ärger zusammenkrümmten.

Das Blut in seinen Gliedern drohte zu stocken. Aber es erstarrte nicht. König Gunther lebte weiter. Krampfhaft, ja wie rasend dachte er darüber nach, wie er sich jetzt richtig verhalten müsse. Dieser Frau gegenüber, die ganz offenbar über Kräfte verfügte, von denen selbst seine libellische Riesen- und Traumsehnsucht nichts geahnt hatte, die ihn so blitzartig verladen konnte, so voller Wut und Haß, ihn, den Herrn dieses Hauses und Reiches. Dieser Schock ließ sein Blut fast mehr stocken als das stramme Leder an Händen und Füßen.

Schließlich begann er, in den fast dunklen Raum hinein leise zu sprechen, Bettelworte flüsterte er. Er, der doch Gundomars Sohn war und König zu sein gedachte, flehte, winselte um sein Leben, wie ein Kahlköpfiger. – Löst jetzt, zauberische Frau, löst mir diese elenden Fesseln. Diese *Clubodun*. Diese *Cuoniouuidi*. – Auch das Altdeutsche half ihm gar nichts, sie schwieg. Er mußte es anders versuchen. – Ehrwürdige Herrin,

Mächtige geheimer Kräfte, um des Reiches willen, das seit heute auch das Eure ist, bindet mich wieder los! Ich weiß, ich KANN Euch nicht bezwingen. Wenn Ihr mich freimachtet, dann würde ich sorgsamer sein und Euch nie mehr, vorerst gewiß nie mehr, so nahe kommen, wie es im ehelichen Verkehr wohl üblich ist. Glaubt's mir, ich werde Euch, gegen Euren Willen, keinesfalls mehr berühren. Aber bindet mich jetzt wieder los! ich vergehe! es ist zu eng hier! zu kalt!

Sie schien sich um das Gebettel nicht zu kümmern. Soviel im Schein der *Asnithi*-Glut zu erkennen war, hatte sie sich's bequem gemacht. Sie lag entspannt. Das Königsbett hätte genügend Platz geboten, womöglich auch für zwei, die sich so fremd waren wie diese beiden.

Sie ließ ihn hängen. Im letzten Glimmen der Ruhrsteine erkannte er, daß sie sogar quer lag, einfach »zwerch«. Und schien, wenn er die Atemgeräusche richtig deutete, bereits zu schlafen. – Es blieb ihm keine Wahl, er mußte sehen, wie er diese schmähliche, diese grauenvolle Lage lebendig überstand. Überleben, so wußte Hagen, weiterleben im Kerker könne nur, wer seinen Kopf gebrauche.

Der Hunnenkönig, als Hagen nicht hatte mitziehen wollen gegen Rom, hatte den Heermeister in einen ausgetrockneten Brunnen werfen lassen, vier Tage lang lag er dort unten, mit gebrochenen Gliedern. Wenn er das erzählte, hat er jedesmal beteuert, daß, wo der Leib bezwungen sei, wenigstens der Kopf frei bleiben müsse. – Gunther probierte das, versuchte seine Gedanken zu ordnen. Die, so gestand er mir am Morgen danach, stürzten allerdings durcheinander, zerfielen geradezu und ließen in der Wüstenei seines Verstandes immer nur dies eine zurück, wie schnell das alles gegangen war, wie plötzlich sie ihn erledigt, wie rasch sie ihn verknotet hatte.

Nicht nur ihre Kraft, mehr noch ihre Geschicklichkeit verwirrte ihn. Das war *sine ulla dubitatione* [»ohne jeden Zweifel«] Hexenwerk. Und gegen Unterweltkünste richtete offenes Rittertum nichts aus, war Mannesstärke verloren. – Ist das, was meine Fäuste vor meiner Nase zusammendrückt, ein Schippmannsknoten? Ist, was meine Handgelenke kneift und schmerzt, was mir die Fingerknochen in die Wangen preßt, ein Matrosenwitz? »Kniffe« sind das. *Diutiske* Leutekniffe. Fangnetze aus der Niederwelt. Frauenzauber. Trugkniffe von »freien« Frauen, *Freya*-Frauen. »Kniffe« nennt der Xantener das. »Geriebenheit«. Ein Kelte ist er. Mit welcher Lust erzählte er von den irischen Mönchen in *Werethina*. Sie alle, auch Brünhild, sie sind vom selben, vom untersten Stamm. Die Isländerin wie der Niederländer.

Diese Knoten sind so, daß es mein eigenes Gewicht ist, das mich ineinanderquetscht, zum Klumpen »knifft«. Wie soll ich das überleben, eine ganze Nacht lang? Was da in meinem Rücken drückt und brennt, ist
das der Mondstein? Den ihr der Drachentöter schenkte? ihr »Genosse«? In meinem Rücken schmerzt ein Drachenbrocken. Alberich, der Erlkönig, bohrt sich mir ins Kreuz.

Doppelt gepeinigt fand sich mein königlicher Bruder. Nicht genug, daß die Gürtelschlingen seinen langen Leib krümmten und kniffen, nun sorgte auch noch sein Verstand in seltener Klarheit für das, was fast immer ins Bittere gerät, für Erkenntnisse.

Die Karten und die Träume und die Mutter hatten recht. Bloß den guten Anfang der Bilder, nur den Beginn wollte ich zur Kenntnis nehmen, nur die Hochzeiten. Nun kommen schon die Tiefzeiten, eh's einen guten Anfang je gegeben hat. All mein Begehren, es bleibt Libellenflug.

Und der Falkentraum? Ja, wer ist denn nun das Tier in der Falle. Vorerst klemme allein ich. In der elendsten der Schlingen. – Wie sie mich ansieht. Wann immer die Rede auf IHN kommt, dann blickt sie mich an wie aus Steinkohlen. Von Anfang an, schon bei der Ankunft in Island, in dieser viel zu hellen, in der höllisch hellen Halle, schon da hat sie mich mit diesen brennenden Anthrax-Augen verfolgt. Gekränkt ist sie, weil nicht der *NidGir*-Töter um sie warb, sondern nur ich, der »WirKönig«. Der WirrKönig. Der Zimperling. Den Sieger wollte sie, Siegfried als Bespringer. Nicht mich, den Schwitzzitterer. Es ist der Betrug, den sie ahnt. Für den ihr der Beweis noch fehlte. Wehe, jetzt hängt er an diesem Nagel. Mein schlapper Leib als *argumentum* [in der röm. Rechtsprechg.: »Beweis«]. Was, wenn sie mich nun erpreßt? Wenn ich, bevor sie mich losbindet, irgendwas gestehen müßte? Dann Gnade mir Christ. Oder Wotan. Oder Loki oder Ran oder Erdmutter. Oder wer immer die Weltmacht hat. Wahrscheinlich der Teufel.

Nur scheinbar kam Hilfe, seit dieser Berserker in Worms ist. Nur scheinbar vertreibt er unsere Feinde. In Wahrheit türmt ein Betrug sich auf den anderen. – Ute hatte recht. Am Anfang war die Täuschung. Und auch Hagen hat recht. Mit diesen Niedermenschen kam die Mühsal, die »Arbeit«. Und wenn beide recht haben, dann muß er, der Arbeitsriese, mich aus diesem Elend auch wieder herausarbeiten.

Aber wie. Wie denn sollte ich ihn jetzt rufen. – Wenn wenigstens ein Kammerherr käm und nach dem Feuer sehen wollte. – Sollte ich den auf mich aufmerksam machen? Wenn er mich losgebunden hätte, daß er den Mund hält, bestechen? Erschlagen? Am besten erschlagen. Hagen ließ den Hirten, der ihn aus dem Brunnen zog, der ihn hilflos gesehen hatte, aufhängen.

364 Wehe, wenn auch mich jetzt einer so sähe. Bislang kannte außer dem Xantener niemand meine Schwächen. Niemand? Nun kennt sie auch diese Feuerfrau, diese Bornholmgezeugte. Mit der Schönheit einer Göttin. Und mit der Kraft einer Riesin. Mit Sternenkraft hat sie mich übermannt. Mit keltischer Betäubungskraft. Und weiß nun alles.

Auch das muß, das KANN allein ER wieder aus der Welt schaffen, der Xantener, der Ruhrschmied. Der die Römer ebenso haßt wie die Mitternachtsgnome, die Rauschidioten. Von dem ich gehofft hatte, ich fände in ihm einen Freund. Er hätte mich warnen müssen vor einer wie ihr. Schien froh gewesen zu sein, diese Furie an mich loszuwerden, mir einzubrokken. Und statt dessen jetzt, in eben diesen Stunden, süßeste Wonnen zu genießen mit meiner Schwester. Zwerchfellwonnen. Mit Gundomars einziger Tochter. Was hat er mir zugeflüstert auf Island? Solange Drachengift Macht habe, helfe nun mal nur die Kappe, die Kutte. Das Tarnen.

Ja, wenn das so ist, dann helfe das gefälligst auch mir. Aber wie. Der Arbeitsriese hier? unter derselben Decke? mit ihr? mit dieser göttlich schönen Teufelin? mit dieser hexischen Springerin, die Himmelskräfte verwandeln kann in Licht? in Speerstöße? in Steinwürfe? In Lederknoten. In meine erbärmliche Unkraft. Die Gelenke brennen mir, die Glieder werden mir taub, sterben ab, das Blut stockt, wird Leichengift.

Er preßte die Zähne zusammen, der Kiefer zitterte ihm, schlotterte. Er ballte die Hände, und in seinem ohnmächtigen Schmerz faßte er seinen Plan. Nur auf eine einzige Weise werde er diese Erniedrigung überstehen. Nur dann, wenn beide Nebel-Ungeheuer aneinandergerieten. So wie Hagen das am Abend vor der Ankunft des Cheruskers als einzig mögliche Lösung gesehen hatte. Diese letzte, diese erlösende Arbeit, die müßten sie schon selber erledigen, die Wilden, die Arbeitsriesen. Gleichgültig, wer von beiden dabei zugrunde ginge. Am besten beide. Am geriebensten die unmäßige Frau ebenso wie der Sieglindsohn. Denn auch diese Schmach hier, diese Blamage an dieser kalten Wand, auch die hat der Nibelunge sich ausgehext. Warum wohl hat er mich schon gleich auf dem Isenstein in Verlegenheit gestürzt, als er ihr, vor aller Augen, den Blutjaspis schenkte, den Stein aus meinem schwachen Rücken.

Uns alle will er in Fesseln legen. *Irslac!* rieten ihm die Nornen. Nicht bloß die »Made« will er erschlagen, nicht nur den Bischof. Nicht ich, ER schafft sich sein Nord-Rom. Der neue Irmin. Der Leutefreund. »Deutscher« Herkules.

Der hängende König versuchte zu gähnen. Sich im Gähnen zu entspannen. Es wurde ein Seufzen daraus, ein Stöhnen. Den sonst so traumhohen, so libellenleichten Mann bedrückte Schwermut, und die schmerzte ihn womöglich ärger und nachhaltiger als die Lederfesseln. Immer wieder versuchte er, seinen Kopf arbeiten zu lassen, sich in Erinnerung zu rufen, was noch an diesem Abend der Niederländer von der Kirchenschlauheit geredet hatte, wie Rom sie ausnützte, des Mannes Angst vor den Frauen.

Den ich am meisten verachte, der Bischofsvetter, sollte der vrecht haben? Wann immer der vor den gallischen Mächten warnte, vor den Kelten, den Frauen, vor allem Wässrigen im unteren Leib, vor dem, was die Heiligen mit Höllenstrafen belegen, sollte es wahr sein, daß von dem, wonach ich mich sehnte, tatsächlich nur Chaos kommt? Nur Finsternis? Mord?

Wann immer Gunther meinte, Brünhilds ruhige Atemzüge zu hören, packte ihn was wie Wahnsinn. Ein mordwütiger Haß. Schlugen ihm die Demütigung und die Schmerzen quer durch den Bauch und verwandelten sich in den Mordwunsch. Kippten schließlich um, stürzten ab und zerflossen zu Tränen. Ja, der König begann zu weinen. Verzweifelt, daß seine Träume vom Schönen jedesmal scheitern sollten, Traum bleiben, süße Idee, Flause. – In seinen Tränen sah er noch, wie die Kohlenglut zerfiel, wie das letzte Licht erlosch. Allein schwarzsaurer Zweifel bohrte dann noch, drückte und hielt ihn lange halbwach. Schmerzvoll und grauenvoll und mordwütig wach.

Mag sein, mein Bruder hat einige Momente schlafen können, plötzlich schien der Frühlingsmorgen durch die Fenster. Wenn der König von Burgund je über Körperkräfte verfügt haben sollte, in diesen Stunden waren die ein Wind. Wie ein Säugling, gestand er, sei er sich vorgekommen, nein, nicht mal wie ein Wickelkind. Die können strampeln, ich dagegen –

Draußen hörte er Frühlingsvögel, die schrien nach Liebesgesellen. Und er? – Nicht mal Begehren, alles dahin. – Da hörte er ihre Stimme. – *Nu quad mik*, so sprach sie, wieder in diesem ordinären Tonfall, *wou sanft hefft ji gislafin?*

Er zog es vor, keine Antwort zu geben. – *Tot süd ji? Maustot? Mik dücht, ik heff jür Mürmiln gihört?* – Wieder hielt er sich still. – *Tät ük dat nit arg leid, käm nu ein BurGunthertan und säh den wahrhaft groß Morgenlandkünnek? su krumpilic virpackt? su knifflig virknotit? vun Frauenknüttelskenskünst?*

Da antwortete der Held: Das würde weniger auf mich zurückfallen
als auf Euch. Der Bischof, da bin ich sicher, führte einen Prozeß gegen
366 Euch, wegen Teufelei. Verurteilte Euch auf den Pfahl. – Da hörte er, wie
sie das wiederholte. »Teu - fe - lei«. »Auf - den - Pfahl«. Sie sprach das
sorgfältig. Als lerne sie die Worte des Herrn.

Ja, des Bündnisses mit dem Teufel würde er Euch verklagen und meine Regentschaft reinigen. Zugegeben, auch mir bringt es kaum Ehre, so gefunden zu werden, wie ein Geschenkpaket ans Kloster, wie ein Schlachtlamm. Doch gegen Hexen kämpfte noch jeder Mann vergebens. Aber bedenkt, Frau Brünhild, auch Euer Ruf wäre ein für allemal dahin, sähe man, wie Ihr die Sitten der Ehe handhabt. – Wieder versuchte sie, seine Worte nachzusprechen. – »Sit - ten - der - E - he«. – Als lerne sie die andere, die Herrensprache.

Und weil das so ist, Verehrte, fuhr der zusammengeschnürte Ritter fort, um Eures eigenen Ansehens willen, laßt mich frei, bevor jetzt Kahlschädel hier hereinkommen. Seit ich so nachhaltig zu begreifen hatte, wie sehr Euch meine Zuneigung verhaßt ist, werde ich, gegen Euren Willen, nicht mal mehr Eure Kleider berühren. O gebt mir endlich Bewegungsfreiheit! Holt mich hier runter!

Da stand sie nun doch auf, kam langsam heran. Betrachtete ihn eine Weile aus nächster Nähe. Mit demselben Blick, mit dem sie ihn schon auf Island betrachtet hatte, damals, als sie mit zarten Händen seine Eisenrüstung prüfte und die Schweißperlen auf seiner Stirn. Auch jetzt lachte sie nicht, spottete nicht, strich nur mit schmalen Fingern über seine Stirn. Und sagte: Jede Nacht hängst Du an dieser Tür. So lange, bis Du aufhörst zu lügen. Bis Du mir erklärst, wie einer wie Du gegen mich in Island hat gewinnen können.

Er schwieg. – Gesteh, Dein »Eigenmann« war es, der Dir half. – Da antwortete Gunther: Nicht einmal nicken könnte ich jetzt, so eng schnüren mich Deine Fesseln. – Da streckte sie endlich die Arme hoch, hob ihn vom Nagel herunter und legte ihn vor sich hin, auf den Boden. Und betrachtete ihn. – Der Cherusker war es, der Dir half. Gib's zu, nicke! – Lös mir zuvor diese Fesseln. Mein Rücken zerreißt. – Da knotete sie ihn auseinander, richtete ihn auf und stellte ihn hin. – Nun nicke.

Da schwankte er. Brach vor ihr in die Knie. Als bete er sie an.

Kroch dann zum Bett, vorm Bettrand blieb er liegen, japsend. Und bekam zu hören, schwerlich werde er an diesem Nagel sieben Hochzeitsnächte überleben. Der WirHerr. Der Lügner [vgl. die letzte Äußerung des Xanteners].

Während Gunther, mein bleicher Bruder, mir seinen großen Jammer beichtete, bestrich und rieb ich ihm den Rücken mit Wollfett, salbte die alte, die wieder aufgescheuerte Wunde im Kreuz, der Mondstein hatte die Jaspiswunde erneuert. Auch die Glieder massierte ich ihm, die Gelenke, und riet ihm schließlich dringend, über all dies mit dem Xantener zu sprechen, der werde helfen. An diesem Morgen bleibe vorerst nichts anderes, da müßten wir wohl, nach außen hin, so tun, als sei alles wie an einem üblichen Hochzeitsmorgen. Ich hätte jetzt in der Halle ein Lied vorzutragen, dies Versprechen müßte ich halten. Er wollte ebenfalls in die Halle, wollte sich dem Feiervolk zeigen, statt sich auszuruhen in meinem gut geschützten Schlafwinkel, und gewiß, er wolle nun auch mit dem Niederländer reden.

In der Halle herrschten, als ich eintrat, Gedränge, Gelächter und Gesänge, mir wurde schwindelig, ich sah die andere, die lachende Braut. Während sich die große Beichte meines Bruders durch meinen Kopf drehte, schienen in diesem Saal fröhliche Frühlingsvögel herumzuflattern, Ringwolf mahnte vergebens, man habe zur Messe zu gehen. Nein, beschied Dankwarth, erst morgen, erst am dritten Tag folge die Eheweihe, die Priesterhandlung im Münster.

Das Gelächter über den Bischof verstummte, denn nun erschienen Gunther und Brünhild und nahmen Platz an der Fürstentafel. Ihr Auftritt schien Schrecken zu verbreiten, als hätten Gespenster die Halle betreten. Ohne daß sie ein Wort redeten, allein diese beiden fahlen Gesichter wirkten wie eine üble Nachricht und lähmten und verdüsterten. Um das Schweigen zu überbrücken, griff ich zur Fiedel, das wurde sofort begrüßt, und so trällerte ich denn, schon um meine eigenen Verwirrungen zu überspielen, ein leichtsinniges, ein Spottliedchen auf den Morgen nach der Hochzeitsnacht, die Schlußzeilen, in der Wiederholung, sangen die Leute gleich mit.

Kommt, Ihr Jungfraun, helft mir klagen,
meine Jungfernschaft ist hin,
mein Herr Bischof will verzagen,
MEIN Verlust trübt IHM den Sinn –
Wann wird ER mal Sprünge wagen!

Ach, der Priester täuschte mich,
gestern war ich wie ein Engel,
zitterte und forchte mich,
war die Rose ohne Stengel –
freut Euch, ich bracht's hinter mich!

Fortgeflogen ist die Not,
Pfaff, was solln die frommen Mühen,
meine Tugend, die ist tot
Ohne Stengel gibt's kein Blühen –
ohne Blühen gibt's kein Brot!

Wenn Du blaß bist im Gesicht,
wirf ihn fort, den alten Spiegel,
wirf sie weg, die Priesterzügel,
fürchte Höll und Kirche nicht –
nun erst schwirren mir die Flügel!

So schwirrte das nun auch in und um die Halle herum, im Wirrwarr und unterm Gefreu und Geschrei bemerkte kaum einer mehr, wie das burgundische Königspaar an der Tafel bewegungslos blieb und stumm. – Ich kümmerte mich um Mutter Ute, leitete sie an ihren Tafelplatz, eine halbe Tischlänge entfernt von dort, wo Brünhild und Gunther saßen. Kriemhild setzte sich an ihre andere Seite, beobachtete die Mutter aus glitzrigen Augen. Die, obwohl sie's nicht sah, schien Bescheid zu wissen und fragte: *Sint saligeru ziti theru bruti?* [»Ist dies eine glückliche Zeit für die Braut?«]

Da behauptete Kriemhild, wieder hätte sie geträumt, abermals tollhäusig, doch diesmal mit gutem Ende, der Schreiberbruder könne ruhig mithören. Ein Bär, so habe sie diesmal geträumt, sei in die Pfalz eingebrochen, habe bis in den Morgen in der Burg herumgepoltert und alle ihre »Jungfräulein« verspeist, alle dreißig, sämtliche in einer einzigen Nacht. Habe so lange gewütet, bis er auch sie, Kriemhild, entdeckt habe. – Setz Dich auf meinen Schwanz, befahl das Biest, gurgelte es aus Utes Sandelholzmund. Und das Ungeheuer war rotblond und war Königssohn. *Wola si thio brusti inti thio barm, thio ther kneht io gikusti.* [»Gesegnet sei die Brust und der Schoß, die dieser Mann geküßt hat.«]

Ute fügte hinzu: Tief verkramt sind nun die Kartenmauern. Dahin ist Dein Wahrtraum. Unter Honigbärentatzen, unter regenbogenbunten

Kappen. – Kriemhild schüttelte den Kopf. – Ich verkappe nichts. – Da fragte die Mutter: Hast Du Dir Deinen Falken genau angesehen?

Das Mal am Rücken ist von keinem Lindenblatt. Es hat Handform. – Sie küßte der alten Blinden die Wangen, den Hals. – Was kümmern mich seine Mondlieben. Von denen weiß er nichts mehr. Schon seit dem Abend seiner Ankunft kennt der Bär sie nicht mehr.

Mit dem Lieben ist das wie mit dem Hort. Wer's besitzen will, verliert's. Weil im Besitz das Begehren verdorrt und vom Freudenvieh das Vieh bleibt. Und von Roms Worms die Gier. O wären wir drüben, an der Rhone.

Hörst Du denn nicht, fragte Kriemhild, wie nun überall Frauenschwirren pultert und Hochzeitsgerumpel? Im Saal, im Hof, überall Gelächter? Auch über die Gier und den Bischof wird gelacht, nie war Burgund so frei. – Um so tiefer wird das Fallen. Dafür sorgt eben dieses römische Rabenaas *Ringwulfilas*.

An der Schmalseite der Tafel, die als das obere Ende galt, setzte Dankwarth dem Königspaar die Morgenspeisen vor, Milch, Honig, Wein, frisches Brot, Gebäck, Süßquark, Käse und Mus. Als das nicht so sehr erwünscht schien, servierte er von Rumolts neuen Einfällen, zum Beispiel Semmeln mit Vogelherzen und Äpfeln gefüllt, gewürzt mit gesalzenen Speckscheibchen, mit Pfeffer und Safran. Der König ließ es unberührt. Sogar das Wachtelherzfleisch ließ er liegen, obwohl das pricklig duftete, weil es mit säuerlichen Äpfeln fein verquickt war.

Dankwarth reichte dem Paar schließlich vom ganz anderen, von süßsauer eingelegten Lampretenfilets [Neunaugen]. Zu denen sagte Brünhild nur »Schmarotz«, wußte, daß es sich um den Fisch handelte, der sich an anderen festsaugt, um von deren Blut zu leben. Da halfen weder Pfeffer noch Muskatblüte, auch nicht Ingwer und Rumolts gutes Schwarzbrot. Gunther hörte von ihr nur das zischende Schmarotz-Wort. Und »Blutjaspis«. Und sah dann, wie sie, ohne eine Speise angerührt zu haben, aufstand und aus der Halle ging –

– die nun der Xantener betrat. Der setzte sich aber nicht zu seiner jungen Frau, sondern neben den König. Seinem Blick war anzusehen, daß er ahnte, daß Unheil angerichtet war. – Der König nahm Brot, brach sich ein Stück ab, legte es auf den Teller zurück. Dann begannen sie miteinander zu reden, tuschelnd, aber nicht offen und aufgeräumt wie neben mir Mutter und Tochter, sondern leise und zögerlich und besorgt, später mußte mir Gunther jedes Wort wiederholen.

Es bleibt unter uns, habe er dem Hürnernen gesagt, aber Dir, als dem

Urheber, muß ich es melden. Eine wahrlich einmalige Nacht erntete ich von der wunderbaren Frau. – Was meinst Du? – Alles, was Du gestern
370 bitteres Scheidesalz nanntest, hatte ich auszukosten. Keine Romkutte, sondern Nebelkraft rieb mir das unter die Haut. In frische Wunden. Die Kraft, die ich so sehr ersehnt hatte, die Du unter soviel Mühen herbeischaffen halfst, die ist tatsächlich des Teufels. – Laß die Kirchenwörter, sag, was passiert ist. – Verhext hat sie mich. – Schon wieder ein Kirchenwort. – Hat mir vorgeworfen, ich sei ein Lügner, weil ich verschwiege, wie ich die dreifache Probe hätte gewinnen können. Und für welche Dienste Du Kriemhild bekämst. Grimmig hat sie mich dafür bestraft, allerdings mit Hexenkraft.

Bestraft? – Gefesselt. Mit ihrem Gürtel. An Händen und Füßen. Hat mich an die Wand gehängt. Bei der Tür an den Nagel, an dem sonst die Rüstung hängt. Der Nagel war stark genug. Ich war es weniger. – Mit dem Gürtel? – Der Mondstein stak in meinem Rücken. Dein Alberich zerspleißte mir das Kreuz. Die lange Nacht durch. Die Wunde brennt. Die Arme schmerzen so, daß ich dies Brot kaum halten kann. Zusammengepreßt hing ich. An der kalten Mauer. Während sie bequem lag und schlief. Eine Kleinigkeit wäre es ihr, mich auch hier, vor aller Augen, zu erniedrigen. Mich ins Fenster oder über diesen Türbogen zu hängen. Noch erläßt sie mir die öffentliche Schmach. Aber wenn ich ihr nicht bald erkläre, wie ich sie bezwingen konnte und wie Du dabei geholfen hast, dann wird, ich fühle es, Schreckliches geschehen.

Wieder versuchte er, ein Brotstück zu heben. Ließ es. – Vorm versammelten Hof, sagte er, wird sie mich lächerlich machen. Sie ist Rans Tochter. Und Du hast sie geholt. Du hättest mir nicht helfen, Du hättest mich warnen sollen. Du kanntest diese Loki-Brut. Nun ist es an Dir, das wieder aus der Welt zu schaffen. Wenn Du den Drachen erschlugst, dann wirst Du auch mit dieser Furie fertigwerden. Mir jedenfalls ist *Prunnahilti* widerlicher als der Drache. Denn in der wunderschönsten Gestalt ist Wotans Wutrausch, ist LähmGift und Riesenkraft.

So sprach Gunther. Ich sah ihn reden, hörte ihn nur ungenau, konnte mir aber ausmalen, worum es ging. Sah, wie der Niederländer wieder seine Hand auf Gunthers Schulter legte. – Bruder, hätte er gesagt, Bruder der liebsten Frau, die es unter dieser Frühlingssonne gibt. – Der Riese habe ihm gut zugeredet, habe Mut zu machen versucht. Er, der *NidGir*-Töter, wisse eine Arbeit, wenn die getan sei, dann schlafe diese »Loki-Brut« noch kommende Nacht mit ihrem König, so süß und so sanft, wie er's nur immer wünsche. *Ben zi bena, lid zi giliden, sose gelimida sin* [vgl. S. 55].

Als Gunther mir das später erzählte, in meiner Schlafnische, da schaute der »Zwaraber« mich ohne Hoffnung an. Und sagte schließlich: Nach allem, was ich mit ihr erlebte, glaube ich nicht an eine solche Verwandlung. Aber irgendwas muß nun getan werden. So oder so. Dieses Reich, unsere Pfalz, wenn wir jetzt nichts unternehmen, all unsere Herrlichkeit wird zugrunde gehen. Unsere Zukunft, unser Heil hängt davon ab, daß dieser Frau der Übermut gebrochen wird. – Und warum, fragte ich, willst Du nicht mit ihr reden? in aller Offenheit? daß Du nur aus übergroßer Liebe zu täuschenden Mitteln gegriffen hast? – ER hat zu diesen Mitteln gegriffen. – Kriemhild zuliebe. – Wahrscheinlich aus Berechnung. Unser Rheinland zugrunde zu richten, das war sein Plan. Aber offenbar weiß der Gnom gegen Frauenmacht einen Zauber. Ich wünschte, diese Kelten führen wie Blitze gegeneinander und verbrennten sich gegenseitig.

Wie kannst Du so reden. – Du hast keine Nacht am Nagel gehangen. – Der Niederländer hat schon oft geholfen. – Er versprach mir, er käme noch diesen Abend ins Gemach. – In Euer Ehegemach? – Er schleiche mir hinterdrein in die Kammer, heimlich, in der Kappe. Damit niemand was bemerke, solle ich die Sklaven vorzeitig entlassen. Sähe ich dann am Kerzenlicht, daß es verflackere und erlösche, dann wüßte ich, er sei im Raum. Dann sollte ich ihm Platz machen. – Wo? – Auf dem ehelichen Lager. – Dort? – Sollte ihn dort frei walten lassen. – Er sah mich an, verzweifelt. – Jetzt, Giselher, rate mir. Kann ich ihm vertrauen? Brünhilds »altem Genoss«? Was heißt das, »frei walten lassen«? »Rumpelknacksen« würde es in der kommenden Nacht, sagte er. Und, ganz unverfroren: Räum ihn mir ein, Deinen Platz in Eurer Bettstatt. Am Ende, so beteuerte er, werde die Kraftfrau mein »süßester Untertan«.

Der Bruder schien hilflos, ja verzweifelt. Da ging ich zu meiner Truhe, schloß auf, holte das Blatt mit den sieben Sieglindsätzen und gab sie ihm zu lesen. – Er studierte sie aufmerksam. Seufzte. Nickte und seufzte wieder. – Das ist es. Er preist das Chaos. Das Frei-Sein. Will keinerlei Regel, keinerlei Herrschaft. Alles was er schürt, dieser Schmied, hat allerdings dies eine Ziel. Aufruhr. Und Aufruhr nennt seine Mutter »Vorschläge«. – Er gab mir das Blatt zurück. Nun ängstigte er sich nur noch mehr.

Läßt Du ihn also ein in der kommenden Nacht? – Unter einer Bedingung habe ich akzeptiert. – Er zögerte. – Unter welcher? – Mit dieser Fee oder *Freya*-Frau oder was immer sie ist, möge er tun, was er für richtig halte. Was immer ihre Kraft breche, das sei mir recht. In seiner Geriebenheit solle er diese Walküre getrost, wenn alles andere nicht helfe, erschlagen. Selbst das würde ich ihm verzeihen, denn sie ist, habe ich ihm gesagt, das Gefährlichste, was sich denken läßt. So anmutig wie eine Frau nur sein kann und wie ich sie seit *Wunnibalds* Gesängen begehrt hatte. Aber gleichzeitig so selbstherrlich und so eigensinnig und lähmend und gewaltig, wie nicht mal ein Mann zu sein wagt.

Gunther schaute sich absichernd um. Von drüben trillerte das Hochzeitsgedöns. Niemand lauschte bei meinem Schreibwinkel, dennoch beugte er sich nun nah an mich heran. – Alles, habe ich ihm gesagt, dürfe der Cherusker mit ihr machen. Nur eines nicht, und das war meine Bedingung. Man hört, sagte ich ihm, vieles von Deinen »heimlichen Lieben«. Ich möchte nicht, daß hinterher von Dir auch noch Wormser Wonnegau-Geschichten erzählt werden. Daß am Ende auch die Königin von Burgund als Deine Nebenfrau durch die Märchen geistert, bei Hof wie in den Herbergen und auf den Märkten. Was immer er in der kommenden Nacht mit Brünhild anstelle, zu nahe dürfe er ihr nicht geraten. Alles andere sei mir gleichgültig. Sollte jedoch ihre Kraft nicht anders zu brechen sein als über dies letzte schmähliche Mittel, über dieses *so se gelimida sin*, dann solle es besser heißen *irslac*! – So hab ich's ihm gesagt. Du bist mein Zeuge.

Der Bruder sah mich schmerzvoll an, mit klagendem Blick. – Was antwortete er? – Das nehme er auf seine Kappe, hat er geantwortet. Zweideutig also, unter Berufung auf die LokiList, aufs Verkappen. Am Ende würde ich zufrieden sein. Kriemhild gehe ihm über alles. Er benötige keine Nebenfrau. Frauenbesitz sei ihm so zuwider wie Frauenliebe lieb.

Dieser zweite Tag seiner Ehe, sagte Gunther mir später, sei ihm länger erschienen als hundert andere, an denen er unverheiratet war. Er war aufgestanden, verließ wie schlafwandelnd meine Schreib-Ecke. Ging zwar gemessenen Schritts, aber doch hinkend, da ihn die Hüften schmerzten und die Fußgelenke. Auf dem Gang grüßte man ihn, ohne daß er's recht bemerkte. Die Leute drehten sich nach ihm um, sahen, daß er ein Bein nachzog. Hatte die Kraft nicht mehr, Haltung zu bewahren.

Näherte sich seinem Gemach, hoffte wohl, das würde leer sein. Öffnete die Tür. Die Königin war zu diesem Zeitpunkt, wie ich später erfuhr, schon im Bergfried bei ihren Gefährtinnen. Ein Kammerherr säuberte den Kamin, ich hörte, wie Gunther befahl, ihn allein zu lassen und in der kommenden Nacht kein Feuer zu richten, es sei in der Schlafkammer viel zu heiß gewesen, schließlich sei Frühling, was solle die Kohlenhitze.

Der Diener kam aus dem Raum, grinsend, Gunther verriegelte hinter ihm die Tür. Ist dann, wie er mir später gestand, humpelnd bis an sein Lager gelangt und fiel dort tief hinein in Lausers kreisrunden Schlafsee, freilich ohne von dessen schwebenden Duftwonnen auch nur eine ferne Ahnung geatmet zu haben.

Draußen strahlte die Sonne, wogten heftig die Turniere, immer ehrgeiziger wurde gefochten, die Zuschauer, auch die Fräulein zog es dorthin, wo am wütendsten gestritten wurde, wo Helme zersprangen und Schreie gellten. Marktrufer suchten abzulenken, Clowns, Händler, Schreiber, Landstreicher, Junge wie Alte sah ich, Märchenerzähler boten Geschichten um Mohren und Drachen und Elefanten, um die ägyptischen und griechischen Weltwunder. Zwar versuchten auch Mönche ihre Kunst und erzählten von Heiligen, doch kauerten bei ihnen wenige Greisinnen, einige Kinder mußten neben ihnen stillsitzen.

In der Königshalle war bei der milden Frühlingssonne niemand mehr, ich holte meine Pergamente zum Pult, notierte die Ungeheuerlichkeiten, die ich von meinem Bruder gehört hatte. War gerade dabei, auch seine Verabredung mit dem Xantener festzuhalten, als sich draußen ein Heulen und Rufen erhob, das anders klang als der Spott und die Schadenfreude, wenn wieder einmal einer, der sich gerade noch auf hohem Roß aufgeblasen hatte, über den Pferdehintern in den Sand flog und freigebunden werden mußte aus zerdrücktem Harnisch.

Diesmal lärmte aufgeregtes Durcheinander, ich schaute hinaus und hörte, daß man am Hafen einen Erschlagenen gefunden hätte, gleich hinterm Tor. Ich nahm mir vor, später genauer danach zu fragen, ging zum Pult zurück und schrieb weiter. Vielleicht hatte wieder mal Ringwolf einen, den er als Lästerer angezeigt bekam, erwürgen lassen oder eigenhändig gespießt, vor aller Augen, zur Abschreckung.

Soeben hatte ich, was in der kommenden Nacht geschehen sollte, notiert, da dröhnte aus dem Hof neuer Lärm. Diesmal schlugen Musikanten krachenden Takt. Als ich aus dem Fenster hinabschaute, sah ich, wie Jünglinge vom Niederrhein und auch einige der Frauen, die von Island gekommen waren, einen sonderbaren Tanz aufführten. Die heulenden wilden Schläge erinnerten mich an die Steinmusik, die unterm Drachenfels aufgestiegen war und in der langen Nacht auf dem Isenstein. Dazu wurde zu zweit gehüpft, als balzten Kraniche. Diese *Banditus*-Musik [s. S. 192 f., 258 f., 313, 508] trieb immer mehr Paare zu immer höheren und verzückteren Sprüngen. Schon fanden daran auch burgundische Leute

Gefallen, klatschten zunächst nur mit, aber Frauen, die gerade noch geklatscht hatten, sahen sich im nächsten Moment gepackt von einem Niederländer, einem Wormser, einem Sachsen. Immer mehr schlossen sich an, das scharwenzelte, stenzelte und grunzjuchzte über den weiten Hof und durchs Tor hinaus zum Hafen hin, offenbar auch den Rhein entlang unterm Lärm von Trommeln und Zinken, Trompeten und Pfeifen, was *allasama upparlut* dröhnte, am Ende so laut, daß die Waffengänge unterbrochen werden mußten und die Lanzenstößer und Schwertschläger ihre Visiere aufklappten, um nachzusehen, wer da mit diesen Steinschlag- und Sprungmusiken mehr Aufmerksamkeit auf sich zog als die Zweikämpfe mit den neuen Ruhrwunderwaffen.

Hin- und hergerissen zwischen den Schauspielen dort unten und meinem Versuch, die Ängste des Bruders zu notieren, blieb ich schließlich doch wieder bei meinem Pult, versuchte mich zu konzentrieren und die Blätter zu beschriften, die mir nun, in meinem Lorscher Loch, helfen, auch diesen zweiten Hochzeitstag wahrheitsgetreu zu beschreiben *ut nemo despice verba libri sed respice documentum ex vero* [»damit niemand den Inhalt des Buchs verachte, sondern achte als ein Dokument der Wahrheit«].

Da platzte mitten in meine Arbeit von unten ein Hochrufen durchs Fenster, ein Beifallklatschen, die Musik verstummte. Ich blickte wieder hinab und sah, daß nun der *NidGir*-Töter selber für Aufsehen sorgte. Nein, der tanzte nicht mit, der zerschlug auch keinem Kämpen den Panzer, der führte durchs Hoftor einen mächtigen Stier. Einen störrischen Bullen, dem er die Augen verbunden hatte.

Die Menge wich, verzog sich zu den Seiten, unter die Mauern der inneren *arena palatina*. In deren Mitte gab der Xantener das Tau, an dem er das Tier hereingeführt hatte, seinem Kumpan *Walthari*. Er selbst blieb vorm Kopf des Tieres stehen, schien mit dem Tier zu reden. Das hielt still, als seien ihm die Füße gefesselt, als bliebe ihm nur, zu hören, was der Niederländer ihm zu sagen hatte.

Ich wußte einiges von grausamen und blutigen Spielen, die sich in manchen Gegenden junge Leute herausnehmen, wenn sie an wilden Tieren ihren Mut beweisen. Ich hoffte, ich müßte nun dergleichen nicht zu sehen kriegen und erst recht nicht von dem, für den ich so viel Bewunderung hegte, für seine externsteinischen wie für seine römischen Weisheiten.

Die Zuschauer hatten einen großen Kreis gebildet, der Bulle stand mittendarin, stand weiterhin ruhig, schlug nur bisweilen den Kopf auf. *Walthar* faßte die Leine enger. Unterdessen zog sich der Xantener die

Weste aus, die Kriemhild ihm gefertigt, ein zobelbesetztes schwarzes Stück, das gab er ihr, die unter den Zuschauern in der Sonne stand, ging dann ans äußerste Ende des freien Ovals, stellte sich dort so, daß er, gut fünfzig Schritte entfernt, dem Stier gegenüberstand. Dem nahm nun *Walthar* die Binde vom Kopf.

Eine Weile schien alsdann nichts anderes zu geschehen, als daß die beiden sich betrachteten, in großer Ruhe, Vieh und »Himmelsvieh« [s. S. 126 (Ute)]. Die Leute unterhielten sich nur noch flüsternd. Der Ruhrgeselle, dessen Haar in der Sonne wie Feuer leuchtete, schien nichts zu unternehmen, als das Tier anzusehen, das ums mächtige Haupt gelockt war wie ein Wisent. Beide Gegenüber, sie beobachteten einander. Und die Zuschauer beobachteten beide.

Der Stier, ungefesselt, schlug nun nicht mehr mit dem gehörnten Kopf, sondern blickte unbewegt auf die Menschengestalt. *Walthar* ließ die Führleine vorsichtig lockerer und entfernte sich, mit sachten Schrittchen, rückwärts. Das Tau glitt ihm durch die Finger so wie seinem Herrn, als der dem roten Papierdrachen Freiheit gegeben hatte. Nahm mehr und mehr Abstand, gab endlich so viel vom Seil frei, daß auch er unter den Zuschauern stand. Die alle blickten jetzt wie gebannt, wollten mitbekommen, ob das Tier still stehen bleiben und den Menschen weiter anstarren oder wie es sich verhalten würde. Und was der berühmte Ritter nun tun wollte.

Der begann, in seinen leichten weichen Lederschuhen, fast unmerklich, sich auf die vorderen Fußballen zu stellen. Hob dazu, sehr langsam, beide Arme. Breitete sie zu den Seiten aus und führte sie, ohne die Bewegung durch einen Ruck oder Halt zu unterbrechen, bis über seinen Kopf, stand nun ebenfalls da wie ein Tierwesen, wie ein noch größeres, stand da als ein Hörnerner, mit noch längeren, mit noch stärkeren Kopfwaffen.

Da war zu beobachten, wie der Stier, ohne den Blick von dem Gegenüber zu lassen, sein Haupt allmählich senkte, als erwarte er einen Angriff. Und ein Angriff begann dann in der Tat, denn nun, beide Arme nach wie vor hochgestreckt, wippte der Riese auf den Fußballen, ruckte die ganze große Gestalt und begann, aus diesem wippenden Schwung heraus, auf das Tier loszurennen, als wollte er's überfallen – umwerfen – bei den Hörnern packen –

Vor der heranstürmenden Gefahr senkte die Bestie das Hörnerhaupt bis an den Boden, sicherlich, um es dem Angreifenden entgegenzuschleudern, zwei Schritte aber vor dem abwehrbereiten Bullen sprang der

Nibelunge, im Absprung wie ein Stier brüllend, auf beide Füße zugleich und schnellte in hohem Bogen über den Kopf des Tiers, das, zu spät, erst
376 kurz hinter ihm, die Hörner hochstieß, als der Springer schon mit beiden flachen Händen auf dessen Rücken faßte, sich dort nur kurz abstützte und weiterschwang, den Sprung zum freien Überschlag verlängerte, aus dem er hinter dem Tier auf dem Hofboden zu stehen kam.

Als sei nichts geschehen, stand er dort, mit dem Rücken zum gehörnten Tier, das den Widersacher nicht mehr sah. Der hob, wie schon vor dem Anlauf, beide Arme, als gelte es, die Zuschauer zu grüßen. Da jubelten sie ihm zu.

An der Feder in meiner Hand war die Tinte getrocknet. Ich sah noch, wie *Walthar* dem Stier wieder die Blende über die Augen hängte und wie der Niederländer zu Kriemhild ging, sie küßte, sich küssen ließ, die hellschwarze Zobelweste wieder umhängte, winkte und dann plötzlich – Dankwarth hatte ihm das gereicht – ein Horn in der Hand hielt, ein langes goldenes Trinkhorn, einem Stierhorn nachgebildet. Nur war dieses sehr viel größer und war gefüllt mit Wein. Das hob der Stierspringer hoch und trank und einige im Hof sangen »der SPRUNG wurde getan« [s. S. 218].

Da die Bestie noch immer im Hof stand, bildeten die Leute nach wie vor einen weiten Kreis, hielten guten Abstand. Der Nibelunge zögerte einen Augenblick, zu welcher Seite er das Gefäß in den Kreis hineinreichen sollte, Kriemhild stand links von ihm, links herum sollte aber das Trinkhorn offenbar nicht kreisen. Also stellte er sich, unterm Gelächter, an die linke Seite seiner jungen Frau, so daß nun auch sie, rechts von ihm, trinken und das Horn nach rechts weiterreichen konnte, rechts herum, wie die Sonne kreist.

Da hörte ich dicht hinter mir eine weibliche Stimme. – Links herum, rief die, rief es aber so wenig laut, daß nicht die da unten gemeint sein konnten. Hinter mir stand sie, eine der isländischen Frauen, diejenige, die mir seit der Nacht auf Island die liebste ist, die Dunkle, die Anthraxfrau, die Ruhrnymphe. – Links herum. – Leise befahl sie die andere Richtung, beugte sich ebenfalls aus dem Fenster, und ich spürte sie über meinen Rücken bis in den Nacken, sie tat, als schimpfe sie. Ihr paßte die rechte Richtung nicht? – Links herum? Das ist die Mondrichtung, sagte ich, die bringt Unglück. – Nur den Schrapphälsen, zischte sie, knotet sie die Gurgel.

Die zarte Gestalt setzte sich neben mich auf den Fenstersims, hockte nun in der Frühlingssonne. Ich beobachtete die Frauenhand, den hellen Flaum auf der dunklen Haut. – Warum, fragte sie, war die Königin nicht im Hof? Wie kann die fehlen in der Brautlaufgesellschaft? Die und der König, wo sind sie? – Wenn schon Du es nicht weißt?

Sie ging zurück in die Halle, zu meinem Pult, hob das obere Pergament, tat, als wollte sie eine meiner Schriften zerreißen. Kam wieder auf mich zu. Und redete plötzlich sehr schnell und in kaum begreiflicher Sprache, die ich hier buchstäblich nicht wiedergebe, weil niemand das entziffern könnte. Soweit ich ihre *diutisken* Platt- und Zauberwörter verstand, wollte sie mir klarmachen, daß ich, der Schreiber, mich noch so sehr mühen könnte, sie, die keine Schrift wisse, spüre, wann ein Mensch unglücklich sei. Das hänge nicht ab von Buchstaben auf dem Papier oder im Kopf, auch nicht von der Größe eines Reiches und seiner Reichtümer, nicht vom Zobel auf einer Weste oder von der Kraft des Sprunges über den Stier, auch nicht von der Menge und Pracht der goldenen Hörner und Kreuze und Kelche im Keller.

Während sie so redete, ging sie rasch zwischen dem Pult und mir hin und her, schien zu schweben, als jage sie wie eine Schwalbe an Mauern entlang, um Mücken zu fangen. – Drüben, unterm Bergfried, sagte sie, dort hätten sie ein ganz anderes Schauspiel beobachten müssen, ein trüberes als das, was hier das Sprungkind Siegfried spiele. In der Hafengasse habe Herr Hagen einen Gaukler gepackt, der den Gaffern auf Schieferstein einen Hirschen zeichnete, der sich bespringen ließ von einer Kuh, den Kopf dieses Hirschen habe der als Gunther-Kopf gemalt. Da ist der Waffenmeister dazwischen, hat mit seinem Schwert das Bild zertrümmert und mit dem zweiten Hieb das Haupt des Spaßmachers. *Ahî glücke, ahî heil, nu hastu mir daz swarze teil allenthalben zugekart. Mir sind die wizen weg verspart.* Warum denn wohl fehle die Königin beim Fest im Hof?

Die schöne Dunkle bezauberte und verwirrte mich, verlegen sah ich ins *palatium* hinab, wo das Tier fortgeleitet wurde, und hörte nun, wie sie sagte, dieser geköpfte Gaukler, der habe die Wahrheit gezeichnet. Hohl und lächerlich seien die »WirHerren«, bodenlos hohl und scheinheilig.

Ich kniff die Augen, als blendete mich die Sonne. Hörte sie sagen, Rans Tochter sei drüben bei ihren Gefährtinnen und weine. Zwar habe Gunther auf all ihre Fragen geschwiegen oder gelogen. Trotzdem wüßten sie, daß auf Island Betrug war. Auch ohne Beweise wüßten sie's. Und der Xantener, so sehr ich ihn bewunderte, der belüge sich selber. Verschwende in übergroßer Spiellust die externsteinischen, die AllMutterkräfte. – Da mußte ich sie fragen, ob vormals dieser Xantener auf Island nicht ebenfalls betäubt worden sei. – Hatten nicht auch ihn Rauschtränke berauscht? Wutspeisen verführt? So wie auf Bornholm Ran hintergangen wurde, lähmte so Brünhild nicht auch ihn?

378 Da ist die Schwarze wieder zu meinem Pult gesprungen, wütend, als wollte sie dort meine Blätter vernichten. Hat dann zunächst nicht mehr geredet, als sei hier alles Reden sinnlos. Hat aber mit einemmal noch schneller geredet als zuvor, noch fremdartiger, einen Wörterwirbel stieß sie hervor, einen Strudel und Sog aus Drohungen, Flüchen und Beschwörungsbildern, eine keltische Kaskade spuckte sie, wie sie wohl auch schon der Drachenkämpfer auf der Isenburg zu hören kriegte und die ich erst später einigermaßen hab verstehen können, erst am Abend dieses Tages, als ich sie wiedertraf und befragen konnte. Auch dann begriff ich noch wenig, erst jetzt, nach dem mörderischen Ende von allem, erst in meinem Kirchenkerker ahne ich, was die Anthraxfrau mir mitgeteilt hat.

Nach einem Silbensturzbach, von dem ich nur nachbilden kann ERBARIA BRUJA LARVA MASCA LAMIA INDIVINA VENEFICA MALEFICA STRIGA HAAG MAGA WICCA XORGUINA TUNRITDISSE HAGAZUSSA [Namen für »Hexe«, wörtl. so bei Schazman], faßte sie sich einigermaßen und sagte ungefähr folgendes: Alles im Weltkreis würde bewegt von Täuschung und Selbsttäuschung. Diese beiden Kräfte seien die Beine der AllMutter. *Hugin* und *Munin*, Trug und Selbstbetrug, die bewegten und trügen die Welt wie Nebel und Feuer. – Mit dem Wort »Tragen« entfachte sie nun ein Sprechfeuer, worin »Zwerge« flackerten und »Trug« und »Tragen« und »Betrügen« und »Zwerch« und »Zwar« und »Quer« und wieder »Tragen«, bis mir schwindlig wurde. – Und weil dies die Weltkräfte seien, die *motores mundi* [»die Beweger der Welt« (vgl. S. 125)], sei jeder und alles fortwährend in der glücklichen Gefahr, vertauscht und verwandelt zu werden, vom Lebenden ins Tote und vom Toten ins Lebende, vor und zurück und zuvor und verquer und gegenüber. Dies Wandelchaos GINUNGAGAP überdaure die Zeiten wie die Dinge, vor dieser AllMutter versuche jeder auf seine Weise zu fliehen. Die Herren in Rom durch Steinhäuser und immer härtere Mauern, durch sichtbare wie unsichtbare, in Burgen, Rüstungen und in Gesetzen. Die Herren in Nif*hel*heim [*hel* = Hölle, Höhle, das Verborgene, Verbergende (noch in »verhehlen«, vgl. S. 60, 81, 95, 166, 265)] durch Nebelkappen, Witz, Spiel und Feuerhüllen.

Wie immer man sich aber absichern und bewahren wolle, ob durch strenge Regeln oder starke Mauern, der verwandelnde Tausch dringe als Trug durch die dicksten Wände, die Angst dringe bekanntlich auch durch Steinmauern, Sucht, Neid und Gier durchdringe jederlei Hornhaut und

Rüstung. Der am dicksten Gewappnete sei schon, ohne es zu wissen, durchfressen, sei am ärgsten von Selbsttäuschung heimgesucht.

Weh, was hat mir an vielerlei *nigredines* [»Finsternissen«] meine kohlendunkle Nymphe offenbart. Nichts weniger behauptete die aus Nif*hel*heim, als daß alles, was aus Nif*hel*heim sei, lüge. Unaufhörlicher Wandel, sagte sie, stäche wie mit Hornissen in jedes pochende Blut und dringe bis in unsere Träume. Dagegen behülfen sich die einen mit priesterlichen Tugendordnungen und stabil gemauerten Vorschriften, die, der Macht der Herren zuliebe, den Ängstlichen *diet* vorgaukelten, es gebe im Auf und Ab unseres Feuerwasserlebens Gutes und Böses und Wahrheiten, die festzuschreiben wären.

Andere, die alle Ordnungsmauern haßten, Nibelungen wie Sieglind oder Sigurd und andere Freie, die schützten sich mit dem, was sie dem Chaos an Nebelkraft und Sonnengewalt abspürten, die rüsteten sich mit Gegenlist, mit Spiel und Geriebenheit, mit Wissen aus Zwerchfellfeuer. – Dritte aber, Kelten, Schotten, Iren, Isländer vor allem, die suchten ihr Heil in zauberschönen Reisen über die Gegenwelten, in Gesang, Märchen und Rausch, in liebenden Libellenflügen auf sternenhohen Wegen.

Ich sollte als Sänger und Schreiber isländische Flüge nicht als »Betrug« bezeichnen. Brünhilds Empfang für den Gast aus Xanten sei kein Hinterhalt gewesen, sondern hätte ihre Liebe zu dem Mann aus dem Eschenwald hinwegheben wollen über die täuschende Welt, hätte die Liebe einzuhüllen versucht ins gemeinsame Begehren und Freien, in lodernde FeuerWasserWandelKraft, also in die einzigen Mauern, die dauerhaft sind. Aber der Gast kam vom Rhein. Und war in Rom. Nie mehr, fürchte ich, kann dieser Taumelrauschtausch gelingen, der *Nifl* mit *Muspel* versöhnt.

Fuhr mir mit der Hand über die Stirn, mit ihrem Mund auf meinen Mund und mit ihrer anderen Hand unter mein Hemd, ließ lange nicht los, summte mit ihrem Mund in den meinen, löste sich dann plötzlich wieder, wie im Zorn und rief: Ich, der Sänger, sollte probieren, ob es mir gelänge, von dem, was ich nun gehört hätte, auch nur eine einzige Einsicht auf mein römisches Pergament zu bringen. Auch ich sei längst Opfer der Mauernbauer und Waldfresser, die der Nibelunge zu Recht Apotheker im Wald genannt hätte. Doch selbst der Hürnerne, sogar dieser neue Herkules, indem er sich um Roms Macht mühe, sei, obwohl er die Besitzgier durchschaut habe und *NidGir* getötet und alles Horten verschenkt, der Machtgier längst verfallen, hänge schon jetzt hilflos in den Fängen und Fallen *ordinis mortis et Martis*. [»Der Ordnung des Todes wie des Krieges.«

Mars ist der röm. Kriegsgott, als mythischer Vater von *Romulus* und *Remus* auch Stammvater des römischen Imperiums.]

Da sie nun den Bischof kommen sah, wiederholte sie das letzte rasch, damit's auch der hören sollte: Selbst der Xantener hängt längst fest in römischen Schlingseilen. – BALDINAI zischte und pfiff das und nochmal *ordinis mortis et Martis*. Wie ein Windhauch war sie dann davon, das Pergament auf meinem Pult hob sich.

Ringwolf hatte Mühe, zu erkennen, wer vorübergehuscht war. Sicherheitshalber tat er die Hand über seinen Kristall. – Das dachte ich mir, sagte er. Frauen sitzen natürlich auch Giselher im Pelz. Feuerblenderinnen. Hexen, Sylphen, *Freya*-Frauen, nicht mehr nur der Hürnerne, nicht mehr nur der irische Saufbold Kilian als vermeintlicher Christ. – Er schnaufte. – *O omnipotens genitor* [»O allmächtiger Vater«], nun also auch die Nebelfrauen. – Er befingerte das Blatt, das eben noch der Elfenwind gehoben hatte. – Sicher hast Du den Kirchendünkel unseres Cheruskers bereits notiert. Womöglich auch die neuen Bespringtänze schon beschrieben. Und den barbarischen Flug über den Tod. Als sei nicht Jesus allein der Todesbezwinger. Als überwinde den Tod nunmehr der Alberichgeselle, der Verräter *Victor* aus Rom. – Ringwolf mußte sich setzen. – Wohin ich auch schaue, *perturbatio capitum* [»Verwirrung der Köpfe«].

Ich gab ihm zu trinken. – Wurmt Dich, daß erst morgen Hochamt ist? – Auch das wurmt mich. Das paßt zu allem. – Mußte nicht auch Dein Christ anfangs zur Hölle hinab? und erst am dritten Tag fuhr er auf zum Hochamt aller Hochämter, zum Osterfest?

Wie richtig, wie wahr. Ach *Gislaharus*, warum mußt Du jetzt »Dein« Christ sagen, und nicht »unser«. Gehofft hatte ich immer, Du würdest mir eines Tages helfen, all den Unrat abzuwehren, der den Rhein heraufquillt. Sollte meine Lebenszeit noch ausreichen, so errichte ich zu Worms eine Hohe Schule. Dort werden, wenn Du nur willst, wir beiden die Vorsteher sein und werden alle Gelehrten und Künstler in den Bann der geheiligten Lehre ziehen. Wärest Du nur *sancto spiramine plenus, multis infectum quo sis medicamen in aevum. Nulla salus extra ecclesia.* [»Wärest Du nur erfüllt vom heiligen Geist, Du wärst so vielen Menschen ein lauterer Heiltrank für die Ewigkeit. Es gibt kein Heil außerhalb der Kirche.«] Stündest Du nur halbwegs im Bann jener Lehre, wonach auch die Dichter sich nicht wie Orpheus nach der irdischen Eurydike umzusehen haben, sondern einzig nach der verklärten, der überirdischen, nach der Maria. Und eben nicht nach der Hölle und nach Loki und seinen Botinnen. Von Hagen hörte ich, Du notierst Deine Chroniken nicht in Latein. Gehofft hatte ich, daß Du

Deine Kenntnisse nutzt und die *Historia Burgundiae* auf die rechte Weise festhieltest.

Auf die rechte? nicht links herum wie die elbischen Erzähler? – Er schaute irritiert, wischte sich mit dem Ärmel den Schweiß von der Stirn. Nahm dankbar, was ich ihm von der Tafel zu trinken brachte. – Ich weiß, Du kennst auch die Weisen links herum. Und das mag gut sein. Nur Gefahren, die man kennt, sind zu beherrschen. Höre, Gundomarsohn, spätestens wenn das heilige Jahr fünfhundert beginnt und wenn ich dann, ein halbes Jahrtausend nach Christi Geburt, noch leben sollte, spätestens dann will ich bei Gunther und Hagen befürworten, daß an achtundzwanzig Wintertagen hintereinander, jeweils nach der Abendtafel, vorgetragen wird, was Du aufgeschrieben hast. – Er trank den Becher leer, gab ihn mir. – Allerdings nur dann, wenn Du die *res gestae urbis et regium* fixiert hast als *gubernatio aeterna Dei* [»die Geschichte (wörtl. Kriegstaten) der Stadt und der (burgund.) Könige als ewige Herrschaft Gottes«].

Denn wisse, Segen bringt Deine Arbeit nur, wenn Du die Grundregel der Künste beachtest. – Welche? – Unsere Grammatik ist Christus. Daraus folgt das Gebot, Orpheus vom höllischen Begehren wegschauen und einzig auf Maria blicken zu lassen. Nimm es als Zeichen, daß eben jetzt aus Byzanz die Nachricht kam, die zwölf Meter hohe Statue des griechischen Zeus, die man für einen Gipfel der Kunst hielt, sei verbrannt. Was über Jahrhunderte auf die Orgien von Olympia herabsah, das hatten sie nach Byzanz geschleppt. Zwölf Meter hoch, aus Gold und Elfenbein, der thronende sogenannte »Weltengott«, nun ist er dahin. Nimm das als Lehre. Jede gottesfürchtige Seite, die Du schreibst, erspart Dir eine Stunde im Höllenfeuer.

Sähst Du aber, daß meine Grammatik in Wahrheit mein Kopf ist und mein Leib, dann wären meine Schriften höllisch und Du müßtest sie verbrennen? – Er stand auf und ging im Saal herum. – Das Streben nach Erkenntnis, sagte er, ist zutiefst eine Sünde. Erkenntnis, laß Dir das gesagt sein von Deinem Vetter, den der Heilige Vater erhob zum *Rumoridus Rusticulus*, die Sucht nach Erkenntnis ist der verhängnisvollste der Frevel, ist die sondernde, die isolierende Ichsucht. Sofern sie nicht die Erkenntnis Gottes ist. In der Hölle hilft kein Wissen. Nicht für den eigenen Ruhm hast Du zu schreiben, ja, nicht mal für den einer irdischen Herrschaft, sondern allein für die Glorie des einen reinen Königs und der Königin im Himmel. *Quod precibus dominum iugiter precor verum omnitonantem.* [»Worum ich den Herrn anflehe, der in Wahrheit das All mit Donner erschüttert.«]

Alles andere, beteuerte Ringwolf, bleibt teuflisches Geplärr und

Geleier, Torheit und Possen. Die Todsünde der Künstler ist, daß sie allein ihrer Selbstliebe gehorchen. Die verdirbt nicht nur ihr ewiges Heil, sondern auch und sogar ihren irdischen Ruhm, denn Werke der Ichsucht zergehen. So wie nun jene Zeusstatue zergehen mußte, obwohl sie doch als Weltwunder galt. – Er blieb vor mir stehen, sah mich bekümmert an. – Von Hagen habe ich mir sagen lassen, daß Du in Deinen Papieren zwar aufs unterhaltsamste die Begebenheiten bei Hofe zeichnest, auch die Feldzüge sowie die wormsischen Feierlichkeiten –

Hat Hagen in meinen Papieren gelesen?

– daß Du aber bis zum heutigen Tag, sagt Hagen, den Namen des HErrn nicht ein einziges Mal auch nur erwähnt hättest. Statt dessen ausführlich alles Krause und Wüste vom *Wunnibald* und von den anderen keltischen Umtrieben. In Deinen Schriften gebe es das neue, das römische Worms gar nicht, nicht mal die *civitas Vangionum* [röm. Bezeichnung für Worms], sondern nur »*Wurmiz*«. Wahrlich, wer lebenslüstern schreibt, der trägt sich ein in die Liste der ewig Verdammten. Wird über den Weltenrand stürzen in den Höllenschlund. Ich weiß, Schreiber, Dich ängstigt das nicht. Aber wisse, daß Du ohne die Grundregel der Kunst sogar im Diesseits ungehört bleibst und nach Deinem Tod zerfallen wirst in Dein ehevormaliges Nichts. Wahrlich, wenn der HErr sagen kann: *Solo pe Me regnantes vivunt* [»Allein durch mich leben die Regierenden«], um wieviel mehr gilt dies für die Scribenten [die Schreiber].

Glaube mir, kluger Herr Giselher, Du und ich, wir alle sind sündhaft. Sind Sünder, also Gesonderte, schon allein deshalb, weil wir sind. – Weil wir, wie Du sagst, in Teufelslust gezeugt sind. – Weil der Teufel uns gesondert hat. Nicht die Kirche ist der Zertrenner, sondern der Teufel, der uns von GOtt gesondert hat. – In die Erbsünde. – Ja, allesamt erben wir diesen Makel, alle, auch der, den Du bewunderst, als sei er eine Lichtgestalt, selbst der, sieh ihn Dir an, ist in Wahrheit ein Räuber, ein Totschläger, ein Frevler an Gottes heiligen Ordnungen, und ich wiederhole es Dir, wolltest Du Dich aus der ewigen Hölle herausschreiben, Du müßtest an gottliebenden Seiten mehr verfassen als je alle unsere heiligen Kirchenväter verfaßt haben. Aber ich spüre schon, daß Du Dir denkst, so teufelsgläubig, so sei sie nun mal derzeit, unsere gestrenge neue Kirche in Rom. Laß Dir aber gesagt sein, Klarheit und Vernunft priesen seit je schon die alten Weisen, nicht nur *Aristoteles*. Alles Krummsinnige und Chaotische verachteten die Besten der Griechen wie der Lateiner, und von einem der Größten weißt Du, was überliefert ist: *Cicero negat, si duplicetur sibi aetas, se habiturum tempus, quo legat lyricos.* [»*Cicero* erklärt, selbst wenn ihm seine Lebenszeit verdoppelt würde, nie würde er sich Zeit nehmen, Lyriker zu lesen.«]

Er wollte sich nun selber den Becher füllen, da ich ihm diesen Dienst nach all seinen Drohungen nicht mehr leisten mochte. Kaum war er bei dem Tisch, auf dem noch eine halbvolle Kanne stand, da lärmten Küchenjungen in den Saal hinein und begannen die Festtafel zu richten unter unflätigen Geräuschen, rülpsend und grölend, da sie uns nicht bemerkt hatten.

Ringwolf flüchtete sich zu mir zurück, trank hastig von dem wenigen, das er sich hatte einschenken können, und stellte sich wieder neben mich an das Fenster. – Alle *historia*, das ist bekannt, wird immer neu erzählt. Jedesmal besser und reiner. Wehe, wenn Du auf den nibelungischen Finsternissen beharren wolltest. Du stelltest dann Deine eigene Gaukelschöpfung über den Weltenschöpfer. Spätestens im allerheiligsten Jahr Eintausend werden, wenn die Welt dann noch existieren sollte, andere Sänger Deine Arbeiten umgeschrieben haben und gesäubert, im Licht der wahren Klarheit, zum Lob der jungfräulichen Himmelskönigin, die das Konzil zu Ephesus erkannt hat als die reine AllMutter. [431 wurde die »allerseligste Himmelsjungfrau« als »Gottesgebärerin« anerkannt (vgl. S. 124, 205, 351).]

Er kam mir nun sehr nah, Herr Ringwulf legte seinen dunstigen Arm um meine Schulter. – Spätestens im Jahr Eintausend werden erleuchtete Sänger, des nahen Weltuntergangs gewiß, keinen Sinn mehr sehen in Feuerzauber oder Stiersprüngen oder Bespringtänzen. *Omnia vanitas* [»alles Eitelkeit«]. Dem Nichts fällt anheim, wer die einzig seligmachende Mutter übersehen zu dürfen meint und statt dessen, verblendet vom Teufel, das *experimentum medietatis* betreibt [»den Versuch, die Versuchung, selber das Zentrum der Welt sein zu wollen«].

Ich löste mich aus seinem Arm, der Geruch war unerträglich. Und der Lärm der Küchengehilfen wuchs. Eine kurze Pause im Grölen und Blechlärm nutzte der Bischofsvetter, um zu sagen: Geben wir ihn endlich auf, unseren hochmütigen Verstand. *Ad destructionem munitionum nostrarum. Consilia destruentes et omnem altitudinem extollentem se adversus scientiam Dei et in captivitatem redigentes omnem intellectum in solum obsequium Mariae.* [»Zerstören wir unsere Befestigungswerke. Reißen wir unsere Gedankengebäude nieder und jedes hochragende Bauwerk, das sich erhebt gegen die Erkenntnis Gottes. Werfen wir all unseren Verstand ins Gefängnis und folgen allein Maria.«]

Kessel, Schüsseln und Messer klapperten, die jungen Leute wiederholten nun das Brüllen des Stier-Überspringers. – Und wahrlich, rief Vetter Ringwolf in den Krach: *Habere non potest deum patrem, qui ecclesiam non habet matrem!* [»Der kann Gott nicht zum Vater haben, der die Kirche nicht zur Mutter hat.«] – Die Kerle um uns herum rückten die schwere Tafel unter Bullenbrüllen, hoben auch die Eichenholzsitze nur noch mit Rindsrumoren, das immer neu geübt und verbessert sein wollte, da es in ihren halbgaren Hälsen geborsten klang, sich überschlug, immer wirkungsvoller verunglückte, was nur wieder mit neuem Echo quittiert wurde, mit krachendem Gelächter.

Ringwolf wandte sich mir noch näher zu, so dicht, daß ich seinem OtternWaz nicht mehr ausweichen konnte. [Vgl. S. 40, 41, 43, 58, 70, 75 ff., 85, 179, 195, 211, 232.] – Du Pöbelpoet, Du Deutschnarr. Das Volk ist *belua multorum capitum* [»ein vielköpfiges Ungeheuer«]. Es ist der Plebs ein geistlos wirres Tier. Und beim Deutschen hilft allein das Peitschen. Morgen, beim Hochamt im Münster, da erwarte ich, daß Du nicht nur zugegen bist, sondern alsdann in Deiner Chronik dem wahren Weltgeist, dem gereinigten Olympia und der Heiligen Messe den angemessenen Raum schenkst.

Nun lehnte er sich über mich so wie die zarte Nymphe es getan hatte, berührte mit seiner Backe die meine und raunte: Küsse Du nun zum Zeichen, daß Du Deine Kunst einzig dem HErrn widmen willst und der Jungfrau Maria, küsse Du nun diesen Kristall an meinem Herzen, diese Reinheit aus dem Grabe und Leibe des HErrn, unseres Erlösers aus der Gefangenschaft unseres kläglichen Verstandes, des Retters, der aus dem Schoße der unbefleckten Mutter kam – küsse ihn, diesen verklärten Stein! dann will ich, wenn Du das tust, bei Gunther und Hagen bewirken, daß Du spätestens zum großen Jahreswechsel jenes Fest haben wirst allein für Dich, achtundzwanzig Abende allein für Dich in dieser Halle. Denn der wahre Dichter, ob er's will oder nicht, ist immer der Gehilfe des Priesters. Poeten sind Seelenhirten. Statt in der Bischofskappe leiten sie uns in der Tarnkappe der Erzählkunst.

Zerrte das durchsichtige Stück dicht vor meinen Mund. Ich starrte ihn an, als könnte ich ihn mit meiner Erschrockenheit auf Abstand halten. Aber er hob den Brocken von SEinem verklärten Leibe noch näher, noch fordernder, und da nun in den Saal neuer Leutelärm schlug und von unten aus dem Hof wieder die Musik dröhnte zu dem, was er »Bespringtänze« genannt hatte, berührte er mit dem Stein meinen Mund, drückte ihn auf meine zitternden Lippen und rief: Gebenedeit bist Du unter den Chronisten! *Sis felix per tempora plura, care frater Gislahare.*

[»Glück sei Dir beschieden und ein langes Leben, lieber Bruder Giselher.«] – Machte das Kreuzzeichen und eilte davon.

Mir drehte sich's. Stuhlquietschen, Schüsselgeschepper und Ringwolfs Versprechungen und Drohungen und übler Geruch kreiselten in mir durcheinander, tief darunter aber immerzu die Worte meiner Nymphe, die mich so unendlich viel mehr interessiert hatten.

Daß der Vetter vorm Tafeltumult flüchtete, darüber, ich weiß, bist Du, Leser, womöglich noch froher als ich. Ich kenne Deinesgleichen zu genau, als daß ich nicht wüßte, wie erleichtert Du bist, daß der Aussauger der Seelen sich endlich trollte. Nun, so hoffst Du, wird wieder mitgeteilt, wie es weiterging auf der Doppelhochzeit zu Worms. Aber das Ansinnen des Bischofs, sein Angriff auf meine Freiheit, die war Dir nicht zu ersparen. Wer das unterschlüge, der würde ebenfalls nur den Schmuck der Herren küssen und von der wahren Ursache des Mords nichts erkennen.

In der Halle brannten wieder die Fackeln, freilich nicht mehr die Phalluslampen. Durch alle Teile der Pfalz, im Hof und auf den Gängen ließ Dankwarth Schellen schlagen, Glocken und Gongs riefen zur Tafel, auch Horntuten. Da sah ich sie eintreten, beobachtete ihre Gesichter, die glänzenden, die erhitzten, die eifrigen, aber auch die bedrückten. Welch eine Kraft ging von denen aus, die getanzt und gesungen hatten, und welche Beklemmung von meinem ältesten Bruder. Mit dem Pagengefolge betrat er die Halle, bleich, neben ihm die Isländerin, weiterhin in ihrem dunklen Kleid. Über den Hüften, vorn, vor ihrem unteren Leib, da schimmerte der matte Glanz des Mondsteins.

Plötzlich fühlte ich einen Mund an meinem Ohr, glaubte im ersten Moment, wieder den Ringwolf zu spüren oder doch nochmal die Nymphe, es war aber die Schwester. In meine Ohrmuschel mußte sie rauscheln und mauscheln, vertrauliche Nachrichten, soviel ich im Gesäusel verstand, fragte sie, ob ich nicht schon am Abend vor der Christgeburt in dieser Halle erzählt hätte, allein Niederländer wüßten, wer freie, werde friedlich und nur der Begehrende erkenne? – Aber? – Wieder spürte ich ihre Lippen, ihren munkelnden Mund an meinem Ohr. Fällt es nicht auch Dir schwer, flüsterte sie, dort hinzublicken, wo so offensichtlich Bitterkeit herrscht? Ich dachte, ich hätte Brünhild gestern am Hafen lieb begrüßt. Als wir uns heute auf dem Gang sahen und ich sie umarmen wollte, wie ich nun immerzu alles umarmen will, da schaute sie mich an, mit einem Blick, mit einem säuerlichen Grauen, das macht mir Angst. – Angst? – Der Xantener stand neben ihr. – Angst? vor wem? warum?

Sie hängte sich an seine Schulter, schien ihre Kußworte nun an seinen Ohren weiterzureden. – Am Ende, so versprach er ihr leise, noch
386 diesen Abend will ich mit Gunther vertraut reden, wenn wir Ruhe haben
im Haus. – Zog sie mit sich fort, in den Winkel hinterm Kamin, was er mit ihr dort redete, hat sie mir weitergesagt. Er bat sie für die kommende Nacht um einen kurzen Urlaub. Er wolle sehen, wie er dem Paar, das auch ihm unglücklich scheine, helfen könne. – Ja, sprich mit ihnen, habe sie geantwortet, ihr Bruder, ihr Gunther bewundere ihn, von ihm würde er jede Hilfe nehmen: Geh hinüber als sein Freund!

Wie froh er gewesen sein muß, in der kommenden Nacht nun nicht heimlich in Gunthers Kammer schleichen zu müssen, sondern mit Wissen, ja auf Bitten seiner jungen Frau. – Wieder wurden die rotgoldenen Wasserbecken gereicht und die byzantinischen Tücher, unter pfeifender und schlagender Musik bedienten Pagen und Gesinde, nun dampfte in den Schüsseln nicht mehr Fleisch von Saubär, Schaf, Huhn und Gans, sondern, seit über den neuen Hort verfügt werden konnte, fehlte es an nichts mehr von all dem, was als *delicatus* und *luxuria* galt, lockte in den irdenen Töpfen am hinteren Tisch wie in den goldenen Schalen am Fürstentisch Leckerkost vom Kranich und vom Schwan, gespickter Kapaun, Ente, gefüllt mit Früchten und Gewürzen aus der *Sapaudia* und aus *Arabia* und *India*, gab's Tauben und Taubeneier und nicht nur die Fische aus den Rhein-Armen, Salm, Aal, Karpfen, Hecht, Zander und Forelle, nach Straßburger Art bereitet, sondern auch daumendicke Fettfischschnitten vom jungen Schaid, gesalzen, gesotten, mit Limonensaft gewürzt, in Butter gebacken. Nun dufteten auch wieder, was wir schon als Morgengabe kennen, die Lampreten, aber auch, reichlich gespickt mit Speck und scharfen Zwiebeln, Hase, Reh, Rebhühner, gefüllt mit Maronen- und Nuß-Pastete, ebenso Wachtel und Reiher, da schmurgelte ein heißer Berg aus Stücken der Hammelbrust, am Spieß gebraten, bestreut mit gerebeltem Majoran, vom selben Tier Halsschnitten, krustig gebacken, in rotem Goldküstenwein gedämpft. Salate vom frischen Ampfer mit roten Rettichen sorgten für Frühlingsfarben auf allen Tischen, auch Petersilien-, Löwenzahn- und Ampfergemüse mit gesottenen Hopfenkeimen waren Beigabe zu Backfisch und Kotelett.

Als man mit dem Essen beginnen wollte, da hat der Nibelunge bemerkt, wie der Bischof aufstehen wollte, um die Mahlzeit zu segnen mit frommen Worten, da stand aber plötzlich derjenige da, von dem wir wissen, daß er *non ecclesiae sed vitae cupidus* [»weniger kirchenfromm als lebenslustig«] war, und hat gesprochen: Bei so wunderbarer Tafel, vor so vielen lockenden Speisen und Früchten und Getränken und fröhlichen Essern war es, lernte ich, Sitte am Rhein wie an der Elbe, daß man die älteste Frau in der Halle bat, vorweg das Nötige zu sagen – Frau Ute, war es nicht so? vormals?

Ich sah, wie Hagens Vetter zurücksank auf seinen Stuhl und dorthin schaute, wo nun meine Mutter sich tatsächlich aufrichtete und hinstellte, das Süßholz in ihre Backe zurückzüngelte und sagte: Zu Gundomars Zeit, da war, was Du aus Nif*hel*heim weißt, auch in Worms noch üblich, solange, bis der *vicarius vicarii* [»Stellvertreter des Stellvertreters« (also der Bischof als Stellvertreter des Stellvertreters Gottes auf Erden)] uns lehrte, welchem Gespenst zu danken sei für alles, auch für Üppigkeit.

Die Blinde, die Alte, trat tatsächlich zwei Schritte vor ihren Sitz, so daß sie für alle sichtbar in der freien Halle stand. Und begann dort *verba magica* [Zauberworte] zu reden, in leicht wiegendem Vortrag, mit sanft schwingendem Leib zu halb gesungenen Worten, und sagte:

Unter dem Echo des Windes flüstert
die Nacht und wirkt ihren Zauber
im Widerschein himmlischen Feuers
Erdfrau wird Wärme spenden
läßt Boden feucht glänzen
Saat fühlt die Drehung des Planeten
entrollt die Wurzeln, macht sich bereit,
Schößlinge über die Steine zu schicken
Mond zieht das Wasser in Adern hinauf,
läßt Knospen sich öffnen, die Luft der Nacht erkunden,
Blätter sich ausstrecken, Tau zu fangen
Klanmutter hört die Bewegung der Sterne,
Klanmutter, alt, lauscht den Worten, die AllMutter spricht,
schaut, wie die Jahresschatten sich drehen
und der wechselnde Mond zieht und zeichnet
Verstand bleibt gefangen in Mustern
Lichtkräfte prägen den alten Knochen sich ein
Erdmutter wirkt im Dunkel, im Hellen,
in steter Spirale, wir pflanzen, wir ernten
und feiern am Ende ein Fest
Klanmutter lauscht, erfüllt vom Dank,
belauscht sie das Wispern von Licht und Nacht,
die ewige Wandelkraft.

[Schazman teilt über das, was die Kilianschronik überliefert, mit: *Now she again sang those celtic words, as magic as actually imcomprehensible and in an*

intrinsic way untranslatable as ever ago (for what reason in this case we let go the wording), sang the endless song of fire and earth and, may be, of concrete sowing and water supply, the old tune of an old wife, who remembered the old great murmuring of night and sun and nature. (Nun sang sie wieder jene keltischen Worte, so zauberisch wie im Grunde unverständlich und eigentlich mal wieder unübersetzbar [weswegen wir diesmal den Wortlaut weglassen], sie sang das ewige Lied von Feuer und Wasser und, mag sein, konkret auch von Aussaat und Bewässerung, die alte Weise einer alten Weisen, die an das große Murmeln der Nacht erinnerte, der Sonne, der Natur.) Da Sch. also den originalen Wortlaut vorenthält, erlaubt sich die Übersetzung, was Ute gesungen haben muß, zu ersetzen durch den Gesang einer alten Indianerin, mitgeteilt in »Der Gesang des Schwarzen Bären« (Büchergilde Gutenberg 1994, S. 103), deren Blick auf die Natur sich von unserer heutigen anthropozentrischen Sicht ebenfalls dadurch unterscheidet, daß für sie Natur nicht »verbessert« oder »maximiert«, sondern erkannt und gehegt werden muß. (»Kultur« von *colere* = pflegen, bestellen, hegen.)]

Still blieb es in der Halle, lang stand der andere Ton im Raum, blieb als Klang, von dem kaum ein Wort mehr verstanden worden war, aber der wiegende Gang sprang in die Glieder. Aus dem Winkel, in dem Kriemhilds »Fräulein« saßen, hörte ich lateinisches Gezischel, Hagen blickte besorgt, kniff die Augen, neigte den Kopf, die Frauen sprachen Utes Gelispel: *Finis terrorum terrarum finis operum errorum finis ordinis mortis et Martis* [»Schluß mit den Schrecken der Erde, mit den Werken der Täuschung, der Todesordnung des Mars«].

Ich sah, wie der Bischof aufgeregt auf unseren Waffenmeister einredete, Gernot hinterbrachte mir das später, wie, so hätte Ringwolf gefragt, könne bei der Feier eines christlichen Ehebunds, der in Wahrheit im Paradies geschlossen würde, also vor Gottes Angesicht, wie könne da so unverfroren die Rede sein von Erde und Mond und Feuchtigkeiten, welche Freiheiten nähmen sich abermals die Frauen heraus, nun auch mit diesem heidnischen Bornholmisch. An diesem vermeintlich römischen *Palatium*, wo *prudentia* und *claritas* [»Klugheit und Erleuchtung«] auf den Standarten glänzen sollten, fühlten sich neuerdings »Schößlinge« und »Erdfrauen« »gefreit«, nämlich getrieben vom Fürwitz dieses Offiziers *Victor*, der jeden Baum, jeden Stein, jedes Weib einzuverwandeln suche in seine gottlose Sternenküche, ja, in dieser Halle höre man das Schwirren der Nif*hel*hölle.

So hätte er geredet, sagte Gernot, und Hagen habe geantwortet, ihm, Hagen, entgehe nichts, Ringwolf solle morgen im Münster das Nötige klarstellen oder verklären, solle schauen, ob's ihm gelinge, die neuen Gärküchen abzukühlen und mit seinem *matrimonium* und anderen Höllenängsten auszutrocknen und stillzulegen.

Seit Utes Rede gesungen war [Schazman: *since Ute's oration was sung*], wurde gegessen und gefeiert und lärmten die Musikanten. An den hinteren Tischen aß man Hammelrippchen mit Linsenbrei, an den oberen und vornehmeren Tischen dagegen Hammelzungen, in Salzwasser gesotten, dann gespalten und gedünstet mit brauner Soße, in Butter geröstet, unterm Speckhelm aufgetischt, was dem Xantener so sehr schmeckte, daß er, als er sein Lob den Kumpanen zurief und bemerkte, daß die hiervon nichts hatten, die vergoldete Platte vom Tisch griff und hinübertrug an den Tisch der Isländerinnen und der Niederländer.

Käse und Wein, Met und Bier und Sauertränke füllte man ab und reichte das herum in rotgoldenen Pokalen aus Glas und Emaille am Fürstentisch, an den anderen Tischen in Schalen aus Ton und Holz und auch in Hörnern, in echten wie in künstlichen. Das heiße Fingerwasser wurde wiederholt erneuert, die bekleckerten Hand- und Mundtücher aufmerksam ersetzt durch frische, da war nun ein Kauen und Brechen, das dampfte und schmatzte, Dunst zog immer dichter um unsere Köpfe, überdröhnt von Schellen, Krummhörnern, Pfeifen, Trompeten, Fiedeln und Leiern, die von nun an ohne Unterlaß schmetterten, sangen, schlugen, klingelten, quinkelten und zirbimbelten.

Und im Nu war er in Gebrauch, der neue Abort, die luxuriöse *sella familiarica* [»Familienstuhl«] nach byzantinischem Muster, der dreisitzige Ort, und immerzu saßen von nun an auf allen drei Löchern im weißen Marmelstein Männer wie Weiber und scholl durch die Rindshäute im Eingang Kreischen, Quietschen und Schwartenkrachen bis in die Halle hinein.

Trotz aller Pracht, ich blickte weniger auf Laberdan und Knoblauchwurst und Wirsing, bei den Nachspeisen weniger auf Apfelkuchen und Quarkstollen, horchte auch kaum auf den immer neu aufschwellenden Lärm vom neuen Abort, sondern sah dort hinüber, wo mein ältester Bruder saß und seine junge Frau. Es bekümmerte mich, daß sie nebeneinander saßen wie erstorben. Steif, als seien sie selber nur Sessellehnen oder Menhire, steinerne Wotanssäulen.

Ihre Arbeit schien jetzt nicht das Häuten und Zerkleinern von Felchen, sondern das Bewahren einer aufrechten Sitzhaltung. Die Bewegungen, die man beim Fischzerlegen zu zeigen pflegt, die schienen sie zu

zelebrieren, sichtbar führten sie den Becher zum Mund, hoben die Bissen, als sollte das jeder bemerken. Doch wer genauer hinschaute, sah, daß sie
390 nichts aßen, kaum tranken.

Plötzlich senkte der König das Messer, ließ es gar eine Handbreit hinabfallen auf die Tischplatte. Wer's im Tischlärm hören wollte, hätte es hören können. Wie ich später erfuhr, hatte Gunther in diesem Augenblick neben sich wieder die Stimme vernommen. Die fragende Stimme. Die hatte ihm das Messer aus den Fingern fallen lassen. – Ob er sich seine Antwort zurechtgelegt habe. – Welche Antwort? – Auf die Frage, wofür der Dienstmann aus Xanten Kriemhild zur Frau bekommt. Der »WirKönig« schweigt? War auf Island der »Schippmann« das andere Ich im Wir?

Darauf mochte der König nicht antworten, konnte nur mit dem Messer auf der Platte umherstochern und das Felchenfleisch, das längst mundgerecht zerteilt war, ins noch Kleinere zerteilen, konnte ein bißchen husten und sagen, er habe all das schon gestern beantwortet. Und bekam zu hören, ob er damit einverstanden sei, daß, während sie jetzt hier äßen oder so täten, als äßen sie, ein zweites Bett in ihre Kemenate gestellt würde. In diesem Augenblick fiel das Messer.

Für eine Blitzsekunde blieb sie ihm weg, die Atemluft. Und da er auf diese eisige Frage keinerlei Antwort wußte, war es ein Glück für den Hausherrn, daß in diesem Moment der gallische Priester, der Kelte Kilian, die Halle betrat, mein *Wunnibald.*

Lauthals wurde der begrüßt, mit Musikantentusch und mit dem Geschrei der Fresser. Kilian dankte, lachte, und als es wieder leidlich ruhig war, rief er: *Profecto, duplices nuptiae hic factae sunt.* [»Tatsächlich, hier wird doppelte Hochzeit gefeiert.«] Zwar ist so eine doppelte Fürstenhochzeit ein selten Ding, aber doppelt mal doppelt so gut schmecken wird es Euch, wenn Ihr hört, was ich soeben aus Trier und Metz gesagt bekam und weswegen ich mich bei dem, was ich am liebsten tue, so arg verspätet habe: Von der Mosel drang die Nachricht zu Fuß und beritten bis über meinen Wackeswald [bis über die Vogesen (wo die Mosel entspringt)], und über mich dringt sie nun bis nach Worms, nämlich, daß zehn Jahre nach der Eroberung Roms durch Odoakers Kämpen nunmehr auch die letzte römische Provinzmacht zerschlagen ist, jawohl, auch unser Nachbar *Chlotari* [König der merowingischen Franken] hat seinen Präfekten vertrieben, Gallien ist befreit, Roms Besatzungsmacht ist endgültig kaputt. [Schazman merkt an, die Vorlage verwende hier dieselbe Vokabel wie im Nornenspruch und beim Tod *NidGirs.* – Es handelt sich um den merowingischen Sieg über *Sygarius* (röm. Präfekt) bei *Soissons* (nordöstl. Paris) in eben diesem Jahr 486.]

Da sprangen alle auf zu Beifallsgeschrei, Becher wurden gehoben, war die Halle bis zur Kuppel voll Grölgedröhn. Und rumpelknacksig diutiskes Tafelgetöse grunzte nun das, was sich aus *Colonia* bis nach Worms verbreitet hatte, das *Orbi et urbi, döin RheinMi ond RuhrBi*, die rheinische Gegenversion des päpstlichen Herrschaftsanspruchs, die Leute-Version *in thes tihtonnes reini in burgundionis zungalon* [»in reiner (fehlerloser) Dichtkunst, in burgundischer Sprache«], die den römischen Macht-Anspruch mit fließenden Vergleichen kennzeichnete als Einmischung. Die statt dessen Umkehr empfahl, kehrseitige Rührung und Aufwühlung. Das Zusammenwachsen des Zerschnittenen. Das Kochen und Schmurgeln des Lebendigen.

Dieses Jahr 486 schien fast allen ein Jahr des Glücks. Die Sachsen befriedet, die Dänen aus dem Land, die Hunnen scheinbar fern, doppelte Hochzeit, Bündnis mit dem Freund der Leute, mit dem Xantenischen Volksfreund, den die gelehrten wie die kahlen Köpfe als »Mächtigsten« respektierten, obendrein Heirat des Königs mit der Mitternachtsfürstin. Und nun mit Gallien die letzte Kolonie frei, nach so vielen blutigen Jahrhunderten. Da wurden die Humpen wieder gefüllt, kreiste Saône-Wein, Wein aus Herrn Chlodwigs Land, glutroter von der Goldküste [*Côte d'Or*], selbst König Gunther war aufgestanden, trank Kilian zu, gab dann seinen Pokal weiter, in der Sonnenrichtung, an Brünhild, in feierlichem Ernst. Auch sie trank, ihr schönes bleiches Antlitz aber, das blieb unbewegt.

Als Kilian leutselig fragte, warum der König so düster blicke und nicht gleichfalls lache, antwortete der, Chlodwig habe zwar Roms letzte Militärmacht vertrieben, doch sei ungewiß, ob er seine eigene Macht kenne und deren Grenzen. Ob sich dieser machtgierige, dieser doppelzüngige Herr der Franken, ob sich dieser Totschläger nun nicht etwa auch gegen Burgund wende, gegen den alten Verbündeten. Markgraf Gere habe da böse Erfahrungen gemacht.

Hagen nickte dem König zu, scheuerte sich den Grind vom Rücken. Der Pokal kreiste weiter, wurde neu gefüllt, Lärm und Gelächter wuchsen abermals und überdeckten Brünhilds Frage, die Gunther auch im Tumult gut verstand, aber zu überhören vorzog. Ob denn ER einer sei, der seine Grenzen kenne. Später erst gestand mir der Bruder, was die Schöne geredet hatte. Damals tat er, als hätte er nichts gehört, nahm Platz und blickte dorthin, wo der Pokal wanderte.

Zum Glück erscholl jetzt laut der Name *Wunnibald*. Der gallische Wandermönch solle nun vortragen, was er sich an neuen Erlustigungen ausgeheckt. Doch mein Kilian, inzwischen am hintersten Tisch, duckte sich. Als aber die Rufe nicht endeten, stand er nochmal auf, kauend, und sagte, man solle nicht ausgerechnet ihm das Essen vergällen, auch wolle

er ungern den Zorn des Bischofs auf sich lenken, man wisse doch, wie hoch Herr *Ringwulfilas* irische Prediger schätze. Ehe der auch ihm, Kilian, den Bauch auf einen Pfahl stecke, fülle er den lieber mit Bauch und Brust von Huhn und Rind. – Das verstand man, man ließ ihn, ließ den Pokal kreisen und neu füllen und zischelte mit den Frauen den *Finis-* und *Martis-Banditus.*

Den König sah ich wieder geradeaus starren. Seine Gemahlin betrachtete ihn, erwartete noch immer eine Antwort. Gunther aber blickte geradewegs zum Glückskerl am anderen Ende der Tafel. Das sah für viele so aus, als bedächte das burgundische Königspaar ernste Themen, wie's den Regenten eines Grenz- und Sorgenreichs wohl anstand. Die Isländerin, mochte man wohl glauben, hatte sich nach diesem fränkisch-merowingischen Nachbarn erkundigt, nach diesem *Chlotari*, und welche »bösen Erfahrungen« Herr Gere zu machen gehabt hätte, der Grenzgraf, der so zierlich gekleidet war wie ein Edelmann vom Tiber [oder gar wie einer aus der Stadt des Kaisers Konstantin]. Wer genauer hinsah, bemerkte, daß zwischen beiden keinerlei Reden getauscht wurden. Nur, sehr gelegentlich, Stichworte. Eisworte.

Heißkalt, so gestand er mir später, trafen ihn ihre Fragen. – Wahrhaft *mahtigo künnek, nu gnad mik*, wer brachte *Lokis* Lohe zum Erliegen? Du? Nichts bringst Du zum Erliegen. Auf Deiner Stirn seh ich sie wieder, die Glitzperlen. Dank für so edlen Hochzeitsschmuck. Keine Angst, Held, ich wiederhole sie nicht, die dreifache Prüfung. Nun kommt zur Nacht ein zweites Bett in unser Gemach. In dem breiten, das Deine Sklaven das Himmelbett nennen, darin schlafe ich. Und in dem neuen, hinterm Ofen, ist Platz für Dich. Es sei denn, der Lügenkönig wollte mir doch noch die Wahrheit sagen.

Gunther griff zum Pokal, der den Fürstentisch umrundet hatte. Trank. Wünschte sich flehentlich, der Nibelunge werde in der kommenden Nacht sein Versprechen halten. Hörte aber, im Trinken, in den tiefen Pokal blickend, ihre leise, aber stahlscharfe Stimme. – Betrübt Dich das sehr, das geschiedene Bett? Freundinnen haben mir berichtet, was Dein »Schippmann« hier geredet hat über die römische Ehe-Ordnung. Was erlaubt sei im »Verkehr« und was verboten. Daß die oberste Medizin Eurer Kirchen-Apotheke ein Scheide-Salz sei. Das zerschneide Reines von Unreinem. Das zertrenne Hohes von Niedrigem. Und zwar so säuberlich, *taz im Rumu Riche ist gifuagit al in ein so helphantes bein* [(wörtlich so bei

Schazman) »daß im Romreich alles so geordnet ist, als sei es aus Elfenbein geschnitzt«]. Wenn aber in Rom wie am Rhein alles so sorgfältig zerstükkelt ist, wie kannst allein Du dagegen verstoßen und Deine Schwester vermischen und schänden mit dem leibeigenen Schmiedeknecht?

Da holte er gut Luft und sagte, mit zitternden Lippen, sie werde schon noch erfahren, ob sie so wahrhaft mitternächtlich groß sei, wie sie sich offenbar fühle. – Dazu sah er noch immer auf das Paar am anderen Ende des Tisches, wo sich die junge Frau dem »deutschen Herkules« wieder an die Schulter hängte und ihm ins Ohr flüsterte.

»Mitternächtlich groß«? Willst Du mich herausfordern? bedrohen? Möchtest Du, daß ich Dich, den »WirKönig«, hier und jetzt auf den Kaminsims hebe? – Er schluckte und sagte: Der Nibelunge ist weder leibeigen noch für Kriemhild eine Schande, sondern ist, wie ich gesagt habe, ein würdiger Mann. – Fährleute sind würdige Männer? Für Ruderdienst und Segelarbeit kriegt man zu Burgund des Königs Schwester? – Nicht dafür. – Wofür. – Er blickte weiter geradeaus. Traute sich nicht, in diese Augen zu sehen. Der Länge nach über den Tisch schaute er, bedeckte sich das Gesicht nochmal mit dem halbleeren Pokal, trank und schwieg.

An diesem zweiten Hochzeitsabend durfte Herr Gere in Frau Kriemhilds Nähe sitzen. Daß er sie verehrte, wurde damit anerkannt, mit dieser Sitz-Ordnung galt die Ehre des Abgewiesenen als wiederhergestellt. Freilich saß er nicht an ihrer Bräutigamsseite. Außer dem Hürnernen hockte zwischen ihm und der Angebeteten, sandelholzkauend, die blinde Mutter. Frau Ute, seit sie die Nachtworte im Körperwiegen gesungen hatte, schien eingeschlafen. Herr Gere aber gab sich jetzt einen Ruck, beugte sich vor und richtete, um ein Herrengespräch zu beginnen, eine Frage an den niederländischen Hochzeiter. Hätte den zwar liebendgern nach den bunten Zeichen auf dessen Leinenkittel gefragt, nach den Kühen zumal, meinte aber fragen zu müssen, welches die Hauptlist gewesen sei, die den *NidGir* das Leben gekostet hätte. Von elbischen »Kniffen«, von *Giribinheit* habe er reden hören, von verbrannten Bergen und von *waltswende* [»Waldzerstörung«].

Der Mann aus Xanten hörte ganz offensichtlich lieber das, was ihm der Kußmund ins Ohr knispelte. Jedenfalls zerkaute er erst mal die prikkeligen Wachtelherzen, ehe er endlich den Höfling ansah. – Wie ich *NidGir* metzte? – Gere nickte heftig. – Der andere kaute, wischte sich mit dem Flämmchentuch den Mund, trank und meinte dann: *Beest Vihu NidGir inescatus quirumpil zwerch SmitProletarios putei rivirorum*! [Bei Schazman buchstäbl. so, mit den Urworten für »Revier«, »Pütt« und »Pott«.

»Biestvieh *NidGir* (wurde) verlockt und verdreht zwischen die Schmiedeproleten der Reviersümpfe.«]

Gere nickte. Schien alles verstanden zu haben. Aber wie, wandte er dann ein (wir alle am Tisch versuchten, dem komischen Gespräch zu folgen), wie gelang dann im Grund der Sieg? – *Per tormina abdominis* [»durch Grimmkrämpfe im Schmerbauch«]. *Schlurfschlack* MÜRSPRIEM *as ji* YERRA *irslact thiu Roms Würms, as uuart* MUSHA *droppjitrappt. Matsch üt* ARMIN.

Der Hofherr von feinen Sitten nickte, gab vor, auch dies zu verstehen, und lächelte. Und murmelte noch diesen Abend oft, tief in Gedanken, *droppjitrappt.* Und MUSHA und was er sonst sich hatte merken können. Als wär es für ihn die platte Sprache, die nun auswendig zu lernen sei.

Da erhob sich Vetter Ringwolf. Die Musikanten gaben Signal, es wurde still, einigermaßen still. Bischof *Rumoridus* bat auf den nächsten Morgen ins Münster, wo er den Himmelssegen herabbitten werde auf das Haus der Burgunder, das nicht nur, wie manche in der Sippe dächten, in der *Sapaudia*, nicht bloß an der Rhone, sondern auch am Rhein erblühen könne, selbst jetzt, da der Schutz aus Rom vollends zerfalle. *Quamquam hic lingua barbarica est inculta et indisciplinabilis, insueta capi regulari, freno grammaticae consiliique artis, ad sanitatem vos revoco.* [»Obwohl hier die Sprache barbarisch ist und ungebildet und undisziplinierbar, unfähig, sich den lenkenden Zügeln der Grammatik und des Verstandes zu fügen, rufe ich Euch zurück zur gesunden Vernunft.«] Überleben können wir nur unter der Obhut der neuen Lehre, die uns vor allem Eigenwillen bewahrt und vor jeder Ichsucht, denn glaubt mir, die Ichsucht ist unser aller Hauptsünde. Was heute einige Gäste zu Worms lobpreisen als das Beste und Höchste, das ist in Wahrheit das Niederste, egal, ob es ein Koch in seinen Märchen aus dem Schwarzwald verherrlicht oder ein Schmied in dem, was er in Rom gelernt zu haben meint von den Kirchenvätern, oder Frau Ute aus ihrem alten heidnischen Gedächtnis. Wahrlich, Ihr Hochzeiter, Mond und Erdsaft und *summa voluptas* [»Orgasmus«] bescheren keine Freiheit, sondern gerade das Gegenteil, nämlich allertiefste Willenlosigkeit, Ausgeliefertheit an das Nichtige und an den *vanus* [»Wahn«]. Davor bewahre uns Maria, *aula regius pudoris* [»die königliche Halle unversehrter Keuschheit«].

Ringwulfilas Rabenaas, war da zu hören. – Ute schlief nicht, sondern hatte geredet. Ringwolf tat, als sei nichts geredet worden. – Der müsse blind sein, rief er, der nicht sähe, wie unter der wahren Königin nicht nur

Reinheit blühte, sondern auch der Wohlstand, und wie sich gerade hier in Worms, jeder sähe es doch, der Segen zeige der neuen, der Maria-Zeit und des CHristus-Imperiums.

Auf dieses Glück hob der Bischof seinen Kreuzbecher, trank, obwohl außer Gunther, Hagen und Gere und Onkel Gottlieb kaum jemand mittrank. Als er sah, wie stark das Gegen- oder Selberdenken bleiben wollte, äußerte Ringwolf einen weiteren Wunsch. Den belesensten unter den Königsbrüdern, den bitte er nun zu beschreiben, wie sie aussehe, die derzeit prächtigste aller Kapitalen, die Vorbild sei nicht nur für Trier und Köln, sondern auch für Worms. – Unser weitgereister Herr Giselher, rief er, der sollte uns die Stadt schildern, die nach dem Untergang Roms das neue Rom sein will, *caput mundi* [»die Welthauptstadt«], in deren Schatten alle anderen geraten, sogar Athen und *Alexandria*. Giselher, nenn uns Gundomars hohes Ziel, schildere uns Byzanz!

Nun war ich es, der offenbar in eine Probe geriet. Vetter Ringwolf wollte nichts weniger, als daß ich beim Beschreiben Konstantinopels durchblicken ließ, wie ich über die Kirchendinge wirklich dachte. Ich zögerte also. Doch schon war im Saal Geschrei, o ja, der Schreiber solle unterhalten, der Sänger, riefen die Gebäckbeißer, die Konfektknacker. *Droppjitrappt*, hörte ich Herrn Gere. Lieber Liebeslieder, riefen andere, die nicht nur ihre Blicke, sondern schon manches mehr den Nachbarinnen zugewendet hatten, unter den Tischplatten.

Da erhob ich mich denn, dankte dem Bischof und sagte, ich hätte nach dem Gesang, den ich diesen Morgen vortrug, kein neues Liebeslied, nur noch einen Lobpreis auf Herrn Hagen, aber ich genierte mich. Denn schon mit meinem *Cantus* gegen die Sachsen sei ich ein schlechter Prophet gewesen, weil statt des Gemetzels vor Frankfurt der Frieden gewonnen wurde und neue Freunde. – Ich grüßte *Liudger* und seine Gefährten.

Das war trotzdem ein guter Gesang, bemerkte Gernot, der *Cantus* hat Mut gemacht und gute Stimmung. – *Droppjitrappt*, beteuerte Herr Gere. Blieb offenbar verwirrt. – Was die Lieder betrifft, sagte ich, da bin ich sicher, daß *Wunnibald* das passende vortragen wird, eines, das fröhlich macht. – Da lachten die Handgreiflichen und sahen, wie der Mönch aus Irland sich mit vollen Backen durch Rumolts Künste kaute.

Wenn aber Bischof Ringwolf, sagte ich, meint, daß wir wissen sollten, wie jene Stadt aussieht, von der burgundische Herren gern schwärmen nach Art des Libellenflugs, dann halte auch ich es für richtig, sich, bevor man so hoch hinausträumt, genauere Kunde zu holen. Wir Wormser neigen nun mal dazu, auf bunten Bornholmflügeln abzuheben und dann, als Nachtwandler überrascht, von den hohen Zinnen der Wahrheit abzustürzen, womöglich in Abortkanäle. Wenn auch nun in neue und in moderne. – Bei dieser Einleitung, die belacht wurde, streifte mein Blick das Paar. Gunther und die Isländerin saßen aufrecht. Als seien, in Stein gehauen, Könige aus Ägypten zu Gast.

Worms, sagte ich, lebt allerdings auf Byzanz hin oder, wie es einige nach dem großen Kaiser nennen, auf Konstantinopel. Schon der goldene Himmel über unserer Wormser Halle ist dafür ein Zeichen. Mag sein, der Schwächere verliebt sich in die Herrlichkeit des Großen, um die eigene Kleinheit zu vergessen und sich selber, wenigstens in Träumen, zu erhöhen und zu verklären. Aber die byzantinische Größe, soviel sollten wir wohl wissen, hat nichts Martialisches, war selten Kriegskunst. Byzanz ist, wie Worms es sein will, eine Metropole des Schönen. Die goldene Stadt am Bosporus hat wenig Streitmacht und ist doch allseits von Feinden bedrängt, ist, wie Burgund, ein Sorgenreich.

Dankwarth hatte mir eingeschenkt, ich nahm einen Schluck, um die nächsten Worte gut zu überdenken, mehr und mehr merkte ich, wie verfänglich Ringwolfs Auftrag war. – Die Stadt des göttlichen Christenkaisers Konstantin hat schon heute zehn mal hundert mal tausend Bewohner und steht wie Rom auf sieben Hügeln, aber nicht bei einem stinkigen Flüßchen wie Rom, sondern an klaren Wassern, an der kräftig durchströmten Verbindung zweier Meere. Um diesen Bosporus führte Athen zehn Jahre lang Krieg gegen Troja. – Ich trank wieder. – In diesem Ost-Rom sind die Häuser nicht halbleer und halb kaputt wie in West-Rom, die Stadt hängt nicht zwischen viel zu großen Mauern und pompösen Ruinen, sondern das Rom der Griechen ist gefüllt mit *alacritas ac vivendi consuetudo* [»mit Lebendigkeit und Lebensart«]. Gekrönt sind die Doppelmauern mit hundertundelf Türmen und zu öffnen sind sie mit elf Riesentoren. Quer durch diese Stadt der Städte, die höchstens noch von *Alexandria* erreicht wird, führt eine breite Straße, doppelt so breit wie unser Pfalzhof. Auf beiden Seiten begleiten diese mittlere Allee goldglänzende Arkaden mit den Läden der Gold- und Silberschmiede, der Teppich- und Tuchhändler, der Geldwechsler, Schneider, Drechsler und Wagner.

Am großen Forum erheben sich die Seidenmagazine, wahre Häuser des Lichts, ja, so heißen sie dort, denn ihre tausend Fenster sind auch in den Nächten erleuchtet. Die üppigsten Handelshäuser allerdings sah ich zwischen dem kaiserlichen Palast und dem *Zeuxippos*-Bad. Ost-Rom ist eine Stadt der Bäder und vor allem der Hospitäler, von denen wir in

Worms weder das eine noch das andere kennen. Ärzte und Bader gelten dort als göttlich erleuchtet, jedenfalls sind sie inzwischen berühmter als selbst die von *Alexandria*. Vom Atlasgebirge und von *Marsilia* [Marseille] schicken die Reichen ihre Kranken nach Byzanz, und die meisten kehren heim und sind gesund. Die Häuser der Vornehmen dort, und das sind mehr als die Hälfte dieser Stadt, errichtete man nicht wie bei uns aus Lehm und Geflecht, sondern aus Stein und sind drei, vier und mehr Stockwerke hoch, sind gemauert, entfalten aber noch größere Pracht nach innen, wo ich in den Höfen vergoldete Brunnen sah und Gärten, und unter goldenen Arkaden strahlte die Kunst aus aller Welt, Figuren und Statuen aus *Libya, Palästina, Syria, Arabia, Ägyptia* und *India*.

Ich trank, sah bei einem kurzen Seitwärtsblick, wie Ringwolf mir zunickte. Ich war nicht sicher, ob er zufrieden bleiben würde. – Zu all diesen Wundern, auch zur Kunst der Ärzte, müßt Ihr wissen, daß die ganze große Stadt untergraben ist von steingefügten Kanälen. Das Schmutzwasser steht nicht wie bei uns in den Gassen oder stinkt aus dem Hafen und dünstet Pest und Leberwürmer und das Todesfieber, die *mal aria*, sondern fließt dort, eh es gärt und fault, unter der Erde ab, hunderte *curatores* [»Beamte«] sind beschäftigt, für die Sauberkeit des Wassers zu sorgen und für die Reinheit in den Straßen.

Diesmal galt beim Zwischenschluck mein Blick dem Freund Kilian, der verstand, nun würd's bald brenzlich. – Bei all dem vergaß ich, vergebt's mir, Vetter Ringwolf, die Kirchen. Von den christlichen gibt es in Byzanz an die zweihundert, nicht gezählt die Kapellen in Klöstern und privaten Villen. Vergessen sollte ich aber auch nicht die Waisenhäuser und vor allem der Welt nunmehr beste Universität, nachdem das ägyptische *Alexandria* von Mönchen beherrscht wird.

Wie kannst Du die alexandrinische Hohe Schule so schmähen, rief der Vetter. Als seien nicht gerade die ägyptischen Mönche die gelehrtesten! – Laß Giselher erzählen, bat Kriemhild. – Hat Ringwolf, rief Gernot, nicht selber von den ägyptischen Mönchen berichtet, die gegen fleischliche Versuchung nur im Sitzen schlafen dürfen? und nie ohne den ledernen Gürtel zwischen den Beinen? [Vgl. S. 149.]

Da lachten viele und überhörten, wie der Bischof rief, das sei wahr und sei auch völlig richtig so. Spreche das aber gegen die Gelehrtheit dieser Mönche? – Ja, ich denke, es spricht dagegen, sagte der Niederländer. – Warum? – Weil es das Gelehrte von den Leibern schneidet. – *Odin prodin*, kauderte Ute. *Urbi et orbi*, murrten Männerstimmen und die »Fräulein« wispelten ihr *finis ordinis mortis et Martis*. [S. S. 388, 392.]

Es ist noch nicht lange her, setzte ich fort, daß im einst so geistvollen *Alexandria* die Mathematikerin und Philosophin *Hypatia* als erste Frau gelehrte Vorlesungen hielt. Und weniger lange ist es leider her, daß alexandrinische Männer, von Heidenhaß getrieben wie von Frauenhaß, *Hypatia* in einer Kirche zu Tode quälten [vgl. S. 122]. – Bitter verzog sich nun Ringwolfs Gesicht. Mag sein, in diesen Momenten bereitete ich das Fundament, auf dem vier Tage später das Todes-Urteil auch gegen mich gefällt wurde.

Inzwischen, sagte ich, meiden die besten Gelehrten *Alexandria*, fliehen nach Konstantinopel, wo man in den Bibliotheken und Museen wie früher in Ägypten fast alles studieren kann, was je Wissenschaft und Künste vermochten. Zwölf Meter hoch war die Statue des thronenden Zeus, aus Gold und Elfenbein, die tausend Jahre über Olympia gestanden hatte und die man nach Byzanz holte, wo sie eben jetzt verbrannt ist. Ja, verstecken wir auch die düsteren Zeichen nicht, die Ringwolf als solche der Gottlosigkeit versteht. Aber vergessen wir auch nicht das schönste, Kriemhild, verzeih mir, wie kann ich erst jetzt auf die Kleiderkünste zu sprechen kommen.

Die Schwester, die neben mir saß, kniff mich ein bißchen, ohne daß es bemerkt wurde, ich trank ihr zu. – Unbeschreiblich ist der Prunk der Hofzeremonien und des ständigen Gewänderwechselns. Gegen diese Pracht ist unsere Doppelhochzeitsfeier, seht mir's nach, Freunde, kaum mehr als eine Bauerntafel. In Konstantinopel wird der Kaiser als Gott verehrt. Abgeschirmt von hundert Leibwächtern regiert er in einem riesigen Palast und es darf, wo er sich zeigt, niemand ein Wort reden. Mit Samt und mit Seide und mit den kostbarsten Pelzen und Geschmeiden ist er gekleidet und was das denkwürdigste ist, stündlich tauscht er die Gewandung. Auch wird er von den Gewöhnlichen sorgfältig ferngehalten, der Unsterbliche, aus Angst, es könnte ein Meuchler ihn erkennen und erstechen oder sonstwie umbringen, wie es unter den Caesaren seit je Sitte ist, auch unter den christlichen, auch unter den Päpsten, von denen bekanntlich kaum einer an Alter stirbt oder Krankheit.

Das lügst Du, rief Ringwolf. – Wenn Du meinst, ich lüge, will ich mich gerne setzen und andere berichten lassen von West-Rom oder Ost-Rom, ist ja hier im Saal auch der Herr *Victor* ein guter Rom-Kenner. – Da erhob sich der und sagte, ich solle nur weiter die Welthauptstadt beschreiben, wenngleich er zwischendurch gerne bestätigen wolle, was ich über die frommen Oberhäupter mitzuteilen hätte. – Erzähl! hieß es rings, und diesmal war der Cherusker gemeint. – Erzähl ich also zwischendurch, wie zum Beispiel Kaiser Valentinian aus diesem Leben schied, jener Herr, der alle Lust, die nicht dem Kinderzeugen diente, mit dem Verbrennungstod bestrafen ließ und der bei den Gelehrten als »starker Kaiser« gilt und »wirklicher Christ«. [Noch bei modernen Theologen/Historikern: A. Bigelmaier, P. P. Joannou, W. Neuss, F. W. Oediger (›Die starke Regierung Valentinians brachte ruhige Verhältnisse«) oder: »An earnest Catholic« (The Oxford Classical Dictionary). V. war Kaiser 364–375.]

Dieser verdienstvolle *Imperator*, der allerdings die Kastelle am Rhein stärkte, Mainz, Augst, Andernach, Basel, aber auch Worms, der ließ alle Magier, Weissager und Sternkundigen foltern und hinrichten, am liebsten aber warf er sie zwei Bärinnen vor, deren Käfige in Trier vor seinem Schlafzimmer standen und die er *Innocentia* nannte und *Mica aurea* [»Unschuld« und »Goldchen«]. Als er wieder einmal scheinheilig Verhandlungen führte mit den sächsischen Quaden, die er, wie üblich, in der folgenden Nacht zu ermorden gedachte, meinte der Quadenkönig *Gabinius*, was denn am Christentum weniger barbarisch sei als am Heidentum. Da brachte schon diese Frage den frommen Kaiser in solche Wut, daß er blaurot anlief und tot unter den Tisch fiel [am 17. November 375]. Von solchen und noch wüsteren Throngesellen könnte ich Euch bis zum nächsten Morgen erzählen, aber zum einen haben wir Besseres vor und zum anderen sollte Giselher aus Byzanz berichten.

Ihr seht, sagte ich, aus welchen Ängsten die Kleiderpracht am byzantinischen Hof ständig erneuert werden muß, aus Ängsten vorm Volk, das man ebenso verachtet wie fürchtet. Ihre Tarnungen wechseln die Herrschaften stündlich und wären in den anderthalb Tagen, die wir hier feiern, mal griechisch erschienen, mal ägyptisch, mal römisch, alsdann persisch, auch indisch und sogar chinesisch.

Das gab Gelächter, da man sich vorstellte, wie Hagen chinesisch aussähe und wie Herr Ringwolf griechisch, also nackt. – In Konstantinopel, Freunde, wechselt der vermeintliche Christengott fortwährend auch die schweren Diademe und tragen die Damen morgens Halbmond-Ohrringe, mittags *Loros* [Brustbehang] oder einen *Manakion* [Juwelenkragen] und abends als Insignien, die ihnen der Kaiser persönlich zu dedizieren pflegt, Buckel-, Kegel- oder Scheibenfibeln [von *fibula* (Spange)], die Kaiserin selbst aber schmückt sich mit einer vergoldeten Adler-Pfauen-Fibel aus durchbrochener Emaille, wobei der Adler, das Zeichen des Imperiums, eine Pfauenkrone trägt mit einem Pfauenrad aus Golddraht, besteckt mit Perlen und Steinen.

Täglich sah ich die Volksmassen in Prozessionen wallfahren zu

diesen Herrschaften in den Kaiserpalästen, haben sie doch das Glück, ihren Gott leibhaftig erblicken zu können. Man huldigt ihm im Hippo-
400 drom, wo vierzigtausend Menschen überdacht beisammen sind. Aber nur aus großer Entfernung dürfen sie den Himmlischen anbeten. [Wie genau Giselhers/Kilians Schilderungen sind, belegt ein Zitat aus neueren Forschungen, z. B. des Freiburger Althistorikers Jochen Martin (»Spätantike und Völkerwanderung«, 1990, S. 99 f.): »Abgeschirmt residiert er in seinem Palast, der ein *sacrum palatium* ist ebenso wie alles ›heilig‹ ist, was mit dem Kaiser in Zusammenhang steht. Im Palast vollzieht sich alles in zeremoniellem Schweigen, der ›Wink‹ wird zum Ausdruck der Macht. Seit der Mitte des 4. Jahrhunderts wird die Abgehobenheit des Herrschers noch durch Vorhänge (*vela*) betont, die den Kaiser vor den Blicken der Sterblichen schützen.«]

Dieser Kaiser, fuhr ich fort, ist nicht nur überirdisch wichtig und unablässig von so wunderbaren Schönheiten umgeben, daß König Gunther über deren Anblick zerschmelzen würde, sondern er ist zugleich der oberste Seidenhändler dieser Stadt, liegt sie doch an der großen Seidenstraße nach China. Diesem Gott gehören sie alle, die Lagerhäuser und Webfabriken am Bosporus, er besitzt aber nicht nur die kostbarsten Stoffe, sondern auch die seltensten Preziosen des Orients, ganze Häuser voll. Diesen über allem schwebenden, hoch einsamen Kaiser zu beschreiben und nichts auszulassen – ich spür's, mir gehen die Worte aus.

Kriemhild reichte mir meinen neugefüllten Becher. – Auch für Konstantinopel, sagte ich, wird die Macht irgendwann zum Wolkenkuckucksheim, so wie beim Brand im *Lauros*-Palast die Statue des olympischen Zeus zerging, die der Grieche *Phidias* schuf und die man für eines der sieben Weltwunder hielt. Die heiligen Stätten der Vorzeit werden inzwischen als Steinbrüche benutzt für die Christuskirchen, in *Alexandria* sah ich kostbare Sarkophage der Alten, die als Waschwannen dienten oder als Freßtröge für die Kamele. So wie dort das eine Weltwunder, die Bibliothek, von Mönchen verbrannt wurde, weil die heidnischen Zeugnisse verschwinden sollten, und so wie in Byzanz das andere zu Asche zerfiel, der Glanz des alten Göttervaters, so ist auch der übergroße Kaiser längst nicht mehr der wahre Herrscher, sondern die wirklichen Lenker des Staatsschiffs sind die Patriarchen, die Bischöfe, zumal Erzbischof Johannes, der *Chrysostomos*, der, wie unser Freund aus Xanten bewies, den Juden- und Frauenhaß mit seinem Trenn- und Scheide-Salz ins Grauenhafte verschärfte und der so gewaltig predigte, daß man ihn schon zu seinen Lebzeiten »Goldmund« nannte.

Wie kannst Du ihm Haß unterstellen. – Der Bischof sprach leise, als resigniere er. – Er beschied, sagte ich, wie sich der Mann zu schützen habe vor den Versuchungen der Frauen. Und mindestens so stark predigte er gegen die Juden. [Hitler (Mein Kampf, S. 278): »Unser gesamtes öffentliches Leben gleicht heute einem jüdischen Treibhaus sexueller Vorstellungen und Reize.«] Beschrieb, wie die Juden in ihren Synagogen dem Laster lebten, zusammen mit Frauen. Wie diese Juden auf Finsternisse sännen und den Weltkreis verdürben und verkauften. Sicher bin ich, daß die Schüler dieses Johannes inzwischen behaupten, auch die Zeusstatue hätten die Juden vernichtet, so wie den Jesus nicht die Römer, sondern die Juden ermordet hätten. Mit solchen Meinungen, auch mit dem Rat, sich vor jeder Lust zu hüten, steht Goldmund in höchstem Ansehen, auch in West-Rom gehört er schon jetzt zu den Heiligen der Kirche. Wie immer wir über das traumhafte Byzanz denken, laßt es, Freunde, beim Traum bewenden. Gunther, Du libellischer Bruder, Dir trinke ich, daß Du Dein Glück auf festem Boden baust, Du und Deine ehrwürdige Frau.

Ich hob den Becher, man tat's mir nach, und als die Gefäße klappernd auf die Tische zurückgestellt wurden, erklärte Gernot, nie so deutlich vor Augen gehabt zu haben, worauf es in Worms hinauslaufen solle und welche Nöte drohten, wenn sich was zur Übergröße dehne. – Da ging ich zu meiner Truhe, schloß auf und holte die Fiedel. Das wurde, nachdem ich so viel Bedenkliches vorgetragen, mit Fröhlichkeit bedacht. Als ich aber das Instrument einstimmte, unterbrach mich Ringwolf, machte sich stark mit einem *Qui tacet, consentire videtur* [»Wer schweigt, scheint zuzustimmen«] und fragte dann, ob denn nicht auch ich wisse, daß es allerdings die Juden gewesen seien, die den Heiland gekreuzigt hätten.

Zögernd stimmte ich immer nur dieselbe Saite und überlegte mir meine Antwort. – Roms Staatsmacht war es, die Jesus kreuzigen ließ. Weil der ein Unabhängiger war, einer, der Freiheit auch für die jüdischen *diet* [»Leute« (Stammwort für »deutsch«, s. S. 12, 55, 223)] wollte, auch für die Armen und die Sklaven. Ein aramäisch-kanaanäisch-galiläischer Schöpfer-Erzähler war der und mit seiner Hinrichtung verging er ganz und gar, dafür sorgen nun Roms Priester, die ihn zu verehren vorgeben und dabei fälschen, was zu berichten gewesen wäre; als erster Herr Paulus, denn Euer Kirchen-Christus ist vor allem des Herrn Paulus Geschöpf.

Was redest Du, entsetzte sich Ringwolf. – Ein frommer Rabbi, von dem ich vieles lernte, bevor ich in Byzanz das meiste bestätigt fand, erklärte mir, die Religion vom Gekreuzigten sei heute die des Todes und Leides, am Anfang aber sei sie die Hoffnung gewesen der Menge der jüdischen Unfreien, die in großer Inbrunst auf Erlösung sannen, nicht in der Ewigkeit, sondern hier und jetzt wollten sie ihr Joch beseitigen. Als unterm großen Konstantin der Glaube an den Gekreuzigten zum Glauben des römischen Imperiums wurde, da war, sagte mir der Rabbi, die Geschichte von Jeschu nicht mehr die Hoffnung der Unterdrückten, sondern eine willkommene Hilfe für die Unterdrücker. War, als Angst- und Todesreligion, die List der Herrscher und der Reichen. Sagte mir der Rabbi.

Ringwolf wollte aufspringen. Hagen hielt ihn auf dem Sitz. – Da war der Jeschu inzwischen, mit der Hilfe des römischen Herrn Saulus, der sich auffallend plötzlich zum Paulus umgedreht hatte, vom Befreier verwandelt in einen, der nicht auf Erden Änderung brachte, sondern, sagte der Rabbi, im Jenseits. Von nun war Schluß mit der »großen Freude« und dem »Wohlgefallen auf Erden«, nun waren Erde wie Leib verachtenswert und unrein und durften vernachlässigt werden und ausgeplündert und verteufelt, nun verhieß Christus die Erlösung in einem Reich, das unfaßbar fern war, und statt der Freiheit war das Leiden zu lernen, Geduld und Gehorsam als tägliches Kreuz, ja, das Kreuz wurde zum allgegenwärtigen Zeichen der Angstverkäufer und Leidensverwalter. [Vgl. S. 347 ff.]

Luft zu empörtem Zwischenruf holte Ringwolf. Hagen verschloß ihm den Mund, morgen im Münster, da solle er reden. – Seither, sagte mein Rabbi, gibt es »große Freude« erst in einer höheren Welt und Trost allein im Reinen, im Geistigen. Die Kirche des Christus spiegelt nun schon in sich selbst die ganze Pracht der Fürsten, all ihre Stufen der Herrschaft, als sichtbarer Vorgeschmack auf die Geistes- oder Himmelspracht. Damit aber die Heiden ganz und gar ruhig wurden, schufen ihnen die Kirchenherren, die ja nun ebenfalls Macht hatten und um Macht bangen mußten, einen Ersatz für die Erdmutter, für *Gaia* oder für *Artemis*, boten ihnen für die Kraft allen Begehrens, die alles durchdringt und Hunger macht auf Freiheit, eine andere AllMutter, eine beruhigende, eine einlullende, die überwirkliche Mutter des Jeschu. So sagte mir der Rabbi. [Vgl. den Theologen, Soziologen und Psycho-Analytiker Erich Fromm, etwa »Die Entwicklung des Christusdogmas« (1930).]

Von Maria wurde nun verschwiegen, daß sie oft empfangen und geboren hatte, von nun an war sie kein Mensch mehr aus Kopf, Lust und Leib und Querfell, sondern eine »unbefleckte«, die der leidenden Menge Jenseitstrost spendete als Säugende, als Stillende. Hat mit ihrem entstellten Sohn unsere untertänigen Seelen still zu halten. Seither werden, schloß mein Rabbi, selbst diejenigen, die einst Gerechtigkeit auf Erden wollten, brav und geduldig und bisweilen kindisch wie die Säuglinge. Oder, sagte der Rabbi, sie werden streng und unleutselig wie der Herr Paulus, der reiche Prediger der Armut und der Sklaverei, oder wie der große *Chrysostomos*, der Goldmund der Erdverachtung, so nannte ihn der Rabbi.

Da war der Bischof nicht länger zu halten. Stand nun schon da und sagte: Welch eine Raserei, welch eine Barbarenlitanei, welch einen Verrat müssen wir uns hier anhören. Welchen Schmutz warf Giselher *ad beati Petri apostoli vocem* [»auf die Lehre des seligen Apostels *Petrus*«]. Wäre ich Richter in diesem Reich, es gäbe für den, der da sprach, nur ein *exilium ad inremeabile* [»ein Exil ohne Widerkehr«]. Aber noch fehlt uns zu Worms diese Macht, regiert hier kein *princeps christianissimus* [»kein rein christlicher Herrscher«], und so muß ich hier alles selber richten. – Er sprach das weinerlich, einige schienen ihn zu bemitleiden, besonders die lateinischen Wendungen taten Wirkung, weil das nur wenige verstanden.

Was unser Schreiber, fuhr er mit bebender Stimme fort, was der von seinem Rabbi weiß, das beweist gerade nichts anderes als wie recht die Kirche hat, vor den Juden zu warnen. Außerhalb von Marias reinem Hause wird nie Heil sein, weder im Jenseits noch auf Erden. Ich wollte, auch die Herren zu Worms verstünden endlich, wie sie sich wenigstens in Fragen der Religion unter die Bischöfe Christi zu beugen haben und nicht etwa umgekehrt die Kirchenlehrer unter die Fürsten. – Hob beide Arme und rief: *Subdere et non praeferre* [»sich beugen und nicht sich erheben über«], so beschwört uns der neue Papst Felix. [Felix III., Papst von 483 bis 493, verlangt dies in einem Brief an den (oström.) Kaiser *Zenon*.] Ja, dem übermütigen Herrscher in Byzanz schleudert er dies Wort entgegen, dem, der sich dort allerdings wie ein Gott aufspielt. Die heiligen Mysterien, sagte Sankt Felix diesem Hochmütigen, die hat nicht der Kaiser zu lehren, auch der hat von den Hütern der Religion zu lernen. Gott selbst hat es so gewollt, daß auch und zuerst die Majestäten in frommer Hingebung der Kirche den Nacken beugen.

»Beugen«? Nun reicht es, rief Hagen und zerrte den Vetter zurück auf den Stuhl, erstaunlich unsanft. – Soviel salbungsvolle Heuchelei, rief er und erhob sich nun selber, die verdirbt mir den Appetit. Mit Eurem Salbaden, *Episcope admirabile Rumoridus Rusticulus*, lenkt Ihr davon ab, daß zwischen Neu-Rom und Alt-Rom Machtkämpfe toben und sonst gar nichts. Die List von Euch Jesus-Verwaltern war es seit je, Volk durch Volk auszuschalten und dabei immer rechtzeitig auf der Seite der Sieger zu stehen. Erst wendete der Papst sich mit den Goten gegen Ost-Rom. Dann vernichtete er mit Ost-Rom die Goten. Dann die Wandalen. Danach verband er sich mit den Langobarden erneut gegen Ost-Rom. Künftig bekämpft er gewiß mit den Franken wiederum seine Retter und Befreier, die Langobarden. Nein, redet mir nichts von »Reinheit«, es wird mir übel. Wenn Giselhers Rabbi wußte, Lebensfeindschaft sei die neue *religio*, dann, so füge ich hinzu, ist Schamlosigkeit ihre oberste Regel. Ringwolf, Deine Ausreden auf fürs morgige rein geistige Hochamt.

Der Heermeister schob sich seinen Bart um die Nase. – Und Du, Giselher, Du solltest Dich hüten, diesen Vetter über Gebühr zu reizen. Auf Dauer haben diese Schamlosen mehr Macht als wir alle, mehr jedenfalls als Schreiberlinge. Die Maden aus Rom und die Eiterbeulen aus Byzanz, sie teilen sich diese Welt auf, darum hör auf mich und Deinen Rabbi und beginn jetzt lieber Dein Lied!

Lange hatte ich inzwischen Zeit, über Hagens Mahnung nachzudenken. Erst im Dunkel dieses Klosterlochs wird mir klar, daß er mit dieser Rede nicht nur mich hatte warnen wollen, sondern auch den Störenfried Siegfried. Und daß er mit dieser letzten Warnung klarstellen wollte, wer im Reich allein das Recht habe, der Kirche zu widerstehen und Rat und Befehle zu geben. Nur er, Hagen, der Verwalter der Königsmacht. Für uns Gewöhnliche dagegen galt, das sollte deutlich werden, tatsächlich das *subdere sed non praeferre.*

Ach, diese Todeszelle, dieses Dunkel, es birgt auch eine Chance, nämlich die, um so besser das Helle zu erkennen, die wahren Zusammenhänge.

Damals, in der Halle, hob ich also wieder die Fiedel und sang, diesmal, von Hagen. Und davon, daß auch der göttliche Kaiser im östlichen, im griechischen Rom nichts weiter ist als ein Bündel Falschheit.

Gundomar, der große König,
seiner Wormser Wohl bedenkend,
sandte einst den jungen Hagen
hin zum Hofe nach Byzanz.

Dort empfing man ihn mit Ehren
prächtig an des Größten Tafel
Hagen ward ein Platz gewiesen
dicht beim allerhöchsten Gott

Doch war ein Gesetz gegeben,
an des Gottes Tische dürfe
niemand auf die andre Seite
wenden, was ihm vorgelegt

Weh, Herr Hagen, dieser Vorschrift
nicht vertraut, drehte arglos
seinen Fisch, die Gegenseite
auch zu essen und mit Lust

Da erhoben sich die Herren,
Fürst um Fürst, des Gottes Ehre
wiederherzustellen gegen solche
unerhörte Freveltat

Und der Kaiser sprach mit Seufzen
Ach, Dein Leben ist verfallen.
Doch es steht vor Deinem Tode
Dir noch eine Bitte frei

Was es immer sei, ich will es
Dir gewähren. Ritter Hagen
dachte nach und sprach mit List,
alles lauschte seinem Wunsch:

Seltsam sind die Bräuche hier
fremd und kalt erscheint Byzanz
Doch als braver Schüler Roms
muß ich dem Gesetz gehorchen.

Eine letzte Bitte hab ich,
eine kleine nur, o Allergrößter.
Und der göttlich Große sprach: Wohlan,
sprich! sie ist voraus gewährt.

Nur das Leben Dir zu schenken,
ginge gegen unsrer Väter
altgeheiligte Bestimmung,
alles andre steht Dir frei.

Drauf Herr Hagen: Gerne sterb ich.
Nur ein einziges begehr ich,
eh sie mich zum Richtplatz führen:
Außer mir stirbt auch ein zweiter.

Wer! so rief der Kaiser ängstlich.
Wer den Fisch mich wenden sah.
So mir Gott, die andern sahen's!
Ich? ich habe nichts bemerkt.

Und die Kaiserin desgleichen:
Bei der reinen Gottesmutter,
bei der Königin des Himmels
schwör ich, daß ich nichts gesehn!

Auch Byzanzens Fürsten schworen,
beim Herrn JEsus, bei Maria.
Niemand hat die Tat bezeugt.
Nicht bezeugt hieß: Nicht geschehen.

Also schlug der Waffenmeister
sie mit ihren eignen Waffen.
Und er kehrte wohl und heiter
wieder heim zu Gundomaris.

Da wurde Hagen gepriesen, aß man mit noch mehr Vergnügen und wendete die Speisen und hörte mit Gelächter die Beschreibung jenes Gastmahls, an dem Hagen in dieser Wormser Königshalle dem römischen Statthalter der Rheinprovinz getrocknete Fuchsleber hatte ins Essen rühren lassen, was Wirkungen hervorrief, von denen jeder wüstere Erinnerungen auftischte. Grün, nein bleich sei der römische Herr gewesen, wäre am Ende gar nicht mehr vom Loch überm Höllenstunk heruntergekommen und hätte seit dieser Nacht das Burgunderreich sorgsam gemieden.

Da stand der Gneiskopf nochmal auf und sagte: Arg traf das Fuchsgift den Präfekten, zwei seiner Generäle brauchte er, die ihn zu jenem Rinderfell schleppen mußten, hinter dem auch er sich erleichtern wollte, auf unserem alten, auf dem dunstwabernden WAZAbort aus schmierigem Holz und ohne Abfluß, worinnen Rumolts hohe Kochkunst so gräßliche

Verwandlung fand. Schon auf dem Weg dorthin hatten sie ihrem mächtigen Herrn, diesem von vielen gefürchteten Kommandanten Gürtel und Toga abgenommen, weil alles so durchaus dringend schien und der Herrscher so elend klagen mußte. Trotzdem ist den *ducis* [den »Generälen«] der schwere, schon halbnackte Herr kurz vorm Vorhang zu Boden geglitten und sind ihm Braten, Wein und Soße als Fontänen hinten herausgepfiffen, grün und braun schoß die harsche Mischung bis an die Decke.

Unser fröhlicher Giselher, damals erst sieben Jahre alt oder acht, fragte am andern Morgen, warum unser goldener Kupfer-Adler, jener dort an der Wand, warum der sich ins Grüne verfärbt hätte. Dem erklärte ich, das sei Grünspan. Seit dieser Antwort leitete Roms letzte Kohorten die Erkenntnis, der schrecklichste der Schrecken sei, den Präfekt am Arsch zu lecken, denn da sei meistens Grünspan dran. – Die Runde dankte lauthals, krakeelte krachend. Becherte bornholmisch.

Der Krummsinnige war aber stehengeblieben, darum wurde es wieder still, und der Waffenmeister konnte ergänzen: Ich besitze die Abschrift eines Provinzprotokolls aus dem Jahr 474, unterzeichnet von *Horatio Severus Titus Maximus*, also von eben jenem Präfekten, der das Loch trotz Unterstützung seiner Generalität nicht mehr hatte erreichen können. Dieser, wie seine Titel in unserer Sprache heißen, »ehrenvolle, größte und grausame« Herr *Titus* erklärte in seinem letzten Bericht an die Regierung zu Rom, daß die Speisen der burgundischen Barbaren für den römischen Feingeschmack durchaus ungenießbar seien, man solle, empfahl Herr Grausam, alle Legionen um die oberrheinische Region herumführen, um jede weitere Schwächung der Militärkraft zu vermeiden.

Auch diese Mitteilung verbreitete keine Trauer, immer tiefer schmurgelte Behagen. Ringwolf freilich umkrallte seinen reinen Stein. Als Hagen das sah, setzte er folgendermaßen fort: Nicht vergessen will ich, Giselher für sein Lied zu danken. Meine Rückkehr aus Byzanz mag bezeugen, wie auch in Ohnmacht Hilfe ist. Dem Überlebenden ist es egal, ob ihm Lokis List beistand oder die des Goldmund *Chrysostomos* oder gar die Geriebenheiten unseres Vetters Ringwolf. »Kniffe« wünsche ich in passenden Portionen unseren Hochzeitern! Eh ich auf beide Paare trinke, hört, was der große *Chrysostomos*, von seinen eigenen Kirchenkollegen zu Tode gehetzt und verflucht als *contaminatus*, als »Räudiger« also, was er in einem seiner letzten Briefe schrieb: Niemanden fürchte er, der verbannte Bischof, so sehr wie die Bischöfe. *Fiducit!* [»Zum Wohl«, wie »pros(i)t«, wörtl. etwa »habt Vertrauen« (*fiducia* = Vertrauen).]

Man trank. Aber immer noch blieb der Graubart stehen und wandte sich plötzlich an die Xantener und forderte sie auf, nun auch aus ihrem Reich zu erzählen. Das sollten sie tun, bevor Herr Ringwolf morgen im Hochamt allen klarmache, wie uns allein das *matrimonium* vor allen barbarischen Lastern bewahre und wie sündhaft und gottlos das Nebelland sei, aus dem Kriemhilds Gemahl kommt. Da wüßte man doch gern Genaueres über die Cherusker, und zwar von den Cheruskern am besten selber, über die bislang nur wüste Herbergs-Gerüchte und dunkle *Tacitus*-Nachrichten umliefen.

Da erhob sich die große Weißhaarige. Statt des Bärenfells, das Hagen ihr angedichtet, trug sie ein kragenfreies Hemd, wie ihr Sohn. Hellgrau, fast bodenlang, mit rotem Gürtel, in zarten Mustern, in Orange und Schwarz, mit den Flammenzeichen und Kuhbildern. Ich habe es schon gestanden, wie gern ich sie von Beginn an immer wieder beobachtet hatte, als würde ich unter ihren Augen jünger, besser und fröhlicher, ihr Anblick stärkte mich auch und gerade jetzt.

Dank für die Ehre, sagte die Frau. Doch so üppige Bilder wie Giselher aus Byzanz kann ich aus Xanten nicht beschreiben. Wir leben, glaub ich, bißchen anders. Nicht in Samt und Seiden, schon gar nicht als Götter. Leiden auch nicht an oströmischen Größenträumen, eher an weströmischer Kleinlichkeit. Roms Kirchenregiment, das Hagen nun sehr gut beschrieben hat, das hat Herr Chlodwig keineswegs zerschlagen. Das lebt wohl lange noch. Xanten am Rhein ist *colonia* wie Köln. Was helfen *Sigurds* uralte Siege, was helfen Odoakers und Totilas und Theoderichs Triumphe in Rom oder Chlodwigs nun in Gallien. In der neuen Kirche regiert das alte Romregiment von Ewigkeit zu Ewigkeit, regiert nun listiger als je zuvor, beherrscht selbst diese Halle. Die ist gebaut wie priesterliche Kopfhöhlen, golden romanisch, nach Roms Vorbild. Und das wirkt wohl lange noch.

Dann sprach sie einiges in der fremden, in der platten Sprache, was nur an den hinteren Tischen verstanden wurde. Die Allkraft, so glaubte ich sie zu verstehen und hatte an das zu denken, was Ute gesungen und was meine Ruhrfreundin mir gesagt hatte, die Allmacht sei nicht hinter Mauern zu bergen, sondern sei Wandelkraft. Wer das Leben lieben wolle in Wahrheit und Freiheit, benötige keine Mauern und keine Apotheke oder *ordo*, sondern grenzenloses Land.

Wenn ich also erzählen soll, sagte sie dann wieder in Wörtern, die alle verstanden, wenn ich schildern soll, was zu Xanten Bewegung macht und *bitter balowerek* [»bittere Übel« (offenbar in Anklang an das »bittere Scheidesalz«, von dem ihr Sohn geredet hatte)], so ist das die Sorge vor der lateinischen *industria*. Die ist die Haupt- und Kopfmedizin der neuen Religions-Apotheke. *Industria* heißt »Tüchtigkeit« und meint, Gottes Segen erweise sich in Glück und Gold. Wenn Giselher berichtete, in Rom gebe es nur noch Ruinen, so berichten mir Romreisende, zumindest die Kirchen seien erneuert und stünden gut da, denn Tempelprunk wie Kleiderpracht seien, so glauben die neuen Herren, Gottesprunk.

Sie nahm einige Schlucke. – In Xanten, sagte sie, wie auch sonst im Niederland, haben wir uns zu wehren gegen Raubgeist, im Militär, bei den Landherren wie bei den Bischöfen oder bei deren leibeigenen Richtern. Die sind leibeigen, weil sie von allen die bestechlichsten sind. Dazu ein Beispiel, das zeigt, wie sie die Gerechtigkeit verkaufen.

Still war's im Saal, nur Ringwolf und Gere tuschelten, wollten wissen, was dies oder jenes Wort bedeutete. Gunther aber hörte von seiner Nachbarin die Frage, ob auch er also seine königliche Schwester verkauft habe?

Gunther tat, als müsse er dringend hören, wovon Sieglind berichtete. – *Alva*, sagte sie, so hieß meine beste Freundin, eine Keltenfürstin, die mit mir am Externstein aufgewachsen war, die hatte einen Gutshof geerbt beim Rhein, nicht weit von Köln und war inzwischen Witwe, denn ihr Mann, der von diesem Gut stammte und der dem neuen römischen Gott nicht hatte dienen wollen, war zu OstFalen geflohen, wurde aber gefangen und in Köln gequält wie die weise *Hypatia* in *Alexandria* und ist am Ende gevierteilt worden. Da meine Freundin *Alva* keine Kinder hatte oder Verwandte, die das Gut am Rhein hätten übernehmen wollen, warnte ich sie, ihren Hof an der Elbe zu verlassen. Auch sie traute ihren Elben und Elfen eher als dem Nebel, den die *industria*-Priester verbreiten, und so beauftragte sie einen Vornehmen aus Köln mit der Verwaltung der Ländereien am Rhein. Diesen Herrn namens Kuonrad hatte man ihr empfohlen als vertrauenswürdig, der sei direkt dem Erzbischof unterstellt und genieße solches Ansehen, daß ihm sogar die Leiber der drei heiligen Zauberkönige gehörten. Die ruhten zwar noch in Mailand, in goldenen Schreinen, doch werde der Herr Kuonrad, so hieß es, die Gebeine dieser drei Magier nach Köln bringen, das sei gewiß. Als *Alva* hörte, daß dieser Herr Kuonrad die Leiber von Kaspar, Melchior und Balthasar hüte, die sich auf die Sternenkunst verstanden hatten, stand ihr Entschluß fest. Diesem Manne vertraute sie ihr Gut.

Als sie aber nach einigen Jahren hören mußte, daß Kuonrad ihr Anwesen am Rhein als eigenen Besitz betrachtete, klagte sie beim Kölner Bischof. Ihre Klage wurde von geistlichen Dienstleuten unterschlagen.

Die Freundin gab nicht auf. Vor gut einem Jahr reiste sie nach Köln, von Hammaburg über Hildisheim und Soest und *Buochenheim* zu mir nach Xanten, von dort fuhren wir gemeinsam an den Hof des Fürstbischofs zu Köln.

Praesul sancte Dei [›der heilige Bischof Gottes«] hat uns auch selbst empfangen und dann Wala, seinen Vetter, beauftragt, den Fall zu untersuchen. Als nun, noch vor Beginn des letzten Winters, Herr Wala alle Machenschaften ermittelt hatte und schon das Urteil gefällt werden sollte vom Erzbischof selbst, da ist meine Freundin wiederum von der Elbe an den Rhein aufgebrochen, ist aber unterwegs, im *Asnithi*-Wald, überfallen worden, bei *Werethina*, nicht weit vom Sitz des Schad-Alben-Königs, unter der Eisenburg. [Isenburg, im *Asnithi*- oder »Eschen«-Wald, vgl. S. 527 f. u. Glosse S. 74 zur Ballade der Droste, zum Lied Walthers.]

Bei uns in Xanten kam *Alva* jedenfalls nie an. Und nie haben wir wieder von ihr gehört. Doch gab ich keine Ruhe, habe Wala gedrängt, den Fall aufzuklären und den Spuren nachzugehen. Da erfuhr er endlich, daß Kuonrad, der inzwischen reich geworden war durch den Verkauf der drei Könige, meine Freundin von zwei Räubern hatte beseitigen lassen. Um sicherzugehen, daß nichts verraten würde, hat er den einen durch den anderen Meuchler meucheln lassen. – Sieglind machte eine Pause, erwartete vielleicht eine Frage, ein Echo derer, die ihr so aufmerksam zuhörten. Auch ich stellte die Frage nicht, die nun eigentlich fällig war, erinnerte nicht daran, daß diese elbische Keltenfürstin die erste jener drei Frauen war, deren Untergang der Xantener geträumt hatte, damals, nach seinem Abschied von Island [s. S. 108, 263]. – Sieglind schaute die Reihen entlang, schien nun mich anzusehen. Ich senkte den Blick. – Von Köln bis Basel, so hörte ich sie reden, bis hin nach Rom scheinen fast alle *domini, qui curam sustinent* [»Herren, die Ämter leiten«], unsere Feinde zu sein, solange wir uns nicht taufen lassen auf den abwesenden, auf den jenseitigen Gott. Für Herrn Kuonrad war ein Vertrag mit einer Frau und zumal mit einer Barbarin kein Vertrag. Heute ist Kuonrad ein wichtiger Mann beim Papst Felix.

Wieder sah ich, wie das Mündchen unterm Priestling nach Luft und nach Worten schnappte und wie Hagens gewichtige Hand dem Bischof die Schulter beschwerte und ihn zurückdrückte auf die Ofenbank. – Ich fürchte, hörten wir Sieglind, Roms *industria* und *NidGir*-Geist, ob in Ost- oder Alt- oder Neu-Rom, der denkt und lenkt wohl lange noch. Drum wünschte ich, Ihr träumtet andere Träume. Was immer zu erkennen und immer zu suchen bleibt, die Chaoswaage zwischen Frei-Sein und Gerecht-Sein, die suchen diese Verwalter um so weniger, je mehr Macht sie besitzen. *Wela, hu sculun wi nu libbian, efto hu sculun wi an thesam lihta wesan!* [»Weh, wie sollen wir nun leben, und wie können wir unter diesem Licht bestehen?«] Was hilft solches Klagen. *Nam dum agrestis linguae inculta verba inseruntur latinitatis planitiae, cachinnum dominis legentibus prebent.* [»Streut man nämlich die ungeschliffenen Worte einer bäurischen Sprache in die feine Glätte des Lateinischen ein, so ruft das bei den Herren nur Spott und Gelächter hervor.«]

Darum werden solche Geschichten, wie ich noch allzu viele weitere berichten könnte, mit Sorgfalt unterdrückt. Jedoch nur für eine gewisse Dauer. *Saxa loquuntur. Tellus nobis aetherque chaosque aequoraque et campi omnes et etiam Rhenaniaeque saxa loquentur. Si Christiani tacuerint, lapides clamabunt.* [»Die Steine sprechen. Erde und Äther und das Chaos und die Meere und alle Lande und auch die rheinländischen Felsen, sie werden sprechen. Sollten die Christen schweigen, die Steine werden schreien.«] Wie es auch die Schrift von Jeschu weissagt: Wo die Menschen schweigen, da werden die Steine schreien [Lukas 19,40]. Darum wünsche ich jedem, auch in Burgund: *Sapere aude!* [Horaz (*Epistulae*), wörtl.: »Wage es, weise zu sein«. Kant übersetzte das (1784 in der »Berlinischen Monatsschrift«, S. 481) unter dem Titel »Beantwortung der Frage: Was ist Aufklärung?« mit den Worten: »Habe Mut, dich deines eigenen« – nicht fremdbestimmten – »Verstandes zu bedienen« und nannte das den »Wahlspruch der Aufklärung«.] *Studium studium, semper supra omnium.*– Trank aus ihrem Becher den letzten Schluck und nahm wieder Platz, während ringsherum das Wispern zischelte, das Gefrage nach dem, was ihre lateinischen Worte bedeutet hätten.

Wir waren überrascht, hatten von Sieglind keltische Zaubermärchen erwartet. Und Gunther hat nun, im neu aufbrodelnden Gerede und Schlucken und Becherklappern, wieder Brünhilds Stimme gehört. – Meint das alles auch Dich, Morgenlandkönig? Und wird dereinst all das, was Du lügst, von den Mauern herausgeschrien? – Er schwieg.

Wozu redet die nibelungische Mutter von Heimtücke? vom Verschweigen? vom Bestechen? Meint das alles Dich und ihren Sohn? – Als müsse er nachdenken, richtete Gunther den Blick auf seinen Becher. Und hätte gehört, sagte er mir: Ist auch für Dich ein Heidenweib kein Mensch? Verträge mit Barbarenfrauen nichts wert? – Für die Tafelnden schien es, als spreche die Königin mit eindringlicher Freundlichkeit. Doch ihr höfliches Gesicht blieb in der schönen dunklen Blässe unbewegt, blieb Stein. Steinern, aber sprechend. Für ihren Nachbarn schreiend, schon jetzt.

Zum Glück für diesen Nachbarn gab es nun Ablenkung, nun wollte auch der kurze Breitstämmige sprechen. Gernot war aufgestanden, nahm Wein und begann zu reden. – Nachdem Sieglind erzählt hat, sagte der Borstenkopf, nachdem sie berichtete vom römischen Kuonrad aus Köln und von den Felsen, die am Ende reden werden, hab auch ich etwas zu reden. Etwas von meiner Rheinfahrt. Als jene ostfälischen Räuber uns an der Lahn überfielen und alle geschlachtet hatten bis auf mich, ist mir folgendes begegnet. Mit Ortwins Arm ritt ich am Ufer zurück, mutlos, den Rhein wieder hinauf, zu der Stelle, wo wir das Schiff geankert hatten. In Bitterkeit ritt ich, in Trauer um die toten Freunde. Denn ich brachte Worms nun keine Helfer, nur neue Not.

Da haben sich mir plötzlich zwei Geharnischte in den Weg gestellt, ein Größerer und ein Knappe. Der Größere hat gefragt, wohin ich wollte und was ich in dem Fell verberge. Eh ich antworten konnte, riß der Riese mir das Vlies aus der Hand, entdeckte darin den Arm und begann zu wüten. Nun habe er den Meuchler erwischt, der den anderen Meuchler tötete, mit dem er zuvor eine reisende Frau überfallen hätte und umgebracht. Jetzt wäre ich also unterwegs in den Süden, nach Mailand, und brächte als Beweis für die Tat diesen Stumpf. Der junge Held, offenbar ein Rächer dieser reisenden Frau, wollte mir auf der Stelle ebenfalls die Arme abschlagen, packte und umklammerte mich so, daß der Knappe mir die Schienen herunterreißen konnte, und als ich ohne Eisenschutz war, befahl er dem Gesellen, mir den ersten Arm abzuhauen.

Der holte bereits aus, da sah er auch auf meinem Arm den Reif, den er an Ortwins Arm bemerkt hatte, den rotgoldenen, den mit unserem burgundischen Adlerzeichen. Ließ das Schwert sinken und fragte nach dem Orakelvogel [dem Adler (vgl. J. Grimm, Mythologie, Bd. II, S. 948)]. Der Adler hätte Rom und den Seinen bislang immer wieder nur Glück gebracht, und ob dies denn, da es schwarze etruskische Keramik auf Gold sei, wirklich ein kölnisches Zeichen sein könne oder nicht doch ein burgundisches?

Da ließen sie mich endlich erzählen und gerieten in große Verlegenheit. Der junge Herr bereute seine Unbeherrschtheit und fragte, wie er's mir wiedergutmachen könnte. Nun, Ihr ahnt, wer der war, der Xantener war das und sein Waffenmeister *Walthar*, auf der Suche nach den Mördern jener elbischen Frau *Alva.* Zwei Tage später landeten seine Segler und Ruderer hier in Worms und luden sich bekanntlich große Arbeiten auf. Vor allem die, das Romgift zu tilgen, die neidgierige wälderfressende Tüchtigkeit, von der Frau Sieglind sprach.

Gernots Bechergruß erwiderte man mit Staunen, und da nun alles mit allem dicht zusammenzuhängen und geklärt schien, rief man jetzt vehement nach Bruder *Wunnibald*. Der gallisch-keltische Kilian *Hilarus*, damit beschäftigt, gefüllte Äpfel zu zerteilen, wartete noch ein bißchen, schien sich zu zieren, aber Pagen rückten schon Gunthers Harfe in die Hallenmitte und stellten einen Stuhl davor.

Da tappte er endlich heran, klein und gut beleibt, in seiner braunen Rupfenkutte, schwitzend von sehr viel Trunk und Essensmühsal, von ebensoviel Lachen wie Denken und Suff. Und hockte sich, die dunklen runden Augen hierhin, dorthin lenkend, hinter das goldfunkelnde Instrument, schielte aber doch auch immer noch nach dem Herrn, der Kelten zu verschneiden liebte, zu zerteilen, aufzuspießen oder zu ersäufen. Griff in den Harfensaiten einige Vorspiele, spannte diesen, jenen Strang, schien die passenden Töne noch zu suchen und begann schließlich, während er präludierte, folgendes zu sprechen.

Auch mich, sagte er, bewegt, was Herr Giselher als Ziel Burgunds geschildert hat. Aber auch, was Frau Sieglind von der *industria* erzählte. Und was Gernot ergänzte über die zusammenfließenden Geschichten bei *Confluentes*. Von Herrn Ringwolf wie von Herrn Hagen wissen wir, wie gern und rasch sie Schädel spalten. Soeben hörte ich aus Trier, daß auch Herr Chlodwig nicht nur den letzten Präfekten in die Flucht trieb, sondern zu *Soissons*, als dort einem Sklaven die Amphore platzte, die dem Bischof gehörte, dem unglücklichen *famulus* den Schädel spaltete, als sei auch dieser Schädel nur eine Amphore. Und war doch auch dieser Gottes Geschöpf und eben nicht das eines Töpfers. Ach, wie schnell die Herren spalten und schneiden und hängen und wie fix sein Leben verliert, wer Geschichten weiß, die den Herrn nicht passen, die Gottes Geist in jederlei Ding erkennen und die alle kirchlichen Zertrennungen überqueren. Das war's, Freunde, warum ich so lange zögerte. Bin nicht so kühn wie derjenige, der in dieser Halle, wie ich mir hab sagen lassen, Marias Zwerchfell zu loben wagte, ihr Lachen, ihr lustiges Geschidder. Statt ihres reinen Herzens pries der ihr sehr gemischtes Leben. Und riet, die kirchlichen Reinigungsmittel zu fürchten als Gottes Säbelbeine.

Kilian ließ nach jedem Satz gut Zeit, so daß man genügend selber »schiddern« konnte, oder, wenn man mochte, nachdenken. – Doch hoffe ich, sagte er, es stimmt, was mich ältere Kirchenleute lehrten: *Clericus clericum non decimat.* [»Ein Kleriker nimmt von einem Kleriker keinen Zehnten.« (Eine Krähe ...)] Und wozu auch, fuhr er fort, denn allzu kläglich sind, im Vergleich zu Byzanz und Rom, meine irischen Geschichtchen. – Widerspruch wurde laut. – Doch doch, Freunde. *Lingua nostra enim haec*

velut agrestis habetur. [»Unsere Sprache gilt in der Tat als bäurisch.«] Und auch gegen Sieglinds Erzählung von der unerforschlichen Moralität der
414 Kirchenwächter gehen meine Späßchen unter, versinken wie die dänischen Schiffe vor Herrn Siegfrieds Stahlkette.

Auch weiß ich keine Drachenkämpfe. Von *Britannia* weiß ich nur, daß dort jemand in Teufels Namen dafür sorgte, daß die Wörter für »Kirche« und »Mord« immer ähnlicher klingen [kelt. »Kil-«, engl. »to kill«]. Weiß ansonsten nur von einer Kuh in Irland, die nachts so jämmerlich gehustet und geschrien hat, daß niemand schlafen konnte. Bis der Bauer, *Ron Kilmanroy*, um die Krankheit seiner hustenden Freundin zu erkennen, einen Kienspan zündete und mit dem Licht in ihren brüllenden, hustenden, gasstinkenden Rachen hineinleuchtete und von dem Rindvieh plötzlich Feuerstöße um die Ohren kriegte, ja, Feuer schnob *Rons* Kuh vor sich her, raste flammenwerfend durch den Stall, setzte schnaubend Heu und Hütte in Brand und hat, feuerspeiend, meinen *Ron* und alles und sich selber ruiniert. Am Morgen danach fand ich den *Kilmanroy* klagend auf seinem Besitzrest sitzen, auf Rauchendem, auf Schwelendem. Hoffen wir, daß es uns im römischen Europa so nie ergeht, wo nun so viele Feuerköpfe eifern, Felix wie Theoderich wie Chlothari wie Hagen und Gunther und Siegfried.

Zupfte zwei Töne, die nicht zusammenpassen wollten. Nochmal zwei ähnlich widerborstige, zwei Barbaren- oder Springtanztöne, machte Steinmusik, vor der höfische Ohren zugehalten werden müssen. Aber dann, gegen alle Erwartung, sprach er auf lateinisch einen Satz, mir mitten aus dem Herzen: *Res mira tamen magnos viros, prudentia deditos, cautela praecipuos, agilitate suffultos, sapientia latos, cuncta haec in aliena lingua academica gloriam transferre, et usum et amorem scripturae in propria lingua theodisca non habere.* [»Es ist überaus erstaunlich, daß so bedeutende Herren, ergebene Anhänger der Wissenschaft, Männer von außerordentlichem Abwägungsvermögen und voller geistiger Beweglichkeit, bedeutend also durch Weisheit, daß sie all diese Fähigkeiten zum Ruhm einer fremden, einer akademischen Sprache einsetzen und im Schreiben ihrer eigenen, der Leutesprache, weder Übung haben noch Liebe.«]

Mag sein, sagte Kilian, dies ist ein Glückstag für Worms, weil an diesem Tag Königin Ute nicht nur, nach so vielen Jahren wieder, in ihrem Königsstuhl hockt, sondern auch das erste Wort zu sagen bekam an dieser Tafel, und was für Worte. Wohl deshalb, weil in dieser Halle seit dem Fest der Christgeburt einer ist, der sich nicht scheut, außer der *lingua intelligentiae* auch die Worte der Lebendigkeit zu nutzen, als folgten wir endlich der heiligen Schrift, die in ihren Psalmen singt, daß wir gastfreundlich sein sollten, da wir alle bloß Gäste sind, für kurze Zeit Gäste auf dieser seltsamen Welt [Psalmen 39,13; 119,19]. Und das ermutigt mich, nunmehr, vor so viel Macht in Köln und Rom, vor so viel Pracht der goldenen Stadt am Bosporus, die nicht zu fürchten scheint den Fraß der Motten und der Maden, vor so viel Wahn und Drachenkraft und Traumtrachten von dem zu reden, was die Gälen glauben.

Man reichte ihm seinen Becher, er nahm einen langen Schluck, setzte das Gefäß aufs Adlermosaik zu seinen Füßen und begann, während er weiter die zweifelhaften Zweierklänge schlug: Einst, nach einem starken Sturm, lag ein warmer Sommerabend über Irland. Das Lebenslicht stand bereits tief überm Meer, groß, in dunklem Rot, wie *terra sigillata* [Keramik aus rotem Ton]. Finster schon war's in den Mulden, auch hinter den Hügeln von Galway. In einer der Bauernkaten dort lebte ein frommer junger Landmann mit seiner Frau.

Wie die beiden so beisammensitzen in der Dämmerung und kaum noch ihre Gesichter erkennen können, klopft es an die Tür. Der Mann sieht nach, draußen steht ein Wanderer, der ist so alt und so jung wie er selbst, scheint aber einäugig, und bittet um Herberge. Der Bauer bemerkt nichts Ungutes an dem Gast, läßt ihn ein, zumal der mit einem Golddenar bezahlen will. Befiehlt seiner Frau, sie solle dem zu essen geben, er müsse noch nach Schwein, Kuh und Ziege sehen und Streu und Futter schütten. Geht hinaus mit Licht, arbeitet im Stall, und als er wieder eintritt mit dem Kienspanlicht, sieht er, wie der Fremde, vor Wonne geil, bei seiner Frau liegt. Ui, denkt der Bauer, die Frau ist meine, und greift zum Ochsenjoch, reißt sich den Eichenschwengel von der Wand und will den Gast erschlagen. Der, wie das Holz schon durch die Stube saust, zaubert, ohne von der Frau zu lassen, einen Knoten in das Krummstück, daß es in die Ecke rollt.

Wie das der Landmann sieht, sinkt er auf die Knie und betet unseren Wanderer an als einen Heiligen. Der sagt ihm: Laß Dein Geflenne. Du glaubst an keine Heiligen. – Doch doch. – Du glaubst allein an Mein und Dein. – O Du Heiliger, ruft der Bauer, fühlt sich durchschaut, betet den Gast an und ringt die Hände und fragt: Woran dagegen sollte ich glauben? – An die Schönheit dieser Frau.

Unter Harfentonsprüngen aus Hellem ins Dunkle und zurück fügte Kilian an, in einem Traktat »Über die Gerechtigkeit« habe der fromme *Karpokrates* [alexandrinischer »Ketzer«, 3. Jh.] darauf verwiesen, daß der Himmel als Dach die Erde ganz und gar überdecke und kein einziges

Stückchen der Welt auslasse, nicht mal das verdorrteste. Den Himmel wie das Sonnenfeuer habe Gott über allen aufgehen lassen, nicht bloß über Patriarchen und Kaisern und Freien, sondern auch über den Sklaven und den Frauen und sogar über denen, die als Sünder gälten. Noch nie hätte jemand beobachtet, daß diesem oder jenem die Sonne versagt worden sei, nicht mal von einem Mörder wende Gott sie ab, auch der werfe Schatten. So seien auch die Weinstöcke und Getreide und alles andere auf der Welt für ALLE geschaffen, auch für die *diet* mit ihrer bäurischen Sprache und mit ihren kahlgeschnittenen Köpfen. Erst als man das Gemeinsame in den Herrenköpfen zerdacht hätte und durch Gesetze in Mein und Dein zerteilt, sei quer durch die Welt der Diebstahl entstanden, der Raub und der Mord.

Kilian ließ seine kleinen flinken Finger wieder fix von oben bis unten durch die Harfensaiten gleiten und sagte dann, nach zwei unpassenden Quertönen: Über das biblische Verbot, des Nächsten Weib zu begehren, machte sich dieser kecke *Karpokrates* besonders lustig. Ob denn etwa eine Frau ein Huhn sei oder ein Hort oder ein Topf oder sonst ein privater Besitz. Ob es nicht besser sei, damit aufzuhören, geschwollene Wolkenworte zu blasen und in Wahrheit an nichts anderes zu glauben als an Mein und Dein.

Da verlangte man von *Wunnibald* den versprochenen Gesang. Ob er nicht auch einen Ton hätte fürs Grenzenlose? auf seinen gälischen Glauben? oder auch einen auf Herrn Chlodwigs Sieg über die RomKöpfe, die Herr Siegfried *Caput*Köpfe nenne? – Er habe allerdings so einen Ton, hörten wir ihn, einen für die Byzanzträumer. Das Fleisch, habe Herr Paulus geschrieben, gelüste wider den Geist. Fleischlichkeit sei Feindschaft gegen Gott. Nur der Unverheiratete, sagt er, sei besorgt, wie er dem Herrn gefalle. Der aber mit der Frau lebe, sei besorgt, wie er der Frau gefalle, und sei deswegen um die Welt besorgt, die, wie wir hörten, alle Kirchenväter von Grund auf verachten und darum auch Herr Paulus. Als wäre nicht auch die Welt von Gott gekommen und ist darum in der Weltverachtung Gottesverachtung. Ringwolf, der gerade jetzt wieder vom Schweine-Lendchen nahm, wird mir kaum widersprechen, weil ich die Paulusworte akkurat wiedergab [Galater 5,17, Römer 8,7, 1. Korinther 7,1–8, 32 u. 33]. Er wird mich darum nun ungestört ein Paulus-Lied vortragen lassen, eines, bei dem Ihr den Schluß jeder Strophe, wenn Ihr wollt, wiederholen könnt.

Ich empfinde Gram und Grauen,
daß ich, Paulus, für und für,
las und lernte nur bei Dir!
Es ist Zeit, hinauszuschauen!

Es ist Zeit, hinauszuschauen, echote die Versammlung.

Ehe wir es innewerden,
gleiten wir ins Ende, blind,
taumeln in den Feuerwind
werden Asche, werden Erden.

Werden Asche, werden Erden, klagte es durch die Halle.

Seht die zarten Blumen sprießen,
seht den Falken, die Forellen,
lernt, die Sonne, Baum und Quellen
MIT den Frauen zu genießen!

MIT den Frauen zu genießen, juchzte das zurück.

Wozu dienen Geiz und Streben
als zu saurem Ungemach,
unterdessen leuchten, ach,
anderswo Lust, Licht und Leben

Anderswo Lust, Licht und Leben, wurde gauklerisch geseufzt.

Mancher sich bei Hort und Kronen
mühevoll zu grämen pflegt
und mit Neid zu Bette legt.
Soll der Papst die Münzen schonen!

Auch diese Schlußzeile wurde kraftvoll wiederholt, Kilian grüßte mit dem Becher die Runde, trank und schloß mit einer seiner älteren Strophen, die zu Worms die Leute auswendig wußten und sofort mitsangen, von Anfang an:

Nicht erst morgen blüht das Leben,
nicht in Jahren sind wir reich,
heute, hier und jetzt, ihr Freunde
lieben wir das Himmelreich!

Nun knarzten raumzerrupfende *RheinMis* und *RuhrBis* und *Finis operis* und *Droppjitrappts* und gab's plötzlich Platz für die Tanzwut, taten sich rüttelige Schläge auf und Trommeln, pfiffen Krummhölzer, lauserten Fiedeln wie Leiern durch die Köpfe bis in die Beine »heute hier und jetzt, ihr Freunde« soll der Papst die Glieder schonen, verwandelten sich fast alle in jenen gälischen Wanderer, der an das schöne Jetzt glaubte und das Joch nachtwandlerisch verzauberte.

Die Isländerin aber neigte sich ihrem Gemahl zu, tat wieder vertraut und hätte, sagte er mir später, geflüstert: Mancher sich bei Hort und Kronen mühevoll zu grämen pflegt? und mit Neid zu Bette legt? – Gunther blieb nichts, als auch dazu zu nicken. Lächelte und fror. – Zu »saurem Ungemach«? hörte er sie nachfragen. Und dann: Meine Freundinnen wußten von einem Gaukler, den erschlug heute Herr Hagen, weil der ein Bild malte vom wahrhaft großen Gunther. Am Ende zerspaltet Herr Hagen auch mir den Kopf? – Um so mehr wäre zu hoffen, daß ihm kein Grund dafür zu Ohren kommt.

Mein »Künnek« droht? Was wäre denn, wenn jetzt auch wir tanzten? Soll ich Dich gegen diese goldene Hallendecke schmeißen? oder, zum Abkühlen, aus dem Mauerloch halten? in den byzantinischen Kotkanal tunken? Den Herrn Morgenlandkönig an diese Säule knüpfen? – Er blickte mit Anstrengung über die lange Tafel, bemerkte, wie der Xantener ihm wieder unmerklich zunickte. Und wie der Nibelunge nun, mit Kriemhild, den Hallentrubel verlassen wollte.

Da faßte er sich abermals, besann sich auf seine Haltung, erhob sich, nahm die Hand der Königin in die seine, verneigte sich sanft vor ihr, nickte ihr zu, lächelnd, obwohl seine Lippen verkrampft und seine Hand eiskalt war und obwohl diese frierende Hand in der ihren zusammengepreßt wurde. Doch mochte sie ihm ihre Begleitung nicht ausschlagen, hier noch nicht, wollte den Schein vorerst noch wahren. – Naß ist Euer Händchen, Herr Pauluskopf. Ich muß Euch nun wohl folgen, oder? – Und folgte ihm durch die neuen Springtanzereien. Als sie den Ausgang fast erreicht hatten und Gunther schon hoffen konnte, nicht mehr nach allen Seiten Gruß und Lächeln zeigen zu müssen, sah er, und mit ihm fast alle im Saal, wie der Nibelunge, statt ebenfalls hinauszugehen, etwas von dem anstellte, womit wir Burgunder von Anfang an gerechnet hatten. Nein, er zerdrückte keine Säule, warf auch niemanden an die goldene Hallendecke, sondern hatte sich von hinten über die Bank gebeugt, auf der Ringwolf saß, und hob ihm den Kristall vom Bauch, zog die Simpelkugel samt Silberkette über den geistlichen Kopf. Zu spät griff der Vetter nach dem Kleinod, der Riese hob es schon hoch in die Halle.

Musik und Tänze verstummten. Selbst ein SaufAus mußte jetzt erschrecken, Mann und Frau blieben stehen, starr, und sahen, wie der Herr des Lorscher Klosters langsam, mit offenem Mund aufstand und über sich nach dem Bergkristall griff. Er war natürlich zu kurz, kam mit den zutzeligen Händchen nicht halbwegs bis dorthin, wo der Bärenkerl die Kostbarkeit baumeln ließ, griff dem Hochzeiter an die Schultern, an die Brust, um den Arm niederzuziehen, den er freilich nicht erreichte, der Ruhrriese lachte nur wie im Kitzel, warf den Stein in seine andere Hand, Bischof *Rusticulus*, rot im Gesicht, wendete sich zu dieser anderen Hand. – Gib zu, AllMutters Himmel überwölbt die Heiden ebenso wie die Frauen und die Juden. – Ringwolf mühte sich, das Geschmeide sprang aber über ihm hin und her, ohne daß er's hätte greifen können, und mußte hören: Dein Stein ist zwar halb, aber rein. Du dagegen bist voll, aber ein WAZTroll, wahrlich, wahrlich, *Ringwulfilas, horribilis oles* [»Du stinkst schauerlich«]

Da trat Hagen vor den Kirchenherrn, herrschte den Gast an, der möge sich seine neuen Freundschaften nicht verspielen und den Stein sofort zurückgeben. Und griff seinerseits, da er um einiges größer war als der Vetter, nach dem Stück aus Rom oder Golgatha. Da warf der Niederländer das Stück quer durch die Halle, BALDINAI fing es auf, warf es weiter, und nun sprang das von Freundin zu Freundin.

In einem Kloster beim Bodensee, sagte der Xantener, wird jedem Rompilger, der Bischof ist oder Abt, ein solcher Kristall geschenkt. Beim Abbas Ekkehart unter der Siegburg sah ich einen, desgleichen einen bei Patrick in *Werethina*. Nur ist denen nie eingefallen, vom verklärten Leib des HErrn zu reden oder vom Papst, der den Schmuck mit ihnen geteilt hätte, von beiden hörte ich nur, der Stein sei von frommen Iren, die bei Konstanz lebten.

Der Stein ist aus Rom, erklärte der Vetter, mir vom Papst zugeeignet, privat, jawohl, privat, der heilige *Privatus* selbst wird mir beistehen. [St. *Privatus* erklärte im Jahr 222 in Rom, die Götzen seien eitel und zu zerstören, am 28. 9. 222 wurde er gesteinigt.] – Soeben flog der Kristall in weitem Bogen zurück. Der Xantener fing ihn auf, sagte, o heilige *Euphemia*, bitte für diesen armen Lügner. [E. = wörtl. »gute Frau« (lt. *Legenda Aurea* des *Jacobus de Voragine*). Euphemia starb als Märtyrerin an einem Bärenbiß (Joh. Evang. Stadler, Vollständ. Heiligen-Lexikon, Augsburg 1875).] Und der Hürnerne zeigte den Stein seiner jungen Frau. Die betastete gern das rund geschliffen Schimmernde. Als Hagen danach greifen wollte, reichte sie's in Ruhe weiter, an Sieglind. Auch die prüfte das Juwel mit den Fingerspitzen, hielt es gegen das Fackellicht und sagte: Solchen Bergstein sah ich am *dignitatis culmine praecelso Coloniae urbis archipiscopo* [»am zu höchster Würde gelangten Erzbischof der Stadt Köln«]

Dieser Stein gehört mir, privat, wiederholte Ringwolf. – Da fragte der Sohn die Mutter: Was heißt »privat«? – Sieglind gab den Kristall an Kilian weiter. Und jeder in der Pfalzhalle hat ihre Antwort, obwohl sie leise gesprochen wurde, deutlich verstanden. – *Privatus* heißt »geraubt«.

Gunther, noch immer kurz vorm Ausgang, nach wie vor Hand in Hand mit der Isländerin, rief nun: Geraubt? – Die Stimme versagte ihm, zumal seine Hand argen Druck spürte. – Hagen weiß, was dieses Wort bedeutet. – Als der Waffenmeister schwieg, suchte Gunther in der Menge einen anderen Dolmetsch. – Giselher, rief er, auch Du kennst Roms Sprache, hat Frau Sieglind unseren Bischof beleidigt?

In diesem Moment bekam ich von meiner Nymphe den Stein. Da stand ich nun und hielt, in zitternder Hand, das Betrugsstück und sah, daß alle mich anblickten und daß es nun auf mich ankam, auf mein Zeugnis, auf meine Wahrheitsliebe oder Feigheit. Ich sah, wie drohend Herr Ringwolf blickte, er, der mich gelehrt hatte, daß beim Jüngsten Gericht nicht gefragt werde, was ich wisse, sondern was ich tue, in der Hölle werde es kein Wissen, keine Erkenntnis und keine Wahrheit mehr geben, nur noch die Hölle, all meine Studien könne ich mir sparen. – Da ging ich mit seinem Stein dorthin, wo Hagen und der Bischof standen, trug das Lügenkügelchen in hohlen Händen vor mir her und sagte: *Privatus* ist nicht nur »geraubt«. Es heißt auch »gesondert«. Dein »privat«, auf das Du so großen Wert legst, Vetter *Rumoridus*, das wuchs also aus Deinem eigenen Hauptdrohwort. Aus dem »Sündigen«. [Lat. *privare*: »rauben«, »sondern«.] Nimm ihn darum zurück, Deinen sündigen Stein, den Du vom Papst bekommen haben willst und den ich hätte küssen sollen.

Da ging Hagen quer durch die Halle, ging mit rasselndem Geklirr, man wich ihm aus, dem Heermeister, der rief in den Saal, dieser Abend sei keine paulinische Gelehrtenschule, sondern die Zeit der Springer und Tänzer, wieso die Spielleute nicht strichen, klopften und tuteten. Hochzeit! rief er, stürmte im Zorn hinaus und bekam beim Hinausgehen, in der neu aufquietschenden Steinmusik, von seinem Vetter, der ihm folgte, zum zweitenmal jenen Rat, der Mord bedeutete, hörte diesmal ein *deleatur* [»der ist auszumerzen«], und ich, Giselher, kann nicht sagen, ich hätte das nicht gehört.

IV

Caedes Finis Illae Gestae – Principium Historiae Populorum Europaeorum

[Der Mord als das Ende dieser Geschichte – und als Anfang der Geschichte der europäischen Völker]

Kilian, der in meine Todeszelle neue Blätter bringt und die beschriebenen in Sicherheit schafft, berichtet von seltsamen Ereignissen. Die Burgunder, sagt er, bezeichneten sich nun so, wie sich der Erschlagene genannt hatte. Seit der unter den Steinen liegt, reden sie von sich als von »Nibelungen« [so auch in den Handschriften des Hochmittelalters, ohne daß es von den Autoren kommentiert würde]. Mein irischer Freund kann diese Verwirrung nur mit dem Drohen der Hornissen erklären, mit der Pein des Gewissens. – Ich denke, es ist eher die Angst vor König Etzel, der mit seinen hunnischen Hundertschaften weiterhin nur wenige Tagesreisen entfernt lagert und den sie mit solchen Namen wohl abschrecken wollen. Noch immer wisse niemand, was Attilas Sohn im Schilde führe.

Wenn aber diese östlichen Reiter nunmehr uns, ihren alten Verbündeten, wirklich überfallen wollen und Worms auslöschen, so ist auch für diesen Fall Eile geboten, die Geschichte von Siegfrieds Ermordung zu Ende zu bringen. Erzähle ich also den Schluß, der mindestens so denkwürdig ist wie die Anfänge und wie jene großen Mühsale und die Doppelhochzeit, die sieben Tage hatte dauern sollen. – Was in der zweiten *nox nuptiarum* [»Hochzeitsnacht«] geschah, darüber habe ich aus zweierlei Quellen zu schöpfen. Die eine ist der verstörte Bruder, der mir auch nach der zweiten Nacht zu berichten versuchte. Wäre ich freilich auf sein Gestammel angewiesen, könnte ich nur unvollkommen erzählen.

Zum Glück ergab es sich, daß außer meinem Mönch aus Irland nun auch die Nymphe Zugang fand zu diesem Kerker, plötzlich stand sie vor mir, in der Finsternis ihre glimmende Gestalt. Ob sie durch die Mauerluke kam oder den Wächter bestach oder verwirrte, ich weiß es nicht, ich war zu überrascht und viel zu glücklich, und nun gab es allzu viel zu reden und zu tun, als daß ich solche Dinge hätte fragen wollen, Hauptsache, sie war bei mir. Von ihr weiß ich alles über die zweite Nacht.

Draußen auf den Gängen, wo dem burgundischen Königspaar die Pagen vorangingen und leuchteten, wo der Tanztumult leiser wurde, entzog sie ihm ihre Hand. Gunther versuchte nicht, sie wieder einzufangen. Nebeneinander folgten sie den Dienern, an der Ecke vorbei, wo er diesmal nicht zu straucheln hatte und auch keiner stand und so tat, als rede er vom Rheuma und von elektrischer Kraft.

Vor dem Gemach winkte er, die Tür zu öffnen, nahm von einem der Pagen das Licht, befahl ihnen zu gehen. Die Frau trat ein, Gunther blieb an der Tür, um die Tür selber zu schließen, als er sie dann zuschob, hat er sie nicht verriegelt. Blieb eine Weile stehen, sah sich um, in der Kammer stand in der Tat ein zweites Bett. Ein kleineres, in der hinteren Ecke. Brünhild hängte ihren Gürtel an das Dach des großen, von dort baumelte der wieder herab. – Er blickte zur Tür, hörte von fern, aus der Halle, den Festlärm. Hatte dann gerade noch nach dem Nagel sehen wollen in der Wand, wo eine Rüstung hätte hängen sollen – da erlosch in seiner Hand das Licht der Lampe, die als Kännchen gebildet war, nicht als Phallus.

Den Weg zum zweiten Bett mußte er nun im Dunkeln ertasten. Keine Kohlenglut schimmerte diesmal, schwarz war's. Von fern dröhnten die Musikschläge, in den Schläfen seine Pulsschläge. Schließlich spürte er das neue Lager, setzte sich. Lauschte. In der Dunkelheit, zwischen den Trommeltönen und Nachtgeräuschen, schien es inzwischen auch andere Laute zu geben. Da glaubte er allmählich etwas zu hören, wie wenn zwischen Laken und Tüchern ein Körper sich bewegt. Wie wenn der sich zur Seite rückt oder vorwärtsschiebt.

Ein Knistern war das. Er versuchte, sich auszudenken, wie dies Rascheln zustande kam. Das machte ihm so sehr zu schaffen, daß er ins Zittern geriet. Das ließ ihn heiß werden und kalt zugleich. Er wollte aufstehen, setzte sich aber wieder, vorsichtig, leise. Sein neues Bett wollte knarren, war leichter gebaut als das große, im Holzgestell beweglicher, er mußte sich nun vollkommen ruhig verhalten, wenn derjenige, der jetzt außer ihm in diesem Raum war, als Gunther gelten sollte –

Reden durfte aber auch der andere nicht. Der Nibelunge war also in diesem Schlafraum. Schon auf diesem Bett? dem Ehelager? Oder etwa nicht? Diese Töne dort, die müßten nun seine sein, müßten des Königs Töne darstellen. Er aber, Gunther, hatte sich da ganz herauszuhalten. Hatte sich schier aufzulösen, ins Lautlose. Er horchte in die Finsternis. Auch der andere redete nicht. Hielt der sich an die Absprache?

Hörte er aber nicht aus der Schwärze Körperknistern? zweifaches? Nun zeigten sich ihm Bilder, gemalt von süßesten wie ängstlichsten Erwartungen. Doch diese *Wunnibald*-Bilder waren sofort wieder verscheucht. Was da für Knistern sorgte und für Rascheln, das blieb kaum vorstellbar, das wurde aus seinem Kopf vertrieben von der Sorge um den Ausgang dieses zweiten Hochzeitstages, der, je nachdem was in dieser Schwärze vor seinen Augen passierte, noch schrecklicher enden könnte als der erste.

In der Dunkelheit hörte er plötzlich eine Stimme. Das war diejenige, die ihm an diesem Tag schon oft zugesetzt hatte. Die sprach sehr deutlich, in die Finsternis hinein. Überaus barsch und knapp. – Wenn Dir Dein Leben lieb ist, sagte die Stimme, dann geh. Verschwinde ins andere Bett.

Er lauschte. Der andere also antwortete nicht. Handelte? Wenn ja, wie tat der das. Mit welchen Zeichen, welchen Gebärden. Mit zarten? Mit Körper- und Lakenknistern? Gar nichts war jetzt zu vernehmen. Nicht einmal mehr diese anfänglichen Geräusche zwischen den Tüchern. Was lief nun ab? »Heimliche Liebe«? [Vgl. S. 89.]

Plötzlich aber war irrwitzige Unruhe, schlagartiger Aufruhr. Da schlugen, boxten, droschen schwere, große, schnelle Kräfte, Bewegungen, die rasch an Geschwindigkeit gewannen und immer mehr an Wucht, die überraschend rasend wurden und prasselten, die sich zuspitzten zum Handgemenge, zum Gliedergedränge, das ebenso plötzlich wieder aufhörte, hastigem Keuchen wich, dann aufs heftigste neu entbrannte, sich abermals beschleunigte, ins allerwildeste Gezwinge verstärkte, ins Pressen, Schieben, Ächzen, Drücken.

Und dann war da ein außergewöhnlicher Schlag. Der schien das große Bett förmlich zu verschieben, den hohen Schrank ebenfalls, unter eisenrumpelndem Poltern, auch unter Stöhnen. Blieb noch ein Zweifel? Sie hatte ihn vom Lager gestoßen. War der Xantener ihr nur beim Turnier, nur auf dem Kampfplatz überlegen? Dagegen hier, *in lectu stupri* [»auf dem Beischlaflager«]? Hatte ihn der Bettkampf nicht auch schon vormals überfordert, hatte der nicht auch beim ersten Mal auf Island drei Tage lang getobt und die Kraft des Cheruskers so überfordert, daß danach drei Tage Schlaf nötig waren?

Lange genug saß Gunther nun schon in dieser elenden Schwärze, hätte sich längst an sie gewöhnen können. Aber nichts wurde sichtbar, nicht mal in Umrissen. Nirgends zeigte sich auch nur ein blasser Schimmer oder gar Durchblick. Der »Zwaraber« vernahm nur die ungewissesten Geräusche, Zerren hörte er, Quietschen, Scharren, auch Schieben der Möbel, des Hockers, das Kratzen von Holz auf Stein. Und dann ihre Flüche, zuerst *Schiddie Biest* und, nach drei Japsern, *bock din Priest.*

Zuweilen konnte er sich genau vorstellen, was vorging. Im nächsten Augenblick wieder nur vage. Schabendes Tuch hörte er jetzt. Auch reißendes? Der Niederländer schien aufgesprungen, der hatte sich, daran war kein Zweifel, auf die Frau geworfen, mit aller Kraft, Klatschen war zu hören, Packen und Stoßen und Drücken, riesenhaftes Ringen ging da vor sich und dann, zwischendurch, wieder ein Faustgefecht, kurz zwischenhinein und sehr schnell, ein Zwängen dann wieder, ein Heben mit ganzem Körperdruck, das Bett knackte, verschob sich, »rumpelknackste«, scheuerte und jammerte in den Fugen, auch die beiden Menschen knackten, *lid zi geliden* krachten, spannten, das stöhnte, barst, Stoff zerriß, ja da ging tatsächlich was in Fetzen –

Gunther, den Zitternden, den Schnatternden, verließ jeder Mut. Unmöglich, sich zu denken, was das alles bedeutete. Geräusche des Gürtels glaubte er nun zu erkennen. Ja, mit dem schlug sie jetzt nach ihm, gewiß, oder? Und würde nun auch ihn fesseln? Nein, was anderes trieb sie, sie schlug, peitschte ihn und? wollte sie das Mondsteinleder nun auch dem Niederländer um die Füße schlingen, um die Handgelenke?

Wahrlich, dort geschah Knochenarbeit, da arbeitete Kraftwerk, *bitter balowerek*, wie Sieglind das nannte. Der Gürtel-Überfall, der gelang der Meerfrau offenbar nicht, jedenfalls nicht so wie in der vorigen Nacht bei ihm. Und weil das diesmal fehlschlug, begann nun was anderes, irgend etwas Neues, ein klatschendes Schlagen, da schlug aber nicht mehr das Leder, nun schien sie ihn mit den Händen zu packen, packen zu wollen – oder er sie?

Unter einem ungeheuren Ächzen traf da das eine auf das andere, etwas Oberes auf was Untenliegendes, schlug herunter, traf Glied gegen Glied, Leib auf Leib, Haut auf Haut, Schweres auf Schweres, Rumpf auf Rumpf, stieß dann, im Schrei, einer dieser Körper gegen Holz, gegen den Bettrahmen oder gegen den Schrankrahmen. Jedenfalls, nach mehreren, aus zwei Mündern doppelt gepreßten Schmerztönen, fiel etwas aus dem Bett heraus, etwas Gleiches hinterdrein, stürzte das in rumpsendem zweifachem Schlag, beide Aufschläge trafen auf Steine, klatschten dumpf, Rumpf auf Rumpf, auf den Kemenatenboden.

Das Handgemenge, das Gliederzwingen ging dort sofort weiter, erlaubte jetzt keine Pause, da entbrannte wütender Bodenstreit, steigerte sich, fuhr mehrfach herum, tobte immer nochmal anderer Tumult, unerklärliches Gewürge, dann wieder unterbrochen von Keuchen, von lauerndem schwerem Atmen, von unentschiedenen Versuchen, von lang anhaltenden, abwartend tastenden, schiebenden Betätigungen, aus denen plötzlich wieder Schläge explodierten, erbittertes Stoßen, Drücken, erneutes Niederschlagen –

– und dann muß, aus dem hochgepreßten Ächzen der Frau war das zu schließen, die zarte Isländerin es fertiggebracht haben, den Helden so zu greifen und an sich zu klammern, daß sie ihn auch ohne Gürtel, im direkten Zugriff, zusammenzwang, daß sie ihn quetschen konnte und gewaltsam aufhob und forttrug – oder ER sie?

Doppeltes Stöhnen jedenfalls näherte sich jetzt dem zweiten Bett, von dem taumelte Gunther davon, eilends, tastete, flüchtete sich auf Zehenspitzen in die Ecke hinterm Kamin, drückte sich dort in den Ofenwinkel, mit angehaltenem Atem, klopfendem Hals, horchte mit weit aufgerissenen Augen, offenem Mund, suchte zu verfolgen, was nun auf dem zweiten Bett geschah.

Weh, wie hab ich mir diesen Kampf diesen ganzen Tag über anders vorgestellt, wie hab ich ihn herbeigesehnt, nun ist das da, jetzt geschieht das, rast das und ist unentwirrbar, ist tödliche Keilerei, Aufprall der Riesen, der Nachtungeheuer, nun sind sie aneinandergeraten, wie Hagen das von Anfang an empfahl, die *Freya*-Frau gegen den Feuerzauberer, aber nun ist keineswegs Aussicht auf Ruhe, auf »Lösung«, nun ist da nur Wut, schwerste Faust-Arbeit und überall Wut, unablässig schwindelerregende Kampfwut, Leibgemenge, *Tohuwabohu.* [»Chaos«, vgl. 1. Buch Mose (1,2), wo es von der soeben geschaffenen Erde heißt, sie war *tohuwabohu.*]

Der Ruhrmann muß sich in ihrer Umklammerung stark gewehrt, muß um sich geschlagen haben, muß erfolgreich gewesen sein, das Geheul der Frau, ihr Zornstöhnen bezeugte das, denn ihre Absicht, den vermeintlichen Gatten zurückzuzwingen ins zweite Bett, ins niedere Nebenlager, die mußte sie nun offenbar aufgeben, mit vernehmlicher Klage tat sie das, gab sich geschlagen, mit jammernder Verwunderung, mit Empörung, Grollen. Der Mann in der Nebelkappe hatte sich, da durfte Gunther sicher sein, freigewühlt, war offensichtlich auf die Füße gesprungen. Noch im selben Moment aber wird sie ihn gestoßen, muß er fortgeschleudert worden sein, ER, übermenschliche Macht traf ihn da. Wotans-Tochter-Gewalt hat IHN gegen die Wand geschmissen, bretterndes Quietschen des

Eichenschreins war die Antwort – die Isländerin drückte – oder aber doch er die Frau? – jemand drückte jemanden *in hoc vero certamini ambiguo*

[»in diesem wahrhaft zweideutigen Zweikampf«], drückte eines das andere zwischen Bett und Schrank hinein, preßte sich und den anderen zwischen Brett und Brett, der Eichenschrank verschob sich, kratzend ging das, schabte mißtönend über Steine und steckte nun Mensch mit Mensch in der Enge, eingesargt in Bedrängnis, war das noch der Nibelunge oder jetzt nur sie oder beide?

War das noch Wut, schon Wonne? Gunther, hinterm Kamin äußerlich in Sicherheit, geriet in absolute Verwirrung, in Schock und Not, in zitternden Zweifeln hielt er sich wieder den Daumen zwischen die Zähne, die nicht klappern, die ihn nicht verraten durften. Was, wenn dieser UrRuhrschmied sie jetzt NICHT bezwänge? jetzt etwa unterläge? Was dann? Wäre dies das Ende? *Finis magnificentiae dominorum?* [»Das Ende der Herrlichkeit der Herren?«] Was aber, wenn der Nibelunge es tatsächlich schaffte, die Teufelin zu unterwerfen? diese Schöne mit der Göttervatergewalt? was würde der alte »Genosse« dann mit ihr tun? ohne daß er, Gunther, der rechtmäßige Gatte, irgendetwas davon sähe?

Einen Sieg schien hier niemand zu erringen, darauf deutete gar nichts hin – oder? Wenn also der Bärenstarke jetzt unterlag? Welche Frechheiten, welcher Aufruhr erschütterte dann Pfalz und Reich. Was alles würde sich dann diese Frau, diese *Fafnir*- und *Freya*-Verwandte, erlauben. Aber wüßte sie denn, daß sie dann in Wahrheit den neuen, den *diutisken* Herkules in die Knie gezwungen hätte?

Gunther umklammerte seine flatternden Hände. Hielt die eine Hand, die bebende, mit der anderen fest, spürte die naßkalten Finger, schlotternde Finger, preßte sie gegen die Schweißstirn, heiß war ihm, kalt war ihm, drückte die Finger wieder zwischen die Zähne, schnatternd vor Angst und zugleich in der gierigsten Hoffnung. Starrte in die schwarze Kammer. Aus der Abfolge der Wutschläge versuchte er, sich irgend etwas Angenehmes einzubilden. Aber diese Bilder zerfielen so rasch, wie er sie sich vorgestellt hatte, zerstoben unter ganz und gar anderen, unter immer zweideutigeren Lauten. Nun klang da was wie Röcheln. Oder wie Schmerz? wie Brunst? Stöhnte diese Frau vor Erschöpfung? vor Lust? O dieser dubiose Wechsel. *O fortuna velut luna*, wußte er ein lateinisches Lied, *semper variabilis* [»O Schicksal, Du bist wie der Mond, ständig in Veränderung«]. Die Knie hatte er sich vor sein Gesicht gezogen, als könnten diese Knie ihm die Schrecken fernhalten, diese unablässig lärmende Veränderung, wo stets das noch Schlimmere zu befürchten war, schließ-

lich das Allerärgste, die unumschränkte Gewalt dieser Frau, ihr Triumph über den Mächtigsten der Männer, der Sieg seiner, rechtmäßig Gunthers Gemahlin, christrömisch rechtmäßig seiner privaten, ja, seiner *de facto*
geraubten Frau – nahm die sich jetzt in seinem, in Gunthers rheinischem Reich ihre fliegende, freiende Freiheit? ihr »Frauenfreuen«?

Wie das da auch hintrieb und herkrachte, wie tollwütig das drückte und gegenschob, stieß und wuchtete, dies Stampfen und Gegenrammen, dies Röcheln, Keuchen, Würgen und Aufbäumen, all das bewies nur, hier trafen die beiden Mächtigsten aufeinander. Und nur so, gegenseitig, hatte Hagen gesagt, waren diese zwei Arbeits-, Wut- und Rauschriesen aus der Welt zu schaffen. Zwei Gäste, die Kräfte hatten aus den Niederwelten, *cuoniouuidi*, Kräfte von Nebel und Sonne, Gewalten, von denen selbst der traumbegabte Gunther nie zu träumen gewagt hatte. Wollten die einander jetzt erschlagen? Oder aber, womöglich, durchdringen?

Gunther war es, als vernähme er jetzt das Krachen von Knochen, Knirschen von Gelenken. Und als sähe er Feuer, ja, da tanzte Licht durch den Raum, regenbogenfarbenes Licht. Wohl nur, weil er sich im Entsetzen die Fäuste vor die Augen gedrückt, die Augen zu heftig gerieben hatte, um vielleicht doch noch irgendwas erkennen zu können. Nein, keine Lohe fuhr da durch sein Ehegemach, plötzlich hörte er, wie sie aufschrie. Jämmerlich schrie. Flehentlich rief sie. Wimmerte. In der Finsternis war nun nur noch Frauenjammer zu hören. Noch einmal schlug der Gürtel, noch stärker stöhnte die Fremde. Flehte dann, weinte.

War es möglich, daß sein Arbeitsmann auch diese Mühsal bewältigt hatte? Daß Gunther auch aus dieser Angst noch einmal herauskäme? Daß Hagens Rechnung aufging? Nun hörte er, wie die Frau, im Schluchzen, zu sprechen begann. – Laß mich, Gunther. – Diesen Namen hörte er. Seinen, den Namen des burgundischen Königs.

Ihre Stimme, wie heiser. Wie nach stundenlangem Schreien. Diese Stimme traf nicht mehr spitz, nicht mehr wie bisher mit eisiger Sicherheit. Die zitterte nun, klang rauh, kläglich klein. – Laß mich frei, sagte sie. Und: Ja, wahrhaft groß bist Du. Verzeih, daß ich Dich verspottete, quälte. Ich gebe auf. Bin von nun an Dein Untertan. Auch auf diesem Lager bin ich's. Das hast Du geschafft, mit Deiner unmäßigen Kraft. Die ist allzu gewaltig. Die ist auf ewig mein Leid. Laß mich. Ich füge mich. Fluch Deiner Kraft. Gefangen bin ich in Euren Käfigen.

Wieder weinte sie. Gunther, wie erstarrt, drückte sich noch immer hinter den Kamin, spürte aber einen Luftzug, da wehte was dicht an ihm vorüber. Der Nebelkappenmann verschwand?

Gunther beschrieb mir später, es sei ein Licht aus der Kammer geflogen, ein Strahl von jenen Leuchtkräften am isländischen Nachthimmel. Er hätte versucht, auf die Beine zu kommen, rasch vorwärtszugehen, sich dem ehelichen Bett zu nähern, auf wankenden Knien, mit kalten, mit zitternden Händen. Naß vor Schweiß. Hastig kroch er auf das Lager, nahm auf den zerwühlten Laken die Stelle des anderen ein, hurtig, mit flatternden Fingern tastete er nach ihr, umfing sie, die Isländerin, seine rechtmäßige, seine für ihn ausgesonderte Gattin.

Und spürte nun endlich auch ihre Umarmung. Sie zerpreßte ihn nicht. Blieb gefügig. Seufzte nur. Litt, hatte Schmerzen, weinte. In Gehorsam. *Obsequium ac modestia* [»Gehorsam und Bescheidung«] zeigte sie. Das aber hatte der Nibelunge besorgt, mit solcher Kraft, daß sie das als unabänderlich begreifen mußte. Daß sie glaubte, dieser hastige Liebhaber, dieser zerschwitzte zittrige Mann, der habe mehr Kraft als sie. Und weil Kraft seit je als Vorzug galt und als Recht, gab sie sich ihm hin.

Die Ruhrnymphe versicherte mir, daß Brünhild seit dem Augenblick, in dem Gunther den Lichtreflex gesehen haben wollte, nicht stärker gewesen sei als jede andere Frau. [Noch 700 Jahre später, z. B. noch in Hs. B, Strophe 682/1: *Done wás ouch si niht sterker danne ein ander wîp.*] Von nun an gefügig und anschmiegsam. Wörtlich so sagte mir's die Elfe aus jenem Fluß, der aus Unruhe und Rühren seinen Namen hat und aus dem Aufruhr. [Vgl. S. 59, 71.]

Ohne daß Gunther oder Brünhild es bemerkt hatten, war Rans Tochter der Gürtel geraubt worden. Der, mit dem sie Gunther gebunden und aufgehängt hatte und mit dem sie sich auch in der zweiten Hochzeitsnacht zu wehren versuchte, das Leder, in das Siegfrieds isländische Nachtgabe eingefaßt war, der auf dem Drachenfels versteinerte Erlkönig Alberich, die Nachtkraft.

Warum der Niederländer den Gürtel mitnahm? Als Trophäe? aus Jägerstolz? Weil in diesem Mondsteinleder die Kraft verborgen war, um deren Raub es ging? Es scheint, Kriemhild hat den Grund am ehesten gewußt. Davon wird zu berichten sein. Jedenfalls geschah es. Und so verlor diese Frau in dieser Nacht durch den Nibelungen alle ihre Möglichkeiten. Die des Tages wie die der Nacht.

In dieser zweiten Wormser Hochzeitsnacht habe ich in meinem Schreib- und Schlafwinkel wieder die helle Stimme gehört, dicht neben mir in der Dunkelheit, so wie schon in der Nacht zuvor und am Vormittag im Fenster zum Hof, hörte die Frage, welchem Glauben der Schreiber der schönen Schrift nun anhänge, dem byzantinischen, dem nebelländischen oder womöglich doch dem berauschenden, dem gälischen Lokifeuer wie jener verwandelnde Wanderer?

Da hab ich umständlich ausführen wollen, daß ich einen Glaubenskuß hätte leisten sollen, ein zudringlich aufgenötigtes Versprechen auf den byzantinischen Lügenstein. Kaum hatte ich von dieser Not zu reden begonnen, spürte ich die Hand, die schon im Ruhrsee für Offenheit gesorgt hatte, die verbannte nun jede Erinnerung an den kalten Kuß, an die vermeintliche Reinheit des Todesgötzen, vertrieb das mit himmelhoch leibhaftigen Reisen.

Mit meiner Hagedisse lebe ich nun nicht nur in dieser Geschichte, sondern bin längst zur Geschichte selber geworden. Allein über BALDINAIS Lichtkraft und Handauflegen, nur mit ihrer *materia inspirata inspirante* konnte ich die verhängnisvollste der Nächte erzählen *fide dignus* [glaubwürdig, authentisch], die Nacht, in der die Frauenkraft betrogen wurde und zerbrochen. [Zur *materia inspirata inspirante* s. S. 90, 92; Schazman erblickt hier ein »kombinierendes Begreifen« *(combining comprehending)* von Geist und Materie. Noch neueste Physik entscheidet bekanntlich nicht, ob Licht (»Lichtkraft«) Materie ist oder Welle.]

Als der Xantener in Kriemhilds Kammer kam, lag sie noch wach und bedrängte ihn sogleich mit Umarmungen und Fragen, wollte hören, ob er nun wisse, weswegen ihr Bruder so verbittert wirke und Brünhild so verschlossen, und bemerkte, daß nun auch er schwieg. Er wich aus. Schien nicht mal mehr für Zärtlichkeiten empfänglich, suchte sich ihren Fragen zu entziehen wie ihren Armen, nannte schließlich den Vers, den sicher auch sie kenne, *militat omnis amans.* [»Kriegsdienst leistet jeder Liebende« (Ovid, *Amores* 1, 9,1).] Diese Auskunft war zweideutig, war mißverständlich. Er wirkte erschöpft. Schließlich, da sie um nichts nachgeben wollte und Antwort verlangte, ging er zur Tür, zu einem Nagel an der Wand, brachte, was er dort aufgehängt hatte, kam mit dem Gürtel, zeigte ihr den und fragte, ob sie den kenne und als Geschenk wolle.

Prüfend betrachtete sie den Mann. – Ich bin sicher, sagte er, Dein Bruder hat keine Not mehr. Ihre Kraft ist zerbröselt. Auch ihre Nachtkraft. *Uugir enti luft iz allaz arfurpit.* [»Feuer und Wind, alles ist hinweggefegt.«]

Er hängte das Leder mit dem glimmenden Stein zurück an den Nagel und legte sich neben die Frau. Streichelte sie sanft. Und nach und nach begann er, ihr doch alles zu erklären, fast alles. – Die aus Island, sagte er, ist von unbändigem Lebensbegehren gewesen. – Gewesen? – Dem Zwaraber, dem Rom-*Caput*, dem hab ich noch einmal Dienst leisten müssen. 430 *Nam tua res agitur, domus cum proximus ardet.* [»Schließlich geht's ja auch dich was an, wenn deines Nachbarn Haus brennt.«]

Was also hast Du getan? – Er warf sich herum, wie in Abwehr, wollte keine Geheimnisse verraten und doch die Wahrheit sagen. Diese Arbeit für den König, sagte er, sei ihm schwergefallen. Doch da nun mal diese Ehe vor aller Augen wie vor dem römischen Recht habe gelten sollen, habe sie auch auf dem Lustlager vollzogen werden müssen. – Was also hast Du getan? – Ihre Kraft ist hin. Dort an dem Nagel hängt sie. Nun mag Gunther ihn ohne Gram genießen, ihren Leib, ihren schönen, ihren wütig hitzigen.

Es beschäftigte Kriemhild sehr, wieso die Isländerin von derselben Lust, aus der ihr Kräfte wuchsen, die ihren verloren haben sollte. Laut sagte sie: »Nun erst schwirren mir die Flügel« hat Giselher eine junge Frau singen lassen, so als meinte er mich. Der Isländerin ergeht es umgekehrt? Das mußt Du mir erklären.

Da hätte er wohl zugeben oder genauer sagen müssen, daß er mit Brünhild keineswegs geschlafen, daß er mit ihr gekämpft hatte. Er unterließ das. Und blieb weiterhin so allgemein, daß Kriemhild daraus ebenso falsche Schlüsse ziehen mußte wie aus dem Gürtelgeschenk. Tat der Mann das aus Spielfreude? im Stolz des Jägers? des Siegers? weil Kriemhild das so sehr erregte, so spürbar ins Schwirren brachte?

Dein Bruder, sagte er, ist verängstigt. Gelähmt von Ringwolfs Höllendrohungen. Verscheucht in die Kopfsucht, in das, was Kilian »paulinisch« nannte. Die Isländerin dagegen ist eine ohne Angst – gewesen. Eine, die sich alles herausnahm, Freiheiten des Kopfes wie des Rausches. Eine solche Frau zu lieben, dazu war Gunther nicht in der Lage.

Du hast mir nicht erklärt, wie sie, was andere beflügelt, schwächen konnte. – Freiheitslust zerbrechen macht kein Flügelschwirren. Nur Ohnmacht. Im besten Fall *obsequium urbanum*, freundlichen Gehorsam. »Untertänigkeit«.

Da küßte Kriemhild ihn. Flüsterte, er müsse sich nicht grämen. Es solle ihm auch sein neuerlicher Dienst für Gunther nicht leidtun.

Am Morgen fand ich Gunther und die Isländerin in der Halle. Der König schien verwandelt, lächelte, versuchte sich an der Harfe, wollte *Wunnibalds* gälische Glaubensgeschichte nachsingen, wußte fast alle Strophen des Liedes vom »wahren Himmelreich« und kannte sogar vom Liedchen

»Kommt, ihr Jungfraun, helft mir klagen« das meiste, obwohl es am Vortag ausgesehen hatte, als sei er mit den Gedanken nicht in dieser Halle gewesen.

Auch Brünhilds Miene schien aufgehellt, ja, die Sonne, die vom Rhein her in den Saal hineinleuchtete, ins Rot und Gold, die zeigte, wie auch sie zu lächeln verstand. Nun blieb sie nicht mehr stumm, sondern bewegte sich höflich und freundlich, wieder so wie bei der Ankunft im Hafen. Grüßte jedermann, tat, was Sitte war, umarmte auch Kriemhild wieder, trug nun nicht mehr das schwarzglitzernde, das kraftknisternde Kleid, freilich auch jenen starken Gürtel nicht mehr.

So genau ich die Königin beobachtete, außer einer bleichen Erschöpftheit fiel mir an ihr nichts Außerordentliches mehr auf. Sie schien beflissen freundlich, da sollte keine Betrübnis mehr sein, kein Kummer. Was immer sie an Zweifeln noch heimsuchen mochte, das verbarg sie nun, das verschwand unter frommen burgundischen Manieren, den »Sitten der Ehe«, unter den Verhüllungskünsten der Frauenzucht, von der Ute gesagt hatte, dieser kirchliche Kerker ende in der Verdorrung [vgl. S. 149].

Oft, wenn ich nicht schreibe, denke ich in meiner Todesgruft über diesen Bruder nach. Ob der Xantener recht hatte, der sei »verängstigt«? Gunther war wohl wirklich einer, der unter der neuen Angst- und Leidensreligion ins Höhere auswich, ins Schönere, der ins bloß Ausgedachte strebte, *in regiones illusionis* [»in die Räume des Scheinbaren« (des Spiels, der Täuschung)]. Seine widersprüchliche Natur beschäftigt mich immer wieder, war er es doch, der mich in dieses Hinrichtungsloch verurteilte. Derselbe, der mir nur wenige Tage zuvor seine große Beichte gestammelt hatte, der gehorchte kurz danach Hagen und Ringwolf. – Kaum war ich aber in dieser Todeskammer, ließ er mir meine Schreibtruhe nachtragen. Der libellische Träumer, der zu große »Wir-« und »Wirrkönig«, der alexandrinische Zweifler und »Zwaraber«.

Zum dritten Hochzeitstag leuchtete die Frühlingssonne in den Pfalzhof, krachte in den Turnieren wieder der Waffenstahl. Die Herren Hochzeiter schienen bester Laune, gingen über die Stechbahnen, mußten den Spielen zuschauen und Streitfälle schlichten. Unvorstellbar, welcher blutige Grimm sie wenige Stunden später entzweien sollte, und nicht nur sie. Unzertrennlich wirkten sie, legten einander die Arme um die Schultern, lachten. Später hörte ich noch, daß ihnen der Bischof in seiner festlichen Kreuzkutte entgegengetreten sei und gemahnt hätte, nicht das Hochamt zu vergessen, und daß der Cherusker gefragt hätte, was dies Amt solle. – Den Leib des Herrn wirst auch Du küssen. Brot und Wein wirst auch Du empfangen und teilen als Leib und Blut des Herrn, als wahre Kraft der Welt, als Schutz vor den Nöten der Hölle. – Da habe der Kräftige gesagt, er liebe Brot und Wein sehr, wolle davon aber nicht nur Zeichen empfangen und teilen, sondern wirklich Wein und Brot und wolle die mit allen anderen teilen, da alle heilig seien und verehrungswürdig, auch Heiden und Frauen und Juden und Gnome und Nymphen und alle anderen Teilnehmer am Heiligen, und hätte nun auch den Bischof leibhaftig umarmen wollen. – Der aber schlug das Kreuz und eilte davon, zum Münster.

Mit Kriemhild und Brünhild saß ich auf einer der Tribünen und beobachtete die Kampfspiele im Hof und die beiden Könige. Auch die beiden Herrinnen betrachteten die Männer sichtlich mit Wohlgefallen. Die aus Island schien nun ganz ohne Finsternis, nicht nur, weil die Morgensonne sie umstrahlte. Statt steinerner Dunkelheiten zeigte sie lächelnde Sicherheit, plauderte, erwies Aufmerksamkeiten, trug maßvollen Schmuck. An ihrem Hals schimmerte die Kette, die sie auf Island bekommen hatte und die wertvoller war als ein Schiff. Über Nacht schien sie die Gesichter und Gebärden erkannt zu haben, die Masken, mit denen man erfolgreich und bei Hofe willkommen ist, die als Art gelten und Artigkeit. In eben dieser Nacht war sie betrogen worden, überlistet und enteignet. Noch ahnte niemand, auch sie selbst nicht, daß noch diesen Tag auch ihr Lebensrest zerbrechen würde.

Wie diese beiden so offenkundig glücklichen Frauen nun hinabschauten, da sahen sie, und ich mit ihnen, wie Kahlschädel einen der ihren auf den Schultern trugen, die sangen Felsenschreie und hatten dem, den sie trugen, einen Buchsbaumkranz auf den Kopf gesetzt. – Warum feiert ihr den, fragte ich. – Dieser, rief einer zurück, hat sich gewehrt. – Was heißt das? Wer ist das? – Das ist Terloh, der war Sieger im Turnier, das die Kahlschädel im hinteren Hof auf Eseln austragen. Da ist zu ihnen Gottlieb der Dicke gekommen und hat gehöhnt, selbst der Beste der Kelten sei so miserabel, daß er, Gottlieb der Dicke, den Terloh mit Leichtigkeit ausstäche. Das wurde mit *Wunnibalds* Hilfe ausprobiert. Terloh hat ein Pferd besteigen dürfen und ist auf der großen Stechbahn dreimal gegen den Gottlieb geritten, beim ersten Gang hat keiner den anderen abgeworfen, beim zweiten und dritten aber fiel der Dicke aus dem Sattel. Den Kranz jedoch, den *Wunnibald* stiftete, hat Herr Gottlieb sich aufgesetzt.

Und wie kam es, daß ihn jetzt doch der Terloh trägt? – Den Betrug hat Kilian dem Xantener gemeldet und der hat den Terloh gefragt, wieso er
 sich's gefallen ließe. Herr Gottlieb ist der Bruder des Bischofs, wie kann ich behaupten, er lügt. Auch hab ich nur zwei von drei Gängen bestanden, den ersten nicht, der Gottlieb ist schwer, sitzt auf dem Gaul wie sechs Hafersäcke und meine Lanze zerbrach, erst als Gernot mir seinen Ger lieh, gelangen mir die guten Stöße.

Zweimal gelang es Dir, also warst Du RATTAPLUI zweimal von drei Malen pfiffiger als er. Wieviel YERRA wollt Ihr Euch noch gefallen lassen von diesen Lügenherren, dort drüben zecht er, der fette Gottlieb, da läßt er sich feiern, geh hin, Terloh, schnapp Dir den Kranz von seiner Glatze. Da ist der Terloh tatsächlich hin und hat sich den geschnappt.

Hochleben ließen die Kahlschädel ihren Terloh, schrien »Kahlschädel schlug Glatzenschädel« und wollten nun allesamt schwören, sich nie mehr was gefallen zu lassen, *finis substumus* [wörtl.: »Schluß (mit dem) wir sind unterlegen«] sangen sie in falschem Latein und zogen fort. – Als die beiden Frauen auch dies gesehen und gehört hatten, fing Kriemhild zu reden an. Wie man so reden muß, wenn einem wohl ist in der Morgensonne. Sie sprach fast wie zu sich selbst. Aber immerhin so, daß Brünhild und ich sie gut hören konnten. Ach, sagte sie, hab ich einen Mann.

Etwas so Beiläufiges murmelte sie. Und jeder, dem ich gesagt hätte, daß diese Äußerung noch an diesem Tag Blut und Tränen kosten würde, daß sie Mord brächte und Verzweiflung und Verhängnis, der hätte mich für verrückt erklärt. Aber diese scheinbar harmlose, diese heitere Bemerkung hatte Folgen. Sie war eben, wie alles Lebhafte, überhaupt nicht harmlos.

Diese Bemerkung, die mußte an diesem frühlingslichten Hochzeitsmorgen nun mal gesagt werden. Als Antwort auf das fröhliche Volksgetöse, das inzwischen vom Rhein herüberscholl. Als Brünhild sich jetzt nach der Rednerin umsah, da meinte Kriemhild wohl, daß sie ihrem Glücksseufzer noch eine Art Rechtfertigung nachschicken sollte. – Naja, fügte sie hinzu, Du wirst wissen, wie ich das gemeint habe. – Wie meintest Du es?[In der englischen Vorlage jedesmal mit *to mean* (meinen, wortverwandt mit *minnen*).]

Mein Freund aus Xanten, meine ich, ist nicht nur wild und groß und kraftvoll, sondern auch listig und witzig. Ja, seine beste Waffe ist nicht mal sein BALMUNK, der Romtöter. – Sondern was? – Sein Kopf. Sein Witz. Wie geschickt hat er die Sachsen befriedet. Wie »gerieben« hat er die Dänen überlistet und wieder heimfahren lassen. Wie spielend leicht hat er unseren *Rumoridus* als Lügner entlarvt, dessen »heiligen« Stein ebenso wie die Tücke, die uns Frauen einengen will und ängstigen. Auch den Weg zu Dir, liebe Freundin, den Weg übers Eismeer hat er gefunden, das grausige Meer, haushohe Wellen besiegte er mit Witz und Körperkraft. [Zu »Witz« s. S. 244, 255, 264, 323.] Ach, einem wie ihm sollten alle Mächtigen folgen. Die »Leute«, die Unfreien, die lieben ihn längst. Täten es auch die Großen, würde alles gut und friedlich. Früher habe ich lachen müssen, wenn es hieß, dieser Niederländer sei ein neuer Herkules oder *Arminius*. Heute glaube ich es selber.

Die Königin wollte einen Augenblick so tun, als habe sie überhört, wie wunderlich die Schwägerin redete. Weil sie's aber nun mal mitbekommen hatte und sah, daß auch ich zugehört hatte und einige Nachbarn auf der Tribüne, konnte sie Kriemhilds Kühnheit, den Mann aus Xanten rundheraus für den Besten von allen zu erklären, nicht einfach unbeantwortet lassen. [Vgl. noch die Sankt Gallener Hs.: (Kriemhild:) *»Ich hân einen man, daz elliu disiu rîche ze sînen handen solden stân. – Dô sprach diu vrouve Prünhilt: Wie kunde daz gesîn?«* (Ich habe einen Mann (so herrlich), daß alle Reiche ihm dienen sollten. – Da antwortete Frau Brünhild: Wie kann das angehen?)]

Also seufzte nun auch Brünhild und sagte, mit sehr liebenswürdiger Stimme: Ja, mag wohl sein. An einem so milden Morgen wird das so gesehen. Von einer glücklichen Frau. Im süßen Rausch nach zwei Liebesnächten mußt Du das wohl so sagen. – Die Isländerin machte eine Pause, zögerte noch, sah kurz zu mir herüber. Ach wäre sie jetzt stumm geblieben. Sie hielt es dann aber für nötig und wohl ebenfalls für ganz und gar harmlos, folgendes hinzuzufügen: Lebte in Burgund kein anderer König als Dein Mann, hättest Du sogar recht und sollten alle Reichen und alle *diet* ihm dienen und folgen. Aber das ist nun mal nicht so. Hier lebt auch mein Mann, Dein Bruder Gunther.

Kriemhild lächelte. Nickte. Schaute eine Weile zu denen hinab, von denen die Rede war, zu diesen wahrlich ansehnlichen Männern. Und was ihre Frauen da geredet hatten, das waren doch, mochte man denken, nur wohlwollende Reden. Und es waren doch auch Mordreden. Gespickt mit Neidstacheln. Vorerst noch verkapselt, aber bereit, auszufahren wie Drachenzähne, wie die Giftzähne aus dem Käfig, in dem beide Frauen steckten.

Gewiß, liebe Freundin, sagte Kriemhild, an diesem wunderbaren Morgen mußt auch Du, die burgundische Königin, so reden. Und ich möchte Dir wirklich nicht zu nahe treten oder gar wehetun, doch mich solltest Du ebenso verstehen wie ich Dich. Wenn ich nämlich sehe, wie da unten zwischen den anderen mein lieber Gemahl einhergeht, so groß, aber zugleich so leicht, wie auf Federn, als schwebe er wie ein Falke über allem, wenn ich sehe, wie er den anderen Herren voransteht, wie wonnig er sich bewegt, wie kraftvoll und zugleich leicht, wozu unser Dichter vielleicht »anmutig« sagen würde oder *iucundus* oder *dulcis* oder *aureolus* [»erfreulich«, »liebenswürdig«, »allerliebst« (wörtl. »golden«)] oder noch süßere Worte – vielleicht, weil es so aussieht, als wollte dieser Riese ständig auf dem Sprung sein oder gar fliegen – weil ihm keine Arbeit zu schwer scheint und er alles mit einer so freundlichen Überlegenheit beherrscht – da fällt mir nur noch ein einziges Wort für ihn ein – er ist »herrlich«.

Sie schaute sich um, zu mir herüber, dann wieder zu Brünhild. Die wartete eine Weile und redete dann recht leise, als spreche sie nur mehr für sich selbst. Ich lernte, sagte sie, es sei gut, eine Frau zu sein, und kein Herr und kein Sieger. Sondern Hüterin der Kräfte, von denen noch gestern Deine Mutter gesungen hat, Ute. Aber ich habe nun wohl zu begreifen, daß Erdmutter von Herren bewacht wird. Von herrlichen.

Ja, herrlich ist er, mein Mann, wiederholte Kriemhild. Mir jedenfalls leuchtet er gerade so wie in der Nacht der lichte Mond, wenn er die Sterne überstrahlt. Verzeih mir, aber so muß ich ihn sehen. Nicht nur, weil ich ihn nach unseren Liebesnächten verkläre. Sondern weil er tatsächlich so ist. Jeder der Augen hat, kann ihn dort sehen, sieh, wie viele da stehenbleiben und ihn bewundern. Und das macht nun auch mich so herrlich leicht, so »schwirrend«, wie Giselher das von der jungen Frau sang. So fröhlich. Oder, wie wir manchmal sagen, »geil«.

Diese lange Rede wäre gut und gerne noch länger geworden, hätte die Isländerin jetzt nicht gelacht und mit diesem Lachen für Unterbrechung gesorgt. »Geil«, lachte sie, das ist ein Wort aus Nifelheim. Seltsam für mich, es von Dir zu hören. Aber wie schön auch. Laß uns die nifelheimischen Klänge lieben wie Ute und wie Dein Herrlicher, ja, laßt uns beide »geil« sein, oder, wie es im Wormsdeutsch heißt, »fröhlich« [s. S. 247].

Auch in seine ruppeligen Wörter, sagte Kriemhild, hab ich mich verliebt, in die Knackstöne, die auch Du, liebe Freundin, manchmal sprichst. Unsere lateinischen Lehrer beargwöhnen diese Klänge, da sie ihnen undurchsichtig erscheinen und verdächtig und schmutzig. Lieben lernte ich diesen Wörterschmutz durch meinen Mann, ach, das Leben gewann ich durch ihn erst, wie im Flügelschwirren. – Sie unterbrach sich, merkte wohl, daß sie nur so vor sich hinredete und gar nicht wußte, ob die Frau neben ihr mit allem einverstanden sein konnte.

Die Nachbarin schwieg. Betrachtete die höfischen Herren auf den

Stechbahnen. Als die begeisterte Rede nicht mehr fortgesetzt wurde, sah sie zu Kriemhild hinüber, mit Anstand, maßvoll, aber mit den großen, mit den prüfenden dunklen Augen. Und sagte: Du hast wohl recht. Dein Mann ist, gemessen an dem, was hierzulande als großartig gilt, wahrlich beträchtlich. Um es mit »Knackstönen« zu sagen: *Ueltit er githiuto io so edil thruhtin scal.* [»Herrlich herrscht er, wie es ein edler Herr soll.«] Auch ich bewundere sein Wissen, seinen Witz, für Worms tat er erstaunliche Arbeiten. Wahrhaft groß, so erzählten mir meine Freundinnen, hat er den Stier übersprungen, in diesem Hof, ohne Angst vor den reißenden Hörnern. Dein lieber Mann, so hörte ich, »siegfriedet den Tod«.

Da beugte sich Kriemhild ein wenig zu ihr hin und schlang, überströmend vor Glück, den Arm um die Isländerin und küßte sie. Unmöglich in diesem schönen Augenblick zu glauben, daß es wenig später keine tödlicheren Feindinnen geben würde.

Aber bedenke, gute Freundin, fuhr Brünhild fort, auch an diesem letzten Beispiel, am Sprung über das Wilde, magst Du erkennen, wie alles auch anders zu sehen wäre. Da beim Sprung sonst keiner in diesem Hof war, um es so zu tun wie der Xantener, wie hätte der nicht hervorragen sollen. Da hat in diesen Augenblicken König Gunther gefehlt. So erstaunlich Dein Mann ist, Kriemhild, der meine, Dein Herr Bruder, den solltest Du nicht vergessen. Über Worms leuchtet, wenn ich Dein Nachtbild weitermale, so etwas wie ein Doppelmond.

Ich bewunderte damals und bestaune noch jetzt, in meiner Lorscher Gruft, wie maßvoll Rans Tochter redete, ich spürte, wie sie, als erkennte sie das heranrückende Unheil, immer wieder diese kleinen Angebote machte. Begütigende Bilder bot sie oder Formeln, auf die sich beide jetzt immer noch hätten einigen können. Was half es.

Nun rückte Utes Tochter unruhig auf ihrem Platz hin und her. Überlegte eine Weile. Vielleicht meinte sie, daß sie jetzt besser gehen sollte? Neben ihr hatte inzwischen Markgraf Gere Platz genommen. Hätte sie jetzt geschwiegen, wäre das Unheil vermieden worden. Aber da auch Herr Gere die Wendung vom »Doppelmond« gehört hatte, und da dies von ihm oder von mir nun weitergetragen werden würde, da verlangte die Behauptung, beide Männer seien gleichwertig, eine Korrektur, nach den Regeln der Herren.

Keine Ruhe fand sie, bis sie endlich entgegnet hatte: Liebe Schwägerin, sieh es mir nach, ich habe meinen lieben Mann, Deinen früheren Freund, nicht ganz ohne Grund in den Himmel gehoben. Mag sein, das schien Dir übertrieben. So müßte nun mal geredet werden im Hochzeitsglück. Aber es gibt am Firmament bekanntlich nur einen Mond. Und eh wir uns festrennen und womöglich zu streiten beginnen, gebe ich zu, daß beide, Dein wie mein Gemahl, außerordentliche Männer sind. Beide vortrefflich und in vielem ebenbürtig. Magst Du dem zustimmen? [Philipp Graf Eulenburg-Hertefeld im Dezember 1899 an seinen Intimfreund Wilhelm II., den letzten deutschen Kaiser: ». . . die Ebenbürtigkeitsfrage ist Eurer Majestät Grundgedanke« (in J. C. G. Röhl: »Kaiser, Hof und Staat«, Frankfurt 1987, S. 109).]

Mit »ebenbürtig« schien nun auch Kriemhild eingelenkt zu haben. Hatte allerdings nicht vergessen, in ihre Leckerei Spitziges einzubacken, zum einen die Mitteilung, daß sie nur einlenke, um Streit zu vermeiden, und in Wahrheit beide Herren unterschiedlich wertete. Zum anderen steckte darin die Beifügung »Dein früherer Freund«.

Die Ausländische, die Isländische, sie blickte nun meine Schwester aufmerksam an. [Schazman merkt an, das Keltische bringe hier ein Wortspiel, *unimitable* (Sch. übersetzt *the icelandic foreigner*).] Als wollte sie prüfen, wie aufrichtig das »ebenbürtig« gemeint war. Immer noch mußte sie ja glauben, in der letzten Nacht sei es Gunther gewesen, der sie überwältigt hatte. Nun bewegte sie auch wieder die Frage, warum der Schippmann Kriemhild zur Frau erhalten hatte und warum er in den Augen dieser Kriemhild in Wahrheit der Höhere sein sollte. Jetzt erwachten aufs neue ihre Zweifel, der Drang, endlich doch zu erfahren, welche Art Dienst auf Isenstein geleistet worden war.

Nun schüttelte sie leicht den Kopf und sagte: Wie Du das sagst, so möchte man im Liebestaumel gern reden. Aber so kann es in Wahrheit nicht stimmen. Und ich bitte Dich, Kriemhild, versteh das recht und nicht etwa als Mutwillen oder gar Bosheit, wenn ich sage, daß auch ich meine Bemerkungen nicht ohne Grund getan habe. Es sieht so aus, beide scheinen einander ebenbürtig. Sowohl Dein Mann durchschritt die Himmelslohe als auch mein Mann. – Aber Du vergißt zu zählen, warf Kriemhild ein, wie beim Kampf zwischen Terloh und Gottlieb gelang es dem einen zweimal, dem anderen nur einmal. – Dann laß Dir gesagt sein, daß, als Dein Mann das letztemal zum Isenstein kam, erklärt wurde, er sei Gunthers Knecht. Ja. Du brauchst jetzt nicht zu erschrecken, so erklärte er's selbst, vor Zeugen. Deine Brüder müßten es Dir bestätigen können oder längst mitgeteilt haben. Hier sitzt Giselher, Du siehst, er nickt.

Beide Frauen sahen zu mir herüber, dann auch zu Gere und zu den anderen, die um uns herumsaßen. Da fuhr Brunhild fort mit ihrer freundlichen, aber bestimmten Rede. – Außerdem ist es nun mal so, daß nur

die Frau jene Dinge über den Mann wissen kann, die gewöhnlich verborgen bleiben. Nur ich als des Königs Gemahlin [Schazman wechselt hier von *woman* zu *wife*] kann wissen, wie kraftvoll er ist. Reden wir offen:
Wer wohl sollte das Begehren, mit dem er mich bezwang, besser kennen als ich? Das erstemal bewies Gunther das in der Feuerlohe, die vor ihm nur Dein Mann überwand. Das zweitemal zeigte er's in der dreifachen Prüfung, die außer Gunther noch kein Mann bestand. Und das drittemal? Dir, der Freundin, darf ich es wohl anvertrauen und sage damit ja nur ein offenes Geheimnis, das drittemal in der Nacht, in der sein Wille an mir geschah.

Nun sah es aus, als ob in Kriemhilds Augen das Feuer von *Herdubreid* flackerte. Nun drehte sich durch ihren Kopf, was ihr in der letzten Nacht der Xantener anvertraut zu haben schien. Auch Brünhild blickte mit Unruhe, aber auch voller Hoffnung, denn sie mochte glauben, daß nun alles klargestellt sei, daß Offenheit mit Offenheit erwidert war und Freundlichkeit mit Freundlichkeit. Doch beide, die sich wiederholt »Freundin« genannt hatten, spürten, daß Ungeheures sich näherwälzte. Etwas Zerberstendes und Ätzendes kroch aus verborgenem Grund, unaufhaltsam. [Sch. weist darauf hin, dies sei Vokabular vom Beginn des *NidGir*-Kampfs.]

Zu viele Gefühle, Nachrichten, Gewohnheiten und Wünsche stürzten jetzt in Kriemhild durcheinander, als daß sie nach Brünhilds Geständnis und Bekenntnis noch hätte unterlassen können zu sagen: Gunthers Wille an Dir? Soll ich das ebenso glauben wie Deine Mitteilung, Siegfried hätte auf Isenstein erklärt, er sei Gunthers »Knecht«? Davon weiß ich bis heute nichts. Hat Dein Mann Dir so etwas erzählt? Oder ist mein Bruder in Eisland tatsächlich vor Dich hingetreten und hat gesagt: »Seid gegrüßt, Frau Brünhild, dieser Mann aus Xanten, den Ihr da anstarrt, der ist nur mein Mond, ich aber bin die Sonne«? Ich weiß nur, daß Siegfried, da er das Schiffshandwerk beherrscht, Kapitän war auf dem Eismeer. Wenn Du das Dienst nennst, kannst Du das tun, darüber gibt es keinen Streit. Soeben zählte ich noch selber die Meerfahrt zu den Arbeiten, die mein Freund vortrefflich leistete. Giselher, sag, war auf Isenstein der Schiffsdienst gemeint?

Ich nickte so deutlich ich konnte und rief: Jaja, das war so, und das wüßte, dachte ich, inzwischen jeder. – Und verließ die Tribüne, als sei damit alles geklärt und alles weitere erledigt oder nebensächlich. Ich weiß, da ahnte auch ich die drohende Zuspitzung und ging dem aus dem Weg. Wenig später erfuhr ich jedes der Wörter, die von nun an

hin und her geschossen seien, surrend wie Pfeilspitzen, am Ende wie Schwertblitzen. Brünhild hätte nun geantwortet: Eh wir dies kindische

Sonne-und-Mond-Spiel weitertreiben, muß ich Dir sagen, mir ist nicht nach Scherzen zumute. FreiSein und Wahrhaftigkeit erscheinen mir zu kostbar, als daß darüber nur zu plaudern wäre. Ums FreiSein aber ist mir zu tun, ob auf Island oder im Rheinland. Dein Mann hat auf dem Isenstein erklärt, und alle, die dabei waren, könnten es bezeugen, er stehe in Gunthers Diensten. Und er widersprach mir nicht, als ich ihn »Eigenmann« nannte und »unfrei« und sogar als Mantelschlepper bezeichnete, als Schuhanzieher des Königs Gunther. [In der Chronik, die hier übertragen wird, redeten nur Burgunder und Nibelungen unter sich und eher scherzhaft von »Eigenmann« (was in engerer Bedeutung »Leibeigener« hieße), während der Xantener auf Island, jedenfalls vor Brünhild, nur als »Schippmann« bezeichnet wurde, was unverfänglich war, im Sinne einer freien Dienstleistung. Brünhild selbst allerdings verwendete schon auf Island das Wort »Eigenmann«, auch »Sklave«, und niemand widersprach, weder nach Giselhers noch nach anderen Überlieferungen. – Vgl. Hs. B, Strophe 386/3 (es redet »Sifrit«): *»Gunther sî mîn herre, und ich sî sîn man«*, oder 420/4 (»Sifrit« vor »Prünhilt«): *»Wande er ist mîn herre«*. Von »Eigenmann« (»Leibeigener«) wird in den anderen Überlieferungen erst im Streitgespräch der Frauen geredet (838/4: »eigen diu«, ferner 828/4; 830/1).] Ist aber »Eigenmann« dasselbe wie »ebenbürtig«? Doch hab bitte keine unnötigen Sorgen. Meine Freundschaft mit dem Xantener, sie ist verflogen wie ein Himmelslicht, ich neide Dir Deinen Mann keineswegs.

Dies hätte beschwichtigend klingen können, rieb aber, als Erinnerung, wie der Mondstein in der Jaspiswunde. Kriemhild sei aufgesprungen, hörte ich, hätte sich ebenso rasch wieder gesetzt, um zu sagen: Wenn »Eigenmann« wahr wäre, dann hätten mich meine Brüder und mein Mann hintergangen. Das aber kann ich unmöglich glauben. Warum mußte gerade jetzt Giselher uns verlassen. – Er hat doch deutlich genickt, Zustimmung war das. – Ich werde ihn genauer befragen. Herr Gere war nicht auf Island, ich werde mit Gunther selber sprechen. Da ich nicht glauben kann, daß sie mich hintergehen, muß ich annehmen, daß Du das tust. Wie könnten meine Brüder je gutgeheißen haben, daß ich die Gemahlin eines Unfreien würde! Welche Unterstellung ist das, weiß doch jeder, daß er der »Mächtigste« ist und daß der Name »Niederland« keinerlei Herabsetzung meint, jedenfalls nicht in Worms [vgl. aber S. 265 (Lexer)]. Auch mir ist nun nicht mehr nach Scherzen zumute, auch mir geht es ums FreiSein. Muß ich nun meinen Kopf kahlscheren lassen? Wehe über diese Niedertracht. Ich fürchte, nun frißt uns Frauen die hürnerne Made, der *NidGir*.

Da hätte kaum klar werden können, wen sie jetzt niederträchtig nannte oder madig oder neidgierig, sie mußte das offen lassen, da sie Genaueres gar nicht kannte. Obwohl »Niedertracht« auch ihre Brüder gemeint haben müßte, klang es in diesem Wörtergefecht so, als habe sie damit die Königin getroffen.

Brünhild war blaß geworden. Endgültig jetzt wird sie durchschaut haben, was es hieß, von Island nach Worms zu kommen, ins koloniale, ins Romland, wo die *lingua claritatis* [»die Sprache der Klarheit« (der Aufklärung, des Lichts)] nur scheinbar für Helligkeit sorgte, in Wahrheit für Grenzen und Raub und Höllen. Brünhild schien nun ebenfalls fortgehen zu wollen, sah sich um, nach welcher Seite sie am besten, ohne Aufsehen, die Tribüne verlassen könnte.

Kriemhild bemerkte das und sagte: Verzeih meine Erregung. Wenn irgendwas in mir lebt, worüber ich alles andere vergessen könnte, sogar meine Herren Brüder, dann ist das auch bei mir der Wunsch, NICHT leibeigen zu sein. – Sie suchte Rat, sah kurz auf Herrn Gere, der verkrümmt saß, nicht wußte, wohin er in seiner Verlegenheit blicken sollte und was er hätte sagen sollen.

Sie kaute kurz an einem Finger, wie es auch ihr Bruder in Bedrängnissen tat, wickelte sich eine ihrer dunklen Locken um den Daumen, taumelte durch vielerlei Ängste und Aufregungen. Redete dann. – Wie unmöglich das ist, was Du mir nun angehängt hast, liebe Brünhild, das müßtest gerade Du einsehen, die Du so großen Wert darauf legst, niemandes Knecht zu sein. Und erst recht nicht eines Knechtes Knecht. Gerade als *Freyas* Verwandte [vgl. S. 41, 52, 250 f., 267, 278, 332] hast Du auf den ritterlichen Prüfungen bestanden, von denen erzählt wird, und ausgerechnet Du meinst nun, ich spürte *Freyas* Lust nicht? bände mich an einen Diener? einen Knecht, einen »Eigenmann«? Ach, ich bitte Dich sehr und, obwohl mich das alles maßlos empört, bitte ich Dich noch immer in Freundlichkeit, laß künftig solche Bemerkungen sein! Denn ich spüre, sie machen mich rasend. Was Dir selber so »teuer« ist, von dem solltest Du erkennen, wie wichtig es auch anderen ist.

Nun sei Brünhild aufgestanden, berichtete man mir, nun schien es ihr gleichgültig, ob man den Wortwechsel überall auf der Tribüne hören könnte oder nicht. Gere von Speyer blickte entsetzt. – Was verlangst Du, rief sie. Und als nun die Augen vieler Hofleute auf die beiden Streitenden gerichtet waren, da habe die Isländerin gesagt: Meine »Bemerkungen«, Freundin, die KANN ich nicht lassen. [KANN (bei Schazman nicht in Großbuchstaben) hat ein spätes, scheinbar abgeschwächtes Echo in der mittelhochdeutschen Überlieferung (s. Bartsch/de Boorsche Ausgabe der Hs. B, Strophe 823/1), auch hier redet »Prünhilt«: *»Ine mác ir niht gelâzen«*, was fälschlich

übersetzt wird mit »ich mag sie (diese Bemerkungen) nicht lassen«. »Mac« hat aber zu tun mit Macht, mit machen und Vermögen, muß auch noch aus der Sprache der späteren Jahrhunderte als »ich kann nicht« verstanden werden, als Zwang also, was nun diese keltische Sicherung der Geschichte bestätigt.] Auf der Gewißheit, daß Siegfried NICHT frei ist, darauf ruht nun allerdings, für immer, mein Stolz. Auf Island schleppte er Herrn Gunther den Mantel, er beugte die Knie vor ihm, um ihm die Riemenschuhe zu binden. Ist es in Worms unbekannt, daß wir Achtung haben sollten auch vor uns selber?

O schweig lieber! – Kriemhild stand nun gleichfalls auf, als brauchte sie Luft. – Ich merke, rief sie, dies alles hier führt uns nur ins Unglück. Wir Frauen schelten uns und die Herren hören begierig mit, nur Giselher wurde es peinlich und hat uns, bevor wir laut wurden, verlassen. Ich denke, es wird Zeit, sich aufs Hochamt vorzubereiten, fragen wir nachher, wenn wir ohne Zuhörer sind und die Wahrheit größere Chancen hat, die Männer. Fragen sie, was auf Isenstein gesagt und getan wurde und was nicht. – Kriemhild hätte sich nun hin und her gewendet, als habe sie einen Fluchtweg gesucht. – Ich bin sicher, sagte sie noch, Du hast Dich verhört. Die Knie hätte er gebeugt? Siegfried hat das Schiff gelenkt, deswegen ist er noch lange nicht Knecht, auch nicht Gunthers. Und das darf ich wohl noch sagen, ohne Dich zorniger zu machen, als Du es offenbar schon bist: Auch mein Stolz hängt davon ab, ob mein Mann frei ist. Was Du ihm und damit mir anhängst, ich sei die Frau eines, der das private Eigentum eines anderen ist, das ist so aberwitzig, daß ich darüber jetzt nicht weiter reden kann, ich müßte sonst – Sie schwieg.

Was müßtest Du? Was verschweigst Du? Laß es heraus! bitte! – Brünhild, ich müßte zu schreien anfangen. – Laß es heraus! – Erregt hätten beide voreinander gestanden, beide keiner angemessenen Worte mehr fähig. Verließen darum rasch den Platz auf der Empore, jede nach einer anderen Seite, hätten Wörter gezischt und gemurmelt, *NidGir*, sagte Gere, hätte er verstanden, und *Freya*-Furie. Wer immer den Streit gesehen und gehört hatte, der war ratlos. Wie konnten diese beiden, die sich in der Morgensonne so herzlich und innig begrüßt hatten, wie konnten die nun so heftig aneinandergeraten und so grimmig auseinandergehen, mit Zeichen funkelnden Zorns im Gesicht, mit roten Flecken, wankend, wie mit blinden Augen.

Kaum war Kriemhild in ihren Gemächern bei ihren »Fräulein«, rief sie: Es wird von der Königin behauptet, wir alle gehörten zu ihrem

Gesinde! Auch mein Mann, wir alle hätten ihr zu folgen und zu dienen. – Das traf, das verbreitete blitzartig Empörung, und in dieser Stimmung schien sich Kriemhild endlich zu fassen, plötzlich fand ihr Zorn einen Weg, einen, den man den typisch burgundischen nennen muß, den Weg der schönen Dinge und der Kunst, den der Gewänder vor allem, jene Reisewege, die beide einander sonst so fremde Welten, die mittägliche wie die mitternächtliche, doch auch zu entfernten Verwandten machten, Hagen-Art und Hecken-Art – hätten sie's nur erkannt.

In zwei Stunden, ihr Freundinnen, ist Hoch-Amt. Bevor wir weheklagen und womöglich unsere Haare abzuschneiden haben und uns dieser Nebelfrau zu Füßen zu werfen, wollen wir doch sehen, wer in Worms wem zu folgen hat. Richtet alle Kleider, alle Mäntel, sämtlichen Schmuck, alles breitet aus, damit ich wählen kann. Selbst die Dümmsten in Burgund werden heute begreifen müssen, wer hier wessen Untergebene ist und wer Geschmack hat, Schönheitslust, und wer Vorrang.

Wenn jemals auf Kleidung peinlich Wert gelegt und je die Pracht eines Auftritts mit ingrimmigerer Sorgfalt vorbereitet wurde, wenn je der Sinn all dieser scheinbar äußerlichen Umstände hätte klar werden können, nämlich als Durst nach dem FreiSein, dann an diesem dritten Tag der Doppelhochzeit zu Worms, der schon der letzte war.

Schon immer zeigten wir Burgunder für kaum etwas mehr Sinn und geradezu byzantinischen Eifer als für Prunk und glänzendes Erscheinen. An diesem Frühlingsmorgen des Jahres 486, kurz vor Ostern [nach dieser Überlieferung durch Giselher und den keltisch/christl. Priester Kilian erschien der Xantener in Worms zu Weihnachten, wurde erschlagen am Karfreitag, begraben an Ostern (s. S. 297)], haben dreißig Fräulein zu tun bekommen, und nicht dreißig Königinnen, heißt es, hätten je so vielen Reichtum sehen lassen wie Kriemhild allein an diesem einen entscheidenden Tag. Was selbst die Kaiserin von Konstantinopel ihrem Hof und was je fürstliche Leute an Prachtgewändern vorführten, das war, sagte man bald, lächerlich im Vergleich mit dem, was nun für Kriemhilds Gang zum Münster vorbereitet und hergerichtet wurde.

Spare ich dem Leser die Einzelheiten, sage ich nur, daß die junge Frau über all ihrer Kleiderkostbarkeit vor allem einen neuen Mantel trug, der war aus hellem Hermelin, aus den feinsten Fellstücken des winterlichen Raubmarders, aus etwa hundert Quadraten hatten die Fräulein ihn wochenlang geschneidert. Die weißen Recht-Ecke wurden gegeneinander mit dunklen Streifen abgegrenzt, mit anthrazitfarbenen Verbindungen aus schwarzem Pantherfell. Jedes einzelne dieser Stücke war so kostbar wie der Becher, den Hagen in den Strom geschleudert hatte. Als Kriemhild endlich hergerichtet schien und sich im Spiegel sah, fand sie ihr Werk gelungen, wollte sich wieder wohlfühlen über diesem Mantelgewand als Gitterwerk. Sie öffnete die Hülle, wendete sich hin und her und hielt den Anblick für unübertrefflich [Schazman: *unsurpassable* (wie bei der Beschreibung von Siegfrieds Ruhr-Rüstung)].

Der Xantener hatte vom Wortgefecht der Frauen nichts bemerkt, spielte auf den Turnierplätzen weiterhin seine übermütigen Eisenspäße und zeigte auch an diesem Tag seine Flug- oder Drachenkunst, diesmal, so hieß es, an einem Kirchenkreuz, das er an dessen vier Enden mit Draht umspannte und das er mit schwarzer Segelhaut verkleidete und schließlich aufsteigen ließ in den Frühlingshimmel.

Dann aber zog Frau Kriemhild zum Hochamt. Geleitet von ihrem Verehrer, dem Herrn Gere, schritt sie mit großem Gefolge über den Hof und die Gasse zum Münster, von ihren Frauen hoben zwei den Mantelsaum über den Straßenkot, durch das Spalier der Zuschauer, die auf diesen Auftritt gewartet hatten und die fürs Warten belohnt wurden mit einem einmaligen Bild. An dem Saum, den die Frauen zu heben hatten, hingen blitzende Ger-Keile, jene eisernen Waffenstücke, die vorn an den Lanzen die keilförmige Spitze bilden, die man »Ger« nennt, wonach auch die Lanzen Gere heißen und bei den Römern unsere Völkerstämme Ger-Mannen [vgl. S. 74 f., 80, 164, 244, 314 f.]. Versteht sich, daß an Kriemhilds Mantelsaum keine wirklichen Waffenspitzen hingen [vgl. Glosse S. 12], sondern Nachbildungen in keilförmigem Silber.

Kurz vorm Münsterplatz mußte Gere von Speyer, wie es die Sitte verlangte, die Verehrte ungeleitet weitergehen lassen. Ringwolf legt Wert darauf, daß die Geschlechter getrennt bleiben, schon vorm Betreten des Münsters, erst recht beim Gottesdienst, selbst wenn es, wie an diesem Tag, um das Segnen von Ehebündnissen ging. Als nun aber Kriemhild mit ihren dreißig Freundinnen auf dem Platz vor der Bischofskirche erschien, da mußten alle, die Augen hatten, mit ansehen, wie aus einer anderen Gasse, vom Bergfried her, die andere kam, ebenfalls begleitet von stattlichem Gefolge, von ihren nebelländischen Gefährtinnen. Und die Königin von Burgund bewies ebenbürtigen Geschmack. Ja, die *Freya*-Frau trug den gleichen Mantelputz wie Kriemhild.

Jedenfalls einen nahezu gleichen. Auch ihr Mantel war aus weißem Hermelin gearbeitet. Nur hatten ihre Feen die nicht zu Quadraten zugeschnitten, sondern zu Rhomben. Das Gitterwerk der dunklen Streifen, ebenfalls aus Pantherfell, lief auf Brünhilds Mantel nicht waagerecht und lotrecht, sondern in Diagonalen. Wie ein Käfig jedoch wirkte dieses wie jenes Gewand.

448 Die Frauen, noch gut dreißig Schritte vor dem Portal der Bischofskirche, erblickten sich, hielten an. Die Isländerin schien ruhig. Kriemhild aber konnte sich kaum fassen, ihre Sicherheit zerstürzte, verwandelte sich in Wut und Enttäuschung und Angst und »Ungemach« [vgl. Kilians Hochzeitslied]. Doch auch sie bewies Haltung, erholte sich, warf plötzlich den Kopf auf und sah dorthin, wo die Tore des Münsters offen standen und wo Ringwolf auf der oberen Stufe wartete, um die Herren zu empfangen und die »Herrinnen«.

Kaum hatte Kriemhild sich mit ihrem Troß dorthin in Bewegung gesetzt, da traf sie's. Da schallte über den Platz, unüberhörbar, der Ruf der Konkurrentin. – Vor des Königs Frau, rief des Königs Frau, sollte wohl keine Leibeigene dies Haus betreten!

Diese Worte hörten alle. »Leibeigene«. Das war öffentliche Verbrennung. Und die burgundische Königin ließ nicht ab und rief: Dein Herr Siegfried, auf Island hatte er zu knien vor dem, der nun mein Gemahl ist, wir sahen ihn knien vor Gunther, sahen, wie er ihm die Schuhe band.

Brünhild, aus den Kenntnissen, über die sie verfügte, und in der Not, in die sie geraten war, in den lodernden Zweifeln, die sie nach dem Streit mit Kriemhild aufs neue bedrängten, konnte nichts anderes rufen. – Utes Tochter war stehengeblieben. Wandte sich langsam, mit zitterndem Mund, dorthin um, wo, wenige Schritte hinter ihr, die Rivalin stand.

O hättest Du geschwiegen. Dann wärst Du verschont geblieben. Nun, nach dieser Beleidigung, zwingst Du mich, es herauszulassen. Du selbst, Isländerin, bist »leibeigen«. Du selbst tatest Deinen schönen Leib in Sklaverei. Du bist die Nebenfrau eines Mannes, der nach Deiner Meinung leibeigen ist. Wie konnte so eine je vom FreiSein reden. Geh, schere nun besser Du Deinen Kopf kahl, während ich dort drinnen bete, auch für Dich Unglückliche, ja, jammere, beklage Deine Entehrung, klage sie den Feuerkräften, den Wutgöttern, am besten Thors Tochter *Freya*.

Da war es nun die Königin, die zu wanken schien. Stützen mußte sie sich, wurde gehalten von ihren Gefährtinnen. Aber auch Brünhild faßte sich rasch wieder und noch bevor die andere weitergehen konnte, rief sie: Was war das? »Nebenfrau«? Eines »Leibeigenen«? Bist Du von Sinnen? Wen meinst Du mit diesem Drachenfraß?

Eben Dich meine ich, Brünhild. Du verstehst mich vollkommen richtig und ich bin keineswegs von Sinnen. Deinen schönen Körper, den liebte zuerst, und zwar in der vergangenen Nacht, mein von Dir wie von mir so sehr begehrter Mann. Dich, Deine Kraft, die bezwang allein mein lieber Siegfried. Da Du mich hier öffentlich erniedrigen wolltest, als Du mich »Leibeigene« nanntest, zwingst Du mich, zu enthüllen, wer sich in Wahrheit erniedrigt hat. Nein, es war nicht Gunther, der Dir die Frauenkraft nahm. Wo denn, Bedauernswerte, waren in der letzten Nacht Deine Sinne? Oder verfolgtest Du einen argen alten Plan mit dem Xantener? Wie konntest Du sonst dem zu Willen sein, von dem Du sagst, er sei unfrei und »Leibeigener«. Da hättest Du Dich selber enteignet. Die Frau, die das tut, die höre auf, sich zu beklagen und die zu schmähen, die freundlich hatte sein wollen.

Für fast jeden, der dies anhören und beide Herrinnen beobachten mußte, sah es aus, als hätten sie sich ineinander verbissen wie die Kampfvögel in Rumolts Erzählung, sie hackten, als wollten sie einander lähmen, sich bei lebendigem Leibe aussaugen. In Vorstellungen hatten sie sich verrannt und in Regeln und Zwangsgitter, in denen sie weder vornoch zurückgehen konnten und schon gar nicht mehr aufeinander zu.

Die Isländerin murmelte, über diese Beschimpfung werde sie mit Hagen reden und mit dem König selber. – Auch dies hörte die andere, so daß die sofort, wiederum aus ihrem Gedankenkäfig heraus, zu rufen hatte: Ja sprich mit Hagen, mit Gunther, dann wird auch denen klar, was Du geplant hast, als Du mich hier vor allen Leuten demütigen wolltest mit dem Ruf, ich sei leibeigen, ich und der *NidGir*-Bezwinger, der auch Dein Bezwinger ist, den Du wohl gern privat besessen hättest, als Sklaven, und dessen Sklavin Du nun selber wurdest.

Da brach die andere in Tränen aus. Die Ruhrnymphe und die anderen Frauen umarmten sie. Kriemhild schien in diesem Turnier die Siegerin, betrat als erste das Münster. Im Portal begrüßte sie der Bischof, wirkte zwar verwirrt, lächelte aber, hielt Kriemhild seinen Kristall entgegen, von dem nun jeder wußte, woher der war, sie beachtete den Stein nicht, den Mann nicht, grüßte nicht, rauschte in ihren kostbaren Roben wortlos vorüber, die Hoffrauen hinter ihr her.

Dann näherte sich, gestützt, die Königin. Gesenkten Blicks, mit gerötetem Gesicht. Er hielt auch ihr den Sankt Galler Stein hin, sah auch sie vorüberziehen, blicklos, wortlos. Verstand nichts, konnte aber hoffen, daß, wo Frauen einander stritten, sich etwas zu seinen Gunsten wendete.

Im Münster, beim Gottesdienst, bei den römischen Gebeten und Gesängen, zeigte sich fast jeder hilflos und bedrückt, waren viele Augen naß. Konnte sich auf das heilige Latein kaum jemand konzentrieren. So viel man auch Gott zu dienen vorgab und fromme Lieder sang vom

wahren Sein im reinen Geist und vom seligen Leben nach dem Tode, das Leben davor irritierte allzu sehr.

Welch steinerne Wirrnis bot auch schon diese Halle. Der Kirchensaal war von den engen Fensterlöchern nur wenig erhellt, der Bau zwar wehrhaft, blieb aber ein halbdunkles, ein keltisch-römisch-germanisches Heiligensteinchaos. Ringwolf hatte heidnische Säulen sammeln lassen, hatte von Mainz bis Basel marmorne Male in Schiffe verladen und nach Worms schaffen lassen, die alten Tempelbrocken trugen nun gemeinsam das neue dicke Gewölbe, und da sie nicht nur sehr verschiedene Verzierungen und Bilder zeigten, Bilder für Diana wie Mars oder Merkur oder Mithras, sondern weil sie auch unterschiedlich schwer und breit waren und aus den verschiedensten Materialien und diese Säule höher und jene niedriger, so hatten sie auch unterschiedlich tief in den Grund gegraben werden müssen, damit sie wenigstens oben gemeinsam das neue schwere Dach tragen konnten über der düsteren Halle. An einem so sonnigen Frühlingsmorgen wie an diesem dritten Hochzeitstag blieb das Innere trüb und dunkel und entsprach damit dem Inneren derer, die hier beten und singen sollten. Was immer der tat dort vorn, der *vir sacer* [eigtl. »der heilige Mann«, also der Bischof, aber *sacer* bedeutet »heilig« ebenso wie »verflucht«], das paßte nicht zu dem, was in fast allen brodelte an Schmerz, Zweifeln, Säuernis und Aufruhr. In dieser Kirchengruft spürten sie nur wieder den Käfig und seine rostigen Stäbe. *In haec omnium rerum pertubatione* [»in dieser vollkommenen Verwirrung«] halfen weder Gebete noch Höflichkeiten, noch Hofmanieren, weder die prächtigen Kreuzgewänder des Bischofs und seiner Helfer noch die lateinischen Klänge.

Was nutzte es, daß die Zerstrittenen nach vorn kommen mußten, von dieser Seite die Frauen, von jener die Männer, vor die Stufen, wo sie zur Weihe ihrer Ehen den vermeintlichen Papstkristall zu küssen hatten und, mit Ausnahme von Gunther, nur darauf spuckten. Nur der König küßte den vorgeblichen Leib des HErrn. Nichts schien jetzt weiter entfernt als der gestrige Feiertag, als die Pfalzhalle in Hochstimmung dröhnte und echote von *Wunnibalds* Leutegesang – mit den Frauen – lieben wir das Himmelreich – wenn dies Lied das eine Ende der Welt war, so waren die Angstvollen und die Verstörten in dieser Kirche das andere.

Der Bischof murmelte seine heilige Litanei, scherte sich nicht ums Brodeln, Zagen, Lodern und Wüten, endlich kam die Handlung zum Schluß, er erteilte den Segen. *Et dimitte nobis debita nostra, sicut et nos dimittimus debitoribus nostris.* [»Und vergib uns unsere Schulden, wie wir sie unseren Schuldnern vergeben.«] Die Isländerin verließ das Münster als erste.

Draußen, umgeben von ihren Frauen, blieb sie stehen, wendete sich zurück. – Die Scharfzüngige kennt offenbar Beweise, die ich seit langem suche. Für meinen Verdacht, daß alles Blendwerk war. Lüge von Anfang an.

Auf der Kirchentreppe erschien die andere. Blieb stehen. Wieder standen sie sich gegenüber. Eingesperrt in die gleichartigen Ängste. Utes Tochter kam schließlich herab. Wollte an der Königin vorüber. – Einen Augenblick wartet Ihr jetzt. – Kriemhild blieb abermals stehen, schaute in eine andere Richtung, schien sich belästigt zu fühlen. – Ihr habt mich Nebenfrau genannt. – Ja, Nebenfrau eines, der nach Eurer eigenen Auskunft ein Nebenmann ist, ein Eigenmann. – Ich verlange, daß Ihr diese Beleidigung zurücknehmt und um Verzeihung bittet. Hier, vor diesen selben Leuten. Oder Ihr gebt mir Beweise.

Da sah Kriemhild die andere weiterhin nicht an. Sprach aber, mit schmalen Lippen: Ihr solltet mich jetzt gehen lassen. Mir die Antwort ersparen. Vor allem diese Beweise. Das wäre besser für Euch. – Ich KANN Euch nicht gehen lassen. Gar nichts kann ich Euch erlassen. Ich verlange Antwort. Oder Eure Entschuldigung.

Nun sah meine Schwester die Isländerin an und warf ihr Haar über die Schulter zurück, ihr dunkles Feuerhaar. – Da Du, sagte sie, Dich offenbar noch immer nicht genug erniedrigen konntest, so schau Dir an, was Dich zur »Nebenfrau« machte. – Kriemhild ging einige Schritte auf die Königin zu. Blieb stehen, weit genug vor ihr, daß genügend viele andere, die in großem Kreis die beiden umgaben, sehen konnten, was sie tat: Sie öffnete ihren Hermelinmantel. Unter dem kostbaren Gitter trug sie bronzeglimmenden Brokat, mit Zobel besetzt, Diamanten, Aquamarinen. Aber solche Pracht erschien unscheinbar gegenüber dem, womit sie sich ebenfalls geschmückt hatte. Da hing, dreifach um ihre Hüften geschlungen, der Gürtel. Der mit dem mondfarbenen Stein. – Die Königin mußte von ihren Freundinnen gehalten werden.

Diesen Gürtel, Isländerin, den brachte mir in der vergangenen Nacht mein geliebter Mann. Nachdem er als erster bei Dir gelegen hatte. Der für Dich nichts weiter ist als Gunthers Sklave.

Frauen schrien auf. Rans Tochter, die überbehütete, erlebte keinen schmachvolleren Tag. – Begreifst Du nun, daß Du, Burgunds Königin, Leibeigentum bist? In der Tat »Nebenfrau«? – Frauen jammerten, weinten. Markgraf Gere schluchzte. Die Hoffräulein flennten. Träume, Höhenflüge stürzten ab, Ordnung zerfiel. Die Bilder von Nord-Rom, vom Byzanz am Rhein, sie zerplatzten.

So schwer Brünhild getroffen war, sie schaute auf, blickte sich um, hilfesuchend, ja fordernd, Herr Gunther solle kommen, flüsterte sie. Die
454 Leute wichen ein wenig zurück, so daß alle den König, der sich im Hintergrund gehalten hatte, erblicken konnten. Gunther hatte gehofft, Ringwolfs Vorschrift, die Geschlechter getrennt zu halten, würde ihm helfen, sich um diesen Frauenzwist herumzubewegen. Nun mußte er sich nähern, mußte nun wohl zu ihr stehen, kam langsam, zögernd, bis er, fünf Schritte vor ihr, stehenblieb.

Was mir Euer Hochamt beschert hat, sind das Eure »Sitten der Ehe«? – Was meinst Du damit? – Ist, was Deine Schwester tut, das »Teuflische«? [s. S. 366] – Was tut sie? – Sie höhnt öffentlich, ich sei Herrn Siegfrieds Nebenfrau. – »Nebenfrau«? – In der letzten Nacht seist nicht Du mein Schlafgenosse gewesen, sondern der Cherusker. – Da hätte sie unverzeihlichen Unsinn geredet. – Sieh hin, wo sie steht. Sieh, was sie den Leuten zeigt. O daß ich je geboren wurde. *Fallad sterron, hwit hebentungal, bibut thisu brede werold.* [»Es fallen die Sterne, das helle Licht des Himmels. Es bebt die ganze Erde.«] Sieh hin, sie trägt meinen lieben Gurt, den aus Island. Auch Du kennst den wohl, Herr König. Den hat mir letzte Nacht ein Schacherer geraubt.

Wer sollte dieser Räuber gewesen sein. – Das frag ich Dich. – Gunther sah sich um. Den Gürtel kannte er genauer, als ihm lieb war. Er sah zu Boden, nickte und redete: Dann sage ich hiermit Herrn Dankwarth, daß auf der Stelle derjenige herzukommen hat, der sich offenbar mit diesem Gürtel einen elenden Scherz erlaubt. Was er sich mit dem Bischof gestern gestattete, war frech genug. Was er sich mit dem König leistet, das überschreitet die Grenze. Auf der Stelle hat er solchem Heunenjokus abzuschwören, der Herr von Niederland.

Gunther, der, wie wir wissen, auch in mißlichen Lagen aufrechte Haltung liebte, ertrug kaum, wie zerstört vor ihm die Frau stand, wie sie hing, gestützt werden mußte. Blickte wieder zu Boden, überließ es dem Truchseß, den Xantener herbeizuholen.

Hagen hörte ich ächzen und grollen. Da war kaum jemand, der nicht fassungslos gewesen wäre über diesen so plötzlich aufgebrochenen allseitigen Haß. Ratlosigkeit, Entsetzen verbreiteten sich über diese jähen schrillen Mißtöne, deren Ursache fast allen ganz und gar unerklärlich war. Nur ich, insgeheim, begann zu grübeln *de intima absurdaque familiaritate coniunctione coniunctionis cum potentia* [»über die ebenso intime wie absurde Verbindung des Beischlafs mit der Macht« (*coniunctio* = ehel. und/oder politisch)]

Der Kreis öffnete sich zur anderen Seite, der Riese kam, der NidGir-Töter, der allzu leutselige, allzu hilfsbereite Ritter. Stellte sich neben den König. Gunther hob den Blick nicht vom Pflasterboden. – Es heißt, sagte er, Du hättest Dich gerühmt, Brünhilds Gemahl gewesen zu sein in der letzten Nacht. Und es heißt, Du habest der Königin dabei den Gürtel geraubt, den mit Alberichs Mondstein. – Wer sagte das. – Kriemhild sagt das. – Da machte der Mann aus dem Nebelland einen raschen Schritt auf die Frau zu, auf die schöne Gestalt in den prachtvollen Kleidern. So forsch, so glaubwürdig war diese Bewegung, daß Kriemhild, im Schrekken, zurückwich. – Das, rief er, wird Dir leid tun. – Er sollte damit recht behalten.

König Gunther, sagte der Xantener, ich verstehe Deine Empörung, auch den Zorn Brünhilds und das Grollen Deines Heermeisters. Denn wenn wahr wäre, was hier unsäglich leichtfertig erklärt wurde, dann wäre das allerdings ein *crimen laesae maiestatis* [nach röm. Recht »Verbrechen der Majestätsbeleidigung«, mit dem Tod zu sühnen]. Darum, auf diesem Platz, vor allen, die Zeugen waren dieser Leichtfertigkeit, bin ich bereit, mit Eid zu schwören, daß ich nichts von dem tat oder sagte, was hier behauptet worden ist. Auf der Stelle, wenn Ihr wollt, schwöre ich Stein und Bein und Eisen, daß ich Frau Brünhild achte, vormals, jetzt und immer.

Gunther blickte auf, sah ihn an. Sah Hagen an. – Dann schwör uns das, sagte der König. Hier und jetzt. Auch ich wünsche, daß dies Frauengeschwätz so rasch, wie es hervorkroch, wieder davon ist. Der König winkte, Dankwarth rief Namen. Von allen Seiten traten Herren zu einem inneren Kreis zusammen, stellten sich zum für diesen Fall vorgeschriebenen Ring. Hagen, Gernot, Gere, Gottlieb, ich, Ringwolf, Dankwarth, Siegmund von Xanten, *Liudger* von Sachsenheim, alle Edlen traten als Zeugen zusammen, schlossen einen Zirkel, *sacramentum integritatis audire apud regem* [»um den Reinigungs-Eid zu hören auf den König«].

Schon hatte sich der Nibelunge in die Mitte gestellt. Dankwarth, der Truchseß und königliche Zeremonienmeister, verlangte mit lauter Stimme das für solche Fälle Nötige: *Domini et amici nobiles Burgundionis convenerunt in civitate, quae UUarmatia vocatur aut Wurmiz vulgo dicitur, et audiunt nunc regem Victorem iurantem sacramentum integritatis theodisca lingua circumfusam plebem.* [»Die Herren und vornehmen Freunde Burgunds haben sich versammelt in der Stadt, die Warmatia heißt oder in der Volkssprache Worms, und hören nun den König Viktor, wie er den Reinigungseid leistet in der Volkssprache, umringt vom Volk.«] Sieglinds Sohn hob die Schwurhand und begann: Ich, von Xanten Siegfried, schwöre –

Da fiel ihm der König ins Wort. – Halt! laß das. Ich sehe, wie Du bereit bist. Und denke, es ist unserer unwürdig, Weiberstreit vor den versam-
456 melten Herren des Reichs mit einem öffentlichen Mannes-Eid auszuräumen. Wenn hier jemand ist, der wissen muß, daß Du unschuldig bist und wie absurd Kriemhilds Behauptungen sind, dann bin ich es, der König, Brünhilds Gatte. Darum bin nun auch ich derjenige, der es uns erspart, die Dummheiten meiner geschwätzigen Schwester mit einem Fürstenschwur aufzuwiegen.

Da ließ der Bärenmann seine Hand sinken. Trat aus dem inneren Kreis heraus, auf den König zu. Umarmte ihn. Der hob ebenfalls die Arme, umfing den Nibelungen. Sie umarmten sich damit zum dritten Male. – Die Leute wie die Ritter schauten verwirrt. Auch Hagen hatte Mühe, Gunther zu verstehen. Wer in diesem Moment hätte durchschauen wollen, warum Gunther das *ius iurandum iurare* [»den Eid zu leisten« (den öffentlichen Rechtsakt)] erließ, der hätte des Königs verzweifeltes Herrengewissen kennen müssen.

Wie hatte der Streit, der noch diesen Tag so blutig enden sollte, angefangen? Mit einer offenbar ganz und gar harmlosen Bemerkung. »Was habe ich für einen Mann«, hatte Kriemhild geseufzt. Wer auch hätte diese Frage nach der Qualität eines Mannes in all ihrer Folgenschwere durchschauen können. Mit einer winzigen Anmerkung begann es, mit einer *annotatione per occasionem* [»mit einer beiläufigen Bemerkung«], mit einem Seufzer aus glücklichster Zufriedenheit. Aber es steckte in diesem »Haben«-Seufzer das ganze Übel, die *NidGir*-Sucht ebenso wie das römische und das jüdische Verhängnis, nämlich das »herrliche«, auch das eheherrliche Besitzdenken, von dem die Königin Ute gesagt hatte: *Thurh that thorrot thiu thiod.* [»Dadurch gehen die Menschen zugrunde.« Offenbar wörtl. so in der »Kilianschronik«, Schazman läßt das unübersetzt. Er teilt in seinen Anmerkungen mit, aus dem Keltischen wörtlich übersetzt müßte der Seufzer der Kriemhild heißen: »Was ist das für ein Mann, mit dem ich lebe« und erinnert daran, daß in der Kilianschronik das Besitzverb fehle und umschrieben werde. Im Englischen biete sich aber die »elegantere« Version nun mal an *(I have).*]

Von dieser Stunde an haben Brünhild und Kriemhild, haben beide Herrinnen kein Wort mehr miteinander gesprochen. Auch nach dem Ende dessen nicht, den sie doch beide liebten. – Was half es, daß der Nibelunge vor dem Münster offensichtlich hatte schwören wollen. Mit ansehen zu müssen, wie Brünhild nun litt, das hätte das härteste Wesen erweichen müssen. Aber gerade das zarteste, meine Schwester Kriemhild, die den Falken liebte und das FreiSein, sie steckte längst selber im

Falkenkäfig, gefangen in den eisernen Regeln, die, wie *Wunnibald* am Abend zuvor in der Halle zu sagen und zu singen versuchte, seit den Wendezeiten, seit die neuen Patriarchen die Macht übernahmen, das Denken einmauerten, das Fühlen und das Fliegen.

Die Isländerin wurde umsorgt von ihren Freundinnen im abgelegenen Turm der Wormser Pfalz, im Bergfried, wo Dankwarth den Freundinnen Gemächer zugewiesen hatte. Dort wohnte nun auch Brünhild. Einen Tag und eine Nacht noch.

Wie ich von meiner Ruhrnymphe weiß, beredeten sich dort die nifelheimischen Frauen, bereiteten aus Pilz- und Wurzelsud, aus Mohn- und Hanfsaft jene klärenden und beflügelnden Getränke, mit denen Brünhild vor Jahr und Tag den Gast aus dem Niederland empfangen hatte. Jetzt wollten sie im Rausch das Unsagbare aufschlüsseln und das Chaos erhellen. Da türmte sich nun eine Mutmaßung über die andere, widersprüchlicher als das vom Bischof landauf landab zusammengeklaubte Münster. Brünhild war verstummt, trug zu den Überlegungen kein Wort bei. Was ich notiere, weiß ich nur als Einflüsterung jener Handlangerin vom Ruhrfluß.

Nicht Gunther hätte Brünhild bezwungen? wurde gefragt. Sondern wiederum der Nibelunge? Der Eid, den er vorm Münster anbot, war also nicht nur kein Eid, sondern war, wäre er einer geworden, ein Meineid? Oder aber war in Gunthers Kammer einer eingedrungen, der sie niedergerungen und ein anderer, der mit ihr geschlafen hatte? also dann Gunther? Oder hatte das eine wie das andere derselbe getan? Beides Gunther? Oder hatte beides, in der Schwärze der Nacht, der Nibelunge sich herausgenommen? Und wenn es in der zweiten Hochzeitsnacht so war, daß der Nibelunge sich hatte einschleichen müssen, weil Herr Gunther zu schwächlich war, was war dann in Wahrheit auf Island geschehen? Beim Gang durch das Sternenfeuer? bei der dreifachen Prüfung?

Hätte der, der solche Schwitzperlen, der so deutliche Angst auf seiner Stirn trug, je den Sonnenwind löschen können? Wie die Ruhrnymphe inzwischen wußte und weitersagte, hatte der König in der ersten Nacht hilflos am Nagel gehangen. Wie denn hätte der plötzlich, in der zweiten Nacht, Frauenkraft brechen sollen? War also auf dem Isenstein wie in dieser zweiten Hochzeitsnacht Nebelkappenkraft im Spiel?

Der Gürtel unter Kriemhilds Hermelin- und Panthermantel, was bewies der? Und der Erlaß der Eidleistung, der so verdächtig schnell gekommen war, noch bevor der Mann das erste Wort geschworen hatte, was bewies der? Dieser rasche Bund der Männer gegen die »geschwätzigen«

Weiber, legte der etwas nahe? bewies der Gunthers Mitwissen? Abgekartetes Spiel?

458 Der Zorn des Xanteners gegen die geliebte Frau schien aufrichtig – was bewies das? Daß Kriemhild eine geheime Wahrheit verraten hatte? Sieglinds Sohn, wenn er mit geheimen »Kniffen« und sogar räuberisch mit Brünhild umging, stand er dann noch auf seiten des Königs Gunther? war er dann wirklich dessen Dienstmann oder »Untertan« oder »Eigenmann«? Tat er all seine Dienste nur zur Tarnung? zum Spott? Gab er sich womöglich nur deswegen als »Eigenmann« aus, weil er Brünhild hatte aus dem Weg gehen wollen?

Stahl er den Gürtel auf eigene Faust oder ebenfalls in Gunthers Auftrag? weil der Nibelunge die Rausch- und Hexenkunst schwächen und bloßstellen sollte? Oder handelte der Niederländer in ganz anderen, in eigenen Interessen, weil er den König lächerlich machen, weil er dies wurmstichige Wormsreich in seiner Schwäche entlarven und danach sich einverleiben wollte? den König als Hohlkopf bloßstellen? als Gehörnten vor aller Öffentlichkeit unmöglich machen? einem cheruskischen Nord-Rom zuliebe? Kriemhild zuliebe oder wie? war also sein Zorn gegen die geliebte Frau nur gut vorgetäuscht?

Daß Gunther den Eid erließ, schien zu bedeuten, daß hier Männer gemeinsame Sache machten. Schützte hier der Herr seinen Knecht? Oder war der Überlegene in Wahrheit der Xantener? der sich schon auf Island nur zum Schein erniedrigt hatte? mit der Nebelkappe in der dreifachen Prüfung wie nochmal in der Hochzeitsnacht? trat der dort, im entscheidenden heiklen Moment, zurück? Tut das ein Mann? Verzichtete je ein Herr im Romreich wie im Wotansreich auf sein Besitz-»Recht«? Die Frau erniedrigen und unterwerfen, dann aber nicht beschlafen?

Hatten Gürtel und Kriemhild vielleicht doch recht? Handelte auch der Hürnerne drachenhaft privat, also raubend, enteignend? um für Gunthers Herrschaft die Macht der Frauen zu brechen? Aber war dies denn nicht eher das Geschäft des Bischofs, mit dem der Niederländer so sichtbar überquer war? Frauen zu enteignen zu den wahren »Leibeigenen« der Männer? wieso sollte solchen Raub dieser Niederländer gewollt haben, der nie deutlich genug anprangern konnte, wie gering die heiligen Kirchenväter von den Frauen dachten, von dieser Teufels-*materia*.

Alle Mühsal in der Lohe, auf dem Kampfplatz und dem Schlafplatz, all das nicht aus bloßer Arbeitswut, nicht bloß für jenen Lohn, der Kriemhild hieß? sondern für die Herrschaft der byzantinischen »WirHerren«? für ein Nordreich? ein Gegen-Rom durch Gegenräuberei?

Vom Mittag bis in die Nacht hinein gingen die Frauen dem nach, tauchten tief durch die verschlungenen Beweggründe des *Victor*. Brünhild blieb stumm. Die anderen aber fragten, kreisten ein, suchten Antworten. Mit dem süßbitteren Gebräu wollten sie der Wahrheit auf die Spur. Und die Schönen der Nacht kamen ihr sicherlich nahe. BALDINAI sagte mir, wer *muspel* und *nifl* verbinden wolle, also Feuer und Wasser und nicht weniger als Tag und Nacht, der gerate ins Zwielicht. In Lokis UrTrug und GrundTwerch. [Vgl. Seiten 85, 95, 100, 255, 378, 461.]

Am Mittag, als die Frauen ihr Grübeln und Fragen gerade begonnen hatten, traf sich im gegenüberliegenden Turm, im Wehrturm überm Rhein, Gunther mit uns Brüdern und mit Hagen. Nicht mit Siegfried.

Als ich hinzukam, weil Dankwarth mich gerufen hatte, beriet sich der Waffenmeister noch vor der Tür mit dem Bischof. Da fielen, als ich vorbeikam, wieder lateinische Urteile. Vom *modo exercisso* [»das Maß ist überschritten«] hörte ich und auch, nun zum dritten Mal, *ceterum censeo hoc monstrum draconis esse delendum* [»im übrigen bin ich der Ansicht, dieses Drachenmonstrum ist zu vernichten«] und nochmal das *pereat*, er möge verrecken. Ich tat, als ginge ich ohne Zögern vorüber, blieb aber hinter der Tür stehen, wo sie mich nicht sahen, ich aber ihre Reden hören konnte. Hagen wendete gegen das *pereat* den Namen Kriemhild. Gewiß nicht aus Mitgefühl nannte er sie, das scheint mir sicher, und wohl kaum, weil auch die Tochter ein Kind Gundomars war, dem er am Sterbebett den Eid für den Schutz der Kinder geleistet. Der Graubart behauptete, unsere Schwester besser zu kennen als wir alle, berechnend nannte er sie, eine scharfblickende Schlange. [Hagen belegt sie mit Drachen-Attributen (vgl. S. 73, 88, 459).]

Der Bischof gab nicht nach. Kam mit Hagen ins Turmzimmer, redete weiter auf ihn ein, auch auf uns, wiederholte nun offen sein Todesurteil. Gunther widersprach nicht, konnte nach dem Schock vorm Münster noch überhaupt nichts sprechen. Ließ den Bischof ungehindert verwünschen und drohen, Vernichtung fordern. Hagen mahnte zur Vorsicht, warnte. Die lateinkundige Kriemhild, diese Gewandmeisterin und Verwandlungskünstlerin, sei eher Gundomars Kind als es die Brüder seien, Gernot ausgenommen.

Ringwolf versuchte uns zu belehren, Kriemhild, so leid es ihm tue, sei als Weib ein Feuersud aus gelüstigen Säften und sündigem Fleisch, verfallen dem *Incubus* [wörtl: »dem (beim Beischlaf) Obenliegenden« (dem Teufel)] und der sei seit nun gut drei Monaten an der zersetzenden Arbeit, sei erschienen in Gestalt des AntiChristen. Nur als des Mannes Besitz

seien Weiber zu retten, sagten alle Kirchenväter, auch die heiliggesprochenen. – Stiftet aber der Mann, dem sie nach Gottes heiligen Gesetzen
460 gehört, Schaden und Unruhe, so vernichte man möglichst nicht nur ihn, sondern auch seinen Besitz, reiße diesem Besitz zuvor die Sündenhügel ab, die schönen, die verführerischen Brüste. So sei es im Frankenreich seit langem üblich, mit breiten Kneifzangen. Nur so habe man dort gegen das keltische Frauenwesen erste wirkliche Siege erfochten. Oder wollten wir etwa, wir hier in den schaurigen Sümpfen des Rheins, uns klüger dünken als Paulus, Clemens, Augustin und Chrysostomos und alle ehrwürdigen Konzile?

Pereant, wiederholte Bischof Ringwolf. Forderte die Vollstreckung nun in der Mehrzahl und fügte hinzu: *Iusti iudicio dei iudicati sint. Iusto iudicio dei damnati sint.* [»Dem gerechten Urteil Gottes seien sie ausgeliefert. Nach dem gerechten Urteilsspruch Gottes seien sie verdammt.«] Sah uns alle strafend an und wandte sich dann zum Gehen, eilte draußen eine Wendeltreppe hinunter, weil er unterm *palatium* [»Pfalz« (»Palast«)] heimlich mit einem Schlüsselschmied verabredet war.

Als wir mit Hagen allein waren, entstand kein Gespräch. Hier wurde kein klärender Trank gebraut, nicht mal vom Wein genommen, den Dankwarth bot. Wir schienen gelähmt. Die Vollstreckungsforderungen des Mannes im Rock, des Bischofs *Ringwulfilas*, die lähmten uns nur noch mehr, die halfen uns überhaupt nicht weiter, jedenfalls nicht zur Klarheit. Die erklärten sie nicht im geringsten, diese plötzlich explodierte Wortgewalt vorm Münster, den Haß- und den Hornissenton der Königinnen.

Ute wurde hereingetragen. Ließ sich an ein Tischchen bringen, begann dort, ihre Karten zu legen. Während wir nach Fassung, nach Worten suchten, nützte die Witwe das Schweigen und begann, kartenlegend, Sandelsaft schmurgelnd, das Rheinland zu verwünschen und unsere byzantinischen Träume. Und schnunzelte und fabulierte wieder vom sicheren Reich der *Helvetia*. Den Weg, den die meisten Burgunder dorthin schon gefunden hätten, den, so sagte sie, rieten die Karten so dringend wie jede Romvernunft.

Eine Weile hörten wir uns das an. Bis Hagen bemerkte, in dieser Stunde brauche niemand nötiger den Rat der Königsmutter als Kriemhild. Dankwarth und Gernot verstanden, hoben die gebrechliche Alte wieder in ihre Sänfte, ließen sie von Kahlköpfen forttragen, hinüber zu Kriemhild.

Dort aber, bei Kriemhild, war kurz zuvor, entstellt von Wut, der Xantener aufgetaucht, hatte die Kleiderfräulein aus der Kammer gejagt, hielt plötzlich den starken Gürtel aus Island in seinen Händen, schrie TRONJE und schlug das Leder gegen die Mauern. [In der klösterlichen Überlieferung, die Siegfried als Wilden zeichnet, wird mitgeteilt, er habe keineswegs bloß die Wände geschlagen. (St. Gallener Handschrift, Strophe 894/2, Kriemhild spricht:) *»Ouch hât er sô zerblouwen dar umbe mînen lîp.«* (Deswegen hat er mich ganz schön zerbleut.)] Hieb wie rasend die Steine, den Boden und die Wände, kaum konnte Kriemhild sich Gehör verschaffen und bitten, ob er ihr nicht endlich die ganze Wahrheit sagen wolle.

TRONJE, brüllte er und schlug. Sie, zitternd, rief schließlich, ob er sich auf Island tatsächlich zum Untertan erklärt hätte. – Ja, das TRONJE habe er getan. – Warum? – Damit die Wutfrau ihn besser vergessen könnte. Aber jetzt vergesse die nichts und nie mehr. – Und schlug wieder zu. Er, der für den Bischof ein Barbar war und die Bosheit in Person, er wagte es nicht, die Frau zu treffen, die er liebte, an die er glauben wollte wie jener abendliche keltische Wanderer und Gast und Gott des *mutabor*.

Ungestüm hieb er herum und es schien ganz so, er meinte gar nicht die Frau, zornig war er auf sich selber, schrie TRONJE und schleuderte endlich das eisländische Steinleder aus dem Fenster, so daß es draußen in der Luft kreiselte und, bevor es in Rheinstrudeln versank, sich schlangengleich ringelte. Im Wutrausch trommelte er nun die Fäuste gegen die Mauern, schlug und schrie immer nochmal TRONJE, brüllte, trommelte und ist endlich, in heller Verzweiflung, zur Tür hinaus, mit dem TRONJE-Schrei. [»Tronje« (Hagen von Tronje) erfuhr zahlreiche Deutungen. U. a. weiß man, daß in Norwegen noch heute jemand, der aus der sehr alten Stadt Trondheim kommt (vormals *Tronhjem*, wo auch Burgunder zu Hause waren), in der Umgangssprache »en Tronjer« heißt. Schazman enthält sich jeden Erklärungsversuchs. Verwiesen sei auf Utes Äußerung (»Zerstörer«) S. 483 und auf das, was Giselher zu TRONJE später vom Juden Hirsch und von Ute mitteilt (S. 463, 503).] Danach wäre TRONJE verwandt mit »Drehen« und »Twerch«, mit jenem Schluß also, zu dem die Beratung der Isländerinnen kam (s. S. 459, aber auch 78, 92).

Ist an der alten Königin, die in diesem Augenblick in die Kammer getragen werden sollte, vorbeigestürmt, das Wort rufend, das niemand verstand, hat Ute gar nicht bemerkt, sondern stürzte, wie von Sinnen, in den Pfalzhof, um in die Turniere einzugreifen. Wen immer ich fragte, was er an den Ufern und in den Höfen trieb, jeder hatte andere und wüstere Erinnerungen. Festzustehen scheint, daß er reihenweise ritterliche Zierbengel aus den Sätteln warf, edelste Herrschaften von den Beinen hob,

burgundische wie sächsische wie alamannische und fränkische, wirbelte
diesen und jenen durch die Luft und hat, als ihm genügend Herren und
462 Harnische zerbleut schienen, mit dem Schrei TRONJE auch Lanzen verbo-
gen und Schwerter, die Spitzen nach hinten [vgl. S. 197, 482, 525]

Um dann denen, die gafften, die Köpfe gegeneinander zu hauen, um mit ROMKÖPP, KNÖRRIP und TRONJEKÖPP den Gauklern die Spiele zu verderben, Marktstände umzuwerfen, Münzenwechslern die Kassen zu zerknicken, Märchenhändlern die Märchen zu verdrehen und den Mund zu stopfen, die Stände der Leinenverkäufer nicht zu schonen, Ärzte Schreiber Juweliere Erzähler und Geschwulststecher als Scharlatane zu beschimpfen, zu verprügeln und um abzuräumen.

Hat dann auch jenem neuen kurzhaarigen Münzenverkäufer das große Scheunentor mit TRONJE über den mörderischen Schädel geschmettert, daß Schädel und Bretter krachten und die glitzrigen Sesterzenbilder und kupfernen Romköpfe und all das Private rings in den Frühlingsschlamm spritzten.

Herr Gere, Markgraf von Speyer, der trug an diesem dritten Hochzeitstag, weil ja Hochamt gewesen war, noch seine weinrote römische Toga, die er sich von jenem kunstsinnigen Sklavenschneider hatte anfertigen lassen. Dieser fußlange Umhang war an den Rändern mit goldenen Litzen abgesetzt und wurde, wie in Rom zur Zeit üblich, mit kräftigem, opalbesetztem Leder um Brust und Arme kunstvoll verschnürt. Den größten Vorzug hatte dies Kleiderwerk allerdings in der behenden Manier, mit der Herr Gere das Wallende jedem seiner Schritte, allen Bewegungen seines gelenkigen Leibes anzupassen und in immer andere und noch interessantere Falten zu werfen wußte. Dieser so wohlverzierte Herr also trat nun, mitten auf dem Münsterplatz, dem Tobenden aus dem Kohlenwald entgegen, entschlossenen Schritts, des TRONJE-Gebrülls nicht achtend, und erklärte mit allerhand Entschiedenheit: Kriemhilds Mann, rief er, ist es, der in Wahrheit die Pfalztugenden mit Füßen tritt!

Erst sah es so aus, als wollte der Rasende Herrn Gere einfach übersehen und werde glatt an dem vorüberpreschen, doch als er den Markgrafen bereits passiert hatte, bemerkten Kelten wie Höflinge, daß er in die Lederverschnürungen der Toga gegriffen hatte und den Gere im Weiterstürmen in sein weinrotes Romtuch hineindrehte, vollkommen einwikkelte und verschnürte und dann dieses Schnürpaket ein paarmal heftig um seinen Kopf schleuderte, mit, wie jeder mir bestätigte, Schreien wie SIMPF und ÜMPF und ÜPFETAPF und DROPPJITRAPPT und TRONJE. Im Schock vergaß der Edelmann um Hilfe zu rufen, zappelte auch gar nicht.

Sondern landete rittlings auf dem Rand des Kirchendachs, und zwar auf dem Wasserspeier, der von der Ecke des Münsterdachs auf den Marktplatz hinausragt und den der Bischof als Drachengestalt hatte bilden lassen. Dort, über Mannshöhe, blieb dem verwickelten Herrn nur, sich an dem Untier festzuklammern. Erst jetzt soll Herr Gere begonnen haben, leise um Hilfe zu bitten, mit zartem Schreien. Wunnibald versichert, es gebe inzwischen niemanden in der Pfalz, der diesen zierlichen Edlen nun nicht beim vollen Namen nenne, Herrn Gere vom Speyer.

Dem Berserker im TRONJE-Zorn, dem schien Geres Not ganz und gar gleichgültig, der war weitergerast, zerschmiß Waren und Buden, daß Kaufleute und Gaukler begannen, ins Münster zu fliehen, weil sie fürchteten, nun werde es auch ihnen ans Geschäft gehen, der Lindwurmzwinger würde mit ihnen nicht anders umspringen als mit diesem Grafen von Speyer auf dem Speier. Doch plötzlich gab der Wütrich Ruhe – er hatte den Herrn des Münsters entdeckt. Und darüber gibt es Informationen, die einander gut ergänzen. Bischof Ringwolf fand der Rasende, weil der jüdische Händler Hirsch meinte, den Schrei TRONJE zu verstehen, und als es auch unserem Herrn Hirsch an seinen Laden gehen sollte, da rief der, Herr Siegfried solle sich lieber um den wirklichen Verdreher, um den wahren Landesdrachen kümmern, der sie alle ausplündere, verängstige und verschachere [vgl. S. 197] als der eigentliche TRONJE.

Da hat der Tollwütige sofort gewußt, wer gemeint war. – Wo find ich den! [Schazman merkt an, daß er so auch die Nornen nach dem Drachen fragte (S. 56 f.).] – Wo denn wohl, wenn nicht beim Hort, hörte er. Da ist der Tobende hinterm Haupttor zu einer Treppe gestürzt, die in das Kellergewölbe führt, und hat ihn dort unten auf frischer Tat ertappt, den Herrn Ringwulfilas, mit einem Schmiedegesellen, der aus einem großen Bund Schlüssel einen nach dem anderen an einer Eichentür ausprobieren mußte.

Da erschien er also über ihnen, der Fauchende, der Kreischende, der fauchte offenbar vor Mordlust und hat den kirchlichen Herrn mit TRONJE die Treppe hochgehetzt und dann zwischen die Leute hindurch über Gassen und Mauern, hat Herrn *Rumoridus Rusticulus* mit TRONJE zum Hafen hinabrennen lassen und dort auf einen Steg hinausgetrieben, bis gerade dorthin, wo aus dem neuen Wormser Kanal der Kot in den Rheinstrom hinausquoll, an diesem dritten Hochzeitstag reichlicher denn je.

Über dieser Jauche packte er den Japsenden an Hals und Hintern, hat ihn hoch in die Luft gestemmt und über sich zappeln lassen, so hoch und so lange, daß alle das Strampeln sehen konnten, alle die, die von des

Herrn *Rumoridi* Gepiepse am Hafen zusammengelaufen kamen. Den stinkenden Bischof, den TRONJE, so bekamen sie zu hören, den werde er nun im Arschwasser versenken, weil dieser Giftsack selber ein Kotzkübel sei, bis zum Platzen voll mit Scheiße, die schon jetzt aus all seinen Löchern übler qualme, als je der Drache gestunken hätte.

Der Priester in seiner Höhe, der flehte, klammerte sich an seinen Papstkristall, wie sich wohl am Ende jeder an seine liebsten Lügen klammern muß. – Loslassen, winselte er. – Erst dann, schrie der Ruhrmann, wenn Du gestehst, daß Deine Kirche gebaut wurde auf einem Berg aus Blut und Leichen und daß Sieglind mit *saxa loquuntur* Herren wie Dich meint. – Das habe ich vollkommen begriffen, laß mich nun los um Gottes willen. – Nur wenn Du zugibst, daß unter allen Seelenlähmern die römischen die schamlosesten sind und die hinterhältigsten. – Teurer Freund, wir sind allzumal Sünder [Paulusbrief an die Römer 3,23], doch wollte ich, daß alle wissen, wie der Himmel ist zu küssen – laß mich nun frei!

Nur wenn Du zugibst, daß der gierigste unter allen Lügnern Ringwolf heißt und seine Kirche der wahre Mörder und Lebensfeind ist. – Der Bischof hechelte, schwieg. – Gib das zu, daß sie der Weltschlachthof ist! – Ach, klagte der Bischof, *nemo infallibilis nisi Deus ipse.* [»Niemand außer Gott ist unfehlbar.«]

Dreimal gestunken und gelogen, schrie der *NidGir*-Töter und schleuderte mit TRONJE den geistlichen Herrn in die Brühe. Dort habe das Menschenfaß stark geplumpst, schmatzend geklatscht und geschwappt und sei für Momente fortgewesen. Auch das hat, wie man weiß, wenig geholfen gegen das private Trachten. Höchstens für diese kleinen Momente.

Derweil saßen wir Brüder an eben diesem Mittag im Wehrturm, hockten mit dem Waffenmeister an dem kleinen Tisch, an dem Ute die Karten hatte legen wollen und auf den von Dankwarth Brot und Wein getragen worden war. Keiner aß oder trank, auch reden konnte niemand.

Dankwarth hielt Wache an der Tür. Es gab also keine Lauscher. Hagen war es, der nach langem Schweigen erklärte, wir sollten vergessen, was der Angstbeamte geredet hätte, sollten statt dessen bedenken, was nunmehr er, Hagen, zu sagen hätte. Nie sei Beleidigenderes gegen einen König vorgebracht worden. Auf offenem Markt. Da hätte nicht nur Gunthers Manneskraft in Zweifel gestanden, auch seine Herrschaft über das Reich. Der Herr über Burgund, so habe Kriemhild behauptet, wäre so schwach, daß er zur Gemahlin die Nebenfrau eines seiner Leibeigenen habe nehmen müssen, wobei er dann, im Beilager, so habe sie behauptet,

und es sei klar, wer ihr dies eingeflüstert hätte, wobei er dann, im Beilager, nicht einmal selber in der Lage war, der Frau *potentia florentis*
466 *privare.* [»Die blühende Kraft zu nehmen.« Hagen verwendet mit *privare* den strittigen *terminus* vom zweiten Hochzeitsabend, mit *florere* und *potentia* wiederum Begriffe, die politische Macht ebenso meinen wie individuelle. Offensichtlich ein Hinweis auf die ursprüngliche Bedeutung des (späteren) »deflorieren« als »die Macht nehmen«.]

Ja, Kriemhild habe öffentlich verbreitet, daß Gunther selbst diese Nebenfrau nicht habe bezwingen können. Wir sollten uns das Ausmaß der Schmach nur klar genug vor Augen führen, bevor wir ein Urteil fänden. Sollten wissen, was von nun an in Herbergen, Hütten und Kastellen erzählt werde. Er, Hagen, der unserem Vater Gundomar die Treue geschworen, er müsse nun der Ursache solcher Schändung an die Wurzel. Der Ursache und dem Urheber.

Ich preßte die Lippen. Gernot sah ich, wie er sich die Augen mit der Hand verdeckte. Nur Gunther nickte. – Urheber, sagte Gunther mit enger Stimme, ist der Sau- und Kraftbär. Zwar hat er uns geholfen, das ist wahr, aber je mehr Hilfe der leistet, desto deutlicher wird, welche Drachenzähne er uns in Wahrheit zu schlucken gibt.

Was heißt das, fragte ich. Was heißt es, an die Wurzel zu gehen? »dem Urheber«? – Gunther wollte zu einer Erklärung ansetzen. Und fand doch, wenn er mich ansah, die genauen Worte nicht. So sehr fühlte der König sich im Zweifel. So sehr, daß er sich auch jetzt noch nicht traute, über jene dreifache Probe im Hof des Isenstein das zu gestehen, was ich längst wußte, nicht aber die anderen.

So sehr Gunther klar war, daß der aus Nifelheim die Isländerin in der vergangenen Nacht zwar niedergekämpft hatte, aber nicht berührt, so wenig mochte er auch von den Peinlichkeiten seiner ersten Hochzeitsnacht reden. Und auch nicht davon, wie ihm der »Urheber« auf Island geholfen hatte. Allzuviel Ohnmacht wäre sichtbar geworden. Im übrigen war ja bekannt, daß dieser Riese vordem ihr »Genosse« war, ihr *Concubinus* [»Beischläfer«], wozu also sollte er dessen Zurückhaltung nun rühmen, seinen ritterlichen Dienst für den Freund auch nur erwähnen. Ich spürte, wie er daran arbeitete, sich in vielerlei Lügen einzurichten. Nur wußte er, daß ich's besser wußte, denn mir hatte er alles gebeichtet.

Er atmete tief, nahm wiederum Anlauf. Und mochte doch nicht reden. So sehr er es liebte, Haltung zu zeigen und interessante Äußerlichkeit, so gern klammerte er sich, wenn etwas nicht mehr weitergehen wollte, an Hagens Rat. Doch nicht mal seinem auf Tod und Leben verschworenen Ratgeber hatte er gestanden, welche Arbeiten der »Urheber« in Wahrheit geleistet hatte.

Immerhin, diesem Arbeiter hatte er den Eid erlassen. Als Gegengabe? Oder aus einem anderen Grund? Hatte er, da er wußte, daß Kriemhild die Unwahrheit redete und Siegfried den Eid getrost hätte schwören können, mit dem Abbruch des Schwurs nur zusätzliches Zwielicht auf den »Mächtigsten« gelenkt? In der Tat, er hatte ihn damit noch undurchsichtiger gemacht, noch mondsteiniger, als der eh war. Und nicht ganz zu Unrecht, denn auch der Xantener hatte mit dem Gürtelraub geheime Vorgänge an die Öffentlichkeit geraten lassen, hatte für Unruhe gesorgt, für Lächerlichkeit, für Zwielicht. *Nunc ipse pares rationes habuerunt.* [»Nun hätten sie gleiche Rationen« (wären sie eigentlich quitt).] 467

Endlich sagte Gunther, stockend, als sei ihm die Kehle verdorrt: Schon unterwegs, auf der Heimreise, auf dem Schiff, hat mich niemand verstehen wollen. Auch ohne daß Ihr im einzelnen wissen könnt, wie sehr mich dieser »Arbeiter« bedrückt. Hagen sprach es aus: All unsere neuen Sorgen haben einen Urheber –

Da ihm die Stimme geborsten schien und den Dienst versagte, fuhr Hagen fort: Urheber ist er von immer mehr Irrsinn. Wahrlich, seit wir den Gast aus Xanten haben, will jeder »frei« sein. Kahlköpfige wie Frauen reden vom FreiSein. Jeder sein eigener *Arminius.* Und könnte doch keiner, auch die Frauen nicht, auch nur einen einzigen Tag ertragen, an dem sie wirklich frei wären. Wer denn, Ihr Herren Vasallen, Ihr Ausgeburten von Gundomar und Ute und Ringwolf und Hagen, wer denn wäre wohl tatsächlich frei! Auch diesen Hürnernen, auch diesen »Mächtigsten«, ihn treibt, solange er lebt, und schlüge er hundert Lindwürmer tot, die Gier. Er nennt es Begehren. Hat gut aufgepaßt in der römischen Rhetorikschule. In Wahrheit folgt auch er dem Gesetz aller Gesetze: Täusche Deinen Nächsten wie Dich selbst.

Ich schnappte nach Luft, war drauf und dran, die sieben Vorschläge zu holen und vorzuzeigen, was der Niederländer in Wahrheit zu befolgen versuchte. Aber Gunther seufzte kläglich, und dieser Klageton klang wie das, was er zuweilen auf der Harfe hören ließ, verquer tönte das und geborsten und endete in der Frage: Was also sollen wir tun?

Da sprang ich vom Stuhl auf und war sehr aufgeregt. – *Deleatur* und *pereat* hörte ich, rief ich, nun sogar *pereant*! Dreimal habe ich jetzt mitbekommen, wie der Bischof diesen Rat gab. Wie, so fragte ich und hob die Hände, wie kann ein so treuer Freund so vielen Haß auf sich ziehen, einer, der sich Burgund mit Haut und Haaren verdingt hat. Habt

Ihr schon vergessen, daß er uns den Hort schenkte, den unter Todesnot erkämpften *NidGir*-Besitz, oder ist es Euch etwa gleichgültig, wie dieser »Urheber« das Reich von Sorgen befreit hat. Nur mit dem Rheingold ist diese Doppelhochzeit so ansehnlich auszurichten gewesen, und Ihr solltet nicht scheinheiliger tun als *Ringwulfilas*, der beteuert, Besitz gelte ihm nichts.

Ich schaute die kleine Versammlung an. Da die Brüder von Grund auf irritiert waren von fast allem, was sich ereignet hatte, schienen sie dankbar, daß hier einer eindeutig Stellung bezog. Also redete ich weiter. – In irrsinnigem Mut, rief ich, hat er für uns die zwölf Mörder Ortwins erschlagen. Auch gegen die rachewütigen Sachsen hat er uns beigestanden, er, der nun Ringwolfs lateinische Schneidewörter auf den Hals kriegt. Hat die wütigsten »Heiden« besänftigt, die wilden Dänen vertrieben, mit List wie mit Kraft. Und führte uns über unsägliche Hindernisse zu Brünhild. Dieser wackere, dieser lebenswilde Kluge hat unermüdlich Dienst geleistet, redlich und selbstlos, vor allem dem König, den er aus elenden Lagen befreite. Als Lohn will Hagen ihm »an die Wurzel«?

Ich zitterte am ganzen Leib, rannte, um das Zittern zu verbergen, durch den Raum, an Dankwarth vorbei zur Tür, riß die auf, um zu sehen, ob jemand lauschte, in Wahrheit um Luft zu schnappen. Da war niemand, floh niemand. Ich schloß die Tür, kam zurück, die starrten mich an, als sei nun ich es, der Wirrnisse entfachte.

Ich versuchte einen anderen, einen besonneneren Ton. – War es nicht der Xantener selbst, fragte ich, der sich erniedrigt hat für uns? freiwillig? und war diese Erniedrigung auf Island nicht diejenige Hilfe, mit der die Werbung gelang? Dieser wahre Freund hat sich scheinbar, wie im Scherz, im Spiel, zum »Leibeigenen« gemacht, nur um Brünhilds Begehrlichkeit von sich auf unseren König zu lenken. Und diese List – ist das so schwer zu begreifen? – war nun Ursache für die Verwirrung, für den Zwist der Frauen. Nicht geschadet hat er uns, sondern hat Burgund so gedient wie sonst höchstens Hagen.

Ich sah Gernot nicken. Hagen sah ich den Graubart furchen, seinen Gneiskopf warf er auf, als brauche er Luft. Mußte wieder seinen Grindrücken jucken. – Gunther selbst, sagte ich, noch soeben, noch vorm Münster hat er beteuert, er allein müsse ja wohl wissen, wie grundlos Kriemhilds Unterstellungen waren. So ist es. Der Niederländer hat sich keine der Frechheiten herausgenommen, die ihm nun angedichtet werden. Neid habt Ihr, nichts als Neid, weil der so ausgelassen ist, so feuerköpfig und witzig und lebenstoll, mit dem Handwerk wie mit dem Mundwerk, wie wir selber nie sind und sein werden. Und in all seinem Eifer erkenn ich noch immer klare *differentias*, Herr Rhetoriklehrer: *aviditas*, die Gier, die geht aufs Tote, *appetitus*, das Begehren, das will das Lebendige!

Sie hörten mir noch immer gut zu. Wie es schien, mit Aufmerksamkeit, vielleicht mit Dankbarkeit. Also nahm ich nun allen Mut zusammen. – Und weil Gunther, sagte ich, offenbar noch viel zu verzagt ist, Euch zu gestehen, was er mir anvertraut hat, so verrate ich jetzt, es bleibt mir, bevor wir uns alle unglücklich machen, gar keine andere Wahl, so erkläre ich jetzt einen entscheidenden Umstand, den jeder, bevor er hier irgendein Urteil fällt, kennen sollte. Der wunderbare Sieg in der dreifachen Prüfung im Hof von Isenstein, wem wohl, frage ich Euch, hat Gunther auch diesen Triumph zu danken?

Der König blickte entsetzt. Aber einer mußte hier für Offenheit sorgen, *pro humanitate ac intelligentia* [»für Menschlichkeit und Einsicht«, sinngemäß »für Aufklärung«]. – Der Baumkraft, der LokiList, der Tarnkappe, der verkappten Kraft war zu danken, daß wir auf Island weder geköpft wurden noch versiegelt. Und daß diese ungewöhnliche Frau nach Worms kam und daß eben diese Frau dann in der Hochzeitsnacht unseren Bruder nicht einfach an einen Nagel hängte, sondern, wie Ihr alle beobachten konntet, unsere Hochzeitsgebräuche höflich und freundlich beachtete bis hin zum Hochamt, wem ist auch dies zu danken? *Sed solo vires vicit non virtus.* [»Nur die Kräfte besiegte er, nicht die Tugend.«]

Gunther blickte dankbar, ich hatte ihn geschont, hatte das Ärgste verschwiegen, die Nacht am Nagel. – In beiden Fällen, rief ich, in Island wie bei der Hochzeit, hat der Ruhrschmied mit seinen Sonnen- und Nebelkräften, unter Alberichs Kappe, härteste Freundes-Arbeit geleistet, so zurückhaltend und so ritterlich, daß alle Vorwürfe, wie sie leider unsere Schwester heute zu erheben für nötig hielt, Unterstellungen sind. Nein, wir stehen bei diesem märchenhaften Mann in Dankesschuld und wären die Dümmsten wie die Feigsten, dächten oder täten wir irgend etwas anderes. Dieser Außergewöhnliche, dieser sagenhaft Mutterlistige, dem sollten wir an die Wurzel, sagt Hagen? Einem, von dem wir alle lernen könnten? von dem wir fühlen, so lustvoll frei und allmütterlich gerecht wären wir selber gern? nämlich ohne das RomKreuz im Nacken? Gewiß, dem Bischof gefällt er nicht, kein Wunder, weg mit dem, sagt der. Wollen wir auf ewig Roms Knechte bleiben? Wir verkaufen unsere Seelen also noch immer an die Besatzung? Dann vernichteten wir unseren eigenen Ursprung, wenn wir diesen Gast und Freund ermordeten, Kriem-

hilds geliebten Mann. – Ich ging nun hastig im engen Raum umher, kehrte wieder zurück. – Wie können wir, rief ich, dem, der uns aus einer
470 Not nach der anderen half, nehmen, was er liebt wie keiner sonst. Freiheit und gar das Leben. Ich, Giselher, werde das verhindern. Und ginge es mir an mein eigenes Dasein.

So sprach ich und blieb stehen. Nun mit erhobenen Händen. Das Gesicht wohl übergossen von flammender Empörung, auch von Verlegenheit und Aufregung, gewiß lodernd rot. So und nicht anders hatte ich in diesem Moment reden müssen.

Hagen, im Stuhl neben dem König, sagte nun: Wehe, wenn ich auch nur eine einzige dieser kindischen Mitteilungen in der burgundischen Chronik wiederfinde. Eigenhändig würde ich sie zerfetzen. – Und das Zerfetzte, rief ich, würde Ringwolf verbrennen? – Wahr ist, sagte der Waffenmeister und schaute zum Fensterloch hinaus, der Schmiedegesell raubte unserer Königin den Gürtel. Krümel ranzigen Otternfetts kratzte er sich aus dem Nacken. – Der mehr ist als nur ein Gürtel. Wahr ist, er hat diesen Raub Kriemhild geschenkt. Wahr ist, daß er natürlich nicht mit seinen guten Diensten, die ihm mit der Hochzeit reichlich gelohnt wurden, sondern daß er mit dieser Frechheit auslöste, was jetzt alles erschüttert, das Reich und die Macht. *Detrimentum captum est.* [Hagen verwendet jurist. Formeln vom Ende der röm. Imperialzeit: »Schaden ist zugefügt worden.«] Und auf dieses *factum* gibt es nur eine einzige Antwort, und zwar nach dem besten, nach dem klügsten, nach dem erfolgreichsten Rezept, das es je gab, nach dem römischen Recht. *Omnis enim postulatio rerum reddendarum vel ex contractu nascitur vel ex delicto.* [»Denn jeder Anspruch auf Schadensersatz entsteht entweder aus einem Vertrag oder aus einem Delikt.«]

Er sah die Brüder an, zog sich den Bart über die Backe. – Im übrigen zittere ich vor Giselhers Widerstand. Wackerer Schreiber. Nicht mal einen halben Gedanken haben wir ausgesprochen seit dem peinlichen Schauspiel vorm Münster. Haben begonnen, über die Ursachen nachzudenken, die Wurzeln. Von Delikt und Schadensersatz reden wir, von nichts sonst. *Episcopusculus* [»das Bischöfchen«] hat sein Kirchenlatein salbadert. Und schon malt unser Sänger Schauerbilder. Es werde unserem Gast das Leben genommen. Wer denn sagte sowas?

Ich verschwieg, daß er schon auf Island vom Bauernopfer geredet hatte, sagte statt dessen: Du nennst »Vertrag« und »Delikt«. Einen Vertrag gab es nie, nur eine dreimalige Umarmung. Aber wo, bitte, war das Delikt? – Hagen beugte sich vor und murrte nun, grollend und grantig. – Verstehst Du denn nicht, Bube, daß der Streit der Königinnen, ausgelöst durch Deinen geliebten Arbeitsriesen, durch sein *donum fallum* [»intrigantes Geschenk« (den Gürtel)], daß dieser Zwist Deinen Bruder aufs übelste entehrte? lächerlich machte? in akute Gefahr bringt? ihn wie das Reich und jede burgundische Herrschaft? Unabhängig davon, wie wahr diese Vorwürfe waren oder wie falsch? Und verstehst Du denn wirklich nicht, daß man im Zorn über eine Schmach, die ein wenig gewichtiger ist als das Wenden des Fischs von einer Seite auf die andere, entsetzt aufspringen kann und sogar ausrufen kann: Nun reichts's, nun sollte der weg?

Er schaute wieder aus dem Burgfenster, das so eng war wie die Fenster im Münster. – Burgund, sagte er, hat nur scheinbar gewonnen von ihm. Durch die Tarnkuttenkniffe, von denen Du nun Andeutungen machst, gewann niemand. Du siehst ja, welchen Streit sie uns einbrockten. Und wenn Du glauben solltest, Du lieferst, indem Du Gunthers Geheimnisse verrätst, unserem Urteil die entscheidenden Argumente, dann schätzt Du das ein wie ein Halbgarer, wie jener Lehrling *Safran*, der seinen Namen aus den Frühlingskrokussen sog [*Safran* (arab.) = Krokus]. Im Gegenteil, was Du uns jetzt gestanden hast, das bestärkt meine Zweifel. Dieser Held von der Ruhr oder Lippe, der beherrscht mit seinem *Nif*HELWissen, mit seinen Loki-Künsten nicht nur unseren Bischof und unser öffentliches Leben, die Handwerker, die Schmiede, die *diet* und die Frauen, sondern nun erfahre ich, wie sehr er inzwischen auch Gundomars Kinder beherrscht. Wie genau er eingeweiht ist in die Schwächen unseres Königs. Wie immer man es sieht, gerade er ist es, der sich ins »Private« einmischt, und zwar räuberisch. Nicht nur, indem er der Königin den Gürtel stiehlt. Sondern indem er sich nebelhaft, in welcher Absicht auch immer, einschleicht in Schlafgemächer, in Hochzeitsnächte und in Geheimnisse.

Gunther, sagte ich, hatte ihn gebeten, ins Ehegemach zu kommen und ihm zu helfen. – Hagen seufzte, ließ nicht ab, aus dem Fenster zu blicken. – Ich weiß, unter welcher Angst der Schwächere den Stärkeren um Hilfe bittet. Wie leicht es der Mächtige einrichtet, daß der Ohnmächtige ihn bitten MUSS. Als Ihr alle noch nicht auf dieser Räuberwelt lebtet, geschah es, daß Euer Vater Gundomar die Sachsen, mit denen er zum Schein ein Bündnis geschlossen hatte gegen die Römer, an die Römer verriet. Vor Würzburg wurden sie überwältigt, wo sie dann auch, auf Ringwolfs Rat, weil Gundomar hatte sterben müssen und weil es Heiden waren, die ihn töteten, unter der Marienburg gerichtet wurden. Das wißt Ihr. Aber Ihr wißt nicht, daß *Gundomaris* das alles mit seinem Halbbruder *Ermanarich* abgesprochen hatte, der dann nicht von einem

Sachsen gemeuchelt wurde, wie ich Euch erzählt habe, sondern von seinem Bruder, von Eurem Vater. Als ich wissen wollte, warum er den
472 erschlug, sagte er, ich höre ihn noch: *Cognitum habuit puncti lubrici nostri* [*lubricus* = »betrügerisch«]. Er kannte unsern wunden Punkt. Den Verrat an denen, mit denen wir uns scheinbar verbündet hatten. So sprach Euer Vater, nachdem er seinen Bruder gemeuchelt hatte. Und so spreche nun ich. Der ich den, der mich im Brunnen fand, hilflos, mit zerbrochenen Knochen, aus dieser Welt beförderte, so daß es niemanden gibt, der mich je im Elend sah.

Mir verschlug es die Sprache über soviel Kaltschnäuzigkeit. Aber Hagen war fähig, so weiterzureden. – Und diese Hochzeit, fragte er, ist »ansehnlich«? Der Bratenduft wird vorüberwehen. Ein Berg an stinkendem Mist und Lächerlichkeit wird übrigbleiben, geistert schon jetzt durch die Kahlköpfe. Unsere Fräulein zischeln vom *finis mortis et Martis*, Ute piepst seit je vom *finis operis*, Ihr hörtet von dem Helden Terloh und auch von dem Gaukler, der Guntherfratzen verkaufte. Und nach gründlicher Beratung unter Männern, die nicht mehr gar so grün sind wie unser Chronist, werden gegen den *Spartacus resurrectus* [den wiedererstandenen Sp.] schon auch noch vernünftige Vorschläge *reddendi* [»des Schadensersatzes«] erwogen.

In diesen Augenblicken wäre ich zu gerne dorthin versunken, wo eine Hand, eine Haut, eine Nymphe mir mehr bedeutete als der Rat noch so »vernünftiger« Männer, denen ihre *potentia* über alles ging. [Schazman: *beyond all events*. Es liegt nahe, im Nhd. die später benutzte Formel einzusetzen.] Über alles ging ihnen Macht und Reich und *Imperium*, bei denen ich es abermals zu hören glaubte, Utes Urteil [S. 457]: *Thurh that thorrot thiu thiod.*

Hagen stand auf, spürte meinen Widerstand, schüttelte den Kopf und murmelte, wie lange es wohl noch dauere, bis auch ich begriffe, wie eine Räuberhöhle zu verwalten sei. Vielleicht helfe es mir, wenn nun auch er, in dieser Stunde der Wahrheit, ein privates Geheimnis verrate, nachdem er die Umstände, wie *Ermanarich* ums Leben kam, für *res publicae munera* halte [für eine politische Angelegenheit, wörtl. »im Sinne der öffentlichen Pflichten«]. Mit Ringwolf habe er sich die Schlüssel besorgt zu meiner Truhe. Noch letzte Nacht, als ich es vorgezogen hätte, mit einem Nebelfräulein zu Loki zu fliegen, um darüber meine Schlüssel so zu vergessen wie schon jener gelehrte Meister zu *Buochenheim* [s. S. 178 ff.]. Ringwolfs Schlüsselschmied hätte aus dem Bündel den richtigen herausgefunden. – Da haben wir, sagte er in großer Ruhe, Deine Blätter zu lesen begonnen.

Haben keines zerrissen, keines verbrannt. Aber haben zu lesen begonnen. Zuerst die zuletzt geschriebenen Seiten. Da fanden wir die Geschichte vom gälischen Glauben. Auch Kilians Lied gegen den verdorrenden Paulus. Von daher kannte ich auch längst, was Du uns jetzt verraten hast als Nebelkappenlist Deines Freundes aus dem Niederland. Fanden auf Deinen Kuhhäuten in Überfülle Kelterkrempel, Ringwolf entdeckte die Rumolt-Geschichte vom Hirschsprung, ich die von Gottes Säbelbeinen.

Wie im Ekel wandte das Furchengesicht sich ab, stand auf und trat an eines der winzigen Fenster. – Solchen *Plebs*Quack schreibt er auf, unser Gelehrter. – Von unten, vom Hafen her, drang plötzlich Lärm, zischte Keifen, Zetern, Gekreisch, da wurde geschrien, immer näher, immer heftiger. Der Xantener, hörten wir rufen, der zertrete Käfige, der verwüste Wechselstuben, Schweinekoben und Gänsegatter, der werfe Marktstände um, brülle TRONJE und treibe Menschen, Säue, Hühner und Eber vor sich her. – In der Tat, da sprangen sie schon heran, jaulend und quietschend humpelten sie vorüber, flüchteten hüpfend durch frühlingsweichen Gassenschlamm.

Als es wieder still war, sagte Hagen: Ein Unglück bleibt der. *Vanus laboris, horror omnis ordinis* [»eitle, nichtsnutzige Plackerei, ein Schrecknis jeder Ordnung«]. Ringwolf meldet mir, sein Wandkreuz sei verschwunden, der Niederländer habe heute morgen, vorm Hochamt, Eisendrähte um die vier Enden des Kreuzes gewickelt, das Ganze mit Segeltuch beklebt und im Frühlingswind aufsteigen lassen zum »nifHELheimischen Hochamt«. Ich konnte das nicht überprüfen bisher, aber das säh ihm ähnlich. Ja wäre er bloß ein Irrwisch, ein lebenslustiger Vogel, wir würden schon mit ihm fertig und könnten seine Arbeitswut nutzen. Aber sein Tatendrang ist unberechenbar, zielt auf das Zentrum. Dieser Raubbär hat nun Dich, Gunther, im Griff, DU bist es, der in seiner Falle steckt.

Hagen wartete auf Widerspruch. Bekam keinen zu hören. Ich vergrub mein Gesicht in den Händen. Von nun an ging es in diesem Turm nicht mehr um die Frage, was wahr sei an den Vorwürfen, wahr schien allein die Schmach für König und Reich, ausgelöst und vorbereitet durch einen, der Kräfte hatte von den Externsteinen oder von Sonne und Nebel, Kräfte jedenfalls, die bedrohlich waren für Burgund. Keiner, so hörte ich Hagen sprechen, versteht sich so genau auf Angst oder Wut im Volk wie Bischof *Rusticulus*. Er kennt die Leute, ihre Furcht wie ihren Furor. Abermals gibt er mir jetzt das Signal, was zu tun sei. Denn er spürt, hier ist einer, der nutzt Elemente und Volk, vor allem die Frauen, zum Aufruhr.

Weh über seine Nornenkräfte, sagte Gunther. Gegen die gibt es kein Mittel. Die wohnen auch im Kopf. Sein Keltenkopf läßt ihn rascher

handeln, als wir je denken konnten. – Nornenkräfte, sagte Hagen, versperren bisweilen den Kopf. Machen Sparren ins Hirn. Aber Du hast recht, Gunther, seit der unser Gast ist, wachsen auf den Kahlschädeln Krokusse und Himmelsschlüssel, nicht bloß auf dem Kopf dieses wackeren Recken Terloh, der Herrn Gottlieb den Kranz vom Schädel reißen durfte. Seitdem erlaube ich mir, darüber nachzudenken, wie auch an seinem Eschenbaum genagt werden und am Ende sogar ein hürnerner Springer zum Besprungenen werden könnte. Ich jedenfalls werde nicht ruhen, bis seine *Sigurd*-Träume zerhagelt sind, und geschehe das heimlich und listig, wie er selber es liebt. Und sei es schon bald. *Vincere scis, Victor, victoria uti nescis.* [»Zu siegen weißt du ja wohl, Sieger, aber den Sieg zu nutzen, das weißt du nicht.« (Vgl. *Livius, Ab urbe condita*, 22,51,4.)]

Gernot blickte erschrocken. Schließlich fragte der Stoppelkopf: Woran denkst Du? – Hagen sah mich an, denn ich war aufgesprungen, hob beide Hände, wollte einen Moment lang dem Alten an die Gurgel. Der aber sagte: Hab ich etwas geredet von zerschnittener Kehle? von zerprügeltem Hirn? Wenn ich das tat, dann hau ab und scheiß es auf Deine Lammhäute! und weih Deine Blondlocken dem Herrn aus *Ad Sanctos* [»Xanten«], Deinem Sankt Viktor! – Da stürzte ich, zumal ich merkte, wie mir die Hände zitterten, an ihm vorbei aus dem Wehrturm, zum hinteren Bergfried. – Gernot mußte mir später sagen, was, als ich fort war, der Waffenmeister weitergeredet hat.

Er hätte erklärt: Nun kann ich deutlicher werden. Giselher erträgt schon das Grundsätzliche nicht und rennt zu den Weibern. Schaut aus diesem Mauerloch. »Es ist Zeit, hinauszuschauen« [aus Kilians Lied]. Seht die Waldungen, die Forste im Süden. »Ehe wir es innewerden, gleiten wir ins Ende, blind«. Seht überall die Wälder um die verschlungenen Arme unseres Rheins. »Seht die Falken, die Forellen«. Wenn Ihr das alles betrachtet und bedenkt, dann wißt auch Ihr wieder, daß zu einer Fürstenhochzeit die Jagd gehört. Erst am siebten Tage, sagte Dankwarth, soll sie beginnen. Nach diesem ergötzlichen Hoch-Amt wär mir schon heute nichts willkommener. Wie tief und wie üppig sind die Dickichte *in meridiem spectans* [»in Richtung Süden«]. Bis hin zum Waskenwald reichen die Reviere, die hier seit je als die guten gelten, als die ertragreichen, als die Waldweiber, die gemolken sein wollen. Alte Jäger erzählen sich, wer die Bärin speere oder die Hirschkuh, der paare sich mit ihnen. Wenn Gunther verzagen will und glaubt, gegen die Wald- und Nornenkräfte gebe es kein

Mittel, so sage ich, Hochzeit und Jagd, sie gehören zusammen. [Vgl. die Jagdsprache, in der Hagen das Schachspiel beschrieb (S. 326).] Worauf warten wir. Hat nicht Bischof *Rumoridus* den weisen Heraklit von Ephesus zitiert? »Töten muß ein Gemeinwesen für sein Gesetz wie für seine Mauer.« 475

Da die Königsbrüder nichts zu begreifen schienen, sagte er: Bevor wir wieder in die Halle gerufen werden, nur um zu sehen, wie die Frauen verweinte Gesichter zeigen oder versteinerte, bleich vor Kränkung, reiten wir lieber auf die Jagd. Worauf warten wir? Um beobachten zu müssen, wie auch unser König immer ratloser wird und bleicher? und unser Sänger Giselher immer fliegender und flüchtiger? Sollen wir zuschauen, bis es aufs neue zum Streit kommt zwischen den Königinnen? Bis auch die Kahlschädel kapieren, was Giselhers Rabbi über Christus verbreitete, so daß auch unsere *diet* sich wieder einen der Ihren zum Gott machen? womöglich den Arbeiter aus dem Eschenwald? indem sie ihn nunmehr zum »Jeschu« erhöhen? damit er die alten bornholmischen Flug- und Freiheitsmärchen in die Tat umsetzt? Ihr Söhne Gundomars, laßt uns schon jetzt zur Hatz blasen, zur besten Ablenkung, die sich denken läßt.

Dich und den König, sagte Gernot, erinnere ich, daß ich es war, der diesen Bundesgenossen und Helfer gewann, damals, mit Ortwins blutigem Arm. – Was willst Du mit diesen Erinnerungen sagen? Siehst Du's denn nicht, wie er aufwiegelt? Was immer der Alleskönner anfaßt, tut oder redet, selbst seine Art zu helfen macht Unruhe, stärkt nur den Trotz derer da unten. – Was Hagen also tun wolle, hätte er, Gernot, gefragt.

Tief hätte der Waffenmeister Luft geholt, wie in Trauer darüber, daß seine Zöglinge ihn noch immer nicht verstünden. Und hätte dann, bartfurchend, gesagt: Wie dem Schmied Wieland die Gelenke zerschnitten wurden, das wißt Ihr. Sobald die Sonne nicht mehr in dieses Rheinfenster scheint, zur zweiten Mittagsstunde also, da läßt Dankwarth die Krummhörner hören. Bis dahin will ich dafür sorgen, daß der Fremdling die Kuhlust kriegt. Die Lust, sich einen lüsternen Stier zu fangen. – Darüber hätte Hagen lachen müssen und husten, habe sich das Fell gejuckt und sei hinausgerasselt.

Gunther sei dann wie aus einem Traum erwacht und habe gesagt: Ja, zur zweiten Mittagsstunde, am dritten Hochzeitstag, bevor auch bei uns sich ein Wieland erhebt zum Drachenflug. [Schmied Wieland waren die Fußgelenke zerstört worden, mit einem selbstgebauten Flugdrachen hob er sich in die Freiheit.] Laß die Vorräte richten, Dankwarth, Wein und Speisen, die Hetzhunde, Pferde und zwei Schiffe. Hagen hat recht, die Jagd heute, *in meridiem spectans*, die täte uns gut.

Geschrei höre ich in meiner Gruft. Schreie eines Todeskandidaten. Das ist nun der Münzenhändler, der den Pokal von Gunther erschwindelte. Den
476 Wächter, auf den er in jener Nacht einstach, den hatten seine Verwandten gefunden, noch lebend, hatten ihn gepflegt und hatten ihn als Genesenen Wochen später nach Worms gefahren, dort hat er seine Geschichte erzählt. Da wurde klar, Hagen hatte den Falschen hängen lassen. Kurz bevor sie auch mich einkerkerten, wurde der Richtige verurteilt, derjenige, der den Pokal erschlich und dem der Nibelunge an seinem eigenen letzten Lebenstag den Münzentisch über den Schädel schlug.

Etzels Hunnen, sagt mir Kilian, lagerten jetzt bei Ladenburg, also in großer Nähe. Etzel hätte einen Boten in die Wormspfalz geschickt, Fürst Rüdiger, einen Passauer Ritter. Dieser Rüdiger verhandele und vermittle nun zwischen Gunther und Etzel. Die Pfalz wirke wie ein Grab. Kriemhild sei unansprechbar, Brünhild bleibe verschwunden.

Kilian *Hilarus*, der am liebsten mit denen redet, die als die Einfachen gelten und bei den Römern als *proletarii* und bei uns als »Leute«, er berichtet mir, daß sich Utes *thiod* [s. S. 456], daß sich die Deutschen den Mord folgendermaßen erklärten. Wie der Niederländer sein Wissen von seiner Mutter Sieglind hatte, so sei auch schon dem Herrn Jesus eingeredet worden, er wäre unsterblich, wahrscheinlich hatte auch der das von seiner Mutter, also von der heiligen Madonna selber, und man habe ja schon bei Jesus gesehen, wie solcher Dünkel ende, im Jämmerlichsten, am Kreuz. – Kilian sagt, es herrsche bittere Enttäuschung all der Leute, die in dem *Victor* ihren Befreier erhofft hätten.

Kaum war ich aus der mörderischen Beratung zum Bergfried geflohen, spürte ich, schon unterwegs, im engen Gang, die Alberichtochter und hörte, seit dem Streit der Frauen sei sie es, die ihres Vaters Kappe trage, die Herren hätten damit nur Törichtes angerichtet. Höchste Zeit sei es, die Nornenlist den Frauen zurückzugewinnen.

Von der Verkappten weiß ich, wie wenig später Hagen Kriemhilds Zimmer betrat und dort Ute fand. Hagen selbst hatte sie ja gebeten, sich um die Tochter zu kümmern. – Gute Nachricht, hat er gerufen, es gibt Jagd. Noch diesen Mittag ziehen die Männer rheinauf.

Und hat, da die Frauen schwiegen, gesagt: Ute, Du hast Dir gewünscht, vor jedem Jagen die Tiere zu segnen, eigenhändig, die Waldkräfte um Frieden zu bitten. Diesmal will ich's beizeiten gemeldet haben, Rösser und Hunde hörst Du schon bald im Hof. – Die Alte hat geantwortet, sie sehe, die Sonne rolle heute schwerer. Die Erde schwitze.

Der Wald brauche Kraft. – Und hätte den Helferinnen gewinkt, sie hinauszutragen.

Der Waffenmeister, der sie damit binnen einer Stunde zum zweitenmal aus dem Weg geleitet hatte, begab sich sogleich an die dritte List. An die folgenreichste. Schob hinter der Greisin den Türriegel vor, wandte sich um und sah in ein entsetztes Gesicht. Hörte hinter den Holzgittern die kleinen Warnschreie des weißen Falken. Und erkundigte sich, was Kriemhild erschrecke. 477

Es ist heute schon einmal einer dort erschienen, wo Du jetzt stehst. – Der hatte wohl, denke ich, Unfreundlicheres mitzuteilen als Dein alter Vetter. – Was willst mir mitteilen? – Ging an dem flatternden Vogel vorüber. – Daß wir auf die Jagd gehen. Für zwei oder drei Tage. Und daß darüber Erleichterung ist unter Deinen Brüdern. Nach Deinem Zank mit der Königin hat keiner mehr Appetit auf die Straßburger Küche.

Jagt er mit? – Der Heermeister ging zu den Gitterstäben, hinter denen der GerVogel sich duckte. – Wer, frage ich Dich, hätte nun Jagd nötiger als Dein »Mächtigster«. – Froh wäre ich, Ihr würdet ihm nicht entgelten, was ich herausschwatzte, aus Angst. – Aus Angst? – Brünhild hatte erklärt, und so fing der Zank an, mein Freund habe sich auf Island zu Gunthers Knecht gemacht. Ihr alle könntet das bestätigen.

Der graue Vetter wendete sich von dem weißen Vogel zu der Frau, die nunmehr geduckt zu stehen schien. – Er hat mit dem Gürtelraub König und Königin in Verruf gebracht. Und Du mit Deinem Schwatzen hast ihm dabei geholfen. – Es tut mir leid. – Du könntest es wieder gutmachen. – Wie meinst Du das? – Wie ich es sage. – Glaub mir, es reut mich, was ich vorm Münster, in der Not, gesagt habe. Ihr Herren hättet mir anvertrauen dürfen, daß er, aus Liebe zu mir, dem König half und so tat, als gehörte er zum Gefolge. So daß Brünhild bis heute glauben mußte, mein Mann sei Gunther untertan. Und so daß ich gleichfalls fürchten mußte, wir seien Dienstleute. Wieso geht, was Ihr Herren verabredet, die Frauen nichts an? Du siehst, was passiert, wenn Ihr Euch ausschweigt und, wie der Bischof und die Heiligen, die *feminas* für »*Minus*-Menschen« [vgl. S. 209] nehmt. Hätte ich von Eurer List gewußt, nichts wäre passiert. Inzwischen hab ich, das darfst Du mir glauben, gebüßt. Nicht schlecht hat er getobt. – Wir hörten es.

Der Heermeister kam auf sie zu. – Hat er Dir erklärt, warum er den Steingürtel stahl? – Sie zögerte. Sagte dann: Im Übermut macht er sowas. Oder nein, ich denke, er tat es, weil er etwas auflösen wollte. Das, was ihn, früher mal, mit Brünhild verband. Hat sich wohl auch gerächt

an ihr, an ihren Zauberkünsten. Wie jetzt auch an mir, an meinem Gerede. Und nun ist doch, denke ich, alles gut. Oder? – Das hoffe ich. – Wie meinst Du das? – Wie Du es gesagt hast. Daß nach der Jagd alles wieder gut ist. – Ging durch den Raum, zum Fenster hin, durch das der Alberichgürtel geflogen war, schlangengleich geringelt. Kratzte sich unterm Hemd. – Ich wollte, sagte sie, es gäbe niemanden mehr, der auf Rache sinnt.

Im Mittagslicht erkannte sie ihn nur noch als Schatten. Und bekam zu hören: Wenn Du eine bestimmte Furcht hast, vertrau sie mir an. Ich bin eingesetzt als Schutz auch für Dich. Der Schwur, Gundomars Kinder zu hüten, gilt auch für Dich. Auch für den Falken, den Du Dir »gezogen«.

Das tut mir gut, Dich so zu hören. Und da Du mein Vetter bist, vertrau ich Dir. Gestehe Dir nun tatsächlich eine bestimmte Furcht. Und hoffe, Dein Schwur an jenem Sterbelager, der gilt wirklich auch für mich. Für mich wie für ihn. – Sag mir Deine Furcht. – Wenn er jagt, trägt er keinen Harnisch. – Wir alle tragen keinen. – Gestern hörte ich, durch die Wälder vor Speyer zögen Räuberbanden.

Auch ich hörte davon. Ich wollte schon Gere dorthin schicken, aber wenn heute in dieser Richtung alle zur Jagd ausreiten, so erübrigt sich das. Das sind Sachsenhorden, die nicht siedeln wollen, die sich seinem Spruch nicht gebeugt haben. Einige sah man beim Frankental.

Wären es Sachsen von Lippe und Ruhr, dann wären es seine Freunde. – Kaufleute sagten, es seien OstFalen. Die zürnen dem Nibelungen, weil er sich mit den WestFalen und den Römischen verbündete und zwölf OstFalen erschlug. – Im lichten Fenster trat er ein paar Schritte vor. – Und da wir auf der Jagd in der Tat keine Brünne tragen und keine schweren Waffen, verstehe ich Deine Sorgen. Da ist in Hinterhalten auch er in Gefahr.

Wenn Ihr beisammen bleibt, wird kein Unglück geschehen. – Da er schwieg, fuhr sie fort: Mit ihm zu reden fällt mir im Moment schwer. – Der Schatten blieb stumm. – Er ist zu gutgläubig. Meint, alle Welt müsse ihm Freund sein wie Giselher, wie Gernot oder *Liudger* oder Rumolt und die keltischen Leute. Du selbst sagst, die Welt ist voller Maden und Räuber. Er, bei der Jagd, mag sein, stürmt wieder allen voran, dringt am weitesten vor, in ferne Reviere, und gerät so, ohne sein Kettenhemd und ohne BALMUNK, in eine Falle.

Aber er ist hürnern. Unverletzbar. – Du weißt es so gut wie ich, im Rücken ist er ungeschützt, hinterm Zwerch. – Als Kriemhilds Vetter nun schwieg, nahm sie ihre Kraft zusammen und sagte: Hagen, wozu soll ich meine Angst verstecken. Ich weiß inzwischen, warum er Mißgunst auf sich zieht und wer ihm grollt.

Der wendete sich ab, blickte auf ihren Tisch, tat, als interessiere ihn das perlenbestickte Nadelkissen, das in der Sonne blinkte. – Die Du selber Maden nennst, die peinigt es, wie sehr er ihnen überlegen ist. Daß er frei fliegt, falkengleich. Jeder wünscht ihn sich insgeheim in einen Käfig. Schon unter der Siegburg hatte ihn dieser Herr Ekkehart überlisten wollen. So versuchte es Alberich und so ging's auch auf dem Isenstein, dort hat Frau Brünhild ihn einfangen wollen. Und bei uns haßt ihn am meisten der Bischof. Der alles hassen muß, was ohne Angst ist.

Das Nadelkissen zeigte in glitzernden Glaskügelchen einen Adler, der zum goldenen Himmel stieg. In den Fängen hielt er einen Fuchs. – Dir, dem Treuen, sage ich es offen: Ringwolf wurmt es, daß da einer freie Gedanken sagt und mehr weiß als er selbst. Ihn fuchst, daß dieser Ritter niemandem untertan ist, am wenigsten Roms Totenbildern.

Der Mann mit dem Steingesicht hatte begonnen, einige Nadeln herauszuziehen und dort wieder einzustecken, wo der Adler die Flügel breitete. – Du, Hagen, bist kein solches Neidtier, weil Du selber genügend Taten vollbracht hast. Noch gestern besang Giselher eine davon. Bist auch zu alt, als daß Dich die Schönheit und das Strahlende noch wurmen müßten und daß er ein *auriscalpius feminarum* ist [»Ohrenkitzler der Frauen«, s. S. 106]. Du wirst wissen, was es heißt, wenn einer der Tüchtigste ist, der Klügste, der Begehrteste.

Die längste der Nadeln setzte er auf die Vogelbrust, stieß sie langsam ein, legte das Kissen ins Fenster, in die Sonne, und sagte: Wir sollten öfter miteinander reden. Ich fürchtete schon, Dein Blick bliebe bei schönen Kleidern hängen und sähe nicht, was sie verhüllen. *Carpe diem, quid sit futurum eras, fuge quaerere.* [»Ergreife den Tag, was morgen sein wird, meide zu fragen.«]

Es fällt mir schwer, jetzt nicht besorgt zu sein. Ich bitte Dich, halte Du zu meinem lieben Mann. Auch jetzt, auf der Jagd. – Ich verspreche Dir's. Ich bleibe in seiner Nähe. Gebe ihm Deckung.

Wenn Du das versprichst, dann will ich, aus Liebe zu ihm, Dir, dem Diener Gundomars, dem will ich – sie verhedderte sich, holte tief Luft, fing nochmal neu an – Dir, Hagen, dem Treuesten, will ich die Stelle sagen, in seinem Rücken, an der er, wie Giselher erzählt hat, verwundbar blieb, beim Bad in *NidGirs* Ruhrblutwasser.

Ich erinnere mich. Dort war die Hand der Albentochter. Zwischen seinen Schulterblättern, dort ist er nicht neidgierig. – Nein, tiefer war die

Hand, hinterm Zwerchfell. – Ich erinnere mich, beim Kreuz. – Sie faßte sich in den Rücken. – Hier, wo, wie die Mutter sagt, jeder die erschütterbare Stelle hat, da ist auch der Bärenmann verletzbar. – Wenn ich ihn schützen soll, wär's gut, Du nähtest auf sein Jagdkleid ein Zeichen. Ein kleines nur, damit ich Bescheid weiß.

Sie ging zu dem Nadelkissen, sah, wie er es geschmückt hatte, blieb eine Weile stehen, zitterte. – Wir verlören alle, meine Brüder, Du und ich, den besten Freund. – So ist es. Darum kommt es auf meinen Schutz jetzt mehr an als je. – Er wollte gehen, sie folgte ihm an die Tür, so daß er dort noch einmal stehenblieb. – Du meinst es gut mit ihm? – Wie ich es gesagt habe.

Rote Seide nehm ich, die siehst Du auf dem Leder sofort. Ein Kreuzchen näh ich hinter sein Kreuz. So wie auch sonst sein Jagdkleid diese Feuerzeichen zeigt, die Kuhschädel, die zurückgebogenen Spitzen, die er im Zorn nun auch in Worms verkrümmt hat, die Mordspitzen.

Ich bin sicher, Du machst es richtig. – Nickte, ging hinaus.

Dankwarth näherte sich dem Xantener zögerlich. Der saß auf der Treppe, die zur Hortkammer führte, saß, scheinbar erschöpft, und hielt von den verbogenen Waffen noch zwei in der Hand. Blickte nun auf, sah den Truchseß kommen, brummte noch einmal dieses TRONJE. Und sagte, er fürchte, in diesem Worms, an diesem engen byzantinischen Höfchen den Verstand zu verlieren.

Da plauderte Dankwarth, als wäre nichts geschehen, sah einer schimpfenden Sperlingsschar hinterher und meinte, dann wäre wohl auch dem Niederländer die Jagd willkommen. In der Mittagsrichtung gebe es zwischen den Rheinläufen Rotwild in Mengen, Wölfe, sogar Bären. Und als Dankwarth dann durchblicken ließ, daß nicht erst am siebten, sondern noch diesen Tag Jagd sei, sprang der Cherusker auf und rief, Herrn Gere habe er an die Kirche gehängt und den Kirchenvetter im Rhein versenkt und aus der Stinksoße leider auch wieder herausgezogen, dringend YERRA benötige er nun andere Luft, Waldluft.

Da gab Dankwarth Winke, man brachte die fiepende jaulende Meute, und der Truchseß bat den Niederländer, sich Tiere auszuwählen. Der wollte aber keine Hetzhunde, ein einzelner guter Spürhund genüge ihm, ein Bracke, der ihm Wild aufstöbere, mehr benötige er nicht, fangen werde er Wisent oder Wolf schon selber. – Wartet, bis ich mich von Kriemhild verabschiedet habe.

Inzwischen beluden Kahlgeschorene zwei Schiffe. Das vordere war für die Herren bestimmt, das andere für die Treiber und die Rösser, auch für Grani und für Rumolts Küchenmannschaft und für die Tiere und die Speisen. Unter den Leuten, die da zu arbeiten hatten, ging die Frage um, ob jemand wisse, was TRONJE meine. Das Wort war niemandem bekannt. Wie Hirsch es gedeutet hatte, war unbemerkt geblieben. Unterdessen hatte Ute sich vors Lastschiff tragen lassen, um die Tiere zu segnen. TRONJE, sagte sie, ist Verdrehen, Zerschneiden, Zerstören. *Terrorem terrarum. Thurh thaz thorrot thiu thiot.* Wodurch die Leute zerstört werden. – Die Arme hob sie mit flachen Händen und sprach in das Lefzengefiepe, in das Getrappel, das auf dem Steg dicht vor ihr vorüberzog:

Kirrr! sssit! swini sind hussa!
nu sprink Du vihu minas ussa!
Wala hiuta dero hunto!
fridu frono in Odins munt!
Heim zi kommone elliu gisunt!

[Dieser Tiersegen fand sich noch auf dem Rand einer lateinischen Handschrift des 10. Jahrhunderts im Kloster Lorsch: »Kirr! Sssit! Die Schweine sind los, nun springt, meine Tiere, hinaus, gesegnet seid ihr heute, meine Hunde, auch ihr seid Odins Geschöpfe, kommt alle gesund wieder heim!«]

Er hatte die Tür zu Kriemhilds Raum noch nicht verschlossen, da vergingen ihm seine ungefügen Schritte. Wollten sich aber auch die leichten, die wippend springenden, noch nicht wieder einstellen. Denn er fand sie blaß, verweint. Fast lautlos, sacht näherte sich der Mann, wartete, bis er sagen konnte: Das Toben, Kriemhild, war, glaub mir, Wut gegen mich selbst. Nachdem ich einige Neidgeier zerknickt hab, wird mir fast wieder wohl. Dir nicht?

Da sie nichts antworten konnte, kam er noch den letzten Schritt näher, strich vorsichtig über ihr Haar. – Sag mir, und hab keine Angst, ich brüll jetzt nicht mehr, sag mir, welcher Alp Dich geritten hat vorm Münster. – Brünhild hat behauptet, Du seist Gunthers Leibeigener.

Er zog sie zu sich heran. Sie fiel ihm in die Arme, er hielt sie. Und, nach einer Weile: Ich muß, sagte er, Dir noch so viel erzählen. Was in Wahrheit gewesen ist auf dem Isenstein, zuvor und danach, an der Ruhr und in Rom und anderswo. Von mir hörst Du kein Bischofsgesäusel. Verachte nicht Dein Schimpfbiest. – Ich liebe Dich sehr. – Er streichelte ihr dunkel glimmendes Haar, küßte sie auf die Stirn, den Mund. – O meine süße, meine heilige Sau. Merkst Du's, wie ich dampfe, noch immer schlottere? Fast wär ich zersprungen. – Vor Zorn? – Vor Zorn. – Auf mich? –

Auf uns alle. Wir sind verdreckt. Auch Deine Laken. Auch Deine handgestickten Kissen. Roms neuer Weltenschöpfer hat in seine Welt geschissen. – Nimm Dich in acht vor dem Bischof. – Es geht jetzt auf die Jagd. Auf Füchse und Rehe, vielleicht auch auf Bären. Jedenfalls raus aus diesem Wurms. Den Bischof lassen wir hier.

Sie sah ihn an, als warte sie darauf, daß er widerrufen würde. Löste sich dann aus seiner Umarmung, ging zum Tisch, an dem sie gearbeitet hatte. Hob sein Pirschgewand, das war aus weichem hellbraunem Leder, bestickt hier und da mit den regenbogenfarbenen Zeichen. Ihre Augen waren naß.

Dies Stück, sagte er, ist von den Externsteinen, Sieglind selbst stickte die Zeichen. Sieh die Kühe, hier ein Kälbchen, die Flammen. Bilder aus *Sigurds* Zeit, Irrlichter, die den *Quinctilius* vor der Weser in den Sumpf lockten. Was ist Dir? Warum weinst Du? Verzeih Deinem ÜPFETAPF Brüllkopf. Ich denke, nun wird alles gut. Hab Waffenspitzen verbogen, soviele ich packen konnte.

Wieder umarmten sie sich. – Immer, sagte sie, möchte ich Dich jetzt so festhalten, Dich nie mehr lassen. – Und warum weinst Du? – Sie konnte nichts antworten, schüttelte nur den Kopf. Er nahm sein regenbogenbuntes Tuch aus dem Gürtel, trocknete ihr die Tränen. Dann ließ er sich die Jagdweste anziehen.

Das Kreuzchen zeigte die richtige Stelle. Er drehte sich zu ihr, zog sie wieder in seine Arme. – Du willst, daß ich jetzt nicht mitgehe? – Sie nickte. – Zu Worms ist mir's heute zu eng. – Ich mach Dir's weit. Bis an den Mitternachtsstern. – Vorher muß ich noch ein paar morsche Bäume ausreißen, Maden zermanschen. Verstehst Du das? – Sie nickte. Reisende sollte man ziehen und Falken fliegen lassen, sagte mir Ute. – Deine süße Mutter, küß sie von mir. Ich weiß nun, warum sie Holz kauen muß. Die WurmsLurche machen Stickluft. – Kriemhild, in seinen Armen, nickte heftig. Lachte und weinte gleichzeitig und dachte immer genauer und schmerzlicher an das, was sie Hagen verraten hatte. Wagte nicht, mit ihm darüber zu sprechen. Obwohl nun wieder alles offen schien und liebevoll. Aber sie hatte jetzt erfahren, wie ungeheuer sein Zorn werden konnte, wie unmäßig seine Wut. Und schon wieder hatte sie eines seiner Geheimnisse preisgegeben. Diesmal nicht den Gürtel, nun seine verwundbare Stelle. Wie sollte sie ihm jetzt, wo er noch immer zitterte, noch schweißbedeckt war von der Raserei quer durch die Pfalz, eine neue Verfehlung gestehen. Seufzte und ängstigte sich, daß es fast über ihre Käfte ging. Da blieb nichts, als sich fest an ihn zu klammern. Als er abermals fragte, was sie bedrücke, brachte sie nichts hervor, beteuerte nur unter Tränen, wie sehr sie ihn liebe.

Ich liebe Dich auch. – Ich liebe auch alle Deine heimlichen Lieben, Deine Geheimnisse. – *Thu quad su godlic sam ther manon skin.* [»Du sprichst so herrlich wie der Mond scheint.«] Das macht mich fast verrückt vor Freude. – Er streichelte, küßte sie und wiederholte, er werde alles erzählen. Alles solle sie wissen, er wüßte Geschichten bis hinters warägerische Meer und von dort bis zum Orionjägerstern [vgl. u. a. S. 22, 327, 503], der in Wahrheit die Kuh sei. 485

Als sie das hörte, mußte sie ein wenig lächeln. – Der Jäger, also Du? Du bist in Wahrheit die Kuh? Und was wäre dann ich? – Du bist *Freya*, die den Jäger *grim enti gradag* [»den grimmigen, den gierigen«] in die Friedlichkeit verwandelt.

Als sie sah, daß auch ihm die Augen naß glänzten, mußte sie wieder ein bißchen lächeln. – Du großer Held weinst? Das werde ich Hagen sagen, damit er spotten kann. – Beide preßten sich eng aneinander, es wurde ihnen warm und wohl. Fest legte sie ihre Hand an seinen Rücken, eng und warm auf jene Stelle, die sie zu schützen hoffte. Und wollte, sie wüßte einen von Utes Segenssprüchen. Von draußen riefen Signale. Jagdhörner.

Morgen abend bin ich zurück. – Da begann sie, unter Tränen, hastig zu reden: Aber ich träumte heute früh, wie Dich ein Saubär über die Heide trieb. Der stieß Dir seinen Hauer in den Rücken, daß alle Blumen sich rot verfärbten. Im Schlaf hab ich laut geweint. – Was sollte der Traum? – Angst hab ich. Das sollte er. Zu oft schon hab ich wahrgeträumt. Und Du selber weißt es: Mancher hier im Haus hat Haß auf Dich. Neid. Weil man sagt, Du wollest am Ende aller Könige König sein, der neue *Sigurd*, der *Irmin*. Du bist zu gutgläubig, o bitte bleib hier!

Ich kenne die Giftzwerge. Ringwolf ist der ärgste, aber der jagt Frauenseelen, nicht Hirsche und nicht mich. Ein Schatten in Träumen ist er, mehr nicht. – Und Brünhild? – Auch Brünhild geht nicht zur Jagd. – Kann aber sein, sagte Kriemhild, sie gibt Gunther einen Wink. Oder kauft sich einen Knecht. – Wollte sie mich bekämpfen, sie täte das offen. [In den klösterl. Überlieferungen ist Brünhild die treibende Kraft, gibt Hagen den Mordauftrag.]

Es sollen Räuberhorden im Süden sein, die ziehen durch die Wälder beim Frankental, sächsische Räuber, OstFalen, die nicht siedeln wollten, zwölf von denen hast Du erschlagen, die haben ihre Brüder, ihre Väter verloren, planen Rache. – Wie schön, sie einzufangen und zu *Liudger* in die Siedlung zu bringen. – Die sind meuchlerisch. – Ich werde die Tannenbäume mit ihnen behängen.

486 Nein, rief Kriemhild in heller Verzweiflung und wagte trotzdem nicht, ihren Verrat zu gestehen. – Warum erkennst Du nicht die Gefahr, rief sie, Du nutzt doch sonst, das weiß jeder, die Zauberkräfte. – Diese Kräfte hab ich erst, seit ich Dich kenne. – Du allein verstehst sie, die alten Mischungen der Schmiede, die das Leben schützen und auch den Tod bringen, das Eisen in die Haut. – Ja, davon verstehe ich einiges. – Als sie sah, daß er sie nicht verstehen wollte oder konnte, da erfand sie, rasch und in rasender Angst, einen zweiten Traum. – Glaub's mir, ich sah Dich fallen heute nacht, zwei Hügel stürzten über Dich, Herrenberge, Kirchenfürsten, *montana monstra* [»berghohe Ungeheuer«] wälzten sich über Dich, bis Du unter ihren Gewichten lagst und nichts mehr von Dir blieb! – Sie zerrte an seinem hellen Kittel, drängte sich unter sein Pirschgewand, in seinen Gürtel. – Tu's mir zuliebe, laß die Jäger lachen über Dich, bleib hier!

Als er nun den Kopf schüttelte, da nahm sie all ihren Mut zusammen, blickte ihn aus schreckgeweiteten Augen an und erzählte ihm endlich den dritten Traum, den wahren, den Schluß ihres Falken-Alptraums, das mörderische Ende im Eisenkäfig, das ich, als ich's dem Xantener erzählt hatte, fortließ und das ihm auch sonst niemand geschildert hatte.

Einen winzigen Moment lang schaute er ernst. Dann fragte er, wie es dem Falken gehe. – Welchem? – Den ich Dir gefangen. – Dem geht es gut. Wieso redest Du von dem. – Auch mir geht es gut. – Ich meine nicht das Tier, Liebster, Dich meine ich! – Auch mir geht es gut. – Diese *montes nocturni* [»nächtlichen Berge« (Alpdrücken)], meine Träume, meine Tränen, die meinen Dich! – MUSHA, glaub's doch, mir ist's *warm enti wunsam* [»warm und wonnig«]. – In meinem Wahrtraum ist der Falke im Eisen verblutet. – Sie stockte. Und sah nun wohl ein, was immer sie vorbringen würde, dieser Vogel hier, der ließ sich nicht zurückhalten. Selbst dann nicht, wenn sie ihm gestehen würde, was sie Hagen anvertraut hatte. Wüßte er das, dann ritt dieser Ritter womöglich erst recht.

Eng schmiegten sie sich aneinander. Sie drückte, wärmte die Stelle in seinem Rücken. Er küßte ihre Tränen. Und nannte sie so, wie die Todesreligion die Lebensspenderinnen sieht, nannte sie seine Mißgeburt [s. S. 209], seine heiligsüße. Schüttelte dann wieder den Kopf und wunderte sich: Wie Du zitterst. Dein Zwerchfell zuckt. Schlottert. Hör, Frühlingslicht, uns zwei kann gar nichts begraben. Die Kirchenberge sind viel zu löchrig, steckt viel zu viel Gasgift darin und Stunk und Neid, und wenn sie uns ersticken wollen, sie zerlöchern sich selber, diese weltbescheißenden TRONJE-Herren. Und dann kommen wir alle wieder ins Freie. – Sie schüttelte heftig den Kopf. – Da fügte er hinzu: Sollte wirklich jemand zuschlagen wollen, dann war schon immer die Fliege am klügsten, die auf der Klatsche sitzt.

Als er sie, schon in der Tür, noch immer in Tränen sah, erzählte er ihr, um sie zum Lachen zu bringen, wie er den Herrn *Rumoridus Rusticulus* über die Wormsjauche gehoben und wie der, überm Kanal schwebend, zappelnd wie Trugzwerg Alberich, dreimal zu allen Wahrheiten JA geschrien habe und dann trotzdem und vielmehr deswegen, weil er schon wieder nur dreimal gelogen hatte, hinunter mußte in die WAZbrühe.

Da lachten sie beide, aber Kriemhild wollte gleich wieder aufhören, wie in Atemnot rief sie, unter Lachen wie Weinen: Und dann hast Du auch den wieder herausgeholt, den infamsten der Lügner, sogar den rettest Du! – Und war so atemlos, so ratlos, daß auch sie nur noch schluchzend lachen konnte.

Dies war ihr letzter gemeinsamer Augenblick. Hilfloses, tränenreiches Lachen.

Kurze Zeit später fuhren beide Schiffe mit der Kraft der Ruderer dahin, das Boot mit der fürstlichen Jagdgesellschaft und das mit dem Gesinde und den Tieren. Fuhren zwischen Inseln und Halbinseln hindurch den Rheinstrom hinauf, durch Auwälder, dichtes Gestrüpp, zuweilen über wirbelnde Strömungen. [Die Sankt Gallener Handschrift teilt mit, die Jagd habe *hin zem Waskenwalde* stattgefunden, also von Worms aus in südlicher Richtung. Handschrift C überliefert: *von Wormez ub den Rin.* Das »ub« haben Germanisten gern mit »über« übersetzt. Als ob die Wormser übergesetzt wären: Mordort Odenwald. Als könnte »ub« nicht auch das bedeuten, was nun hier, aus dieser älteren Quelle fließt: »auf«. Auf dem Rhein fuhren sie. Die Herausgeber von »C« jedoch ergänzen das »ub« ihrer Handschrift im Druck zum »über«.]

Die Schneeschmelze hatte *Rhenus horridus* [»den gespenstischen Rhein«] anschwellen und fast alle Inseln und Sandbänke überspülen lassen, der Strom wilderte. Die Kahlgeschorenen, die keltischen Treiber, mußten energisch rudern, eine Stunde lang hatten sie zu arbeiten, dann, beim Frankental, in einem stillen Alt-Arm, wurde angelegt, die Schlepptiere wurden herausgeführt, Waffen und Proviant den Tieren aufgeladen, Wein und Schinken, Brot und Zutaten für Suppen und Braten.

Die Herren stiegen zu Pferde, freuten sich des sonnigen Tags, begannen zu plaudern. Selbst den Nibelungen hörte ich wieder reden und lachen. Ich selber blieb still, schluckte und würgte an Wörtern, die ich nun hätte sagen sollen. Die anderen teilten einander mit, sie würden heute so erfolgreich jagen wie nie zuvor. – Was gilt die Wette, foppte

Hagen den berühmten Gast. Hier, in unserem eigenen Rheinwald, da werden doch auch mal wir besser abschneiden als der Baumriese vom Niederland? – Während der Waffenmeister so sprach, war er dicht hinter dem anderen geritten, hatte auf dem Gewand das rote Seidenkreuz erkannt. Kriemhilds Mann drehte sich lächelnd um und sah ihm ins Gesicht: Mehr Hasen als ich fangt Ihr gewiß, ich aber schnapp Euch einen Bären.

Einen Bären? Habt Ihr etwa Fell-Eisen mit? – Ich pack ihn mit der Hand, gebt mir nur den Bracken, als Spürhund. – Hagen meldete den Wunsch weiter. – Abgemacht, gehn wir verschiedene Wege, Ihr hier geradeaus. Wir Wormser in Gruppen seitwärts, und zwei Mann, wenn Ihr wollt, bleiben bei Euch. Am besten wieder Giselher und Euer *Walthar*. Am Abend treffen wir uns vor *Otenhaim*, dort sorgt Rumolt vor, empfängt uns nicht mit lausigen Schwarzwaldmärchen, sondern mit Würzbraten und jurassischem Saft. – Und ich bring den Bären.

Das wurde begrüßt und weitergesagt. Die Wormser ritten und trieben seitwärts davon, Jagdsignale eröffneten die Hatz. Der Nibelunge behielt als Gefährten den *Walthar* und mich, dazu einen Bracken.

Wie im Fieber überlegte ich an meinen Worten. Wie ich es hätte anfangen können, ihn vor den Freunden zu warnen, Hinweise zu geben, ohne zugleich meine Brüder zu verraten. Ich fand diesen Mittelweg nicht. In meiner Verwirrung auch kaum einen Pfad durchs Gestrüpp. Ahnte ja zu diesem Zeitpunkt nichts von der Verabredung, die Kriemhild mit Hagen getroffen hatte, vom Kreuzzeichen, kannte nur die lateinischen Urteile, die römisch-rechtlichen Schuldsprüche des Heermeisters.

Keine Verbindung fand ich zwischen dieser und jener Treue. Es schien unmöglich, allgemein von Gefahren zu reden, ohne den Betrug einen Betrug zu nennen und die Betrüger beim Namen. Wie sollte ich ihm deutlich machen, was vorerst nur ein Verdacht war. Krampfhaft überlegte ich, wie ich dem Nibelungen ein Zeichen geben könnte, vielleicht mit Latein, etwa mit *Vergilius*, den auch er kennen dürfte? Mit *Latet anguis in herba?* [»Im Gras liegt eine Schlange verborgen.« (Vergil, *Bucolica* 3,93, vollständig: Die ihr hier Blumen sammelt und Erdbeeren, ihr Knaben, flieht von hier, hier liegt eine Schlange im Gras.)]

Aber ich schwieg und seufzte nur. Und beobachtete den, der vor mir auf Grani durchs Dickicht setzte, über die niedergesunkenen Auwaldstämme, seufzte und sah, wie *Walthar* den Spürhund nur mit Mühe am

Leder hielt. Im engeren Wald sprang der Niederländer vom Pferd und gab dem Bracken frisch ausgerissenes Fleisch, das hatte er von einem Hasen, der in wilder Flucht, wahrscheinlich vor Wormser Hundemeuten, quer über die Strecke gerannt war, direkt vor die Schnauze des Bracken und war von dort nicht mehr weit gekommen. Einen ausgerupften Lauf hielt der Nibelunge dem Spürhund vor, das Blutige, das mache den noch schärfer, als er schon sei, das ließe den auch vor Bären nicht davonrennen.

Allerdings, der Hund zog, würgte und gierte an der Leine, hechelte, fiepte, pfiff. Siegfried sah ich, wie er eines seiner zarten Tücher aus dem Gürtel zog, ließ mich daran schnuppern, er hatte es getränkt mit dem Geruch des Panthers, einer Salbe, die er aus *Alexandria* hätte und deren Duft, sagte er, die größeren Tiere locke. Er hielt das Tuch in den sonnigen Wind, band es schließlich an einen Zweig.

Und vor einem dichten Tann gab er den Bracken plötzlich frei. Der preschte durch die Büsche. Da drang heftig krachend durch kahle Zweige eine Sau, geradewegs auf den Ruhrschmied polterte die los, die packte der und warf sie um, ließ sie aber gleich wieder ziehen, denn die, sagte er, sei trächtig. Stürzte sich dann seitwärts auf einen Hirschen, der ebenfalls davonsetzen wollte, den foppte er, hielt ihn am Hals, ließ ihn stolpern und gab ihn gleichfalls wieder frei. So trieb er's mit weiterem Rotwild, keineswegs aber mit einem Löwen, wie mir mein Kerkerwächter weismachen will. [Noch die Kloster-Schrift um 1200 weiß von einem *ungefüegen lewen.* (Hs. B, 935/4) In Mitteleuropa lebten zuletzt vor ca. 10000 Jahren »Höhlenlöwen«.]

Statt dessen fing der Nibelunge in einem Sumpfgelände einen Kranich und ließ auch den wieder los, ließ ihn davonfliegen mit einer verzückten Bewegung seines Arms und seines ganzen Körpers, als hätte er wieder einen Papierdrachen gefaltet und wollte das schöne Werk segeln lassen. Gleich drauf, im Schilfgelände nebenan, stürzte er sich auf etwas ganz anderes, auf ein Massiges, auf einen Wisent, den packte er an den Hufen, auch den warf er um, als lebe das Ungeheuer auf Knickebeinchen, schmückte ihm das Gehörn mit dem Tuch und ließ den Schnaubenden davonstampfen.

Wenig später, als ein flüchtendes Rebhuhn ihm kreischend dicht über den Kopf flattern wollte und sich mit aufgeregtem Flügelgeklatsch vorzeitig verraten hatte, schlug er dem fetten Huhn so vor die Daunenbrust, daß es für Momente aussah, als puffe und fetze eine Wolke feinsten Schnees nach allen Seiten auseinander, meckernd stob die Vogelmutter davon, erregt und gerupft. – Einen ungewöhnlichen Elch trieb er dann aus dem knackenden Gebüsch, auch den schien er zu umarmen, zwang ihn aber in die Knie und hatte ihm in dieser Umarmung, was ich zunächst nicht begriff, das Schlußstück vom Hasenfell aufs Geweih gespießt, den weißen Schwanzstummel, die Blume, mit der auch dieses Großtier geschmückt davonsprang. [Die Rheinsümpfe waren Europas artenreichste Landschaft, eine amphibische Lebenssuppe.]

Ich fragte, warum er nicht jage, nur spiele, Herr Hagen werde ihn verspotten, wenn er am Abend keine Beute zur Strecke brächte. Er lachte und trieb weiteren Zauber, schien selbst im schwärzesten Dickicht Lichtstraßen zu erkennen. Mir war nicht nach Spaß und Kraft, ich wendete mich ab. Plötzlich stand er hinter mir und erkundigte sich: Der fröhliche Giselher blickt finster? wie *finis terrae* [»Welt-Ende«]? Bleich wie MUSPILLI [»Welt-Zerstörung«]? Aus Kummer um BALDINAI?

Als ich nichts reden konnte, lächelte er und sprang wieder dorthin, wo der Bracke bellte, kam wieder zurück und zeigte auf ein Reh. – Da flieht sie, Deine Elfe. – Ich habe keine Sorgen um die Elfe. – Um wen dann? – Wenn Du so weitermachst, sagte ich, siegen heute die Burgunder. – Ich binde ihnen den Bären schon noch auf. – Warum läßt Du das Wild wieder laufen? – Schon Herr *Plinius* klagte, Roms Raubraserei zerstöre am Ende auch Rom. [*P. der Ältere*, 23–79, in *Naturalis historia*, in der er alle Erscheinungen der Natur darzustellen versuchte. Vgl. auch die Bezeichnung »Erd- und Waldfresser« für die Römer (S. 19, 69, 318, 393) oder das lebensvernichtende Kriechen *NidGirs*.] Der Riese lachte, es schien, als wollte er Bäume umarmen. – *Pulchrum pulcherrime ipse mundum tuum capio ut des.* [»Deine herrlich schöne Welt, herrlich Schönster, ergreife ich, wie Du sie gibst.« Nur begreifbar als Gebet (vgl. den zweiten der sieben Vorschläge, S. 271). – Zu *capio* (= ergreifen = begreifen) vgl. die vierfache Deutung von *caput* im Nornenspruch (S. 56 f.), aber auch den Beginn der Kilianschronik, das Anfangsgebet S. 10, Zeile 3.] Irgendwann sind die Wälder leer, bis auf zwei kranke Tauben und ein lahmes Einhorn.

Da nahm ich mir endlich Mut und fragte, ob er, der die altneue Macht nicht nur durchschauen, sondern auch bezwingen wollte, inzwischen glaube, die drei Frauen, deren Untergang er vor Island träumte, noch retten zu können. Hat Frau Sieglind nicht schon vom Ende der ersten erzählt, vom Tod der Frau *Alva*? Werden nun nicht auch Brünhild folgen und Erdmutter?

Diese Frage, sagte er, ist keine, die ich im Vorübergehen beantworten kann. Nicht rasch zwischen Mittag und Abend. Laß uns darüber gründlicher reden, sobald Zeit ist. – Er wollte wieder wegstürzen, ich hielt ihn fest: Jetzt sag's mir, in aller Kürze. Ist es wahr, was die Kelten munkeln? daß Du die Elenden freikämpfen willst? die Unterdrückten, die belogenen Betrogenen? willst du sie selbständig machen, losbinden von jederlei Rom? – So reden sie? – So reden sie, die Leute.

Auch darüber müssen wir in Ruhe sprechen. Wenn diese Jagd vorbei ist und diese Hochzeit, dann reden wir darüber sieben mal sieben Stunden und mehr. – Er wollte wieder ins Dickicht, dorthin, wo der Spürhund wütend Laut gab. Doch drehte er sich noch mal um. Kam noch mal heran, schien bedrückt. – Mit meinen Spieldummheiten, so glaubte ich, könnte ich sie stören, die Lügenherrschaft, die Herrenherrschaft. Und will das noch immer. Das TRONJE, das Zerstören will ich zerstören, das unersättliche *Imperium*. Aber auch wenn ich nun einen von ihnen in den Rhein tunkte, diese Zertrenner geben ihren Sieg nie mehr her. Es ist ihnen egal, ob sie selber daran zugrunde gehen. Daß sie die AllKraft auflösen in Geist und Jenseits. Mancher Schmarotzer zerfrißt nun mal seinen Wirt. – Er bückte sich, griff sich eine Hand voll feuchter Erde, hier, rief er, in diesem Matsch, der für sie Schmutz ist, leben mehr Wesen, als es Menschen auf der Welt gibt, in diesem heiligen Schmadder wäre das Heilige zu erkennen so wie in Dir oder mir, aber nicht in Papier! – Er wirbelte sich, wie Lauser, einen schweren Ast um den Kopf, ließ ihn wieder sinken. Mir schien, als trübten sich seine feuerköpfigen Blicke, als belegte sich seine Stimme wie mit Mehltau, so leise wurde er, daß ich ihn kaum mehr verstand. – Gemessen an jenen sieben guten Sätzen, bin ich noch immer viel zu jung. Glitsche selber hinein ins *Privare*, tief rein in Raub und Todesscheiße. So erbärmlich wie unsere schönen Königinnen. *Su egilisc, wala, nis fridu hwergin. Wirdid wig so manec obar thesa werold alla hetelic afhaben, meginfard mikil, Muspilli, wirdid managero qualm open urlagi egilisc sulik mord, thero witeo, thero* TRONJE. [Siegfrieds Schlußrede erscheint auch bei Schazman in altsächs. Lautung. »So ekelhaft, weh, es gibt nirgendwo Schutz. Kampf überall. Schöpfungszerrüttung, Haß wird sich erheben, große Völkerwanderung (sic!). Und es kommt zur Hinschlachtung von Mengen, zu offenem Gemetzel, ekelhaft, solcher Mord, solche Qualen, solches Erschlagen.«]

Warf sich ins Gestrüpp, schien nun einem besonderen Wild zu folgen. Für diesen einmaligen Mann war freilich jedes ein besonderes, alle spornten ihn an zu überraschenden Sprüngen und Schnelligkeiten. Aber dieses hier? Als er davon war, blieben *Walthar* und ich stehen, schwiegen eine Weile und lauschten. Ich versuchte mir zu merken, was er gesagt hatte.

Und meinte, die Klagen der Kreatur zu hören, wiederum das Drohen der Hornissen. *Walthar* glaubte Suppengeruch zu wittern. In Wahrheit blieb es still und duftete nur nach dem dichten feuchten Wald. Vielleicht,

für die Tiernasen, noch immer nach dem Panthergeruch. Sumpfwasser dünstete, im wuchernden Urwald. Wir warteten, horchten in die Stille, irgendwo bellte noch mal der Bracke. Schließlich hörten wir von sehr weit einen Hornstoß. Dann einen zweiten. Das war das Zeichen, daß der König ins Lager zog. Die Jagd war beendet. Freilich, es folgten noch zwei Fänge an diesem Tag. Und keiner der beiden, die unter das Eisen kamen, überlebte den Fang.

Dem ersten war der Nibelunge auf den Fersen. Während Wormser und Xantener die Dickichte räumten und vor *Otenhaim* zusammenkamen, auf einer großen Lichtung, drang Kriemhilds Falke wie unbändig tief ins Gelände. War endlich seinem Bären auf der Spur.

Plötzlich meinte ich wieder, ihre Hand zu spüren, die nornische, die verkappte, die Handlungshand, die im Kreuz hinterm Zwerch Entscheidungen fällt. Ich meinte auch, eine Lichtbewegung zu erkennen, glaubte schließlich, selber laut zu reden in diesem Wald. Wollte in meiner Verzweiflung unvorsichtig laut die Frage herausgestammelt haben, ob denn meine Nymphe, wenn sie jetzt schon hier sei in der Kappe ihres Vaters, ob sie dann nicht um Lokis willen auch ihn schützen könnte, ihm helfen, ihn retten vor den Hinterhältigen. Und meinte, sofort die Antwort bekommen zu haben. In Form einer Gegenfrage. Ob denn er Brünhild geschützt habe. Ob denn er eine Hilfe sei für die Frauen. Nicht mal für die drei gefährdeten, die er im eisländischen Rausch-Schlaf als Opfer gesehen habe.

Es knackte im Gezweig, das Dickicht lebte, schien mit Abendfarben zu spielen, und ich meinte, deutlich gehört zu haben, wie sie weiterredete: Die Herren müssen das allein richten. Mischen wir uns nicht ein. Nun sehen wir, was sie anstellen, wenn sie uns zu schützen vorgeben, wie er der Frau mitspielte in der Hochzeitsnacht, wie verblendet. Nach dieser Gewalt ist *Domes dag* [»Gerichtstag«]. Noch vor diesem Abend. – So etwa, meinte ich, wurde da geredet. Oder es wurde gedacht, in mir und um mich her, der ich zum Teil der Geschichte geworden war.

Aus diesen Gedankenreden wurde ich herausgerissen, als ein schwarzbrauner Riese an mir vorbeisprang, dicht vorüber, eine große Masse, ein Pelzhügel, in eleganter, in schaukelnder Bewegung, der murrte, mich schien er gar nicht zu bemerken, schaukelte nah an mir vorbei, hielt an, murrte grämlich, und dann sah ich den anderen, den großen hellen Menschen heranspringen, das Ungeheuer aber drehte sich herum und duckte sich weg ins noch engere Unterholz.

Dem Jäger brauchte ich das Versteck nicht zu verraten, der, statt Pfeil oder Ger zu schießen, warf sich selber durchs Gestrüpp, ins Gesträuch, sprang den Bären an, der sich aufrichtete, packte den am Hals, mit bloßer Hand, verwundete ihn mit keinem Eisen, bog ihm nur die Fänge um, zwang ihm die beiden Vordertatzen zusammen, wie Brünhild das in der ersten Nacht mit Gunther gemacht hatte.

Zerrte und zwang das Wild aus dem Gesträuch, so daß der Mensch neben dem Ungeheuer ging und es führen konnte, mit engem Griff ins Nackenfell. Das Biest, torkelnd, auf allen vieren, schien sich seit dem ersten harten Zugriff nicht mehr wirklich zu wehren, sondern ging, wie gebannt, neben dem Riesen her, hatte aufgehört, sich zu schütteln, fügte sich. So schritten die beiden nebeneinander. Das Wild versuchte weder zu beißen noch zu schlagen, mußte mitkommen, trottete mit dem Ruhrschmied zu der Gegend vor *Otenhaim*, wo die Jagdgesellschaft lagerte. [*Otenhaim* nennt noch die Handschrift C, die »Donaueschinger« (Vers 1013), und teilt mit, dieses Otenhaim läge *vor dem Otenwalde*. Die »Sankt Gallener« Hs. B sagt aber *hin zem Waskenwalde* (also »in Richtung Vogesen«), berichtet ebenfalls nichts von Höhenlagen, sondern meint offenbar die Rhein-Ebene, ein Wettklettern wird nirgends beschrieben. – Am Wasser, im sumpfigen »Revier«, sind Wildhatz und Tieretotschlagen bekanntlich erfolgreicher als in Felsengebirgen. Heutige Schreibweise von *Otenhaim*: Edigheim. Dieser Ort liegt am Nordrand von Ludwigshafen, neben Oggersheim. Der Philosoph Ernst Bloch schildert dies Revier als seine Kindheitsheimat (»Wildwest am Rhein« in »Spuren«): ». . . mit Sumpflöchern und Wassertümpeln, eine Art Prärie, zu der Fabrikmauern und Feuerschlote bedeutend passen . . .« (wörtlich: »bedeutend passen«).]

Wie er so, das starke Tier in der Klammer, durch den Wald schritt und *Walthar* und ich hinterdrein, da hörte wohl auch er die Nymphenstimme. Erst glaubte ich noch, das Jagdlager sei in der Nähe, von dort wehten Gespräche herüber, dann merkte ich, wie der Xantener Flüsterworte wechselte. Die kamen hastig. Endlich konnte auch ich sie unterscheiden und verstand: *Wala mîn hand.* [»Weh über meine Hand.«]

Ins Dickicht rief er, welche Hand gemeint sei, lauschte. War stehengeblieben und horchte. Als keine Antwort kam, rief er: *Kappist dîn hand?* [»Verbirgst (verkappst) Deine Hand?«] Nutz Du die Kappe besser als ich. Wenn Du die Bärentatzen meinst, die halten meine Hände gut fest. – Und lauschte wieder. Wie hätte er wissen sollen, daß mit *wala min hand* die Stelle im Rücken gemeint war, die unter ihrer Hand verletzlich blieb. Und daß von nun an nichts nötiger war als eben ihre Heilkraft, die der BALDINAI, der »Heilkräftigen in den Auen« [s. S. 78].

Wie ich in meiner Angst, so blieb nun wohl auch er eingemauert, war selber hornhäutig geworden. [Edward Gibbon (»Verfall u. Untergang d. Römischen Reiches«): »Tacitus führt als Tatsache an, daß die Deutschen ... die römischen Mauern und Bauten als Plätze der Einkerkerung verachteten.«] – Mit einemmal, vor uns, unterm Goldlicht zwischen den Baumstämmen, hörten wir Schreie, angstvolle Rufe. Küchenjungen, die Holz hatten sammeln sollen, rannten zurück mit der Meldung, sie hätten gesehen, wie der berühmte Ritter sich nähere mit einer gewaltigen Bestie, die führe er an bloßen Fäusten daher, ja, einen lebenden Bären zwinge der heran, von dorther käme der, Herr Gernot oder Herr Hagen sollten es selber sehen, empfahlen die Kochgehilfen und liefen lieber noch ein bißchen weiter fort.

Da kam Bewegung unter die Fürsten, die sich schon gesetzt, die sich ausgestreckt und bereits dem Wein zugesprochen hatten, die sprangen nun wieder auf, sahen sich um, sahen nach ihren Waffen. Die Hundemeute begann zu lärmen, witterte, daß da anderes herankam als das Herkömmliche, kläffte, daß es die Ohren schmerzte und die Pferde die Köpfe aufwarfen und schnaubten, einige stiegen hoch, mußten enger gebunden werden.

Der Xantener führte die Bestie mitten auf die Waldlichtung. Mitten unter die Höflinge und Knechte und Köche leitete er den Bären, unter die Rösser und Hunde. Hielt auf dem Platz vor den Zelten an. Zerrte dem Ungeheuer das Nackenhaar, so daß es sich aufrichtete. Und alle erschraken, denn das Tier war größer als der Riese. Mit Vergnügen beobachtete Siegfried den Aufruhr rings.

Und was nicht mal die zu hoffen gewagt hatten, die bis zum Waldrand gewichen waren, weil sie keine Jagdwaffen hatten und sich dennoch ein schönes Schauspiel nicht entgehen lassen wollten, die Unfreien also: Mitten auf dem Herrenplatz, als der aufgerichtete Bär, vom Getöse der Hunde bedenklich unruhig geworden, sich freireißen wollte, ließ der Nibelunge ihn tatsächlich los.

Der Jäger streckte beide Arme aus, als zeige er dem zottigen Gast diesen Platz, als sollte der sich, bitteschön, im Lager bedienen. Das Tier, kaum weniger verschreckt als die Jagdgesellschaft, zögerte einen Moment. Und sprang dann herum, trabte hierhin, dorthin, schnupperte Herrn Hagen, der sich unbeeindruckt zeigen wollte und liegengeblieben war, an der Socke, an den Wadenwickeln, so daß der Waffenmeister die Beine doch näher an sich heranzog. Von der Bewegung erschreckt warf der Besucher den Kopf beiseite, zögerte, schnupperte und trottete davon, küchenwärts.

Die festgebundenen Hunde rasten, wüteten wie toll. Die dunkle Gestalt galoppierte aber geradewegs ins Küchenzelt hinein. Schreie drangen da hervor, Eisenrumpeln und Klapperplatschen, das klirrte und schwallte, der Nibelunge setzte dem Tier zwar nach, doch war's zu spät. Von den Feuerstellen waren die Kessel bereits gekippt, aus heißen Häfen stürzte Wasser, dampfte und zischte über den Boden, Krach und Fauchen scheuchten den Bären nur um so mehr herum, so erschrocken wie wütend fuhr der ungeheure Fremdling um den Herd, und wer das nur von außen sah wie ich und die meisten Herren, der bemerkte das alles an der wogenden Zeltwand, am Wallen der Rinderfelle. [Auch diese Variation der Ereignisse wächst, jedenfalls bei Giselher/Kilian, aus unmerklichem Beginn. Wie aus der beiläufigen Bemerkung Kriemhilds, was sie für einen Mann habe, tödlicher Zwist wird, so wird aus dem Bärenfangspiel das Ende. Am Anfang der berühmte Flügelschlag des Schmetterlings auf der anderen Erdseite –]

Kreischende Küchenjungen, bleiche, zu Tode erschrockene Kochgesellen flüchteten aus Rumolts Reich, unter den Zeltfellen spülte es rot heraus, jurassischer Wein strömte da aus umgesunkenen Kannen. Was an Kuchen, Rotwein und Braten, was an Soßen und Suppen vorbereitet war, rann in den Sand, auch Koch Rumolt stürzte endlich aus dem Zelt, ließ, als Speisekapitän, seine Herdstellen als letzter im Stich und mußte, während das Tatzenvieh die Zeltdecken zu zerreißen begann, ansehen, wie sich das alles vermengte im Waldboden, Kohlenglut und Asche und Speisen, so daß es immer wieder spratzte und zischte und bunte Schwaden über die abendliche Lichtung stiegen.

Gerade wollte der Bär wieder aus der Zeltruine heraus, da hatte Hagen die Hunde freigelassen, da fiel die Meute den Bären an, sprangen die Hetzer an ihm herauf, der floh zurück, die stürzten hinter ihm her, wild fiepend, heulend hetzte das Rudel zurück in die Küchentrümmer, von drinnen hörte man, wie unterm Wutbrüllen des Herrn Rumolt, der gerade das Letzte doch noch hatte retten wollen, alles, was noch etwa aufrecht stand, vollends zu Boden fuhr und wie, was schon vorher am Grund lag, weitere Male umgemanscht wurde, verrührt und durchgepflügt und mit dem Waldwiesenboden gewürzt zu fein geölter warmer Speise-Erde.

Weil im Getöse und Gehetz die letzten Fellfetzen von den Tragstangen flogen, das Zeltgestänge sich vollends verbog, brach, auflöste und umfiel, bekamen wir nun auch von außen gut mit, wie die Bärenjagd durch Brei und Brodelmatsch wirbelte, ein ums andere Mal um die letzte königliche Glut herum.

Endlich polterte der Zug der unmanierlichen Tiere vom Kochplatz weg und hastete quer über die Lichtung, die Hunde dicht verbissen im tanzenden Pelzwild, das Kopf und Tatzen verzweifelt schüttelte. In guter Entfernung hielten inzwischen die Herren Jäger ihre Lanzen wurfbereit und hatten Bögen gespannt. Der Xantener jedoch rief, man solle nicht werfen oder schießen, man treffe die Hunde.

Hagens Meute hatte sich in der Tat mit dem riesigen Gegner so verkrallt und verhackt, daß jeder Schuß auf den Bären auch Hunde getroffen hätte, die aber waren gesegnet, sollten gesund heimkehren. Es war dann der Fremde selbst, der dem Mordwirbel das Ende bereitete. Er trat an die Bestie dicht heran, rief: *Ik enphilch dik in den frid, der gisworn wart, da die heilac werlt giborn wart.* [»Ich empfehle Dich in den Frieden, der geschworen wurde, als die heilige Welt geboren wurde.«] Schwang sein gefräßiges, sein Eisenburgschwert BALMUNK und erschlug den Braunen so, wie er unterm Isenstein den Eisbären getroffen hatte, mit einem einzigen Streich trennte er auch hier den Kopf vom Rumpf.

Da schallte Gejohl, von ganz hinten, vom Waldrand her. Von dort näherten sie sich nun wieder, die Waffenlosen. Hagen sah das, hörte das Gelächter der Kahlköpfe, ihren Jubel, ihre Freudenrufe. Blickte zu Gunther, zu Gernot, und nickte, unmerklich.

Die Hundemeute wurde zurückgepfiffen, die Tiere hinter die Hürden gescheucht. Da war nun der Küchenzirkel wüst und zerwühlt, so sehr, daß die Herren nicht annähernd so jubeln mochten wie die Sklaven. Denn am kläglichsten sah es beim Herd aus, trüb blickten Köche und Meister, ratlos übers gespickte Schlachtfeld. Da stand, mitten im Suppensee, Herr Rumolt, hob die Schultern, die Arme. Schien in seiner Not fast vergnügt. Was man habe essen wollen, sei zu Ackermus und Erdensoße verrührt wie die neuen Fröschchen in Marias Lachgeschichte. Nicht mal zu trinken sei übrig. Der Straßburger stapfte durch den Grundbrei zum Bärenbändiger, umarmte den vor aller Augen so, wie der ihn umarmt hatte für die Erzählung vom Hirschsprung. – Jetzt, Freund, jetzt koche Du!

Rumolts Mitteilung, daß es nicht mal mehr zu trinken gebe, bekümmerte allerdings auch den Nibelungen, er maulte, Hagen hätte die Hunde nicht loslassen dürfen. Worauf der gegenmaulte, wer denn den Bären losgelassen habe. Und was denn der Xantener gejagt hätte? sein Lasttier Grani sei leer? – Die anderen hatten ihre Hasen, Rehe und Rebhühner ordentlich aufgereiht, einige Reihen waren von der Bärenhatz zerwühlt, man richtete, säuberte und ordnete wieder die Vögel und die Felltiere. Gunther zählte bei seiner Strecke drei Hasen mehr als bei Hagen. Einer

Elchkuh, die Herr Gere erlegt haben wollte, legte der Markgraf zwischen die Zähne, als letzten Biß, eine Schlüsselblume und einen Krokus. Diese Kuh und eine Sau, die Gunther umgebracht zu haben vorgab, die weidete man nun aus, Blutdampf strich um die Nasen, das half aber nicht gegen den Durst, verstärkte ihn nur.

Da trat Hagen auf den Nibelungen zu und reichte ihm seinen Becher. Gab ihm, was er noch übrighatte an Wein. Schien sehr freundlich und meinte, dem Großen Jäger gebühre nicht nur das Bärenfell, ihm, dem Herrn Orion, weil er sonst gar nichts gefangen, gehöre zum Trost dieser letzte rote Tropfen.

Der Xantener dankte. Als er trank, sagte Hagen, zum Verzagen sei kein Grund. Drüben, wo jetzt die letzten Sonnenstrahlen den höchsten Baumwipfel träfen, dort, unter dieser Esche am Ende der Lichtung, wisse er eine Quelle. Nur zweihundert Klafter weit sei es bis dorthin, dort fände man einen Brunnen mit frischem Wasser. [Ca. 350 m, das Gelände heißt heute »Pfingstweide«.] Da Rumolts Sklaven nicht vor der zweiten Nachtwache mit neuem Vorrat aus Worms kämen, bleibe nur diese Quelle.

Der Niederländer gab ihm den Becher zurück, wollte eines der Fässer schultern und sofort von dort Wasser heranschaffen, Hagen hielt ihn fest. – Wie oft, sagte er, hatten wir zu hören, Sieglinds Sohn sei der Beste, der Mächtigste und unübertrefflich. Beim Jagen wart Ihr wählerisch. Ob Ihr dagegen im Laufen wieder Erster seid? – Wie meinst Du das? – Wie ich es gesagt habe. Die alte Waldmutter, wem öffnet sie ihren Schoß? wem am weitesten? Wem gebar das Moos die meisten Geschöpfe? Nur immer dem *Victor*, dem Sieger. – Was meinst Du damit? – Gönn uns, Falke, ein Wettfliegen. Laß sehen, wer als erster bei der Quelle ist.

Der Nibelunge sah ihn an. Der Romkopf gab ihm Rätsel auf. – Wer will denn gegen mich, den fürchterlichen *Victor*, wettlaufen? – Ich. – Du? der Huste-Hagen? – Der Nibelunge setzte das Faß ab, mit dem er schon hatte Wasser holen wollen, tat es auf den Suppenmatschboden zurück, schaute den Waffenmeister an, prüfend, wie ernst der's meinte. Im gneisköpfigen Gesicht war viel zu lesen und auch wieder gar nichts. Sah ihn an, als könne er unmöglich glauben, daß nur ein Wettrennen gemeint sei.

Ist etwas unklar? fragte der Alte. – Wunder Dich nicht, rief Gunther, der fürchtete, der Nibelunge würde ablehnen. Man sagt, Hagen sei für sein Alter unübertrefflich rasch. Und beeilte sich hinzuzufügen: Damit es Dir mehr Vergnügen macht, laufe auch ich. – Das würde mir gefallen, sagte der Niederländer, aber so ein Rennen scheint mir noch immer nicht aufregend genug und nicht gerecht.

Nicht gerecht? – Schon forderte man Platz, es sprach sich herum, nun folge ein weiteres Schauspiel, ein Wettlauf. Hagen erklärte: Wo dieser Baum in der Abendsonne leuchtet, dort, an der Quelle, ist das Ziel.

Dann hörte jeder, wie der Cherusker antwortete: Wenn Ihr durchaus rennen wollt, dann mache ich nur mit, wenn ich auch BALMUNK mitschleppen darf, nehmt's mir nicht krumm, HumpelHagenKrück. Außerdem pack ich mir den Schild auf, auch den Ger und Bogen und Köcher. Und wettrennen werde ich nur, wenn ich obendrein fünfzig Klafter Vorsprung geben darf [ca. achtzig Meter], erst dann wird's gerecht.

Fünfzig Klafter? Und mit den gefährlichen Gewichten? Meint Ihr, die Quelle, erreichtet Ihr sie unbewaffnet, verschlänge Euch? Oh edler Herkules, wie Ihr wollt. Auch Euch *emphilch ik in den fried.* [Hagen wendet Siegfrieds Todessegen auf S.] Schleppt getrost die *calumnias* [»die Schikanen«], Hauptsache, bis morgen früh seid Ihr unter der Esche.

Noch vor Euch bin ich da. Mein Durst jagt mich. – Der Niederländer lud sich nun tatsächlich die Waffen auf, Bogen, Köcher und Ger, band sich auch das hinderliche Faß auf den Rücken, nahm auch den Schild und trat hundert Schritte hinter Gunther und Hagen zurück.

Gernot sollte das Zeichen geben. – Ich hielt mich abseits, war schon ein wenig vorausgegangen, dorthin, wo der Eschenbaum im Abendlicht zu glühen schien. Mir würgte es die Kehle, Hornissenton hörte ich surren in meinem Schädel.

Als Gernots Hand sank, rannten die drei Herren los. Hetzten über die lange Aue dahin, wo Krokusse blühten und Primeln. *Mors et vita in duello aeterno conflixere mirando* [»Tod und Leben, in ihrem ewigen wundersamen Kampf«]. Deutlich war zu sehen, wie Siegfried den Rückstand aufholte und wie er, trotz der schweren Geräte, Gunther bald eingeholt hatte. Am Ende auch Hagen. Der Nibelunge gelangte als erster unter den mächtigen Baum. Wieder hörte ich, wie im Hintergrund die Kahlköpfigen jubelten.

Das Ziel, die Esche, war nicht tot wie YGGDRASIL [s. S. 19, 57 ff., 253, 269]. Unter dieser hier lauerte wohl auch kein *NidGir.* Bei einem tiefen klaren Tümpel sprudelte hier vielmehr eine Wiesenquelle. Ich sah, wie der Sieger das Wasserfaß und die Waffen abwarf, wie er zum Bach sprang, sich bückte, beim Wasser knien wollte, um zu trinken.

Statt aber zu trinken, sah er sich um, nach dem Nächsten. [Schazmans *in charity* (»in Nächstenliebe«) dürfte hier übertreiben.] So sehr das Wasser ihn locken mochte, er beherrschte sich, wollte seinen Durst nicht löschen, bevor nicht die Verlierer getrunken hätten. Wollte vor allem, nach

diesem Tag der »Dummheiten« und der öffentlichen Beleidigung des Königs, etwas wiedergutmachen, Respekt erweisen dem Herrscher, dem Bruder derjenigen, die er über alles liebte. War als Falke nun gut gezähmt.
Zwang sich nicht nur im nächtlichen Brautbett zur Mäßigung. Was half ihm das, es wurde übel bedankt. [Noch um 1200: *des sagt' er im vil boesen danc* (*er* = Gunther).]

Als zweiter näherte sich Hagen. Auch der hielt sich zurück, aber aus anderen Gründen. Auch der Waffenmeister schien, keuchend, nur auf den König zu warten und trat zur Seite. – Endlich wankte Gunther heran, sank sogleich nieder, trank, schluckte lange. Siegfried, neben ihm, beobachtete ihn, schließlich machte der König Platz, ließ auch den anderen an die Quelle.

Inzwischen hatte Hagen BALMUNK versteckt und alles andere, aber nicht Schild und Ger, mit denen näherte er sich jetzt ebenfalls dem Wasser, trat hinter den, der da trank. Hob den Eschenspeer, zielte.

Gunther sah, was Hagen tat. Ich sah, was Hagen tat. Und war unfähig, zu retten. Unfähig, wenigstens einen Schrei zu tun. Das hätte mir doch gelingen sollen, einen warnenden, einen erschrockenen, einen rettenden Schrei. War in diesem entscheidenden Augenblick so unfähig, daß ich inzwischen überzeugt bin, den Henkershieb hier in Lorsch, den habe ich verdient, für dieses schreckgelähmte Zögern.

Hagen zielte auf das Zeichen im Jagdkleid, stieß dann den Ger, mit Wucht. Die Eisenspitze bohrte sich durch Siegfrieds Kreuz.

Das Rückgrat hat es ihm nicht gebrochen, aber es schoß sogleich Blut, das sprang aus dem Querfell, spritzte bis auf den Schild, den Hagen wegwarf, schoß im Strahl bis auf Hagens Gewand. Der sah zu, daß er sich in Sicherheit brachte, vor dem Todwunden.

Einen Moment lang mochte Siegfried nicht fassen, was ihm geschehen war. Wer auch kann das je fassen. Als er nun aufsprang und das Blut sah überall und wie er den Ger in seinem Rücken spürte, den schwächenden Eschen-Ger, da packte ihn wahnsinniger Zorn. Da wollte er die Waffe aus seinem Rücken ziehen, verzweifelt versuchte er das.

Wollte sich das Eisen aus der Rückenwunde reißen, schrie Gunther an, ihm zu helfen, der tat, als könne er das nicht, sei einer Ohnmacht nahe, endlich gelang mir's, endlich, als alles längst zu spät war, half ich, zog dem Schwerverletzten die Waffe aus dem zentralen Muskel, das Blut sprang noch stärker, schoß ihm aus dem Kreuz, der Nibelunge erblickte seinen Schild und im gleichen Moment den Waffenmeister, wie der sich hinter der Esche versteckte.

So, tödlich getroffen, blieb ihm doch die Kraft, noch einmal, ein letztes Mal den Schild hochzureißen, gerade so wie er die Brocken aus der
500 Isenburg gerissen hatte gegen den Drachen, fand Sieglinds Sohn noch einmal die Kraft, dorthin zu springen, wo der Mörder sich duckte, gegen den schleuderte er den Eisenschild, schrie TRONJE und traf den Hinterhältigen in die Seite, so schwer traf der Schild, daß Hagen ins Gras stürzte und weitere Stöße nicht überlebt hätte – wäre nun nicht der Todwunde selber zu Boden gesunken. In frischen Klee stürzte der, zwischen Frühlingsblumen lag er. Aus seiner Rückenwunde floß es, in Herzstößen sprang es. In seiner lichten Haut zeigte sie sich, die Todesfarbe [*wand' er des tôdes zeichen in liehter varwe truoc*].

Da ging ihn seine Not hart an. Faßte ihn die Angst. Die namenlose Angst. Da wälzte er sich, schnappte nach Luft. Und begann zu klagen, zu schelten. Laut zu hadern mit seinen Mördern. Ich sah und hörte alles. Mit großen, mit geweiteten Augen schaute der, der da am Boden liegen mußte. Schaute der Reihe nach uns alle an, auch mich, den Schreiber, uns alle. Auch Dich, mein Leser. Alle, die von oben her auf ihn hinabblickten. Die mit ansahen, wie, was hatte sein wollen, geschändet wurde. Die zuschauten, wie der nach Luft rang. Wie der sterben mußte.

Warf den Kopf mit weit aufgerissenen Augen hin und her. Hechelte nach Atem. Und hat noch gesprochen. Was er geredet hat als letztes? Er hat uns verwünscht. Uns alle.

TRONJE, japste er. – Drachenpack – so dankt Ihr – Arbeit – Freiheitsarbeit –

Warf den Kopf zu den Seiten. Hin und her schlug er ihn, als fände er so Erleichterung. Wie in irrsinnigem Kopfschütteln. – *Gislahar*, hörte ich ihn, schwör – schwör mir: hilf ihr – Kriemhild. – Hat noch den Kopf etwas gehoben. Ich zeigte ihm, daß ich ihn hörte, nickte, zeigte ihm die Hand, hob sie ein wenig, wie im Schwur.

Der ließ den Kopf wieder fallen. Aber da hatte er auch Gunther gesehen. Und Hagen. Atmete heftig. Drehte den Kopf ein wenig zu Gunther hin. Wollte reden. Die Stimme versagte.

Hagen hielt sich noch im Hintergrund. Aber nun hörten wir den Heermeister sprechen. – Einer, sagte der, mußte das tun. – Und: Froh bin ich, jawohl, froh, daß es getan ist. Schluß mit dem Gejammer. *Volenti non fit iniuria.* [»Dem, der es so hat haben wollen, geschieht kein Unrecht.«]

Siegfried, in seinem letzten Augenblick, hat das gehört. – *Wala* TRONJE, röchelte er. – Und: Triff – sie – triff sie – Giselher – die Luginari –

Dies als letztes. – Die Wiese, die Blumen allenthalben, sie waren naß.

Das Gelbe, das Grüne war tiefrot gedunkelt. Die Quelle, der Tümpel, übel verfärbt. Nun konnte er nicht mehr reden. Zuckte, krümmte sich. Hatte nur noch mit dem Tod zu ringen. Und dessen scharfe Waffen, die schnitten ihn nun tief. Er bäumte sich auf. Fiel nieder. Verreckte.

Siegfried war entlöhnt worden. Beendet war sie, seine Arbeit.

Eine Weile wagte keiner zu reden. Dann, humpelnd, trat Hagen vor. Hielt gleich wieder still. Jeder hatte gesehen, daß dem die Hüfte lahmte. Stand da und konnte sprechen. – Wir sollten, sagte er, auch jetzt sollten wir, wie er uns selbst riet, mit einer Zunge reden. Kriemhilds Mann, denke ich, ist von Räubern erschlagen worden. Hinterrücks. – Er schaute uns an, auch mich. – War es nicht so? – Niemand widersprach.

Den übrigen, der Jagdgesellschaft auf der Lichtung, dem Knappen Walthari, den Treibern, Herrn Gere und Gottlieb, Dankwarth und Rumolt, denen wurde gesagt, der Nibelunge sei der erste gewesen an der Esche, am Brunnen. Habe sich niedergekniet, habe am Wasser alles Eisen, alle Waffen fortgeworfen und habe getrunken und sei gemeuchelt worden von Sachsen, die sich dort versteckt hätten. Von OstFalen, die es aber, wie auch die Kahlköpfigen wußten, gar nicht mehr gab.

Aufstöhnen. Sprachloses Klagen. Auf dem vom Bären verwüsteten Platz die verwirrten Leute. Die Hilflosen, die Unfreien. Unfrei seit langem und von nun an endgültig. – Die Jagd wurde abgeblasen.

Man hatte das Edelste erlegt. Trug das, im Dunkel, zurück, bis zum Rhein. Wartete dort, bis es tiefe Nacht war. Fuhr dann über die Flußläufe hinunter, zurück nach Worms.

Auf dem Schiff vorn standen wir, am Bug nebeneinander. Borstiges Kurzhaar neben dem kindisch schulterlangen. Die Nacht schien mondlos. Der Himmel ohne Wolken. Mochte sein, die Mondbahn verlief hinter den schwarzen fernen Bergen. Wieder wanderte der Große Jäger. Über den Odenwald ging der Orion. Da stellte sich Gernot noch näher neben mich. Schien etwas sagen zu wollen. Sprach dann aber doch nicht.

Lange fiel es uns schwer, irgend etwas zu reden. Die Wirrnis der Bilder war zu schauerlich. Ängste lähmten. Wie kläglich unsere elenden, unsere hilflosen Gedankenversuche. Vor uns, unterm Bug, seufzten die Wellen. Vielleicht hat Gernot zunächst sagen wollen, daß er mir beistehen wolle, den Schwur zu erfüllen. »Triff sie.« Wohl ihm, daß er nichts sagte. Nicht nur, weil Schweigen jetzt das einzig Erträgliche war. Sondern auch, weil Gernot, hätte er mir Hilfe angeboten, nun einem Reichsfeind beizustehen hätte, laut Hagen einem »Hochverräter«.

Vielleicht hat er Rechtfertigendes sagen wollen. Daß der Ermordete tatsächlich zu viele »wunde Punkte« gewußt habe. Daß er gefährlich geworden sei für die burgundische Herrschaft. – Endlich gelang ihm das Reden. Er stellte eine einfache Frage. Ob ich das Wort verstanden hätte. – Welches. – Das er zuletzt sagte.

Nach einer Pause, in der wir dem Wasser zuhörten, dem Schlucken und Gurgeln vor uns, unter uns, dem Klatschen, sagte ich, ich versuchte, über alle Worte nachzudenken, die der aus Nebelland gesprochen habe. – Auch über *Luginari*?

Schwiegen wieder einige Zeit. Hörten dem Rhein zu, dem Atmen und Klagen. Schließlich sagte ich, *Luginari* ist ein Wort wie das, was er immerzu gerufen hat heute, wie dieses TRONJE. – Ich schaute zum Himmelsjäger hinüber, der riesig überm Gebirge stand, als gebiete er Schweigen. Doch mußte ich wieder reden und dem Bruder sagen, was die beiden Wörter bedeuten. – In unserer Hofsprache heißt das eine »Lügner«, das andere »Zerstörer«. – Triff die Lügner, sagte er Dir? dem Schreiber? – Das ist, antwortete ich, die beste unter den Schreiberregeln.

Und sah zum Gebirge hinüber, zum gestirnten Riesen im Osten. Meinte zu erkennen, daß der sich verändert hatte, daß der Himmelsjäger verwandelt war. Plötzlich erschien er mir wie eine Kuh. Fürchtete, ich hätte mich nur versehen und vermied es, darüber zu sprechen.

Ging zurück, über die ganze Länge des Schiffs, bis zum Heck. Stellte mich dort neben die Bahre. Sah das Gesicht. Im fahlen Glanz dieses helle Gesicht. Neben der bleichen, liegenden Gestalt stand *Walthar*. Der hielt den Rappen Grani. Nur das Wasser sprach. Unter seidigen Nebelstreifen hörte ich den Rhein reden. – Hilf ihr – Kriemhild –

Mich fror. Suchte von den Nebelkappen wegzuschauen. Lieber wieder zum Himmelsbild. Sah aber, so oft ich hinaufblickte, daß die Jägersterne, ob ich's wollte oder nicht, das friedliche Tier zeigten. Foppte dort, log nun auch wieder Loki? [Das Wintergestirn Orion zeigt in der Tat die Umrisse einer Kuh (vgl. S. 22, 327, 485, 497). Priesen aber nicht schon die Alten die Augen der Artemis als kuhäugig?]

Als wir spät in Worms anlegten, erklärte Hagen den Hafenwächtern, die Jagd sei vorzeitig beendet. Ein *horror vanus*, eine *calamitas* [»ein entsetzlicher Irrsinn, eine Katastrophe«] sei geschehen, der Freund und Helfer aus Xanten wäre in einen Hinterhalt geraten, Räuber, wildernde OstFalen –

oder Alamannen? Hunnen? vertriebene Juden? – hätten den Nibelungen erstochen, als er ungeschützt war, als er sich gebückt habe und aus einer
504 Quelle trinken wollte vor *Otenhaim.* – Er betrieb sie von Anfang an und listig und hart, die *damnationem memoriae.* [Nach römischem Recht »die Verdammung des Gedenkens«, die Auslöschung jeder Erinnerung an einen Verurteilten, an einen Hingerichteten.]

Da nahmen die Kahlköpfe die Trage, klagten über die unsicheren, die mörderischen Zeiten. Und schafften die Last hinauf zum Herrensitz. Dort, in der mitternächtlichen Pfalz, als die Bahre durch die Gänge getragen wurde, verbot Hagen, Lichter zu zünden. Im Dunkel ließ er den Leichnam vor Kriemhilds Kammer niederstellen. Direkt vor ihre Tür. Heimlich. Die Männer stahlen sich fort.

Als ich wenig später den Vetter fragte, ob ihm wirklich nichts leid tue, sagte er, ihm seien die Tränen der Frau gleichgültig, die Brünhild zum Weinen gebracht hätte und Burgund ins Wanken. So gleichgültig seien ihm Kriemhilds Tränen, daß er mir jetzt verbiete, nun etwa zu meiner Schwester zu gehen, wie ich wohl gerne wollte, da der Sterbende es mir aufgetragen hätte. – Mir hat Dein sterbender Vater, sagte er, aufgetragen, die Herrschaft zu wahren. Und das tust auch Du.

Ich hielt Wache vor ihrer Tür. Noch vor der Morgendämmerung wollte Kriemhild aus der Kammer. Schrie auf. Einen kurzen hellen Schrei. Ihr Gesinde lief, Frauen näherten sich mit Licht. Dort, direkt vor ihrer Tür, lag er.

Auch sie konnte das unmöglich fassen. Doch schon in die Dunkelheit hinein, leise, bebend, mit flatternden Händen, die das Leichentuch hoben, sagte sie einen Namen: Hagen.

Frauen kamen mit Fackeln, sahen sie am Boden knien, beben, in Erstarrung zittern, sahen, wie sie das schöne Haupt in zitternden Händen hielt. Erkannten den Mann, sahen das Blut und hörten die Zitternde leise abermals diesen Namen sprechen: Hagen.

Sie schien dann an die Wand zu sinken, in Ohnmacht. Richtete sich dann aber wieder hoch, die Frühlingsgöttin, hielt immer noch, nun immer heftiger bebend, hielt in die Stille hinein das Haupt in ihren weißen Händen. Bis jetzt schien sie unter dem Zittern fast ruhig geblieben, hat den Mördernamen wie ohne Stimme ein drittes Mal gesprochen. Jetzt aber, jetzt schlotterte sie, jetzt bekam sie Atemluft, nun schudderte sie am ganzen Leib, mitten aus dem erschütterten Querfell, und, als sie begriff, daß es diesmal kein Traum war, daß hier und jetzt ihr Falke tatsächlich erschlagen worden war, da – da – schrie sie auf –

Schrie.

Wie rasend schrie sie.

506 Von Kriemhilds jämmerlichem, von ihrem unglaublichen Schreien, von ihren Schmerzensschreien und Wahnsinnsschreien und Racheschreien ertosten von nun an die Mauern. Schrie über die Maßen. Schrie über die mondlosen Nachtstunden hindurch bis in den hellen Tag. Schrie solange, bis am Mittag ihre Stimme so zerstört war, daß nur schwarzsaures Grollen, nur noch hustendes bellendes Grollen durch die Pfalzgänge kroch.

Da gab es niemanden und nichts, was sie hätte daran hindern können zu schreien. Was sie hätte ablenken und stillen oder gar trösten können. Nicht einmal Ute gelang das Beruhigen, auch nicht mir und nicht Wunnibald. Uns alle stieß sie weg. Mit Schreien. Mit diesem untröstlichen, ganz und gar hemmungslosen, zornglühenden, hochlodernden und niederstürzenden und im Irrsinn berstenden Frauenschreien. [Schazman weist darauf hin, daß Giselher/Kilian ständig parallelisieren, hier mit dem Licht über Island.] Diese Schreie, die hätten jedem anderen den Kopf platzen lassen.

Nibelungische Kämpen erschienen, stellten sich vor sie, trugen Schilde und Schwerter, banden sich vor ihr, daß sie's sehen könnte, die Rüstungen um, schlugen Eisen gegen Eisen, gelobten Vergeltung. Sie schrie. Mit Feuerton, mit Eisenstimme schrie sie. Hörte nichts. Sah niemanden, wollte nichts anderes wahrnehmen als von nun an und für immer allein ihren wahnsinnigen Schmerz, ihren Mauern und Käfige zerbrüllenden Schmerz.

Den kreischte, den stieß, den heulte sie heraus. Was sie je an Haltung und Höflichkeit gezeigt hatte, und wahrlich, das war nie wenig gewesen, was sie je an Schönheit ausgezeichnet hatte, all das zerschrie sie. Ihre Klage verstummte erst, als ihre Stimme tot war. Da stand die Sonne schon hinter dem Mittag. Schien in den Burgflur. Auf den Leichnam. Wie unter Trümmerpoltern erstickte ihre Stimme, starb in schwer stolpernden Atemzügen. In kratzenden krächzenden Luftzügen mußte sie ihr heiseres Bellen untergehen lassen, im Husten, im Jammer ertrank es, im zerzuckten, im ausgewrungenen Zwerchfell. [*Done künde niemen getroesten daz Sîfrides wîp.*]

Hüllte sich ins schwarze Tuch, das ihr die Mutter gereicht hatte. Verbarg sich darin, schlotternd. Da nahm ich mir, im Mitleid wie von Sinnen, ein Herz, näherte mich sehr dicht und redete in das bebende dunkle Tuch der Mutter hinein. Sagte leise all die Worte, die der zuletzt gesprochen, dessen Leib vor ihr lag. Sprach ihr alles wortwörtlich vor, vom *Muspilli* über die *heilac werlt* bis zum letzten.

Die Zitternde antwortete nicht. – Als ich dann den Leichnam mit dem Auerochsenfell bedeckte und Kahlgeschorene den Erschlagenen, nachdem ich's ihr gesagt hatte, hinüber zum Münster tragen sollten, wollte sie sich aufrichten. Ich stützte sie und, auf mich gestützt, folgte sie der Bahre. Durch den Burghof ging sie der Last nach, schwarzer Krummleib, schlotternd, stöhnend, zerknickt, schlurfte, wankte über jenen Platz vor dem Münster, unter dunklem Tuch.

Als die Bahre in der Kirche abgesetzt war, stellte ich mich neben sie, sagte, daß ich neben ihr stehe, daß ich ebenfalls wachen wolle. – Ich wartete. Die Sklaven waren wieder gegangen.

Da sagte sie endlich ein paar Worte. Aus schwarzem, stimmlosem Rachen kamen leise, tonlos rasselnde Worte. Flüsterte, ich solle gehen. Sie allein lassen. Drei Tage, drei Nächte werde sie wachen. Allein, mit ihm allein. So lange, wie ihre Hochzeit mit ihm noch hätte dauern sollen. Wachen sollte ich draußen, möge sehen, daß niemand in diesen Raum komme. Auf keinen Fall der Bischof. Der Hagen. Sie würde sie zerfleischen. – Ich will, so verstand ich sie dann, ich will mich an meinem Mann ersättigen. – Mit diesem Wort hat sie's gesagt. Und hielt Wort. Wachte von nun an. Drei Tage, drei Nächte kauerte sie neben dem Toten. Regungslos wie er. Ohne den Blick von der Gestalt zu wenden. Sich »ersättigend«. [*Drî tage und drî nahte wil ich in lâzen stân, unz ich mich geniete mînes vil lieben man* (». . . bis ich mich ersättigt habe . . .«), vgl. ihre erste Liebesnacht (S. 185): *adimplebo.*]

Die nächsten Zeiten, fürchte ich, werden erweisen, daß sich ihre Voraussage erfüllt. So wie ihr Traum vom Falken erfüllt wurde, so sicherlich auch das Wort vom »ersättigen«. Daß sie sich sattfressen wird am Fleisch.

Kilian, der nun meinen Bericht von Siegfrieds Erschlagung aus dem Kloster trug, in die Sicherheit außerhalb des Zwingers, sagt, die Delegation der Hunnen, unter Herrn Rüdiger, sie biete Frieden. Fünfunddreißig Jahre nach dem Krieg sei Zeit, sich zu versöhnen. [Bei der »Völkerschlacht« auf den katalaunischen Feldern (451) besiegten Römer, Westgoten, Burgunder und andere Verbündete die Hunnen unter Etzels Vater Attila, man schätzt die Zahl der Opfer auf 150000 – so der Historiker *Iordanis*, ein romanisierter Gote des 6. Jahrhunderts.]

Die Wormser, sagt Kilian, wollten aber an Frieden nicht glauben, erinnerten sich an allzu vielen Betrug auf beiden Seiten, vor allem an die

Fälle, in denen sie selber Verträge brachen. Nicht nur an *Ermanarich* dachten sie, nicht nur an die Falen und Sachsen bei Würzburg. Nicht nur an den Siegfried. Könnte denn, fragt mich Kilian, den Burgundern noch irgend jemand ehrliche Absichten glauben?

Man höre, sagt Kilian, Ungeheures. Gut drei Wochen erst liege der Königssohn unter der Erde und es heiße, der hunnische König biete Gunther an, übers Jahr die Witwe zu heiraten, Kriemhild. Diese Werbung verbreite Schrecken wie Hoffnung. Bislang habe niemand sich getraut, mit ihr zu reden. Das sei, so kurz nach der Tat, noch immer vollkommen unmöglich.

Als Kriemhild in der ersten Nacht wachte am Leichnam, zog vom Bergfried ein summender Ton über den Ort, düsteres Surren, Hornissenton. Schon als man den Streit der Königinnen zu erklären versuchte, drang ein solcher Ton vom Turm. Nun wehte er auch durch die Nachtschwärze, sirrte je später desto schärfer und schneidender. Was anfangs weh geklungen hatte, schien mit fortschreitender Nacht zu drohen und zu grollen. Da stieg aus Wotans Wutgetränk dieser steinern schlagende, der seherische Zorn und rumorte bis hinab in die Zelte unten, bis zu den Feuern, bis in die Kahlschädel.

Hagen hatte Vorsorge getroffen, hatte von Beginn an die Gerüchte gesteuert. Wo immer zwei übers Geschehene redeten, entstand Verwirrung, gab es Streit. Die einen glaubten, daß es OstFalen waren, die sich am Xantener gerächt hätten, solche, die sich hätten betrogen und überlistet fühlen müssen. Andere wußten, daß es diese OstFalen gar nicht mehr gab, daß es die öffentlich entehrte Königin war, die den Auftrag zur Ermordung gegeben hatte. Wieder andere schworen, *Chrysostomos* hätte recht, solches Unglück käme in jedem Fall von den Juden.

Den Edelsteinkaufmann Hirsch, dem der Nibelunge statt der Steine die Eule in die Kiepe getan hatte, der stand plötzlich in besonderem Verdacht, von dem hieß es mit einemmal, der hätte ihn umgebracht, den Leutefreund, hätte sich nicht umsonst gerühmt, den Hortjäger besser zu kennen als andere. Noch in dieser ersten Nacht nach dem Mord hetzten die *diet* den reichen Kaufmann durch die Gassen, jagten ihn zum Hafen, wie der Xantener den Ringwolf gejagt hatte, nur war's diesmal kein Spiel, sondern Herr Hirsch versank ganz im Ernst, als sei dies der Beleg für seine Schuld, in der Jauche, erstickte im Stadtdreck, an der Stelle, an der Sieglinds Sohn den Bischof wieder herausgezogen hatte. Viele sahen dabei zu, keiner half ihm heraus, auch der Bischof nicht, der und Seinesgleichen am wenigsten, weder jetzt noch auch je später. [Konrad Adenauer, katholisch, 1949 bis 1963 Kanzler der Bundesrepublik, am 23. 2. 1946 an einen kathol. Geistlichen: »Nach meiner Meinung tragen auch die Bischöfe eine große Schuld an den Vorgängen. Das deutsche Volk, auch Bischöfe und der Klerus ... hat sich fast widerstandslos, ja zum Teil mit Begeisterung gleichschalten lassen ... Im übrigen hat man gewußt – wenn auch die Vorgänge in den Lagern nicht im ganzen Ausmaße bekannt waren –, daß die persönliche Freiheit, daß alle Rechtsgrundsätze mit Füßen getreten wurden, daß in den KZs Grausamkeiten verübt wurden, daß unsere SS und zum Teil auch unsere Truppen in Polen und Rußland mit beispiellosen Grausamkeiten gegen die Zivilbevölkerung vorgingen. Die Judenprogrome 1933 und 1938 geschahen in aller Öffentlichkeit. Die Geiselmorde in Frankreich wurden offiziell bekannt gegeben. Man kann wirklich nicht behaupten, daß die Öffentlichkeit nicht gewußt habe, daß die NS-Regierung und die Heeresleitung ständig gegen das Naturrecht, gegen die Haager Konvention und gegen die einfachsten Gebote der Menschlichkeit verstießen. Ich glaube, daß, wenn die Bischöfe alle miteinander an einem bestimmten Tage öffentlich von den Kanzeln Stellung genommen hätten, sie vieles hätten verhüten können. Das geschah nicht, dafür gibt es keine Entschuldigung.«]

Von dieser tödlichen Beweisführung hielten sich nur die fern, die zu wissen meinten, daß in Wahrheit jene Pechbotinnen und Unglücksraben, deren Düsterton über die Dächer strich, die Ursache allen Übels seien, die Mitternachtsfrauen, die, da habe Ringwolf recht, die noch weit eher als die Juden, die seien die wahren Schad-Alben. Nifelweiber und Heckenreiterinnen hätten Gunther wie Siegfried in Bann geschlagen und alle Herrlichkeit Burgunds verhext.

In der ersten Nacht, in der Kriemhild wachte und in der man Herrn Hirsch ertränkte, stand ich spät noch auf der Mauer überm Rhein. Hörte das Zornsurren unter dem großen Himmel. Sah den Jäger, der, das war kein Irrtum, als Kuh erschien. Und bemerkte im Burghof ein Fackellicht, eine Gestalt.

Die zeigte ungleichen Schritt. Trug ein Paket. Eine Weile beobachtete ich den Mann, am Humpeln war er zu erkennen, auch am friesischen Filzmantel, den er beharrlich trug.

Schlich sich mit etwas, das in Schaffell gehüllt war und das er halb unterm Gewand verbarg, über den Hof. Rasch lief ich die Treppen hinab, zur äußeren, zur Rheinmauer, und bekam mit, wie der Waffenmeister die große neue Schmiede betrat und Licht zündete. Ging bis unter das Fensterloch überm Kohlenkoben. Im Kerzenlicht sah ich, wie er das Fell auseinanderwickelte und ein Schwert herauszog.

510 Den Schwertgriff klemmte er in den Schraubstock, preßte die Waffe fest zwischen die Eisenbacken und begann dann, mit einer langen Zange, die Klinge zu biegen. Hat sie, mit gekniffenen Augen, unter großer Anstrengung abwärts gekrümmt, bog sie schließlich so tief, daß der Stahl plötzlich, wie mit einem Blitz zersprang. Zersprang aber nicht wie andere Schwerter. Nicht in zwei Hälften oder etliche Stücke, sondern zerstob zu hundert spitzigen Eisenfeilspänen, die dem Mann ins Gesicht fuhren, dutzendfach.

Der Schwertstahl, zerteilt und zermahlen und aus der tierischen Freßgier neu erschmolzen, über Glutsteinen zu immer neuen Schichtungen ausgeschmiedet mit römischer wie druidischer Kunst, dieser »Romvertilger« hat ihm das Gesicht verrissen, Stirnhaut und Wangen zerfetzt zu feinsten Löchern, zu dünnen violetten Wunden. »Hagen von Tronje«, so heiße der Waffenmeister seither, meldet mir Kilian. Der Mörder war nun gezeichnet, der Zerstörer als Zerstörter, der am Ende, wie Ute es vorausgesagt hatte, sein eigenes Gesicht traf und es doch auch bis zuletzt gewahrt hat, sein Gefolgschaftsgesicht.

Ebenfalls in dieser selben Nacht, in der Hagen zum »Tronje« wurde, Hirsch in der Hafenjauche erstickte und Kriemhilds Schreie verstummt waren in der düsteren Heiligensteinhalle, in dieser Nacht sind auch die Zorngesänge im Bergfried plötzlich ausgeblieben. Ist eine vermummte Gestalt über den Hof geritten, kurz drauf auch Frauen, die folgten ihr. Die Gefährtinnen vom Isenstein versuchten, die Königin einzuholen, sie aufzuhalten, die Frau aus dem Feuerreich [Schazman: *the notorious Queen Brunehilde* – die »berüchtigte« Königin B.]. Brünhild war nun auf jener Flucht, von der sie schon an ihrem ersten Tag in Worms gesprochen hatte [*ih hete gerne flucht,* s. S. 346]

Wollte zurück in das Land, das als Nebelland galt, aus dem man sie mit mehrfachem Betrug gelockt hatte. Die Nacht war klar, der Polarstern deutlich zu erkennen. Auch die linke Tatze des Großen Bären, auch Orion, zur Kuh verwandelt. Die Himmelslichter zeigten ihr den Fluchtweg. Die Isländerin war nun nicht etwa von allen guten Geistern verlassen, auch nicht in Mohnwut oder Mondrausch, im Gegenteil, es darf vermutet werden, daß nun auch sie zuviel durchschaute, unerträglich viel.

Sie kannte jetzt die Geschichte. Wußte nun, was der Niederländer nach jenem Wettkampf auf dem Isenstein dem König wie vergnügt zuge-

raunt hatte, aus der eigenen Verkappung heraus, daß im Reich des Drachen Trug und Tarnung die obersten Gesetze seien. Dies auszuhalten, da mitzumachen, womöglich als Spiel, war ihr nicht möglich. Von dem, den
sie unaussprechlich liebte, fand sie sich verraten, ja, erniedrigt. Den sie für ihren »Genossen« gehalten, der war ihr Betrüger geworden, auf Island wie in Worms, und war darüber nun selber zugrunde gegangen. – Durchquerte die Ebene und die Wälder, das oberrheinische Plattland, erreichte bei Tagesanbruch hinter Mainz den Rhein dort, wo der Strom nach Westen umbiegt, und ließ sich übersetzen.

Auf der anderen Rheinseite hätte Brünhild, berichtete meine isenburgische Freundin, die nördliche Richtung beizubehalten versucht. Ratlos seien die Gefährtinnen zurückgeblieben, nur sie, BALDINAI, habe die Verfolgung fortgesetzt, hatte die schwarz dahinwehende Gestalt noch lange im Blick.

Doch seien Wolken aufgezogen, es habe zu regnen begonnen, und es schien, als hätte die Isländerin die Mitternachtsrichtung verloren. Hinterm Rheinbogen endet die große Ebene, beginnt das Taunusgebirge. Rans Tochter sei, als es wieder dunkelte, dort, wo das Gebirge am höchsten ist oder die Rheinschlucht am tiefsten, entweder, um Verfolger abzuschütteln, oder aber aus schierer Verzweiflung, auf eine Felsenkante gestiegen, steil hinauf auf eine abendliche Höhe, und von dort oben habe der Wind ihre Rufe herübergetragen, Töne, Schreie. Abermals Frauenschreien. [Vgl. S. 22, 294, 320, 427, 499, 504.]

Uolaga elilenti harto bistu herti
Sorgn mac diu krapft, unzi dat twingan slingit
Gradag logna ist kiuuafanit
danne uuirdit untar ük forhta arhapan!
Diu marha uuirdit farprunnan
Ia land enti thiut logna farterid
Muor uarsuuilhit sih, suilizot louc der himil
Te hui sculan wit werdan nu?
Latad iu an iuwan mod sorga
Diu freya stat piduungan
Ni uueiz mit uuiu haptbandun heptan
uuiu gripan diu luginari
So verit sie za himilzungalon

Und sei nach diesen Worten in die Tiefe gestürzt, und die Tiefe sei zusammengebrochen, daß es bebte *subito terrae motu* [»in plötzlichem Erdstoß«]. Aber ein Klang sei da gewesen und ein Aufflammen, gegen die

Nachtwolken habe das gezuckt wie das isländische Wetterleuchten. Und ihr Fluch, in unserem Hofdeutsch, meinte folgendes:

Wehe, elendes Land, Fremdland
Hart bist Du, unmäßig hart
Verkümmern muß hier die Kraft
Bis sie das Zwingen verschlingt
Die Gier hat sich bewaffnet
Darum wird unter Euch Angst sein
Diese Länder werden verbrennen
Ja, Land und Leute verzehrt die Lohe
Selbst das Moor verdorrt, es schwelt in Glut der Himmel
Welches Wissen kann uns noch helfen
Sorgt vor in Eurem Denken
Die Frau steht bezwungen
Sie weiß nicht, mit welchen Schlingen sie fesseln
Wie sie die Lügner packen soll
So fährt sie davon, zum Himmelsgestirn

Als am nächsten Tag das Gerücht ging, Brünhild sei geflohen, gingen wir, Gundomars Söhne, zum Waffenmeister. Im Turmzimmer stand er, und wir erkannten ihn zuerst nicht. Erschraken vor dem weiß gesalbten Gesicht. Gernot faßte sich zuerst und wollte wissen, was das bedeute. Hagen sagte, wir wüßten doch, Mörder, um gegen Rache gefeit zu sein, hätten ihr Haupt zu salben.

Von wem er Rache fürchte. – Ob wir nicht hörten, wie den Leuten der Kopf schwirre. Ob wir sie nicht überall bemerkten, die Gewappneten aus Xanten. – Da sagte Gernot, deren Zorn müsse man verstehen. Ob es jetzt, statt sich zu salben und zu tarnen, nicht sinnvoller sei, die Leute vom Niederrhein zu besänftigen und ihnen den Hort herauszugeben. Der Hort habe ihrem Siegfried gehört.

Nichts wird ihnen geschenkt, sprach der unter der Maske. – Da sagte ich: Bevor nun schon wieder über Besitz gerechtet wird, bitte ich, nach solchem Unheil, im Ernst unseren Ratgeber, bitte ich Freund Hagen, die Frage zu beantworten, die uns allen den Atem nimmt, den Schlaf, die Fassung. Warum, um Burgunds willen, konntest Du das tun, diesen Mord. Gefaßt frage ich Dich. Auch wenn ich in Wahrheit brüllen möchte, fassungslos schreien wie unsere Schwester hat schreien müssen.

Als ich nun schwieg, sahen alle den verwandelten Heermeister an, der nickte, holte Luft und begann zu sprechen. Sagte Wörter, die aus seinem Graubart wie eine Rede kamen, die er sich zurechtgelegt hatte. – Schreiber, was Du Mord nennst und was ich jetzt, unter der Schminke, selber Mord genannt habe, das war in Wahrheit unsere letzte Rettung. Aus hochnotpeinlicher Gefahr. Wie ich Dir's voraussagte, der Bauer hatte sich verwandelt. In die Jägerin, in die Verwüsterin des Schlachtfelds. In einen Störgeier, der die Unruhesucht verbreitete, jene Krankheit, die alle Regierungskunst und Disziplin untergräbt. Weil dieser Leutewahnsinn jede Form von Macht für einen Drachen hält, der zu erschlagen ist. Auch dann, wenn die Macht eine Krone trägt oder eine Mitra. Der »Kraftklotz« war ein Ordnungsfresser. Blies Bauern und Sklaven und Kelten und Frauen Freiheitsflausen ins Hirn. Selbst Priestern wie Kilian *Hilarus*. Dieser hürnerne Riese hat in Küchen und Werkstätten und selbst in den Klosterzellen *Freya*-Geister geweckt, jene bornholmischen, von denen wir uns glücklich befreit hatten. Dieser Hortjäger *speciem horribilem praebuit* [»verursachte Schreckliches«], war leibhaftiger Aufruhr, hätte uns in nie endende Konflikte gestürzt, libellisch rebellisch, hätte ich das nicht unterbunden. Wahrlich, noch in Hunderten Jahren haben die Fürsten Europas einem wie mir zu danken, daß dieser Zündfunken ausgetreten wurde, werden Mächtige einen wie mich den »Treuen« nennen, für das, was Du Mord nennst. [In der Tat geht es bis heute, wann immer Politiker noch von den Nibelungen reden, auschließlich um »Nibelungentreue«.]

Er sah uns an, der Reihe nach jeden. Niemand wagte Widerspruch. Dann schabte er sich, als sei alles so wie früher, kratzte seinen grindigen Rücken und sagte: Löschen wir nicht nur diesen Querbrecher aus. Sondern auch die Erinnerung an ihn. Reden wir von nun an statt von ihm von so entscheidenden Sachen wie denen, die Giselher ungern bedenken will, zum Beispiel vom Hort. Alle Nifelheimischen erklärten uns *subtile oratione* [»tiefsinnig«], wie wenig ihnen Besitz bedeutet. Eine Weile schwiegen wir. Dann wagte ich zu sagen: Vielleicht reden wir zuvor noch davon, daß diese Nacht die Königin floh. – Wer floh? – Übers Taunusgebirge, Brünhild. – Diese »tüchtige Königin«, sagte Hagen, war eine dieser libellischen Einbildungen. Da es diese Königin nur als Irrlicht gab, gab es auch keine Flucht. Dies gilt auch für Deine Chronik. Hast Du das verstanden, Schreiber? – Wahrlich, er blieb konsequent, der Heermeister, suchte sie uns allen einzupeitschen, die *damnationem memoriae* [s. S. 504]. Die Augen in seinem Kalkgesicht glänzten feucht, wie faule Astlöcher.

Auch ich fände es hilfreich, sagte Gunther, und geradezu befreiend, wenn von nun an niemand mehr von ihr redete, von diesem meinem

elenden Hirngespinst. Niemand mehr. Nachdem diese Nebel endlich gelichtet sind, wäre es gut, wir verschenkten auch das, was weiterhin an dieses Übel erinnern will, den Hort. Geben wir das Rheingold der Witwe.
– Ein guter Rat, sagte Gernot. Vor allem Kriemhild gilt es zu besänftigen.
– Kriemhild? fragte Hagen. Die sollte über den Hort verfügen? über den Fluch? Eh Burgund oder sonst irgendwer sich daran kahlfrißt vor Neid, sollten wir den Drachenfraß absolut verschwinden lassen.

Verschwinden? – Der »Zwaraber« holte tiefen Atem und sagte: Soviel Schönheit sollte verschwinden? – Es wäre tatsächlich besser, sagte ich, niemand besäße das *privatum*. Weder Alberich hat den Hort überlebt noch der Drache noch der Nibelunge. Hagen hat recht, auch wir würden ersticken an dem, was unterm Trachytfelsen schon der Jude verfluchte. Brünhild hat nun vom Gebirge herab diesen Fluch fürchterlich erneuert und so endgültig, daß –

Da hat Hagen mich gepackt und auf den Steinboden geschleudert. Erinnerte handfest daran, daß es die jüngste Geschichte der Burgunder nicht gegeben haben durfte. Weswegen ich sie nun um so mehr zu retten versuche. »Triff sie – die Lügner.«

Langsam raffte ich mich wieder vom Boden. Blieb von nun an stumm. Bis zu jenem Moment nach dem Begräbnis, als wir zurückkamen und durch den Pfalzhof gingen und ich die beiden Namen herausschreien mußte. Aber von Brünhild war seither, Kilian bestätigt es mir, in Worms keine Rede mehr. [Auch in den klösterl. Handschriften wird sie nach dem Mord nicht mehr erwähnt.]

Ehe wir Brüder uns klar entschieden, was mit dem Hort geschehen sollte, hat Hagen gehandelt. In der zweiten Nacht, die Kriemhild durchwachte, ließ der *Tronje* hundert Kahlköpfige die Schätze wieder dorthin schleppen, wo sie vor drei Monaten herausgeholt worden waren, in der Finsternis polterte das alles zurück in die Schiffe, die klingenden Spangen, die gleißenden, juwelenbesetzten Pokale, Diademe, Vortragskreuze, Kelche, Kerzenleuchter, Monstranzen, Reliquienschreine und Münzen und alles, womit Politik und Gewinn gemacht wird diesseits wie jenseits der Alpen. Auch die Gold-Denare aus Byzanz, aus Rom, aus Köln, die Gewänder von Kaspar, Melchior und Balthasar, die Schleppe und Hochzeitsrobe der ptolemäischen Kleopatra, das Schweiß- und Grabtuch des HErrn, dazu Silber, Goldbarren, Zauberketten, Ringe, Elfenbein und Karfunkelsteine, die Teppiche, Lapislazuli, Türkise, Rubine, Smaragde, auch vom Onyx und vom blutgesprenkelten Jaspis in Mengen die schönsten

Stücke, Drusen, Jadefiguren, Donnerkeile, Karneol, Aquamarin und all das Perlmutt und den Bärenstein oder Bernstein.

Am dunklen Hafenkai, in der Schwärze der Nacht sah ich nicht nur Geschmeide schimmern und vielerlei Metalle und Steine, da schwebte auch über allem, wie ein neuer Mond, das weiß gesalbte Gesicht. Aus diesem Gesicht tönten Kommandos, kurz geknurrte Befehle, auch der, daß die schwarzen Diamanten nicht in die Schiffe sollten, die Glutbrocken nicht, die »Kraftklumpen«, die ließ der Waffenmeister in den Gewölben, die ließ er in den Schmieden. – Die Boote mit den gefüllten Bäuchen glitten stromab, ehe sich ein Aufstand rühren konnte bei den cheruskischen Xantenern oder eine neue Habsucht oder neue »Verwüsterin«. Eine mondlose Nacht lang, unter schwerem Gewölk, überwachte Hagen, wie der Drachen-Anteil des Horts im Rhein versenkt wurde, und zwar dort, wo Kelten seit je die heiligen Kräfte wußten, wo die Frühjahrsfluten für gewaltige Strudel sorgen und für die beste Verteilung. [Spätere Zeugnisse: *er sanct' in dâ ze Lôche allen in den Rîn* (»Er versenkte da alles . . .«, Hs. B, Strophe 1137). *Lôche* deutete man als »Lochheim«. Der Hort-Ort liegt aber (wenn die übertragenen Bedeutungen der Geschichte als Strudel oder Wirbel gewahrt bleiben sollen) exakt in der geometrischen Mitte zwischen Basel und Köln und Ludwigshafen und Frankfurt und Essen, zumal sie sich dort am deutlichsten zu zeigen scheinen, die »Drachenzähne«, Brünhilds *elilenti*.]

Wehe, wie entscheide ich mich. Neben mir, in meiner Zelle, sitzt Kilian. Und hat mir, im Auftrag meines königlichen Bruders, folgendes mitzuteilen gehabt. Da ich offenbar nicht willens sei, den Weg zu wählen, der mich vorm Schwert bewahrt, den Weg in den römischen Kirchendienst, sei meine Gnadenfrist nunmehr abgelaufen, sei das Urteil vollstreckbar.

Doch hätte, wie ich inzwischen wohl wüßte, Herr Rüdiger für Herrn Etzel um Kriemhilds Hand angehalten, was der Witwe, ohne daß man wisse wie, zu Ohren gelangt sei. Und Kriemhild hätte, wider Erwarten, zugestimmt.

Diese Antwort sei dem Werber übermittelt worden. Herr Rüdiger sei zum zweitenmal in der Pfalz erschienen, habe Kriemhild Geleit geboten ins Etzelland und habe auch die Burgunder dorthin eingeladen. Gunther habe zugesagt. Nach Pfingsten würden sie aufbrechen, würde er, der König, mit Hagen und Gernot und mit tausend Mann über Passau ins Hunnenland nach Esztergom reiten, zu Herrn Etzels Burg, um Kriemhild eine hoffentlich glücklichere Zukunft bereiten zu helfen, bei einem verständigeren Gemahl.

516 Wenn ich mitführe, so hatte Kilian mir mitzuteilen, wenn auch ich dorthin zöge, wo die Schwester herrschen wolle, dann sollte ich als frei gelten. Allerdings warne der König mich, man dürfe nicht ausschließen, daß die Einladung eine Falle sei. Man reise zu Attilas Sohn. Und zu Siegfrieds Witwe. Führe ich aber nicht mit, dann müßte noch vor der Abreise, an Pfingsten, das Urteil vollstreckt werden, *in proditorem regni*, am Verräter des Reichs.

Wieder drohte ich unter den Schreibtisch zu rutschen. Mir drehte sich's, ich benötigte Atemluft. Dieses Angebot überforderte mich. – Was rätst Du? fragte ich den irischen Freund. – Die Fahrt über die Donau hinab, sagte er, die wird, fürchte ich, eine Fahrt in den Tod. Nicht nur das Rheingoldland scheint durch alle Zeiten verflucht. *Damnatus est veri similis tertia pars orbis, amice, Europa vocatur.* [»Verflucht, Freund, ist wahrscheinlich der dritte Teil der Welt, der, den man Europa nennt.«] – Offenbar traute auch er sich nicht, solche Wahrheiten anders als in der Kirchensprache zu sagen. – Und fuhr fort: *Caedes finis gestae Gundomaris sed principium historiae Europae.* [»Der Mord ist das Ende der Geschichte des Gundomar, aber der Anfang (auch: »das Prinzip«?) der Geschichte Europas.«] Verflucht ist diese Weltgegend, auch wenn der Hort ins Wirbelloch kam. Die Drachensaat wird am Rhein aufgehen *cum industria*. Am Fluch wird nichts ändern, daß in Worms nun alle vor dem, was geschah, den Kopf in den Sand stecken oder libellisch davonschwirren.

Was also rätst Du? – Mit Deinen Brüdern zu ziehen. Und doch nicht mitzuziehen. – Du redest wie ein Orakel. – Als Dein Freund rede ich. Unterwegs, in Regensburg, kenne ich beim Bischof Emmeran einen irischen Mönch, der heißt *Turimunt*, bei dem solltest Du Unterschlupf suchen und von dort heimlich zurückkommen, um mit mir nach Irland zu fliehen.

So redete Kilian. Wehe, wie entscheide ich mich. Bis heute abend soll er meine Antwort bringen. Am wichtigsten ist nun, sagte ich schließlich, die Geschichte zu Ende zu bringen, auch die Totenfeier muß noch aufs Pergament. Ob ich nun hierbleibe oder mitfahre, die Chronik muß beendet werden. – Seitdem sitzt Kilian neben mir und wartet.

Ein guter halber Tag bleibt mir Zeit. Wenn ich den Rest notiert habe, dann ist, so hoffe ich, jede Entscheidung leichter, dann habe ich »die Lügner getroffen«. Schon jetzt wird klar, wie sie die Bilder entstellen, wie die Erinnerung an Brünhild, Siegfried und Kriemhild verbogen wird. Das *twingan* [vgl. Brünhilds Fluch] ist die neue Staatsreligion, beschert zwar

Trost, Gehorsam und Ruhe, aber keinen Mut mehr zum *experimentum veritatis* [zum »Versuch mit der Wahrheit« (Replik auf die theol. begründete Forderung des Bischofs, S. 383)]. Dahin ist sie, die Leidenschaft, frei zu sein. 517
Wahrheitssuche wie »Freiheitsarbeit«, sie gelten als *eversio rerum publicarum* [»Umsturz«]. Sieglinds sieben Sätze, in Gunthers Ohren klangen sie wie Aufruhr. Aber ich merke, ich klage nur, vertue meine letzte Gelegenheit, den Auftrag zu erfüllen.

Wovon nicht mehr geredet werden darf, davon will ich, der eh dem Tod gehört, nicht schweigen. Ehe über die Wahrheit nur noch mit den Wölfen geheult wird, beende ich meine Chronik. – Kilian bestellte mir von Ute einen Gruß: *Ni laz thir zit des ingan, in thina zungun wirken duam in buochen elliu dati giscribe, solo theis thines lust zi libe.* [»Laß keine Zeit vergehen, in Deiner Sprache zu wirken und in Büchern alle Taten aufzuschreiben. Nur das macht Dir Lebenslust.«] Ja, statt zu klagen, sollte ich froh sein und stolz, daß ich die Geschichte rette. *Res severa verum gaudium.* [»Ernste Angelegenheiten (bereiten) wahre Freude.«]

Erst am Morgen der dritten Nachtwache, als Kilian die Leiche von der Bahre hatte umbetten lassen in einen eisernen Sarg, näherten sich der Schwester auch die anderen, meine Brüder, Gunther und Gernot. Bedrückt schienen sie und ratlos. Näherten sich der Schweigenden, der Erstarrten. Zum erstenmal betraten sie das Totenhaus. Mit all denen, die nun dabei sein wollten, wenn der Leichnam beigesetzt würde, nicht auf geweihtem Grund, sondern, so hatte es Ringwolf verfügt, draußen, vor den Mauern, wo auch die Kelten ihre Toten begraben. Hinter Gunther, Gernot und mir ging Hagen. Der zog ein Bein nach. Und trug das Gesicht unter der Maske, gegen die Verwundungen unter der weißen Heilsalbe.

Als der Heermeister, den Kilian und ich nun *Tronje* nannten, vortrat, damit auch er sich vor dem Toten verneigen konnte, der Erschläger vor dem Erschlagenen, da sah ich, wie sich im Sarg die roten und die goldenen Seidenkissen verdunkelten. Auch die anderen haben das gesehen. Vor dem *Tronje* blutete sie noch einmal, die Wunde im Kreuz.

Kriemhild bemerkte das gewiß. Aber sie rührte sich nicht. – Ich sollte, Schwester, so redete plötzlich Gunther, ich möchte, Schwester, Dich Wichtiges wissen lassen. – Er sprach mit kleiner, mit rutschender Stimme. – Deinen Siegfried, den schlugen Schächer. Räuberische Schächer. Hagen, sofern Du das annimmst, hat es nicht getan.

Da hörten wir, nach drei Tagen zum erstenmal wieder, ihre Stimme. Und deutlich war zu verstehen, was aus der rauh geschrienen Kehle kam.

– Diese Schächer, Herr Gunther, die sind mir bekannt. – Wovor sollte der Bruder mehr erschrecken. Vor dem Ton, vorm tonlosen Ton dieser

Stimme? Vorm hornissenhaften Drohton? Vor dem erstorbenen Glanz der verblühten Frühlingsgöttin? Oder mehr noch vor dem, was da aus ihren Worten zu verstehen war?

Was folgte, war zwar Stille. Aber wir hörten wieder ihre Schreie. Ihr irrsinniges, vergebliches, ihr unumgängliches mordwütiges Schreien. – Zum Glück war niemand so vermessen, ihr in diesem Moment noch irgendwas zu entgegnen. Zum erstenmal in ihrer dreitägigen Wache ließ sie nun den Blick von ihrem Toten. Richtete ihn aus der schwarzen Hülle auf den, dessen Gesicht bedeckt war.

Da wäre sonst niemand gewesen, der diesen Blick ertragen hätte. Dieser *Tronje* aber, der sich für den »Treuen« hielt, der stürzte nicht um. – Allen im Münster schien, als hörten nun auch sie Brünhilds Worte, die hinterbracht waren und die nicht gewußt werden durften. »Fremdland« sei das Rheinreich. »Verkümmern muß hier die Seele« – »Die Frau steht bezwungen« – *Logna farterid* [»die Lohe wird fressen«] –

In der Grabesstille, in diesem düsteren kalten Münster waren dann zum Glück Schritte zu hören. Nun näherten sich schlurfende, tapsende Greisenschritte. Von hinter dem Altar her kam Kilian. Ihm folgte, im Sessel getragen, Ute, hinter Ute kamen *Liudger* und Sieglind und Siegmund. Man machte Platz. Der irische Priester trat als erster an den Sarg. Betrachtete den Erschlagenen. So taten es die Eltern. Dann Liudger. Und Ute legte ihre Hand dem Riesen ins Haar, betete leise.

Kilian *Hilarus* tat dann, als studiere er, was die niederländischen Schmiede in den stählernen Kasten an Zeichen gehämmert hatten, Kreise, schimmernde Flammen, Kerben, Dreiecke, Zeichen wie Feuer und von großen Milchtieren. Die Hörner zurückgebogen. Dann hörten wir ihn reden, meinen *Wunnibald*. Zu predigen hat er versucht.

Bischof *Rusticulus* erklärte mir, er werde diesen hier, den er für einen AntiChristen ansieht, nicht unter die Erde segnen. Darum bin ich gekommen. Nehmt mit mir vorlieb. Ich will predigen, so gut ich kann. – Er räusperte sich, schaute sich um. – Heute, sagte er, ist der Kreuzigungstag. Heute vor 453 Jahren hat HErr Christus für uns gelitten. Dabei sollte es bleiben. Wir sollten es ihm nicht nachtun. Wir sind nicht Gott.

Nachdem er uns eine Weile angeschaut und offenbar nachgedacht hatte, sagte er, auch dieser hier war kein Gott, hat das nicht einmal insgeheim, wie das mancher liebt, für sich in Anspruch genommen. Als Macht, oder als Zauber. Oft hat er über sich selber gelacht, vielleicht zu oft. Das GottSein, diese Macht, nach der die Winzlinge gieren, die hatte er nicht nötig.

Der Ire hustete. Schaute auf die Schwarzverhüllte. – Gefeit war er gegen die paulinische, die *Caput*-Sucht. Die pflanzt sich ansteckend fort von Kopf zu Kopf, auf daß in der Angst, die diese Sucht verbreitet, geherrscht und mit Macht die Erde zerschnitten werden kann. Die Freude von den Leibern. Die Weisheit von den Weibern. Darüber stieg den Herrschaften inzwischen so viel zu Kopf, daß sie sich selber zu spalten beginnen. Und sich hineinfressen in die toten Dinge. Dagegen war der, der hier so beträchtlich vor uns liegt, der ach so jung und so kraftvoll und so hoffnungsvoll war, dagegen war der noch einmal ein Gast, der aufs GINUNGAGAP aus war, aufs große Verworrene, aufs abenteuerliche LeibErdeLebenLieben. Und er liebte die Dinge als das Heilige.

Und war doch auch einer, der den Kopf übte und liebte und das Erkennen ebenso wie das Begehren, Lachen, Wüten und all dies Wetterleuchten im Zentralfell, von dem er gern redete, weil es den Kopf mit den Sinnen verbindet, weil es all unsere Widersprüche kuppelt, den Menschen menschlich macht und zum erschütterbaren, zum guten Gast.

Wehe, wir haben diesen Gast schlecht bewirtet. Für ihn war, was für uns Furcht ist vorm Fremden, nicht Furcht, sondern Ansporn und Wißbegier. Fast nicht zu sättigen war seine Lust aufs Neue und Andere. Und wie der heilige Thomas der Evangelien wollte auch dieser hier berühren, um glauben zu können. Wollte das Berührte bearbeiten und verschönern, lieben und erkennen. Und er erkannte das Begehren als Erkennen.

Kilian *Hilarus* machte wieder eine Pause, sah sich um. – Sagen will ich, daß CHristus für alle gelitten hat. Für die Heiden, die Frauen, die Kahlen, ohne jeden Unterschied für alle, so wie die Sonne über allen aufgeht, über Juden wie Iren wie Hunnen. Roms Herren vergaßen die alten Selbstverständlichkeiten. CHristus litt sein Martyrium auch für diesen hier, der sein Leben gern lebte wie kaum einer und der auch den JEsus liebte. Der HEiland litt nicht, wie uns heute glauben gemacht wird, damit auch wir leiden. Nicht deshalb, damit am Ende die Welt nichts ist als ein Leidenstollhaus. Litt nicht, damit wir uns in vielerlei Kerkern zerteilen und zergrämen und aus dieser Welt hinauswünschen. Nein, CHristus segnete uns mit seinem Leiden, damit wir leben und wenigstens annähernd so gern und so klug und so leidenschaftlich wie dieser hier.

CHristi Martyrium folgen zu wollen, seine übermenschlichen Wege zu gehen, das, dies scheint mir sicher, wäre Hochmut. Frevel sogar. Das endete im TRONJE, also im *Muspilli* [»Weltzerstörung«]. *Imitatio CHristi*, also so zu leben wie GOtt, das wäre verhängnisvoll, weil wir dann den Schöpfer und seine Taten nicht respektierten, nicht SEine unbegreifliche

Größe achteten. GOtt ist so, daß an IHM all unser Denken ermüden, all unser Bescheidwissen scheitern muß und alles Nachahmen. Vermeiden wir, die Schöpfung noch einmal schöpfen zu wollen, uns aufzuführen wie ER. Denn SEine Macht übersteigt ganz und gar unsere Möglichkeiten, unser Denken wie unser Tun. IHN nachzuahmen oder auch nur an SEiner Macht teilhaben zu wollen, das macht irdische Herrscher zu *imitationibus depravatis* [»Karikaturen«], zu Fratzen, zu Tyrannen, zu Lächerlichen und Ekelhaften.

Hören wir auf, die Welt zu bessern oder noch einmal erlösen zu wollen, so viel auch in ihr zu arbeiten, zu klären, zu helfen und zu verbessern ist. Davon hat dieser hier in seinem kurzen Leben Erstaunliches gewußt und getan. Aber wie Gott zu wissen, wer AntiChrist ist und wer Christ, schon das wäre verflucht, wäre respektlos, wäre Gottversuchen, weil es Gottes unerforschliches Urteil für überflüssig hält. Solcher Dünkel, diese paulinische, imperiale, herrenhafte Zerschneidung des Menschen in die Teile, von denen behauptet wird, diese seien böse, jene gut und beides seien Gegenteile, seien wie Geist und Körper zu trennen, solche herrscherliche Zerteilung endet in Dürre und Tod und wurde nicht umsonst verflucht von der Königin, die wir vermissen. Solche herrscherliche Schmähung von Weltenleib und Menschenleib verbrennt nichts weniger als die Schöpfung, die wir statt dessen lieben sollten und ebenfalls als heilig achten und aufmerksam ehren in all ihren sinnvollen Rätseln und Widersprüchen, so wie dieser hier ihr gewitzter Liebhaber war.

Kilian kniete nieder. Betete still vor dem Stahlkasten. Richtete sich dann wieder auf, schaute sich um, sah in fahle Gesichter. Wir burgundischen Herren standen gelähmt. Wie Statuen. Der Prediger hielt sich einen Finger gegen die Nase, schniefte und sah uns an.

Oder, fragte er, haben die Juden recht, die sagen, im Lieben und im Lebendigen sei von vornherein das Unglück, die trügende Wandelkraft, also auch Neid und Lüge? Hat Herr Hagen recht, der sagt, die Welt regiere Täuschung und Selbsttäuschung? sei eine Räuberhöhle und der Mensch ein mißratenes Tier, das zu peitschen sei? Hat also tatsächlich Satan die Welt gemacht? ist GOtt fern hinaus ins JEnseits geflohen, weit fort von seiner Schöpfung, weil der Teufel sie ihm aus der Hand mogelte und verwandelte? in eine Betrugshöhle? in eine Mördergrube voller Totentänze, wo einer den anderen belügt und sich selber am meisten? wo einer dem nächsten den Kopf zerspaltet und sich selber am meisten? Und wir wollen das nur nicht bemerken, weil wir uns über uns selbst am geschicktesten täuschen und, wüßten wir, wie alles ist in Wahrheit, soviel Ekel gar nicht ertragen könnten?

Er faltete über dem Leichnam die Hände und sagte: Um so lächerlicher wären wir. Um so vergeblicher alles. Umsonst jede Mühsal, vertan alle Arbeit, alle Liebe, jeder nur ein gehetzter Hetzender. – Sah nun Hagen an. – *Vixit fortiter, quia absurdum esse videtur.* [»Er lebte tapfer, obwohl das absurd scheint.«] Unterm Widersinn und unter den Rätseln muß nicht gemordet werden und nicht gelitten. Kraft, so lehrte diesen Toten die Mutter, muß nicht Macht sein. Wir könnten sie wie dieser hier nutzen zum erkennenden, zum hilfreichen FreiSein. Aber an dieser Bahre wird klar, unsere Freiheitsversuche mißlangen. Der große Zwinger, Rom, hat uns im Griff, nun besser denn je. Hält uns im zerscheidenden, im Giftgriff. Seit dieser erschlagen wurde, umkrallt uns der Zertrenner fester denn je und wird nun erst recht, im *industria*-Reich, der Lebenswald verachtet und gemordet.

Darum bleiben die ältesten Märchen die wahren. Das Märchen vom kahlen Weltenbaum YGGDRASIL sagt uns, auch am Rhein bleiben wir, was wir waren, Kolonisierte. Vasallen. Rom- oder Kahlköpfe. Beim Münster darf der nicht beigesetzt werden, sagt mir der Bischof. Er teilt das so ein. Ordnet das so an. Tragen wir also seinen schönen Leib nach draußen. Tun wir ihn aus Worms hinaus, in die Frühlingserde. Tun wir ihn dorthin, wo Sieglind eine junge Esche fand. – Und wandte sich zum Schluß an den Waffenmeister, in der anderen, in der Herrensprache. *Si occideris, regnum ad percussores aut idiotes convolabit. Nunc surgamus et illum corporem honorifice sepeliamus, deinde studeamus, quomodo prudentius regere ac melius vivere debemus.* [»Wenn Du tötest, wird die Königsherrschaft an Mörder oder an Idioten übergehen. Nun laßt uns aufstehen und diesen Leib ehrenvoll bestatten, alsdann sollten wir uns bemühen (herauszufinden), wie klüger zu regieren ist und wie vernünftiger zu leben.«]

Ging vor uns her. Tappte aus der Halle der widersprüchlichen Heiligtumsbrocken. Sklaven trugen den Eisenkasten. Wir folgten, hinaus in das Frühlingslicht, unter die Ostersonne. Und taten die Erdfrucht in das ErdEi. – Und dann, bei der Rückkehr in die Burg, im Spalier der schweigenden Leute, da ist passiert, was mich in diese Todeszelle brachte. Waren es die Maskengesichter der Herren, der »Karikaturen«, die mich reizten? War es der Auftrag »Triff sie – die Lügner«? War es Kilians mutige Predigt im Angesicht der Fürsten, die mich die beiden Mörder beim Namen nennen ließ? War es, weil ich vor *Otenhaim* feige gewesen war?

Es war jedenfalls so, daß ich, mitten im Hof, mich umdrehen mußte und rufen, diese, Ihr Leute, die taten es. – Mit dieser Rückkehr zum
522 Anfang meiner Blätter beschrifte ich mein letztes Pergament. Und bekenne nur noch, daß ich, voller Angst, mitfahren werde ins Hunnenland. AllMutter sei meinem Leben gnädig. Weh, eine Stunde noch und eine halbe Seite. Wie beende ich nun meine Chronik. *Heu quam praecipiti mersa profundo mens hebet et propria luce relicta.* [»Wehe, wie sinkt zum Grund nieder die Seele, dermaßen ermattet, vergißt das eigene Licht sie.«]

Roms neuer Gott, bist Du denn ein Kapaun, der sich in einer Sänfte über unser Elend hinwegtragen läßt in unerreichbare Fernen? hast Du Deine Fenster verhängt mit byzantinisch-chinesischen Tüchern? Weil Dir der Jammer, den Du sähest, die Augen tränen ließe und den Verstand zerrisse? Ach, Du Kirchengott, die Ohren hältst Du Dir zu und läßt Dich hinauftragen in eisige Goldwüsten, dorthin, wo Dich niemand mehr hört, wo Du allein bleiben wirst, von Ewigkeit zu Ewigkeit.

Mors spernit altam gloriam. [»Der Tod verspottet großen Ruhm.«] Unsere Lebensgöttinnen und das heilige Diesseits verloren wir für den neuen Leidensgott der Herren. Und weil daran auch meine irischen Freunde nichts mehr werden ändern können, so beende ich, bevor ich mitziehe zu den Hunnen, meine Chronik mit einem Klageschrei über des Menschen von nun an fest eingemauerte Not. Wehe, der deutsche Freiheitsfreund wurde beseitigt. Wehe über die Beseitigung des Begehrens, das ein Begehren nach Freiheit war [bei Schazman *desire for freedom*], *quod hic et nunc succubuit dominationi terroris terrarum.* [»Das hier und jetzt der weltweiten Schreckensherrschaft unterlag.«]

Gislaharus hoc fecit Lorsch A. D. 486, am Pfingstfest

Redde Honorem Terrae Dei Sanctae

[»Erweise Ehre der heiligen Erde Gottes«]

GELUNGEN IST ES MIR, DEN HÄSCHERN NACH KILMACDUAGH ZU ENTKOMMEN. [*At Kilmacduagh, County Galway, a church was founded in the late 5th century by St. Colman mac Duach* (Schazman).] GELUNGEN IST ES, DIE GESCHICHTE VON SIEGFRIEDS ERMORDUNG INS KELTISCHE ZU RETTEN, SIE IM IRISCHEN GÄLISCH ZU SICHERN VOR ALLEN NACHSTELLUNGEN. QUOD SCRIPSI, SCRIPSI. [»Was ich geschrieben habe, habe ich geschrieben«. Dies ist laut Schazman der ursprüngliche Schluß der Kilianschronik. Kilian hatte also sein Werk beenden wollen mit dem, was der römische Statthalter *Pontius Pilatus* den jüdischen Priestern antwortet, als die über dem Kreuz Jesu die römische Inschrift INRI verändert haben wollten (INRI = *Jesus Nazarenus Rex Judeorum* = Jesus von Nazareth, König der Juden, Johannes-Evangelium 19,22).]

NACH FAST ZEHN JAHREN KAM DIE GEWISSHEIT, DASS KEINER DER VERFLUCHTEN DIE REISE ÜBERLEBT HAT. DIE SCHLACHT IN ESZTERGOM ÜBERSTAND WEDER GUNTHER NOCH HAGEN TRONJE, NOCH GERNOT, NOCH AUCH GISELHER, MEIN FRÖHLICHER, DER SICH VON DEN BRÜDERN NICHT HATTE TRENNEN WOLLEN. AUCH KRIEMHILD ÜBERLEBTE NICHT. NUR ZU WORMS RUMORIDUS RUSTICULUS, DER RINGWULFILAS, GENANNT RINGWOLF.

NIEMAND MEHR HAT IN ESZTERGOM »SIEGFRIEDEN« KÖNNEN. GISELHERS WEHERUF ÜBER DEN FLIEHENDEN GOTT IST DIE WAHRHEIT DER ROMCHRISTEN.

CARMINA QUI QUONDAM STUDIO FLORENTE BENE SPERATE

PEREGI FLEBILIS HEU MAESTOS COGOR INIRE MODOS. [»Der ich vormals Gesänge in blühendem Eifer und voll guter Hoffnungen vollendet,
524 wehe, wie drängt das Geschick mir traurige Weisen auf.«] DENN DIE WELT IST VON NUN AN UND FÜR IMMER IN DER MACHT DER HÖLLENBEAMTEN. GOTTES UNFASSLICH SCHÖNE SCHÖPFUNG IST NUN NIEDERLAND, IST GEISTLOS, IST VORHÖLLE, DIE WIR VERACHTEN MÜSSEN UND ZERTRETEN SOLLEN. ET PRESSUS GRAVIBUS COLLA CATENIS DECLIVEMQUE GERENS PONDERE VULTUM COGITUR HEU CERNERE TERRORES TERRAE! [»Und den Nacken im Druck engender Ketten zwingt die wuchtende Last nieder den Blick mir – wehe nun, dies wahrnehmen zu müssen, die Schrecknisse der Erde!«] MEIN EINZIGER TROST ABER IST: DIE WAHRE GESCHICHTE, SIE IST GERETTET.

KILIAN

Die Sage war Weltgeschichte

[»Die Nibelungen. Weltgeschichte als Sage.« (Richard Wagner, 1848)]

Geschichte war nicht, Geschichte ist, sagt Faulkner. Mit den letzten Notizen des Mönchs Kilian *Hilarus* von *Kilmacduagh*, auch im Englischen in Großbuchstaben mitgeteilt, endet das Konvolut aus Galway. In einer Fußnote teilt Schazman noch mit, aus dem lateinischen *St. Haimrhans*-Bericht [*Emmeran* (andere Schreibweise: *Heimeran*), Missionsbischof in Regensburg] gehe hervor, Giselher sei den Häschern Kriemhilds dadurch entkommen, daß er in der tagelangen Saalschlacht in Esztergom im letzten grauenhaften Augenblick sein Schwert in die Leichen, über die zu klettern war, gerammt hätte, mit dem Griff nach unten, in die Leiber der Toten, die Spitze nach oben, um sich, schreiend, bevor auch ihn die rasende Frau getroffen hätte, hineinzustürzen in den Tod.

Giselhers Schrift ist verschollen. Was davon sein Freund Kilian ins Keltische übertrug, offenbar in sanglich strophischer Form, bleibt unter Verschluß. Kaum hatte er sein Werk fertiggestellt, setzte auch auf Irland die »Romanisierung« ein. [Vgl. S. 11, 34, 59.] »Laßt Irland den Iren und nicht London oder Rom!« sang noch 1972 John Lennon in »Sunday, Bloody Sunday«, nachdem eine Eliteeinheit der britischen Armee am 30. Januar 1972 (einem Sonntag) 14 Katholiken in Derry/Nordirland erschossen hatte. Der Einsatzleiter Derek Wilford wurde von der britischen Königin zum Ritter geschlagen. Das erscheint so unfaßlich, wie auch an der Geschichte, die nunmehr hier aus dem Englischen übersetzt ist, vieles ganz und gar unfaßlich bleibt.

Die »Kilianschronik« überdauerte in Giftschränken, in geschlossenen Abteilungen. Verschlüsse, Katakomben und Kerker bewährten sich in diesem Fall als gelungene Konservierung. Kilian hatte in seinem poetischen Verfahren wie in seiner Schriftkunst, wie Schazman versichert, so viele Mühe walten lassen, daß allein diese Kunstfertigkeit jeder Inquisition Respekt abnötigte und das Verbrennungsurteil zurückstellen ließ.

Allein die keltische Handschriftenkunst, der Schmuck und die Illustrationen, die Kilian und seine Eleven einsetzten, beeindruckten. Schazman preist die Chronik als Meisterwerk, lobt die Brillanz der Farben. Das Gelb und das Rot stamme aus leuchtenden Mischungen von Arsen und Schwefel, das Rot aus Schildlaussegmenten, das *dazzling blue*, das blendende Blau, aus zerriebenem Lapislazuli, den man schon im 5. Jahrhundert aus den Vorgebirgen des Himalaya geholt habe, also über die altberühmte Seidenstraße. *Lapislazuli was more expensive than gold.* Schazman schildert auch Tierbilder und Humor- und Phantasieverzierungen. Sei ein Wort vergessen worden oder falsch geschrieben, deute ein Vogel mit seinem Schnabel auf die Ergänzung am Rand. In einem anderen Beispiel zerren zwei Männer sich gegenseitig am Bart und formen dabei die Initiale »S« für Siegfried, so in einem seiner Streitgespräche mit dem Bischof. Und wo der Niederländer die Mär von der Sauberkeit der Siegburger Mönche auftische, da, so berichtet Schazman, sieht man Mäuse, die sich gegenseitig Brot und Wein rauben wollten, aber an ihren Schwänzen von Katzen festgehalten würden. Am meisten bemerkenswert schienen ihm indessen jene Zäsurzeichen, die nur als verbogene Schwerter, in anderen Fällen als gekrümmte Kreuze zu deuten wären [s. S. 197, 462, 482, 518].

Mag sein, erst solche handwerklichen Besonderheiten machten es möglich, daß die Chronik erhalten blieb, daß sie als ein exemplarisches Teufelswerk zwar zur Abschreckung und Lehre für alle Zeit unter Verschluß kam, aber eben dadurch nicht nur bewahrt wurde, sondern auch, zumindest in Teilen, in Abschriften kursieren durfte. Eventuell durften dies schon Giselhers Notate als *missing link*, als die »Prosa-Version«, von der die Germanistik seit langem mutmaßte [s. S. 122]. Wie auch immer, dieser alte Bericht vom Rhein wirkte im streng katholischen Irland, dort, wo trotz allem immer gern erzählt wurde, wie eine exotische Zauberschrift, die, obwohl heidnisch, als Kostbarkeit gehütet werden mußte.

Als schon im frühen Mittelalter der Bischofssitz von *Kilmacduagh* aufgegeben wurde, wanderten mit dem kirchlichen Besitz auch die Handschriften hinüber in die Klosterverliese von *Nun's Island* [s. S. 8]. Kilians Gesänge barg nun der Bischofssitz der inzwischen sehr bedeutend ge-

wordenen Stadtrepublik von Galway, wo *Wunnibalds* Werk so gut bewahrt wurde, daß es erst um 1800 dem Stadtforscher und Schullehrer John Schazman auffiel, der es in englische Prosa übertrug, zu früh, wie er
feststellen mußte. Eine Galwayer Stadtgeschichte zitiert, was auf Schazmans Grabstein stand: *Dubius non impius vixi, Incertus morior, non magnus eventu.* In Zweifeln habe ich gelebt, nicht unfromm, in Ungewißheit sterb ich, ohne großen Erfolg.

Für weitere anderthalb Jahrhunderte kam auch die Übersetzung der Übersetzung in ein Grab, wiederum in ein sehr haltbares. Diesmal in die fast unausschöpflichen Nischen, Winkel und Vorräte von *Kenny's Bookshop* zu Galway. Erst ein moderner Medienzufall, ein sympathisierender Fernsehfilm [*Columbus: Wir haben in Galway Bemerkenswertes gesehen – Irische Geschichten* (Fernsehfilm, 90 Min., Südwestfunk)] und ein Dankgeschenk des ältesten der Bücherbrüder Kenny brach den Bann, eintausendfünfhundert Jahre nach den Ereignissen.

Saxa loquuntur, die Steine werden sprechen, heißt es in Giselhers und Kilians Dokument. Von dem, was 485 und 486 am Rhein und in Island geschah, trennen uns zwar vier Schriftschichten, viermal »Gedolmetschtes von Gedolmetschtem«, doch trotz der vielfachen Überlagerung und Verwandlung des »Authentischen« oder »Wirklichen« [s. auch Glosse S. 14 (Meister Ekkehart)] – Spuren dieser Geschichte, greifbare Reste gibt es noch immer. Nicht nur, weil die höchsten Steine im Taunus noch heute »Brünhildenfelsen« heißen.

Durch Jahrhunderte stand die Privatburg der Kölner Erzbischöfe auf dem Drachenfels. Diese Festung, errichtet für Grenzkontrollen und Zolleinnahmen, stand auf grüngrauem *Trachyt* [vgl. S. 96], auf Vulkanstein überm Rhein, mit dem auch der Kölner Dom gebaut wurde. Die Abtei *Werethina* oder Werden an der Ruhr gründete um 790, so schien es bislang belegt (da iroschottische Missionen selten belegt wurden), der römisch-katholische Bischof *Ludgerus* oder *Liudger*. Wenige Kilometer flußauf finden sich, steil über der Ruhr, Reste der Isenburg, der Eisenburg. In der Nähe gibt es noch drei weitere Ruinen gleichen Namens [im Ruhrgebiet (»Kohlenpott«) zählte man mehr als 200 Burganlagen]. Von derjenigen, die der Bischofskirche am nächsten lag, hört man, sie sei heute »eine Ruine im Wald überm Baldeneysee; tagsüber ein beliebter Treff der Leute, mit denen die Zeit noch nicht viel vorhatte und die nachts ins *Blow Up* gingen. Man träumte unter bröckelnden Mauerbögen, spielte auf Gitarren, Trommeln oder Flöten, trank billigen Wein und rauchte alles Rauchbare in solchen Mengen – an windstillen Tagen schien die moosige

Ruine in einer Wolke über dem See zu schweben.« [Ralf Rothmann, »Stier«, Roman, 1991, S. 128]

528 Der Wiesenhügel nebenan heißt »Heimliche Liebe« [vgl. S. 89, 485]. Darunter, am »Baldeneysee«, steht, gußeisern und kalt, die Villa »auf dem Hügel«, an der Ruhr erbaut von einer Sippe, die vom Niederrhein kam, aus der Nähe von Xanten. Man weiß, die Krupps wurden groß im Jahrhundert der Fabrikgründungen und waren im Jahrhundert der Weltkriege unter den Schmieden dieser Welt die mächtigsten [vgl. S. 59, 222].

Der Mord an dem Niederländer ist eine erste »deutsche« Geschichte? »Deutsch«, so klärt es diese Kilianschronik, meinte keinen Stamm, kein Volk oder gar Blut und Rasse und derlei Schwachsinn, sondern war eine Perspektive. Diejenige von unten. Die der Abhängigen, der »Leute«, der *diet*, die nach dem keltischen Wort *thiut (thiot)* beim Rhein *diet* hießen [vgl. S. 12, 223]. Heute sind am Rhein Türken »deutsch«, oder Tamilen, Polen, Leute aus Ghana, Ausländer, sofern sie unten sind. In der Kilianschronik gehören zwar den *diet*, den Leuten, die Sympathien der beiden Autoren, aber es wird auch erzählt, daß bei einer Hinrichtung das Volk lachen mußte und daß dieses Volk eine griechische Philosophin zu Tode quält und den Juden Hirsch lyncht. Richard Wagner nutzt freilich andere Kriterien, wenn er mitteilt, »... was deutsch sei: Die Sache, die man treibt, um ihrer selbst willen und der Freude an ihr willen treiben ...«, und in seiner Abhandlung »Deutsche Kunst und Deutsche Politik« [1867/68, S. 31, S. 82] heißt es auch: »Der wahre Quell fortwährender Erneuerung bleibt das deutsche Wesen«.

Schon topographisch läßt sich die Kilianschronik nicht auf das Gelände beschränken, das wir als »Deutschland« bezeichnen. Zwar ist der Rhein die Achse der Ereignisse um Sieglinds Sohn, aber sie geschehen quer durch Europa, durch jenen Kontinent, den Kilian und Giselher *tertia pars orbis* nennen, den dritten Teil der Welt [s. S. 516]. Allgegenwärtig scheint in ihrem Bericht der Reflex auf Rom und auf Konstantinopel. Und es wirkt und lebt darin nach wie vor die Erinnerung an *Alexandria*. Vor allem aber richtet Europas älteste »deutsche« Geschichte den Blick immer wieder auf das gefürchtete und bewunderte Byzanz und präsentiert damit wahrscheinlich die frühesten Anfänge und Voraussetzungen jenes utopischen Potemkinfeuers, das 1500 Jahre später aufglühte wie eine Supernova und 1989 chaotisch erlosch.

Über Alexandria und Rom beteiligt sich an dieser Geschichte die jüdische und griechische und lateinische Antike, über Byzanz und die Hunnen wirkt der Osten mit, über merowingische Franken der Westen, über Helvetien und Savoyen der Südwesten. Aus dem Norden nehmen an dieser Geschichte fälische Sachsen teil, Friesen, Dänen und Iren. Und anwesend ist in jeder Phase der Chronik auch immer noch das große untergehende, unterjochte, untermischte Volk der Kelten. Auch England und Bornholm tauchen auf, schließlich Island. Wie auch immer, die Erschlagung des Gastes aus dem »Niederland« ist nichts Nationales, seine Ermordung erscheint als das Geschick des Kontinents.

Giselher sagt am Anfang seines Berichtes, ihn interessiere in einer Welt des Erschlagens, warum einer erschlagen wird. Am Beispiel des Gastes aus Xanten könne er einen dieser Fälle exakt protokollieren. Warum also wurde der »Cherusker« getötet? Die Antwort überliefert diese Quelle am eindrucksvollsten im Bericht über die konspirative Runde um Hagen und Gundomars Söhne [s. S. 464 ff.] und, nach der Tat, in Hagens Antwort auf Giselhers Frage [s. S. 512 f.]. Diesem Hagen, den die Autoren klar und wiederholt »Mörder« nennen, ihm und König Gunther widmen sie mindestens soviel Aufmerksamkeit wie ihrer Hauptfigur, dem »Mächtigsten«, dem spielerisch »Kräftereichen«.

Giselhers und Kilians Chronik, dieses Sittenpanorama vom Ende der Antike, bewegt sich in der Tradition der griechischen und römischen Historien-Erzähler, etwa der berühmten *Historia de preliis Alexandri Magni.* [»Geschichte von den Kriegen des Großen Alexanders«, im Altertum sehr verbreitet, im 3. Jh. nach Christus publiziert (mit den Miniaturen der Leipziger Handschrift neu herausgegeben im Reclam Verlag Leipzig und in der Büchergilde Gutenberg von Wolfgang Hirsch).] So gern Giselher und Kilian *Tacitus*, den wirksamsten unter den lateinischen Erzählern, verspotten, immer wieder notieren auch sie, die Rom-Skeptiker, ihren Text lateinisch, nicht nur in den Überschriften, sondern auch dann, wenn Distanz nötig schien oder Hörern oder gelehrten Lesern offenbar etwas erhärtet oder bewiesen werden sollte, und sei es im Sinn des römischen Rechts oder des Militärs.

Was von all dem haben die klösterlichen Schreibstuben in ihren ausführlichen Schilderungen um 1200 noch überliefert? Was wurde, als Literatur und Kunst ausschließlich Sache der Kleriker geworden war und des schriftgelehrten Adels, verschwiegen?

Sie veränderten vor allem das Bild des *Victor*. Der römisch ausgebildete Mann aus Xanten hätte im bisher Bekannten ein Überbrücker von *muspil* und *nifl*, von Römischem und Nordischem nie sein können, hätte um 1200 so etwas wie die sieben Vorschläge vom »Erkennen«, die Sätze der Sieglind, nie wissen können und dürfen. Dieses »Erkennen« markiert sie am treffendsten, die Entwicklung, die mit seiner Ermordung abgebrochen wurde, die nicht hatte stattfinden dürfen. Die sieben Sätze stehen nach Schazmans Auskunft auf dem Pergament der Keltenchronik in zweifacher Version, nebeneinander keltisch und lateinisch. Die Lateinversion zitiert er im Kommentar, die Schlüsselworte darin seien *percipere* und *perspicere* (im Englischen wechselt er *perceive, realize* und *know*), also mit dem *per*, dem Durchdringen als Durchschauen.

In klösterlicher Überlieferung wären außer Sieglind auch die anderen Frauen so, wie sie von Giselher und Kilian beschrieben werden, unvorstellbar, ebenso die Erinnerungen ans erhellende GINUNGAGAP, auch etwa des Niederländers Herz-Rede oder sein *jocus* mit einem lachenden Heiland, sein Spott über Roms Gut-Böse-Apotheke oder über die Frauenfurcht und Judenfeindschaft der Kirchenväter. So wie der Erschlagene bislang dargestellt worden ist, schien ihm nichts ferner als Gelehrsamkeit, vom »Erkennen« jedenfalls war bei ihm um 1200 keine Rede, nichts vom *studium*, also vom »Wissensdurst«, der »über alles« gehe, nicht mal vom drachenhaften »Scharfblick«, auch nichts von seiner Lachlust.

Der Vergleich mit dem Zeugnis aus *Kilmacduagh* verdeutlicht das Verfahren eines tausendjährigen Wissensmonopols, belegt die Methode, Erinnerungen auszulöschen und Legenden zu stricken gegen die Feinde des einzig sanktionierten Wegs zum Heil, belegt aber auch, wie derjenige, dem die »Deutschen« ihr verhängnisvollstes »Heil« zubrüllten, seine Hirnlosigkeiten just aus dem uralten orthodoxen Fundus bezog, den er zu bekämpfen vorgab. [S. S. 206, 401.]

Der *propaganda fidei*, klerikaler Erzählkunst verdankten sagenhafte Gestalten schon immer ihre Aura. Kirchenfeind Drakula dankt ihr seinen Ruf als Vampir und Attila die Legende von der Geißel Gottes. Aus einem lebenslustigen Märchenerzähler, Tänzer und Sänger, der am 26. Juni 1284 in Hameln die Jugendlichen des Orts begeisterte, wurde der kindermordende Rattenfänger von Hameln. [S. Peter Stephan Jungk, *Der Rattenfänger, Recherchen zu einem sagenhaften Mythos* in: Neue Rundschau '94, H. 2, S. 67 ff.] Selbst Attila war als Begabter zunächst staatlich gefördert worden wie Giselher, auch er begann, würden wir heute sagen, als Austauschstudent am römischen Hof, beim Kaiser *Honorius.* [395–423. Im Gegenzug besuchte der junge Römer *Aetius* den Hof von Attilas Vater Rugila.].

Die Verfälschung der Vernichtung der Abweichler durch die Manipulation der Erinnerung an sie mutet modern an, als Medienmacht, eben als Propaganda. Diese Herrichtung des Leumunds ist eines der kaum mehr zu erhellenden Kapitel der Kolonialgeschichte Sankt Peters, es sei denn, es finden sich Dokumente wie im Fall dessen, der als Prototyp des »deutschen Helden« galt, als »blonde Bestie« (»über alles in der Welt«). Der

Fund aus West-Irland belegt, wie die Kirche von Beginn an jede Form von Autonomie fürchtete und verunglimpfte, schon damals am liebsten mit der Rüge, es fehle das Höhere, der Geist, und es überwiege das Teuflische oder, wie man's heute umschreibt, der »bloße« Materialismus. Kilians Gesang vom römisch gebildeten keltischen Königssohn als »Arbeiter«, aber auch alle Äußerungen der Sieglind, der Ute oder der »Nymphe« wären in den späteren Zeugnissen undenkbar, erscheinen uns Heutigen geradezu kosmopolitisch.

Will man sich klarmachen, welche Ziele die beiden Autoren der Völkerwanderungszeit mit ihrer Schreibarbeit letztlich verfolgten, kommt man nicht herum um den Begriff einer politischen Theologie. Um neue Bestätigungen der alten Einsicht, daß die Gründer der Christenkirche nach machttaktischem Kalkül verfuhren, und zwar im Sinn von Nietzsches Kritik am Imperium der Kirche, wonach Paulus die Christen »um ihr Bestes betrog, um Jesus«. Das Ziel der Autoren von 486 war ganz offenbar, festzuhalten, daß die Christianisierung, deren Augenzeugen sie sind, ein umfassendes Betrugsmanöver war. Der von ihnen beschriebene Einzelfall erscheint in der Tat exemplarisch für eine Jahrhunderte währende Kriminalgeschichte [s. Karlheinz Deschner, *Kriminalgeschichte des Christentums*]. Auch Kirchengeschichte war über große Strecken blutig, fast immer machtpolitisch, erpresserisch und lügenhaft, getreu der Devise Hagens, des ersten rheinischen Reichsvormunds oder Kanzlers: Täusche deinen Nächsten wie dich selbst.

Der Übersetzer jedoch sollte nicht ebenfalls interpretieren, sollte nicht »dazwischenreden«, nur weitere Hinweise geben, Marginalien.

Gut zehn Kilometer südlich Worms liegt bei Oggersheim der Ort Edigheim, heute Vorort von Ludwigshafen. Früher, so belegen Urkunden im Kloster Lorsch, hieß er *Otenhaim*. Bis ins 19. Jahrhundert war hier, in den Auwäldern des wildernden Rheins, das Jagdrevier der Wormser Herrschaften. Und bis ins 19. Jahrhundert zeigte man hier einen »Siegfried-Brunnen«. Dann kamen die romantischen Epochen, die einen bedeutenden Tatort in erhabenere Höhen dachten. Oben im Odenwald pflegt man heute ein Dutzend »Siegfried-Brunnen«, alle in bester Hanglage. Obwohl keine Schrift, auch die aus der Zeit um 1200, eine Jagd im Gebirge überliefert [vgl. S. 487, 493].

Inzwischen wächst in der Ebene bei Edigheim kein Wald mehr. Die letzten Bäume fielen, als 1936 die Autobahn von Mannheim nach Saarbrücken begonnen wurde, unter den folgenreichsten Verdrehern und Verdreckern des Niederländers, die ausgerechnet ihn, den »Witzigen«, den kenntnisreichen Grenzenüberspringer, so sehr war er entstellt, zum Idol machen konnten für Rassenidiotie und Herrendenken. Aber auch

diese Risse durchs Hirn kamen bekanntlich nicht von ungefähr, benötigten gründliche Vorarbeiten, zum Beispiel vom Genie Richard Wagner. »Nun wollen wir in Schiffen über das Meer fahren, da und dort ein junges Deutschland gründen, es mit den Ergebnissen unseres Ringens und Strebens befruchten, die edelsten, gottähnlichen Kinder zeugen ... Wir wollen es deutsch und herrlich machen ...«

Die Autobahn A 6 führt heute dicht am Mord-Ort vorbei. Man fährt von Mannheim aus nach Westen über die Rheinbrücke, dann, hinterm Fluß gleich rechts, ist die Brunnenstelle, nicht zu übersehen. Den ersten Germanisten galt sie noch als Tatort, Ehrismann oder dem Freiherrn Friedrich von der Hagen, 1816 der erste neuzeitliche Herausgeber der Sankt Galler Handschrift B. Die Waldquelle scheint inzwischen versiegt, doch ist sie auch heute keineswegs verschwunden, ist nur überbaut, und zwar von der »Groß-Kläranlage« der BASF, der Badischen Anilin- und Sodafabriken, vormals I.G. Farben.

Über dem Quell, aus dem der Gast trank, stinkt es heute, bestialisch, wie die Leute sagen. Die Stelle, an der er ermordet wurde, ist zentraler Ausfluß einer der größten Chemie-Anlagen des Planeten. Wer dort steht, in säuerlichen Nebeln, unterm Beton der Autobahn, in Lärm und Gestank, und hat schummrig »libellische«, »reine« und eben höhere »deutsche« Töchter- und Söhne-Bilder im Kopf, den »Bronnen im Odenwalde« oder auch nur jenen *locus amoenus*, den schönen Ort der klassisch-romantischen Poesie (einen Ort, den womöglich schon die Verfasser der Klosterhandschrift C herbeiwünschten, indem sie das *hin zem waskenwalde* (in B) ersetzten durch *vor dem otenwalde* (immerhin *vor*), der hofft auf einen Irrtum. Ein Chemiepfuhl, ein Giftabort als Tatort aller Tatorte?

Eben dort ist er, der Punkt, von dem es heißen könnte, hier endete das Altertum, wendeten die Zeiten sich ins »christliche« Mittelalter. Begann jene kirchlich dominierte »Zersch(n)eide«-Epoche, die Kilian in seiner Totenpredigt nochmal warnend ausmalt und die ihre dauerhaften Folgen hat, *industria*-Konsequenzen, die, wie die Urschrift dieser ersten Rheingeschichte nun klarlegt, keine Alternative duldeten, nicht mal im Spiel.

Inzwischen möchten wir bekanntlich von »Primitiven« lernen, wollen begreifen, daß Raubbau am Irdischen Sünde am Geist sein könnte. Beginnen zu ahnen, daß, wer an der Materie frevelt, das Heilige verletzt, womöglich Zukunft und Schöpfung. Im »aufgeklärten« 18. Jahrhundert schrieb über die germanische »Vorgeschichte« der Historiker Edward

Gibbon (in seiner berühmten sechsbändigen Weltgeschichte): »Die Deutschen waren im Zeitalter des *Tacitus* mit dem Gebrauche der Buchstabenschrift unbekannt, und ist doch diese Bekanntschaft der Hauptpunkt, wodurch sich ein civilisiertes Volk von einer Horde unfähiger Wilder unterscheidet.« Diese Art Aufgeklärtheit wird es gewesen sein, die den großen Friedrich hat urteilen lassen können, der Nibelungenstoff sei »keinen Schuß Pulver wert«. [S. Glosse S. 9.]

Ab 1817 wurde der Oberrhein kanalisiert, wurden die Brunnen verschüttet, die Auwälder ausgetrocknet und weggeholzt. Im Jahrhundert der »Romantiker«, das auch das Jahrhundert der Fabrikgründungen war, kam beim vormaligen *Otenhaim* einer zur Welt, der hat als Philosoph von der »Hoffnung« erzählt. Ernst Bloch erzählte von ihr wie von einem Trieb. Was abendländische Tradition, was kirchlich forcierte griechisch-römische Orthodoxie für eine »reine« Tat des Kopfes oder Geistes hält, beschrieb der aus Ludwigshafen [vgl. Glosse S. 493] so, als sei das ein leibliches Bedürfnis. Erzählte vom »Höheren« wie von einem lustvollen Begehren. Beschrieb den Drang, gerade unter übelsten Bedingungen denken und erkennen zu wollen, beschrieb das »Prinzip Hoffnung« als zentrale, als unauslöschliche Lebenstechnik.

Was anwidere, sagt Bloch, erst recht das fordere heraus, das Andere zu erkennen. Auch unter Betonstraßen, auch auf Kadmiumböden, auf Phosgenen und im Giftgestank wäre also zu zweifeln wie zu hoffen. Vor Oggersheim jedenfalls ist dort ein denkwürdiger Tatort zu analysieren.

Nach der Ermordung des UrRuhrarbeiters, des Aufrührers und Störenfrieds aus dem Niederland, siedelten die Burgunder vollends in der *Sapaudia*, in Savoyen, hinterm Genfer See, im vormaligen Helvetien.

Weniger Utes Rat dürfte diese Umsiedlung entschieden haben als die Machtverhältnisse. Als 486 Siegfried beseitigt war und zugleich *Sygarius*, der letzte römische Provinzherr, konnten sich die fränkischen Merowinger ungehindert für ihre Nachbarn interessieren, auch für die in Worms. Und die, ohne ihren »Mächtigsten« und ohne den alten Besatzungsschutz, wichen aus, auch vor den Alamannen, zogen aus ihrer Rheinresidenz denen hinterher, die schon vor den Hunnen dorthin geflüchtet waren, dorthin, wo die keltischen Helvetier an der Rhone Raum gelassen hatten.

So wenig sich die burgundischen Träume politisch realisierten, so bedeutend blieb ihr Schönheitssinn. Wer kennt nicht das Burgunderrot oder ihre anderen modischen Schöpfungen, etwa die *Braguette* oder

Schamkapsel, jene Heraushebung des eisernen Hosenlatzes im Harnisch der Herren. Wer kennt nicht ihre wunderbaren Kirchen, schließlich auch das *Gislebertus hoc fecit*, die Inschrift unter den Steinbildern im burgundischen Autun. Giselbert hat dies gemacht. Noch einmal das G im Namensbeginn.

In der Stadt Vienne in der *Sapaudia* stehen noch Gebäudereste aus jenen ersten Wendezeiten. Und zu finden ist auch heute noch die Schneiderkunst der Burgunder. Ihr exquisiter Geschmack, das schimmernde Schwarz, auch das Gold, das Rot, das alles hat sich erhalten, weil ihr Schönheitssinn oft zu Imitationen reizte, fast immer die jeweils Mächtigsten. Vor allem die Spanier, als sie die Welt beherrschten. Mit ihnen dann die Niederländer, die Österreicher, die Habsburger.

Wer also noch jetzt ahnen möchte, wie sie aussah, Kriemhilds Wormser Gewänderpracht, der trete in Wien, Madrid oder Amsterdam, in Brüssel oder in Antwerpen vor die alten Gemälde und sehe sie sich an, die Porträts der Herrschaften. Dann entdeckt er schon noch ein Schwarz, das keineswegs aus den stumpfdunklen Kutten der Mönchsorden stammen kann, etwa aus dem der benediktinischen *miles Christiani*, das ist vielmehr ein glänzendes Schwarz, eines, das glimmt wie Diamant, mit dem Schimmer von Anthrazit.

Ein dritter Teil der burgundischen Herren, sozusagen ihr harter Kern, zog nicht übers südliche jurassische Gebirge, nicht romwärts und nicht ins Kunstsinnige, sondern wählte einen anderen Ausstieg, den absoluten, den in den Tod. Die Königsbrüder Gunther, Gernot und Giselher und ihr Waffenmeister Hagen ritten nach Osten, zogen, wie die Lemminge, gegen den Strom, gegen den Schub der »Völkerwanderung«, der *meginfard mikil* [s. S. 491], gegen vorrückende Germanen, Hunnen, Awaren. Schlugen sich zunächst dort durch, wo die Bayern zu siedeln begannen, ein alamannischer Nebenstamm, ähnlich eigentümlich wie unter den Sachsen die West- und die OstFalen.

An Regensburg und Passau vorbei kämpften sie sich die Donau hinunter, stromab, zu den Hunnen hin, wo nur eines sicher war, ihr Untergang. Hagen hatte den Zug befürwortet, ausgerechnet er, der berechnende, der »Romkopf«, der »grimme Hagen von *Tronje*«, der erste Kanzler beim Rheine. Als ob schon er seine Schützlinge nur noch für wert gehalten hätte, daß sie untergingen. Oder als ob er beweisen wollte, daß er mit dem Mord an dem Niederländer das einzig Richtige getan hätte.

Dieses letzte, das kleinste Drittel des zerteilten Stamms zog jedenfalls hinab ins *OstarRichi* und darüber hinaus, weit hinter das nachmalige Österreich. Und erfuhr dabei eine merkwürdige Verwandlung. Die Königsbrüder und der ihnen verschworene Heermeister, sie alle schienen, so muß man es sagen, am Ende nicht mehr recht gewußt zu haben, wer sie eigentlich waren. Fast alle Dokumente berichten nicht mehr von »Burgundern«, sondern von nun an heißen diese todessüchtigen Herrschaften so wie der, den sie ermordet hatten. Als »Nibelungen« fuhren sie zu den Hunnen, also, nach ihrem eigenen kirchenchristlichen Verständnis, als »Söhne der Finsternis« [s. Glosse S. 45 und Siegfrieds und *Walthars*-Aussagen S. 168, 265].

Gunther, der, wie nun deutlich ist, schnell unters Widersprüchlichste geriet, ebenfalls des *zwifel nahgebur* [Wolfram von Eschenbach, der das klösterliche Nibelungenlied kannte, beginnt so seinen Parzival-Roman (»ist Zweifel dem Herzen ein Nachbar, muß das der Seele sauer werden«)], dieser älteste Sohn des Gundomar nannte sich nun »König der Nibelungen«, gab sich einen Namen, den selbst der Niederländer nur im Trotz getragen hatte. Und diesen Widerstandsnamen führte jetzt auch der mit dem zerstörten Gesicht, der *Tronje*, der den Mord exekutiert hatte.

Zum Zug in den Untergang hatte sie nicht etwa der alte Traum gedrängt, das zerfallende *Imperium Romanum* zu beerben. Der einsichtige Hagen wußte, das blieb Größeren vorbehalten. Was dem Gotenkönig Theoderich vorübergehend, von Rom aus, gelang und Herrn Chlodwig von Gallien aus in Ansätzen, dreihundert Jahre später erst schaffte das Chlodwigs Nachkomme Karl, der dann der Große hieß. Auf den Zug über die Strecke, die der »Riese« als Kanal hatte ausbauen wollen, auf den Marsch in den Tod hatte sie eine Witwe gelockt, eine, die ihrerseits aufgewachsen war bei einer Witwe, bei einer, die Kenntnisse hatte und die sich zu wehren wußte. Kriemhild war nicht Chlodwigs Frau geworden, wie Hagen das hatte arrangieren wollen, ließ sich in das römische System nicht einklammern. Chlodwig aber heiratete in der Tat eine burgundische Prinzessin, eine aus der *Sapaudia*, die fromme Herzogstochter Grodehilde (wieder das G), heiratete die und ließ sich taufen.

Kriemhild dagegen – Schazman teilt mit, die Keltenchronik schwanke in der Schreibweise des Namens, notiere anfangs *Kriemhilti*, später meist *Grimmhild* (auch hier das G) – heiratete den in Rachesachen überaus dienstbereiten Attilasohn Etzel und hatte ihre Wormser Brüder einladen lassen nach Esztergom, den Ort vor der ungarischen Ebene, wo heute der ungarische Erzbischof residiert.

Schon um 1200 beanstandete der Verfasser der »Kaiserchronik«, daß fahrlässige Erzähler der Nibelungengeschichte den wilden Attila und

Frau Kriemhild auf gemeinsamer zeitlicher Stufe sähen. Attila, so monierte der aufmerksame Mann, starb schon im Jahr 453, Theoderich dagegen, der »Dietrich von Bern«, der Kriemhilds Rache zum blutigen Schluß bringt, wurde erst 452 geboren. Attila könne in der Nibelungengeschichte gar nicht mitgewirkt, es könne sich das alles gar nicht um 450 zugetragen haben. Der Kaiserchronist kannte offenbar, wenigstens in Auszügen, jenen Bericht der Augenzeugen, der in keltischer Sicherungskopie anderthalb Jahrtausende überdauerte und hier nun übersetzt und vollständig vorliegt und der dieser frühen Skepsis recht gibt. Nicht Attila, sondern einer seiner Söhne war Kriemhilds zweiter Gemahl. Erst 486 war Theoderich in dem Alter, in dem er tun konnte, was die Kilianschronik nur noch im Nachtrag berichten konnte, das mittelhochdeutsche Nibelungenlied der Mönche um 1200 aber ausführlich.

Die Brüder nahmen, so melden es alle Überlieferungen, Kriemhilds Einladung an. Es ist ebenso rätselhaft, weshalb sie die Warnungen in den Wind schlugen, wie es dunkel bleibt, warum sie sich nun Nibelungen nannten. Um zu imponieren? Unterm Druck von Schuldgefühlen? Um Etzel einzuschüchtern? In archaischen Zeiten vertilgt man bekanntlich von demjenigen, den man erschlägt, nicht nur Organe.

Mag auch sein, die Burgunder existierten nur noch im Kopf, »alexandrinisch«, in dem, was, wie Hagen früh bemerkte, als libellischer Wirbel wahnhaft ihre Hirne heimsuchte, als fixe, als festgeklemmte oder selbstenthauptende Idee. Diesen Stursinn meinte Heiner Müller, als er die Nibelungengeschichte die »deutscheste aller deutschen« Geschichten nannte. Auch »deutsch« als Wortgebrauch könnte man hier akzeptieren, da in dieser wahren Geschichte nunmehr die *diet*, die Leute da unten, *per se* als die zu Betrügenden erscheinen. Als die Verführbaren, die Berauschbaren.

Als die Wormser in ihrer offensichtlichen Verwirrtheit die Donau hinabfuhren, da stand die Frau nicht allein, wie früher Minnesang klagt. Kriemhild war nicht *piduungan* [bezwungen, zerbrochen] wie Brünhild, die aus dem Gedächtnis Gelöschte. Kriemhild hatte für »Genossen« gesorgt. Im Osten ließ sie sich nicht ins Vergessen zwingen wie Brünhild, von der, nachdem ihre Rolle bei Hofe ausgespielt war, die bisherige Überlieferung schweigt, obwohl der Mord damit begründet wurde, daß ihre Ehre geschändet worden sei. [Vgl. Friedrich Maurer, »Leid«, *Bibliotheca Germanica*, Bd. 1 (2. Kapitel, »Das Leid im Nibelungenlied: ere – leit – rache«).] Warum die Frau aus NifHELheim »verhohlen« wurde? Giselhers Bericht erst macht die Gründe deutlich, zeigt, welche Welt nicht nur mit dem Xantener erschlagen werden mußte, sondern auch mit der Frau aus dem Nachtland.

Kriemhild in Esztergom konnte sich nun »ersättigen«. Am Fleisch ihrer Brüder. Und aß jetzt auch Hagen. In der ersten Saalschlacht, die überliefert ist, wahrscheinlich der grausamsten. Als sie begann, da verkroch sich auch nicht der junge Giselher, der zum Tod Verurteilte, er blieb nicht in Regensburg oder floh nach Irland, auch er ging in diesen blutigen Saal hinein, tat es wohl wirklich, wie seine letzten Notizen andeuten, um zu büßen für sein mehrfaches Zögern vor *Otenhaim*.

Zweikampf um Zweikampf wird gemeldet aus Etzels Burg, tödlicher »Mordkrampf« [vgl. S. 197]. Unerbittlich, Ströme von Blut, Berge von Leichen, »knieestief«. In verzweifeltem, offenbar unveränderlichem Käfigdenken. Am Ende erschlug Kriemhild, die Rasende, mit eigener Hand ihren Bruder Gunther. Und den Mörder, den Hagen von *Tronje*. Schnitt beiden, die gefesselt vor ihr lagen, die Köpfe ab.

In diesem Moment erschien das neue Oberhaupt, der weitläufig Stammesverwandte, der Westgoten-König Theoderich, dem gelang, wovon die Wormser nur fabelhaft hatten träumen können, ein römisches Imperium der Germanen. Theoderich konnte es nur recht sein, wenn Hunnen und *Burgundionen* sich gegenseitig zerfleischten. Griff in die Saalschlacht erst ein, als sozusagen alles gegessen war. Für fast drei Jahrzehnte wurde er alsdann erster Kaiser eines romanischen Reiches germanischer Nation und hat den Odoaker, den Eroberer Roms, 493 erschlagen, eigenhändig.

In Etzels Burg aber war es sein Waffenmeister Hildebrandt, der die letzte Überlebende aus Worms in Stücke hieb, Kriemhild. Untertan Hildebrandt, Theoderichs »Eigenmann« war für die Frau als Henker gut genug, für die *Vâlandinne*. Nach der klerikalen Überlieferung verfluchte Hagen sie in seinem eigenen letzten Lebensmoment als »Teufelin«. Nicht alles, was die Klosterschreiber festhielten, war Legende. Vergleiche mit der nunmehr zugänglichen »Kilianschronik« belegen es.

Waz mohte sie gehelfen daz si sô groezlîchen schrê. Dies berichtete die späte Mönchsschrift vom letzten Moment der Kriemhild, der geliebten Frau des *NidGir*-Töters. Auch Kriemhild endete, wenn wir diesen Zeugnissen glauben dürfen, so, wie ihre Geschichte begann. Im ohnmächtigen, im Frauenschreien [s. S. 22, 294, 320, 427, 499 504, 511, 522].

Das Blutbad im Königssaal von Etzels Esztergom erscheint manchem wie eine andere Geschichte. Andere Autoren hätten hier gewirkt. Doch nach den Dokumenten aus *Kilmacduagh* wird klar, diese Erschlagungen, sie sind das konsequente Ende. Sind freilich nicht mehr annähernd so märchengleich wie der drachenhafte Flammen- und Nebelbeginn, nirgends mehr so phantastisch und wunderbar und bisweilen verspielt wie jene Lüste und Listen und hürnernen Geriebenheiten im

Asnithi-Wald oder auf Bornholm oder auf Island. Statt feuerköpfig und bauchhitzig ist der Schluß nur noch mordgierig, blutsüchtig und kopfrissig. Und am Ende todessatt.

Theodor W. Adorno: »Daß es freilich im Mittelalter, in den einstmals als sinnerfüllt gepriesenen Zeiten, nicht so viel besser gestellt war als heute, daß am Ende das Individuum nur deshalb zugrunde geht, weil seine Freiheit die ganze Geschichte hindurch mißlang, ist wahr. Tatsächlich erhält *ein* Fakt sich die Historie hindurch – die Verzweiflung.« [1967, offener Brief an Rolf Hochhuth.]

Europas erste »deutsche« Poesie, die als Spielmanns- oder Hofgaukelei galt, erweist sich als Chronik, als historischer Fakt. Womöglich als Gegenwart und Zukunft. Der Mord an dem Gast aus dem anderen Land hat als Ursache, so scheint es, daß von Anfang an bei den schlüpfenden »Deutschen« Berauschbarkeit und Unterwerfungslust dominierten, daß Ängste und Ordnungswahn stets stärker waren als das, was der Sterbende »Freiheitsarbeit« nannte. [S. 500: »So dankt Ihr Freiheitsarbeit«, auch Kilians Grabrede S. 518 f.]. Dabei dokumentiert diese Chronik zugleich, daß mythische Vorstellungen, auch die germanischen, nicht notwendig identisch sind mit Kopflosigkeit und Weltferne, im Gegenteil, daß sie im Ernst exakt das Gegenteil hätten sein können.

Die Papiere aus *Kilmacduagh*, Giselhers und Kilians Volksbuch berufen sich wiederholt auf die *etymologia*, auf die Wahrheit der Wörter. Ihr Verfahren ist sozusagen etymythologisch. Es belegt nicht nur die Anfänge unserer Wörter »privat« oder »Kapital«, »kaputt«, »deutsch«, »germanisch«, »Zwerg / zwerch«, »Hexe«, »Ruhr«, »Obolus«, »Proleten«, »Leute«, »deflorieren«, »Delirium«, der »schöne Krieg«, »Angst«, «Materie« oder »frei«, es erzählt nicht nur den Beginn rheinischen Geschäftsgeistes, des Hortens, Gewinnens, Ausbeutens und Prunkens, sondern es beschreibt vor allem die Wurzeln der römisch-katholischen Frauen-Entstellung. Und die wird von Anfang an zusammengesehen mit dem, was die Autoren schon im Vorwort und später wiederholt als Hauptverhängnis bezeichnen, mit Weltverachtung, mit Erdvernichtung.

Wo wir die Begriffe haben, da erscheinen in den Schichtungen dieser Geschichte die Wörtergeschichten ebenso wie die Märchenbilder, da glimmen Lichter, wirken Kräfte und Verwandlungen. Doch liefert sie auch jene sieben Sätze und noch mit dem letzten Wort des Ermordeten den Schlüssel. »Lügner«. Das Lügen wird übers Wort *Tronje*, das schon damals ein Rätselwort war, wiederholt mit dem »Zerstören« in Beziehung gesetzt, mit dem *terror terrarum.* Oder wie Ute sagt: *Thurh thaz thorrot thiu thiot.* »Wodurch die Leute zerstört werden«. Also, wenn man will, die »Deutschen«. Zur Lüge und zum Betrug äußern sich nahezu alle in dieser Chronik, deren Gott Loki ist. Täuschung und Selbsttäuschung beschreibt sie in immer neuen Varianten, erkennt sie als den wirksamsten Motor jeder Herrschaft. Und ihrer jeweiligen Priesterschaft.

Geschichte war nicht, Geschichte ist, sagt Faulkner. Und auch die Wahrscheinlichkeit, so sagt der Philosoph, verdient den Namen Erkenntnis. Denn ohne Wahrscheinlichkeit, so fügt Leibniz hinzu, »würde fast die gesamte historische Erkenntnis wegfallen«.

Schon vor 1500 Jahren war gesehen worden, wie sich im ordentlich zerteilenden Herrenreich als Grundgesetz der zerstörende, der *Tronje*-Fluch erfüllt. Ein Fluch, unter dem das Andere, von dem Bloch sprach, unter dem das leibhaftige Hoffen zertrennt, überbaut und verschüttet wird. Bis nur noch der Schrei bleibt, der Schrei über den Mord aller Morde, über den an der wahren Gottheit, über den am Diesseits.

Orts- und Personenverzeichnis

A

J

K

T

Zweite Auflage, 1995

Gestaltung Eckhard Jung und Robert Paulmann, Bremen
Herstellung Thomas Pradel, Frankfurt am Main
Schrift Rotis serif 55 und Rotis sans serif 55
Satz Dörlemann Satz, Lemförde
Lithographie Fischer Reprotechnik GmbH, Frankfurt am Main
Druck Universitätsdruckerei H. Schmidt, Mainz
Papier Donauland-Werkdruckpapier
Bindung Großbuchbinderei Monheim GmbH, Monheim

Printed in Germany
ISBN 3 7632 4317 8